언어 평가와
한국어 평가

김 유 정

지식과교양

머리말

　1999년 8월에 『한국어 능력 평가 연구』로 학위를 받은 지 21년이 지난 지금에서야 『언어평가와 한국어평가』라는 제목으로 책을 펴내게 되었다. 박사 논문을 조금 더 보충해서 책을 내고자 한 의도가 이렇게 오랜 시간이 걸리게 된 것이다. 그러나 그 시간 동안 선물과도 같은 경험들이 이 책 속에 녹아들 수 있어서 감사하다.

　이 책에는 그 동안의 국어학과 한국어교육 전공자로서의 연구 역량, 한국어 교사로서의 교수 경험, 대학에서의 한국어교육 전공 강의 경력, 다양한 한국어 시험과 한국어 교사를 위한 시험에 출제 · 선제 · 채점 · 검토 · 면접 · 자문위원으로서 참여한 경험들이 모두 들어 있다. 그리고 이런 경험들에 더해 2005년부터 4년 6개월 동안 한국어 세계화재단 한국어평가 사업팀 팀장으로서의 경력은 특별했다. 이 기간은 일반목적 · 직업목적 · 학문목적의 한국어 시험뿐 아니라 한국어 교사 인증을 위한 한국어교육능력검정시험까지 다양한 시험 영역에 걸쳐 평가의 시작부터 마지막까지 모든 연구와 행정 업무를 직접 기획하고 총괄하고 평가 시스템을 만들어 볼 수 있는 귀중한 시간이었다. 이러한 경험들은 책 속에 이론으로 존재하던 한국어 평가를 다양한 평가 맥락과 변인들을 고려하여 실재하는 현실 속 평가 도구로 기획하고 개발하고 시행할 수 있도록 하였다.

이 모든 경험들이 중요한 이유는 바로 현실에서 시험이 수험자에게 얼마나 중요한 의미인지, 어떻게 접근해야 하는지 깨닫게 된 것이다. 그래서 평가가 권위적이고 일방적이지 않은지, 평가 이론을 잘 이해하고 개발한 시험인지, 평가 이론과 시험 도구의 철학이 일치하는지, 그리고 수험자들을 위해 친절하고 좋은 시험이 무엇이고 어떻게 하면 그렇게 될 수 있는지 끊임없이 고민할 수밖에 없었다. 이를 해결하기 위해서는 현실에서 너무나 많은 것들이 바뀌어야 했다. 그래서 개인이 할 수 있는 것을 고민하게 되었고, 필자가 할 수 있는 첫 과제는 좋은 한국어 시험을 개발할 수 있는 한국어 평가자를 양성하는 것이라는 결론에 이르게 되었다. 이러한 이유로 2015년부터 한국어 교사와 전공자들을 대상으로 한국어 평가자 양성 과정을 운영하고 평가 자문을 하게 된 것이다. 이 과정을 통해 한국어 평가 이론 강의와 실제 한국어 시험 문항 검토, 문항 출제 · 채점 · 말하기 인터뷰 훈련 등이 이루어지게 되었고 수료생들의 즉각적인 피드백을 통해 성과를 확인할 수 있었다. 따라서 이 책에는 한국어 평가자 양성 과정을 운영하면서 얻게 된 지식과 노하우도 들어있다고 할 수 있을 것이며, 책의 목적이 한국어 평가 전문가를 양성하기 위한 기초적 지식을 전달하고자 함에 있으므로 그 연장선상에 있는 것으로 볼 수도 있을 것이다.

이 책은 한국어교육 전공자를 포함해 평가 이론에 도움을 받고자 하는 언어교육 전공자들과 좋은 시험 문항을 잘 만들고자 하는 한국어 교사와 예비 교사들을 대상으로 쓰인 것이다. 그리고 이 책의 집필 목적은 한국어 평가의 기초를 다지는 데 있다. 따라서 이론이 필요한 사람에게는 언어 평가 이론에 대한 기초적인 이해를 돕고, 평가 도구 개발과 문항 개발이 필요한 사람에게는 좋은 평가 도구와 문항을 만들 수 있는 기초적 역량을 기르는 데 도움을 줄 수 있기를 바란다.

이러한 목적을 수행하기 위해 책을 쓰면서 가장 중요하게 생각했던 것은 어떻게 하면 독자가 꼼꼼하게 이해할 수 있도록 책을 쓸 것인가의 문제였다. 친절한 평가 개론서들도 있기는 하지만 독자 스스로가 평가 연구자들이 주장하는 선언적 명제와 근거의 명확한 의미를 이해하고, 행간의 의미를 읽어내고, 그 이론들의 구체적인 실례가 무엇인지를 확인하는 것은 무척 어려운 일이다. 이러한 독자의 어려움을 조금은 수월하게 하기 위하여 필자가 강의하는 내용을 바탕으로 강의식으로 최대한 쉽게 풀어내려고 노력하였다. 그리고 이해하기 어려운 추상적 개념이나 설명은 도식화를 통해 가시적으로 확인할 수 있도록 하였다. 이러한 노력이 실제로 독자들에 의해 조금이나마 긍정적으로 평가될 수 있기를 희망해 본다.

이 책의 구성과 내용적 특징은 다음과 같다. 첫째, 제목에서도 알 수 있듯이 1장부터 6장까지는 언어 평가의 기초적 이론을 중심으로 다루었고 7장부터 12장까지는 한국어 평가 도구 개발을 위한 기초 이론과 실제를 다루었다. 특히 12장에서는 실제 시험 문항 개발 훈련을 해 볼 수 있도록 성취도 시험 개발의 전 단계를 상세하게 설명하였다. 둘째, 5장 2절에서 한국어 평가 역사를 기술함으로써 언어 평가 이론 속에서 한국어 평가의 특징 또한 잘 드러내고자 하였다. 그 동안 한국어 평가 강의를 하면서 영어 평가 역사만 소개할 수밖에 없어 안타깝게 느낀 적이 많다. 기존 연구를 통해 추정하는 방식으로 한국어 평가의 역사가 기술되기는 했지만 그 단초라도 보일 수 있게 된 것은 무척 기쁘고 다행스러운 일이다. 마지막으로, 6장에는 1장부터 5장까지의 언어 평가 이론에 대해 필자가 강조하고 주장하고자 하는 바를 제시하였다. 5장까지의 언어 평가 이론을 이해하는 것도 평가 전공자로서 중요하지만 이러한 이론들의 장단점을 비판적으로 분석하고 주장할 수 있는 것 역시 학문하는 사람으로서 필요한 역량이 될 것이다. 물론 6장의 주장은 1999년의 박사 논문의 주장과 다른 것도 많으며, 미래에는 필자 스스로의 연구에 의해 혹은 다른 학자의 주장에 의해 새롭게 바뀔 수도 있을 것이다. 그러나 지금의 시도와 발전적 비판이 조금이라도 동력이 되어서 한국어 평가의 학문적 발전을 도모할 수 있기를 바라는 마음으로 용감하게 제시해 보았다. 따라서 책에 나타나는 잘못된 점과 부족한 내용은 필자의 학문적 역량이 부족한 탓이며 이에 대한 여러분의 질정을 부탁드리는 바이다. 여기에 제시된 것들은 기초적 내용으로 한국어 평가의 모든 것은 아니며 이 책에 담지 못한 내용들은 후고를 기약해 본다.

원고를 출판사에 넘겼다는 소식을 듣고 '드디어' 책이 나오게 되었다며 누구보다 기뻐해 주신 여러 선생님들께 진심으로 감사 인사를 드리고 싶다. 그리고 지금까지 한국어 평가 전문가로 성장할 수 있도록 다양한 경험을 할 수 있게 이끌어 주신 많은 분들께도 감사 인사를 전하고 싶다. 그 분들의 지지와 기대와 지원이 있었기에 이 책이 나올 수 있었다고 생각한다. 마지막으로 흔쾌히 출판을 허락해 주신 지식과교양 출판사 대표님과 멋지게 책을 만들어 주신 윤수경 님에게도 고개 숙여 감사함을 전한다.

모든 것에 감사하고 모두에게 감사한다.

2020년 8월 말에
김유정 삼가 적음

제11장 한국어 말하기 평가   613

제12장 한국어 시험 개발과 실시　　　　　　　　695

평가의 개념

제1장 평가의 개념

1. 평가의 중요성

우리의 일상에서는 많은 평가들이 일어나고 있고 평가의 중요성을 관찰할 수 있는 이야기 또한 많다. 그 중 김유정(2008:338)에 제시한 역사 속 이야기를 다시 제시하면 다음과 같다.

정설(定說)과 이설(異說)을 논하지 않고 중국 4대 미녀로 손꼽히는 왕소군(王昭君)의 이야기를 간략히 해 보면 다음과 같다.

당시 한나라 원제(元帝)는 많은 궁녀들을 관리하기 위한 방편으로 화공(畫工)에게 후궁들의 얼굴을 화첩에 그리게 하였다. 궁녀들은 황제를 만나기 위해 당시 화공이었던 모연수(毛延壽)에게 뇌물을 주었고 모연수는 이를 악용하여 자신의 힘을 과시하였다. 그러나 당시 궁녀 중 하나였던 왕소군은 미모에 자신이 있었기에(한 설에 의하면 자신의 미모를 최고라고 생각하여 건방지고 도도하게 굴었다고도 함) 모연수에게 뇌물을 주지 않았다. 모연수는 이를 괘씸히 여겨 왕소군의 얼굴에 점을 찍어 버리고는 그녀의 얼굴을 못생긴 추녀로 그려서 황제의 근처에도 갈 수 없는 지경으로 만들었다. 그런데 당시 흉노족의 왕이 국경을 침범하며 한나라를 괴롭히자 원제는 유화책으로 흉노족의 왕에게 공주를 시집보낼 상황을 맞게 된다. 이에 원제는 고민 끝에 가장 못생긴 궁녀를 뽑아 공주 대신 보낼 생각을 하게 되는데 이때 가장 못생긴 왕소군이 낙점을 받게 되어 원제의 앞에 나서게 된다. 왕소군의 미모를 보게 된 원제는 원통하였으나 이미 공식적으로 한 약속이라 그대로 왕소군을 흉노족의 왕에게 보내게 되었다. 흉노족의 왕에게 시집을 가게 된 왕소군이 자신의 신세를 한탄하며 지었는지 혹은 그 안타까운 상황을 보고 시인들이 지었는지 다음의 시가 전해진다.

胡地無花草 春來不似春 (호지무화초 춘래불사춘)
이(오랑캐) 땅에는 꽃과 풀이 없으니 봄이 왔으나 봄 같지 않구나!
[출전] 漢書

중국 4대 미녀로 손꼽히는 왕소군의 인생이 후대에 이렇듯 슬픈 이야기로 전해지는 이유는 무엇일까? 그건 바로 왕소군의 미모에 대한 '평가'가 잘못되었기 때문이다. 여기에서 우리는 사람의 인생을 좌지우지할 수 있는 평가의 중요성을 확인할 수 있으며 동시에 좋은 평가가 이루어지기 위해 필요한 세 가지 요인을 확인할 수 있다.

첫 번째 요인은 평가 방법이다. 즉, 평가 도구(시험 방법)로 무엇을 개발하거나 선택해서 사용했느냐와 관련된다. 만일 한나라 원제가 궁녀들의 미모를 평가하기 위해 화첩이 아니라 '면대면'의 방식으로 평가를 했다면, 혹은 여러 명의 화공에게 초상화를 그리게 했다면 왕소군은 황후가 되었을지도 모를 일이다.

두 번째 요인은 평가자이다. 위의 이야기에서 평가자는 화공 모연수라고 할 수 있다. 평가자는 평가의 목적에 맞게 평가해야 하며 객관적으로 평가해야 한다. 그러나 모연수는 뇌물을 주지 않는 왕소군의 미모를 객관적으로 그리지 않고 괘씸하게 생각하며 주관적으로 평가를 해 낸 것이다. 이렇듯 평가자 개인의 취향과 목적에 근거한 평가 주관은 한 여인의 인생을 돌이킬 수 없는 지경으로 만들게 되었으며 끝내 자신 또한 이러한 잘못된 평가의 대가를 '참형'으로 치르게 된다. 이는 평가자의 역할이 얼마나 중요한지를 극단적이지만 극명하게 보여 주는 예라고 할 수 있다.

세 번째 요인은 수험자이다. 왕소군을 이 평가의 수험자라고 할 수 있다. 왕소군이 뇌물을 상납하지 않은 것을 탓하는 것은 아니다. 그러나 도도하고 건방진 태도나 비협조적이고 무성의한 태도로 평가에 임하는 것은 평가에 임하는 바른 자세라고 할 수 없을 것이다. '평가자님, 어디 제대로 내 능력을 평가해 보시죠?'하는 마음으로 입을 꾹 다물고 있는 도도한 수험자 혹은 아무 말도 하기 싫은 무성의한 수험자를 만난다면 아무리 평가 전문가라도 제대로 평가를 해 내기는 쉽지 않을 것이다. 수험자는 자신의 능력을 제대로 평가받기 위해서 적극적이고 겸허한 자세로 평가에 최선을 다해야 한다. 물론 평가자 또한 다양한 방식으로 수험자를 평가에 적극적으로 유도할 수 있어야 한다.

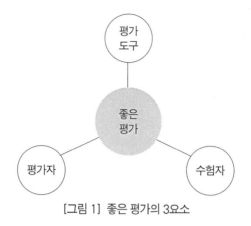

[그림 1] 좋은 평가의 3요소

평가는 우월적인 존재자로서 누군가를 심판하는 도구의 실행이 아니다. 수험자의 인생을 걸고 해야 하는 객관적 판단 행위이다. 좋은 평가 도구 개발과 평가자의 객관적 태도 유지, 수험자의 적절한 반응 유도가 되지 않는다면 그 결과는 곧바로 수험자의 인생을 생각지도 못하는 상황으로 몰아갈 수도 있기 때문이다. 따라서 평가론은 이러한 세 가지 요소, 즉 어떻게 하면 제대로 평가할 수 있는 평가 도구를 개발할 수 있을지, 평가자의 태도를 어떻게 하면 객관적으로 유지할 수 있을지, 수험자를 적극적이고 협조적인 자세로 평가에 임하게 하는 방법은 무엇인지에 대해 연구하고 실천하는 학문이라고 할 수 있다.

2. 평가의 정의

평가란 무엇인가? 한자 評價의 의미를 해석해 보면 '(평가 대상에 대해) 값이나 가치를 매기다.' 정도가 될 것이다. 이 경우 대부분

'100,000원, 우수하다'와 같은 최종적인 값과 가치에만 집중할 수 있다. 그러나 그 값과 가치는 대체 어떻게 매겨지는 것인가에 더 집중해야 한다. 이는 직관적이거나 순간적인 주관으로만 일어나는 것이 아니며 그렇게 되어서도 안 된다. 반드시 객관적인 절차와 다양한 단계의 검증을 통해 값이 매겨져야 한다. 예를 들어, 어떤 다이아몬의 값과 가치를 매긴다고 했을 때 일반적으로 다음과 같은 절차와 방법에 따라 평가가 이루어진다고 할 수 있다.

[그림 2] 평가의 단계

▶ 다이아몬드 가치 평가 단계

1단계 : 왜 평가해야 하는지 목적을 설정한다. 소유 가치 혹은 판매 가치를 알아보기 위한 것인지 기부가 가능한 정도의 가치인지를 알아보기 위한 것인지 등 다양한 목적이 있을 수 있다. 목적을 설정하는 것은 이후 단계에 영향을 끼치므로 반드시 이루어져야 한다.

2단계 : 평가 목적에 맞게 평가 방법에 무엇이 좋을지 설계한다. 평가 방법에는 다이아몬드의 원산지, 크기, 디자인에 대한 자료 조사와 정보 수집도 있을 수 있고 다이아몬드를 잘 아는 지인에게 가벼운 개인적 견해를 의뢰할 수도 있을 것이며 전문가나 전문 기관에 의뢰하여 중량, 투명도, 색상, 커팅에 대한 정밀 검사도 할 수 있을 것이다. 평가 목적에 따라 한 가지의 방법만 선택될 수도 있고 두 개 이상의 방법이 선택될 수도 있다.

3단계 : 2단계에서 설계한 평가 방법을 바탕으로 구체적으로 평가 도구를 개발한다. 각각의 평가 도구의 비중과 시간, 방법 등을 구체화 하는 것이다.

4단계 : 개발된 평가 도구를 바탕으로 평가가 진행되는 단계이다. 결정된 설계 내용에 따라 실제로 자료 조사가 이루어지거나 전문가 자문을 받거나 다이아몬드에 대한 객관적 검사가 진행되는 단계이다.

5단계 : 4단계의 결과를 종합하여 점수화 혹은 수량화하는 단계이다. 일반적으로 다이아몬드의 경우에는 4C, 즉 네 가지 항목으로 전문 감정 결과가 나오게 된다고 한다. '캐럿(Carat)'은 중량, '클레리티(Clarity)'는 투명도, '컬러(Color)'는 색상, 그리고 '컷(Cut)'은 연마를 의미하는데 위의 4단계에서 각각에 대한 결과가 나오면 이를 바탕으로 가격이나 가치가 수량화되거나 점수화 될 수 있는 것이다.

6단계 : 다이아몬드의 가치와 가격, 등급 등으로 제시된 평가 결과를 의뢰자에게 보고하여 그 가치를 확인하도록 하는 단계이다.

7단계 : 평가 결과 목적에 맞게 활용하는 단계이다. 개인이 소장을 하거나(혹은 가치가 없어서 버리게 되거나) 기부를 하거나 하는 등 행동이 뒤따를 수 있다.

이상의 설명은 이해를 돕기 위해 제시한 다이아몬드의 가치 평가에 관한 것이지만 모든 평가에 적용되는 절차이며 언어 평가에서도 동일하게 적용 가능하다.

▶ 언어 평가 단계

1단계 : 언어 평가의 목적이 성취도 진단, 선발, 배치, 진급 등 중에서 무엇인지 확인한다.

2단계 : 언어 평가 목적에 맞게 평가 방법으로 무엇이 좋을지 설계한다. 평가 영역으로 듣기 · 말하기 · 읽기 · 쓰기 중 무엇을 넣고 뺄지, 평가 문항에는 어떤 것들이 있는지 구체적으로 명세화 하는 과정이다.

3단계 : 명세화 된 아이디어를 바탕으로 실제로 언어 시험 문항을 출제한다.

4단계 : 개발된 시험 문항을 이용해 실제로 평가를 진행한다.

5단계 : 시험 결과를 점수나 등급, 순위 등으로 점수화 또는 수량화한다.

6단계 : 평가 결과를 수험자와 기관 등에 점수, 등급, 석차 등을 보고하여 확인하도록 한다.

7단계 : 평가 목적에 맞게 성취도 진단 결과에 따라 향후 학습의 방향을 설정하게 하거나 선발, 진급, 배치 등에 그 결과를 활용한다.

따라서 평가는 원론적으로 1단계 평가 목적 설정부터 7단계 평가 결과 활용에 이르는 전체 과정을 포함한다고 할 수 있다. 그런데 여기에서 중요한 점은 평가 단계별로 객관적이고 정량적인 계량 절차와 주관적이고 정성적인 추정(推定) 절차가 교차적으로 일어난다는 것이다. 2단계에서는 평가 목적에 맞게 평가 방법을 설계하게 된다. 이때 객관적이고 이론에 바탕을 둔 평가 방법들이 설계된다. 그러나 무수히 많은 평가 방법들 중에서 무엇을 선택하게 되는지는 결국 객관성에 바탕을 둔 평가 개발자의 주관적 판단과 선택에 따른 것이다. 이러한 현상은 결국 문항을 출제할 때에도, 평가를 진행하고 점수화를 진행할 때에도, 그리고 평가 결과를 활용할 때에도 동일하게 발생한다. 다이아몬드 실험 후 그 값을 매기는 행위, 그리고 언어 수험자의 인터뷰 발화를 듣고 점수로 매기는 행위가 모두 그렇다. 따라서 평가는 주관과 객관이 함께 작용한다고 볼 수 있다. 단, 무작위의 주관과 개인적 주관이 아니라 객관적 근거를 바탕으로 한 주관이라는 점을 잊어서는 안 된다.

이상의 논의를 통해 '평가'의 개념을 정의해 보면 다음과 같다.

평가란 평가자가 객관적이고 정량적인 계량 절차와 주관적이고 정성적인 추정 절차를 통해 평가하는 대상의 가치를 매기고 판단하는 활동이다. 그 활동은 평가의 목적 설정, 평가 방법 설계, 평가 도구 개발, 평가 실시, 점수화, 결과 보고, 결과 활용에 이르기까지의 전 단계 혹은 일부 단계를 포함한다.

3. 평가 용어

평가와 관련된 영어 용어로는 '메저먼트(Measurement), 어세스먼트(Assessment), 이밸류에이션(Evaluation), 테스팅(Testing), 테스트(Test), 이그재미네이션(Examination), 퀴즈(Quiz)'를 들 수 있고 한국어 용어로는 '측정, 평가, 사정, 검정, 시험, 검사, 고사, 단원 평가, 쪽지시험' 등을 들 수 있다. 각 용어에 대해 설명을 해 보면 다음과 같다.

영어 평가 서적의 제목을 보면 평가라는 가장 공식적인 공통의 개념으로 시대에 따라 다르게 나타난다. 보통 Measurement-Evaluation-Testing-Assessment의 순으로 사용된 흔적이 있다. 그러나 현재에는 다음과 같이 그 의미가 차별적으로 구분되는 경향이 있다. Dictionary of Language Testing(1999), Brown(2010:1-7), 이완기(2003), 표준국어대사전 등에는 평가에 대한 다양한 정의들이 등장하는데 그 개념을 명확히 이해하기 어려운 경향이 있다. 여기에서는 이해를 돕기 위한 방법으로 위에 제시한 [그림 2] 평가의 단계와 결합해서 설명을 하고자 한다.

(1) Measurement(측정(測定), 평가)
이 개념은 '지식이나 능력, 양이나 비율 등을 재거나 가늠한 후 수량화하여 나타내는 것'이다. 측정하는 대상을 비교하고 우열을 가리기보다는 단지 계량화하여 알기 위함으로 정량적(定量的, quantitative)인 활동이며 측정 이후에 일어나는 '보고'와 분리된 활동이다. 그런데 수량화 혹은 계량화하기 위해서는 숫자 혹은 점수가 그냥 나오는 것이 아니다. 일정한 기준 척도(scale)가 필요하고 그 기준에 맞춰 양의 많고 적음, 질의 높고 낮음 등을 계측할 수 있도록 제작된 도구가 있어야 한다. 그리고 이 도구를 사용한 계측 행위를 통해 수량화가 일어나는 것이다. 예를 들어, 몸무게 측정을 위해서는 킬로그램(kg)이나 파운드((lb) 등의 척도를 사용한 체중계가 개발되고 이를 통해 계측 행위가 일어나서 몸무게를 알 수 있게 되는 것이다. 언어 능력 측정은 몸무게 측정과 다르게 기준 설정, 도구 개발, 수량화의 어려움은 있으나 측정 도구 개발과 시행을 통해 성적으로 정량화가 가능하므로 평가 관련 용어에서 사용될 수 있다. [그림 2]의 평가 단계에서 보면 1~5 혹은 3~5까지의 단계로 설명할 수 있을 것이다.

(2) Evaluation(사정(査定), 판정, 평가)

Evaluation(사정(査定), 판정, 평가)은 넓은 의미와 좁은 의미로 사용될 수 있다. 넓은 의미는 '어떠한 결정을 내리기 위해 이를 도울 수 있는 자료나 정보를 체계적으로 수집하고 조사한 후 심사하여 결정하는 것'이다. 이 때 수집되는 자료나 정보는 객관적인 점수로 표시되는 자료와 주관적인 서술 등이 모두 포함될 수 있으며 이러한 자료들을 통해 가치 판단과 어떠한 결정이 이루어지게 된다. 따라서 정성적(定性的, qualitative)인 활동이라고 할 수 있다. 이 과정은 간단하게는 다음과 같이 나타날 수 있다. 예를 들어, 학생이 말하기 영역에서 50점을 받은 경우 50점은 측정(measurement)에 해당한다. 그리고 50점을 받아서 불합격으로 판정된다는 것은 사정/판정(Evaluation)이라고 할 수 있다. 더 복잡하게는 언어 프로그램에서 졸업 사정위원회의 경우를 보면 어느 학생을 졸업시킬 것인가에 대해 그 간의 언어 시험(test) 성적표, 출석 현황, 결석 이유, 학생에 대한 선생님들의 의견 등이 자료나 정보로 활용되어 졸업 요건을 갖추었는지를 판단하고 졸업 여부를 결정할 수 있다. 그리고 이러한 개념은 교육과정 평가(Language programme evaluation)처럼 어느 교육 프로그램의 유지 여부나 개선 방향을 결정하기 위해서도 일어날 수 있다. 이 때에는 후원자, 매니저, 교사, 부모와 같은 이해 당사자들에게 프로그램의 미래를 예측하고 유지할지 여부를 판단하도록 프로그램에 대한 다양한 정보를 제공함으로써 일어날 수 있다. [그림 2]의 평가 단계에서 보면 일반적으로 7단계에 집중된 것으로 새로이 평가 도구를 설계하고 개발하여 실시하기보다는 6단계까지 진행되어 이미 작성된 자료나 정보를 수집하고 이를 바탕으로 심사해 결정하는 것이라고 할 수 있다. 따라서 평가의 시행 방향이 다르게 이루어진다고도 볼 수 있다.

Evaluation은 좁은 의미로 사용할 때에는 비공식적 평가(Informal assessment)와 같은 개념으로 사용되어 교수(teaching) 상황에서 특별한 측정(measurement) 없이 교사가 즉흥적으로 학생의 발화에 "잘했어요. 좋아요."와 같이 반응하는 것들을 의미하기도 한다. 이는 공식적으로 계획된 평가 과정이 아니라 교수 과정에서 일어나는 평가의 또 다른 양상으로 이에 대해서는 이 장의 5. 평가와 교수의 위상에 대한 설명에서 보충될 것이다.

(3) Assessment(평가)

현재 언어 평가에서 가장 포괄적이고 전문적인 용어로 많이 사용되는 것으로 다음과 같이 여러 가지로 정의된다.

첫째, Testing(시험을 치르는 것)과 동일한 의미로 사용되는 경우로 아래에서 언급되는 공식적인 평가(Formal assessment)와 관련된다.

[그림 2]에서는 4단계에 해당된다.

둘째, 사정(Evaluation)을 목적으로 공식적인 평가(formal assessment)로 시험 자료를 포함한 언어 자료를 수집하는 것과 비공식적인 평가(informal assessment)인 '면담, 사례 연구, 설문지, 관찰 기법' 등과 같은 것을 모두 포함한다. 따라서 정량적이며 정성적인 특징을 모두 가지고 있다고 할 수 있다. [그림 2]에서는 1단계부터 6단계까지라고 할 수 있는데 공식적인 평가 이외에 수업 시간이나 과제 등에 포함되는 면담, 사례 연구, 설문지, 관찰 등이 포함되는 것이 특징이다.

셋째, 시험(test)을 포함하지 않는 평가 절차(assessment procedure)를 나타낸다. 따라서 [그림 2]에서는 4단계를 제외한 1~7단계라고 할 수 있다.

넷째, 가장 넓은 의미로는 학습자 개인, 학습자 그룹에 대한 평가(assessment)뿐 아니라 '커리큘럼, 방법론, 자료, 자원, 계획 및 인력'을 포함한 언어 교수 운영의 효율성에 대한 평가(assessment)도 포함하며 역시 사정(Evaluation)에 기여한다.

(4) Test(시험, 테스트, 검사, 평가)

Test 또한 여러 가지 의미로 사용된다.

첫째, 지능 검사나 심리 검사와 같이 수험자가 검사 순간에 지니고 있는 능력, 지식, 태도 등의 심적 유무나 정도를 밝히기 위하여 고안된 측정 도구를 의미한다. 따라서 일반적이고 객관적인 정량화가 가능한 도구를 나타낸다. [그림 2]에서는 3단계에서 개발된 측정 도구 그 자체라고 할 수 있다.

둘째, TOEFL(Test of English as a Foreign Language), TOPIK(Test of Proficiency In Korean)과 같은 공식적이고 대규모로 진행되는 표준화 시험의 이름으로 사용된다. 이러한 시험들은 일반적으로는 특정한 교육 프로그램의 교육과정(curriculum)과 교수요목(syllabus)에 기반하여 개발된 시험이 아니다. [그림 2]에서 3단계 개발된 평가 도구 중 하나를 일컫게 된다.

셋째, 교육 프로그램 이수 중 30분에서 한 시간 정도 실시되는 단원 평가를 의미하거나 시험지(test sheets) 자체를 의미하기도 한다. 참고로 교육 프로그램 이수 중 5분에서 10분 정도에 일어나는 시험은 쪽지 시험(Quiz)라는 용어로 사용된다. 따라서 [그림 2]에서는 3단계에서 개발된 측정 도구 유형 중 하나를 의미하는 것이다.

넷째, 평가 유형(assessment format)이 객관적이고(objective) 분리 항목(discrete-point)에 대해 이루어지는 경우 Test라는 용어가 사용되기도 한다. 아래 (5)의 둘째와 대별되는 개념이다.

(5) Examination/Exam(시험, 고사)

첫째, Test와 유사하게 사용되지만 일반적으로 특정한 교육 프로그램의 교육과정과 교수요목에 기반하여 진행되는 시험을 일컫는다. 주로 교육과정 중간과 말미에 두 시간 이상의 시간이 걸리는 중간고사(midterm examination), 기말고사(final examination) 등의 형식을 일컫는다. 따라서 [그림 2]에서는 3단계에서 개발된 측정 도구 중 하나가 될 수 있다.

둘째, 평가 유형(assessment format)이 주관적인(subjective) 경우의 시험을 나타낼 때에 사용되기도 한다.

각 용어들이 어떻게 사용될 수 있는지 아래 문장들을 통해 확인할 수 있다.

언어 평가는 현장 교사들의 즉흥적이고 **비공식적 평가**와 **공식적인 평가**를 아우르는 개념이다. 한국어 평가는 중간 · 기말고사 등의 성취도 **시험** 혹은 대규모 숙달도 **시험**을 통해 학습자의 언어 능력에 대한 **측정**이 이루어질 수 있다.

4. 평가자의 종류와 역할

위에서 언급한 '3. 평가 용어'에서 평가가 여러 범위에 걸쳐서 혹은 하나의 단계에 머물면서 다양한 용어와 개념으로 사용되고 있음을 확인하였다. 그렇다면 '평가자'는 어떠할 것인가? 앞에서 좋은 평가의 요건 중 하나인 평가자에 대해 어떤 종류가 있고 그 역할이 무엇인지 살펴보면 아래 그림과 같다.

[그림 3] 평가자의 종류와 역할

(1) 평가 개발자(Assessment Developer)

[그림 2]의 평가 전체 단계를 아우르는 작업을 한다. 평가 개발자는 평가 목적 설정에 맞게 평가 방법을 설계하고 도구를 개발하며 이를 바탕으로 평가를 실시한 후 점수화와 평가 보고를 하고 평가를 활용하기까지의 전 과정을 모두 기획하고 구상해야 한다. 따라서 평가 전 단계에 걸친 전문 지식을 바탕으로 평가를 기획하고 구상하고 구현해 낼 수 있는 능력이 필요하다.

(2) 시험 출제자(Test Writer/Developer)

설계된 방법으로 실제 사용될 시험(Test) 문항을 개발하는 작업을 한다. 시험 출제자는 설계된 시험 형식이 어떤 평가 목적으로 설계된 것인지에 대한 정확한 판단을 해야 한다. 또한 실제 문항을 작성해야 하므로 듣기 · 말하기 · 읽기 · 쓰기 언어 기술별 특성에 대한 지식, 문항 출제와 관련된 전문 지식과 기술을 가지고 있어야 한다.

(3) 평가(채점)자(rater/scorer)

개발된 시험(Test)을 사용해 평가를 실시하면서 동시에 점수화를 진행하거나 실시된 시험 답안을 바탕으로 점수화를 진행해야 한다. 말하기 인터뷰 시험의 경우에는 평가를 실시하면서 점수화를 동시에 실행해야 할 것이며, 쓰기 작문 시험의 경우라면 수험생의 답안지를 보고 점수화 과정만 수행하게 된다. 평가(채점)자는 평가의 목적과 시험 도구의 내용과 의도에 대해 완벽히 숙지를 해야 한다. 그리고 현장에서 바로 실시하는 구어 인터뷰 같은 시험에서 평가(채점)자는 인터뷰를 잘 진행할 수 있는 능력도 갖추고 있어야 한다. 또한 점수가 의미하는 바가 무엇인지 정확하게 파악하고 이를 적용할 수 있어야 한다.

(4) 사정(판정)자(Evaluator)

평가 결과를 활용하는 단계에서 최종 결정·판정을 위해 수집된 자료를 심사한다. 이 때 사정(판정)자는 수집된 정보와 자료가 어떤 의도의 지표인지를 정확히 파악하고 평가 활용의 목적에 부합하는지를 면밀히 검토해야 한다.

대부분의 교실 현장에서는 교사가 평가 개발자가 되어 1~7단계까지를 기획하고 동시에 출제자와 채점자, 그리고 사정(판정)자의 역할까지 수행하게 되는 경우가 많다. 반면 표준화된 대규모 평가에서는 평가 개발자, 출제자, 채점자, 사정(판정)자가 각기 다르게 구성된다. 중요한 점은 교사의 개인적 평가이건 대규모 평가이건 관계없이 좋은 평가가 되기 위해서는 평가에 대한 전문적 지식과 기술이 (1), (2), (3), (4)의 모든 평가자에게 있어 필수적으로 요구된다는 것이다. 다시 말하면 교사 개인이 모든 평가자의 역할을 수행하는 경우에도 평가 이론에 맞춰 평가 목적 설정에서부터 활용에 이르기까지 일관되고 잘 조직화된 평가가 이루어질 수 있도록 해야 한다는 것이다. 또한 대규모 평가에서 각 단계별 평가자의 역할이 구분된다 하더라도 출제자, 채점자, 사정(판정)자 모두 평가 개발자들이 제시한 평가 도구 개발의 의도와 목적, 문항 출제 방향, 평가 및 채점, 활용 방안 등 세부 사항을 충분히 이해하고 본래 취지에 맞도록 일관된 평가를 유지해야 한다.

교육 현장에서는 교사의 직관이나 경험에 의지한 평가가 이루어지고 있는 경우가 대부분이거나 개발된 평가 도구의 의도를 제대로 파악하지 못한 채 비전문적으로 문항 출제가 이루어지거나 채점이 이루어지는 경우 또한 많다. 이는 앞서 살펴본 바대로 좋은 평가의 요건에 어긋나는 것이며 그 결과는 수험자에게 부정적인 상황을 초래하게 된다.

따라서 이러한 상황을 방지하고 평가 본연의 역할을 수행하도록 하기 위해서는 평가 개발자의 전문적 지식 습득과 훈련 및 양성, 시험 출제자 훈련 및 양성, 채점자 훈련 및 양성, 사정(판정)자 훈련 및 양성 그리고 상호 정보 공유 등이 반드시 이루어져야 한다. 또한 여기에서는 자세히 언급하지 않지만 추가적으로 시험 감독 및 시험지 인쇄ㆍ보관 등과 관련된 사람들에게도 평가의 목적과 방식에 대한 정보 공지와 적절한 정도의 훈련이 필요하다. 평가자들에게 필요한 세부 지식과 능력은 12장에서 다시 제시할 것이다.

5. 평가와 교수의 위상

교육(Education)에서 평가(Assessment)와 교수(Teaching)의 관계에 대해 크게 두 가지 입장으로 설명할 수 있다. 하나는 [그림 4]의 (1)처럼 평가를 단지 교수ㆍ학습 과정의 마무리 단계로 보는 입장이고, 다른 하나는 [그림 4]의 (2-1), (2-2)와 같이 언어 평가를 언어 교수ㆍ학습 과정에서 교수와 동일하고 대등한 비중으로 작용하는 요소로 보는 입장이다.

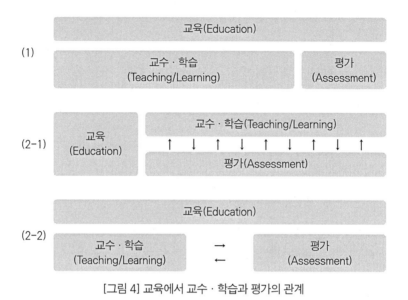

[그림 4] 교육에서 교수 · 학습과 평가의 관계

　결론부터 말하면 [그림 4]의 (2-1), (2-2)이 평가와 교수에 대한 적절한 견해라고 할 수 있다. 그 이유를 설명하면 다음과 같다.

　먼저 (2-1)에 대해 설명을 해 보면 다음과 같다. 평가(Assessment)는 교수 · 학습 말미에 일어나는 활동이 아니다. 평가는 어떤 교수 활동이 일어나기 전에 선발이나 진단, 배치 시험의 형식을 통해서 미리 일어나는 경우가 많다. 그리고 교수 상황 속에서 교사는 학생의 답변, 연습 활동, 발표 등의 다양한 요소에 대해 비공식적인 평가(Informal Assessment)를 하게 되고 이를 다시 교수 상황에 반영하기도 한다. 예를 들어 학생에게 "어제 뭐 했어요?"라고 물었을 때 학생이 "성생님, 나가 어제 바브 먹을래."라고 대답을 한 경우 교사는 이 상황이 시험을 보는(Testing) 상황은 아니더라도 학습자의 기능 수행 능력, 발음이나, 문법, 어휘 등에 대해 판단을 하게 되고 이를 바탕으로 그 즉시 피드백을 주거나 혹은 향후에 개인적으로나 전체적으로 피드백을 진행할 수 있다. 따라서 교육 상황에서는 교수가 일어나는 동시에 무수히 많은 비공식적인 평가 일어나고 교육과정 안에서 교수·학습 상황과 함께 연계해 몇 차례의 공식적인 평가(Formal Assessment)가 발생한다고 보는 것이 타당하다.

(2-2)에서 교수·학습과 평가는 동등한 위치에서 상호적으로 영향을 미치는 것으로 파악할 수 있다. 먼저 교수·학습된 내용과 형식을 바탕으로 평가가 이루어져야 하는 것은 너무나도 자명한 일이다. 그러나 반대로 평가는 평가 결과를 바탕으로 교수·학습에 영향을 미칠 수도 있다. 학습자들의 읽기 성적이 좋지 않다면 그 결과를 분석하여 읽기 수업의 교수 방안을 개선할 수 있을 것이다. 더 나아가 교수·학습 방법이 바람직하지 않은 경우는 평가의 방법을 바꾸어서 교정할 수도 있다. 이완기(2003:28)에서 "교육의 내용과 방법을 바꾸는 데 어떤 행정 명령이나 지시보다도 더 효과적인 것은 평가를 바꾸는 것이다."라고 한 언급은 교수·학습에 강력한 역류 효과(수업 파급 효과, washback effect)를 미칠 수 있는 평가의 위상에 대한 것이라 볼 수 있다. 일례로 시험에 말하기가 없으면 학생들은 수업 시간에 말하기를 하게 되지 않을 것이고, 시험에 말하기가 있다면 당연히 수업의 상당 시간이 말하기에 할당될 것은 자명한 일이다. 이러한 인식은 Brown & Abeywickrama(2010:22)의 "평가의 위상에 대한 가치에 공감하고 교수와 평가의 상호 연계성에 대한 의식을 가지를 바란다. 평가는 교수-학습 주기의 필수적인 부분이다."라는 언급에서도 확인할 수 있다.

이러한 논의에 덧붙여 Brown(1994:251-253, 2010:3-4)에 언급된

"In scientific terms, a test is a method of measuring a person's ability, knowledge, of performance in a given domain.(평가는 특정 영역에서 사람의 능력, 지식, 수행을 측정하는 방법이다.)"이라는 정의를 통해 평가의 위상에 대해 생각해 보면 다음과 같다. A test는 하나의 시험으로 해석될 수도 있다. 그러나 이것이 method라는 정의를 받는 것이 타당하려면 일반적 용어로 '평가'라는 말이 적절해 보인다. 이 논의를 정리하면 다음과 같다.

첫째, 평가는 방법(method)이다. 방법은 일련의 기법, 절차, 항목이 체계적으로 구성된 것을 의미한다.

둘째, 평가는 측정해야 한다. 측정은 공식적인 평가와 비공식적인 평가에서 점수, 평가 의견, 평어 점수(A, B+ 등), 등급 등으로 기술될 수 있다.

셋째, 평가는 개인의 능력, 지식, 수행을 측정한다. 따라서 능력, 지식, 수행을 측정하는 표본은 수험자의 능력, 지식, 수행과 일치하도록 고안되어야 하며 표본을 측정한 결과는 곧 수험자의 능력, 지식, 수행의 정도가 어떠한지를 함의해야 한다.

넷째, 평가는 특정 영역(given domain)을 측정한다. 우리는 현실적으로 평가하려는 대상의 모든 것을 측정할 수 없다. 평가에서 실제로 행하는 일은 언어 기능의 표본 추출에 불과하다. 그러나 특정 영역의 측정을 통해서 측정되지 않은 잠재 능력까지도 추정하고 추측할 수 있어야 한다. 따라서 그 영역은 전체를 대표할 수 있는 준거(목표, criterion)에 맞게 측정해야 하며 실수로라도 관계없고 주변적인 것을 측정해서는 안 된다는 것이다(신성철 역, 1996:349). 이러한 언급은 일찍이 Bachman(1990:20)에도 등장한다. 그는 Carroll(1968:46)이

"심리적 또는 교육적 평가(테스트)는 개인의 특성에 대해 추론할 수 있는 특정 행동을 이끌어 내기 위해 고안된 절차이다."라고 한 정의를 언급하면서 다음과 같이 평가의 개념을 정의한다. Bachman은 "평가(테스트)는 개인의 행동에 대한 특정 샘플을 도출하기 위해 고안된 측정 도구이며 한 가지 유형의 측정으로 반드시 명시적 절차에 따라 개인의 특성을 정량화해야 한다."고 하였다.

교수·학습과 평가의 위상을 살펴봄에 있어서 위의 논의에서 주목해야 하는 점은 다음과 같다.

첫째, 평가 또한 교수법(Teaching Method), 즉 교수 방법과 마찬가지로 하나의 방법(method)의 가치를 지니며 독립된 이론으로 중요하다는 점이다. 이러한 관점은 [그림 4]의 (1)처럼 평가를 교수 단계 이후에 일어나는 마무리 단계로 보면 안 된다는 점을 강조한다. 교수 방법은 교수 항목, 교수 절차, 교수 기법이 체계적으로 이론화 되어 있는 것이다. 즉, 무엇을 가르칠지 어떤 순서로 가르칠지 어떤 교수 기법이 사용되어야 하는지가 체계적인 이론으로 정립되어 있는 것이다. 그렇기 때문에 다양한 교수법은 항목과 절차와 기법이 각기 다르다. 평가 방법 또한 마찬가지로 무엇을 평가할지, 어떤 순서로 평가할지, 어떤 평가 기법이 사용될지가 이론으로 정립되어 있는 것이다. 따라서 [그림 4]의 (2-1)과 같은 위상 정립은 적절한 주장이 될 수 있다.

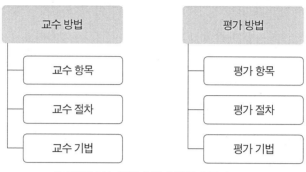

[그림 5] 교수 방법과 평가 방법의 구성 요소

둘째, 교수 항목과 평가 항목의 차이에 대한 인식이 필요하다. [그림 5]에 나타난 항목 중에서 교수 절차와 평가 절차의 차이, 교수 기법과 평가 기법의 차이에 대해서는 다를 수 있다는 것에 동의할 수 있다. 그렇다면 항목은 어떠할까? 예를 들어 보자. 초급 언어 수업에서 100개의 단어를 교수한 뒤에 100개를 다 평가하는 경우는 현실적으로 불가능하기도 하고 불필요하기도 하다. 왜냐 하면 앞에서 언급한 Brown의 논의와 같이 '특정 영역(given domain)의 측정을 통해서 측정되지 않은 잠재 능력까지도 추론할 수 있는 것'이 평가가 가져야 하는 중요한 요건이기 때문이다. 이 경우 100개의 교수 항목 단어들 중 40개의 평가 항목을 뽑아서 시험을 보았다. 그 결과는 무엇을 의미해야 하는가? 바로 40개 단어를 얼마나 알고 있는지를 측정함과 동시에 측정되지 않은 나머지 60개에 대한 '추정' 또한 가능하게 해야 한다. 이완기(2003:25)에서는 평가의 원리로 '추정(외삽법, Extrapolation)의 원리'를 제시하고 있다. 추정(외삽법)은 과학적인 맥락에서 이전의 실험으로부터 얻은 데이터들에 비추어 아직 실험하지 못한 경우를 예측해 보는 기법을 말한다. 그렇다면 추정이 적절히 이루어지기 위해서는

'실험 데이터'가 정확해야 함을 전제하는 것이다. 따라서 위의 예와 같은 경우, 학습자가 초급 단어를 얼마나 잘 배웠는지를 확인하기 위해서는 40개의 단어를 어떻게 뽑아야 하는 것인지 자연스럽게 알 수 있다. 40개의 단어는 나머지 60개 항목의 능력을 추정할 수 있어야 하며 교육 목표에서 초급을 대표할 수 있는 핵심 단어 항목이어야 하는 것이다. 실제 교수 현장에서는 다양한 돌발적 요소에 의해 핵심 단어와 비핵심 단어(핵심 단어를 설명하기 위해, 또는 학생의 질문 등을 통해 발생)가 교수될 수 있다. 그리고 심지어는 핵심을 강조하기 위해 비핵심이 다소 길게 도입되는 경우도 있는데 이는 핵심 항목을 전달하기 위한 교수 기법으로 긍정적으로 사용될 수 있다. 그러나 평가에서는 비핵심 항목이 사용되어서는 안 된다. 그러므로 평가를 잘하기 위해서는 평가자가 교수 항목 중에 무엇이 핵심이고 비핵심인지를 분명하게 인지하고 구별하는 것이 반드시 필요하다.

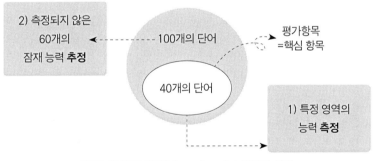

[그림 6] 특정 영역(given domain) 측정의 의미

그러므로 교수와 평가의 위상과 별개로 교수 항목과 평가 항목은 다음 [그림 7]과 같은 관계를 가진다고 할 수 있다. 이 때 항목의 차별

성은 교육 목표가 무엇이냐에 따라 결정된다고 할 수 있다. 교수자는 교육 목표에 맞춰 교수(Teaching)에 핵심 항목과 비핵심 항목을 적절하게 사용해야 한다. 그리고 교실 현장이라면 비공식 평가와 공식 평가로 사용할 수 있는 평가(Assessment) 항목을 선정할 수 있어야 한다. 마지막으로 시험(Test) 항목은 교육 목표를 직접적으로 드러낼 수 있으면서 시험이라는 공식성에 맞게 핵심 항목으로 선정되어야 한다. 따라서 모든 교수 항목이 평가 항목이 되지 않으며 모든 평가 항목이 시험 항목이 되지 않을 수 있다는 점을 인식하는 것은 평가 또는 시험을 개발하기 위해 중요하다고 할 수 있다.

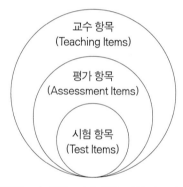

[그림 7] 교수 항목, 평가 항목, 시험 항목의 관계

1. 자신이 경험한 평가 상황이나 주변에서 발견한 평가 상황을 좋은 평
   가의 세 가지 요소(평가 도구, 평가자, 수험자)와 관련하여 설명해 보
   시오.

   _____

   _____

   _____

   _____

   _____

2. 아래 문구는 이 장의 3절에서 언급된 것이다. 이 문구에서 진하게 표
   시된 것이 '평가'의 다양한 영어 용어 중 무엇과 대응이 되는지, 그리
   고 그 의미가 무엇인지 설명해 보시오.

   ┌───┐
   │ 언어 **평가**는 현장 교사들의 즉흥적이고 **비공식적 평가**와 **공식적인 평가**를 │
   │ 아우르는 개념이다. 한국어 평가는 중간 · 기말**고사** 등의 성취도 **시험** 혹 │
   │ 은 대규모 숙달도 **시험**을 통해 학습자의 언어 능력에 대한 **측정**이 이루어 │
   │ 질 수 있다. │
   └───┘

제

 2

 장

언어 평가의 개념

제2장 언어 평가의 개념

이 장에서는 언어를 아는 것, 언어를 할 줄 안다는 것이 무엇을 의미하는지에 대한 내용을 다루고자 한다. 그 개념에 따라 언어 교수와 언어 평가의 모습이 달라질 수 있기 때문이다. 이를 위해 '언어 능력 모델'과 '숙달도'에 관련된 이론들을 살피고 언어 평가의 개념을 확인해 보고자 한다.

1. 언어 능력 모델 이론

언어를 알고 언어를 할 줄 안다는 것은 다르게는 '언어 능력'이 있다는 말로 표현할 수 있다. 따라서 언어 평가는 언어 능력을 평가하는 것을 의미하게 된다. Bachman(1990:3-4)에 '언어 능력에 대한 명확하고 분명한 정의는 모든 언어 시험의 개발 및 그 사용에 있어 필수적이다.'고 한 언급처럼 모든 언어 평가의 개발과 사용에 있어서 언어 능력에 대한 명확하고 분명한 정의가 필수적이다. 다시 말하면, 언어 평가에서 그 대상이 되는 것이 무엇인가를 명확히 해야 좋은 평가가 이루어질 수 있다는 것이다. 언어 능력에 대한 국내 한국어 교육 분야 학자들(노대규:1983, 원진숙:1992, 정광:1994, 김유정:1998 등)의 논의를 보면 대부분 외국 학자들의 논의에서 개념을 가지고 오거나 발전시킨 바가 많다(김유정, 1999:21-40). 여기에서는 언어 능력에 대한 외국 학자들의 다양한 논의들 중 현재 언어 교육과 평가에서 집중되고 있는 것을 중심으로 살펴 보고자 한다.

1) Chomsky(1965)의 언어 능력(Linguistic Competence)

Chomsky의 언어 능력에 대한 언급을 제시하면 다음과 같다.

(가) 언어 이론은 완전히 동질적인 언어 공동체에서 그 언어를 완벽하게 알고 있는 '이상적인 언어사용자(화·청자)'와 관계된 개념으로 이상적인 언어사용자가 그들의 언어 지식(knowledge)을 실제 수행(performance)으로 적용함에 있어서 기억의 한계, 산만함, 주의력, 관심의 이동, 임의적이고 특정직인 오류와 같은, 문법적으로 무관한 조건들에 영향을 받지 않는 것이다(Chomsky, 1965:1)

(나) 따라서 우리는 기본적으로 언어 능력(competence, 화-청자의 언어 지식)과 구체적인 상황에서 실제적 언어 사용인 수행(performance)을 구분한다(Chomsky, 1965:2).

이에 따르면 Chomsky는 이상적인 모국어 화자에 기초하는 언어 능력(Competence)과 개인적 언어 수행(Performance)을 엄격히 구별하였다. 그는 '언어 능력(Competence)'을 이상적인 언어 사용자(ideal speaker-listener)의 머릿속에 완벽히 숙달해서 내면화하고 있는 언어 체계에 대한 지식(knowledge)이라고 설명하면서 이는 곧 추상화되고 내재된 완벽한 통사론의 규칙, 즉 문법적(grammatical) 능력으로 한정하였다. 반면 '언어 수행(Performance)'은 인간의 실제적 발화로 언어 사용의 생산과 이해력을 의미하는 것으로 보았다.

또한 Chomsky(1965:9)는 언어 능력과 언어 수행을 확실히 구별하기 위해 언어 능력 연구에 속하는 문법성(Grammaticality) 개념과 언어 수행 연구에 속하는 수용성(Acceptability) 개념을 제시하였다. 문법성의 판단은 앞에서 언어 능력을 설명한 것과 동일하게 해석되는데 언어 자극의 존재론적 상태, 즉 문법에 의해 생성되었는지 아닌지에 관한 기술적 의미로 우리의 '직관(intuition)'이 아니라 '문법(grammar)'에 의해 판단된다고 하였다. 반면에 수용성 판단은 화자가 언어적 자극을 평가하는 방법으로 문장의 수용성은 문법성뿐만 아니라 담화에서의 자연스러움이나 즉각적인 이해 여부에 달려 있다고 여겼다. 더욱이 문법과는 달리 수용성은 정도(degree)의 문제가 될 것이며 수용성이 높은 문장은 생산될 가능성이 더 높고, 더 쉽게 이해되고, 덜 서툴며, 어떤 의미에서는 더 자연스러운 문장이라고 하였다(Chomsky, 1965:8-9). Chomsky가 언급한 수용성과 관련된 예시는 Canale & Swain(1980:4)에서 다음과 같이 제시된 바 있다.

(a) the was cheese green (ungrammatical)
   그 였다 치즈 초록색 (비문법적)

(b) the cheese the rat the cat the dog saw chased ate was green
(grammatical but unacceptable)

개가 본 고양이가 쫓은 쥐가 먹은 치즈는 초록색이었다. (문법적
이지만 수용할 수 없는)

(c) the dog saw the cat that chased the rat that ate the cheese that
was green (grammatical and acceptable)

개는 초록색 치즈를 먹은 쥐를 쫓는 고양이를 보았다. (문법적이
고 수용할 수 있는)

(Canale & Swain, 1980:4)

우리의 직관에 따르면 (a)는 문법적인 면에서 (b)와 (c)와 다르고
(b)와 (c)는 수용성에 관해서 다르다. 이 예에서 (b)는 (c)보다 해석하
고 생산하기가 더 어렵다고 하였다(Canale & Swain, 1980:4).

Chomsky는 언어 수행의 성공 여부인 수용성을 판단하는 데에는
'문법'을 포함해서 다양한 요인들이 작용을 하게 되는데 완벽한 문법
능력이 있는 언어 사용자라고 하더라도 그 외 다른 요인들(기억력, 실
수, 주의 산만, 피로 등의 요인)에 의해 언어 능력과 다르게 자주 불완
전한 상태로 수행이 나타나게 된다고 하였다.

따라서 그는 언어학 이론의 목적이 언어 수행(사용)의 기초가 되는
정신적 과정을 설명하는 것이고 언어학의 연구는 언어 수행이 아닌
언어 능력에 관심을 가져야 한다는 것을 주장하였다. 이들 관계를 도
식화하면 [그림 8]과 같이 나타낼 수 있을 것이다.

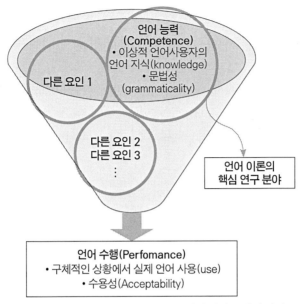

[그림 8] Chomsky(1965)의 언어 능력과 언어 수행의 관계

여기에서 한 가지 더 살펴볼 것은 언어 능력으로 해석되는 용어 'competence'이다.

'competence'라는 용어는 'knowledge'와 관련된 수많은 문제와 얽히지 않기 위해 사용되었지만 끊고 싶은 연관성인 'ability'를 제안한다는 점에서 오해의 소지가 있다(Chomsky, 1980:59).

이 언급에 따르면 우리가 흔히 언어 능력(competence)이라고 해석하고 있는 용어는 명확하게는 지식(knowledge)도 아니고 능력(ability)도 아닌 제3의 용어임을 추측할 수 있다. 이러한 용어의 개념에 대해서는 6장에서 살펴볼 것이다.

2) Hymes(1972)의 의사소통 능력(communicative competence)

언어 공동체 내에서의 표현, 사회 규범, 커뮤니케이션 사이의 상호 작용에 관심이 있던 인류 언어학자(anthropological linguist)인 Hymes는 Chomsky의 언어 능력이 지나치게 추상적이라고 비판하면서 그가 간과한 '언어 수행(performance)'에 관심을 돌렸다. 무엇을 아는지를 알기 위해서는 무엇을 행하는지를 보면 관찰 가능하다는 점에서 언어 수행의 중요성을 강조하였으며 화자는 주어진 상황에서 성공적이고 적절하게 의사소통 하기 위해서는 단순한 추상적 언어 능력 이상의 무엇인가를 가져야 한다고 하였다.

그런데 언어 수행은 실제 언어 세상에서 발현되는 것으로 수행이 일어나는 맥락(context)이 중요하다. 따라서 Hymes는 Chomsky가 주장한 언어 능력(또는 문법 규칙에 대한 암시적 및 명시적 지식)뿐 아니라 맥락 또는 사회 언어학을 포함하는 보다 광범위하고 정교하며 광범위한 개념을 도입한다. 그것이 바로 '의사소통 능력(communicative competence)'이라는 개념인데 이는 맥락(context)에 맞게 언어 사용 규칙을 제대로 행할 수 있는 언어 사용자의 지식을 포함한다. Hymes는 아이들을 예로 들면서 평범한 아이가 문법적으로뿐만 아니라 상황에 적절하게 문장에 대한 지식을 습득한다는 사실을 설명해야 한다고 하였다. 그리고 인간은 언제 말해야 하고 언제 말하지 않아야 하는지, 누구와 언제 어디에서 어떤 방식으로 이야기해야 할지에 대한 능력(competence)을 습득한다고 설명하였다(Hymes, 1972:277). 그는 의사소통 능력(communicative competence)을 갖춘 사람은 네 가지 유형의 지식(knowledge)과 능력(ability)을 모두 습득한 것으로 보고 다음의 구성 요소들을 제안하였다.

(1) whether (and to what degree) something is formally possible
어떤 것이 형식적으로 가능한지 (그리고 어느 정도까지)

(2) whether (and to what degree) something is feasible in virtue of the means of implementation available
사용 가능한 구현 수단으로 인해 어떤 것이 실현 가능한지 (그리고 어느 정도까지)

(3) whether (and to what degree) something is appropriate (adequate, happy, successful) in relation to a context in which is used and evaluated
사용되고 평가되는 상황과 관련하여 어떤 것이 적절한지(적정하고, 만족스러우며, 성공적인 것인지) (그리고 어느 정도까지)

(4) whether (and to what degree) something is in fact done, actually performed, and what its doing entails
어떤 것이 실제로 이루어졌는지, 실제로 수행되었는지, 그리고 어떤 행위가 수반되는지 (그리고 어느 정도까지)

(Hymes, 1972:281)

위의 (1)~(4)의 의사소통 능력(communicative competence)은 (1)의 문법적(형식적으로 가능한 것) 지식과 능력, (2)의 심리학적(인간 정보 처리의 관점에서 실현 가능한 것) 지식과 능력, (3)의 사회문화적(주어진 말의 사회적 의미나 가치) 지식과 능력, 그리고 (4)의 확률론적(실제로 일어나는 것) 지식과 능력이라는 요소들이 상호작용하는 것으로 이를 도식화 하면 다음과 같다.

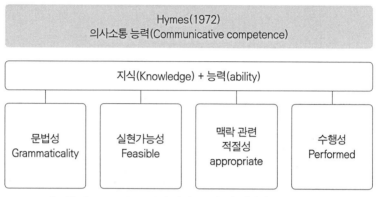

[그림 9] Hymes(1972)의 의사소통 능력 개념과 그 구성 요소

Hymes의 의사소통 능력은 Chomsky(1965)의 언어 능력을 포함한다. 그러나 주요 관심사는 발화가 수행하는 사회적 · 문화적 규칙과 의미를 직관적으로 파악하는 것이다. 언어적 요소와 사회 언어적 요소를 같이 인식하고 언어 지식(language knowledge)보다는 언어 사용(language use)을 강조한 것으로 볼 수 있다. 따라서 의사소통 능력은 언어 교수에서 문법적 · 음운적 양상뿐만 아니라 사회적 · 개인 상호적 · 문화적 차원을 인식하고 문법과 동일하게 중요성을 부여해야한다는 것을 보여 준다(Stern:1983, 김유정, 1999:23에서 재인용).

3) Canale & Swain(1980), Canale(1983)의 의사소통 능력(Communicative Competence)

Canale(1983:2)에서 밝힌 Canale & Swain(1980)의 연구 목적을 보면 다음과 같다. 그들은 Hymes(1972) '의사소통 능력(Communicative Competence)' 개념이 논의된 이후 학계에서 이와 관련된 개념의 혼란을 발견하게 되었다. 따라서 그들의 연구는 이를 해결하기 위한 것이었다. 그들의 작업은 일차적으로는 의사소통 능력에 대한 당시 이론들을 검토하고 이차적으로는 의사소통 능력(Communicative Competence)에 대한 명시적이고 적절하며 정당한 이론적인 체제 또는 틀(theoretical framework)을 제공하는 것이며 나아가 제2언어 연구의 초기 단계에서 일반적인 제2언어 프로그램의 추가적 연구(research), 교수(teaching), 시험(testing)에 이 이론적 프레임워크가 어떤 의미를 가지는지를 탐구하는 것이었다.

Canale & Swain(1980:34)에서는 의사소통 능력(Communicative Competence)은 실제 의사소통(actual communication)의 필수적인 부분이지만 제한된 조건으로 인해 간접적으로만 혹은 불완전하게(예: 무작위적이고 부주의한 혀의 미끄러짐, 사용역의 혼합 등) 반영된다고 하였다. 그리고 의사소통 능력(Communicative Competence)은 실제 의사소통(actual communication)에서 상호작용을 할 때 이용되는 언어 사용에 대한 지식(knowledge)과 기술(skill) 두 가지를 모두 포함한 체계라고 정의하였다(예: 어휘의 지식과 주어진 언어에 사회 언어적 규약을 사용하는 기술). 이 때 지식(knowledge)은 언어와 의사소통적 언어 사용의 다른 양상에 대해 의식적으로 그리고 무의식적으로 알고 있는 것이며 기술(skill)은 실제 의사소통에서 이러한 지식을 얼마나 잘 수행할 수 있는지를 의미하는 것이다(Canale, 1983:5).

Canale & Swain(1980)에서는 의사소통 능력의 구성 요소는 문법적 능력 · 사회언어학적 능력 · 전략적 능력으로 세 가지였는데 Canale(1983:6-11)에서는 아래 (1)~(4)의 네 가지 영역으로 분류되어 설명되고 있다. Canale(1983:6-11)의 내용을 최대한 원문 그대로 번역하여 제시하고 설명을 덧붙이면 다음과 같다.

(1) 문법적 능력(Grammatical Competence)

언어 코드(언어적 또는 비언어적) 그 자체의 숙달과 관련이 있다. 그러므로 여기에 포함된 것은 어휘, 단어 형성, 문장 형성, 발음, 철자 및 언어 의미론 같은 언어의 특징과 규칙이다. 이러한 역량은 발화의 문자적 의미를 정확히 이해하고 표현하는 데 필요한 지식과 기술에 직접적으로 초점을 맞춘다.

: 그러므로 문장 차원에서 문장을 생성하고 이해하는 능력이라고 할 수 있다.

(2) 사회언어학적 능력(Sociolinguistic Competence)

의사소통 참여자의 지위, 상호작용의 목적, 그리고 상호작용의 규범이나 관습과 같은 문맥적 요인에 따라 다양한 사회언어학적 맥락에서 발화가 생산되고 적절하게 이해되는 정도를 다룬다. 이 때 말의 적절성은 의미의 적절성과 형식의 적절성을 모두 말한다. 의미의 적절성은 특정한 의사소통 기능(예: 명령, 불평, 초대), 태도(예절, 형식 포함) 및 사상이 주어진 상황에 적절하다고 판단되는 정도에 관한 것이다. 그리고 형식의 적절성은 주어진 의미(소통적 기능, 태도 및 제안, 이데아 포함)가 주어진 사회언어학적 맥락에서 적절한 언어 또는 비언어적 형태로 표현되는 정도에 관한 것이다. 예를 들어, 식당의 웨이터가 고객에게 주문하라고 '명령'하는 것은 의미의 적절성에 맞지 않는 것이며, 아주 품위 있는 식당에서 웨이터가 처음 본 고객에게 "OK, chump, what are you and this broad gonna eat?(좋아, 멍청아, 너하고 이 넓데데한 사람은 뭘 먹을래?)라고 비격식적이고 반말의 형태를 사용하는 것은 형식의 적절성에 맞지 않는 것이다.

: 그러므로 문장과 맥락을 적절하게 연결해 발화를 생성하고 이해하는 능력이라고 할 수 있다.

(3) 담화적 능력(Discourse Competence)

이 능력은 다양한 장르들에서 통일된 구어 또는 문어 텍스트를 완성하기 위해 문법적 형태와 의미를 결합하는 방식을 숙달하고 있는지와 관련된다. 텍스트 유형은 장르를 의미하는데 예를 들어, 논술, 과학 보고서, 비즈니스 서신, 그리고 일련의 지시 사항들은 각각 다른 장르를 나타낸다. 텍스트의 통일은 형식상의 응집성(cohesion)과 의미에서의 일관성(coherence)을 통해 이루어진다. 형식적 응집성은 발화가 구조적으로 어떻게 연결되어 있는지를 다루며 텍스트의 해석을 용이하게 한다. 예를 들어, 대명사, 동의어, 줄임표, 접속사 및 병렬 구조와 같은 응집 장치를 사용하는 것은 개별적인 발화와 관련되며 발화 그룹이 텍스트로 어떻게 이해되어야 하는지를 나타내는 역할을 한다(예를 들어, 논리적으로 또는 연대기적으로). 의미적 일관성은 문자 그대로의 의미, 의사소통 기능 및 태도 등 텍스트들의 다양한 의미 관계를 가리킨다.

A: That's the telephone.　전화 왔어.
B: I'm in the bath.　　나 화장실.
A: OK.　　알았어.

위의 예는 응집성을 나타내는 명백한 담화 표지는 하나도 드러나 있지 않으나 A의 첫 발언이 요청으로 기능할 정도로 일관성 있는 담론을 형성하고, B의 답변이 A의 요청을 따르지 않을 구실로 기능하며, A의 최종 발언은 B의 변명을 수용하는 것이라고 할 수 있다.

: 그러므로 담화, 즉 문장과 문장 사이에 형식적 응집성과 의미적 일관성을 가지도록 문단(글)이나 대화를 생성하고 그 관계를 이해하는 능력이라고 할 수 있다.

(4) 전략적 능력(Strategic Competence)

이 구성 요소는 언어적이고 비언어적인 의사소통 전략의 숙달로 이루어진다. 이는 크게 두 가지 이유로 발생하게 된다. 하나는 실제 의사소통의 장애 상황(아이디어나 문법적 형태가 순간적으로 생각이 나지 않는 등)을 보상하기 위한 것이며 다른 하나는 의사소통의 효과를 높이기 위한 것(예를 들어, 수사학적 효과를 위해 의도적으로 느리고 부드러운 말씨의 사용 등)이다. 주어진 문법적 형태가 기억나지 않을 때 흔히 사용할 수 있는 하나의 보상 전략은 다른 말로 바꿔 말하기(paraphrase)로 '기차역'이라는 단어를 모를 때 '기차가 가는 곳'이나 '기차 장소'라고 바꿔 말하는 전략을 사용할 수 있다.

: 그러므로 의사소통의 장애 상황을 보상하거나 효율을 증대하고자 하는 언어적 · 비언어적 전략의 사용 및 이해 능력이라고 할 수 있다.

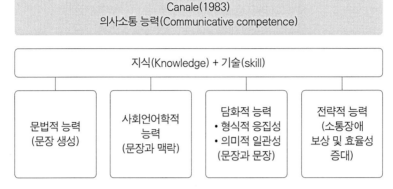

[그림 10] Canale(1983)의 의사소통 능력(Communicative Competence)과 구성 요소

[그림 10]과 같이 도식화해 본 Canale & Swain(1980)과 Canale (1983)이 제시한 의사소통 능력 이론은 그들이 앞에서 언급한 것처럼 의사소통 능력의 구성 요소들과 그 범주들을 구체적이고 명시적으로 제공했다는 점에서 의의를 가진다.

또한 그들은 구체적인 모형과 설명은 제시하지 않았지만 인간의 행동 이론(의지와 성격과 같은 요소들을 다루는 것)뿐만 아니라 지식과 기술의 다른 시스템(예: 세계 지식)과 지정되지 않은 방식으로 상호작용한다고 가정하였다(Canale, 1983:6). 이러한 언급을 바탕으로 그들의 가설을 추정해 보면 의사소통 능력의 네 가지 구성 요소는 구성 요소들끼리 그리고 인간의 행동 이론 및 세계 지식 등과 상호작용을 통해 실제 의사소통으로 구현된다고 볼 수 있을 것이다. [그림 11]

은 이러한 가설을 도식화해 본 것이고 이러한 그들의 언급은 이후 Bachman(1990)과 Bachman & Palmer(1996)의 모형에서 구체적으로 구현되는 것으로 보인다.

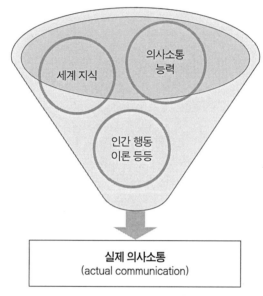

[그림 11] Canale(1983)의 의사소통 능력과 실제 의사소통의 관계

Canale(1983)의 본문에 그 내용이 구체적으로 명기되지 않아 [그림 10]의 도식화에는 포함되지 않았지만 Canale(1983:21-25)의 부록을 보면 문법적 능력(음운, 맞춤법, 어휘, 단어 형성, 문장 형성 등), 사회언어학적 능력, 담화적 능력, 전략적 능력의 하위 구성 요소가 무엇이고 듣기 · 말하기 · 읽기 · 쓰기와 어떤 관련성을 가지는지 간단하게 표를 제시하고 있다. 이 또한 Bachman(1990)과 Bachman & Palmer(1996)에 영향을 미친 것으로 보인다.

Competence area		Mode
1	**GRAMMATICAL COMPETENCE**	
1.1	**Phonology:**	
1.1.1	Pronunciation of lexical items in connected speech	L, S
1.1.2	Liaison (e.g. *Je suis arrivé.*)	L, S
1.1.3	Word stress in connected speech:	
1.1.3.1	Normal word stress	L, S
1.1.3.2	Emphatic or contrastive word stress (e.g. *Marie est compétente mais Paul est incompétent.*)	L, S
1.1.4	Intonation patterns in connected speech:	
1.1.4.1	Normal intonation for different clause types (e.g. imperative, declarative, interrogative)	L, S
1.1.4.2	Emphatic or contrastive intonation patterns for different clause types (e.g. *Il est venu?* with rising intonation to signal an interrogative)	L, S
1.2	**Orthography:**	
1.2.1	Graphemes	R, W
1.2.2	Spelling conventions (including accents) for:	
1.2.2.1	Individual lexical items	R, W
1.2.2.2	Compounds (e.g. use of hyphens as in *un tire-bouchon*)	R, W
1.2.2.3	Other (e.g. *Parle-t-il?*)	R, W
1.2.3	Punctuation conventions	R, W
1.3	**Vocabulary:**	
1.3.1	Common vocabulary related to topics selected according to analysis of learners' communicative needs and interests:	
1.3.1.1	Basic meaning of content vocabulary items in context	L, S, R, W
1.3.1.2	Gender of nouns and pronouns	L, S, R, W
1.3.2	Meaning of idioms in context	L, S, R, W
1.3.3	Basic meaning of other vocabulary items in	

[그림 12] Canale(1983:22) 부록 A의 의사소통 능력의 하위 요소들(부분 인용)

4) Bachman(1990), Bachman & Palmer(1996)의 언어 능력(Language Ability)

Bachman(1990:81)에서는 언어 시험의 수행에 영향을 미치는 매우 다양한 요인이 무엇인지에 대해 이해하는 것은 언어 시험의 개발과 사용을 위한 기본적 사항이기 때문에 이에 대한 연구가 필요하다고 하였다. 즉, 우리가 측정하고자 하는 능력과 그 능력을 관찰하고 측정하는 방법에 대한 명확한 정의에 근거해서 시험이 개발되고 사용되어야 한다는 점에 초점을 둔 연구라고 할 수 있을 것이다.

Bachman(1990)은 그의 연구에서 의사소통적 언어 능력(CLA, Communicative Language Ability)이라는 용어를 사용한다. 이 개념은 언어에 대한 지식이나 능력(competence)과 이를 구현하거나 사용하는 능력 모두를 포함한다는 점에서 의사소통 능력(communicative competence)에 대한 이전 학자들(Hymes:1972. Munby:1978, Canale & Swain:1980, Savignon:1983, Canale:1983, Widdowson:1983, Candlin:1986 등)의 논의와 일관된다고 하였다. 그러나 그가 제시하는 이론적 프레임은 다양한 요소들이 서로 상호작용하고 있다는 점, 그리고 이 요소들이 맥락과 상호작용하는 과정을 특성화하려고 시도한다는 점에서 이전 모델들을 확장한다고 하였다(Bachman, 1990:81). 의사소통 언어 능력의 이러한 확대된 견해는 의사소통 언어 사용이 상황(맥락), 언어 사용자, 담화 사이의 동적인 상호작용을 수반한다는 인식이며 이러한 인식은 의사소통이 단순한 정보의 전달 이상의 의미를 가진다는 언급을 통해 확인할 수 있다(Bachman, 1990:4). 그의 확장된 모델은 [그림 13]과 같다.

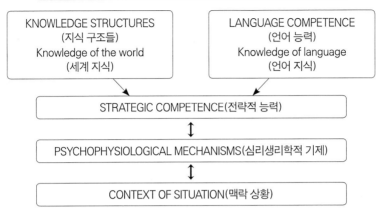

[그림 13] Bachman(1990:84) 의사소통적 언어 능력의 구성 요소들

[그림 13]에 제시된 전체의 상호작용은 의사소통적 언어 능력(CLA)이며 언어 능력(Language Competence)은 그 중 하나의 요소로 작용하는 것을 의미하게 된다. 이는 필자가 Canale(1983)의 이론을 도식화한 [그림 11]과 어느 정도 연결되는 부분이 있다. 따라서 Canale(1983)에서는 모형으로 구현되지 않고 언급만 된 의사소통 능력의 상호작용의 모습을 Bachman(1990)에서 CLA 모형으로 확장해서 구체적으로 나타낸 것이라 볼 수 있을 것이다.

그리고 Bachman(1990:87)에 제시된 언어 능력(Language Competence)의 구성 요소들을 제시하면 다음과 같다.

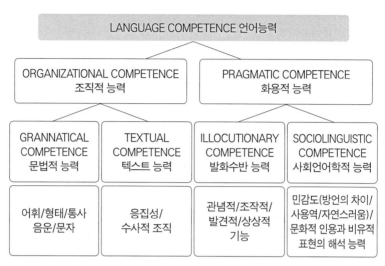

[그림 14] Bachman(1990:87) 언어 능력의 구성 요소들

한편, Bachman & Palmer(1996)에서는 Bachman(1990)의 논의를 바탕으로 시험 개발을 위해 집중된 모델로 수정된다. Bachman & Palmer(1996:63)에서는 언어 사용(language use)과 언어 시험(language test)에 관련되는 주요 상호작용 중 몇 가지를 시각적으로 표현하였다. 그 구성 요소들 중 언어 지식, 명제적 지식, 개인적 특성의 세 요소가 전략적 능력으로 수렴하면서 실제 언어 사용이 나타난다고 보았다. Bachman(1990)의 심리생리학적 기제가 제외되었고 [그림 13]에서처럼 포괄적인 영역에 걸친 의사소통적 언어 능력(Communicative Language Ability)이라는 용어 대신 좁은 영역에 사용되는 언어 능력(Language Ability)이 제시되었다.

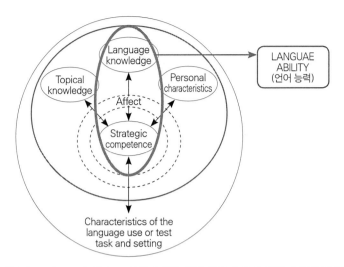

[그림15] Bachman & Palmer(1996:63) 언어 사용과 언어 시험 수행의 몇 가지
구성 요소들, 그리고 언어 능력(그림은 언어 능력 부분을 추가한 것임)

　　Bachman & Palmer(1996:67)에서는 언어 능력(Language Ability)
을 두 가지 구성 요소의 결합(조합, combination)으로 보았다. [그림
15]에서 나타난 요소들 중 하나는 언어 지식(Language knowledge)
이고 다른 하나는 일종의 초인지적(meta-cognitive) 전략으로 묘사된
전략적 능력(strategic competence)이다. 그들은 언어 지식과 전략적
능력의 결합은 시험 상황에서나 실제 언어 사용 상황에서 언어 사용
자로 하여금 담화를 생산하고 이해하는 능력(Ability or capacity)을 제
공한다고 하였다. 그들은 [그림 15]는 언어 처리 모형이 아니라 언어
시험 개발 과정에서 필요한 것들을 설명하기 위해 제시된 것이라고
하지만 의사소통 과정의 처리에 있어서 관련되는 요소들과 그들의 상
호작용에 대한 중요한 지침을 제시해 주고 있다고 할 수 있다.

참고로 Bachman & Palmer(2010:35-38)에서는 [그림 15]의 전략적 능력 밑에 인지 전략(cognitive strategies)을 하나 더 추가하고 있는데 전략적 능력과의 차별성이 잘 부각되지 않는다. 그리고 그들은 위의 모델은 비상호적 언어 사용(Non-reciprocal language use)의 틀로 소개하고 상호적인 언어 사용(Reciprocal language use) 모델을 별도로 제시하면서 실제 의사소통의 사례를 자세하게 설명하고 있다. 이에 대해서는 그들의 논의를 통해 상세하게 확인할 수 있으므로 여기에서는 자세한 설명을 생략한다.

Bachman & Palmer(1996:67)에 제시된 언어 능력(Language Ability)의 구성 요소를 자세히 살펴보면 [그림 16]과 같다.

[그림 16] Bachman & Palmer(1996) 언어 능력(Language Ability)의 구성 요소

위 그림의 언어 능력(Language Ability)의 구성 요소들은 Bachman
& Palmer(1996:66-75)에서 설명되고 있다. 그런데 여기에서 충분
히 설명되지 않은 것들이 있어 Bachman(1990)의 내용과 결합하
여 다시 재구성해 보면 다음과 같다. Bachman & Palmer(1996)은
Bachman(1990)의 기본적인 틀과 내용을 따르되 약간의 수정이 있었
으므로 두 논의를 결합해서 이해하는 것이 적절하다.

▶ Bachman & Palmer(1996)의 언어 능력(Language Ability)의
   구성 요소

---

1) 언어 지식(Language Knowledge): 언어 사용에서 담화를 생성
   하고 해석할 때 초인지적 전략에 의해 사용될 수 있는 기억 속의
   정보 영역
   (1) 조직적 지식(Organization Knowledge)
      : 발화 또는 문장, 텍스트가 어떻게 조직되는지
   ① 문법적 지식(Grammatical Knowledge)
      - 개별적인 발화나 문장들이 어떻게 조직되는지
      - 어휘/통사/음운/문자 지식
   ② 텍스트 지식(Textual Knowledge)
      - 개별적인 발화나 문장들이 텍스트를 구성하기 위해 어떻게
        조직되는지
      - ㉠ 응집성: 지시, 대치, 생략, 연결 접속사, 어휘적 응집 등
        을 통해 의미적 관계를 명시적으로 표시하는 방법/담화에
        서 오래된 정보와 새로운 정보의 순서를 지배하는 규칙과

같은 규약

- ⓛ 수사적 조직: 서술, 묘사, 비교, 분류, 과정 분석 등과 같
  은 문어 텍스트의 일반적인 전개 방법(주제문, 첫 번째 1차
  보충 문장, 2차 보충 문장, 두 번째 1차 보충 문장 또는 전
  환 문장 등/대화 텍스트도 포함: 관심 얻기, 주제 지명, 주
  제 개발 및 대화 유지에 대한 지식)

(2) 화용적 지식(Pragmatic Knowledge)
  : 발화(문장) 및 텍스트가 언어 사용자의 의사소통 목적 및
  언어 사용 상황의 자질과 어떻게 관계되는지

① 기능적 지식(Functional Knowledge)
- 발화(문장) 및 텍스트가 언어 사용자의 목적과 어떻게 관
  련되는지
- ㉠ 관념적 기능 지식: 현실 세계의 경험 측면에서 의미를
  표현하고 해석(정보 교환, 묘사, 분류, 설명, 슬픔이나 분노
  표현 등)
- ㉡ 조작적 기능 지식: 우리 주변의 세계에 영향을 주는 것
  을 주된 목적으로 하는 기능(도구적 기능: 요구/제안/명
  령/경고 등, 규범적 기능: 규칙, 규정, 법률 등, 대인관계 기
  능: 인사, 작별, 칭찬, 모욕, 사과 등)
- ㉢ 발견적 기능 지식: 우리를 둘러싼 세계 지식을 확장하기
  위해 언어를 사용(교수/학습, 문제 해결, 정보 보존 등)
- ㉣ 상상적 기능 지식: 상상의 세계를 창조하거나 유머나 미
  적인 목적을 위해, 우리 자신의 세계를 확장하기 위해 언어

를 사용(농담, 비유적 표현, 시 등)

② 사회언어학적 지식(Sociolinguistic Knowledge)

- 발화(문장) 및 텍스트가 언어 사용 상황의 자질과 어떻게 관계되는지

- ㉠ 방언/변이형 지식: 지역적, 사회적 다양성을 가진 방언의 차이나 언어의 다양성

- ㉡ 사용역 지식: 언어 사용 맥락의 세 가지 측면인 담화의 장(무엇을-왜, 예: 축구 경기-홍보), 담화의 양식(구어/문어, 텍스트 장르), 그리고 담화의 스타일(frozen-격식체, formal-공손체, consultative-상담체, casual-일상어체, intimate-친밀체)에서 사용역의 차이를 구별/광고, 예배, 정치적 저널리즘, 쇼핑, 토론 등 특수 상황에 맞는 언어 변이

- ㉢ 자연스럽거나 관용적 표현 지식: 모국어 화자들의 방식으로 자연스럽게 표현되는 다양한 말을 생성하거나 해석 (예: A: Why are you yelling? *Because I have much anger with him.)

- ㉣ 문화적 인용과 비유적 표현 지식: 문화적으로 사용되는 용어와 비유적 표현을 생성하고 해석(예: beyond the pale 도가 지나친, Don't push my buttons. 화나게 하지 마.)

2) 전략적 능력(Strategic competence): 다른 인지 활동뿐 아니라 언어 사용에서 인지 관리 기능을 제공하는 고차원적 실행 과정으로서 초인지적 전략

(1) 목표 설정(무엇을 할 것인가를 결정)

① 시험 과제 확인

② 실현 가능한 과제에서 한 가지 이상의 과제 선택

③ 선택된 과제를 완수하기 위해 시도할지 말지를 결정

(2) 판단(필요한 것이 무엇인지, 무엇을 사용해야 하는지, 얼마나 잘 수행하는지에 대한 판단)

① 시험 과제의 바람직하고 실현가능한 성공적 수행이 어느 정도이고 그것을 완수하기 위해 필요한 것이 무엇인지 결정하기 위해 시험 과제의 특성 판단

② 지식과 관련된 영역이 성공적으로 시험 과제를 완수하는 데 유용한지 어떤지 보기 위해 자신의 지식(명제적/언어적) 요소 판단

③ 시험 과제에 대한 응답의 정확성이나 적절성 판단

(3) 계획(자원의 사용 방법을 결정)

① 시험 과제를 성공적으로 평가하기 위해서 명제적 지식과 언어 지식 영역의 요소를 선택

② 시험 과제에 대한 응답에서 이런 요소들을 실행하기 위해서 하나 이상의 계획을 세우기

③ 시험 과제에 대한 응답으로서 최초의 실행을 위해서 하나의 계획을 선택

위의 [그림 15], [그림 16]에 나타난 Bachman & Palmer(1996)의

논의는 Canale(1983)의 의사소통 능력의 하위 구성 요소와 다음과 같은 면에서 다르다.

첫째, 전략적 능력을 언어 지식과 언어 사용 영역을 연결해 주는 요소로 보고 별도 영역으로 분리하였다.

둘째, Canale(1983)의 문법적, 사회언어학적, 담화적 능력을 조직적 지식과 화용적 지식으로 재분류하고 각각의 하위 요소들을 제시하였다. 이는 언어 시험 개발을 위한 상세화 작업이라고 볼 수 있다.

셋째, 능력을 나타낼 때 '컴피턴스(competence)'라는 용어 대신 '어빌리티(ability)'와 '널리지(knowledge)'라는 용어를 사용하였다.

5) 언어 능력 모델 이론에 대한 정리와 전망

위에서 살펴 본 학자들의 논의는 인간의 '언어 능력'이 무엇인지에 대한 깊은 고민과 통찰을 보여주고 있다. 그 흐름을 다음과 같이 정리할 수 있을 것이다.

첫째, Chomsky(1965)의 제1언어를 기반으로 한 추상적인 '언어 능력' 개념에서 시작한 논의는 Hymes(1972) 이후 언어의 사용(use), 즉 '언어 수행'으로 관점이 전환되었고 '의사소통 능력'이라는 용어가 등장하여 사용되면서 점차 제2언어 및 외국어 교수와 평가 연구에서 '의사소통 능력'을 위한 교수와 평가로 개념이 확장하였다. 따라서 언어 평가의 대상은 관찰되는 언어 수행의 기저에 깔려 있는 '의사소통 능력'의 측정이라고 할 수 있다.

둘째, 초기의 개념을 정의하는 논의에서 시작해서 속성에 관한 기술을 넘어 점차 구체적인 구성 요소와 항목의 상세화, 그리고 인간이 언어를 어떻게 사용하는지에 대해 주변적인 요소와 그 작용 양상에 대한 논의로 확장되고 발전되었다. 이러한 상세화는 의사소통 능력을 측정하기 위해 통합형 평가가 필요하다는 Oller(1976)의 주장과 다른 것으로 Canale & Swain(1980:34)에서 의사소통 능력의 구성 요소를 다면적으로 분리해 내면서 분리 항목 평가가 의사소통 접근법에도 유용할 수 있다는 주장으로 연결되었다.

셋째, 용어 사용의 변화를 통해 '언어 능력'에 대한 학자들의 고민이 계속 이어지고 있는 것과 이에 대한 확실한 결론이 나지 않은 것을 확인할 수 있다.

[표 1] 언어 능력에 대한 용어와 개념들

연구자	용어	개념
Chomsky (1965)	Competence (언어 능력)	knowledge(지식)도 아니고 ability(능력)도 아닌 제3의 용어
Hymes (1972)	Communicative Competence (의사소통 능력)	Knowledge(지식) + ability(능력)
Canale & Swain(1980)	Communicative Competence (의사소통 능력)	Knowledge(지식) + skill(기술)
Bachman (1990)	Communicative Language Ability (의사소통적 언어 능력)	Language Competence(언어 능력) + Strategic Competence(전략적 능력) + Psychophysiological Mechanisms (정신생리학적 기제)
Bachman & Palmer(1996)	Language Ability (언어 능력)	Language Knowledge(언어 지식) + Strategic Competence(전략적 능력)

[표 1]처럼 언어 능력(competence), 언어 수행(performance), 의사소통 능력(communicative competence), 언어 지식(language knowledge), 언어 능력(language ability) 등의 용어 사용이 이루어져 왔다. 일반적으로 사전적 의미에서 Ability는 가장 일반적으로 무엇을 할 수 있는 힘, 능력으로 인간에게 내재된 것으로 볼 수 있다. 그리고 Competence는 유능함의 질적 정도 또는 요구되는 기술, 지식, 자격 또는 능력의 보유를 의미하는데 개발되거나 향상될 수 있는 특징을 가진 능력이다. 반면 Knowledge는 알고 있는 모든 것, 정보의 총체 등으로 해석될 수 있다(김유정, 1999:28-29). 따라서 '언어 능력'을 일반적인 능력이라고 생각하는지 아니면 특별하게 요구되고 향상될 수 있는 능력이라 생각하는지에 따라 Ability와 Competence 중 하나의 용어를 선택할 수 있을 것이다. 언어 능력을 구성하는 하위 범주들 역시 특별하게 요구되고 향상될 수 있는 능력으로 보느냐 혹은 알고 있는 것, 즉 정보로 보느냐에 따라 Competence와 Knowledge 중 적절한 용어를 선택할 수 있을 것이다. 이에 대한 필자의 견해는 6장에서 제시할 것이다.

이런 용어의 선택이 중요한 이유 하나는 제2언어 및 외국어 교수와 평가에 있어서 그 본질을 무엇으로 보느냐에 따라 수업 모형과 평가 모형이 달라질 수 있기 때문이다. 언어에 관하여 지식을 가르치고 평가하느냐 이를 능력 차원으로 훈련시키고 평가할 것이냐는 근본적으로 다른 결과를 야기하게 된다. 다른 이유 하나는 언어 능력을 제1언어 습득에서든 제2언어와 외국어 습득에서든 인간이면 누구나 가질 수 있는 일반적인 능력(Ability)으로 보고 그 하위 항목들이 언어마다의 특정한 지식(Knowledge)과 능력(Competence)으로 구성되느냐로 볼 것이냐 혹은 언어 능력 자체를 특별히 훈련되어야만 되는 능력 (Competence)으로 볼 것이냐에 따라 언어 교수와 학습을 대하는 철학이 달라질 수 있고 이 또한 앞에서 언급한 것과 마찬가지로 언어 교수와 평가에 다른 양상으로 나타날 수 있기 때문이다.

지금까지 살펴 본 언어 능력 모델 이론의 장점은 그들이 의도했던 대로 언어 교수와 평가에 관한 연구를 계획하고 분류하는 데 구체적인 항목을 제시하여 도움을 줄 수 있다는 점이다. 반면 의사소통 능력 모델의 설계로 해결하려 시도하였던 것, 즉 실제 의사소통에서 언어의 다른 양상들이 서로 어떻게 상호작용하는가에 대해서 설명하고 있지 못하고 있는 것은 여전히 문제로 남아 있다(Bachman, 2007:55). 이는 수행(performance)은 구성 요소들의 집합이 아니라 요소들 간의 통합된 상호 작용이라는 그들의 주장을 가시적으로 증명하지 못하고 있는 것이다. 또한 의사소통 능력의 모델 틀이 복잡해 오히려 실제로 교수와 평가 모델을 설계하는 것이 쉽지 않다는 점과 분리 항목 평가(discrete-point Test)의 속성이 강하게 드러나게 되는 경우엔 오히려 상호작용하는 의사소통 모형의 의도를 저해하게 된다는 점 또한 문제점으로 지적될 수 있다(Widdowson, 2001:13-17, 이완기, 2003:81-86에서 재인용).

그럼에도 불구하고 위에 살펴본 네 학자의 연구는 당시에도 그리고 오랜 시간이 지난 지금까지도 언어 교육과 평가에 지대한 영향력을 미치고 있다는 점에서 언어 교육과 평가 분야에서 차지하는 의의가 크다고 할 수 있을 것이다. 그리고 그들의 논의 중간에 언급된 것처럼 이들 연구가 확정적인 연구가 아니고 하나의 시도였다는 점에서 후학들의 연구가 지속적으로 이어지고 논의가 발전될 필요가 있다.

후속 연구들 중 평가와 관련해 가장 눈에 띄는 분야는 '과제 기반 수행평가(Task-based performance Assessment)'에 대한 논의(Brindley:1994, Bachman:2002, Norris, Brown, Hudson, & Yoshioka:1998, Long & Norris:2000, Norris, Hudson & Bonk:2002, Weigle:2002)와 '상호작용 능력(Interactional Competence)'에 대한 논의들(He & Young: 1998, Young:1999, Hall:1993,1995, Jacoby & Ochs:1995, Johnson:2004 등)이다. 과제 기반 수행 평가는 실제 행동을 관찰하거나 수행을 평가하기 위해 수험자의 실제 활동을 시뮬레이션 하는 평가 절차로 학생들의 의사소통 능력을 정확하게 파악하고 학습과 시험 상황을 넘어 실제 의사소통에 이르기까지 학생들의 능력에 대해 일반화하는 데 중점을 둔다는 점에서 전통적인 종이 및 연필 시험과 다르다고 주장한다(Bachman, 2002:454-456). 반면 상호작용 능력의 핵심은 언어에 대한 지식은 상호 작용에 참여하는 모든 참가자에 의해 공동으로 만들어진다는 것이며 사람이 아는 것이 아니라 사람이 다른 사람과 함께하는 것이라는 점에 있다(Young, 2011:429). 상호작용 능력에 관한 모형은 Johnson(2004:98)에 [그림 17]과 같이 제시된다.

이러한 연구들은 현재도 계속 진행 중에 있다. 그러나 그것이 Chomsky, Hymes, Canale & Swain, Bachman & Palmer의 논의를 바탕으로 하며 영역 또한 크게 벗어나 있지 않은 것으로 보인다. 따라서 여기에서는 이들 연구에 집중한 논의는 생략하고 Bachman(2007:70-71)의 언급을 [그림 17] 다음에 제시하는 것으로 앞으로의 연구에 대한 전망을 대신하고자 한다.

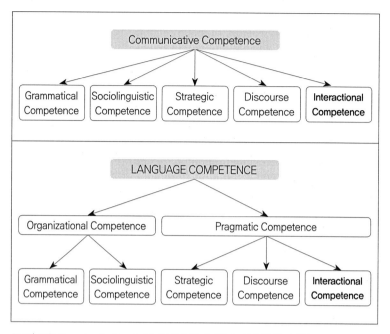

[그림 17] Canale & Swain의 의사소통 능력과 상호작용 능력, Bachman &
Palmer의 언어 능력과 상호작용 능력(Johnson,2004:98)

"언어 능력 및 언어 사용 맥락과 이것들 사이의 상호작용과 관련된
문제들은 변증법, 언어 연구, 그리고 우리가 평가하기를 원하는 구조
를 정의하는 세 가지 일반적인 접근 방법인 (1) 능력 기반, (2) 과제 기
반 중심, (3) 상호작용 기반으로 이어졌다. 이러한 접근 방법의 기초가
되는 이론적 관점은 상호 배타적이지 않지만 다른 가치와 가정들의
집합에 기초한다. (중략) 그럼에도 불구하고 이러한 다른 접근 방법에
의해 제기된 이론적 문제들은 중요한 함의를 가지고 있고 언어 시험
과 실제 시험 설계, 개발, 그리고 사용을 위한 경험적 연구 양쪽 모두
에 도전적인 질문을 제시한다. 또한 이러한 이론적 이슈들은 우리가

평가하는 것을 개념화하는 방법과 그것을 평가하는 방법을 어떻게 풍부하게 할 수 있는지에 대한 귀중한 통찰력을 제공한다. (중략) **이것은 우리가 설계, 개발, 그리고 언어 평가의 사용에서 세 가지 모두를 다룰 필요가 있다는 것을 의미한다**(Bachman, 2007:70-71)."

2. 숙달도

1) 숙달도의 개념과 활용

언어를 잘 알고 있고 언어를 할 수 있다는 것은 위에서 살펴 본 '의사소통 능력'에 대한 개념 정의에서뿐 아니라 '숙달도(Proficiency)'라는 용어에서도 확인할 수 있다. 숙달도(Proficiency)는 '성취하고, 발전하고, 유용한 정도'를 의미한다. 즉, 언어에 숙달했다면 언어를 잘 알고 잘 습득했다고 볼 수 있을 것이다. Omaggio(1993)에서도 1978년 「The American Heritage Dictionary of the English Language」에서 '명인(숙달된 사람)'이란 '주어진 예술, 기술, 또는 학습 부문을 숙달된 정확성과 유창성으로 수행할 수 있음'을 의미한다고 하였다. 한 마디로 정리하자면, 언어 숙달도란 언어 사용자의 언어가 발전되고 향상된 정도라고 할 수 있다. 따라서 언어 평가는 언어 숙달도를 측정한다는 의미가 되기도 한다.

Dictionary of Language Testing(1999:153)에 의하면 숙달도(Proficiency)라는 용어에는 세 가지 주요 용도가 있다.

1) 언어가 습득된 방법, 장소, 조건에 관계없이 언어 사용에 대한 일반적인 유형의 지식 또는 능력
2) 언어에서 특정한 것을 할 수 있는 능력(예: 영국 고등 교육 기관에서 공부할 수 있는 능력, 미국에서 특정 언어의 외국어 교사로 일할 수 있는 능력, 호주에서 여행 가이드로서 일본어를 구사할 수 있는 능력 등).
3) 특정 테스트 절차에 의해 측정된 수행. 이 절차들 중 몇몇은 매우 널리 사용되어 그들에 대한 수행의 수준이 언어 능력의 지표로서 특정 집단에서 일반적인 유행이 되었다.(예: FSI 척도의 '우수한', '중간', '초보자')

1)은 뒤에서 살펴볼 '숙달도 시험(Proficiency Test)'에 적용할 수 있는 개념으로 '성취도 시험(Achievement Test)'와 대조를 이룬다고 할 수 있다. 그리고 2)는 일반적으로 사용되는 개념으로 언어에 통달해 있음을 의미할 때를 말한다. 마지막 3)은 표준화 숙달도 시험의 결과 나타나는 언어 숙련 정도, 즉 수준(레벨)을 의미한다고 볼 수 있다.

여기에서는 위의 설명 중 3)과 관련하여 논의를 집중해 보고자 한다. Omaggio(1993, 2001:8-13)의 내용을 정리하면 다음과 같다. 역사적으로 보았을 때 '숙달도'는 Oller(1979)에서 제기된 '단일 특성 가설/단일 능력 가설(unitary trait hypothesis/unitary competence hypothesis)'과 동의어로 사용되기도 하였다(Dictionary of Language Testing, 1999:153). Oller는 '부분의 합은 전체가 아니다.'라고 하면서 제2언어 숙달도(second language proficiency)는 분리될 수 없는 상호

작용적 능력들의 통합적 집합이며 문법, 독해, 어휘 등 분리된 언어 항목으로는 의사소통 능력을 평가할 수 없다고 하였다. 이러한 그의 주장은 받아쓰기, 클로즈 테스트, 작문, 면접 등 통합적 평가(Integrative Test)를 강조하게 된다. Oller(1979)의 주장은 이후에 Farhady(1980)과 Palmer and Bachmann(1981)의 반박을 받아들여 Oller(1983)에서는 단일 특성 가설의 문제점을 인식하고 수정하게 된다.

그럼에도 불구하고 Scebold(1992)에 따르면 1982년에 임시로 제안된 ACTFL 지침에는 Oller(1979)의 이론이 반영되었는데 이는 ACTFL 지침이 특정한 이론적 관점에서 시작되지 않았음에도 일어난 결과라고 하였다. 이 지침에는 Oller(1979)의 단일 특성 가설 논의, Cummins(1979)의 BICS(Basic Interpersonal Communication Skills, 기초적 대인관계 의사소통 기술) 모델과 CALP(Cognitive Academic Language Proficiency, 인지 학문적 언어 숙달도) 모델, Canale & Swain(1980)의 의사소통 능력 모델이 활용되었다. 이 모델들은 1982년에 처음 선보인 ACTFL(American Council on the Teaching of Foreign Language) 임시 숙달도 지침을 작성하는 데부터 사용되었다(Liskin-Gasparro, 2003:483). 1999년에 수정된 ACTFL Oral Proficiency Interview Tester Training Manual(Sweden:1999)에 적용되는 말하기 능력에 대한 평가 기준에 "구두 숙달도 인터뷰는 통합적 시험이다. 즉, 여러 가지 능력을 동시에 다루고 전체적인 관점에서 본다."는 언급을 보았을 때에도 이러한 영향력을 확인할 수 있다. 물론 Canale & Swain(1980)과 Bachman(1990)의 의사소통 언어 능력 모델에 관한 이론이 평가 기준(전반적 과제, 기능, 문맥, 내용, 정확성, 텍스트 유형)으로 수용되어 있기 때문에 다차원 ACTFL 지침에는

Oller의 논의뿐 아니라 이들의 특징 또한 나타나고 있다. 이에 대한 자세한 내용은 가장 최근에 수정된 2012년 ACTFL 숙달도 지침을 참조할 수 있을 것이다.

숙달도 지침에는 다음과 같은 것들이 있다.
- ILR(Interagency Language Roundtable, 부처 간 언어 원탁협의회) Guidelines
  : 0-5단계 척도(0, 0+, 1, 1+, 2, 2+, 3, 3+, 4, 4+, 5 총 11단계) (FSI에서 발전)
- ACTFL(American Council on the Teaching of Foreign Language) Proficiency Guidelines 미국외국어교육협의회
  : 11단계 Novice(low, mid, high), Intermediate(low, mid, high), Advanced((low, mid, high), Superior, Distinguished
- CEFR(Common European Framework of Reference for Languages) 유럽공통 참조 기준
  : 3개 범주 6 단계(A1, A2, B1, B2, C1, C2)

이들 지침들은 기관들에서 펴낸 모든 자료에 언급되어 있듯이 특정한 언어 시험을 지칭하거나 제안하는 것이 아니다. 말 그대로 언어 발달 정도에 대한 안내서와 참조 기준이다. 이 참조 기준을 바탕으로 다양한 언어 시험이 개발되고 시행되고 있다. 각 지침을 참고로 개발된 언어 시험 몇 가지를 들면 다음과 같다.

[표 2] 숙달도 지침을 바탕으로 개발된 시험들

숙달도 지침	숙달도 지침을 바탕으로 개발된 시험들
ILR	▶ Defense Language Institution Oral Proficiency Interview(DLI OPI)(국방언어 구두 숙달도 인터뷰 시험) ▶ Defense Language Proficiency Tests (DLPTs) (국방언어 숙달도 시험)
ACTFL	▶ The ACTFL Test of English Proficiency(TEP) ▶ The ACTFL Oral Proficiency Interview(OPI) ▶ ETS Oral Proficiency Testing
CEFR	▶ Cambridge English Qualifications (캠브리지 영어 자격 시험들) ▶ Diplomas de Espaol como Lengua Extranjera(DELE) (외국어로서의 스페인 시험) ▶ KLAT(Korean Language Ability Test 한국어능력평가시험)

한국어교육에서 사용되는 시험 중 KLAT는 위의 표에서처럼 CEFR 지침을 따르고 있다고 한다. 가장 대중적인 한국어능력시험(TOPIK: Test of Proficiency In Korean)은 시험 자체의 숙달도 지침이 있다. 그러나 위의 표에 제시된 숙달도 지침들과는 다르게 이해하는 것이 타당하다고 보인다. 물론 외국의 숙달도 지침처럼 TOPIK의 숙달도 지침이 다른 한국어 시험에도 영향을 미쳤을 것이다. 그러나 TOPIK의 시작은 평가 도구인 TOPIK(1997년에는 KPT: Korean Proficiency Test) 시험을 개발하기 위한 것이었다고 할 수 있다. 그리고 그 과정에서 숙달도 등급이 1급, 2급, 3급, 4급, 5급, 6급으로 기술되어 있기 때문에 TOPIK의 숙달도는 TOPIK 시험의 숙달도 기술이라고 보는 것이 적절하다. 이는 김하수(2017:36-40)에서 확인할 수 있는데 거기에는 교육부 연구 과제로 1995년 5월부터 '한국어능력 측정 제도의 실시를 위

한 기본 연구'가 시작된 경위와 과정이 제시되어 있다.

2) 숙달도와 언어 기술

2012년에 수정된 ACTFL 숙달도 지침의 서문에는 다음과 같이 목적과 등급이 제시되어 있다. 홈페이지에 제공된 한국어판 자료에는 숙달도 대신 능숙도라는 용어로 번역되어 있다.

> ACTFL 능숙도 지침이란 사전 연습이 없는 즉흥적 상황에서 개인의 말하기, 듣기, 읽기, 쓰기 영역 능력을 측정할 수 있는 척도를 기술한 것이다. 각 영역(skill)은 Distinguished, Superior, Advanced, Intermediate, Novice의 다섯 단계로 구분되며, 이 중 Advanced, Intermediate, Novice는 다시 High, Mid, Low의 하위 단계로 분화된다. ACTFL 능숙도 지침에서의 단계는 매우 유창하고 교육 수준이 높은 지식인의 언어 수행 단계부터 실질적 언어 수행 능력이 거의 없는 단계까지 모두 아우른다.
>
> (ACTFL, 2012)

여기에서 중요한 것은 숙달도를 측정하는 데 '무엇'을 측정해서 숙달도를 판단할 것이냐의 문제이다. 위의 설명을 보면 측정하는 대상이 되는 '무엇'은 '말하기, 듣기, 읽기, 쓰기 영역 능력'이 될 것인데 각 영역이라는 번역된 표현의 원문에 'Skill'이라는 용어를 사용하고 있다.

반면 ILR 지침은 또 다른 표현으로 '언어 기술-수준 설명(ILR Language Skill-Level Descriptions)'이라고도 하는데 다음과 같이 설명하고 있다.

'ILR 지침'이라고도 하는 이 용어는 말하기, 읽기, 듣기 및 쓰기의 네 가지 언어 '언어 기술(language skills)'에 대한 다양한 수준에 대한 설명이다.

(ILR 웹 사이트 참조)

위의 두 지침에 나온 것처럼 영어 language skills는 한국어로 언어 기능, 언어 기술, 언어 능력 등으로 번역되어 사용되는데 function(기능)과 competence(능력)과의 차별을 위해 '기술'이라는 용어를 사용하고자 한다. 참고로 CEFR(유럽공통 참조기준)에서는 '언어 활동(language activities)' 또는 '의사소통적 언어활동(communicative language activities)'이라는 용어로 듣기, 말하기, 읽기, 쓰기를 언급하고 있기도 하다.

앞 절에서 살펴 본 언어 능력의 관점은 언어 수행을 하게 하는 본질적 모토가 언어 능력이라는 점에 초점을 둔다. 물론 언어 능력은 관찰할 수 없다. 따라서 관찰할 수 있는 언어 수행을 통해 그 본질인 언어 능력을 추정해야 한다는 것이 2장의 1절 '언어 능력 모델'의 기본 전제였고 그 이유로 언어 능력의 구성 요소가 무엇인지에 대해 초점을 두었다. 반면 '숙달도'의 관점에서 보았을 때 중요한 것은 언어 발달 정도이며 이를 측정하게 하는 언어 수행의 모습은 듣기, 말하기, 읽기, 쓰기로 구현된 언어 기술(skill)이 되는 것이다. 언어 기술은 소통의 방향과 소통의 방식에 따라 다음과 같이 네 가지로 나뉜다.

[표 3] 언어 기술(language skills)의 종류

네 가지 언어 기술		소통의 방향	
		입력(수용)	출력(생산)
소통의 방법	구어	듣기	말하기
	문어	읽기	쓰기

정리하자면 언어 숙달도 개념에서 중요한 것은 측정 대상이며 그 대상은 '듣기, 말하기, 읽기, 쓰기'의 네 가지 언어 기술이라고 할 수 있다. 물론 각 시험들이 개발되고 수정되면서 이 네 가지 언어 기술의 차원과는 별도로 하위에 언어 능력이 각기 들어가게 되었다. 그러나 숙달도를 이해함에 있어서 중요한 것은 언어 수행적인 측면, 즉 실제 언어 활동 측면이 부각되고 무엇을 측정하는지 총괄 기준으로 기술된다는 점이다.

3) 언어 숙달도 등급

앞에서 살펴 본 ILR 지침, ACTFL 지침, 유럽공통 참조기준(CEFR, Common European Framework of References), 그리고 앞에서는 살펴보지 않았지만 세계적으로 사용되는 다양한 언어 시험들은 각기 다른 숙달도 지침과 기준을 제시하고 있다. 그렇다면 이러한 숙달도 등급은 어떤 기준으로 작성되는 것인지에 대한 이해가 필요하다. 이러한 숙달도 등급들은 물론 오랜 기간의 연구와 토의를 통해 내려진 결론이긴 하지만 충분한 장기간에 걸친(물론 상대적이긴 하지만 인간의 언어 숙달도의 전체를 알아볼 만큼 긴 기간에 걸친) 언어 숙달도와 관련된 실증적이고 확정적인 자료 수집과 분석을 통한 결과라 하기 어

렵다. 오히려 경험적이고 직관적이고 이론적이며 선언적이라고도 할수 있다. 그래서 숙달도 지침들은 시간이 지나면서 수정되고 보완되기도 하는 것이다.

그럼에도 불구하고 언어의 숙달도 등급을 이해하는 데 있어서 공통적인 면이 있음을 Omaggio(1993, 2001:19-21)에서 이렇게 밝히고 있다.

ACTFL 프로젝트를 통해 생성된 숙련도 지침은 정부와 학계에서 수년 간의 관찰과 시험을 바탕으로 듣기, 말하기, 읽기, 쓰기 능력 수준을 설명하기 위한 것이다. 이러한 숙달도 지침은 언어 능력의 이론적 모델을 제시하거나 언어 습득이 어떻게 일어나는지를 설명하고자 하는 것이 아니다. 그럼에도 불구하고 구두 숙달도 지침에 나타난 언어적·기능적 자질에 대한 전체적인 단계 기술과 몇몇 언어 습득 이론가들이 기술하는 전반적인 순서 사이에 강한 일치가 보이기는 한다. Ellis(1985)는 언어 발달의 네 가지 큰 단계가 보편적이라는 결론을 내렸다.

그러면서 Omaggio(1993, 2001)는 Ellis(1985)의 발달 단계를 문법적인 측면과 내용적인 측면으로 언급하고 있다.

▶ Ellis(1985) 제2언어 학습자들의 문법 발달 단계

1단계 : 중간 언어 형태, 목표어 구조의 어순과 상관없는 나름의 중간어 어순(피진 언어)의 특징을 가진다. 문장의 일부가 생략되고 학습자는 의사소통 시 담화의 덩어리를 외워서 사용한다.

2단계 : 학습자는 목표어의 어순을 사용하기 시작하고 발화에서 필수적으로 요구되는 문장 구성 요소의 대부분을 포함하기

시작한다. 그러나 부정확한 생산이 자주 나타난다.

3단계 : 학습자가 문법적 형태소를 체계적이고 유의미하게 사용하기 시작한다.

4단계 : 학습자는 내포절이나 관계 구문과 같은 복잡한 문장 구조를 습득한다.

▶ Ellis(1985) 제2언어 학습자들의 내용 발달 단계

Ellis는 초기 단계의 학습자들은 모국어를 습득하는 어린아이처럼 '여기-지금'에 해한 이야기를 하고 위의 단계로 나아가면서 시공간적으로 떨어진 이야기로 주제나 추상적인 상황이나 주제에 대해 이야기한다고 하였다.

그런데 이 단계들이 정확하게 분리되는 것이 아니라 서로 섞이는 경향을 보인다고 하였다. 언어 습득에 관한 그의 관점에 있어서 중요한 전제는 모든 언어 학습자가 겪는 발달에 전반적 단계가 있다는 것이다. 각 단계는 거시 단계(macro-level)로 구분이 되고 각 단계 내에서는 미시 단계(micro-level)로 경계를 가질 수 있다. 위에서 언급한 문법 발달의 네 가지 거시 단계는 발달의 연속성(Sequence of development)과 연관되고 미시 단계는 언어의 특정한 문법적이거나 형태 · 통사적 자질의 발달 순서(order of development)와 연관된다고 하였다. 그러면서 Ellis는 언어 습득에 있어 발달의 연속성과 발달의 순서 사이에 차이가 있다고 주장하였다. 연속성은 일관될 수 있으나 단계 내의 미시 단계에는 순서에 있어 많은 변이형이 관찰될 수 있다고 하였다. 즉, 언어 발달의 순서는 모국어 배경, 개인적 선호 등의 요소에 따라 학습자에 따라 다양하게 나타난다고 하였다. 예를 들어,

언어 학습자 중 자료 수집자들(data gatherers)은 어휘 습득과 유창성을 강조하기 때문에 문법적 정확도가 떨어지고 규칙 형성자들(rule formers)은 형태와 정확도에 관심이 많고 유창성이 떨어지게 된다. 따라서 같은 거시 단계의 숙달도에 속하는 학생들도 언어 수행에 있어 미시 단계의 차이를 보이기도 한다.

[표 4] FSI와 ACTFL 말하기 숙달도 등급(ETS: 1982, 김유정, 1999:101에서 재인용)

Government (FSI) Scale	Academic (ACTFL/ETS) Scale	정 의
5	(Native)	교육받은 모국어 화자처럼 말할 수 있다.
4+ 4 3+ 3	Superior	공식적이고 비공식적인 대화의 대부분에 효과적으로 참여할 수 있고, 구조적인 정확성과 어휘를 충분히 사용하여 말할 수 있다.
2+ 2	Advanced Plus Advanced	대부분의 업무 요구를 충족할 수 있고, 구체적인 주제에 대해 의사소통할 수 있다. 일상적인 사회적 요구와 제한된 업무 요구를 충족시킬 수 있다.
1+ 1	Intermediate-High Intermediate-Mid Intermediate-Low	생존에 필요한 대부분의 요구와 제한된 범위의 사회적 요구를 충족할 수 있다. 생존에 필요한 약간의 요구와 약간의 제한된 사회적 요구를 충족할 수 있다. 생존에 필요한 기본적인 요구와 최소한의 의례적인 요구를 충족할 수 있다.
0+ 0	Novice-High Novice-Mid Novice-Low 0	배운 발화로 직접적인 요구를 충족할 수 있다. 단지 아주 제한된 능력만을 가지고 있다. 구어로서 기능한다고 보기 어렵다. 언어에 대한 어떤 능력도 없다.

위의 표에서 확인할 수 있듯이 ILR과 ACTFL에 영향을 준 FSI (Foreign Service Institute, 외무 연수원)의 0-5까지 11단계 등급 척도와 초기 ACTFL 숙달도 지침에 정의된 구두 숙달도의 전반적 단계 (Novice, Intermediate, Advanced, Superior)는 일반적인 언어 발달을 기술한다는 측면에서 보면 Ellis의 발달 네 단계와 '전체 발달 진행 사이에 약간의 일치'가 있다고 볼 수 있으며 네 단계는 다시 큰 범주로 혹은 작은 범주의 미시 단계로 세분화될 수 있다(Omaggio, 2001:32). Omaggio가 '약간의 일치'라고 한 것은 숙달도 지침 그 자체가 특정 이론적 관점에서 도출된 것이 아니고 그저 Ellis의 발달 단계와 어느 정도 유사점이 있음을 말하기 위한 것으로 보인다. 따라서 필자가 이 내용을 언급하는 것 역시 숙달도 지침에 대한 이해를 돕기 위해 언어 발달에 대한 Ellis의 연구를 제시한 것이다.

5					
4	4+	4	4+	4	4
	4		4		
			4		
3	3+	3	3+	3	3+
	3		3		
			3-		3
2	2+	2	2+	2	2+
	2		2		
			2-		2
1	1+	1	1+	1	1
	1		1		
			1-		

[그림 18] 거시 단계와 미시 단계를 적용한 숙달도 등급의 다양한 가능성

[그림 18]은 Ellis의 네 단계의 거시 단계와 유동적인 미시 단계를 적용하여 숙달도 등급의 다양한 가능성을 몇 가지 제시해 본 것이다. 어느 거시 단계를 강조하고 상세화 하느냐에 따라 최소 4단계에서 최대 13단계 이상까지 숙달도 등급을 설정하는 것이 가능하다. 이러한 가능성은 각 숙달도 지침의 등급과 등급 기술에서 유사하게 나타난다. 등급 기술(설명)은 생략하고 등급 척도에 대해 살펴보면 다음과 같다.

초기의 ACTFL 지침은 앞에서도 언급한 바와 같이 Novice, Intermediate, Advanced, Superior 네 단계의 거시 단계를 설정하고 Novice, Intermediate, Advanced에 각기 low, mid, high의 3단계 미시 단계를 적용하여 총 10단계를 제시하였다. 그런데 2012년에 발표된 최근 숙달도 지침에는 가장 상위 등급으로 Distinguished를 추가하여 총 11단계의 숙달도 등급을 사용하고 있다. 이는 [그림 19]처럼 ILR 지침이 0~4까지를 각기 두 개의 미시 단계로 나누고 5단계를 설정해서 11단계로 나타내는 것과 비교해 볼 수 있다.

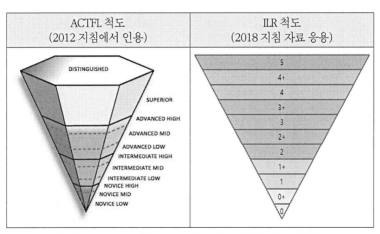

[그림 19] ACTFL 척도와 ILR 척도의 거시 단계와 미시 단계

CEFR(유럽공통 참조기준) 또한 기본적으로 기본적 언어 사용 단계, 자립적 언어 사용 단계, 숙달된 언어 사용 단계의 3개 대범주에서 각기 두 개씩 분화하여 A1(Breakthrough), A2(Waystage), B1(Threshold), B2(Vantage), C1(Effective Operational Proficiency), C2(Mastery) 총 6단계를 제시하고 있다. 그러나 [그림 20]처럼 '분지 가설의 유연성(flexibility in a branching approach)'을 언급하고 있는데 이는 하나의 등급이 나뉠 수 있음을 의미하는 것으로 아래와 같이 다양한 가능성을 제시하고 있다. 이러한 접근 방식을 보았을 때 CEFR 또한 Ellis의 발달 단계와 '일부' 일치하는 점이 있다고 볼 수 있다.

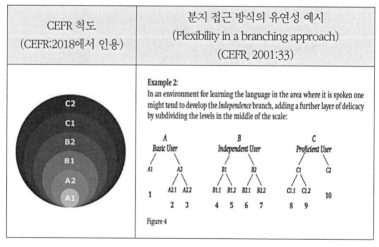

[그림 20] CEFR 척도와 분지 접근 방식의 유연성 예시

1995년부터 개발이 시작되어 1997년에 처음 시행된 한국어능력시험(TOPIK)의 경우도 6등급 체계이다. 이 또한 그 경계는 다른 숙달도 지침의 등급과 다를 수 있으나 초급, 중급, 고급 세 단계의 거시 단

계가 상하의 미시 단계로 나뉘어 총 1급부터 6급까지 여섯 개의 단계로 설정된 것으로 보면 여기에도 Ellis의 발달 단계와 어느 정도 일치할 수 있음을 짐작할 수 있을 것이다. 현재 TOPIK은 시험으로서 고정된 6등급의 지침을 가지고 있다. 그러나 향후 한국어능력시험이 숙달도 시험이 아니라 전반적인 한국어 숙달도에 대한 지침으로 변화하게 되는 경우, 혹은 TOPIK과는 별도로 한국어의 전반적인 숙달도 지침에 대한 연구와 개발이 진행이 된다면 거시 단계와 미시 단계에 따라 세분화된 한국어 숙달도 등급이 제시될 수도 있을 것이다.

지금까지 제시된 숙달도 등급에서 기억해야 하는 점은 각각의 숙달도 지침에 나타난 숫자가 같다고 동일한 숙달도를 의미하는 것은 아니며 이러한 숙달도 등급이 완전한 언어 습득 연구에서 비롯된 것이 아니라는 점이다. 그러나 현재까지 연구되고 개발된 숙달도 지침에 대해 경험적으로 폭넓은 동의가 가능하다는 것은 충분히 의미가 있다고 할 수 있다.

4) 숙달도에 관련된 중요한 개념

Omaggio(2001:32)에서는 숙달도에 대해 우리가 가져야 하는 개념이 무엇인지를 밝히고 있다. 그는 먼저 Bachman & Savignon(1986)에서 "그들이 ACTFL과 같은 숙달도 지침이나 의사소통 능력과 같은 언어 능력을 설명하는 체계들이 언어 능력 평가의 좋은 출발점임을 인정하였다."는 언급을 통해 표준화된 숙달도 지침과 언어 능력 모델의 긍정적인 측면을 언급한다. 그러나 Bachman & Savignon(1986)은 다른 한편으로 숙달도와 언어 능력 모델이 본래 의미 이상으로 크게 확장되어 사용됨을 경계하였다고 하는 언급도 덧붙이면서 '오해하면 안 되는 숙달도의 개념'들을 소개하고 있다. 여기에서는 자세하게 논의하지 않지만 표준화된 숙달도 지침과 관련 시험들에 대한 비판적 논의들은 Omaggio(2001:21-32)에서 살펴볼 수 있다.

Omaggio(2001:32-34)에 제시된 언어 숙달도의 개념과 관련된 설명은 다음과 같다.

(1) 숙달도는 언어 습득 이론(theory)이 아니다.
(Proficiency is not a theory of language acquisition.)

ACTFL 숙련도 지침은 언어 습득 연구 이론에 의해 제안된 숙련도와 전반적인 발달 과정을 개략적으로 설명하지 않으며 특정 이론적 관점에서 도출된 것도 아니다. Ellis(1985)에 요약된 바와 같이 구술과 이론에 대한 지침에 내재된 숙달도 단계 사이에 약간의 일치가 있을 수 있다. 그리고 지침 설명에 내재된 언어 능력의 구성 요소, 다양한 이론적 능력, 수행에 관련된 틀에 설명된 언어의 측면 사이에는 몇 가지 유사점이 있다. 그러나 이것이 숙달도 지침의 언어 개발이 전적으로 정확하거나 레벨 설명에 문제가 없다고 말하는 것은 아니다. 향후 숙달도 지침과 관련 테스트 절차는 이론과 연구에서 제공하는 새로운 통찰력에 맞게 계속 수정될 것이다.

(2) 숙달도는 언어 교육의 방법(method)이 아니다.
(Proficiency is not a method of language teaching.)

숙달도는 방법이 아니라 측정(measurement)에 초점을 두고 있다. 지침에는 어떤 방법론적인 규정도 나와 있지 않다. 기능적 측면에서 학습자들이 무엇을 할 수 있느냐에 대한 기술은 우리가 교실에서 학생들이 어떠한 목표를 달성하는 것을 도와주기 위해 선택할 수 있는 방법이나 절차에 영향을 끼칠 수는 있다. 모든 학습자들의 숙달도 성장을 촉진하기 위한 교육은 학습자들의 다양한 요구와 선호도를 수용하기 위해 융통성이 있어야 한다. 숙달도 지향의 교수(proficiency-oriented instruction)는 언어 중심의 규범적이거나 제한적인 것이 아니라 언어 학습 및 교육에 대한 다양한 접근법과 관점을 수용하고 조정해야 한다. 제2언어 및 외국어 교육은 조직 원리로서의 숙달도 개념에 대한 더 나은 이해에서 어느 정도 방향과 초점을 끌어낼 수 있다 (Higgs, 1984). 이러한 일반적인 틀 내에서 언어 학습 경험은 학생과 교사의 서로 다른 요구와 관심에 대응하는 여러 관점을 통합함으로써 강화될 수 있다.

(3) 숙달도는 교육과정 개요(curricular outline)나 교수요목(syllabus)이 아니다.
(Proficiency is not a curricular outline or syllabus.)

숙달도에 대한 설명은 본질적으로 평가를 위한 것이고 또한 언어 학습자들이 전형적으로 거치는 몇 단계를 전체적으로 명시한 것이기 때문에 이러한 숙달도 기술은 교육과정 계획을 위한 흥미로운 암시가 될 수도 있다. 그러나 지침은 교육과정 개요를 제공하지도 않으며 특정한 교수요목이나 따라야 할 교육의 순서를 함축하지도 않는다. 지침은 수행(performance)에 있어서의 증가하거나 분리된 단계를 기술한 것이 아니라 전체적이고 통합적인 기술을 제공한 것이다. Galloway(1987)는 "숙달도로 가는 길은 그 목적지 자체의 기술만큼이나 많고 다양하다."라고 하였는데 이는 많은 다양한 방법들이 언어 숙달도를 발달시킬 수 있는 것처럼 지침에 대한 이성적이고 신중한 검사로부터 다양한 교육과정의 순서가 도출될 수는 있다는 것을 의미한다.

(4) 숙달도는 문법이나 오류에 집착함을 의미하지 않는다.
(Proficiency does not imply a preoccupation with grammar or error.)

이러한 오해는 언어 능력과 수행을 측정하는 방법인 숙달도 그 자체의 개념과 개인들이 숙달도를 개발하기 위해 지지해 온 다양한 방법들과 접근법들 사이를 혼동할 때 발생한다. 높은 수준의 숙달도는 언어 사용의 정확성(accuracy)과 정밀성(precision)으로 특징지어지기 때문에 많은 실무자들과 연구자들은 공식적인 언어 교육 프로그램의 정확성 개발에 어느 정도 주의를 기울여야 한다고 믿는다. 그러나 숙달도를 높이는 목표를 달성하는 데 있어서 문법을 가르치는 것과 '형태에 초점을 두는 것(focus on form)'의 정확한 역할과 가치는 현재 활발한 토론의 대상이 되고 있다.

(1)~(4)의 Omaggio의 언급은 현장의 언어 교사들과 연구자들에게 중요한 지침이 될 수 있을 것이다. 표준화된 평가에 대한 막연한 동경과 맹목적인 믿음이 표준화된 숙달도 지침과 그 안의 내용들을 마치 모든 것이 완성된 불변의 진리로 받아들이는 일이 많다. 또한 안타깝게도 특정 문법 항목이 언어 능력을 대표한다는 믿음 하에 의사소통 전체의 모습을 간과하는 경우들이 자주 발견되기도 한다. 이는 숙달

도 지침 개발의 목적도 아니고 바람직한 활용도 아니다. 물론 ILR이나 ACTFL이 측정과 평가에 목적을 두고 개발된 반면에 CEFR(2001:1)의 지침은 "유럽공통 참조기준은 유럽 전역의 언어 교수요목, 교육과정 개요, 시험, 교과서 등의 정교화를 위한 공통 기반을 제공한다."는 언급을 통해 숙달도 지침이 측정과 평가에만 목적을 두고 있지 않음을 표명하기도 한다. 그러나 후속된 언급에서 "그것(참조 기준)은 의사소통을 위한 언어 사용에 있어서 언어 학습자들이 뭘 배워야 하는지에 대해 그리고 의사소통 행동을 효과적으로 할 수 있기 위해 개발해야 하는 지식과 기술(skill)이 무엇인지에 대해 '포괄적으로 기술'한다."고 밝히고 있다. 그리고 CERF 이름 자체에서도 알 수 있듯이 이는 특정한 습득 이론이나 교수 방법, 그리고 교육과정이나 교수요목이 아니라 어디까지나 포괄적인 참조 기준을 제공하고 있다는 것을 명심해야 한다.

3. 언어 평가의 정의

우리는 2장의 1절과 2절에서 언어 능력 모델과 숙달도의 개념을 통해 '언어를 잘 알고 잘 할 수 있는 것'이 무엇인지에 대해 살펴보았다. 언어 능력 모델은 관찰 가능한 언어 수행의 이면에 숨어 있는 관찰 불가능한 인간의 의사소통 능력과 그 구성 요소가 무엇인지를 파악하는 것이 중요하다고 주장한다. 반면 언어 숙달도에 집중하는 측에서는 인간의 언어 수행에 발달 단계가 있고 그 단계를 수직적 혹은 점진적이고 연속적인 위계로 설정하고 학습자의 언어 발달이 어디에 위치해 있는지를 파악해야 한다고 하는 것이다. 결론적으로 우리가 살펴 본 입장 두 가지는 언어 능력의 측정 대상이 '의사소통 능력의 구성 요소' 와 '숙달도'로 나뉜다고 정리할 수 있을 것이다. 이를 도식화하면 다음 과 같다.

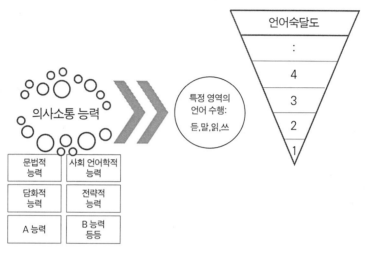

[그림 21] '언어능력 모델' 및 '숙달도' 개념과 언어 평가 양상

[그림 21] 은 듣기 · 말하기 · 읽기 · 쓰기 네 가지 기술로 구현되는 언어 수행을 기준으로 양쪽 혹은 상하로 의사소통 능력과 언어 숙달 도로 나뉘면서 평가의 초점이 다르게 나타남을 확인할 수 있다. 지금 까지 살펴본 언어 능력 모델은 왼편에 집중한 논의이고 숙달도 개념 의 접근은 오른쪽에 집중한 논의라고 할 수 있다.

최근 대규모 숙달도 기준을 정할 때에는 두 가지를 모두 포함하는 경우가 많은데 [그림 22]처럼 유럽공통 참조기준(2018)에서는 의사 소통 능력을 의사소통적 전략과 의사소통 활동과 더불어 언어 숙달도의 하위 요소로 설명하고 있다. 따라서 의사소통 능력과 숙달도 두 측면은 별도로 논의되고 발전된 개념이긴 하지만 현재는 두 개념을 모두 포함하여 언어를 평가하는 것이 바람직한 방향으로 보인다. 여기에서 제시하는 것이 유럽공통 참조기준의 제안이 확정적이거나 완벽하다는 의미는 아니고 단지 경향을 보여 주는 예시로 제시하는 것이다.

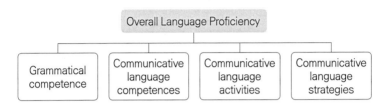

[그림 22] CEFR 기술 체계의 전체 구조 중 일부(CEFR, 2018:30)

지금까지 논의된 '의사소통 능력', '숙달도', 그리고 1장에서 논의된 '평가'의 개념을 통해 언어 평가의 개념을 도출해 보면 다음과 같다.

가. 언어 평가는 의사소통의 특정 영역의 능력을 측정하고 전체 능력을 추정하는 방법이다.
나. 언어 평가는 의사소통 능력의 구성 요소 중 어떤 능력이 있는지를 측정하는 것이다.
다. 언어 평가는 듣기 · 말하기 · 읽기 · 쓰기 네 가지 기술로 구현되는 언어 수행의 발달 정도를 측정하는 것이다.

위의 가, 나, 다의 개념을 종합해서 언어 평가의 개념을 정리해 보면 다음과 같다.

언어 평가는 특정 영역에서 듣기 · 말하기 · 읽기 · 쓰기 기술의 발달 정도와 그 수행을 가능하게 하는 의사소통 능력이 무엇인지를 측정하여 수험자의 전반적인 의사소통 능력과 숙달도를 추정하는 방법이다.

따라서 한국어 평가의 개념은 다음과 같이 제안할 수 있다.

한국어 평가는 특정 영역에서 한국어 듣기 · 말하기 · 읽기 · 쓰기 기술의 발달 정도와 그 수행을 가능하게 하는 한국어 의사소통 능력이 무엇인지를 측정하여 수험자의 전반적인 한국어 의사소통 능력과 한국어 숙달도를 추정하는 방법이다.

이를 바탕으로 더 보완된 개념은 여러 평가 관련 이론을 다루고 나서 6장에서 다시 제시하고자 한다.

1. Canale & Swain(1980), Canale(1983)의 의사소통 능력 하위 구성 능력인 문법적 능력, 사회언어학적 능력, 담화적 능력, 전략적 능력을 사용해서 어떤 능력이 뛰어나고 어떤 능력이 부족한지 자신의 의사소통 능력을 분석해서 발표해 보시오.

_____

_____

_____

_____

_____

2. Bachman(1990:5)에는 "ACTFL은 총괄적이며 하향식의 관점인 반면 의사소통 언어 능력은 원자적이고 상향식 관점이라고 하면서 두 견해는 양립할 수 없다."고 주장한 Lowe(1988:14-15)의 주장이 언급되어 있다. 이러한 Lowe의 주장과 [그림 21]의 차이가 무엇인지, 어느 부분에 동의할 수 있고 어느 부분에 동의할 수 없는지 설명하시오.

_____

_____

_____

_____

_____

제 3 장

언어 평가의 기능과 요건

제3장 언어 평가의 기능과 요건

언어 평가는 평가로서 갖추어야 하는 기본적 기능과 요건이 있다. 그리고 그 내용이 언어이기 때문에 고려되어야 하는 부분도 있을 것이다. 이 장에서는 이들에 대한 이론적인 내용과 실례들을 함께 제시하면서 살펴보고자 한다.

1. 언어 평가의 기능

언어 평가의 기능이라고 언급하지만 실질적으로는 모든 교육에서 평가의 기능을 의미할 수 있을 것이다. 언어 평가의 기능은 먼저 언어 교육 전체 과정 중 언어 교수와 함께 여러 면에서 작용하고 기여하는 점이 무엇인가를 구체적으로 밝히는 것이다. 노영희·홍현진(2011)의 교육 평가 기능과 김유정(1998,1999), Brown & Abeywickrama(2010), Shrum & Glisan(2010)의 언어 평가에 기능에 대한 논의들을 정리하면 다음과 같다.

(1) 언어 평가는 언어 수업을 유도한다.

프로그램 초기에 사전 시험이나 요구 평가 등은 언어 교사들에게 학습자가 알고 있는 것과 모르는 것이 무엇인지 정보를 제공하고 수업의 방향을 결정하는데 도움을 준다. 또한 언어 수업 중 일어나는 다양한 평가를 통해 파악되는 학습자들에 대한 정보 역시 그들의 다양한 요구에 맞게 지속적으로 수업의 내용과 방식을 수정하고 보완하도록 한다. 따라서 언어 평가는 언어 수업의 방향과 길을 유도한다고 할 수 있다.

(2) 언어 평가는 언어 학습을 촉진한다.

학습자들이 무엇을 어떻게 배우느냐는 그들이 어떻게 평가될지에 따라 크게 달라진다. 유능한 교사나 평가자에 의해 신중하게 고안된 평가 연습과 평가에 대한 안내는 학습자에게 무엇을 공부해야 하는지, 어떻게 공부해야 하는지, 그리고 어떤 개념과 기술에 얼마만큼의 시간을 들여 중요시해야 하는지 등에 대한 올바른 정보를 제공한다. 이렇게 제공된 학습에 대한 높은 기대는 학습자들이 스스로 목표를 설정하도록 자극하며 좋은 결과를 낳도록 유도할 수 있게 된다.

(3) 언어 평가는 학습자들에게 진척 상황과 향상도에 대한 진단 정보를 제공한다.

바람직한 평가는 평가 점수만을 제시하는 것이 아니라 진단 정보를 제공해야 한다. 진단이란 학습자들이 수업을 통해 무엇을 잘하고 있고 무엇을 잘 못하고 있는지, 즉 장점과 단점에 대한 정보와 감각을 제공하는 것을 의미한다. 두 학생이 말하기 시험에서 동일한 점수 80점을 받은 상황일 때 그 점수가 의미하는 바는 학습자에 따라 다를 것이다. 한 학습자는 발음과 문법 능력이 부족한 80점일 수 있고 다른 학습자는 어휘와 담화 구성 능력이 부족한 80점일 수도 있다. 따라서 두 학습자가 각기 어떤 면에서 80점이고 부족한 나머지 20점이 무엇인지 점수가 학습자들의 개별적인 진단 정보를 제공할 수 있어야 한다. 학습자들은 그렇게 제공된 진단 정보를 통해 현재 자신의 학습법에서 무엇을 유지할지, 자신의 단점을 보완하기 위한 내용과 방법이 무엇인지를 모색하게 된다. 이는 학습자로 하여금 진단 정보를 통한 자기 평가를 장려함으로써 학생 자율성을 증진시키고 자신감을 고취할 수 있도록 한다.

(4) 언어 평가는 학습자의 학습 동기를 고취한다.

공식적이든 비공식적이든 주기적인 평가는 학습자에게 향상 정도에 대한 이정표 역할을 함으로써 동기 부여를 증가시킬 수 있다. 교육 과정이나 학습 진도의 일정 부분을 마친 후에 이루어지는 주기적인 평가는 지금까지 잘 해 왔는지에 대한 점검이 되고 이러한 평가를 통해 긍정적인 피드백이 주어진다면 향후 과정에서도 더 열심히 해 봐야겠다는 긍정적 동기로 강화될 수 있다. 그런데 여기에서 중요한 점은 평가 목표가 수업의 목표와 명확하게 일치해서 '잘 만들어진 평가'가 시행되었을 때를 전제로 한다는 점이다. 역으로 말하면 잘 만들어지지 못한 평가는 학습자의 학습 동기와 자신감을 꺾게 되는 역할을 할 수 있다. 수업 시간에 배우지 않은 내용과 형식으로 개발된 시험은 학습자에게 부정적인 피드백을 제공하게 되고 학습자에게 제공되는 학습과 평가에 대한 신뢰가 무너짐과 동시에 학습 동기 또한 상실하게 된다. 이는 평가의 부정적 역류 효과를 발생하게 하는 것이다. 언어 학습을 성공적으로 이끄는 다양한 요인들 중 정의적 요인으로 '동기'와 '자신감'은 중요한 부분이라고 할 수 있다. 따라서 바람직한 언어 평가의 기능은 학습자에게 잘 만들어진 평가를 통해서 최상의 능력을 표출할 수 있도록 해서 학습 동기를 고취하도록 하는 것이다.

(5) 언어 평가는 언어 교수(teaching)와 교육과정의 효율성에 대해 평가(evaluation) 정보를 제공한다.

학습자를 평가한 결과에 대한 체계적인 분석과 해석은 역으로 교사나 교육 기관에 교수 및 교육과정에 대한 진단 정보를 제공해 준다. 즉, 교사가 학습자들에게 얼마나 잘 가르쳤는지 교육과정이 얼마나 효율적이었는지에 대한 정보를 제공하여 무엇을 바꾸고 무엇을 유지할지를 결정하게 한다. 이는 학습자의 평가 결과가 교사와 교육 기관이 처음에 의도했던 목표와 얼마나 일치했는지를 통해 결정할 수 있다. 이렇게 제공된 진단 정보는 교사의 개인적인 교수법 개선 및 교육 계획 수정이나 교사 지원, 자료 개발 등과 같은 교육과정 개선 등에 활용될 수 있다.

예를 들어, 선생님이 학생 열 명에게 표현 A를 가르치고 시험을 봤는데 한 명만 맞았거나 혹은 열 명 모두 틀렸다고 하자. 이 평가 결과를 분석한다면 학습자들의 문제라기보다 교수자의 문제라고 할 수 있다. 정상적인 교수가 일어났다면 열 명의 학습자 중 적어도 6~7명은 맞고 3~4명이 틀려야 한다. 그런데 모든 학습자가 틀렸다는 것은 교수자의 지도법에서 도입, 제시·설명, 연습, 산출·사용 중 어느 한 단계 혹은 여러 단계에서 문제가 있었다는 것을 의미한다. 설명이 부족했거나 연습을 하지 않았거나 혹은 설명과 연습과 사용이 적절하지 않았을 수 있다. 이 경우 교수자는 자신의 교수법에 어떤 문제가 있었는지를 파악하고 개선해야 한다.

기관의 교육과정 평가와 개선도 동일하게 이루어질 수 있다. 언어 평가 결과 학습자들이 듣기 영역에서 전반적으로 모두 성적이 낮게 나오거나 특정 영역에서 혹은 특정 내용 항목에서 교육 목표에 어긋난 결과를 보이는 경우 이에 대한 분석을 통해 교육과정을 개선할 수 있다(김유정, 2020:146-147).

(6) 언어 평가는 언어 교육 방향에 대해 공통된 인식을 형성하고 연구와 정책 결정을 위한 정보를 제공한다.

이는 숙달도 평가에 더 유용한 기능이라고 할 수 있다. 숙달도 평가는 언어 교육의 이상적인 방향, 언어 학습자들의 언어 사용에 대한 정보 등이 무엇인지에 관심을 집중시키고 인식을 같게 하는 데 기여할 수 있다. 따라서 숙달도 평가 개발과 시행을 통한 분석 결과는 언어 교육 기관과 언어 교사들에게 언어 교육의 공통된 방향성에 대해 정보를 제공하고 연구 과제들을 제공함으로써 언어 교육의 질적 · 양적 진보를 가속화할 수 있다. 더 나아가서는 국가 차원의 언어 교육 정책을 검토하고 개발함에 있어 평가 정보를 활용할 수 있다. 물론 이 모든 것은 '잘 만들어진 적절한' 숙달도 평가를 개발하고 시행했을 때 가능한 것이다.

(7) 언어 평가는 수험자들을 분류할 수 있는 정보를 제공한다.

언어 평가의 결과는 등수, 점수, 등급, 당락 표시 등 다양한 형식으로 성적에 대한 정보가 제공된다. 이 정보는 행정적으로 일반적 판단,

배치, 진급, 수상, 선발, 자격 인증, 승진 등을 위해 수험자들을 분류하기 위한 정보로 활용될 수 있다.

Cohen(1994:23)에서는 평가의 주요 기능을 교육적(instructional) 기능, 연구(research) 기능, 행정적(administrative) 기능으로 나누었는데 위에서 정리한 일곱 가지 기능 중 (1)~(5)는 교육적 기능, (6)은 연구 기능, (7)은 행정적 기능으로 볼 수 있다. 이 세 가지 범주의 기능 중 언어 평가의 기능에서 가장 중요한 기능이 무엇인지 생각해 보면 그것은 바로 교육적 기능일 것이다. 즉, (1)~(5)가 언어 평가의 본질적 기능이며 언어 교수와 직접 관련된 교수 · 평가의 상호작용적 기능이라고 할 수 있다. 따라서 언어 교육의 평가의 진정한 핵심은 (1)~(5)에 있다고 할 수 있으며 교사도 학습자도 이 부분에 더 집중할 필요가 있다. 교육의 목표가 실제 교수 상황으로 잘 연결되었는지, 이를 통해 학습자의 언어 능력이 향상되도록 이루어지고 있는지, 그리고 그것이 이루어졌는지에 초점을 두고 진단하고 피드백하고 수시로 수업을 수정하고 보완해 나가는 것이 언어 교수와 평가의 적절한 역할이기 때문이다. 한 마디로 정리하면 언어 교수와 평가의 목표는 모두 학습자의 능력을 향상시키는 데 있어야 한다.

그럼에도 불구하고 언어 교육 현장에서 교사들과 학습자들이 여러 가지 현실적인 문제 때문에 (7)의 행정적 분류 기능에 집중하거나 그 자체가 평가의 목적이라고 오해하는 것은 무척 안타까운 일이다. 혹여 (7)의 행정적 기능이 중요하게 부각되는 상황이라고 하더라도 (1)~(5)의 기능이 강화가 된다면 행정적으로도 더 좋은 결과를 낳을 수 있을 것이라는 인식을 강화해서 평가의 본질을 강조하고 부각할 필요가 있다. (6)은 성취도 평가보다는 숙달도 평가를 통해 대규모의 공통된 인식을 낳을 수 있는 연구 기능이다. 물론 성취도 평가를 통해서도 (6)의 연구 기능이 가능할 수 있다. 또한 표준화된 숙달도 평가를 통해서도 학습자에 따라 상황에 따라 (2), (3), (4)의 교육적 기능이 수행될 수도 있을 것이다. 여기에서는 중복되는 부분보다는 차별적인 부분을 강조하기 위해 (6)을 숙달도 평가를 통한 광범위한 의미의 연구 기능을 제시하였다.

1장의 5절 '평가와 교수의 위상' 부분에서 제시한 그림을 여기에서 살펴 본 '언어 평가의 기능'들과 결합하여 [그림 23]에 나타낼 수 있다. 이를 보면 우리가 중요하게 생각해야 하는 언어 평가의 기능이 무엇인지가 더 분명해질 것이다. [그림 23]의 왼쪽 네모 상자 안에 평가를 나타내는 화살표 1)~5)는 위에서 설명한 평가의 기능을 말하는 것이다. 1)은 사전 평가의 기능을, 2), 3), 4)는 교수 진행 중에 일어나는 기능, 5)는 평가 결과 분석을 통한 역류 효과의 기능을 보여주는 것이다.

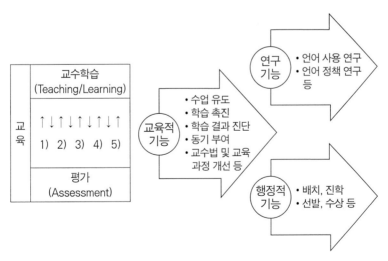

[그림 23] 언어 교육에서 언어 평가의 기능

2. 언어 평가의 요건

앞에서 다룬 언어 평가의 기능을 잘 수행하기 위해서는 평가가 잘 만들어져야 한다. 이를 위해 필요한 언어 평가가 갖추어야 하는 요건에는 교육 평가에서 언급하는 타당도, 신뢰도, 실용도 세 가지 측면이 있다. Bachman& Palmer(1996)에서는 언어 평가의 요건으로 신뢰도, 구인 타당도, 진정성(내용 타당도), 상호작용성, 특정 시험 상황에 대한 영향(impact), 실용도 여섯 가지를 들고 있고, Brown(2006)과 Brown & Abeywickrama(2010)에서는 타당도, 신뢰도, 실용도, 진정성(Authenticity), 역류 효과 다섯 가지를 들고 있다. Bachman & Palmer(1996:41)이 언급한 것처럼 상호작용성, 영향, 진정성, 역류 효과 등은 엄밀히 따져 보면 타당도 측면과 관련된 것으로 연구자에 따라 언어 평가에서 중요한 요건을 강조한 것으로 볼 수 있다. 따라서 여기에서는 타당도, 신뢰도, 실용도 세 가지에 집중하고자 하며 논의를 하면서 상호작용성, 진정성, 역류 효과, 영향 등과의 관련성을 언급하고자 한다. 여기에 설명된 각 평가 요건에 관한 개념 정의는 「교육심리학 용어사전」, 「교육평가 용어사전」 및 선행 연구들을 바탕으로 정리한 것이다.

1) 타당도(Validity)

먼저 타당도(Validity)는 평가가 측정하고자 하는 바를 실질적으로 잘 충실하게 측정하고 있는지와 관련된 것으로 측정의 정확성(accuracy)과 관련된다. 이는 효과적인 시험의 가장 복잡한 기준이며 가장 중요한 원리로 작용하는 것이다. Gronlund(1998:226)는 "타당도는 평가 결과로부터 만들어진 추론이 평가의 목적 면에서 적절하고 유의미하며 유용한 정도를 의미한다."고 하였다(Brown:2004, 이영식 외 역, 2006:40).

지금까지 타당도의 종류를 단순 나열식으로 제시하여 그 의미가 혼란스럽거나 중요도를 파악하기 어려운 경우가 많았다. 여기에서는 올바르고 쉬운 이해를 위해 타당도의 종류를 다음과 같이 분류해서 설명하고자 한다. 평가 개발 관련 타당도(development-related validity)와 평가 시행 관련 타당도(administration-related validity)는 필자가 만든 용어이다.

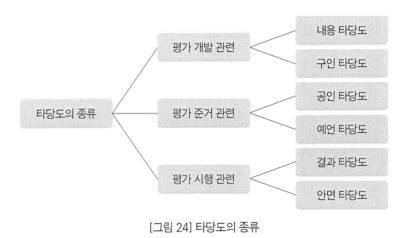

[그림 24] 타당도의 종류

(1) 평가 개발 관련 타당도(development-related validity)

위의 [그림 24]에서처럼 평가 도구를 개발할 때 자체적으로 반드시 갖추어야 하는 가장 중요한 개념으로 내용 타당도와 구인 타당도를 들 수 있다.

가. 내용 타당도(內容 妥當度, content validity)

내용 타당도는 언어 평가의 내용 항목(주제, 과제, 기능, 텍스트 유형, 언어 요소 등)이 적절하게 선정되어 개발되었는지에 대한 것이다. 다시 말하면 평가하고 있는 내용들의 적절성(content relevance)과 내용 범위(content coverage)에 관계된다. Messick(1975:961)의 표현을 빌면 내용 타당도는 '서커스 전체를 보지 않은 관객들에게 서커스를 대표할 수 있는 포스터, 어릿광대, 곡예사 등의 일부를 보여서 관객을 끄는 사람'과 같은 것이라고 하였다(김유정, 1999:88-89에서 재인용). 이는 평가하고자 하는 '전체 영역을 대표할 수 있는 내용 항목의 표본 추출이 골고루 선정되는 것'이 중요하다는 것을 뜻한다. 즉, 교수 목표와의 연결성을 유지하면서 평가하고자 하는 목표에 맞게 내용의 범위를 설정하고 그 내용들이 적절한지 그리고 전체를 대표하기에 충분하도록 골고루 선정해야 한다. 그 이유는 앞서도 언급했다시피 평가가 수험자의 의사소통 능력 그 자체 모두를 평가할 수 없기 때문이다. 평가 목표에서 벗어나 배우지 않은 내용으로 평가가 이루어지는 경우 혹은 평가 목표 내에 있더라도 특정 내용으로만 평가가 이루어지는 경우 내용 타당도가 떨어진다고 할 수 있다.

예를 들어, 초급 학습자의 경우는 일상생활 영역에서 날씨를 묻고 답하는 개인적인 대화가 평가 목표와 그 내용이 될 수 있다. 그런데 평가에서 이 영역을 벗어나 홍수나 가뭄 등 기후 문제에 관한 내용으로 대화하기를 하게 한다면 내용 타당도가 떨어진다고 할 수 있다. 그리고 초급에서 상대에게 날씨를 묻고 답하게 하는 대화하기만 평가하고 그 결과만으로 초급이라고 판단하는 것 또한 내용타당도가 떨어지는 것이다. 초급 언어 학습자로 판단할 만한 다양한 내용 항목이 선정되어 평가가 이루어지고 이를 통해 적절한 판단과 능력에 대한 추정이 이루어져야 한다.

내용 타당도를 높이기 위한 방안은 다음과 같다.
- 교육 목표와 평가 목표를 확인한다.
- 시험 명세서(test specifications)를 구체적으로 작성한다.
- 목표에 적절한 평가 내용 항목을 선정한다.
- 평가 내용이 교과 내용의 중요한 요소들을 골고루 포함하도록 한다.
- 평가 내용이 교과 내용의 중요도에 따라 상대적인 비중으로 선택 되어야 한다.

시험 명세서는 평가 문항 작성을 위한 전체 설계도의 역할을 하는 것으로 일반적인 교육 영역에서 사용되는 이원분류표와 유사하다. 언어 평가의 시험 명세서에는 평가의 내용, 구조, 소요 시간, 사용 수단, 사용되는 기법, 수행의 기준치, 채점 절차에 관한 정보가 포함된다 (Hughes:2003, 전병만 외 역, 2012:70-74). 그리고 시험 명세는 내용 타당도뿐만 아니라 뒤에 살펴 볼 구인 타당도, 채점자 신뢰도와도 관련을 갖는다. Bachman & Palmer(1996)에서는 시험을 잘 치르는데 시험 명세의 모든 요소들을 고려하는 것이 바람직하지만 또한 불가능한 일이라고 언급하고 있다. 시험 명세서와 관련해서는 12장에서 자세하게 논의할 것이다.

Brown & Abeywickrama(2010)에 제시된 내용 타당도 점검 목록은 다음과 같다. 그들은 대표적으로 한 단원을 위한 교실 시험에서 점검할 수 있는 목록을 제시하고 있으나 여러 단원 시험에도 응용될 수 있을 것이다.

[표 5] 내용 타당도 점검 목록

	내용 타당도 점검 목록
☐	1. 목표가 명확히 확인되었는가?
☐	2. 목표는 시험 명세를 대표하는가?
☐	3. 시험 명세는 교수 절차에서 이미 수행된 과제를 포함하고 있는가?
☐	4. 시험명세에는 해당 목표의 전부(또는 대부분)를 나타내는 과제가 포함되어 있는가?
☐	5. 시험 과제에 목표 과제의 실제 수행이 포함되는가?

이 내용타당도 점검 목록 중 과제에 관한 3~5번 중 특히 5번 점검 목록은 위에서 Bachman & Palmer(1996)와 Brown & Abeywickrama (2010)에서 별도의 평가 요건으로 제시한 진정성(Authenticity)과 관련된 것으로 볼 수 있다. 그러나 진정성의 점검은 실제로 시험 문항이 작성이 된 이후에 파악이 가능하다. 여기에 적힌 5번의 점검 목록은 평가할 내용 항목에 목표 과제의 실제 수행이 선택되었는지를 점검하는 것으로 보는 것이 적절하다.

나. 구인 타당도(構因 妥當度, construct validity)

구인 타당도는 구성 타당도, 구성 요인(인자) 타당도, 형식 타당도 등으로 불리기도 한다. 구인(構因, construct)이란 어떤 검사 도구가 측정하려고 하는 심리적 특성에 대한 조작적 정의이고 구인 타당도는 이 특성을 잘 측정하는지를 나타내는 것이다(교육평가용어사전, 45쪽). '구인(構因)'을 더 간단히 설명하면 평가 도구에서 표면적으로는 그 의도가 드러나지 않지만 평가를 통해 측정하고자 하는 잠재 요소 혹은 숨은 자질이라고 할 수 있다.

Bachman(1990:40-48)에서 구인 타당도를 높이기 위한 방안으로 측정에 필요한 세 단계에 대해 다음과 같이 설명하고 있다.

1단계 : 구인(constructs)이 무엇인지 이론적으로 정의하기(Defining constructs theoretically)

물리적인 특징들인 몸무게, 키 등은 경험적으로 직접 정의될 수 있다. 그러나 인간의 언어 능력, 예를 들면 말하기 능력 같은 것들은 경험적으로 직접 정의될 수 없다. 따라서 구인 개념의 이론적 정의가 필요하다. 운전 능력을 측정하는 평가에서 운전 능력의 구인은 기계 조작 능력, 순발력, 상황 판단력 등이 구인으로 정의가 될 것이고 말하기 능력을 측정하기 위해서는 발음, 정확성, 유창성, 사회언어학적 적절성, 담화 구성력 등이 구인이 될 수 있을 것이다. 그러므로 목표로 하는 평가의 구인이 무엇인지를 잘 파악하고 선정해야 한다.

2단계 : 구인을 조작적으로 정의하기(Defining constructs operationally)

이는 이론적으로 정의한 구인을 관찰 가능한 행동과 연관시키는 것이다. 즉, 평가 목표를 잘 이끌 수 있도록 특정 절차와 방식에 대해 정의를 해야 한다는 것이다. 예를 들어, 말하기에서 발음이 구인으로 이론적 정의가 되었다면 발음을 측정할 수 있는 관찰 가능한 평가 절차와 방식으로 필기시험이 아니라 인터뷰나 발표 형식의 문항이 개발될 것이다. 여행사 직원을 뽑는 상황에서 고객을 응대할 때 사용하는 언어의 사회언어학적 적절성을 구인으로 정한 경우에는 전화 통화나 면대면의 형식으로 고객과 대화하고 고객의 요구에 맞는 정보를 안내하고 제공할 수 있는 시험 방법이 조작적 정의를 통해 선택될 수 있을 것이다. 따라서 구인과 평가 문항 유형의 연계가 적절한지에 따라 조작적 정의를 통한 구인 타당도가 결정될 수 있다.

이 단계에서 중요한 점은 시험이 사용될 때 시험 방법의 변화를 최소화할 수 있도록 시험 절차의 특징을 충분히 상세하게 지정하여 수험자마다 다른 구인을 도출하지 않도록 해야 한다. 그렇지 않으면 구인 타당도도 낮아지고 시험 자체의 신뢰도 또한 낮아질 수 있다. 그리고 구인을 조작적으로 정의할 때 학습의 맥락과 사용된 교수 · 학습 활동이 모두 고려되어야 한다. 학습에 사용된 활동과 유사한 평가 기법을 사용하면 평가 개발자의 부정적 편향을 최소화하고 학생들에게는 익숙한 과제 수행을 통해 긍정적인 '역류 효과'를 극대화할 수 있게 된다.

3단계 : 관찰을 정량화하기(Quantifying observations)
이 단계는 2단계를 통해 수행된 관찰을 수량화하거나 척도화 하는 절차를 수립하는 것이다. 간단히 말하면 평가 구인들에 대해 어떻게 점수를 할지 정하는 단계라고 할 수 있다. 언어 평가의 구인은 물리적으로 관찰되는 것이 아니다. 따라서 각 구인에 대한 배점, 등급 간 혹은 구인 간의 배점 비율은 구인 개념에 대한 이론적 정의, 즉 중요도나 비중에 따라 달라질 수 있을 것이다. 말하기의 경우라고 했을 때 발음, 언어 사용의 정확도, 유창성, 사회언어학적 적절성, 담화 구성력을 구인으로 정의하고 적절한 시험 문항을 통해 평가가 이루어졌다면 각 구인 요소들의 배점 비중을 어떻게 할지 그리고 발음이라는 구인을 몇 개의 간격으로 나누어 배점을 할지 등을 정하는 것이다. 구인 타당도와 관련된 이 세 번째 단계는 시험 자체의 신뢰도와도 관련이 된다.

Bachman(1990:46)은 [그림 25]와 같이 구인의 이론적·조작적 정의와 시험 점수의 관계를 보이고 있다. 여기에서는 화용적 능력 (pragmatic competence)를 구인으로 이론적으로 정의한 경우인데 구두 인터뷰 시험과 사지선다형 객관식 시험 두 가지로 조작적 정의가 가능하며 점수화 또한 0~4의 서열 척도와 0~20까지의 구간 척도로 각각 나뉘어 있다. 동일한 구인을 이론적으로 정의했지만 조작적 정의와 점수화는 다르게 개발되었다. 따라서 두 시험의 구인 타당도의 적절성은 분명히 다르게 나타난다고 할 수 있다.

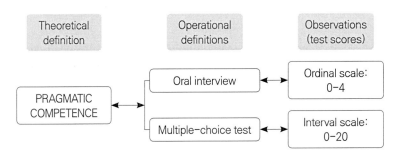

[그림 25] 구인의 이론적·조작적 정의와 시험 점수의 관계(Bachman, 1990:46)

[표 6]은 Bachman(1990:150-152), Brown & Abeywickrama (2010:44)의 제안 점검 목록을 합친 구인 타당도 점검 목록이다. 1~5는 시험 전체적인 측면이고 6~10은 시험 과제의 편향성 측면이며 16~23은 과제의 상호작용성에 대한 점검 목록으로 Bachman (1990:150-152)에서 가져온 것이다. 그리고 11~15는 Brown &

Abeywickrama(2010:44)에서 시험 과제의 진정성 점검 목록으로 제시한 것이다. 구인 타당도와 별도 요건으로 Bachman(1990)은 진정성과 상호작용성을, Brown & Abeywickrama(2010)은 진정성을 정하였으나 앞에서도 언급한 바와 같이 진정성과 상호작용성 모두 평가의 구인 설정에 따른 시험 과제의 형식적 특성과 관련이 있으므로 여기에서는 구인 타당도에 모두 포함시켜 제시하고자 한다. 여기에서는 점검 목록들만 제시하지만 Bachman(1990:280-284)에는 점검 목록들에 대한 질적 충족도와 이에 대한 설명이 적힌 예시 자료를 보이고 있다.

[표 6] 구인 타당도 점검 목록

구인 타당도 점검 목록	
1	시험 과제의 전반적 측면
☐	1. 시험을 위한 언어 구인이 명확하고 모호하지 않게 정의되어 있는가?
☐	2. 시험의 언어 구인은 시험의 목적과 관련이 있는가?
☐	3. 시험 과제는 어느 정도까지 구인을 반영하는가?
☐	4. 채점 절차는 어느 정도까지 구인을 반영하는가?
☐	5. 시험에서 얻은 점수는 시험 응시자들의 언어 능력에 대해 우리가 원하는 해석을 하는 데 도움이 되는가?
2	과제를 편향적으로 만들 수 있는 원인 측면
☐	6. 시험의 환경(시간, 공간, 감독관 등)의 어떤 특징들이 다른 수험자들을 다르게 수행하도록 만들 것 같은가?
☐	7. 시험 채점 안내의 어떤 특징들이 다른 수험자들을 다르게 수행하도록 만들 것인가?
☐	8. 시험 입력의 어떤 특징들이 다른 수험자들을 다르게 수행하도록 만들 것 같은가?

☐	9. 예상 응답의 어떤 특징들이 다른 수험자들을 다르게 수행하도록 만들 것 같은가?
☐	10. 입력과 응답 사이의 관계의 어떤 특징들이 다른 수험자들을 다르게 수행하도록 만들 것 같은가?
3	시험 과제의 진정성 측면
☐	11. 시험에 쓰인 언어가 가능한 한 자연스러운가?
☐	12. 문항이 현실과 유리되지 않고 가능한 한 맥락화되었는가?
☐	13. 주제와 상황이 학습자에게 흥미롭고 재미있고, 그리고/또는 유머러스한가?
☐	14. 이야기 줄거리나 일화를 통해 주제의 구성을 제공하는가?
☐	15. 과제가 실생활 과제를 대표하거나 매우 유사한가?
4	시험 과제의 상호작용성 측면 (명제적 지식, 개인적 특성, 언어 지식, 언어 기능, 메타인지, 정의적 스키마 등의 상호작용)
☐	16. 과제는 어느 정도까지 적절한 영역 또는 수준의 주제 지식을 전제로 하고 있으며, 우리는 어느 정도까지 시험 응시자들이 이 영역 또는 주제 지식의 수준을 가질 것으로 기대할 수 있는가?
☐	17. 시험 응시자의 개인적 특성은 어느 정도까지 시험 명세에 포함되어 있는가?
☐	18. 시험 과제의 특징은 개인별 특성이 특정한 수험생에게 어느 정도까지 적합한가?
☐	19. 시험 과제에 요구되는 처리 과정은 매우 좁은 범위 또는 광범위한 범위의 언어 지식을 포함하고 있는가?
☐	20. 간단한 언어 능력 시연 외에 입력을 처리하고 응답을 형식화하는 데 사용되는 언어 기능(language function)은 무엇인가?
☐	21. 시험 과제는 어느 정도까지 상호 의존적인가?
☐	22. 전략 참여 기회는 얼마나 되는가?
☐	23. 시험 과제는 시험 응시자들이 상대적으로 최선을 다하기 쉽게 혹은 어렵게 만들도록 하는 정의적 반응이 일어날 가능성이 있는가?

(2) 평가 준거 관련 타당도(criterion-related validity)

여기에서 평가 준거(準據, criterion)라고 하는 것은 평가의 기준이나 목표라고 할 수 있다. 따라서 평가가 기준이나 목표에 도달했는지를 판단하는 것이 준거 관련 타당도라고 할 수 있다. 이는 다른 검사 도구 평가와의 비교를 통해 확인할 수 있기 때문에 외적 준거를 바탕으로 한 타당도라고 할 수 있다. 그 종류에는 공인 타당도와 예언 타당도가 있다.

가. 공인 타당도(共因 妥當度, concurrent or status validity)

공인 타당도는 동시 타당도 또는 공존 타당도라고도 한다. 어떤 평가(검사)가 기준이나 목표를 잘 도달해내고 있는지를 '현재' 유사한 기준이나 목표로 개발되어 사용되고 있는 다른 평가(검사)와 비교를 통해 '현재' 어느 정도 일치하는지를 살펴 타당도를 검증하는 것이다. 비교 결과가 유사하면 공인 타당도가 있다고 할 수 있다. A 언어 시험의 결과와 B 언어 시험의 결과가 상당히 일치하게 나타난다면 두 시험은 비슷한 준거를 수행하고 있으므로 두 시험 모두 동일한 위상으로 인정받을 만한 공인 타당도를 가졌다고 볼 수 있다. 그래서 비용과 노력이 많은 언어 평가 형식 대신 간편하고 비용이 적게 드는 시험으로 대체하거나 새로운 시험을 제작하였을 때 기존 시험과 공인 타당도 검증을 하는 경우가 많다.

나. 예언 타당도(豫言 妥當度, predictive validity)

예언 타당도는 예측 타당도라고도 하는데 한 검사의 측정 결과가

'미래'에 행해질 측정 결과를 얼마나 잘 예언하고 예측하느냐에 관한 것이다. 이 때 검사와 미래 결과 사이에는 유사한 준거가 있어야 한다. 예를 들어, 언어 학습 성향 검사 결과가 언어 학습의 긍정적 성공을 예언했는데 실제로 학습자가 미래에 실제 언어 학습을 잘 수행해 낸 경우, 혹은 학습자의 언어 숙달도 검사 결과가 미래 직업 현장에서 언어 사용 성공을 예언하고 결과가 그렇게 나온 경우라면 예언 타당도가 높다고 할 수 있고 그 결과가 다르게 나타난다면 예언 타당도가 낮다고 할 수 있다. 따라서 예언 타당도는 현재의 검사 결과와 미래 시점에 관련된 준거를 비교하여 확인할 수 있는데 미래의 준거는 시험을 실시하거나 자료를 수집하여 타당성을 확인할 수 있다.

(3) 평가 시행 관련 타당도(administration-related validity)

평가 시행 관련 타당도라 명명한 이유는 평가가 시행된 이후에 파악할 수 있는 타당도이기 때문이다. 그 종류에는 결과 타당도와 안면 타당도가 있다.

가. 결과 타당도(結果 妥當度, consequential validity)

결과 타당도는 Messick(1989)에서 처음 제안된 개념으로 검사 또는 평가의 실시 결과에 나타나는 모든 것과 관련된 타당도이다. 즉, 평가의 의도된 목적이 시행 결과를 통해 관찰되는지, 수험자의 시험 준비에 미치는 영향, 학습자에게 미치는 효과, 시험의 해석과 활용에 따른 의도되거나 의도되지 않은 사회적 결과 등을 분석하여 검사의 타당도를 추정하는 것이다. Bachman & Palmer(1996:29-35)에서는 결과 타당도를 영향(Impact)이라는 용어를 사용해서 설명하고 있는데 그 안에는 역류효과, 개인에게(수험자에게, 교사에게) 미치는 영향, 사회와 교육 시스템에 미치는 영향으로 나누어 제시하고 있다. 그러면서 시험의 시행과 시험 점수의 사용은 거시적 수준에서 사회와 교육 체제에 영향을 미치고, 미시적 수준에서 개인에게 영향을 미친다고 하였다. 그리고 Brown & Abeywickrama(2010:34-36) 역시 '결과 타당도(영향)'을 소제목으로 사용하고 있으며 안면 타당도와 역류 효과를 결과 타당도 측면이라고 언급하고 있다. 그러나 여기에서는 안면 타당도는 결과 타당도(영향)과 별개의 타당도로 설명할 것이다.

Bachman & Palmer(1996:29-35)와 Brown & Abeywickrama (2010), Hughes(1989, 2003:1)에 제시된 결과 타당도(영향, 역류효과)와 관련된 내용을 정리하면 다음과 같다.

• 역류 효과(washback)

역류 효과는 Hughes(1989)에서는 'washback'이 아니라 'backwash'라는 용어로 사용되기도 하였다. 역류 효과의 다른 용어로는 환류 효과, 수업 파급 효과, 파급 효과 등이 있다. Hughes(1989, 2003:1)에 따르면 역류 효과는 '학습과 교수에 미치는 시험의 영향'이라고 하였다. 이런 시험의 역류 효과는 긍정적으로도 부정적으로도 나타날 수 있다. 긍정적 역류 효과는 잘 만들어진 평가(시험)와 평가 결과에 대한 적절한 진단 정보를 통해 학습자의 장단점을 파악하고 향상시킬 수 있으며 학습에 대한 자신감과 동기를 높일 수 있을 것이다. 반면 부정적 역류 효과는 평가 도구의 개발이 문항 자체 혹은 다른 여러 가지 문제로 인해 언어 평가의 본질과는 멀어져서 정답 고르기의 단편적인 시험 테크닉만을 훈련하게 하거나 학습자의 자신감과 동기를 저하시키는 현상으로 나타날 수 있다. 또한 교사들로 하여금 교수법이나 교재의 내용을 수정하고 보완하여 교실 현장에서 더 나은 수업을 진행하도록 하는 긍정적 효과도 가질 수 있다. 따라서 역류 효과는 전통적 교육에서 평가가 단순히 교육과정의 마무리 단계에서 교육 목표를 달성했는지를 확인하던 차원에서 그치지 않고 교수와 순환적으로 역할을 하면서 교육 전반에 효과를 미친다는 것을 의미하는 것이다.

그런데 '역류 효과'의 개념에 대해서는 거시적으로 보는 관점과 미시적으로 보는 관점이 있다. Cheng & Curtis(2012:89)는 결과 타당도를 대신하는 '영향'이라는 용어는 교육이나 사회와 같은 거시적 차원에서 평가 결과가 미치는 영향을 의미하고 '역류 효과'라는 용어는 언어 시험이 언어 교수 및 학습의 미시적 특성에 미치는 영향, 즉 교실 내에서의 효과를 의미한다고 하여 '역류 효과'를 교실 내의 효과로 한정하였다. 이는 Hughes(1989, 2003:1)의 입장과 동일하다.

반면 Bachman & Palmer(1996:29-30)는 Hughes 이후 Cohen(1994)과 Alderson & Wall(1993)의 논의를 통해 시험이 개인뿐 아니라 사회와 교육 체제에도 영향을 미칠 수 있다는 거시적인 차원으로 역류 효과를 봐야 한다는 입장으로 확장하고 있다. 따라서 Bachman & Palmer(1996:29-30)에서 결과 타당도(영향)는 확장된 역류효과와 같은 의미로 사용된다고 볼 수 있고 그 하위 요소로 개인(수험자, 교사)에게 미치는 영향과 사회와 교육 시스템에 미치는 영향을 포함하고 있으며 이에 대한 광범위한 연구의 필요성을 언급한 것으로 볼 수 있다. 이런 포괄적인 의미의 역류 효과에 대한 설명은 Brown & Abeywickrama(2010)에서도 나타난다. 그러므로 결과 타당도와 영향과 역류 효과는 같은 범주의 의미로 사용된다고 할 수 있다. 결과 타당도(영향)와 관련된 내용은 다음의 A와 B를 모두 포함한 것이다.

A. 개인에게 미치는 영향

① 수험자에게 미치는 영향

Bachman & Palmer(1996:31-33)에서는 다음과 같은 시험 절차와 관련되어 수험자에게 미치는 영향이 나타난다고 하였다.

- 시험 준비를 한 경험: 이것은 공공 시험이나 대규모의 표준화된 시험 등 고부담 평가를 준비하기 위한 시간과 노력과 비용이 적절한지 그리고 시험에 필요한 테크닉의 교육이 타당한지와 관련되는 것이다.
- 시험을 치른 경험: 시험을 통해 강요되는 명제적 지식, 문화적 정보, 언어적 지식 등이 편향되거나 오도되지 않고 올바르게 전달되고 영향을 미치는지와 관련된다.
- 시험 결과에 대한 피드백: 피드백이 수험자에게 관련이 있고 완벽하며 의미가 있는지와 관련된다. 즉, 장점과 단점의 진단 정보가 풍부하게 제시되는지의 여부가 중요하다.
- 시험 결과에 근거하여 내려질 결정들: 시험 점수 결과에 따라 내려지는 결정은 입학 여부, 진급 여부, 고용 여부 등 수험자에게 직접적인 영향을 줄 수 있다. 이를 위해서는 결정이 공정하게 이루어져야 함은 물론이고 결정이 어떻게 이루어지는지에 대한 정보가 수험자에게 투명하게 제공되어야 한다.

Brown & Abeywickrama(2010:37-39)에서는 수험자에게 미치는 역류 효과를 높일 수 있는 방안들을 다음과 같이 제시하고 있다.

- 시험 수행에 대한 결과로 등급과 같은 평어나 점수 이외에 풍부하고 구체적으로 의견을 제공해야 한다. 이 때 약점을 건설적으로 비판하고 강점에 대해서는 칭찬을 하는 것이 학생의 성취와 도전 의식으로 연결된다. 이는 시험 영역 전체 혹은 하위 세부 항목에 대한 진단 정보 제공을 모두 포함한다.
- 모든 평가가 형성 평가(formative assessment)의 기능을 할 수 있도록 해야 한다. 성취 여부를 확인하고 마는 기말 고사와 같은 총괄 평가(summative assessment)의 경우에도 그 다음 과정의 향상도를 위해 진단 정보를 제공하여 형성 평가의 역할을 제공하는 것이 바람직한 역류 효과를 이끌 수 있다.
- 제공된 피드백과 평가에 관해 의논하기 위해 언제든지 교사(더 나아가 평가 관리 기관이나 사이트)에게 접근할 수 있어야 한다. 이는 학생들로 하여금 피드백 중 이해가 안 되는 부분을 보충하게 하고 혼란스러운 문제들을 명확히 하며 향후 목표 설정을 할 기회를 부여할 수 있게 한다.

② 교사에게 미치는 영향
시험 결과가 교사에게 미치는 영향은 다음과 같다.
- 교사의 교수 활동이 '특정한 시험 준비를 위한 교육'으로 제한되는지의 여부와 관련이 있다. 이 경우 그 시험의 준비가 교육 프로그램의 특성과 일치한다면 긍정적인 역류 효과를 주지만 그렇지

않다면 부정적인 영향을 미칠 것이다.

- 시험의 결과가 만족스럽지 않은 경우에 교사는 프로그램의 질과 결과에 만족하지 못할 수 있다. 이는 교과 과정, 교육 자료, 학습 활동의 형태 등이 교육 이념과 일치되지 않는다고 여겨질 때 일어날 수 있는 상황이다.

B. 사회와 교육 시스템에 미치는 영향

시험 시행의 결과와 그 영향은 그것이 나타나는 사회와 교육 프로그램의 가치와 목적 내에서, 그리고 시험 후 나타나는 잠재적인 결과에 따라 고려될 필요가 있다.

먼저 긍정적인 영향으로는 대규모 구어 평가가 시행됨으로 인해서 교육 일선에서도 구어에 대한 교육을 강화하고 학습자들의 언어 사용 양상에 변화를 유도하는 것과 같은 예를 들 수 있다. 이는 언어 평가의 시행과 결과가 바람직한 교육과정 개선과 교수법을 이끌어낸다는 면에서 교육 체계와 사회에 좋은 영향력을 행사하는 경우이다.

그러나 이와 반대로 결과 타당도로서 사회와 교육 시스템에 미치는 부정적인 영향 또한 존재한다. Brown & Abeywickrama(2010:98-100)의 내용을 정리하면 다음과 같다. 먼저 McNamara(2000:54)는 수험자인 학생들이 그들이 속해 있는 사회·경제적 조건으로 인해 차별받을 수 있는 시험 결과에 대해 경고한다. 그리고 Medina & Neill(1990:36)에서는 표준화 시험의 명백한 한계를 간과하고 간편성과 객관성을 보장한다는 기대에 현혹되어 학교와 학습자들이 치러야 하는 대가가 크다고 하는 '시험의 폭발적 증가의 부작용'을 지적하고 있다. 또한 Shohamy(1997:2-3)에서는 '비판적 언어 시험(critical language testing)', '비판적 교육학(critical pedagogy)'의 입장에서 언어 시험에 대한 윤리적 문제를 제기한다. Shohamy 등의 학자들이 제기한 문제 중 하나는 저명한 평가 제작자들이 설계하여 면밀하게 구성된 표준화 시험의 예언 타당도에 대해 대다수의 사람들이 전폭적으로 신뢰하고 표준화 시험 하나면 충분하며 더 이상의 추후 측정은 비용만 높이는 일로 여긴다는 점이다. 또 다른 문제는 시험 관리자들이 우월한 지위를 악용하여 무엇을 인정할지 인정하지 않을지에 대한 기준을 정하고 이를 통해 수험자에게 사회적·정치적 이데올로기를 강요하거나 자격을 박탈할 수 있다는 점이다. 그러면서 이러한 문제는 문화적 편향성, 단일 문화 신념 체계, 정치적 의제 등을 배제한다고 지적하면서 알게 모르게 적용하고 있는 언어 시험의 위험에 대해 경고한다.

Shohamy는 이러한 문제를 해결하기 위한 세 가지 방법을 제시하고 있다. 첫째, 다양한 표준화 시험을 개발하고 시행해서 윤리적 문제가 가장 적은 시험을 수험자가 선택할 수 있어 한다. 둘째, 비용이 더 들더라도 더 좋은 방법으로 다양한 수행 측정 방법을 사용하도록 노력하는 것이다. 마지막으로는 더 나아가서 동료 교사들과 함께 표준화 시험의 비중을 줄이고 지속적인 형성 평가를 더 중시하는 평가 체계를 제도적으로 수립하는 것이라고 하였다. 평가 결과가 사회와 교육 체계에 미치는 이러한 윤리적 문제는 점차 더 많은 논의를 불러일으키고 있으며 '수험자는 정치적 맥락 속에 있는 정치적 주체이다.'라는 Shohamy(2001:131)의 언급은 잠재적 수험자일 수 있는 우리 모두에게 시사하는 바가 크다고 할 수 있다.

Bachman & Palmer(1996:153-154)와 Brown & Abeywickrama (2010:44-45)에 제시된 결과적 타당도, 영향, 역류 효과의 점검 목록

을 정리하면 다음과 같다.

[표 7] 결과 타당도 점검 목록

결과 타당도 점검 목록	
1	결과 타당도 전반적인 측면
☐	1. 학생들에게 시험을 위한 적절한 복습과 준비를 제공하였는가?
☐	2. 유익할 수 있는 시험 응시 전략을 제안했는가?
☐	3. 가능하다면 시험의 구조는 가장 우수한 학생은 겸손하게 도전하고 약덜 우수한 학생은 압도당하지 않도록 되어 있는가?
☐	4. 시험이 유익한 역류 효과에 도움이 되는가?
☐	5. 학생들은 학습 경험으로서 시험을 보라고 독려되는가?
2	결과 피드백을 통한 역류 효과 측면
☐	6. 시험이 평가 목표와 관련된 피드백을 제공할 수 있도록 설계가 되었는가?
☐	7. 학생들에게 시험의 주제를 검토할 수 있는 충분한 사전 시험 기회를 제공하였는가?
☐	8. 각 학생에 대한 서면 피드백에 학생의 형성적 발전에 기여할 의견을 포함시켰는가?
☐	9. 시험 이후에 시험을 "검토"하고 학생들이 미래에 무엇에 집중해야 하는지에 대한 조언을 제공하는 데 수업시간을 활용하고 있는가?
☐	10. 시험 이후에 학생들로부터 시험에 대한 질문을 장려하는가?
☐	11. 시간과 환경이 허락한다면, 근무 시간에 학생들에게(특히 취약한 학생들) 결과를 토론할 기회를 제공하는가?
3	수험자에게 미치는 영향 측면
☐	12. 시험 응시 경험 또는 시험 수행으로 받은 피드백이 언어 사용과 관련된 수험자의 특성(명제적 지식, 목표 언어 사용 상황에 대한 인식, 언어 지식 영역 및 전략 사용 등)에 어느 정도 영향을 줄 수 있는가?
☐	13. 시험의 설계 및 개발에 수험자를 직접 참여시키거나 수험자의 피드백을 수집하고 활용하기 위해 어떤 규정이 있는가?

☐	14. 결정을 내리는 절차와 기준이 모든 수험자들에게 균일하게 적용되는가?
☐	15. 시험 점수는 결정을 내리는 데 있어 얼마나 타당하고 적합한가?
☐	16. 수험자는 결정을 내리는 데 사용될 절차와 기준에 대해 충분히 알고 있는가?
☐	17. 실제로 결정을 내리는 데에 이러한 절차와 기준이 지켜지고 있는가?
4	**교사에게 미치는 영향 측면**
☐	18. 측정되는 언어 능력의 영역은 교육 자료에 포함된 영역과 얼마나 일관성이 있는가?
☐	19. 시험 및 시험 과제의 특성이 교육 및 학습 활동의 특성과 얼마나 일관성이 있는가?
☐	20. 시험의 목적이 교사와 교육 프로그램의 가치·목표와 얼마나 일관성이 있는가?
5	**사회와 교육 시스템에 미치는 영향 측면**
☐	21. 시험 점수에 대한 해석은 사회와 교육 시스템의 가치와 목적과 일치하는가?
☐	22. 시험 개발자의 가치와 목적이 사회와 교육 시스템의 그것과 어느 정도 일치하는가? 아니면 상충하는가?
☐	23. 이 특정한 방식으로 시험을 사용함으로써 사회와 교육 시스템에 대한 잠재적 결과(긍정적, 부정적)는 무엇인가?
☐	24. 이 특정한 방식으로 시험을 사용한 결과 가장 바람직한 긍정적 결과는 무엇인가? 그리고 일어날 가능성은 얼마인가?
☐	25. 이 특정한 방식으로 시험을 사용한 결과 가장 바람직하지 않은 부정적인 결과는 무엇인가? 그리고 일어날 가능성은 얼마인가?

나. 안면 타당도(顔面 妥當度, face validity)

안면 타당도는 외형적 타당도, 인상 타당도, 혹은 액면 타당도라고도 한다. Brown(2006)에서 결과 타당도의 하나의 양상으로 본 안면 타당도는 앞에 제시한 용어들이 의미하는 바와 같이 한 눈에 보았을 때 타당성이 있어 보여야 한다는 것이다. 예를 들어, 더하기, 빼기, 곱하기 등의 사칙 연산의 시험 형식을 보면 '수학 시험'이라는 인상이 드는데 그것이 실제로 수학 시험이라면 인상 타당도, 즉 안면 타당도가 높은 것이다. 그런데 물건의 가격을 들어야 하는 언어 시험인데 가격과 물건 개수를 계산하도록 하는 시험 문항이 다수 등장한다면 수험자들은 언어 듣기 시험이 아니라 수학 시험 같다는 인상을 받게 되고 불만을 토로할 수 있어 안면 타당도가 낮게 나타나게 된다.

그런데 안면 타당도에 있어서 문제는 이를 판단하는 주체가 Mousavi(2002:244)의 언급처럼 시험을 치른 수험자, 그 시험을 사용하기로 결정한 관리자, 기타 심리측정학적 전문성이 없는 관찰자들이라는 점, 그리고 판단 기준이 비전문가인 그들의 '눈', 즉 비전문가의 주관적 판단에 바탕을 두고 있다는 점이다. 따라서 한 마디로 말하면 평가 전문가가 아닌 비전문가들의 시험에 대한 주관적 판단과 인상이라고 할 수 있다. 내용 타당도와 구인 타당도가 진정으로 잘 구현이 된다면 대부분 수험자에 의한 안면 타당도도 높게 인식될 가능성이 높다. 그러나 수험자들의 심리적 상태나 본인에게 유리하고 불리함에 따라 잘 만들어진 평가라 하더라도 수험자의 편향된 주관에 의해 부정적으로 판단될 가능성도 있다. 이러한 이유로 Stevenson(1985)에서는 안면 타당도를 인식자의 변덕에 의존하는 피상적 요인으로 간주하기도 한다(Brown:2004, 이영식 외 역, 2006:35) 따라서 안면 타당도는 너무 주관적이어서 과학적으로는 많이 사용되지 않고 있으며 가장 약한 형태의 타당도로 불리기도 한다. 안면 타당도에 있어서 오해 한 가지는 간혹 내용 타당도와 같은 의미로 혼동되기도 하는데 이는 잘못된 이해에서 비롯된 것으로 보인다. 내용 타당도는 좋은 평가를 개발하기 위해 전문가들에 의해 철저하고 계획적인 판단에 의해서 경험적으로 측정 가능하고 이론적으로 정당화될 수 있는 것이고 안면 타당도는 오로지 평가 비전문가의 인상에 의존하는 것이다. 그러므로 안면 타당도로 인한 수험자들의 판단은 전문가들이 미처 발견하지 못했거나 의식하지 못했던 부분에서 결정적인 문제를 발견하고 제공할 때에만 의미가 있다고 할 수 있다.

2) 신뢰도(Reliability)

신뢰도(Reliability)는 평가 결과로 나타난 시험 점수를 믿을 수 있느냐와 관련되는 문제로 이는 곧 시험 점수가 수험자의 능력과 일관되고 일치하게 나타나느냐와 관계된다. 따라서 신뢰도는 이렇게 하지 않았으면 수험자가 잘 볼 수 있었을지도 모르는 불리한 환경을 만들지 않는 것이 중요하다.

일반적으로 신뢰도는 시험 신뢰도와 채점 신뢰도로 나뉜다. 그런데 시험 신뢰도는 시험 자체의 속성, 수험자 속성, 시험 시행 속성에 따라 달라질 수 있는 부분으로 시험 신뢰도 안에 이 세 가지를 모두 포함해서 설명하기도 한다. 그러나 여기에서는 설명의 편의성을 위해 Brown(2004)에서와 같이 신뢰도를 저해할 수 있는 요소가 무엇이냐에 따라 네 가지로 나누어 설명하고자 한다. 이는 시험 신뢰도(test reliability), 수험자 관련 신뢰도(student-related reliability), 시험 시행 신뢰도(test-administration reliability), 채점 신뢰도(rater or scorer reliability)이다. 이러한 설명은 신뢰도를 높이기 위해 각 측면에 대한 고려가 필요하다는 것을 강조하기 위해서이다.

(1) 시험 신뢰도(試驗 信賴度, test reliability)

시험 신뢰도 혹은 테스트 신뢰도는 시험 자체의 속성이 믿을 만하고 일관되게 출제가 되었는지에 관련되는 문제이다. 이를 판단하기 위해서는 동일 집단에 동일한 시험을 여러 번 시행하거나 유사한 시험 문항으로 동일 집단에 평가를 시행하여 알아볼 수 있다. 이때 수험자의 평가 결과가 유사한 정도로 나온다면 시험 자체의 시험 신뢰도가 높다고 할 수 있다.

테스트 신뢰도를 높이기 위해서는 기본적으로 내용 타당도가 높고 구인 타당도도 높은 시험 과제로 시험이 개발되어야 한다. 물론 객관식 쓰기 시험처럼 신뢰도가 높다고 해서 반드시 타당한 시험은 아닐 수 있다. 그런데 시험 출제자의 개인적인 편향에 의해 특정 과제나 기능, 언어 등 특정 요소에 집중되어서 문제를 출제한다면 그렇지 않은 잘 만들어진 평가와 비교했을 때 신뢰도가 낮을 수밖에 없다. 또한 앞 문항을 맞추면 뒷문항도 쉽게 맞출 수 있거나, 앞 문항이 틀리면 뒷문항도 틀리는 국부종속성(local dependence)이 높은 시험은 신뢰도를 낮게 만든다.

그밖에 시험 신뢰도에 영향을 미치는 요소들로 문항의 수, 문항의 난이도, 문항의 오류 등을 들 수 있다. 문항의 수가 지나치게 많거나 문항의 난이도가 너무 어려운 경우에 수험자의 실력에 일관된 결과가 나오지 않게 된다. 또한 답이 여러 개이거나 잘못된 지시문 등으로 무엇을 묻는지 정확하게 파악이 되지 않는 경우 등도 신뢰도를 낮게 만드는 요인이 될 수 있다.

(2) 수험자 관련 신뢰도(受驗者 關聯 信賴度, student-related reliability)

시험 신뢰도를 낮추는 요소 중 수험자의 정신적 · 신체적 상태에 따라 시험 결과가 달라질 수 있는데 이를 수험자 관련 신뢰도로 나누어 설명할 수 있다. 피로도가 심하거나 몸이 아프거나 다친 경우, 그리고 심리적으로 불안감과 불편감 또는 예민함으로 인해 시험을 제대로 치를 수 없는 경우에는 시험 점수가 수험자의 능력과 일치하지 않게 된다. 따라서 시험을 치를 때에는 수험자 스스로도 정신적 · 신체적 상태를 잘 관리하는 것이 중요하고 시험 관리적인 측면에서도 수험자의 상태를 최상으로 유지할 수 있도록 해야 한다.

(3) 시험 시행 관련 신뢰도(試驗 施行 關聯 信賴度, test-administration reliability)

시험이 실시되는 과정에서 시험의 신뢰도가 저해되는 경우가 있다. 듣기 시험에서 바깥의 시끄러운 소음이 시험을 방해할 수도 있다. 시험 감독관이 기기를 잘못 다루어 시험을 제 시간 안에 동등한 조건에서 시행하지 못하는 경우와 시험 감독의 소홀로 커닝의 환경이 조성되는 경우에도 신뢰도에 문제를 일으키게 된다. 또한 수험자가 답하는 요령이나 방법을 잘 몰랐다거나 지시나 지시문을 이해하지 못해서 결과에 영향이 있었다면 이것도 신뢰도를 떨어뜨리는 요인이 된다.

이러한 문제를 방지하기 위해서는 시험의 형식이나 진행에 대한 정보를 시험 전에 수험자에게 명확하게 제공해 주어야 한다. 특히 외국인 학습자의 경우는 시험의 형식이나 유형에 익숙하지 않아 평가의 결과가 달라지기도 하므로 유의할 필요가 있다.

그밖에 시험지의 인쇄 상태, 수험 장소의 조명과 온도와 습도, 책상과 의자의 불편 정도, 시계 소리 등 다양한 요인들을 들 수 있다. 시험 시행과 관련된 요소들이 불편하게 되면 수험자 관련 신뢰도에도 영향을 미칠 수 있게 된다. 따라서 시험 시행의 관리적인 측면과 더불어 시험 자원들에 대한 검토와 준비가 철저하게 이루어져야 시험 시행 관련 신뢰도가 높아질 수 있다.

(4) 채점 신뢰도(採點 信賴度, rater or scorer reliability)

채점 신뢰도(rater or scorer reliability)는 채점자의 채점 결과를 일관된다고 믿을 수 있느냐의 문제이다. 교육 평가 분야에서는 '객관도' 혹은 '채점자 신뢰도'라고도 불리기도 한다. 채점 신뢰도를 높이기 위해서는 어떤 시험이든 반드시 2인 이상의 채점자들이 복수 채점을 해야 한다. 객관식 시험의 경우도 한 대의 컴퓨터(채점기)로 2회 이상의 채점을 하거나 두 대 이상의 컴퓨터(채점기)를 사용해 복수 채점을 해야 한다. 이는 적은 확률이라도 기계의 오류나 고장으로 채점 신뢰도가 낮아질 수 있기 때문에 이를 방지하기 위함이다.

교사나 학생들에게 기계가 한 채점 결과를 믿겠는지 아니면 사람이 한 채점 결과를 믿겠는지 물으면 모두가 다 예외 없이 기계가 한 채점 결과를 믿겠다는 대답을 한다. 그 이유는 바로 기계가 사람보다 일관된 결과를 갖는다는 믿음 때문이다. 문제가 객관식이든 주관식이든 형식에 무관한 시험 상황을 가정하고, 기계와 사람이 동일한 답안지에 대해 각각 2회의 채점을 시행했을 때를 생각해 보면 다음과 같은 결과를 예상할 수 있다. 동일한 답안지를 한 대의 채점기계로 오전에 채점을 해서 80점이 나왔으면 오후 늦게 채점을 해도 80점이 나온다. 두 대의 채점 기계로 채점을 해도 80점이 나오는 것이 당연한 일이다. 그러나 사람이 채점을 하는 경우에는 동일한 채점자의 오전 채점 결과와 오후 늦게 채점한 결과가 똑같이 나오기 쉽지 않으며 다른 두 사람의 채점 결과가 기계 채점과 같이 80점으로 같게 나올 확률은 높지 않다. 한 채점자의 2회 채점 결과가 80점과 60점으로 나올 수도 있고, 두 채점자의 점수가 각각 80점과 60점이 될 수도 있다.

이런 결과가 나오는 이유는 기계 채점의 눈, 다시 말하면 기계의 채점 기준은 동일한 반면 사람의 눈, 즉 사람의 채점 기준은 다르게 나타났기 때문이고 기계는 피로도 등에 영향을 크게 받지 않지만(간혹 받기도 하지만) 사람은 피로도 등의 영향을 크게 받기 때문이다. 정리하면 사람이 채점하는 경우 1인마다 '채점자 내의 일관성'을 유지하기 어렵고 두 채점자 사이에서 '채점자 간의 상호일치성'을 보장하기 어려운 문제 때문에 채점 신뢰도가 낮아질 수 있다는 점이다.

이 경우 어떤 교사들은 다음과 같이 해결책을 제시하기도 한다. 그들은 동일한 답안지를 두 명의 채점자가 채점한 결과가 A 채점자는 80점을 주고 B 채점자는 60점을 준 경우, 두 채점 점수를 합한 후 평균을 낸 70점을 수험자의 점수라고 생각하면 된다고 주장한다. 그러나 앞에서 언급한 기계 채점의 눈과 사람 채점의 눈으로 표현한 채점 기준이 다르게 나타났기 때문에 80점과 60점 중 어느 점수를 믿어야 하는지 본질적인 문제가 제기된다. 따라서 이러한 해결책은 채점 신뢰도적인 측면에서 적절하지 않다. 바람직한 해결 방법은 두 채점자 간에 허용 가능한 수준에서 점수가 일치할 수 있도록 하는 것이다. 허용 가능한 수준이라 함은 사람이기 때문에 기계처럼 똑같은 점수가 나올 확률이 100퍼센트 보장될 수 없으므로 같은 능력치로 가늠할 수 있는 점수의 허용치라고 할 수 있다. 예를 들면, 시험의 전체적인 내용과 구인 등에 맞춰 100점 만점인 경우 4~5점까지, 10점 만점인 경우 1~2점까지 같은 눈으로 보겠다는 기준이 사전에 결정될 수 있다. 100점 만점의 경우 5점까지 같은 눈으로 본다면 80점과 85점 혹은 75점과 80점은 같은 기준으로 본 점수로 신뢰할 수 있으나 80점과 90점, 80점과 60점으로 결과가 나오면 이는 믿을 수 없는 점수가 되는 것이다. 이런 경우에는 제3자 채점을 해서 세 사람의 점수로 평균을 내거나 더 유사한 기준으로 본 두 채점자의 점수만으로 평균을 내서 점수를 부여할 수 있다.

정리를 해 보면 채점 신뢰도에서 중요한 것은 채점자 내 신뢰도(inter-rater reliability)와 채점자 간 신뢰도(intra-rater reliability)이다. 채점자 내 신뢰도라 함은 채점자 개인의 내적 일관성이 시간이나 피로도 등에 관계없이 늘 유지되어야 한다는 것이고 채점자 간 신뢰도는 2인 이상의 채점자 사이에 상호일치성, 즉 서로 일치하는 기준으로 채점이 진행되어야 한다는 점이다.

채점자 내의 일관성과 채점자 간의 상호일치성을 높이기 위해서는 먼저 2인 이상의 채점 시스템을 갖추고 채점자의 소양을 높일 수 있는 채점자 훈련을 하는 것이 필요하다. 만일 현실적으로 2인 이상의 채점이 어렵다면 1인 채점자 스스로 채점 기준을 명확히 설정해야 하고 채점의 일관성을 높일 수 있도록 피로도에 대한 관리와 채점 방식에 대한 고려를 해야 한다. 채점자 훈련 등 신뢰도를 높이기 위한 실제적인 방안에 대해서는 7장에서 자세하게 언급할 것이다.

시험 자체의 속성에 의한 신뢰도는 내용 타당도, 구인 타당도와 관련이 많고 수험자 관련 신뢰도는 수험자가 개별적으로 주의를 기울여야 하는 부분이 많다. 따라서 여기에서는 Brown & Abeywickrama (2010:41-42)에 언급된 시험 시행 관련 신뢰도와 채점 신뢰도의 점검 목록을 제시한다.

[표 8] 신뢰도 점검 목록

신뢰도 점검 목록	
1	시험 시행 관련 신뢰도 측면
☐	1. 모든 수험자들이 선명하게 인쇄된 시험지를 가지고 있는가?
☐	2. 시험장 안에 있는 모든 사람이 소리를 분명히 들을 수 있는가?
☐	3. 비디오 입력이 모두에게 선명하고 동일하게 보이는가?
☐	4. 모든 수험자들에게 조명, 온도, 외부 소음, 기타 시험 장소의 조건이 동등하고 최적인가?
☐	5. 객관식 문항의 경우 답의 정확성에 대한 논쟁이 전혀 없는가?
2	채점 신뢰도 측면
☐	6. 정답에 대한 일관된 기준을 수립하였는가?
☐	7. 채점 시간 내내 그러한 기준에 균일하게 주의를 기울일 수 있는가?
☐	8. 외부 변수나 주관적 변수가 아닌 정해진 기준만을 기준으로 채점이 이루어지는 것을 보장할 수 있는가?
☐	9. 일관성을 확인하기 위해 시험지를 적어도 두 번 이상 읽어본 적이 있는가?
☐	10. 만약 채점 도중에 정답을 수정한 경우, 다시 처음에 채점한 답안지로 돌아가서 모든 답안지에 동일한 기준을 적용하였는가?
☐	11. 특히 장시간 채점이 요구되는 경우 답안지를 읽는 동안 여러 번 고쳐 앉는 등의 방법으로 피로를 줄일 수 있는가?

3) 실용도(實用度, practicality)

실용도(Practicality)는 평가가 실제 제작되고 시행되는 데 있어서의 용이성과 관련된다. 시험을 개발하고 시행하는 데에는 여러 자원이 요구되는데 Bachman & Palmer(1996:37)에서 제시한 자원은 다음과 같다.

① 인적 자원: 시험 출제자, 채점자 또는 평가자, 시험 관리자, 사무지원자 등
② 물적 자원: 공간(시험 개발과 시행을 위한), 장비(컴퓨터, 음향기기, 복사기 등), 자료들(종이, 그림, 도서 등)
③ 시간: 개발 시간(시험 개발의 처음부터 시험을 시행하고 점수를 보고할 때까지), 특정 작업을 위한 시간(설계, 출제, 시행, 채점, 분석 등)

시험을 제작하기 위해 설계하는 단계에서부터 그 결과를 보고하는 마지막 단계까지 전체 또는 부분적 단계에 얼마나 많은 사람과 물적 자원과 시간, 그리고 그에 따른 비용과 노력이 필요하냐에 따라 실용도가 달라질 수 있다. 아무리 타당도 있고 신뢰도 있는 시험이라고 하더라도 지나치게 비용이 비싸거나 평가를 준비하고 시행하는 데 시간이 지나치게 오래 걸리고 복잡하다면 실제 평가로 개발되어 시행하기 어렵다는 것이다. 따라서 타당도와 신뢰도를 유지하면서도 실용도 있는 평가를 개발하고 시행하기 위한 노력이 필요하다.

Bachman & Palmer(1996:155)와 Brown & Abeywickrama(2010:40)에 제안된 실용도 점검 목록을 정리하면 [표 9]와 같다.

	실용도 점검 목록
☐	1. 시험 설계, 시험 출제, 시행의 세 단계에 필요한 자원의 양과 유형은 무엇인가?
☐	2. 위의 세 단계를 수행하기 위해 사용할 수 있는 자원은 무엇인가?
☐	3. 시험 전에 관리 세부 사항을 모두 주의 깊게 지키고 있는가?
☐	4. 학생들이 정해진 시간 내에 합리적으로 시험을 완료할 수 있는가?
☐	5. 절차적 '결함' 없이 시험이 원활하게 시행될 수 있는가?
☐	6. 모든 자원들이 준비되어 있는가?
☐	7. 사전에 장비를 테스트 했는가?
☐	8. 시험 비용이 예산 한도 이내에 들어오는가?
☐	9. 채점/사정 시스템은 교사의 시간 안에서 실현 가능한가?
☐	10. 결과를 보고하는 방식은 사전에 결정되었는가?

4) 타당도, 신뢰도, 실용도의 관계

평가를 완벽하고 이상적으로 만들 수 있는 방법은 타당도, 신뢰도, 실용도가 모두 높은 시험 도구를 개발하고 시행하는 것이다. 그러나 이것은 현실적으로 불가능하다. 말하기 시험을 객관식 문항으로 출제해서 시행을 하게 되면 채점 신뢰도도 높고 시험 제작 실용도는 다소 낮을 수 있으나 채점 관련 비용과 시간에서 실용도는 높아질 수 있다. 그리고 타당도는 확연히 낮은 시험이 된다. 반대로 말하기 시험을 면대면 구두 인터뷰로 시행을 하게 되면 타당도는 높으나 신뢰도와 실용도 면이 낮아지게 된다. 이를 그림으로 나타내면 [그림 26]의 시험 A와 시험 B에서 평가의 요건들이 어떻게 관련되는지를 확인할 수 있다.

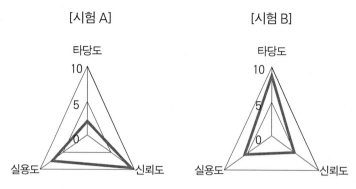

[그림 26] 시험에서 타당도 · 신뢰도 · 실용도의 다양한 양상들

과거의 TOEFL이나 TOEIC과 같은 시험들은 어휘 · 문법, 독해, 읽기를 통해 말하기와 쓰기도 함께 추정할 수 있다는 입장에서 객관식 문항 유형의 대규모 시험을 시행했다. 이는 위 그림의 시험 A와 같은 양상을 띠는 시험으로 타당도보다는 실용도와 신뢰도에 초점을 둔 것이다. 그러나 최근에는 말하기와 쓰기 등의 수행을 직접 평가하는 방식으로 변화해서 그림의 시험 B처럼 타당도가 상대적으로 높아진 상황이다.

이처럼 세 가지 요건이 모두 높은 평가는 현실적으로 불가능하다. 그렇다면 우리의 선택은 어디에 초점을 두느냐에 따라 달라질 수 있다. 평가의 현실적 문제에서 실용도도 중요하고 시험 점수를 믿을 수 있도록 하는 신뢰도도 중요하다. 그러나 평가의 목적과 목표를 수행하도록 하는 본질은 내용과 구인에 따른 타당도에 있다고 할 수 있다. 따라서 타당도가 높은 시험을 개발하는 것을 기본으로 하고 신뢰도를 높일 수 있는 방안과 실용도를 높일 수 있는 방안을 상대적으로 모색하는 일이 바람직하다고 할 수 있다.

1. 언어 시험을 하나 정해서 타당도, 신뢰도, 실용도 점검 목록을 통해 그 유용도를 확인하고 발표해 보시오.

_____

_____

_____

_____

_____

_____

2. 위의 1번 연습 문제에서 점검한 내용을 [그림 26]처럼 나타내 보고 어떠한 면이 보완될 필요가 있는지 발표해 보시오.

언어 평가의 종류

제4장 언어 평가의 종류

1장에서 평가에 관한 용어를 정리한 바 있다. 이에 따르면 가장 포괄적인 의미에서 사용되는 용어는 일반적인 평가에 두루 사용되는 Assessment이고, 평가 도구로 개발될 수 있는 특정 시험은 Test라는 용어가 적절하였다. 여기에서는 Assessment와 Test, 즉 평가와 시험이라는 용어로 나누어 언어 평가(language assessment)와 언어 시험(language test)의 종류에 대해 살펴보고자 한다. Brown(2002)에서도 Assessment와 Test로 나누어서 몇 가지 평가와 시험을 설명하고 있다.

1. 언어 평가의 종류
(Types of language assessment)

Mihai(2010:27)에서는 응답 양식(mode) 의도, 기능, 해석, 관리라는 다섯 기준에 따라 평가 종류를 제시하였다. 기준을 더 확장하고 다양한 언어 평가(Assessment)의 종류에 적용해 보면 다음 [표 10]과 같이 나타낼 수 있다.

아래 평가 종류들은 일반적인 평가에 사용되는 평가의 종류들로 여기에서 '언어 평가의 종류'라고 한 것은 평가의 대상이 언어라는 점을 강조해서 언어 평가에 적용한 개념으로 설명하는 것이다. 목록을 제시한 순서는 특별한 의미를 갖지 않으며 각 평가에 대한 주요 개념을 위주로 설명하고자 한다.

[표 10] 평가의 분류 기준과 평가 종류

분류 기준	평가 종류
응답 양식	구술
	서면
의도	비공식
	공식
기능	형성
	총괄
해석	규준 지향(상대)
	준거 지향(절대)
관리	교실(내부)
	대규모(외부)
정답 수와 답변 방식	객관적
	주관적
표본 관찰 방식	직접
	간접
평가 요소	분리
	통합
시간	속도
	능력

1) 구술 평가와 서면 평가
(oral & written assessment)

언어 평가의 응답 양식에 따라 달라지는 평가의 종류이다.

구술 평가는 수험자가 직접 말로 응답을 하는 평가이다. 그래서 언어 평가에서 '일대일'로 일어나는 구술은 학습자의 말하기 능력 수준을 평가하기 위한 직접 말하기 시험이 될 수 있다. 물론 즉석에서 짧은 글을 읽거나 대화를 듣고 느낀 점을 구술하는 형식으로 평가가 이루어질 수 있다. 이때에 읽기와 듣기를 말하기와 어떻게 구별해서 채점할 것인지의 문제는 고려되어야 한다. 교실 상황에서 주의할 점은 교실 환경에서 다수의 학생들에게 답을 요구하는 질문은 구술 평가로 도움이 되지 않을 수 있다는 것이다. 왜냐 하면 모든 학생이 평가를 받아서 이점이 있다고 느끼지 않아 답변이 나오지 않을 수 있기 때문이다. 구술 평가의 장점은 수험자가 즉각적인 반응과 답을 해야 하기 때문에 표절이나 추측 등의 부정적인 현상이 일어나지 않아서 수험자에 대한 실질적인 평가가 될 수 있다는 것이다. 단점으로는 시간이 절대적으로 많이 필요하고 비용이 많이 들며 타당성은 높으나 신뢰도가 낮아질 수 있다는 문제점을 들 수 있다. 신뢰도 문제를 해결하기 위해서는 수험자와 평가자 모두에게 평가 기준이 충분하고 명확하게 제공되어야 한다.

서면 평가는 수험자가 문서로 제공된 시험지에서 답을 선택하거나 직접 답을 구성해서 적는 식의 응답 형식을 사용하는 것으로 시험에 가장 많이 사용되는 평가라고 할 수 있다. 서면 평가는 객관식 문항(Multiple Choice Question)과 단답형, 개방형 작문 등의 형식으로 평가가 이루어질 수 있다. 객관식 문항과 개방형 작문 형식의 서면 평가는 각 평가가 가지고 있는 시간, 신뢰도, 타당도 등에서의 단점을 보완하기 위해 서면 평가에서 상보적으로 기여할 수 있다. 이에 대해서는 주관적 평가와 객관적 평가에서 살펴볼 것이다. 언어 평가에서는 듣기, 읽기, 쓰기 영역에서 대부분 서면 평가가 활용되는데 이때 각 영역에 적절한 문항 형식이 무엇인지에 대한 고려가 필요하다. 예를 들어, 듣기 영역에서 객관식 문항이 아니라 듣고 쓰게 하는 경우 수험자의 답이 틀렸다면 이것이 듣기에서의 문제인지 쓰기에서의 문제인지를 확인할 수 없는 문제점이 있다.

2) 비공식 평가와 공식 평가
(informal & formal assessment)

이는 '평가의 의도'에 따른 분류로 평가 의도의 유무는 사전에 평가 계획이 있었는지 없었는지에 따라 나뉜다고 할 수 있다.

비공식 평가는 보통 교사가 사전에 평가의 특별한 의도와 계획을 가지지 않고 학습자의 언어 사용에 대해 즉흥적인 형태로 수시로 일어나는 평가이다. 그리고 학습자들이 느끼기에 '시험(test)'의 인상을 받지 않는 평가이다. 따라서 교실 상황에서 학습자의 반응을 듣거나 읽고 "잘했어요, 이 부분이 좋아요, 이렇게 말해 보세요."처럼 말해 주는 것, 혹은 작문 과제 등 학생의 언어 과제에 대해 총평과 조언을 써 주는 것도 비공식 평가에 해당할 수 있다. 비공식 평가는 교수 학습 과정에서 학습자의 수행과 발전 상황을 측정할 수 있는 자발적인 형태의 평가라 할 수 있기 때문에 공식적인 성적에 반영되지 않는다. 비공식 평가도 엄연히 평가이고 심지어 정기적인 몇 차례의 공식 평가 외에 교수·학습과 동시에 교실 상황에서 무수히 많이 일어날 수 있는 평가이다. 따라서 바람직한 평가로서의 역할을 해야 한다. 이를 위해서는 먼저 즉흥적으로 수시로 일어나는 교사의 비공식 평가도 그 근거는 교육 목표와 과제에 근거해야 한다. 무의미한 칭찬이나 반응, 편향된 교사 개인의 주관적 판단이 아니라 학습자의 언어 향상에 도움이 될 수 있도록 적절한 피드백으로 진단 정보를 제공할 수 있어야 한다. 또한 학습자의 반응에 상호작용적으로 이루어져야 하며 모든 학습자에게 공평하게 그리고 시의적절하게 이루어져야 한다.

공식 평가는 사전에 평가 의도를 가지고 체계적 방식으로 계획된 평가를 의미한다. 대규모 평가는 미리 평가의 목표에 적절한 도구가 개발이 되고 시행 계획에 맞춰 평가를 하고 그 결과를 보고하는 것이므로 당연히 공식 평가이다. 교실 상황에서는 교육 목표의 달성도를 측정하기 위해 평가 목표와 과제 등을 미리 계획하고 이를 시험으로 개발해서 학습자의 능력을 측정하는 것을 의미한다. 공식 평가에는 학습자들이 느끼는 '시험'과 성적에 반영되기로 계획되고 공표된 과제들, 예를 들어 특정 주제의 작문 과제과 구두 발표 등이 모두 포함될 수 있다. 만일 평가 계획에 없던 작문 과제나 구두 발표가 교실 상황에서 이루어지고 이에 대한 피드백이 주어지는 것은 앞에서 설명한 비공식 평가가 된다. 그래서 Brown(2004, 이영식 외 역, 2006:20)은 모든 시험은 공식 평가이지만, 모든 공식 평가가 시험이라고 할 수는 없다고 하였다. 공식 평가는 타당도, 신뢰도, 실용도를 고려해 신중하게 개발되고 시행되어야 함은 너무나 당연한 언급일 것이다.

대규모 평가가 아닌 교실 상황이라고 한다면 교사는 한 학기 동안 몇 차례의 공식 평가와 무수히 많은 비공식 평가를 수행해야 한다. 1장 5절 '평가와 교수의 위상'을 다시 환기해 보면 교육은 교수와 비공식 평가·공식 평가가 끊임없이 유기적으로 일어나는 활동이다. 따라서 언어 교사에게 필요한 것은 교수에 대한 전문 지식과 소양만이 아닐 것이다. 평가에 대한 전문 지식과 소양 역시 현장 언어 교사들에게 필수적으로 요구될 수밖에 없다. 이를 강조하는 이유는 1장에서도 언급했다시피 교수의 전문성과 평가의 전문성이 다르기 때문이고 학습자에게 있어 가르침의 영향력도 클 수 있지만 평가의 영향력이 훨씬 더 강력할 수 있기 때문이다.

3) 형성 평가와 총괄 평가
(formative & summative assessment)

Mihai(2010)에서는 평가 목적(purpose)에 따른 구별이라고 했지만 목적이라고 했을 때에는 뒤에서 살펴볼 '활용 목적에 따른 시험의 종류'와 명확히 구별하기 어렵다. 따라서 Brown & Abeywickrama(2010:7)처럼 평가 기능(function)에 따른 차이로 보는 것이 적절해 보인다.

형성 평가는 학습자의 발전 과정을 돕는 것, 즉 학습자의 언어 형성 과정에서 지속적인 향상도에 기여하는 것을 목표 기능으로 하는 평가이다. 그렇기 때문에 형성 평가에서 가장 중요한 요소는 발전을 위한 장점과 단점을 명확히 진단해 주는 질적 피드백이라고 할 수 있고 학습자가 이 피드백 정보를 내재화했을 때 비로소 바람직한 평가 기능을 수행했다고 할 수 있다. 2)에서 언급한 비공식 평가가 '잘' 이루어진다면 형성 평가로서의 역할을 할 수 있다.

총괄 평가는 학습자가 한 시간의 수업, 한 단원, 한 달, 한 학기와 같은 단위를 기준으로 단위별 학습 내용을 얼마나 잘 배웠는지, 교육 목표를 얼마나 잘 성취했는지, 얼마나 잘 숙달했는지를 단순히 검증하는 데에만 목표 기능을 둔다. 따라서 기준이 되는 표준 점수와 등급에 비교해서 학습자가 '잘했는지 못했는지'에만 집중할 뿐 발전 방향에 대한 정보를 제공하지 않는다. 그리고 그 결과를 공식적으로 진급, 유급, 선발, 당락 등에 활용하기도 한다.

형성 평가와 총괄 평가를 구분할 때 시기를 기준으로 해서 형성 평가는 학습 중간에 하는 것이고 총괄 평가는 마무리 단계에서 하는 것이라고 구분하기도 한다. 그런데 문제는 언제가 학습 중간이고 언제가 마무리 단계인지 명확히 구분하기 어렵다. 한 단원이 끝나고 하는 총괄 평가는 단원의 마무리이지만 한 달 혹은 한 학기로 보면 중간 과정이다. 한 학기 기말 고사는 무조건 마무리 단계로 볼 수도 있지만 그 다음 등급이나 학년과의 연계성에서 본다면 이 또한 마무리 단계가 아닐 수 있다. 따라서 시기로 나누는 구분보다는 앞에서 정의한 평가 기능에 따른 구분이 더 적절하다. 한 시간 수업 후 쪽지 시험을 봤어도 그 결과 점수만 제시한다면 이는 총괄 평가가 되는 것이고, 쪽지 시험 후에 학습자에게 진단 정보를 피드백하고 향상도에 기여할 기회를 제공한다면 형성 평가가 되는 것이다. 기말 고사라고 하더라도 심지어 대규모 표준화 평가라고 하더라도 점수와 석차, 합격과 불합격의 결과만 통보한다면 총괄 평가인 것이고 이런 정보 외에 그 평가를 통해 진단한 학습자의 장단점을 구체적으로 피드백을 준다면 이는 형성 평가의 기능까지도 수행하는 것이다.

Brown(2002, 이영식 외 역, 2006:21,49)은 자신은 기말 시험을 항상 마지막 수업 이전 시간에 치르고 그 결과를 학습자에게 점수와 의견으로 제시해 주며 수업의 일부 시간은 학생들로부터 평가에 대한 질문을 받고 설명하는 데 할애한다고 하였다. 그러면서 이는 총괄 평가로 여겨지는 기말 시험에 형성 평가로서의 기능을 더해서 바람직한 역류 효과를 낳도록 하기 위함이라고 하였다. 현장 언어 교사들에게 시험의 제작과 시행, 성적표 작성 등의 업무가 많은 현실 속에서 총괄 평가에 형성 평가의 기능을 위한 진단 정보를 제공하자고 하면 그리 좋아하지 않는다. 그 이유로 가르칠 내용을 준비할 시간도 없고 힘들고 일이 많다는 것 등등을 말한다. 물론 충분히 아주 충분히 이해가 되는 부분이다. 그런데 같은 교사들에게 "여러분이 학습자가 되어 기말 시험을 봤는데 선생님이 점수 말고 어떤 부분을 잘하고 있고 어떤 부분에서 보완이 필요한지 또 어떻게 하면 좋아지는지에 대해 써 주신 경우와 그냥 점수와 등급 그리고 석차만 적어 주신 경우 중 어느 쪽이 더 좋은가요?"라고 물으면 백 퍼센트 모든 교사들은 같은 대답을 한다, 전자가 더 좋다고.

평가가 그리고 시험이 학습자를 힘들게 고생시키는 과정이고 넘겨야 하는 절차가 아니라 진정한 평가의 기능을 하고 학습자들이 '학습 경험'으로 생각할 만한 기회를 제공하기 위한 노력이 필요하다. Brown(2004, 이영식 외 역, 2006:21)의 언급처럼 '총괄 시험으로 간주되는 시험에 좀 더 형성적인 요소를 부여할 수 있는가?'라는 질문 아닌 질문에 긍정적인 답을 할 수 있는 노력이 반드시 필요하다. 교사의 업무량과 피곤함이 교육의 본질보다 앞설 수는 없다. 이는 다른 측면에서 해결되어야 할 문제이다.

4) 규준 지향 평가와 준거 지향 평가
Norm-referenced assessment & Citerion-referenced assessment

두 평가 용어는 평가 결과로 나온 점수를 어떻게 해석하느냐에 따라 달라진다.

규준 지향 평가는 상대 평가, 기준 지향 평가로 불리는데 이 평가는 수험자의 점수를 다른 학생과 비교를 통해 해석을 한다. 이 때 규준이 사용되는데 '규준(規準, norm)'이란 비교하고자 하는 집단을 검사한 점수 분포로, 대개 모집단을 대표할 수 있는 표본에서 얻어진 점수 분포로 나타난다(교육평가 용어사전, 2004:50). 이는 한 수험자가 받은 원점수를 그 자체로 해석하는 것이 아니라 특정 비교 집단 내에 위치가 어디인지를 파악하기 위해 필요한 기준이 된다. 예를 들어, '상위 10% 수, 20% 우, 40% 미, 20% 양, 10% 가'로 규준이 정해진 평가라고 한다면 10명의 수험자 집단 중 한 수험자가 80점을 받았는데 다른 수험자들의 점수는 80점 미만이라면 '수'로 평가될 것이고 반대로 다른 수험자들은 모두 80점보다 높은 점수를 받았다면 이 수험자의 점수는 '가'로 평가될 것이다. 따라서 학생이 무엇을 얼마만 큼 알고 있느냐보다는 비교 집단 내에서 개인의 성취 수준이나 서열이 어디에 있는지가 주된 관심이 된다. 이러한 평가의 목적은 수험자들을 순위 서열에 의하여 줄을 세우는 것이므로 대부분 많은 수험자에게 시행되도록 의도된 것이 많아 타당도에 비해 측정의 오차를 최소화하는 신뢰도와 실용도가 강조된다고 할 수 있다(한국어교육학 사전, 20014:1024). 규준 지향 평가의 장점이라고 언급되는 것들은 수험자들의 집단 내 위치가 명확하게 식별되기 때문에 학습 동기를 부여한다는 것이다. 그러나 단지 서열을 정하는 정보를 제공할 뿐 수험자 개인의 능력을 설명하지 못한다. 그래서 교수·학습에서 개인의 향상도에 기여할 만한 구체적인 정보를 줄 수 없으며 동료 학습자들끼리 불편한 경쟁 관계를 조장한다는 문제점이 있다. 또한 아무리 노력해도 동일 집단 내에서 계속 낮게 비교 평가되면 학습 동기와 의욕을 꺾게 되어 평가가 교수·학습에 끼칠 수 있는 긍정적 효과를 발휘할 수 없게 한다.

준거 지향 평가는 점수 결과가 준거에 비교되어 해석되는 평가로 절대 평가, 목표 지향 평가, 표준 지향 평가로 불린다. 여기에서 준거란 목표 행동의 특정 영역에 대한 수행, 지식의 정도를 의미한다. 즉, 준거 지향 평가는 학습자 개인이 '준거(準據, criterion)'에 비추어 무엇을 얼마나 알고 있는지를 측정하는 평가로 준거 기준이나 그 준거에 적합한 당락 점수가 미리 결정되어 있다. 토플(TOEFL)과 같은 규준 지향 평가의 단점을 보완하기 위해 1990년대부터 영어 능력 평가에서 발전한 이 개념은 학습자 중심의 교육과정이 강조되고 평가 도구의 역류 효과와 학업 성취도 평가 도구의 타당성에 대한 논의에서 시작되었다. 준거 지향 평가의 장점은 교수·학습의 목표 달성 여부에 관심이 집중되기 때문에 학습자들을 대상으로 한 교수·학습을 개선하고 강화하는 데 기여할 수 있다는 점이다. 또한 학생 간 협동 학습이 가능하고 개인의 점수가 학습 성취 면에 큰 의미를 갖는다는 점을 들 수 있다. 반면 학습자 간 개인차의 식별이 어렵다는 점과 절대 기준이 무엇인지를 잘 설정하는 것이 극히 어렵다는 점을 들 수 있다(한국어교육학사전, 20014:1024).

언어 교실 현장에서 그리고 대규모 언어 평가에서는 다양한 이유로 규준 지향 평가와 준거 지향 평가 중 하나를 선택하게 된다. 그 선택의 초점은 평가 결과가 우리(교사와 수험자 그리고 시험에 관련된 모든 사람들)에게 무엇을 알려주기를 바라느냐에 있다. 수험자가 언어를 사용해서 무엇을 할 수 있는지를 보여 주기를 바라는 것인지 혹은 평가를 치른 수험자들 중에서 누가 성적이 제일 좋은지를 바라는 것인지 어느 쪽이 바람직한 것인지에 대해 신중한 고려가 필요하다.

5) 교실 평가와 대규모 평가
(classroom-based & large scale assessment)

이들 평가의 분류 기준은 관리가 누구에 의해 어떻게 일어나느냐에 따른 것이다.

교실 평가는 내부 평가(internal assessment), 교사 작성 평가(teacher-made assessment)로 부르기도 한다. 교실 평가는 대부분 교육 기관의 교육과정과 교육 내용에 맞춰 교사들이 개발하고 시행을 하고 그 결과를 학생들에게 피드백을 주는 것을 의미한다. 교사들 스스로가 평가지를 만들기 때문에 잘 만들어진 교실 평가는 교사와 학습자에게 역류 효과를 잘 발휘할 수 있다. 그러나 이 평가의 가장 큰 문제점은 평가를 관리하는 주체인 교사들이 평가에 있어서 비전문적일 수 있다는 점이다. 경험이 없고 훈련되지 않거나 성실하지 않은 교사의 평가로 인해 학습자가 불이익을 받을 수 있다.

대규모 평가는 관리 주체가 학교와 교사가 아닌 외부 기관(국가 차원, 지방 행정부 차원, 평가 사업 기관 차원 등)이고 여기에서 자격, 인증 등을 목표로 하는 표준화된 시험 형식으로 개발하고 관리를 하게 된다. 그래서 대규모 평가를 외부 평가(external assessment), 표준화 평가(standardized assessment)로 부르기도 한다. 대규모 평가의 관리 담당자는 단순히 시험지를 작성하고 시행하는 것뿐만 아니라 평가의 시작부터 마무리까지 모든 평가의 행정적 지원(물품, 고사장, 인적 자원, 성적 보고 및 이의 제기 등)도 포함하여 관리한다. 평가는 전문가가 제작을 하며 절차, 도구, 채점 방식이 일정하여 동일한 검사를 언제 어디서나 동일하게 실시할 수 있다. 이러한 점 때문에 시공간을 초월하여 대집단과 비교할 수 있는 평가가 시행될 수 있다. 따라서 평가의 행정적인 관리의 초점은 불공정한 상황을 발생시키지 않기 위한 노력들에 집중된다. 대규모 평가를 통해 학습자는 더 큰 집단 내에서 자신의 위치를 확인할 수 있고 경쟁심을 유발하여 학습 의욕을 고취시킬 수도 있다는 장점이 있다. 그러나 최선의 관리에도 불구하고 평가 결과를 신뢰하기 어렵게 하는 부정행위가 발생할 수 있다. 그리고 누가 봐도 언어 숙달도가 낮은 수험자가 높은 숙달도 시험에 합격하는 등 실력과 다르게 신뢰도 없는 평가 결과들이 수험자들에게 제공될 수 있다는 점도 문제가 된다. 그래서 진정한 교육적 평가의 기능보다는 단지 자격증이나 인증을 위한 서류 획득 과정으로만 인식하게 하는 점 또한 대규모 평가에서 아쉬운 점이라 할 수 있다.

교실 평가와 대규모 평가 사이에서 문제는 대규모 평가를 교실 평가에 부적절하게 사용하면서 발생하는 경우이다. 이는 대규모 표준화 평가가 전문가가 제작한 타당한 시험이라는 인식과 이로 인해 권위 있어 보이는 시험의 안면 타당도 때문이라고 할 수 있다. 그러나 대규모 표준화 평가는 보통 특정한 교육과정에 국한되지 않고 광범위한 능력에 적용될 수 있도록 설계된 것이다. 따라서 관리적인 측면의 장점이 있다고 하더라도 특정한 교육과정과 관련된 교실 평가의 평가 목표와 내용 등에 어울리지 않거나 부적절한 경우가 많다(Brown:2004, 이영식 외 역, 2006:93-95). 이에 대한 고려 없이 현장 교사들이 대규모 평가에 대해 맹신을 하고 활용하는 것은 개선될 필요가 있다.

6) 객관적 평가와 주관적 평가 (objective & subjective assessment)

객관적 평가와 주관적 평가는 질문에 대한 정답 수와 답변 방식(반응 유형)에 따라 나뉘는 분류이다.

객관적 평가는 수험자가 질문에 대해 반응할 수 있는 정답이 오직 하나이며 구성된 것들 중에서 고르게 하는 반응 유형의 평가이다. 여기에는 선다형 문항, 참·거짓, 연결하기 등이 포함된다. 이 평가는 채점 신뢰도가 높은 반면 이 평가 방법에 의해 측정되는 것만을 가르치게 되며 학습자에게 자신의 능력이나 생각을 구성할 기회가 전혀 주어지지 않게 된다는 문제점이 있다(Valette:1977, 신용진, 1998:30).

주관적 평가는 단일한 하나의 정답이 있는 게 아니라 하나 이상의 정답을 가진 유형으로 답을 스스로 구성하도록 하는 반응 유형과 연결된다. 작문, 면접, 번역 등의 유형이 포함되는데 이 평가는 학습자 자신의 생각이나 능력을 구성해 표현하는 것을 격려하기 때문에 종합적인 능력 평가에 유용하다. 반면 채점 신뢰도를 높이기 위한 방안은 모색되어야 한다(Valette:1977, 신용진, 1998:31).

객관적 평가와 주관적 평가는 하나의 시험(test)으로 개발될 때 평가 목적과 내용, 구인에 따라 하나의 방식으로 혹은 두 가지 평가가 함께 사용될 수 있다.

7) 직접 평가와 간접 평가
(direct & indirect assessment)

측정하고자 하는 표본과 그것의 관찰 가능성에 따라 직접 혹은 간접 평가로 나눌 수 있다. 다시 말하면 측정하는 표본을 직접 관찰할 수 있고 없고의 차이라고 할 수 있다.

직접 평가는 수험자의 언어 사용과 수행을 직접 관찰할 수 있는 것으로 수험자가 언어를 실제로 수행해 내야 함을 의미한다. 수험자의 말하기 능력을 측정하고 싶다면 인터뷰 형식이 선택될 것이고 작문 능력을 측정하고 싶다면 직접 글을 쓰는 형식으로 평가가 신행이 되어야 한다. 이 평가는 수험자의 언어 평가에 대한 실질적 증거를 제공할 수 있다.

간접 평가는 학습자의 언어 사용과 수행에 대해 간접적으로 추정하기 위한 것이다. 이는 비용, 채점자, 시간 등 여러 요인들에 의해 직접적인 평가를 실현하는 것이 어려운 경우에 사용된다. 말하기 능력을 간접적으로 측정하기 위해 필기시험으로 질문에 맞는 대답을 고르거나 써 보게 하는 방식이 선택이 될 수도 있고, 발음 능력을 간접적으로 측정하기 위해 단어 네 개를 제시하고 다른 소리가 나는 단어를 고르게 하는 방식을 사용할 수도 있다. 이러한 평가는 짧은 시간에 걸쳐 일어나고 결과 또한 빠르게 제공될 수 있으나 수험자의 언어 평가에서 실질적인 증거라고 볼 수 없고 또 실제로 무엇을 측정하고 있는지 파악하기도 어렵다.

다른 평가와 마찬가지로 언어 평가에서도 당연히 간접 평가보다는 직접 평가가 구인 타당도가 높을 수밖에 없다.

8) 분리 평가와 통합 평가
(discrete-point & integrative assessment)

언어 평가의 분석 대상은 언어이다. 따라서 언어를 어떻게 보느냐에 따라 평가의 요소는 달라질 수 있을 것이다. 즉, 분리 평가와 통합 평가는 평가 요소에 대한 언어 철학에 따라 구분된다고 할 수 있다.

분리 평가는 언어는 나눌 수 있다는 관점과 언어는 요소들의 총합이라는 철학에서 시작된다. 언어 능력의 가분성설 가설(divisibility hypothesis)로 불리는 이 접근에 따라 언어를 구성 요소로 낱낱이 나누어서 시험 문항을 작성하고 한 번에 하나의 언어 요소만 측정한다. Lado(1961)는 언어 능력은 [표 11]과 같이 듣기·말하기·읽기·쓰기의 네 가지 언어 기술(skill)과 발음, 문법 구조·어휘·문화적 의미의 네 가지 구성 요소로 나뉘며 이들 16개의 가능한 요소들을 각각 측정해야 한다고 하였다. 이 아이디어는 구조주의 언어학자인 Carroll(1968)에서는 언어 요소가 음운론과 정서법, 어휘, 문법 요소로 바뀌게 되고, Cooper(1972:337, 신용진, 1998:39)는 여기에 언어의 격식성과 비격식성을 추가하여 최대 32개의 요소들을 설정하기도 하였다. 이러한 분리 항목의 평가 방식은 초기 TOEFL에 영향을 미쳐 독해 영역에서 영어의 구조와 어휘 요소를 분리하여 측정하는 것을 선택하도록 하였다. 그러나 이들 요소들은 음운, 어휘, 형태, 문법 등과 같은 언어적 지식에 초점을 맞춘 평가이기 때문에 채점의 객관성을

가질 수는 있어도 언어 능력을 측정하는 데에는 타당하지 못한 평가
이다. 언어 지식이 언어 사용 능력은 아니기 때문이다.

[표 11] Lado의 언어 기술과 언어 요소(Lado, 1961:25)

Skills \ Elements		pronunciation	Grammatical Structure	The Lexicon	Cultural Meaning
Receptive	Listening				
	Reading				
Productive	Speaking				
	Writing				

통합 평가는 언어는 하나의 통합된 구성체라는 철학을 가지고 분리
평가에 대한 비판적 시가에서 비롯되었다. 언어의 전체적인 숙달도를
종합적으로 측정하려는 이론적 접근에서 시작한 통합 평가는 언어 기
술, 양상, 구성 성분 등의 특정 요소에 집중하지 않고 모든 것이 통합
된 하나의 언어 수행을 측정하는 데 집중한다.

Oller(1976)은 단일 능력 가설(unitary competence hypothesis)을
통해 언어 능력은 별도의 기술과 구성 요소가 아니라 단일하고 통합
된 능력이라고 주장하였다. 이 평가에서는 글짓기, 연극 재연, 소리 내
어 읽기, 받아쓰기, 빈칸 채우기, 번역 면접 등을 통해 언어 능력을 측
정하고자 하였다. 그 중 특히 받아쓰기(Johansson, 1972)는 듣기 능
력 · 쓰기 능력 · 단기 기억 능력 · 문법 능력 · 담화 능력이 통합되어
측정될 수 있고, Cloze test(Oller, 1979)는 어휘 · 문법 구조 · 담화 구
조 · 독해 기술과 전략 · 내재화된 문법에 대한 예측 능력 등이 통합되
어 있어서 전체적인 언어 숙달도 측정에 신뢰도와 타당도를 지닌다는

연구들과 함께 주목을 받았다(Brown:2004, 이영식 외 역, 2006:24). 그러나 통합 평가는 학습자의 언어 평가 결과가 어느 학습자는 듣기에서 낮은 점수를 받고 읽기에서 높은 점수를 받는 등 언어 기술별로 다른 수행 결과를 보인다는 Farhady(1982) 등의 주장들에 의해 비판을 받고 결국 Oller(1983:352)의 연구에서 단일 능력 가설이 잘못되었음을 시인하게 된다(Brown:2004, 이영식 외 역, 2006:25).

이러한 분리 평가와 통합 평가는 언어 평가에 있어서 극단에 서 있는 입장으로 비판을 받게 되었다. 이후 현재까지 주목받게 된 평가 형식은 Bachman & Palmer(1981, 1983)과 Carroll(1983) 등의 지지를 받는 '부분 분할 가설(the partial divisibility hypothesis)'을 기반으로 한 분리 평가와 통합 평가의 절충적 모습이라고 할 수 있다. Davies(1978)은 다음과 같이 분리 평가와 통합 평가가 언어학적 능력(지식)과 의사소통 능력의 측정에 어떤 유용성을 가지는지에 대해 정리하고 있다.

[표 12] 분리 평가와 통합 평가의 유용성(Davies:1978, 신용진, 1998:41에서 재인용)

	분리 평가	통합 평가
언어학적 능력	-타당도 / +신뢰도	-타당도 / -신뢰도
의사소통 능력	+타당도 / +신뢰도	+타당도 / -신뢰도

[표 12]의 평가 양상을 보면 의사소통 능력에 대한 분리 평가가 가장 바람직하며 언어학적 능력의 분리 평가는 타당도를 보완해야 하고 의사소통 능력의 통합 평가는 신뢰도를 보완해야 한다. 그리고 언어

능력에 대한 통합 평가는 타당도와 신뢰도에 모두 문제가 있어서 유용성이 떨어진다고 할 수 있다(신용진, 1998:41).

따라서 부분 분할 가설의 입장은 언어학적 능력, 즉 언어 지식을 측정하는 극단적인 언어 요소(어휘, 문법, 발음 등)에 대한 것은 분리 평가도 통합 평가도 타당도가 없기 때문에 지양한다. 그리고 언어 요소들이 통합된 의사소통 능력의 언어 기술(듣기 · 말하기 · 읽기 · 쓰기)에 대한 분리 평가를 지향한다고 정리할 수 있다. 그리고 언어 기술의 통합 평가, 즉 듣고 말하기나 읽고 쓰기와 같은 평가는 각 기술 간의 간섭 측면을 고려해서 신뢰도 측면을 보완한다면 유용하게 사용할 수 있다. 이런 흐름은 대규모 언어 평가들에서 언어학적 요소들(어휘나 문법)에 대한 평가가 사라지고 듣기 · 말하기 · 읽기 · 쓰기의 기술별 평가가 분리된 독립 과세로 시행되거나 두 사시 이상의 언어 기술이 통합된 과제, 즉 '읽고 쓰기'나 '읽고 듣고 말하기' 등으로 개발되고 시행되는 것에서도 확인이 된다. 단, 언어 요소, 즉 어휘나 문법, 발음에 대한 평가는 의사소통 능력 평가로는 부절절하나 어휘, 문법, 발음에 대한 요소별 진단 평가로는 가능하다. 간단히 정리하면 다음과 같다.

- 언어 요소 분리 평가: 타당도 없음(언어 요소별 진단 평가로 가능)
- 언어 요소 통합 평가: 가장 바람직하지 않음
- **언어 기술 분리 평가: 가장 바람직함**
- 언어 기술 통합 평가: 유용함(신뢰도 보완)

9) 속도 평가와 능력 평가
(speed & power assessment)

평가 시간이 얼마나 허용되느냐에 따라 속도 평가와 능력 평가로 나눌 수 있다.

속도 평가는 제한된 시간 내에 얼마나 빨리 정확하게 문제를 해결해 내는지를 확인하는 평가이다(신용진, 1998:31). 이 때 시간은 충분한 시간 아니고 문제를 풀기에 무리한 시간이 주어진다. 따라서 능력은 있는데도 시간이 너무 모자라서 못 풀 수밖에 없다. 보통 IQ 테스트와 같은 검사에서 무리하게 많은 문항의 수를 무리하게 짧은 시간 동안 풀게 하는 경우가 있는데 이러한 평가가 속도 평가에 해당한다. 언어 평가에서는 대체로 속도 평가를 실시하지 않는다. 속도 평가 방식은 학업 성적, 특히 독해력이나 어휘력과 같은 능력을 높이기 위한 하나의 훈련 기법으로 사용하는 경우가 많다. 영어 대규모 평가에서 과거에는 한 문항 당 1.2~1.5배의 시간을 주었다면 최근에는 1배의 시간만큼만 책정해서 주는 경우가 있는데 이는 본격적인 속도 평가라기보다는 속도화 평가(검사)라는 이름이 적절한 것으로, 상대적으로 시간을 줄이는 것이지 무리한 시간을 제공하는 것을 의미하지는 않는다.

능력 평가는 역량 평가로도 불리는데 이는 보통 평가 문항을 해결하기에 충분한 정도의 시간이 주어지고 수험자의 능력을 측정하는 평가이다(신용진, 1998:31). 충분한 시간이 주어졌는데도 풀어내지 못하는 것은 시간의 문제가 아니라 그 문제를 풀 능력이 없다는 것을 반증하는 것이다. 일반적으로 이루어지는 대부분의 평가는 능력 평가로 한 시간에 적절한 난이도의 30문항 내외 혹은 70~80분 동안 50~60

문항 내외 정도가 제시된다.

2. 언어 시험의 종류(Types of language test)

위에서 살펴 본 언어 평가의 종류는 다양한 조합을 이루면서 실제로 언어 시험(language tests)으로 구현된다. 여기에서는 시험(test)으로 개발될 수 있는 언어 시험의 종류를 살펴보고자 한다. 이 말은 위의 평가들은 시험이 아니라는 의미이다. 즉, 총괄 시험, 형성 시험, 속도 시험, 준거 지향 시험 등으로 불릴 수 없는 평가의 속성과 방식에 따른 분류였음을 확인할 필요가 있다. 여기에 설명되는 각 시험은 구체적으로 구현될 수 있는 평가 도구를 의미한다. 시험의 종류는 시험의 대상에 따라, 시험 내용에 따라, 시험 목적에 따라 다시 세분화될 수 있다.

1) 수험자 대상에 따른 시험의 종류

언어 시험의 주요 대상이 누구냐에 따라 달라지는 것으로 그 기준은 국적, 연령, 성별, 직업군이나 특정 그룹의 사람들을 대상으로 다양하게 나타날 수 있다. 중국인을 위한 한국어 시험, 청소년 한국어 시험, 결혼이주여성을 위한 한국어 시험, 승무원 한국어 시험, 재외동포 한국어 시험 등으로 나타날 수 있다.

2) 평가 내용에 따른 시험의 종류

언어 교육은 주된 내용이 무엇이냐에 따라 일반 목적과 특수 목적으로 나뉘고 특수 목적은 직업 목적과 학문 목적으로 나뉠 수 있다. 이런 목적별 교수학습에 대한 중요성은 더 설명할 필요가 없을 것이다. 그렇다면 마찬가지로 언어 평가에 있어서도 평가 내용에 따라 일반 목적 시험과 직업 목적 시험과 학문 목적 시험으로 나뉘어 개발되고 시행되어야 한다. 일반 목적 시험은 일반적 주제 영역과 담화에서의 능력을 측정하는 것이고 직업 목적 시험은 직업 현장에서 사용되는 능력을, 그리고 학문 목적 시험은 대학이나 대학원 등의 학문 현장에서 언어 능력이 어떠한지를 측정하기 위한 것이다. 따라서 각 시험마다 평가의 내용 항목이 다르게 선정되어야 하고 평가의 구인을 측정하기 위한 평가 형식도 다르게 개발되어야 한다는 점에서 중요하다고 할 수 있다.

김유정(2018b)에서는 Bachman & Palmer(1996)의 논의를 들어 다양한 시험 개발의 필요성을 강조한 바 있다. Bachman & Palmer(1996:11-12)에서는 특정한 언어 시험이 의도한 목표에 유용하게 되기 위해서 시험 수행은 비시험 상황에서의 언어 사용에 명확한 방식으로 일치되어야 하며 '언어 사용 과제와 상황의 특성'이 '시험 과제와 상황의 특성'과 일치해야 하고 실제 '언어 사용'과 '언어 시험 수행 능력'이 일치해야 한다고 하였다. 즉, 언어 사용 과제와 상황이 다양하고 차별성이 있다면 시험 과제와 상황 또한 다양하고 차별성이 있어야 함을 의미한다고 할 수 있다. 또한 Bachman & Palmer(1996:7)에서는 언어 평가에 대한 오해와 이로 인해 초래되는 문제를 다음과 같이 언급하였다.

오해	초래되는 문제
어떤 상황을 위한 '단 하나의 가장 완벽한 최상의' 시험이 있다고 믿는 것	1. 수험자들에게 부적절한 시험 2. 시험 사용자들의 특정한 요구에 부응하지 못하는 시험 3. 단순히 인기가 있다는 이유로 시험 또는 시험 방법을 아무런 지식 없이 사용 4. 완벽한 시험을 찾거나 개발할 수 없을 때 실망하게 됨

여기에서 우리가 생각해 보아야 할 점은 단 하나의 가장 완벽한 '최상'의 시험을 고민하고 고수하기보다 '다양한, 최선의, 적절한' 시험을 개발하는 것이 중요하다는 사실이다. 따라서 일반목적과 직업목적과 학문목적 시험은 각 특성에 맞게 개발되어야 하며 다양한 세부 영역으로 나뉠 수 있고 나뉘어야 한다.

3) 활용 목적에 따른 시험의 종류

시험의 목적이 무엇이냐, 즉 왜 측정하는지에 따른 분류로 숙달도 시험, 성취도 시험, 진단 시험, 배치 시험, 선발 시험, 적성 시험을 들 수 있다. 물론 이들을 숙달도 평가, 성취도 평가, 진단 평가, 배치 평가, 선발 평가, 적성 평가로 부를 수도 있으나 앞에서도 언급했듯이 시험 도구로 개발될 수 있는 것을 강조하기 위해 시험으로 부르고자 한다.

(1) 숙달도 시험(proficiency test)

숙달도 시험은 전반적이고 포괄적인 언어 의사소통 능력의 정도를 측정하는 시험으로 특정 교육과정이나 수업 과정에 국한된 것이 아니라 수험자의 성공적인 의사소통의 숙달도 측정에 목표를 둔다. 숙달도의 정의에는 일반적으로 언어의 네 기술(skill), 즉 듣기, 말하기, 읽기, 쓰기와 다양한 상황에서의 전체적인 언어 사용의 개념이 포함된다. 숙달도 시험의 핵심적인 요인 중 하나는 언어 학습자가 어떻게 숙달도 등급에 이르게 되었는가는 중요하지 않다는 점이다. 어디에서 누구에게 어떤 교재로 어느 기간 동안 얼마나 배웠느냐보다는 학습자·수험자의 현재 언어 숙달도 수준만이 중요하다.

이 때문에 숙달도 시험은 다양한 학습자 변인을 포괄할 수 있는 평가 도구를 개발하기 위해 어떤 영역의 표본을 추출하는지를 결정하는 것이 중요하다. 가령, 수험자가 외국에 거주하는 교포인 경우와 한국에 거주하는 외국인 한국어 학습자인 경우, 그리고 외국에 거주하는 외국인 한국어 학습자인 경우 숙달도 시험의 표본이 어디에서 추출되느냐에 따라 누구에겐 유리하고 누구에겐 불리할 수도 있기 때문이다. 또한 숙달도 시험은 각 시험 도구별로 차이가 있으나 대부분 총괄적이고 규준 지향적인 특징을 가지는 경우가 많다. 숙달도 시험은 단일 점수의 형태로 결과를 제공하여 자격 제한(gate-keeping) 역할을 하도록 하며 규준에 대한 수행을 측정하기 때문에 진단적 피드백을 제공하기 어렵다. 반면에 대부분 숙달도 시험은 표준화된 평가로 개발되어 상대적으로 평가의 타당도와 신뢰도를 보장하는 장점을 가진다(한국어교육학사전, 2014:1029-1030).

영어의 대표적인 숙달도 시험으로는 TOEFL(Test of English as a foreign language), ILETS(International English Language Testing System) 등이 있으며 한국의 대표적인 숙달도 평가로는 한국어능력

시험(Test Of Proficiency In Korean, TOPIK), KLAT(Korean Language Ability Test) 한국어능력평가시험 등을 들 수 있다.

(2) 성취도 시험(achievement test)

성취도 시험은 교육 기관에서 기관의 교육 철학에 맞게 마련한 교육과정과 교수요목을 기반으로 교재를 개발하고 일정 기간 동안 그 교재와 관련한 내용을 가르친 다음 학습한 범위 내에서 학생들이 얼마나 잘 배웠는지, 즉 교육목표를 얼마나 달성했는지를 측정하는 것이다. 성취도 시험은 교실 수업이나 전체 교육과정과 연관되어 있고 시험 범위가 수업 중에 다루어진 내용으로 제한되어 있는 시험이다. 쪽지 시험(퀴즈), 주간 시험, 월말 고사, 단원 평가, 중간고사, 기말고사 등이 이에 해당한다. 이러한 성취도 시험은 단위 수업 시간마다 성취해야 할 작은 단위의 목표들을 여러 개로 묶어서 평가하므로 상당 기간에 걸친 과거의 학습을 되돌아보고 점검하는 총괄 평가적 기능을 한다. 또한 효과적인 성취도 시험은 과정이나 단원의 하위 부분에서 학습자 수행의 질에 대한 역류 효과를 제공하여 학습자의 언어 발달에 형성적 역할을 하기도 한다. 교사의 입장에서는 교육과정의 중간 시점에서 그리고 마지막 시점에서 학습자가 얼마만큼 이해하고 실력이 얼마나 향상했는지를 점검해 보고 평가 결과를 통해 교수 방법의 장단점을 점검하고 남은 기간 동안의 교수에 이를 반영하기 위한 계획을 세울 수 있다. 학습자는 심정적인 자신의 언어 학습 발달 과정을 시험을 통해 객관적으로 인식할 수 있고 학습 과정에 대해 보상을 받을 수 있는 기회를 갖게 된다. 또한 부족한 부분을 보충할 수 있는 계기를 마련하여 다음 학습 과정에 도움이 될 수 있다(한국어교육학사전, 2014:1028).

일반적으로 성취도 시험은 특정 교재 내용을 시험 범위로 하여 출제가 되기 때문에 그 안에 적힌 텍스트의 내용과 기능을 고스란히 가져오는 경우가 많다. 예를 들어, 본문 텍스트를 그대로 가지고 와서 이해도를 점검하거나 괄호 넣기를 하는 시험 형식이라고 할 수 있다. 그러나 언어 교육의 목표는 본문 텍스트 그 자체에 있지 않다. 본문 텍스트와 예문 등은 그 단원의 교육 목표가 되는 언어 상황에서 다양한 언어 사용을 위해 샘플링 된 하나의 예시일 뿐이다. 따라서 언어 성취도 시험에서는 단어 그대로의 성취도 시험보다는 '숙달도 지향의 성취도 시험(proficiency oriented-achievement test 또는 prochievement test)'을 지향하는 것이 바람직하다.

Canale(1985)가 제안한 '숙달도 지향의 성취도 시험'의 성격은 다음과 같다(김유정 외, 1998:334에서 재인용).

첫째, 배운 것을 사용하도록 한다. 그리고 실제 수행을 위한 훈련을 통해 전이가 된다.

둘째, 형태(form)뿐만 아니라 메시지(message)와 기능(function)에 초점이 있다.

셋째, 개인적 활동뿐 아니라 그룹 활동도 가능하다.

넷째, 수험자들은 각 언어 지식 층위에서 고안된 문제를 해결하기 위해 정확성(accuracy)에 치중하지 않고 실제적인 문제를 해결하는 데 있어서 그들 자신의 충분한 기량을 발휘해야 한다.

다섯째, 시험 그 자체가 학습과 비슷하면 비슷할수록 학습자는 평가에 더 잘 관련될 수 있다.

다시 설명하면 숙달도 지향의 성취도 시험에서는 본문 텍스트를 그 대로 활용하는 것이 아니라 그 단원의 목표를 적절하게 담은 본문과 유사한 텍스트를 새로 시험에 출제하고 이에 대한 이해도나 이와 유 사한 텍스트를 생산해 낼 수 있는지를 보는 것이다. 즉, 수업 시간에 배운 내용을 바탕으로 실세계에서 수행할 수 있는 언어 사용의 숙달 도를 측정할 수 있어야 한다. 숙달도 지향의 한국어 성취도 시험의 실 제에 대해서는 김유정 외(1998)을 참조할 수 있다.

(3) 선발 시험(selection test)

선발 시험은 지원자가 특정 프로그램에서 성공할 가능성이 있는지 를 측정하여 일정한 수의 사람을 뽑기 위해 사용하는 평가이다. 선발 시험은 입학 시험(admission test), 선별 시험(screening test)으로 불 리기도 하는데 선발 기관에 따라 그리고 선발의 목적에 따라 별도로 개발되기도 하지만 일반적인 숙달도 시험(proficiency test)이 선발 시 험으로 대신 사용되기도 한다. 이런 예는 영어의 경우에는 TOEFL을 들 수 있고 한국어의 경우에는 한국의 대학 입학 전형에 TOPIK이 활 용되는 경우를 들 수 있다. 반면에 미국의 대학 입학 전형에 사용되는 미국 대학수학능력시험(SAT Ⅱ)의 한국어시험과 노동자 선발을 위 해 고용허가제 한국어능력시험(EPS-TOPIK)은 특정한 대상을 목표 로 시험이 개발되어 사용되는 경우로 대학 진학 능력과 직업 능력과 관련된 시험이라 할 수 있다. 따라서 이와 같은 선발 시험은 학문 목적 또는 직업 목적 시험과도 연결된다고 할 수 있다.

선발 시험에서 선발 기준이 되는 점수는 그 프로그램에서 좋은 수 행을 보였거나 그렇지 않았던 이전 지원자들의 정보 분석을 통해서 결정되거나 조정되는 경우가 있다. 외국인 한국어 학습자가 한국의 대학에 입학하는 경우에 대학마다 TOPIK의 합격 기준 등급을 별도로 제시하여 선발 기준을 조정하는 경우가 이와 같은 예이다(한국어교육학사전, 2014:1027-1028).

(4) 진단 시험(diagnostic test)

진단 시험은 학습자 언어 능력의 장점과 단점을 확인하기 위한 평가이다. 여기에서 '진단'이 어떤 개념인지를 확인하는 것이 중요하다. 보통 '진단'의 개념은 '상태가 어떤지 확인하다'로 인식되는 경우가 있다. 그러나 구체적으로 그 개념을 보면, '장점과 단점을 확인하다'이다. 교사는 학습자가 지닌 언어의 특정한 측면을 진단하고 학습자에게 그에 맞는 보충 학습을 유도하고 실시하기 위해 평가를 실시한다. 예를 들어, 발음의 진단 평가는 한국어의 어느 음운상의 특징이 학습자에게 효과적으로 학습되고 또 어떤 특징이 곤란을 주는가를 판단하고 교정하는 것이 목적이다. 학습자의 입장에서는 진단 평가를 통해 자신의 장점은 계속 유지하게 하며 부족한 점은 집중적으로 재학습하고 훈련하여 고칠 수 있다. 교육 기관의 입장에서는 교육과정의 진행 중에 수시로 점검할 수 있고 이를 통해 학습자의 요구를 수시로 충족시킬 수 있다는 장점이 있다.

진단 시험의 내용은 주로 의사소통 기술과 직접 관련된 듣기 · 말하기 · 읽기 · 쓰기 각각의 영역별 평가, 그리고 이들 영역의 언어적 하위 기술(language sub-skill)인 어휘, 문법, 발음 등이 있다.

구술 표현의 대표적인 진단 시험은 Prator & Robinett(1972)가 제작하여 영어 발음 교재에 첨부한 diagnostic passage이며 그 구체적인 내용은 아래와 같다.

Prator & Robinett(1972)'s diagnostic passage

When a student from another country comes to study in the United States, he has to find out for himself the answers to many questions, and he has many problems to think about. Where should he live? Would it be better if he looked for a private room off campus, or if he stayed in a dormitory? Should he spend all of his time just studying? Shouldn't he try to take advantage of the many social and cultural activities which are offered? At first it is not easy for him to be casual in dress, informal in manner, and confident in speech. Little by little he learns what kind of clothing is usually worn here to be casually dressed for classes. He also learns to choose the language and customs that are appropriate for informal situations. Finally he begins to feel sure of himself. But let me tell you, my friend, this long-awaited feeling doesn't develop suddenly, does it? All of this takes will power.

이 진단 시험은 수험자가 150개의 단어 지문을 읽으면 그 내용이 녹음이 된다. 평가자는 학습자의 녹음 내용을 분석하기 위한 음운의 항목을 조사한다. 음운 범주는 ① 강세와 리듬, ② 억양, ③ 모음, ④ 자음, ⑤ 기타 요소이며, '강세와 리듬'의 하위 범주의 예는 잘못된 음절에서의 강세(다음절 단어에서), 문장 강세의 부정확함, 문장을 생각 단위로 분류할 때의 부정확함, 단어 또는 음절 사이의 부자연스러운 연결 등이다. 이러한 자세한 정보는 교사와 학습자가 발음 양상에 대해 어느 쪽에 더욱 초점을 맞출 것인지에 대한 정보를 제공한다(한국어교육학사전, 2014:1026).

진단 시험은 역류 효과를 일으킬 수 있는 이상적인 시험으로서 위의 예처럼 특별히 고안될 수도 있지만 현실적인 문제(자세한 진단 정보를 제공하는 시험을 구성하기 어려움)로 인해 성취도 시험이나 숙달도 시험, 혹은 배치 시험의 결과를 분석하여 학습자의 장단점을 파악하는 것으로 대체하는 경우가 많다. 따라서 진단을 위해 분석하는 경우 평가 목표와 내용이 투영된 문항에 대한 분석이 잘 이루어져야 하며 특별히 진단 시험을 고안하지 않는다면 앞에서 언급한 것처럼 모든 시험이 결과에 대해 구체적인 진단 정보를 제공하게 함으로써 형성 평가의 기능을 할 수 있도록 하는 것이 바람직하다. 진단 시험에 대한 또 하나의 오해는 교육과정 이전에만 사용된다고 생각하는 것이다. 많은 경우 교육과정 이전에 학습자의 능력을 진단해서 적절한 교육을 진행한다는 의미에서 그 때 시행하는 경향이 있을 뿐이다. 진단 시험은 교육과정 이전은 물론 교육과정 도중에, 그리고 교육과정 마무리 단계에서도 실시될 수 있으며 잘 고안된 표준화된 언어 진단 시험이 있다면 교육과정과 무관하게 여러 수험자들을 대상으로 실시할 수 있을 것이다.

(5) 배치 시험(placement test)

배치 시험은 학습자의 학습 역량이 교육 기관 내에서 어느 정도 되는지를 판단하여 적절한 급이나 반으로 배치를 하기 위한 시험으로 일반적으로 어떤 교육 프로그램이 시작하기 직전에 실시한다. 배치 시험의 궁극적인 목적은 학습자를 특정 언어 프로그램의 정확한 수준에 배치하는 것이다. 따라서 시험의 내용은 특정 과정의 수업에서 다룰 자료의 표본을 포함해야 하며 수행 정도는 너무 쉽지도 어렵지도 않은 적절한 정도의 지점에 있어야 한다. 특정 프로그램의 배치에 목적에 있기 때문에 배치 시험은 기관에 따라 프로그램에 따라 다양한 형태로 개발되는 것이 적절하다. 문법 배치 고사는 과제 지향의 교수 요목을 가진 곳에서는 적당하지 않다. 언어 교실 현장에서는 대규모 표준화된 숙달도 시험을 사용하여 배치 시험을 보는 경우도 발견되는데 이에 대한 타당도 검증이 고려될 필요가 있다. 숙달도 시험과 성취도 교육과정이 일치하지 않기 때문이다. 만약 일치한다면 숙달도 시험을 위한 교육과정이라고 공식적으로 공표가 되어 있어야 한다.

배치 시험의 기능은 다음과 같다. 교사의 입장에서는 실력이 비슷한 학습자끼리 학습할 수 있도록 학습자를 각 등급에 맞게 배치하고 교수할 수 있게 한다. 교육 기관의 입장에서는 그 시기에 학습하는 학습자의 수준과 요구(needs)를 검토하고 그에 맞는 학습이 이루어질 수 있도록 교수 의도와 전체 교육과정을 소절할 수 있다. 학습자의 입장에서는 자신의 언어 능력이 어느 정도인지를 판단하고 능력에 맞는 학습이 이루어질 수 있도록 반을 배치 받고 이를 통해 정의적으로도 (affectively) 안정감 속에서 학습을 할 수 있다.

좋은 배치시험을 위해서는 다음에 대한 고려가 필요하다(한국어교육학사전, 2014:1027).

첫째, 실용도의 문제를 해결할 수 있다면 의사소통 능력의 기술(skill)인 듣기·말하기·읽기·쓰기에 대한 전반적인 평가를 해야 한다.

둘째, 각 시기마다 배치 시험의 내용을 다양하게 할 필요가 있다.

셋째, 배치 시험은 준거 지향 평가(criterion-referenced test)로 이루어져야 한다.

넷째, 객관적이고 믿을 만한 시험을 통해 적절한 배치가 이루어질 수 있도록 교육 기관 내에서 채점자 신뢰도를 높이는 방안을 강구해야 한다.

(6) 적성 시험(aptitude test)

적성 시험은 언어 적성, 즉 지능, 동기 부여, 흥미 등을 포함하지 않고 언어를 배울 수 있는 본래의 능력이 있는지를 측정하는 것이다. Carroll(1962)에서는 성공적인 언어 학습을 위해서는 교육의 질, 학습의 기회, 지능, 동기, 적성 다섯 가지의 요인이 필요하다고 하였다. 여기에서 중요한 개념 중 하나를 '적성'으로 보았다. 일반적인 '지식 시험과 능력 시험'이 수험자가 '현재 가지고 있는 가능성'을 측정하는 것이라면, '적성 시험'은 수험자의 '앞으로의 가능성'을 측정하는 데 목표를 둔다. 따라서 적성 시험을 통해 수험자의 장래의 성공 여부를 측정하는 것이며 언어 적성 시험은 수험자가 외국어를 학습할 수 있는 능력이 있으며 성공적으로 외국어를 통달해 낼 수 있느냐를 측정할 수 있다는 것이다. 이에 동질적인 언어 교육 환경에 있는 학습자들마다 개별적으로 언어 학습의 발달 진행 정도가 다른 요인이 언어 적성 때문이라는 아이디어가 적성 시험을 개발하게 하였다.

대표적인 언어 적성 시험인 MLAT(현대 언어 적성 시험)와 핌슬러 언어 적성 시험은 다음과 같이 구성된다(임병빈 외, 1999:32-33). 웹 사이트(https://lltf.net/aptitude-tests/)에서 현재 수정된 두 적성 시험의 예시를 확인할 수 있다.

◆ MLAT(Modern Language Aptitude Test, Carroll & Sapon, 1958)
① 수 학습(Number learning): 넌센스 음절로 구성된 인위적 수 체계를 청각적으로 학습한 뒤에 그에 해당하는 수를 빠른 시간 내

에 받아쓰기

② 발음 기호 쓰기(phonetic script): 인쇄된 발음 기호로부터 청각적 영어 발음을 공부하고 그에 관한 평가 실시

③ 철자 단서(spelling clues): 영어 단어의 발음에 유사한 철자 체계를 보고 그에 해당하는 단어를 쓰기(예: mblm for emblem, knfrns for conference)

④ 문장 속 단어 찾기(words in sentences): 문장 내에 있는 어구의 기능을 알아보도록 하는 것으로 동일한 기능을 하는 어구를 다른 문장에서 찾기

⑤ 동의어 찾기(paired associates): 영어 어휘와 상응하는 뜻을 가진 24개의 어휘 항목을 2분 동안 학습시킨 뒤에 선다형 방식으로 엉어와 상응하는 뜻의 해당 외국어 어휘를 선택하기

◆ 핌슬러 언어 적성 시험(Pimsleur language aptitude battery, Pimsleur, 1966)

[총점 117점]

① 외국어를 제외한 타학문 분야의 성적 평균 점수(16점): 주요 교과 성적인 영어/수학/역사/과학의 성적을 기입

② 5단계로 구성된 외국어 학습에 관한 관심도 조사(8점)

③ 수험자의 모국어에 대한 어휘 검사(28점)

④ 언어 분석 능력 검사(15점): (낯선 언어와 그에 대한 모국어의 뜻을 표시하고 습득한 낯선 언어가 어느 정도 유용되는가를 검사) 영어 어휘에 상응하는 배우지 않은 외국어의 기능에 대한 언어 분석 능력

⑤ 음성 식별 능력 검사: 동일하지는 않지만 발음상으로 유사한 3개의 낱말을 청각적으로 학습하고 문장 속에서 구두로 읽어줄 때 이 낱말을 분간하는 평가(30점)

⑥ 음성과 기호의 연상 검사: 귀로 들은 영어의 넌센스 어휘에 대한 철자 형태 찾아보기(24점)

[표 13] MLAT와 Pimsleur 언어 적성 시험의 예시 문항

(https://lltf.net/aptitude-tests/에서 인용)

MLAT: part 3 문제의 발음과 유사한 단어를 생각하고 그 단어와 의미가 유사한 것 찾기	Pimsleur: Part 4 왼쪽은 인공 언어, 오른쪽은 영어로 대응될 때 'A dog likes a boy.'를 인공 언어로 만들기

1. kloz
  A. attire
  B. nearby
  C. stick
  D. giant
  E. relatives
	jiban ········· boy, a boy
	jojo ········· dog, a dog
	jiban njojo za ·· A boy likes a dog

[표 13]의 두 문제를 풀어 보았을 때 어떤 생각이 드는지 스스로 생각해 보고 또 동료와 이야기해 볼 필요가 있다. 이 문제를 맞혔다면 언어 적성이 있고 틀렸다면 언어 적성이 없는 사람에 가깝게 판정될 수 있다. 이에 동의할 수 있는가. 그리고 언어 적성이 없다고 판정이 된다면 언어 학습을 포기할 생각이 있는지 자문해 보길 바란다.

이러한 언어 적성 시험들의 문제들은 Skehan(1989)에서 "언어 적성을 측정한다고 주장하면서 길고 짧은 지문, 한 문장, 또는 심지어 학문의 일반적인 지적 능력이나 학업 능력에 대한 시험 이해에 사용

되어 왔다. 그리고 기껏해야, 그들은 전통적인 언어 교실에서 학생을 점유하는 집중적이고, 분석적이며, 현장 의존적이며, 문맥이 축소된 활동을 수행할 수 있는 능력을 측정하고 있다."는 비판을 받는다(Brown, 1994:260에서 재인용). 이는 결국에는 미래 가능성인 적성을 측정하는 것이 아니라 학습자의 일반적인 지능과 학습 능력을 측정하는 데 그치고 있다는 비판이라고 할 수 있다. 이에 덧붙여서 Brown(1994:260)은 적성 검사의 결과가 학습자와 교사에게 편견을 갖게 하여 학습에 부정적으로 영향을 줄 수 있다는 점과 학습 전에 적성을 검사하는 것은 사치일 수 있다는 언급으로 비판하고 있다.

현재 언어 적성을 측정하는 마땅한 검사 도구는 없다고 할 수 있다. 그 이유는 어쩌면 인간은 누구나 언어를 배울 수 있는 가능성이 있기 때문일시도 모른다. 나른 음악이나 미술, 식업 석성 시험 등이 무의미하다는 것은 아니고 단지 언어 적성 시험에 제한한 언급이다.

Brown(1999:260)은 Oxford(1990), Ehrman(1990), Lett & O'Mara(1990)의 논의를 들면서 언어 적성보다는 맥락이 있는 상황에서 의사소통 능력을 획득하는 데 결정적인 것으로 보이는 이 학습 전략과 스타일, 학습자의 동기와 의지(결단력)에 초점을 맞추어서 학습자를 바람직한 방향으로 이끄는 것이 성공적인 언어 학습에 더 중요한 요인이라고 주장하였다. 따라서 개발된 두 가지의 언어 적성 시험보다는 학습자의 학습 성향 검사, 학습 전략 검사 등으로 전환되는 것이 바람직해 보인다.

3. 대안적 언어 평가

위에서 언급한 언어 평가의 종류와 언어 시험의 종류 외에 몇 가지 언어 평가 종류에 관해 살펴보고자 한다.

1) 전통적인 평가와 대안적 평가
(Traditional & Alternative assessment)

Brown(2002)은 Armstrong(1994)와 Bailey(1998)에서 논의된 전통적 평가와 대안적 평가의 특성을 다음과 같이 표로 제시하고 있다.

[표 14] 전통적 평가와 대안적 평가(Brown:2004, 이영식 외 역, 2006:29에서 재인용)

전통적 평가	대안적 평가
일회적, 표준화된 시험	지속적인 장기간의 평가
제한된 시간, 선다형	시간 제한이 없는 자유 응답 형식
비맥락화된 시험 문항	맥락화된 의사소통 과제
점수로만 이루어진 피드백	개별화된 피드백과 역류 효과
규준 지향적 채점	준거 지향적 채점
'정답'에 초점	개방형, 창조적인 답안
총괄적	형성적
결과 중심	과정 중심
비상호작용적 수행	상호작용적 수행
외적 동기 유발	내적 동기 유발

그러면서 두 가지를 당부하고 있다. 하나는 위의 두 평가가 명확하게 구분되지 않고 결합되어 나타나는 평가 유형도 있으므로 극단적으로 명확한 구분이 어렵다는 점에서 신중하게 고려해야 한다는 점이

다. 다른 하나는 전통적 평가는 잘못된 것이고 대안적 평가는 모든 좋은 것을 제공한다는 생각을 가지면 안 된다는 점이다. 물론 많은 교육자와 교육 개혁 주창자들이 전통적 평가의 일환인 대규모 표준화 시험을 약화하고 그 대신 학교에서의 배움을 촉진할 수 있는 방법으로 맥락화 된 의사소통 중심의 수행 기반 평가를 제공하는 데 힘을 싣기 위한 노력을 하고 있다. 그럼에도 평가는 평가로서의 기능으로 판단되고 활용되어야 한다는 점을 강조하였다(Brown:2004, 이영식 외 역, 2006:28-29). 전통적 평가는 신뢰도가 높고 채점이 용이해서 실용도도 높은 장점이 있고 대안적 평가는 진정성이 있고 상호작용적인 의사소통 능력 측정에 적절하다는 장점을 가지고 있다. 따라서 이는 전통적인 평가 형식이 필요한 경우와 대안적 평가 형식이 필요한 경우를 잘 판단해서 사용하는 것이 중요하다는 사실을 분명히 인식해야 한다.

Brown은 추가적으로 '대안적 평가'라는 말이 '책임 있는 시험 구성을 위한 요건이 면제된 전혀 새롭고 다른 것'이라는 의미를 내포하기 때문에 오히려 역효과를 나타낼 수 있다고 이유를 설명하면서 시험을 넘어선(beyond tests) '평가에서의 대안들(Alternatives in Assessment)'이라는 표현을 제안한다. 이는 전통적 평가의 대표적인 형식인 시험(Test)이 아니라 다양한 평가(Assessment) 과제들 속에서 학습자의 의사소통 능력을 측정할 수 있는 다양한 대안들(수행 기반 평가, 작품집, 일지, 관찰 등)로 평가를 다각화하려는 노력들이 필요하다는 주장이라고 할 수 있다(Brown:2004, 이영식 외 역, 2006:310-311에서 재인용).

2) 자기 평가와 동료 평가
(self & peer assessment)

자기 평가는 학습자 스스로가 자신의 언어 능력에 대해 평가할 수 있는 것으로 이 평가의 의의는 학습자 스스로 자기 반성과 비판, 그리고 자가 진단 등을 통한 상위 인지 전략을 발전시켜 향후 자신의 능력을 향상시키는 데 있다. 따라서 스스로 하는 형성 평가의 성격을 지니고 있다고 할 수 있다.

동료 평가는 교실에서 함께 학습하는 동료들이 서로의 언어 수행을 평가하는 것이다. 동료 평가의 의의는 함께 배울 수 있도록 돕는 것에 있다. 학습자들이 다양성을 마주하고 판단하며 무엇인가에 대해 서로 가르쳐 줄 수 있고 서로 배울 수 있도록 돕는 것의 가치는 혼자 하는 학습보다 훨씬 더 클 수 있다. 그리고 나아가 동료 평가의 경험은 학습자가 스스로의 학습에 책임감을 갖게 할 수도 있다는 면에서 긍정적이다.

Brown은 자기 평가와 동료 평가의 장점으로 학습자 스스로 목표를 설정하고 추구하고 점검하는 등 자율성(autonomy)을 증진시키고 내적 동기를 강화한다는 것을 들고 있으며 이를 평가에서 시험을 넘어선 대안의 일종으로 제안하고 있다(Brown:2004, 이영식 외 역, 2006:332-341). 동료 평가에 대한 논의는 지현숙(2004:13-16)에서도 긍정적으로 모색되고 있다.

그러나 이러한 장점에도 불구하고 두 평가가 가진 단점은 신뢰도가 없다는 측면이다. 모두 비전문가에 의한 평가로 우선 평가 기준에 대한 완전한 이해와 훈련이 되지 않는 상태에서 평가가 이루어질 수밖에 없다. 따라서 자기 평가는 학습자가 진실 되지 않을 수도 있고 심지어 자신의 성적을 과대평가할 수도 있기 때문에 주관적일 수 있다. 특히 동료 평가는 동료들에 대한 친밀도 같은 정의적 요인에 따라 그리고 평가하는 사람의 성격이나 성향에 따라 점수가 편중될 수 있으며 공동의 성적을 위해 모두에게 같은 점수를 주거나 하는 등으로 신뢰도에 심각한 문제를 일으킬 수 있다. 이런 상황임에도 자기 평가나 동료 평가 결과를 최종 성적에 반영한다는 것은 중대한 문제일 수 있다. 그렇기 때문에 우리가 고려해야 하는 점은 두 평가를 실시할 때 장점은 살리되 단점으로 제시되는 부분에 대한 신중한 접근이 필요하다. 이들 평가는 공식 평가로서의 성격보다는 비공식 평가로서 학습 향상도와 참여에 기여하는 방향으로 사용하는 것이 바람직하다.

3) 기계를 활용한 언어 평가에 대한 전망

현재 많은 대규모 평가들과 교실 평가들이 현장 여건에 따라 컴퓨터 기반 평가(computer-based testing)을 실시하고 있다. 그리고 컴퓨터 기반 시험은 더 나아가 학습자 능력 수준에 따라 시험 문항의 수준을 조절해서 평가하는 컴퓨터 적응 시험(computer-adapted test)도 사용하고 있다. 컴퓨터 기반 평가는 대규모 시험에 적용할 수 있어 기본적으로 드는 시설 비용에도 불구하고 실용도적인 측면에서 높은 효율성을 가진다. 물론 컴퓨터가 인간의 언어를 완벽하게 이해하지 못한 현 단계에서는 주로 선다형 문항으로 개발되어 타당도가 낮다는 비판 또한 받고 있다. 그럼에도 불구하고 교실 기반 평가에서부터 대규모 평가에 이르기까지 이러한 단점을 보완할 수 있는 방법이 모색이 된다면 더 많이 사용될 가능성이 커 보인다.

이는 비단 컴퓨터 기반 평가에 그치지 않을 것이다. 인공 지능(AI, Artificial Intelligence) 시대를 맞아 어느 순간 공상 과학 영화에서처럼 컴퓨터와 로봇이 말을 하게 되어 언어 평가를 담당하게 될지도 모를 일이다. 이것이 먼 미래라면, 가까운 미래에는 가상현실(VR, Virtual Reality) 언어 평가 프로그램을 통한 평가가 가능하게 될 것이다. 가상현실 상황에서는 모든 장소, 모든 상황, 모든 인물의 구현이 가능하기 때문에 언어 학습 상황에서의 몰입감이 현실과 거의 유사하게 느껴질 정도로 크다는 장점을 가진다. 이런 장점이 언어 평가에 잘 적용될 수 있다면 실제 상황에서의 언어 수행을 더 잘 평가하게 될 것이다. 가상현실 언어 학습 프로그램으로 2020년 현재 'Mondly: Learn Languages in VR'을 비롯하여 'House of Languages VR', 'Samsung #BeFearless Fear of Public Speaking-Business Life' 등의 언어 학습 VR app이 개발되고 사용되는 상황을 보면 이러한 기술이 언어 평가에 활용될 날도 멀지 않았으리라 예상할 수 있다. 물론 이를 위해서는 다룰 수 있는 언어 내용 영역의 한계가 극복이 되어야 하고, 프로그램의 기술적인 부분에서 보완이 되어야 할 것이며, 가장 크게는 비용적인 부분이 해결되어야 할 것이다. 하지만 앞에서도 언급했듯이 먼 미래의 일일 수 없다. 따라서 언어 학습·평가 프로그램 개발자들과는 또 다른 의미로 언어 교사와 평가 전문가들은 이런 상황에 대해 더 많은 준비가 필요할지도 모른다.

이상의 논의를 바탕으로 시험의 종류와 평가의 종류를 표로 정리하면 다음과 같다.

[표 15] 시험의 종류와 평가의 종류

분류 기준	시험 종류	
평가 대상별	결혼이주 여성 시험, 청소년 시험 등	
평가 내용별	일반목적	
	학문목적	
	직업목적	
평가 목적별	숙달도	
	성취도	
	진단	
	선발	
	배치	
	적성	
분류 기준	평가 종류	
응답 양식	구술	
	서면	
의도	비공식적	
	공식적	
기능	형성	
	총괄	
해석	규준 지향(상대)	
	준거 지향(절대)	
관리	교실(내부)	
	대규모(외부)	
정답 수와 반응 유형	객관적	
	주관적	
표본 관찰 방식	직접	
	간접	
평가 요소	분리	언어 요소 분리
		언어 기술 분리
	통합	언어 요소 통합
		언어 기술 통합
시간	속도	
	능력	
기타 기준	자기/동료/컴퓨터 기반	

1. 다음 평가들은 어떤 목적으로 시행된 것일까요? 그리고 여러분이 생각하는 언어 평가의 종류 중 무엇에 해당할까요? [표 15]를 이용해서 시험의 종류와 평가의 종류에 표시해 보세요.

	A	B	C
시험	외국인 학생이 한국어 프로그램 1급을 마칠 무렵 본 시험 [시험 영역] 1. 읽기 객관식 2. 쓰기 단답형 5문항, 주관식 2문항 3. 듣기 객관식 4. 말하기 인터뷰	외국인 학생이 한국 대학에 들어가기 위해 본 시험 [시험 영역] 1. 한국어 텍스트를 읽은 후 요약해서 쓰기	외국인 학생이 한국어 프로그램에 등록하고 프로그램 시작 전에 본 시험 [시험 영역] 1. 한국어 인터뷰 2. 자기소개 쓰기

2. [표 13]의 적성 시험 문제를 풀고 이것이 언어 적성을 측정하는 시험으로 적절하다고 생각하는지 부적절하다고 생각하는지 자신의 의견을 발표해 보시오. 아래는 원문 그대로의 답을 제시한 것이다.

MLAT 답 풀이
kloz is a disguised spelling of clothes, which corresponds in meaning to attire.

Pimsleur 언어 적성 시험의 답 풀이
The answer to the problem is : jojo njiban za Notice particularly the initial "n" of "njiban"; it is added to the word in the sentence which receives the action.

언어 평가의 역사

제5장 언어 평가의 역사

언어 평가의 역사를 살펴보는 것은 과거에서부터 현재까지 언어 평가에서의 다양한 고민과 그 흔적을 확인할 수 있는 것이며 이를 통해 앞으로의 언어 평가를 전망할 수 있는 작업이다. 본 장에서는 영어 평가의 역사와 한국어 평가의 역사로 나누어서 살펴보고자 한다.

1. 영어 평가의 역사

현대적인 의미에서 언어(영어) 평가의 역사 3단계를 주장한 1978년의 Spolsky는 2000년에 9단계의 언어 평가 경향을 서술하였다. 9단계는 1900년대 초기를 초창기 시작으로 하여 9단계 1990년대 이후까지를 다루면서 언어 평가의 역사적 사건이나 특징을 기술한 것이다. 자세한 내용은 Spolsky(2000)을 참조할 수 있다.

[표 16] Spolsky(2000) 언어 평가의 시대적 경향 정리

	언어 평가의 시대적 경향
1	THE EARLY YEARS,
2	INTER-WAR YEARS
3	THE WORLD WAR II EXPERIENCE
4	THE EARLY POSTWAR PERIOD
5	SOME OCCASIONAL INTERESTS OF THE 1950s
6	APTITUDE EMERGES AGAIN INTO THE 1960s
7	TESTING ISSUES IN THE 1970s
8	TOWARDS A COMMON YARD STICK IN THE 1980s
9	RECENT ISSUES FROM THE 1990s

　　Spolsky(2000:537)에서 밝히기를 이 연구는 지난 80년 동안의 언어 시험의 역사가 아니라 이 역사에서 「현대 언어 저널(The Modern Language Journal)」의 역할을 높이 평가하려는 시도라고 하였다. 따라서 그 의도와 목적이 영어 평가 단계에 대한 확정된 기술은 아니다. 그렇지만 영어 평가의 모습을 시기적으로 조망할 수 있는 연구 자료라 할 수 있다. 이 연구를 통해 우리가 확인할 수 있는 것 중 하나는 Spolsky(1976) 3단계에서 자세하게 서술하지 않은 1950년대 이전 부분으로 이 시기에 다양하게 시도된 영어 구어 평가들을 확인할 수 있다. 또한 최근의 대규모 표준화 평가의 영향과 타당성에 대한 논쟁들과 컴퓨터 기반 평가에 대한 논의를 제시하고 있다.

　　이러한 역사적 조망의 시작은 Spolsky(1976, 1978)의 3단계 영어 평가의 역사에서 비롯되며 현대적 의미의 언어 평가의 쟁점을 잘 보여주고 있다고 할 수 있다. 따라서 여기에서는 Spolsky(1976, 1978)의 3단계를 중심으로 언어(영어) 평가의 역사를 살펴보고자 한다. 그는

세 단계에 대해 다음과 같이 언급하는데 세 단계는 이후 의사소통적 평가가 시작되기 전의 언어 시험의 의도와 이론적 근거를 반영한다고 볼 수 있다.

언어 시험을 세 가지 주요 경향으로 나눌 수 있다. 이를 과학 이전 시기, 심리측정학적·구조주의 시기, 통합적·사회언어학적 시기라 부른다. 경향은 순서대로 따르지만 시간과 접근 방식이 겹친다. 세 번째는 첫 번째의 많은 요소를 포착하고 두 번째와 세 번째는 공존하고 경쟁한다(Spolsky, 1978:5).

1) 과학 이전 시기(Prescientific period): 1950년대 초기 이전

이 시기는 말 그대로 과학 이전의 모습으로 언어 평가가 이루어졌다. 과학 이전이라는 의미는 곧 '과학'의 모습이 아니라는 것이 된다. 과학은 논리적이고 증명 가능하며 객관적이고 합리적인 특성이 있다. 따라서 이 시기의 언어 평가는 비논리적이고 증명 불가능하며 주관적이고 비합리적인 특성이 있다고 설명할 수 있을 것이다. 이는 2기의 교육심리학 도입으로 객관적인 양상을 띠기 이전의 상황을 의미하기도 하지만 언어 평가에 대한 연구나 이론이 없이 평가가 이루어진 것을 의미하기도 한다. 따라서 언어 평가는 시험에 특별한 기술이나 전문 지식이 필요하지 않은 과학 이전 단계에 있었다고 할 수 있다.

언어 평가에 대한 연구 이론이 없는 상태에서 한 가지 결정은 다른 과목 시험의 일반적 원리와 동일하게 보자는 것이었다고 할 수 있다.

다른 과목, 예를 들어 수학의 경우라면 1+1=2, 2×5=10 과 같이 수업 시간에 가르친 것을 바탕으로 해서 유사한 형식으로 시험을 보게 되는데 이와 마찬가지로 언어 시험도 수업 시간에 가르친 대로 시험 보는 것을 기본 취지로 하여 시험 문제를 작성하였다. 가르친 대로 시험을 보는 것이 부정적인 것은 아니다. 그런데 당시에는 문법번역식 교수법(grammar-translation method)이 대세였다. 이 교수법의 주요 목표는 언어의 문법을 가르쳐서 문어를 독해하는 것이었다. 따라서 말하기나 듣기와 같은 구어보다는 문어에 집중하였고 따라서 에세이 쓰기나 번역의 형식이 언어 시험에 출제되는 모습을 보였다. 특별한 평가 기술이나 전문성이 없는 언어 교사들에 의해 작성된 주관식 문항들은 교사의 임의적이고 주관적인 판단을 통해 채점이 이루어지기 쉬운 문제점도 가지고 있었다. 결국 언어를 의사소통으로 다루지 않아 실제 의사소통과 관련이 없는 문학적이고 지적인 과제들이 시험 문항으로 출제되었다는 점은 이후 시대 학자들에 의해 타당도 면에서 비판을 받게 된다. 또한 채점의 신뢰성에 문제를 가진 것도 큰 결함이었다. 이러한 문제는 언어 시험의 점수가 그 수험자의 언어 능력과 일치하지 않는다는 가장 기본적이고 중대한 문제 인식으로 귀결되게 된다. 이런 고민은 2단계의 언어 평가의 모습으로 전환하게 하는 이유가 되었다.

다음 예시 문항은 이영식(2008:89)에 소개된 과학 이전 시기의 문항을 보여주는 것인데 시기적으로는 다르지만 참고할 만한 문항으로 소개한다. 이 문항들은 1994년 서울대학교 입학시험 본고사에 나온 영어 시험 문항이다. 이 문제를 맞혔다고 하면 물론 독해 능력이 있다고 할 수 있으며 그 부분에 대한 기여도가 있음을 인정할 수 있다. 그러나 독해를 잘한다고 그리고 모국어로 답을 작성한다고 해도 그것이 구어 능력과 바로 연결되지 않는다는 건 이젠 누구나 아는 사실이다. 또한 40자 이내로 썼을 때 어떻게 써야 6점을 받는지에 대한 객관적인 기준이(있었을지도 모르지만) 무엇인지에 대해 확신하기 어렵다. 참고로 아래 예시 문항에서 글을 모두 우리말로 번역하는 형식으로 바꾼다면 이는 과학 이전 시기의 대표적인 번역 형식의 평가가 될 것이다.

Ⅳ. 다음을 읽고 물음에 우리말로 답하라.

2. 밑줄 친 부분은 Marie가 무엇을 깨달았음을 나타내는지 40자 이내로 쓰라. (6점)

　　When our oldest child, Marie, met her first baby sister, it took her only five minutes to discover <u>that the level of service to which she had been accustomed had fallen off a cliff</u>. I was holding newborn Sally when Marie, then, demanded a drink of water. My reply, "In a minute," caused her to declare, "Nobody will ever pay attention to me!" Our months of telling her about the joys of big-sisterhood had been knocked flat by my three little words.

[문항 예시1] 이영식(2008:89)에서 인용

2) 심리측정학적-구조주의 시기(Psychometric-Structuralist period): 1950~1960년

이 시기에는 심리측정학과 구조주의 언어학의 결합이 만들어낸 언어 평가의 모습을 확인할 수 있다. 과학 이전의 모습에서 탈피하여 과학적인 언어 평가의 이론을 확립하고 적용하고자 한 것이다. 그 이면에는 수험자에 대한 평가 측정이 객관적이고 논리적이며 증명 가능하기 위한 과학적 방식을 도모하고자 노력한 흔적을 발견하게 된다.

먼저 **심리측정학**은 언어 평가의 채점 신뢰도를 향상시켜 주는 방식으로 도입되었다. 그것은 바로 폐쇄형(closed type)의 객관식 문항의 도입이다. 서양에서는 1920년대와 1930년대에 심리 평가가 크게 성행했는데 인간의 심리를 측정하기 위해 고안된 평가 형식이 바로 객관식 문항이라는 점이다. 지금도 무수히 많은 심리 검사 도구들이 있지만 '몇 자 이상으로 논하시오.'와 같은 개방형의 논술형 문항은 없다. 답이 제한적으로 정해져 있는 단답형 형식이거나 다지선다형으로 개발된다. 이러한 객관식 문항 유형은 객관적인 신뢰도 있는 채점과 통계 처리의 용이함으로 다양한 분야에서 응용되는데 언어 평가에서도 이를 위해 주관식 문항을 넘어 폐쇄형(closed type)의 객관식 문항을 도입하게 된다.

다음은 언어 평가에서 무엇을 측정할 것인가의 문제를 해결하기 위해 **구조주의** 언어학자들의 언어관이 대두하게 된다. 1단계에서 언어 시험의 결과가 수험자의 언어 능력을 증명해 내지 못하는 문제는 과연 우리가 가르치고 있는 언어란 무엇인가에 대한 고민으로 이어지게 된다. 그 결과 '언어란 부분들의 총합'이라는 인식에 의해 그 부분이 무엇인지 언어의 구조가 어떻게 되는지 세세하게 쪼개 보게 되었다. [그림 27]을 보면 언어는 문장과 문장의 결합이다. 문장은 구와 구의 결합이고 구는 단어와 단어의 결합이며 단어는 형태소와 형태소, 그리고 형태소는 음운과 음운의 결합이라는 것을 확인할 수 있다. 그렇기 때문에 언어를 측정한다는 것은 음운에 대해서 형태소에 대해서 단어에 대해서 구와 문장에 대해서 개별적으로 나누어 실시되어야 하고 학습자가 이들 모두에 대해 능력이 있다고 판정이 되면 그 결합인 언어 능력이 있다고 판명할 수 있다는 입장이다. 따라서 시험 문항은 음운 [ʃ]

를 따로 떼어 물을 수도 있고, went 다음에 오는 shopping의 형태에 대해 물을 수도 있으며, went shopping의 의미를 물을 수도 있다.

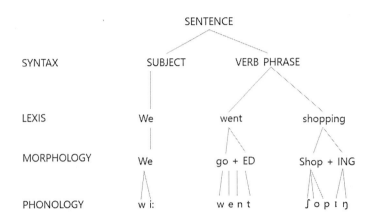

[그림 27] Baker(1989:31)의 구조주의적 언어 분석 예시(신용진, 1998:24)

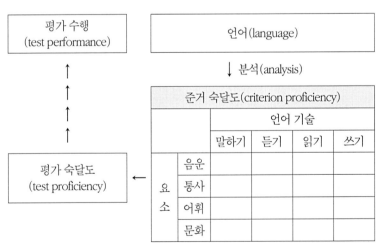

[그림 28] Baker(1989:31)의 심리 측정 접근법으로 제시한 언어 평가 모형(신용진, 1998:22)

위의 [그림 28]은 언어 분석을 통해 언어 평가 수행을 가능하게 하는 준거 숙달도(능력)가 어떻게 구성되어 있고 평가 수행과 어떤 관련을 갖는지 보여주는 것이다. 듣기 · 말하기 · 읽기 · 쓰기 언어 기술별로 음운, 통사, 어휘, 문화(사회언어학적 · 화용적 특징)의 요소를 측정하면 총 16개의 준거 숙달도가 측정될 수 있는 것이다.

이는 4장 1절에서 다룬 Lado(1961)의 분리 평가(discrete-point assessment)와 맥을 같이 하는 것으로 Baker(1989:34)에서는 이러한 요소들에 대한 평가 문항의 특징 세 가지를 다음과 같이 언급하였다.

① 각 문항에 정답은 언제나 하나이고,

② 각 문항은 한 가지 기능에 한 가지 요소를 제시하며,

③ 하나의 문항은 다른 문항까지 영향을 주지 않는다는 것이다.

(신용진, 1998:22).

따라서 언어의 요소를 하나하나 분리해서 폐쇄형(closed type)의 객관식 문항으로 시험을 출제하는 것이 이 시기의 특징이라고 할 수 있다.

예1) 들리는 단어를 고르시오.
　　① ship　　② chip　　③ sip

예2) 같은 의미가 되도록 문장을 다시 쓰시오.
　　Someone has stolen my car.
　　→ My car ＿＿＿＿＿＿＿＿＿＿＿.　　　　　(신용진, 1998:21)

위의 예시 문항들처럼 구조주의 언어학은 언어로부터 평가의 기준

능력을 끌어내려고 이용하는 분석 방법을 사용해서 예1)과 같이 듣기 평가에서 음운 영역을 측정할 수 있으며, 예2)와 같이 쓰기에서 문법 능력을 측정할 수 있는 시험 문항을 출제하였다. 이는 가르치거나 평가해야 할 언어를 범주화시키고 나열하는 데 기초를 제공했다는 점에서 의미가 있다. 그러나 이러한 시도는 언어 요소를 측정한다는 객관적이고 합리적인 과학적 접근, 폐쇄형 객관식 문항을 접목시켰다는 객관적이고 신뢰도 있는 과학적 접근에도 불구하고 비판을 받게 된다. 그 이유는 한 마디로 말하면 과학적인 시도의 언어 평가였지만 이 역시 수험자의 점수가 수험자의 언어 능력을 증명하기 못했기 때문이다.

많은 영어 학습자들은 대규모 평가든 교실 평가든 위와 유사한 객관식 문항과 단답형 문제들을 풀어낸 경험이 있을 것이다. 그리고 높은 점수를 획득했을지도 모른다. 그런데 그렇게 해서 받은 점수가 자신의 영어 실력을 증명하지 못한다는 것 또한 잘 알고 있을 것이다. 이런 유형의 시험을 통해 90점을 받은 학습자가 그 점수만큼 영어로 말할 수 있는가는 전혀 다른 결과라는 점이다. 90점만큼 말을 잘할 가능성도 있겠지만 대부분 그렇지 않은 경우가 더 많기 때문이다.

Oller(1972), Morrow(1979), Farhady(1980) 등의 학자들은 이 시기 분리 평가를 맥락이 없고 의사소통과 직결되지 않으며 단지 단편적인 발음, 형태, 어휘, 문법과 같은 언어 지식만을 측정한다는 점에서 비판을 하게 된다. Morrow(1979:144-145)는 사용자가 상황의 언어 요구에 따라 이러한 요소를 합성할 수 없다면 분리 항목에 대한 지식은 가치가 없다고 말했다. 다시 말하면 평가의 신뢰도는 보완이 되었으나 타당도적인 측면에서 결정적 결함을 갖는다는 것이다. 물론 이러한 비판에도 불구하고 신뢰도가 보장되고 행정상 시간과 비용이 절

감되는 실용도적인 측면을 이유로 대규모 언어 평가에서 오랜 동안 전면적으로 사용되기도 하였고 현재에도 사용되고 있다.

이영식(2008:91)에서는 이 시기의 모습을 보이는 예시 문항으로 1992학년도 전기 대학입학 학력고사에 나온 영어 문항들을 소개하였다. 이런 문항들을 통한 분리 평가는 결국 거시적 수준에서 영어 문장을 사용하는 능력에 대한 측정을 하지 못하였으며 고립된 어휘나 문장 위주의 문항들로 출제되어 담화 수준의 차원이 고려되지 않았다고 언급하고 있다. 그렇지만 아래 두 번째와 세 번째 문항 유형은 현재 한국의 영어 교육 현장에서 자주 발견되는 시험 문항이다. 이는 여전히 심리측정학적 구조주의 시기의 모습을 가지고 있다는 것을 의미하는 것이다.

▶ 심리측정학적-구조주의 시기의 특징: 객관식 문항 유형 + 언어 분리 항목 평가

[1-2] 밑줄 친 부분의 발음이 나머지 셋과 다른 것을 고르시오.
1. (1) fascinate   (2) precious   (3) fashionable   (4) pressure

2. (1) boot   (2) cook   (3) food   (4) stool

3. 두 단어의 강세의 위치가 같은 것은?
  (1) image - mistake   (2) prosper - surprise
  (3) guitar - menace   (4) propose - ignore

10. 어법상 올바른 문장은?
  (1) I envy him his good fortune.
  (2) She longed him saying something.
  (3) Will you explain me what this means?
  (4) What did he put his car in the garage?

---

2. (   )속의 동사를 사용하여 다음 문장을 완성하시오. [2점]

John said, "Mr. Chairman, I move that the money (use) for library books."

[정답: be used/ should be used]

[문항 예시2] 이영식(2008:91)에서 인용

3) 통합적-사회언어학적 시기(Integrative-Sociolinguistic period): 1960년대 이후

이 시기는 객관식 문항과 분리 항목 평가로 이루어지는 2기의 과학적 방식에 의한 언어 평가 역시 학습자의 언어 능력과 일치하지 않고 증명하지 못한다는 데에 대한 비판적인 시각에서 비롯된다. 그러면서 언어란 무엇인가에 대한 새로운 고민을 하게 되고, 그 결과 언어 평가의 새로운 모습을 주장하게 된다. 이 시기는 심리언어학적-사회언어학적(Psycholinguistic-Sociolinguistic) 시기로도 불린다. 따라서 심리언어학적 측면과 통합적 측면 그리고 사회언어학적 측면 세 가지가 함께 고려된 언어 평가의 시기라고 할 수 있다. 각각의 측면에 대해 살펴보면 다음과 같다.

심리언어학에서는 인지 심리학과 인지학습 이론에 의해 영향을 받아 모든 학습 과정의 중심으로 마음을 본다. 언어 학습을 환경적 요인에 의해 형성된 외부 기계론적 과정으로 간주하는 행동주의적 접근법과는 달리 심리 언어학적 접근법은 언어 학습을 계획적 생산과 인식, 그리고 이해에 기초하는 복잡한 내부적이고 추상적인 정신적 과정으로 간주한다. 언어 학습의 이 측면은 나중에 언어 습득과 그 후에 제 2언어 습득으로 발전하여 인간이 가진 본연의 언어 능력을 구명하는 것을 언어학의 목적으로 삼는 '변형 생성 문법의 Chomsky 언어학'에 상당한 영향을 미친다(Giri, 2003:58-59). 변형 생성 문법은 언어 그 자체를 대상으로 하는 구조주의 문법이 기계적으로 언어 자료를 수집, 분류, 정리하는 데 대한 강한 반대에서 비롯되었다. 여기에서는 화자가 전에 한 번도 들어보지 못한 문장을 포함하여 무한히 많은 수의 문장을 만들어 낼 수 있고 이해할 수 있다는 점을 주목하고 강조하며 이러한 인간의 창조적인 언어 능력 및 언어습득 능력의 구명에 언어학의 일차적인 목적이 두어져야 한다고 주장한다(한국민족문화대백과 참조). 이 관점에서 보면 언어 학습은 패턴 연습이나 유추를 통해 일련의 습관을 형성하는 것(행동주의)을 염두에 두지 않고 내재화된 규칙의 창조적 이용으로 본다. 따라서 이 모델은 언어는 단순히 관찰 가능한 자극과 반응의 단편적인 측면으로는 정밀하게 조사될 수 없다고 주장한다.

이러한 언어학의 주장과 마찬가지로 심리학에서도 인지 기능 과정에 대한 시각의 이동이 있었는데 자극-반응(stimuli and responses) 연결에 기계적으로 집중하는 행동주의 시각에서 조직과 기능의 심리적 원리를 발견하고 설명하려고 하는 인지심리학의 시각으로 바뀌게 된다(최인철, 1989:98). 인지심리학이란 감각 정보를 변형하고 단순화하며 정교화하고 저장하며 인출하고 활용하는 등의 모든 정신 과정을 연구하는 학문이다. 이 정의에는 여러 가지 중요한 의미가 들어 있다. '감각 정보'라는 말 속에는 '사람과 환경과의 접촉'에서 인지가 시작된다는 의미가 포함되어 있다. 감각 정보가 변형된다는 것은 바깥

세상에 대한 표상이 수동적 기록만으로 구성되지 않고 단순화나 정교화 같은 능동적 과정을 거쳐 구성되기도 한다는 의미를 가진다(학문명백과: 사회과학, 이종건). 따라서 인지 심리학의 이러한 기류는 언어 학습의 의미 있는 의사소통적 맥락과 언어 사용의 화용적인 성격의 중요성을 인식하게 하는 데 이론적 근거를 제공하였다고 할 수 있다(최인철, 1989:98).

통합적 측면은 '언어는 구조들의 총합'이라는 심리측정 구조주의 시기의 주장에 반대한다. Oller(1979:112)는 아리스토텔레스의 '형이상학'에서 유래된 개념(문자 그대로 똑같은 표현은 아니지만)으로 알려진 구절 "전체가 부분의 합보다 크다(The whole is greater than the sum of its parts)."라는 말을 인용하면서 분리 항목 평가를 비판한다. 이 말은 곧 '언어는 구조들의 총합 이상'이라는 의미이다.

여기에서 '총합(sum)'과 '통합(통합적, integrative)'의 의미를 생각해 볼 필요가 있다. '총합'은 더하기, 붙이기, 벽돌쌓기와 같은 의미라 볼 수 있다. 그래서 그 형태가 온전히 보존되고 심지어 분리되기도 한다. 그래서 2기의 언어 평가에서는 [그림 27]의 수형도에서처럼 소리 벽돌, 형태소 벽돌, 문법 벽돌, 어휘 벽돌, 문장 벽돌들 차원으로 '담'을 쌓을 수 있고 각각의 벽돌을 하나씩 뽑아내서 평가 문항으로 제작할 수 있었다. 그러나 통합적 관점을 주장하는 입장에서 보면 그렇게 벽돌로 쌓여진 '담'은 언어가 아니라는 것이고 벽돌 하나하나는 언어 지식에 불과하다는 것이다. 반면 통합은 융합과 가까운 의미로 해석하고자 한다. 융합은 다른 종류의 것이 녹아서 서로 구별이 없게 하나로 합하여지거나, 그렇게 만들거나, 그렇게 만들어진 것을 의미한다(표준국어대사전). 녹아서 구별이 없어졌다는 것은 원형이 보존되어 있지 않고 또 분리 가능하지도 않다는 것이다. 이를 언어에 적용해 보면 음운과 형태와 문법과 어휘 요소들이 녹아서 듣기 · 말하기 · 읽기 · 쓰기로 하나가 되고 또 네 언어 기술은 녹아서 또 다른 하나의 언어 활동이 되며 이들은 요소도 기술도 분리될 수 없다는 것이다. 이러한 개념은 2장의 숙달도와 4장의 분리 평가를 설명할 때 충분히 설명된 Oller(1979)의 단일 능력 가설과 일치한다. 따라서 이 시기에는 분리 항목 시험이 아니라 언어 요소와 기술들이 통합된 받아쓰기, 클로즈 테스트, 작문, 면접 등 통합적 형태의 시험을 강조하게 된다.

사회언어학적 측면은 언어를 아는 것이 언어 요소와 기술에 대한 지식보다 더 많은 것을 수반한다는 전제에 기초하고 있다. 그것은 언어 기호의 지식과 함께 문맥에서 언어를 사용하는 능력을 포함한다. 그러므로 수험자는 주어진 상황에서 언어적 요소와 기술을 의사소통적으로 그리고 적절하게 사용하는 능력을 측정 받아야 한다. 언어에는 언어 기호에 관한 지식(언어 능력)과 문화와 사회 규칙 등 사회 언어적 요인에 대한 지식의 두 가지 측면이 있다. 언어 시험은 두 가지 유형의 지식에서 언어를 사용하는 능력을 측정해야 한다. 왜냐하면 능력의 언어적 측면을 측정하는 시험은 사용자가 주어진 사회적 맥락에서 얼마나 잘 의사소통할 수 있는지를 설명할 수 없기 때문이다. 사회언어학적 측면은 메시지의 사회적 맥락이 언어학적 맥락만큼 중요하고, 메시지의 사회문화적 단서가 누락되면 메시지가 누락되거나 오해가 될 수 있다는 메시지를 제시한 Hymes(1972)의 논의에 근거한다. Hymes의 논의는 이후 Wilkins(1976)의 의사소통적 요구의 개념 (notion) 범주, Munby(1981)의 학습자의 목표 언어 의사소통 요구 사항에 대한 정교한 명세서, Van Ek(1979)의 Threshold(문지방) 단계에 대한 의사소통적 언어 숙달 과정 개발로 이어졌다(Giri, 2003:60). 결론적으로 사회언어학적 측면에서 언어 시험은 언어 요소와 기술에 대한 지식뿐만 아니라 상황에 따라 적절하게 발화를 이해하고 생성하는 능력을 평가해야 한다는 것을 주장하고 있는 것이다.

Dictation

First reading (natural speed, no pauses, test-takers listen for gist):

The state of California has many geographical areas. On the western side is the Pacific Ocean with its beaches and sea life. The central part of the state is a large fertile valley. The southeast has a hot desert, and north and west have beautiful mountains and forests. Southern California is a large urban area populated by millions of people.

Second reading (slowed speed, pause at each // break, test-takers write):

The state of California // has many geographical areas. // On the western side // is the Pacific Ocean // with its beaches and sea life. // The central part of the state // is a large fertile valley. // The southeast has a hot desert, // and north and west // have beautiful mountains and forests. // Southern California // is a large urban area // populated by millions of people.

Third reading (natural speed, test-takers check their work).

[문항 예시 3] Brown(2004:131)에 제시된 받아쓰기 시험 예시

위의 예는 Brown(2004:131)에 제시된 중급 수준 학습자를 위한 받아쓰기 문항이다. 시기적으로는 후대이지만 통합적 사회언어학적 문항의 모습을 볼 수 있는 예시 문항으로 소개하고자 한다.

받아쓰기는 일반적으로 50~100개의 단어로 이루어진 글을 세 번 듣는다. 처음에는 정상 속도로, 두 번째는 어구나 의미 단위 사이에 간격을 길게 주면서 들려준다. 이는 수험자에게 들은 내용을 적을 수 있는 시간을 주기 위해서이다. 그리고 마지막으로 다시 한 번 정상 속도로 들려주면서 수험자들로 하여금 자신이 받아 적은 내용을 확인하면서 수정하게 한다(Brown, 2004:131, 이영식 외 역, 2006:170).

Brown(2004)는 Hughes(1989), Cohen(1994)등이 언급한 "들은 내용 전부를 정확하게 처리하고 적기 위해서는 언어에 대한 어느 정도의 정교함이 요구되기 때문에 통합적 평가가 될 수 있다."고 하는 주장을 받아들이고 있다. 반면 Farhady(1980:40)는 받아쓰기와 클로즈 테스트와 같은 통합적 시험 형태가 학습자의 사회 문화와 사회 언어 또는 의사소통 능력을 효과적으로 활용하지 못한다고 비판하였으며, Weir(1990:6)도 빈칸 채우기와 같은 통합적 시험은 수험생의 '언어학적 능력'에 대해서만 말해 줄 뿐 '언어 수행'에 대해서는 직접 말해 주는 것이 없다고 하였다.

받아쓰기와 cloze 테스트와 같은 통합적 평가는 4장 분리 평가와 통합 평가를 다룬 부분에서도 언급했듯이 기술별 통합 과제로 타당성은 있으나 신뢰도에 보완이 필요한 적절한 평가 과제일 수도 있다. 그러나 의사소통적 과제를 지향하는 현 시대의 이론에 비추어 보았을 때 과연 진정성 있는 현실적 의사소통 과제인가에 대해서는 부정적일 수밖에 없을 것이다. 저렇게 긴 글을 세 번에 걸쳐서 읽어 주는 상황이 언제 어디에서 왜 일어날 것인지, 그리고 듣기 · 말하기 · 읽기 · 쓰기의 통합적 능력을 측정받기 위해 받아쓰기를 한 결과 네 가지 기술의 무엇이 문제여서 혹은 잘해서 결과가 그렇게 나온 것인지 설명할 수가 없다. 이영식(2008:93)에서는 우리나라 영어 교육에서는 이런 통합적 영어 평가 방식이 도입되어 사용되지 않았다는 언급이 있다.

이상 살펴본 1), 2), 3)의 세 단계가 Spolsky의 언어 평가의 흐름에 대한 고찰이다. Weir(1990)은 이 세 가지 단계에 의사소통적 시기를 하나 덧붙여 언급하고 있다.

4) 의사소통적 시기(The Communicative period)

　3단계에서 Hymes(1972)의 의사소통능력 이후 1980년대와 1990 년대를 전후로 해서 Morrow(1979)의 7가지 의사소통 특징(Seven Features of Communication), Canale & Swain(1980)의 의사소통 능력, Bachman(1990)의 언어 능력 등 의사소통 능력에 대한 다양한 모델들이 등장하게 되었다. Weir(1990)에서는 이들의 논의대로 언어 평가는 학습자가 언어 형태와 그 형태를 적절하게 사용하는 방법을 아는 것인 언어 능력(competence)과 의미 있는 수행으로 언어 지식에 대해 실제로 증명하는 언어 수행(performance)에 모두 관련되어야한다고 하였다. 또한 그는 의사소통 언어 시험은 (i) 맥락의 특이성, (ii) 자료의 실제성, (iii) 시험 과제의 실제성, (iv) 실제 상황의 시뮬레이션 등 네 가지 중요한 차원을 가지고 있으며 네 가지 모두를 운영해야 한다고 제안하였다. 즉, 의사소통 언어 시험에서 의사소통 수행 과제는 실제 상황에서 겪을 수 있는 과제와 자료의 유형을 대표해야 하며 동시에 정상적인 언어 사용에 대응해야 한다는 것이다.

　따라서 이 시기의 언어 평가에서 시험 제작자들은 외국어 학습자들이 수행하도록 요구 받는 실생활 과제를 규명하고 과제의 진정성과 원문의 실제성에 더욱더 많은 관심을 갖게 되었다(Brown:2004, 이영식 외 역, 2006:25-26).

　통합적 접근법과 유사하기는 하지만 이 시기는 어휘와 문법 발음 등 언어 요소가 통합된 언어 기술에 대해 평가한다. 다시 말하면 3단계 통합적 평가가 모든 언어 기술의 통합된 상태를 측정하고자 했다면 이 시기에는 언어의 가분성 가설(divisibility hypothesis)에 의거하여 듣기 · 말하기 · 읽기 · 쓰기 기술을 분리하고 실제 과제를 통해 평가를 하는 방식을 사용한다. 이에 대해서는 4장 분리 평가와 통합 평가에서 자세하게 다룬 바 있다. 따라서 실제 과제 수행으로 인해 평가의 타당도는 높다고 할 수 있다. 단, 말하기와 쓰기의 경우는 신뢰도가 상대적으로 낮아질 수 있기 때문에 다양한 방식으로 보완책이 마련되어야 한다.

Brown(2004:156)에서 인용한 [문항 예시 4]를 이 시기의 평가 문항의 실례로 소개하고자 한다. 이것은 실제 의사소통을 가정하여 지도를 제시하고 목적지까지 가는 방법을 설명하도록 하는 말하기 문항이다. 실제 세계에서 일어날 만한 과제로 진정성 있고 내용 타당도 있으며 구인 타당도도 높은 평가 문항이지만 채점자의 주관이 들어갈 수 있어 채점 신뢰도에 문제를 가질 수도 있다. Brown(2004:156-157)은 그림 단서를 이용한 세부적 말하기 과제의 경우 기대되는 응답의 준거(목표)에 따라 채점 방식이 달라진다고 하면서 신뢰도 측면을 보완하기 위해 두 가지 채점 방식을 소개하였다. 하나는 한 단어나 간단한 문장으로 응답할 수 있는 과제에 대해서는 '맞음' 또는 '틀림'으로 채점하는 것이고 다른 하나는 더 긴 응답이 요구되는 경우를 위해서는 채점 척도를 별도로 마련하는 것이다. 예를 들어, 3점 척도로 '이해 가능하며 받아들일 수 있는 목표 표현 사용'은 2점, '이해 가능하며 부분적으로 정확한 목표 표현'은 1점, '무응답이거나 심각하게 잘못된 목표 표현'은 0점과 같은 채점 기준을 마련하여 활용할 수 있다. 이와 같이 의사소통 능력을 측정할 때 타당도 높은 문항을 개발하면서도 신뢰도를 보완하기 위한 노력들을 확인할 수 있다. 모든 예시 문항들이 바람직한 형태는 아니지만 네 가지 언어 기술에 관한 평가 문항들의 예시는 Brown(2004)에서 참조할 수 있다.

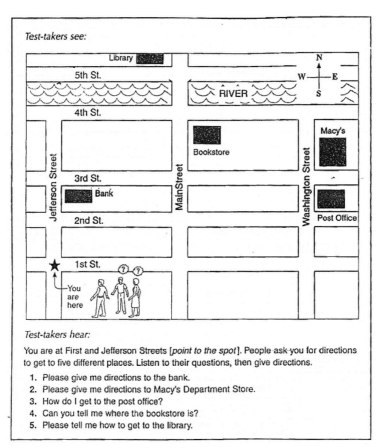

Test-takers see:

Test-takers hear:

You are at First and Jefferson Streets [*point to the spot*]. People ask you for directions to get to five different places. Listen to their questions, then give directions.

1. Please give me directions to the bank.
2. Please give me directions to Macy's Department Store.
3. How do I get to the post office?
4. Can you tell me where the bookstore is?
5. Please tell me how to get to the library.

[문항 예시 4] 지도를 이용한 길안내 말하기 평가 과제
(Brown & sahni, 1994:169, Brown, 2004:156에서 재인용)

1)~4)까지의 영어 평가 역사의 흐름을 Farhady(1980:29)을 참조하여 다시 정리하면 [표 17]과 같다.

[표 17] 영어 평가 역사에서 평가 시기별 교수법과 평가 유형

교수법	평가 시기	평가 유형
문법번역식	과학 이전	번역, 에세이 평가
청각구두식	심리측정학-구조주의	분리 항목 평가(객관식)
인지적	통합적-사회언어학적	통합적 평가 (받아쓰기, Cloze test 등)
개념-기능적 의사소통적	의사소통적	듣기 · 말하기 · 읽기 · 쓰기의 기술 분리 평가 또는 기술 통합 평가

5) 언어 평가에 대한 Spolsky의 전망

Spolsky는 2008년 논문 Language Assessment in Historical and Future Perspective에서 다음과 같이 언어 평가에 대한 전망을 하고 있다. 2016년에 수정된 논문의 초록을 그대로 실으면 다음과 같다.

약 30년 전에 나는 언어 평가가 3개의 연속된 기간으로 이루어져 있다고 보았고 나름의 진전이 있었지만 지금은 덜 낙관적이다. 오히려 나는 언어 평가를 오랜 시험 역사의 영향을 받은 부분 영역으로 본다. 그런데 그 기원이 엘리트를 선발해서 대중 교육 시스템을 통제하려는 노력으로 중국 황실 제도에서 시행한 것에서 출발한 것이었다. 그 결과 산업화가 이루어지면서 시험은 큰 사업이 되었으며 그 책임에 대한 정치적 관심은 학교를 시험으로 늪에 빠뜨리고 있습니다. (평가가 가지는) 불가피한 불확실성의 증거를 다루기 위해 심리 측정학은 통계적 신뢰성을 보여주는 기술을 개발했다. 그리고 평가 사용에 초점을 맞춘 구인 타당도와 논의-기반 접근 방식(argument-based approaches)이 유망한 전망을 제안함에도 불구하고 타당도를 입증하기 위한 노력은 결

론에 이르지 못하고 있다. 평가자들이 윤리적 시험에 대한 가이드 라인을 개발했지만 시행되지 않고 있으며 컴퓨터 도입은 새로운 문제를 제기했지만 오래된 문제는 해결되지 못했다. 언어 평가자들은 언어 다양성의 함의에 개방되어 있으며 일부는 다국어 시험(multilingual testing)을 제안한다.

그러나 이미 확립된 시스템의 힘은 계속된다.

이 논문에서 Spolsky는 언어 평가에 대한 몇 가지 문제 의식을 제기하고 있다. 간단히 정리하면 다음과 같다.

① 언어 평가가 기득권에 의해 엘리트 중심의 평가 안에 있는 점
  - 표준화된 언어 숙달도 평가의 최고봉에 교육 받은 엘리트 집단이 기준이 되는 것의 문제점을 지적하면서 고학력 원어민 대사(ambassador) 같은 사람이 언어 수형도의 꼭대기에 있는 유일한 사람이 아니라는 것을 인정하지 않으려는 기득권층이 보인다고 하였다.
② 언어 평가에서 신뢰도와 타당도 해결을 위한 논쟁
  - 심리측정학적-구조주의 시기에 개발된 객관식 문항 유형으로 인한 신뢰도 확보와 실제적이고 진정성 있는 의사소통 언어 능력 측정의 타당도를 높이기 위한 방안 사이에 끊임없는 논쟁이 일어나고 있으며 현실에서 의사소통 능력을 제대로 측정하는 평가가 개발되지 못하고 있는 문제점에 대해 지속적으로 연구가 진행되고 있다고 하였다.
③ 언어 평가가 갖는 비윤리적 문제에 대한 인식과 개선의 어려움

- Edelsky, Altwerger, Flores, Hudelson, & Jilbert(1983)은 불우한 환경의 학생들이 시험 보기를 꺼려하는 것을 그들의 언어 능력 때문이라고 오해하는 현상이 있다고 하였다. 그리고 McNamara(2005)는 학교 시스템 외부에서 언어 평가를 사용하여 인종이나 망명을 주장하는 사람들의 신원을 확인하고 이민자를 걸러 내거나 차단하는 현상이 있다고 하였다. 이러한 비윤리적 언어 평가의 현상에 대해 문제를 인식하고 개선의 가이드 라인을 만들지만 실현되지 않고 있다고 하였다.

④ 컴퓨터 언어 평가의 문제
- 시험 행정과 채점의 용이성만을 고려한 컴퓨터 언어 시험의 타당성 문제와 시험 사업 개발자들이 시험을 어디에든 팔기 위해 많은 시험을 선산화 하는 것에 대한 타낭성 문제를 지적하고 있다.

⑤ 다국어 시험에 대한 논의 등장
- shohamy(2011:418)에서는 한 번에 한 언어로 자신의 언어 능력을 증명할 것으로 기대되는 단일 언어 구조에 기초하고 있는 많은 언어 시험들로 인해 두 개 이상의 언어를 사용할 수 있는 다수의 다국어 화자들이 제대로 능력을 측정 받지 못하고 오히려 단일 언어 시험으로 인해 차별받는 상황에 대해 비판하면서 다국어 시험을 주장하였다.

⑥ 이미 확립된 시스템의 권력
- 언어 평가에 대한 건설적인 논의들이 많음에도 불구하고 이미 확고하게 굳어 버린 기득권 시스템의 부동성으로 인해 개선이 거의 없는 현실에 대해 회의를 느끼고 있다.

Spolsky는 위와 같은 문제점을 지적하면서도 논문 말미에서 "동시에 나는 언어 능력의 본질에 대한 좋은 연구와 정의된 사회적 목적과의 관련성을 평가할 수 있는 가능한 방법들에 대한 계속적인 증명도 볼 수 있기를 기대한다."고 밝히고 있다.

2. 한국어 평가의 역사

김유정(1999:13-16)에서는 spolsky의 언어 평가 역사 분류 용어를 아이디어로 해서 현대 한국어 능력 평가 '연구' 역사를 제1기 '과학 이전기'(1950-1982), 제2기 '이론 모색기' (1983-1995), 제3기 '이론 확장기'(1996-1999)로 나눈 바 있다. Spolsky가 학문적 철학에 따른 언어관과 언어 평가관의 변화에 따른 분류를 한 것과 달리 김유정(1999)의 한국어 평가 연구 역사는 말 그대로 실제적인 연구 성향을 있는 그대로 기술하고 나눈 분류였다. 그래서 노대규(1983)을 시작으로 2기 이론 모색기의 다양한 연구들이 나오기 전까지는 한국어 평가 연구에 대한 연구가 없었으므로 1기 과학 이전기로 불렀다. 그리고 3기는 김하수 외(1996)과 김유정 외(1998)의 연구 의의에 주목하였다. 김하수 외(1996)은 '한국어능력시험(Korean proficiency Test, 현재 TOPIK)'에 관한 기본 모형 개발 최종 연구 보고서를 시작으로 표준화 숙달도 평가에 대한 연구와 시행이 이루어진 것이다. 그리고 김유정 · 방성원 · 이미혜 · 조현선 · 최은규(1998)은 고려대 · 경희대 · 이화여대 · 연세대 · 서울대 소속의 한국어 교육 연구자들이 성취도 평가에 대한 공통된 인식을 마련하기 위해 숙달도 지향의 성취도 평가 모형 개발에 관한 연구를 공동으로 수행한 것으로 의의를 가진다. 이후 김유정(1999)에서는 한국어 숙달도 평가를 중심으로 평가 이론과 영역별 실제 평가 문항 유형을 정리하여 보임으로써 한국어 평가가 이론적으로 확장하는 데 기초적 연구를 진행하였다고 볼 수 있다. 2000년 이후에 이루어진 다양한 한국어 평가 연구에 대한 역사는 강수정(2017)을 포함한 다수의 논문들을 통해 참조 가능하다.

　이 절에서는 한국어 평가 연구 역사가 아니라 '한국어 평가의 역사'를 살펴보고자 한다. 한국어 평가 역사 역시 거대한 영어 평가 역사의 흐름 안에서 영향을 받았다. 그러나 그 평가 구현은 시기적으로 영어와 동일한 시기는 아니고 양상도 한국어 평가의 특징적인 부분이 있다. 이를 알아보는 가장 좋은 방법은 시험지나 관련 기록을 직접 확인하고 평가의 특징을 발견하는 것이다. 그러나 이는 현실적으로 어려움이 많다. 1959년 현대 한국어 교육의 시작이 연세대학교 한국어학당에서 시작된 이후로, 그 당시에도 그리고 지금 현재도, 교실 평가로 실시된 각 교육 기관의 한국어 평가와 시험의 모습은 공식적으로 공개된 바가 없다. 그저 미루어 짐작할 뿐이다. 따라서 안타깝긴 하지만 현실적 한계를 인정하고 발견 가능한 부분의 제한적 자료들을 통해 한국어 평가의 흐름을 살펴보고자 한다. 한국어 평가 역사도 특정한 언어 평가로서 Spolky의 3단계 평가 역사 흐름을 가지고 있다고 전제할 수 있다. 따라서 그 흐름이 시기적으로 언제 어떤 양상으로 나타나는지에 집중해서 논의를 진행한다.
　현대 한국어 평가 역사에 관한 본격적인 논의를 진행하기에 앞서 먼저 우리나라 역사적 문헌들을 통해 나타난 우리나라의 외국어 평가와 한국어 평가에 관한 연구를 소개하고자 한다. 한국어 교육을 학문으로 하는 대학생이나 대학원생들에게 제공되는 많은 자료나 이론들이 서양과 영어 교육을 기반으로 하고 있다. 이는 학문적 영향에 의한 것이기 때문에 인정할 수밖에 없는 바이다. 그러나 한국어 교육의 특징에 대한 연구와 이에 직접적인 영향을 주고받았을 동양의 언어 교육에 대한 연구도 필히 이루어져야 하는 부분이다. 따라서 여기에서는 동양의 언어 평가를 추정할 수 있는, 우리나라 문헌에서 발견되는 역사 속 언어 평가의 모습을 소개하고 과거 우리말 평가 역사에 대한 연구의 기반을 마련해 보고자 한다.

1) 삼국시대부터 고려시대까지의 외국어 평가
: 신라의 '독서출신과'를 중심으로

정광(2014)에 소개된 삼국시대부터 고려시대까지의 외국어 교육에 대한 내용은 다음과 같다. 우리나라에서 학교 교육에 관한 기록은 삼국시대까지 거슬러 올라가는데 중국의 한자 교육이 그 시작이었다. 이는 역사적으로나 지리적으로 가장 밀접한 관계에 있었고 정치적인 관계에서도 필수적이었던 중국의 문자와 사상을 받아들이기 위함이었을 것이고 이를 통해 나라의 통치에 활용하고자 했던 목적도 있었을 것이다(정광, 2014:15-16). 따라서 이 당시에 시작된 학교 교육은 '한자를 통한 언어 교육'이었으며 이를 바탕으로 한 중국의 철학 사상(유교) 교육이었다고 할 수 있다.

고구려 소수림왕(372년)에 설립한 태학(太學)과 사설 기관인 경당(局堂), 백제의 박사(博士)와 학사(學士) 제도 운영, 신라 진덕여왕

때 설치된 국학(國學) 등에서 주역(周易), 예기(禮記), 춘추(春秋), 논어(論語), 효경(孝經) 등 유교 경전을 통한 한문 교육이 실시되었다고 한다. 이런 교육 덕분에 신라인으로서 당(唐)나라에서 외국인 관리를 선발하기 위해 만든 시험인 빈공과(賓貢科)에 급제한 사람이 58인에 이르렀다고 하였다(정광, 2014:16-17). 우리나라에서 시행된 시험에 관한 기록은 (통일)신라 시대 '독서출신과(讀書出身科)'로 중국의 경전을 읽고 이를 시험하여 인재를 등용하였다는 한반도 최초의 관리 선발 제도로 그 기록은 다음과 같다(정광, 2014:17).

> [원성왕] 4년(788년) 봄에 처음으로 독서삼품출신과를 정하였다. 춘추, 좌씨전, 예기, 문선을 읽을 수 있으며 또 그 뜻에 능통하고 논어, 효경에 밝으면 상(上)이다. 곡례의 논어, 효경을 읽었으면 중(中)이다. 곡례와 효경만 읽었으면 하(下)이다. 만약 오경과 삼사 그리고 제자백가서에 박통한 사람이 있으면 특별히 탁용(擢用)한다. 전에 활과 화살로 사람을 뽑는 일을 이제 고친 것이다.
>
> (『삼국사기』 권제10 「신라본기」 제10 '원성왕조')

독서출신과, 독서삼품출신과는 '독서삼품과'로도 불리는데 '책을 읽고 공부하여 시험을 보고 성적을 3등급으로 주는 시험 제도'라는 의미이며 신라의 인재 선발 방법이 무과(武科)에서 문과(文科)로 전환된 최초의 시험 제도라 할 수 있다. 이 시험을 통해 신라 원성왕 4년 788년 그 시점의 시험에 대한 조상들의 식견과 통찰을 확인할 수 있다는 점은 신기하고 즐거운 일이다. 이와 더불어 위의 기록을 통해 언어 평가 측면에서 발견할 수 있는 의의와 특징은 다음과 같다.

첫째, 이 시험은 관(官) 주도의 인재 선발 시험이었다. '독서출신과' 시험은 나라에서 설치한 '국학' 안에서 시행된 시험이었고 관리를 뽑기 위한 것이었다. 따라서 현대적 의미로 보면 특수 목적 중에서도 직업 목적 시험의 하나로 볼 수 있다.

둘째, 이 시험은 학문 목적 시험의 성격도 있다. 시험에 나온 교재들은 모두 유교 경전들이다. 유교에서 실천 도덕의 근본인 효와 일상생활에서의 도덕적인 예의에 중점을 두는 책에서부터 충의와 대의(大義)를 강조하는 유교 경전들을 통해 당시 중국의 사상에 대한 지식을 습득했는지에 대한 시험이었다고 할 수 있다. 위에서 언급한 직업 목적이라는 것과 상충되는 설명이라고 생각할 수 있는데 당시에는 학문적 소양은 특권 계층만이 가진 권리이자 의무였다. 따라서 학문적 소양을 확인하는 것이 곧 관리로서의 직업적 소양과도 일치하는 것이 되었기 때문에 두 가지 시험의 성격을 동시에 가지게 된 것으로 볼 수 있을 것이다.

셋째, 이 시험은 나라의 시험이기는 하지만 교실 기반 성취도 시험의 특징을 갖는다. 그 이유는 국학이라는 전문 교육 기관이 있고 거기에서 수준별 교육과정 순서에 맞춰 『곡례(曲禮)』·『효경(孝經)』부터 삼사(三史)와 제자백가(諸子百家)의 서(書)까지 선정이 되고 이들 교재를 기반으로 교육이 이루어진 후에 국학의 선생님들이 스스로 출제하고 평가한 것으로 추정되기 때문이다. 『한국민족문화대백과사전』에 '국학의 졸업생을 상대로 국학에서 배운 과목에 대해 시험을 보는 제도로 국학의 졸업시험 제도와 같은 성격의 것'이었다는 설명에서도 이를 확인할 수 있다. 이 시험을 개인적으로 유학을 습득한 사람들에게도 적용될 수 있었다고 본 견해(홍기자:1998)도 있지만 기본적으로 그 시험 범위와 내용이 교육과정과 교재에 기반을 하고 있다는 건 변하지 않는 상황이므로 일반적 의미의 숙달도 시험으로 보기는 어렵다고 할 수 있다.

넷째, 이 시험은 한자를 배워서 유교 경전을 읽고 그 내용을 이해하는 데 초점이 있는 독해 중심 시험이었다. 이는 시험의 이름에서도 확인할 수 있고 '읽을 수 있으며 또 그 뜻에 능통하고'와 같은 기록에서도 확인할 수 있다. 당시 교육 방법을 정확히 알 수 없으나 문자를 가르치고 이를 통해 문헌의 뜻을 파악하게 하여 사상과 철학 등을 학습하도록 했다는 점은 유추 가능할 것이다. 그러나 이를 서양식 문법번역식 교수법(grammar translation method)과 동일하게 보기는 어렵다. 이후에 발견되는 한중일의 언어 교재들이 대부분 원문과 번역문을 함께 실은 내역(對譯)이거나 외국어 교재의 언해본(諺解本)으로 나타나는 것을 보면 그리스어와 라틴어 교육에서 시작된 자세한 문법 규칙의 설명을 통한 서양의 문법번역식 언어 교육이 이루어졌다고 보기 힘들기 때문이다. 따라서 잠정적으로나마 대역식(對譯式) 독해 교수가 행해졌고 이에 대한 대역식 독해 능력을 확인하는 평가라고 할 수 있을 것이다. 단, 이것이 필기시험으로 이루어졌는지 아니면 말로 뜻을 풀이하도록 했는지는 정확히 확인할 수 없다. 전통적인 교수 방법을 유추해 보면 한자로 적힌 책을 읽고 우리말로 풀이해서 말하는 것이 그 뜻을 다시 풀어서 한자로 적어내는 작문의 형식보다는 더 실현 가능한 형식으로 보인다. 중국어로 된 책을 읽고 그 의미를 파악해서 우리말로 표현해 내는 형식의 시험이 타당해 보이므로 언어 평가적으로 본다면 온전히 목표어 읽기에 집중한 언어 기술 분리 평가 형식이라고 할 수 있다.

다섯째, 이 시험은 성취 기준에 따라 상중하 3등급으로 나누어졌으며 이때 정량적(quantitative) 평가 기준과 정성적(qualitative) 평가 기준이 명확히 제시된 준거 지향 평가(절대 평가) 시험이었다. 상중하에 따라 읽어내야 하는 교재의 종류가 정해져 있고 그 양이 차별적으로 나타난다는 것은 정량적인 기준이 될 것이며 '읽을 수 있고 능통하고 밝으면'과 같은 표현으로 그 정도를 정확히 가늠하긴 어렵지만 정성적 기준을 제시하고 있는 것이다. 이 등급 결과로 관직이 정해졌는데 이는 학업 성취 확인과 함께 관리 등용이라는 두 가지 평가의 목적을 함께 수행할 수 있는 시험으로 개발되었다고 할 수 있다.

여섯째, 4장의 [표 10]에 근거하여 앞에서 언급하지 않은 이 시험의 평가 종류는 공식적 평가, 총괄 평가, 주관적 평가, 직접 평가, 능력 평가라고 할 수 있다.

이렇게 '독서삼품과'에 대한 언어 평가적 의미를 확인한 이유는 정확하지는 않더라도 한국과 중국, 일본을 중심으로 서로 언어 평가에 있어서 영향을 미쳤을 것이라는 전제를 바탕으로 동양의 언어 교육과 언어 평가에 대한 추정, 나아가서는 어딘가에서 이루어졌을 고대 삼국시대의 한국어 교육과 평가를 추정할 수 있을 것이라는 기대 때문이다. 나라마다 국제 외교적 관계 등에 따라 다른 나라의 언어가 가지는 위상은 달랐을 것이다. 그러나 기본적으로 외교적인 상황에 의해서 다른 나라의 언어에 능통한 사람을 교육하고 뽑는 제도의 필요성은 분명히 존재했을 것이다. 신라에서는 왜전(倭典)을 두고 일본어 교육이 이루어졌고 일본에서는 대마도를 중심으로 신라어가 교육되고 이런 교육을 통해 신라어 통역을 맡은 관리, 즉 '야쿠닌(役人)'을 '신라 역어'로 불렸던 것이 확인된다는 정광(2014:18)의 언급은 이를 충분히 뒷받침하는 근거이다. 당시 일본 대마도의 신라어 교육과 관리 등용이 어떻게 이루어졌는지에 대한 연구들이 발견이 되면 신라어 교육과 평가에 대한 특징을 확인할 수 있을 것이며 독서삼품과와의 연관성이 확실하게 밝혀질 것이라 기대해 본다.

신라 이후 궁예(弓裔)의 태봉(泰封)에서는 사대(史臺, 통역할 여러 언어를 학습하는 일을 관장한 기관)를 두었다는 기록에서 외국어 교육 기관의 존재를 확인할 수 있다(정광, 2014:19). 그리고 고려 시대 후기 충렬왕 2년 1276년에 통문관(通文館)을 두어 원대(元代)의 공문서에 사용된 한이문(漢吏文)을 교육하고 별도로 한문도감(漢文都監)을 두어 한어(漢語)를 학습시켰던 것, 그리고 몽고어·일본어·여진어를 학습하는 역어도감(譯語都監)에 대한 기록(정광, 2014:22-28) 등은 언어 교육과 평가의 구체적인 실체는 확인하기 어렵지만 실제로 언어 교육이 이루어진 사실을 보여 주는 것이라 할 수 있다. 그리고 이는 조선시대 사역원(司譯院)으로 이어지게 되는데 사역원의 언어 교육과 평가를 통해 역으로 이 시기를 추정할 수도 있을 것이다.

2) 조선시대의 외국어 평가
: 조선 건국~갑오경장까지 사역원을 중심으로

조선시대의 사역원은 사대교린(事大交隣, 큰 나라는 섬기고 이웃 나라와는 사귐)의 외교적 임무를 수행하고 통역을 담당하던 역관을 양성하고 이들을 관장하던 정삼품(正三品)의 기관이다. 사역원은 고려 충렬왕 2년(1276년)에 설치된 통문관을 후일에 사역원으로 개명한 것으로 조선 건국 초기 태조 2년(1393년)에 다시 세워져 갑오경장(1894년)으로 폐지되기까지 500여 년간 유지된 외국어의 교육과 역관을 관리하는 관아(官衙)였다. 외교 문서의 작성은 승문원(承文院)에서 담당하였기 때문에 사역원은 통역 전담 기관이라고 할 수 있으며, 여기에서는 '한학(중국어)', '몽학(몽골어)', '왜학(일본어)', '여진학(여진어)' 4개의 언어 사학(四學)을 중심으로 외국어 교육과 이에 대한 평가가 이루어졌다. 그러다가 1667년(현종 8)에 '여진학'은 '청학(만주어)'으로 개칭된다(정광, 2014:79-81).

조선시대의 역과(譯科) 합격자 총수는 2,976명으로 전체 잡과 합격자 6,122명 가운데 약 50%를 차지하고 있다. 역관이 되기 위한 첫 과정은 사역원에 입학하는 것이었는데 현직 역관의 추천을 받아 역관 15인이 심사하여 13인 이상의 찬성을 얻는 사람에게 입학시험을 치를 수 있도록 하고 그 시험 결과로 입학을 허가하였다. 이처럼 어려운 과정을 거쳐 생도(生徒)로서 사역원에 입학하여 교육을 받은 학생들은 사역원에서 치르는 7차례의 시험을 통과해야 했고 최종적으로 역과(譯科)에 합격함으로써 정식 역관(譯官)이 될 수 있었다(문화콘텐츠 닷컴 웹사이트). 여기에서 우리의 관심은 사역원에서 역관을 교육한 후 시행한 평가에 있다. 앞에서 언급한 바와 같이 이 당시 평가를 통해 당시 동양의 외국어 평가의 모습을 전체적으로 조망해서 조선시대의 한국어 평가의 모습 또한 추정해 보기 위함이다.

사역원에서 실시하는 시험에는 원시(院試), 고강시(考講試), 취재시(取才試), 역과시(譯科試)가 있었다. 원시와 고강시는 회화 교육을 포함한 전체 교육을 장려하기 위한 것인 동시에 취재와 역과에 응시 자격을 주기 위한 것이었다. 취재는 녹관직(祿官職, 녹봉 받는 벼슬)

이나 위직(衛職, 녹봉 받는 군사직)으로 임명하거나 또는 부경(赴京, 중국으로 연행(燕行)하는 것)의 자격을 주기 위한 것이며, 역과는 역관의 자격을 주기 위한 것이었다(정승혜, 2004:321). 정광(2014:130) 에서는 조선시대 과거 제도에 역과를 설치한 것은 유능한 역관을 선발하려는 의도보다는 역관들이 역과를 통해 정2품까지 승계할 수 있는 길을 터주기 위함으로 일종의 역관 우대의 방법이었으며, 실제 역관의 선발 임용은 원시, 취재, 고강이라고 하였다. 원시, 취재, 고강, 역과의 실제 의도와 목적이 무엇인가에 관계없이 사용된 시험마다 그 성격은 각기 다르지만 사역원 생도와 생도 출신 관리들을 대상으로 치러진 선발 시험이라고 볼 수 있다. 각 시험의 성격과 시험 시기 등도 중요하겠지만 여기에서는 각 시험에 사용된 시험 방식에 주목하여 살펴보고자 한다.

각 시험들에는 '강서(講書), 사자(寫字), 역어(譯語), 강론(講論)'과 같은 시험 형식이 등장한다.

『경국대전』 초기의 역과 초시에는
한학의 경우 사서(四書)를 임문(臨文)하여 강서(講書)하고 본업서 인 『노걸대』, 『박통사』, 『직해소학』을 배강(背講)하게 했으며
몽학은 『왕가한』을 비롯한 16종의 몽학서를 사자(寫字)케 했고
왜학은 『이로파』를 비롯한 14종의 왜학서를
여진학은 『천자』를 비롯한 15종의 여진학서를 사자(寫字)케 했다.
또 역어(譯語)는 사역원 사학(四學)이 모두 『경국대전』을 임문(臨文)해서 번역(飜譯)하도록 했다.   (정광, 2014:147)

원시(院試)는 16세기 중엽 이후 회화의 중요성이 부각되어 만들어

진 사역원 '회화 능력 시험'으로 그 중요성은 '중국인(華人)과 교접할 때 언어가 가장 우선하며 문자는 그 다음이다.'라고 사역원에서 작성한 기록을 보아도 알 수 있다. 이 시험은 늘 읽는 책으로 정하는 고강의 점수를 제외하고 매번 두 사람이 짝을 지어 중국어를 강론(講論)하는 형식이다.

(정광, 2014:131)

• 〈노걸대〉의 과제(科題) 예시(정광, 2014:233)
: '自我有些腦痛 止重重的研謝', 즉 '내가 조금 두통이 있다.'부터 '매우 많이 사례할 것이다.'까지 배송(背誦)하시오.

위에서 언급된 평가 형식을 정광(2014:147-15)의 내용을 바탕으로 정리하면 다음과 같다.

[표 18] 조선시대 사역원 역관 시험에 사용된 평가 형식

구술 평가	강서 (講書)	임문(臨文) 임강(臨講) 임문고강(臨文考講)	책을 보면서 한어로 읽고 우리말로 풀이하는 것
		배강(背講)	책을 보지 않고 한어로 읽고 우리말로 풀이하는 것
		배송(背誦)	책을 보지 않고 외워서 암송하는 것
	강론(講論)		한어로 뜻을 해설하며 토론하는 것 원시(院試)의 형식은 두 사람이 대화하는 것
서면 평가	사자(寫字)		출제된 역학서의 해당 부분을 배송할 수 있도록 암기한 다음, 그것을 다시 외국어 문자로 베껴 쓰는 것
	역어(譯語)		출제된 부분을 외국어로 번역하는 것

이상의 내용을 바탕으로 사역원 시험을 현대적인 언어 평가의 측면에서 보았을 때 특징적인 부분을 정리하면 다음과 같다.

첫째, 사역원 시험 역시 앞에서 살펴본 '독서삼품과'의 시험과 마찬가지로 미리 시험 출제서가 정해져 있고 사역원 생도들을 대상으로 교육이 이루어진 후에 기말 시험의 성격으로 성취 정도를 확인하면서 동시에 역관을 선발하고 벼슬의 자격을 주는 목적도 가진 '성취도 기반 직업 목적 선발 시험'이라고 할 수 있다. 이는 독서삼품과와는 다르게 유교 경전의 이치에 집중한 것이 아니라 언어적으로 역관이 될 능력이 있는지에 집중한 것이기 때문에 주된 관심이 언어 능력 평가에 있는 직업 목적 외국어 시험으로 볼 수 있다. 또한 크게는 4종(원시, 고강, 취재, 역과)의 개별적인 시험을 통해 필요한 업무나 경력에 적절한 역관의 능력을 측성한 년도 특성석이라 할 수 있다. 하나의 시험으로 다양하게 발달하는 역관의 언어 능력을 측정할 수 없다는 인식이 있었음을 보여주는 것이라 할 수 있을 것이다.

둘째, 사역원 시험은 당시 역관들에게 사용된 교수법의 형태가 그대로 반영된 형식이라 할 수 있다. 정승혜(2004:321)에서 『원본 노걸대』의 내용 중 중국인과 고려인의 대화에 중국어 공부 방법에 대한 절차를 언급하며 당시 외국어 교수 방법으로 수강(受講), 사자(寫字), 배강(背講) 등이 이루어지고 있었음을 아래와 같이 소개를 하고 있다.

중국 상인이 고려 상인에게 어떻게 중국어 공부를 하느냐고 묻자, 매일 학당(學堂)에서 스승의 강의를 받고 글자를 모사(模寫)하고 집에 가서 밥(점심)을 먹은 후에 다시 학당에 가서 글귀를 맞추고 시를 읊고 강서(講書: 글의 뜻을 강론함)을 하고 저녁에는 스승 앞에서 제비를 뽑아

배강(背講: 책을 보지 않고 글을 외워 말함)을 한다고 대답한다.

정승혜(2004:321에서 일부 수정)

이 내용에는 분명히 당시의 교수법이 드러나 있고 따라서 이는 사역원 역관들의 교육을 위한 전통적인 교수 방법으로 볼 수 있다. 그러므로 현장에서 사용되는 교수법이 시험에도 그대로 적용되어 [표 18]과 같은 평가 형식이 등장한 것으로 보인다.

셋째, 교수법의 형태가 자연스럽게 평가 형식으로 사용된 것뿐 아니라 평가의 형식을 먼저 바꾸어서 교수 방법까지 바꾸려고 했던 노력도 보인다. 『조선왕조실록』의 [중종실록] 96권, 중종 36년 11월 19일 신축 두 번째 기사 1541년 기록에서 윤은보가 중종에게 아뢰는 말에 다음과 같은 내용이 있다.

윤은보가 아뢰기를 "날마다 강론을 하지만 말뿐이지 실상이 없으니 어떻게 하늘의 뜻에 부응하겠는가.'라는 상의 하교는 매우 합당합니다. 말로만 강론하는 것은 시행하는 것만 못합니다. (중략) 또 사대(事大)하는 일은 매우 중대한데 명나라 사신이 나오면 접대할 때에 통역을 통해야 말이 서로 통하게 되니 중국말에 대한 일은 매우 중요한 것입니다. 평소에 문신(文臣)들이 『노걸대(老乞大)』나 『박통사(朴通事)』를 익히는데, 해독(解讀)만 할 뿐 중국인과 만나서 말을 해보지 못하기 때문에 쉽게 익히지 못하니 당상관은 사신으로, 당하관은 서장관이나 질정관으로 삼아 중국에 자주 보내어 중국인과 서로 만나 말을 하게 해서 익히게 하면 보탬이 있을 것입니다.

'강론'의 형식이 예전부터 있었지만 실제로 수업 시간에는 독해 위주의 수업이 진행되었음을 파악할 수 있고 이러한 문제로 실제 대화는 할 수 없는 현실을 비판하여 왕에게 문제점을 아뢴 것이다. 이러한 것들이 반영이 되어서 앞에서 언급한 '원시'에 두 사람이 짝을 지어 '강론'하는 형식, 즉 두 사람이 짝을 지어 대화하도록 한 형식으로 시험을 보게 한 것은 평가의 적극적인 역류 효과를 도모한 것으로 보이는 대목이다. 이 형식이 현대 언어 교육에서 사용되는 역할극의 형태였는지 두 사람의 서로 질문하고 응답하는 인터뷰 형식이었는지는 정확히 알 수 없으나 다른 시험 형식들이 교재를 외워서 말하는 것이었다면 이는 청화자에 따라 자유롭게 이루어지는 실질적 의사소통의 대화를 추구한 시험 형식으로 볼 수 있으며 언어 평가적으로도 언어 교수에 있어서도 그 의의가 큰 변화라 할 수 있다.

넷째, 사역원 시험의 평가의 형식은 구술 평가와 서면 평가로 이루어지는 언어 기술 통합 평가와 언어 기술 분리 평가 형식이라고 할 수 있다. 임문과 배강은 읽기와 말하기의 통합 평가 형식이며 사자와 역어는 읽기와 쓰기의 통합 형식일 것이다. 또한 나중에 추가된 강론과 같은 경우는 중국어로 대화 형식으로 이루어지기 때문에 말하기를 기본으로 하지만 듣기와 말하기가 통합된 형식이라 할 수 있다. 배송(책을 보지 않고 외워서 암송하는 것)은 문자를 읽고 낭독 말하기로 전환한다면 언어 기술 통합 평가가 되지만 문자를 몰라도 소리를 듣고 소리로 외워서 낭독하게 한다면 말하기에 집중한 언어 기술 분리 평가가 된다. 역어(경국대전을 외국어로 번역하는 것)는 쓰기 능력 측정에 집중한 언어 기술 분리 평가로 볼 수 있다. 따라서 대부분은 언어 기술 통합 평가 중심이고 언어 기술 분리 평가가 부분적으로 시도되었다고 할 수 있다.

다섯째, 사역원 시험의 평가의 형식은 모두 직접 평가의 형식이라고 할 수 있다. 독해를 얼마나 잘했는지를 우리말로 풀어보도록 하고 암송하게 하며 직접 번역해서 쓰도록 하는 것 등은 통역과 번역 능력을 수행을 통해 직접적으로 측정하는 것이다. 그런데 말하기의 경우 초기에 실시한 외워 말하기의 임문과 배강과 같은 형식이 실제 현장에서의 말하기 능력과 다르다는 것을 현장에서 느끼고 더 타당하고 듣기가 포함된 평가 방식인 2인 대화 형식으로 바꾼 것으로 파악할 수 있다. 이는 직접 평가의 형식을 구인 타당도가 높은 방향으로 다양하게 모색한 것으로 볼 수 있다.

여섯째, 사역원 시험에서 특이한 점은 외국어에 따라 다른 평가 형식을 취한 것이다. 한어의 경우에는 구술 평가와 서면 평가(번역 포함)를 위주로 하고 나머지 세 언어는 베껴 쓰도록 했는데 언어의 중요도나 비중 혹은 원어민 선생님의 유무에 따라 평가 형식이 정해진 것으로 볼 수도 있을 것이다. 또는 같은 한자를 이용하는 한어(중국어)의 경우에는 문자보다는 구어에 집중하고 나머지 몽골어, 일본어, 여진어의 경우는 문자가 다르기 때문에 문자에 더 집중한 필기 형식의 시험을 선택한 것으로도 해석할 수 있을 것이다.

일곱째, 사역원 시험은 평가에 있어서 타당도를 높이기 위한 방안을 끊임없이 찾아서 실천했다고 볼 수 있다. 특히 한어 부분에서 생생한 구어(口語) 시험 형식을 지향한 것으로 보이는데 이는 평가에 대한 결과를 분석하여 타당성 부분에서 문제점을 인식하고 적극적으로 개선하려는 노력에서 비롯되었으며 그 노력은 지속적으로 이행된 것으로 보인다. 미리 정해진 출제서를 바탕으로 초기에는 뜻을 풀이하거나 외워 말하도록 했으나 실제로 이 평가 형식을 통해 뽑힌 역관들이 중국인을 만났을 때 의사소통이 되지 않자 16세기 중엽 이후 두 명이 실제로 대화를 해 보게 하는 평가 형식을 도입한 것으로 증명된다고 하겠다. 특히 『노걸대』와 『박통사』가 당시 생생한 구어를 반영한 회화 교재로 다른 언어 교재들도 이를 바탕으로 『몽어노걸대』와 『청어노걸대』로 편찬된 점은 구어에 대한 필요성과 타당성을 충분히 인지하고 실천한 것으로 보인다. 이들 책들은 실제로 통역을 담당한 역관들이 현장에서 일어날 수 있는 장면을 상정하고 그때 주고받는 대화를 실은 교재이다. 이러한 교재를 이용해서 구어 교육과 평가가 이루어졌다는 점에서 역관에게 필요한 구어 내용과 형식이 충분히 잘 담길 수 있었을 것으로 추측할 수 있다. 『노걸대』의 경우 고려 상인 김씨·이씨·조씨 일행이 중국에 상사를 하러 북경까지 오가면서 벌어진 일을 장면별로 제시하는데 중국에서 여관(旅館)에 머무는 법, 민박(民泊)하는 법, 물건을 사고파는 법, 계약서 쓰는 법, 중국의 화폐를 사용하는 법 등이 생생한 구어로 제시되어 있어서(정승혜, 2004:297) 언어적으로도 내용적으로도 유교 경전과는 확연히 다르다.

또한 외국 사절에 반드시 질문종사관(質問從事官)이 수행하여 통역에 문제가 되는 난해한 어구나 난해어를 질문하여 후일 언어 교재(출제서)를 끊임없이 수정 보완해 새로운 언어 학습을 이어갔다는 점(정광, 2014:472)은 교수와 평가에서 언어의 실제성에 입각하려는 노력이었고 평가의 내용 타당도와 구인 타당도를 충족시키기 위한 당시의 노력이었음이 분명하다.

『원본노걸대』의 내용 중 일부를 현대어 번역으로 보이면 다음과 같은데 생생한 구어 회화 교재임을 확인할 수 있을 것이다.

[표 19] 『원본노걸대』 제2화, 제3화의 번역(정광, 2014:197-199, 괄호 안은 보충.)

중국 상인	고려 상인
당신은 고려 사람인데 어떻게 한어를 잘하시는가?	저는 중국인한테서 글공부를 했기 때문에 조금이나마 한어를 할 수 있습니다.
누구한테서 배웠소?	저는 한인 학당에서 배웠습니다.
어떤 책을 공부했소?	논어, 맹자, 소학을 읽었습니다.
매일 어떤 수업을 하시었나?	매일 아침 일찍 일어나 학교에 가면 스승님에게 책의 배우지 않은 곳을 배우고 수업이 끝나면 집에 돌아와 밥을 먹고 다시 학교에 돌아가서 습자를 합니다. 습자가 끝나면 대구를 하구 대구가 끝나면 시를 읊습니다. 시를 읊고 나면 스승에게서 책을 강독합니다.
어떤 책을 강독하는가?	소학, 논어, 맹자를 강독합니다.
책을 강독하고 나면 그 다음에 어떤 수업을 하시는가?	저녁이 되면 스승한테 가서 제비뽑기를 하여 뽑힌 사람이 책을 암송합니다. 암송을 했으면 스승이 (매 석 대를 면한다는) 면첩(免帖)을 한 장 주십니다. 암송하지 못하면 당직(堂直) 학생한테 일러서 돌려 세워 세 번을 때립니다.

여덟째, 평가 기준을 명확히 하여 평가 신뢰도 측면에도 고려를 많이 하였다. 먼저 시관(감독관) 1명과 참시관(시관의 보조자) 1명, 그리고 감시관 2명을 파견하여 감독하게 함으로써 시험 시행 시 관리에도 신경을 써서 시험 시행으로 인한 신뢰도를 고려한 것으로 보인다. 더욱 중요한 것은 채점 신뢰도와 관련하여 구체적이고 세밀한 고려가 있었다는 것이다. 채점은 분수(分數)를 이용하였는데 그 기준을 '통

(通), 략(略) , 조(粗)'로 구분하고 '통은 2分, 략은 1分, 조는 반분(半分)'을 주도록 채점한 다음 종합 분수에 따라 차례를 정하는 방법을 사용했다. 이는 위에서 설명한 평가 형식인 '강서, 사서, 역어'에 동일하게 적용한다고 하였다. 또한 각각에 대한 기준이 제시되었는데 다음과 같다.

> (원문에) 토를 달아 읽고 풀이하는 데 아무런 잘못이 없으며 강론이 고르게 통달하지 못하지만 대체로 한 장(章)도 대강의 뜻을 잃지 않았으면 조를 준다. 구절을 읽고 해석함이 분명하지만 그 전체의 뜻을 꿰뚫어 보지 못했으면 략이다. 구절을 읽고 해석하는 것이 완전하고 익숙하면서 그 뜻을 꿰뚫어 보며 변설에 의심되는 것이 없으면 통이다. 대체로 강서의 시험에서 조 이상만 인정한다. (몇 사람이 채점 하여 분수를 매긴 경우) 쪽지에 적힌 분수는 많은 편을 따르되 같은 수효의 분수라면 낮은 쪽을 따른다. (즉, 세 사람이 채점하여 2인은 략, 1인은 조로 하였다면 이 때는 많은 사람이 준 점수인 략으로 결정된다. 그러나 두 사람이 채점하여 1인은 략, 다른 1인은 조로 하였다면 이 때의 점수는 낮은 점수인 조로 환산한다는 것이다.)

> (정광, 2014:145-146)

각각의 점수에 대한 총괄 기준이 제시되어 있다는 점도 확인할 수 있으며 두 사람 이상의 채점을 통해 채점 신뢰도를 높인 점은 특히 대단하다 생각되는 부분이다. 채점자 간의 상호신뢰도를 위해 다수의 원칙을 기본으로 하지만 두 사람의 경우에는 낮은 점수로 주어서 과대평가하지 않도록 장치를 한 원칙은 당시 채점과 그 결과의 중요성을 충분히 인식하고 있었음을 분명히 보여주는 것이다. 또한 당시에 사역원에 조선인으로 귀화한 중국인 원어민 강사들도 있었다는 정승혜(2004:323)의 논의에 비추어 보면 이들이 교육뿐만 아니라 평가에서도 어느 정도 역할을 했을 것으로 추측해 볼 수 있을 것이다.

아홉째, 그 외에 사역원 시험이 가지는 평가 유형의 특징을 4장의 [표 10]에 근거하여 정리해 보면 공식적 평가, 총괄 평가, 준거 지향 기반의 규준 지향 평가, 교실 평가, 주관적 평가, 능력 평가라고 할 수 있다. 준거 지향 기반의 규준 지향 평가로 본 이유는 원시에서 '3分 이상'을 얻어야 녹직 취재에 응시할 수 있다는 기록이나 부경 취재는 전체의 뜻을 완전히 이해하여 '준2점'을 얻은 역관 가운데 점수가 높은 사람이 중국에 가는 사행을 수행하도록 했다는 기록 등(정광, 2014:130-133)에서 보았을 때 평가의 절대 목표(3分가 이상, 준2점 등)가 정해져 있고 이 목표 기준에 맞는 사람들이 많은 경우에 '점수가 높은 사람'이라는 상대적 기준을 사용하였기 때문이다. 이런 내용을 통해 역관이 되기 위해서는 어느 정도의 실력을 갖추어야 자격이 주어짐을 확인할 수 있다. 교실 기반 평가로 본 이유는 독서출신과와 마찬가지로 교육 기관인 사역원 내에서 교육이 이루어지고 사역원 선생님들에 의해 정해진 교재로 시험이 시행되었기 때문이다.

3) 과학 이전의 대역식(對譯式) 시기

위에서 살펴본 고대 삼국시대부터 조선시대까지의 외국어 평가 역사는 아직은 밝혀지지 않은 그 당시의 한국어(삼국언어, 고려어, 조선어) 평가의 모습과 얼마간은 유사하리라 추정된다. 따라서 이 시기 역시 Spolsky의 과학 이전 시기의 모습, 즉 언어 평가에 대한 특별한 연구나 이론이 없는 상황에서 주관적 평가가 이루어졌을 것이라 볼 수 있다. 그러나 한국어 시험의 본격적인 모습이 발견되는 19세기 말부터를 진정한 과학 이전 시기 한국어 평가의 시작점으로 보는 것이 타당해 보인다.

따라서 여기에서는 19세기 말부터 1958년까지 시행된 한국어(조선어) 시험 연구들을 바탕으로 한국어 평가의 모습을 고찰해 보고자 한다. 이 시기의 교재 연구는 상대적으로 풍부하고 많다. 그래서 그 교재를 통해서도 평가를 추측해 볼 수 있지만 객관적인 사실에 근거하기 위하여 연구자들에 의해 발견된 시험을 바탕으로 논의를 진행할 것이다. 그리고 이 시기를 '과학 이전의 대역식 시기'로 이름 붙인 이유도 밝힐 것이다.

(1) 19세기 말: 초량관어학소 조선어 시험

박진완(2015)에서는 연구자가 언급한 바와 같이 일본인을 대상으로 실시한 조선어 교육에 있어서 시험과 첨삭에 관한 기록을 확인할 수 있는 최초의 자료인 초량관어학소(草梁館語學所)의 「복문록(復文錄)」에 대해 살펴본 바 있다. 이 내용을 간단히 정리해 보고 한국어 평가로서의 의의를 살펴보고자 한다.

초량관어학소(草梁館語學所)는 1873년부터 1880년까지 부산 초량에 있던 일본 외무성의 통역관 양성 기관이다. 주로 쓰시마(對馬島) 고위층 자제들을 대상으로 교육이 이루어졌는데 수업은 복독(復讀, 다시 번역해서 읽기), 편문(編文, 작문), 회화(會話)로 이루어졌으며 이것이 그대로 시험 방법으로 사용되었다. 초량관어학소의 학과(學課)와 규정에서 평가와 관련된 부분만 박진완(2015:106-113)에서 발췌하면 다음과 같다.

① 「學課」 조에 의하면, 오전 수업은 복독(復讀, 9-10시), 편문(編
  文, 10-11시), 회화(會話, 11-12시)의 순서로 구성된다. 이후 30
  분간 휴식을 가진 뒤, 오후 12시 30분부터 3시까지 새로운 부분
  을 학습하도록 되어 있다.
② 규정 7. 학생 중에서 선거를 거쳐 감좌(監佐, 학생 대표) 한 명을
  선출하여 그를 학생 중 대표로 삼고, 임기 중에는 당직을 면제한
  다. 단, 매일 학생들의 학업 태도를 감독하고, 일기 중에서 빠진
  부분을 보충하며, 시험부의 기사를 담당한다.
③ 규정8. 시험부(試驗簿)를 만들어 매달 세 번 학생들의 답안에 정
  오에 대한 흑백의 권점을 쳐야 한다. 감좌(監佐, 학생 대표)가 이
  를 맡고, 매월 초에 각각 점수의 많고 적음을 계산 기록하여 교수
  에게 제출한다. 일기부(日記簿)와 함께 차후 진급 여부를 판단하
  는 자료로 삼는다.
④ 규정 9. 매달 10이 붙는 날 오전 9시부터 10시까지 암송, 10시부
  터 12시까지 좌석에서 편문(編文)·회화, 이날은 독장(督長, 최
  상위직 교수)이 참관하여 시험을 치른다.

위의 내용을 통해 확인할 수 있는 당시 한국어(조선어) 평가의 모습
은 다음과 같다.

첫째, 초량관어학소의 시험은 교재가 무엇이었는지 정확히 알 수
없으나 기관에 입학한 학생들을 대상으로 통역관 양성을 위한 직업
목적 교실 내 성취도 시험이라 할 수 있다. 그리고 위의 ①과 ④를 통

해 알 수 있듯이 교수법이 그대로 반영된 평가 형식이 사용되었다. 수업 시간의 복독은 다시 읽기로 해석되는데 시험에서는 암송 형식으로 시험이 치러지고 회화 시간 역시 시험에 그대로 회화 형식으로 시행된 것으로 보인다. 편문은 작문 시간인데 이 시간에는 자유 작문이 아니라 복문(復文) 형식의 교수법이 사용되었고 시험에도 이 형식으로 출제되었다. 복문(復文, retranslation)은 한번 모국어로 번역한 것을 다시 원래의 외국어로 재번역하는 방법을 말한다. '원문(原文)→역문(譯文)→복문(復文)'의 세 단계를 거치거나 복문 이후에 또다시 번역을 하게 하기도 한다. 이 용어는 에도 시대(1603년~1867)의 한문 교육에서 이미 사용되었다. 메이지 20년 전후 영어 교육에서도 사용되었기 때문에 당시 영어 교육에서는 자유 작문은 별로 없고 처음부터 일문(日文)을 영역(英譯)하는 방식의 교수법을 사용했나고 하였고 이는 조선어 교육이 이루어진 초량관어학소에서도 동일하게 이루어졌다고 볼 수 있다(박진완, 2015:102-103).

[표 20] 복문(復文) 교육의 개요(박진완, 2015:107)

담당자	〈준비〉		〈실시〉	
	교수		학생	
내용	원문(原文)	역문(譯文)	복문(復文)	번역문
기술언어	①조선어	②일본어	③조선어	④일본어

이는 원문 조선어와 복문한 조선어가 얼마나 일치하는지를 확인할 수 있는 교수 방법이고 평가 방법이라 할 수 있다.

둘째, 초량관어학소의 시험 형식은 언어 기술 통합 평가와 언어 기술 분리 평가가 함께 나타난다. 여기에 사용된 암송은 사역원 시험에서도 설명했듯이 조선어 문자 읽기와 낭독 말하기 시험이 통합된 형식으로도 볼 수 있고, 소리를 듣고 외워서 낭독하면 언어 기술 분리 평가로 볼 수도 있다. 그리고 편문 시간에 이루어진 복문(復文) 형식은 일종의 번역 시험으로 모국어인 일본어를 읽고 조선어로 쓰기 때문에 초점이 조선어 쓰기에 맞춰져 있다고 할 수 있어 언어 기술 분리 평가 형식으로 볼 수 있다. 회화 시험의 형식이 어떻게 이루어졌는지 확인할 수 없지만 말 그대로라면 듣기와 말하기의 언어 기술 통합 평가라고 할 수 있다. 따라서 이 시험은 언어 기술 통합 평가와 언어 기술 분리 평가의 비중이 비슷하며 구술 평가와 서면 평가가 함께 사용된 직접 평가이며 주관적 평가라고 할 수 있다.

셋째, 초량관어학소의 시험은 총괄 평가와 형성 평가의 성격을 모두 지닌 시험이라고 할 수 있다. 위의 ③ 규정8에 차후 진급 여부를 판단하는 자료로 삼는다는 부분이 있는데 이는 총괄 평가적인 성격을 지닌 것으로 해석할 수 있다. 그리고 학생이 작성한 시험지는 '감좌'가 검은색으로 교정하고 그 이후 교수(혹은 조교)에 의해 붉은색으로 교정이 되어 적어도 2회 이상에 걸쳐 교정되었다. 그리고 다시 학생에게 되돌려져서 자신이 틀린 부분과 교정의 결과를 확인하면서 이를 일본어로 다시 번역하는 연습을 실시했다고 하였는데(박진완, 2015:118-121) 이는 시험 결과를 학생의 학습 향상을 위해 역류 효과로 활용하는 형성 평가적인 성격이라고 할 수 있다. 따라서 총괄 평가와 형성 평가의 성격을 모두 지녔다고 할 수 있다. 최종적으로 통역관이 되는 방법이 무엇인지는 정확히 알 수 없어 이 시험이 선발 시험의 기능까지 했는지는 알 수 없다.

넷째, 초량관어학소의 시험은 내용 타당도가 높은 시험으로 보인다. 박진완(2015:118)에서는 복문 시험의 내용으로 표류민 송환, 공무역, 구청(求請) 등 교섭과 요청에 관련된 내용, 조선 국내외의 정세와 사건·사고를 조사하고 보고한 내용, 조선 역관(譯官)과 사적으로 교제한 내용, 양반 및 평민과의 대화를 통해 민심을 시찰한 내용, 수업 관련 공지, 시험의 연기, 휴가의 실시, 신간(新刊)의 소개 등이 있다고 하였다. 이는 초량관어학소의 대내외 활동을 보여주는 내용임과 동시에 통사 양성 교육의 일환으로 통역 현장에서 그대로 사용할 수 있는 조선어를 집중적으로 훈련시키고 이를 바탕으로 한 내용 타당도가 높은 시험이라는 것을 나타내는 증거라 할 수 있다.

다섯째, 채점 신뢰도와 관련해서 특징적인 부분이 보인다. 이는 학생 중에서 품행이 단정하고 어학에도 뛰어난 자 두 명 중에서 입찰 방식으로 선거하여 학교 내의 '감좌'(지금의 반장)로 삼아 위의 규정 ③처럼 동료 학생들의 답안에 정오(正誤)를 표시하고 1차적으로 틀린 부분에 대해 가운데 선을 그어 삭제하거나 빠진 어구를 삽입하는 등의 기초적인 수정을 하게 하고 점수를 기록하여 교수에게 제출하였다는 부분에 대한 것이다(박진완, 2015:106). 그 의도가 무엇인지 정확하게 파악할 수 없으나 주관적 평가에 2차 채점이 이루어졌다는 점에서는 채점 신뢰도 면에서 긍정적인 듯 보인다. 그러나 교수가 2차 수정을 한 것에는 감좌가 빠트린 부분과 잘못된 부분이 많은 것으로 확인된다. 그렇다면 감좌의 1차 채점은 신뢰도 있는 채점이었다고 보기 어렵다. 4장의 동료 평가에서도 언급했다시피 언어 시험은 동료에 의해 제대로 평가되기 어렵다. 그럼에도 불구하고 이런 채점 방식이 사용된 점은 감좌로 뽑힌 우수한 학생들의 능력을 높이기 위한 방편이면서 교수자의 편의였을 것으로 예상되지만 다소 의아한 부분이다.

여섯째, 그 외에 초량관어학소의 시험은 공식적 평가이며 능력 평가라 할 수 있다. 연구 결과에 낭송, 편문, 회화에 대한 채점 기준과 진급 기준 등에 대한 언급이 없어서 준거 지향 평가인지 규준 지향 평가인지 확실히 알 수는 없지만 전통적인 교수 상황이므로 준거 지향 평가일 가능성이 높다고 할 수 있을 것이다.

박진완(2015:115)의 복문 시험지 예시와 설명은 다음과 같다.

'권점 ●'은 복문이 오답으로 판정되었음을 의미한다. 수정 전의 조선어 문장과 일본어역을 대조하면, '本州의셔'(本州より)와 '져녁 대ㄱ지는'(夜景迄二八)을 빠트렸으며, '到海船'을 '到泊船'으로 잘못 해독하는 등 전체적으로 실수가 많이 보이므로 오답으로 처리되고 있다.

[제19조] 十二月二十日 業 ●
어제는 東小風이오매 힝요 本州의셔 도박션/ 到泊船濩海이 인는가 이실가 힝고 達
夜 도록 苦待힝옵더니 아조 無消息힝쿄니 오늘온도 바다히 관관가 고요힝고
동풍이 {더 불} 믜오 브기의 져녁 대ㄱ지는 必定 出來船션이 인는가 시브외다
昨日八東小風にて 極而本州ら到海船か 有之候。夜苦待致す處、更二消息無
ク、今日八海モ靜二有之、東風强ク吹立ルニら夜景迄二八必定歸海船カ有之
御座候。 <1:8b>

[문항 예시 5] 초량관어학소 복문 시험(박진완, 2015:115)

(2) 1910-1958년: 조선어 장려 시험과 경찰관을 위한 조선어 시험

1910년부터 1958년까지로 잡은 이유는 일제강점기 시기부터 해방 후 1959년 연세대 한국어학당 설립 전까지의 시기에 한국어 평가의

경향이 유사하게 나타났다고 보았기 때문이다. 또한 1945년을 기점으로 하게 되면 1958년까지는 공백 기간이 되는데 해방 후 한국어 교육이 현대화되기까지 과도기적 성격이었고 평가에 대한 실제적인 자료를 확인하기 어렵기 때문이다. 물론 이 시기에도 한국어 교재들은 출판이 되었으나 대부분 국외에 거주하는 한국인 교육 전문가와 외국인 교사에 의해 출간된 것들이어서(서종학 외, 2017:82) 한국 자체의 교수 상황과 평가 상황을 보여주기 어렵다고 판단된다. 여기에서 살펴보는 조선어 장려 시험과 경찰관용 조선어 시험 외에 1945년부터 1958년까지의 시험 자료들이 발견되고 연구되어 시기적 특징이 다르게 나타난다면 시기는 조정될 수 있다.

1920년대 일제강점기 조선에 들어온 일본 총독부는 '조선어 장려 정책'의 일환으로 일본인 관리와 경찰관들에게 소선어 습득을 상려하고 시험의 결과를 통해 수당과 진급에 영향을 미치게끔 제도화하였다. 이는 조선 총독부 및 소속 관서의 직원, 교원, 경찰, 금융조합원, 철도원 등이 볼 수 있는 '조선어 장려 시험'과 경찰관만을 위한 다양한 조선어 시험의 실시로 이어진다. 거의 동시대에 이루어진 이들 시험에 대해 오대환(2010)과 김은희(2019)의 연구 결과를 바탕으로 하여 한국어(조선어) 평가에 대한 의미를 살펴보고자 한다.

가. 조선어 장려 시험

먼저 '조선어 장려 시험'에 대해 오대환(2010)의 내용을 표로 정리하면 [표 21], [표 22]와 같다. 시험에 대한 당시 역사적 의미와 관련된 한국어 학습 교재 등에 대해서는 오대환(2009)를 참조할 수 있다. 여기에서는 시험의 특성을 살펴보는 데 집중하고자 하며 시대별로 두 종류 혹은 세 종류의 시험으로 실시되었고 과목도 변동이 있으나 1924년 개정된 3종 시험을 위주로 해서 일본인을 위한 조선어 시험으로서의 특징을 살펴보고자 한다.

[표 21] 조선어 장려 시험의 정도와 등급의 대응(오대환, 2010:113)

	조선어 통역에 지장이 없는 정도	조선어로 자기 의사를 표현하는 데 지장이 없는 정도	보통의 조선어를 이해할 수 있는 정도
1921-24년	갑종(甲種)		을종(乙種)
1924-37년	일종(一種)	이종(二種)	삼종(三種)
1937-43년		갑종(甲種)	을종(乙種)

[표 22] 1924년 개정 규정 조선어 장려 시험의 시험 과목(오대환, 2010:113-131)

1924년 개정 규정 기준

제1종 시험

1. 解釋: 조선어국역, 국어선역 / 120분
2. 譯文: 조선문국역(언문 섞인 문, 조선식 한문, 숙어), 국문선역(가나 섞인 문) / 120분
3. 作文: 언문 섞인 통신문/ 90분
4. 對話: 조선어 및 국어의 해석, 조선어 구술 / 25분

제2종 시험

1. 解釋: 조선어국역, 국어선역 / 90분
2. 譯文: 조선문국역(언문 섞인 문), 국문선역(가나 섞인 문) / 90분
3. 書取: 언문의 청취 및 역기 / 15분 정도
4. 對話: 조선어 및 국어의 해석, 조선어 구술 / 미지정

제3종 시험

1. 單語解釋: 조선어국역, 국어선역 / 40분
2. 連語解釋: 위와 같음 / 40분
3. 書取: 언문 청취 및 역기 / 15분 정도
4. 對話: 조선어 및 국어의 해석, 조선어 구술 / 미지정

첫째, 조선어 장려 시험은 2종 또는 3종의 '일본인 관리를 위한 대규모 표준화 일반목적의 조선어 숙달도 등급제 시험'으로 공식적 평가이며 능력 평가라고 할 수 있다. 이 시험은 일본인 관리 대상으로 하는 시험이긴 하지만 조선 총독부 및 소속 관서의 직원, 교원, 경찰, 금융조합원, 철도원 등 다양한 직종의 사람들에게 조선어 습득을 장려하여 조선인에 대한 통치력을 강화하는 것을 목적으로 한 것이다. 따라서 앞에서 살펴본 시험들과는 다르게 특정 직종의 영역에 집중한 내용의 교재를 선택하기 어려운 면이 있었을 것이다. 이러한 이유로 특정 교육과정과 교재에 관련 없이 일반적인 조선어 숙달도에 대한 절대 기준을 정해 놓고 그 수준에 도달하도록 독려하고자 한 시험으로, 지금까지 연구되고 발견된 한국어 시험 중 최초의 일반 목적 숙달도 시험이라고 할 수 있다. 이 시험을 대비하기 위한 다수의 조선어 교재들이 나온 것(허재영:2007, 오대환:2009 참조)도 특정 내용만을 배우고 시험을 보는 앞선 시대의 독서삼품과나 사역원의 성취도 시험과는 다른 성격의 시험이었음을 반증하는 것이다. 따라서 관리를 대상으로 했지만 그 내용은 포괄적으로 사용될 수 있는 일상적 조선어에 대한 것을 담은 것으로 볼 수 있다.

그리고 2종 또는 3종으로 미리 정해 놓고 을종에 합격을 해야 갑종을 볼 수 있도록, 능력에 따라 단계적으로 시험의 종류를 시행한 것은 수당이나 승진의 기준을 마련하는 데 수월한 점이 있었을 것으로 보여 언어적 측면에서의 고려와 시험 결과의 활용도적 측면(정책적 측면)이 고려된 것으로 판단할 수 있다. [표 21]에서 보다시피 1924년을 기준으로 갑을 2종 시험이 3종 시험으로 분화된 것은 중간 숙달도 측정의 필요성을 인식한 것으로 보이며, 1937년을 기준으로 3종 시험이 다시 갑을 2종 시험으로 전환되면서 최상위 수준을 내린 것은 상위 기준의 숙달이 어렵다고 느꼈거나 당시 언어 정책적으로 조선어가 그 정도로 필요하지 않았음을 나타낸 것이라 해석할 수 있다. 이러한 3종 시험은 현대적 언어 평가에서 초급·중급·고급 시험(그리고 이것이 다시 두 단계씩 나뉘어 6등급이 됨)과 완벽히 일치하지는 않더라도 그 연원을 보인 것으로 파악할 수 있을 것이다.

대규모 평가로 본 이유는 통계에 따른 응시생 수로 판단할 수 있다. 수험자 수가 가장 많은 시험은 역시 최하위 등급인 제3종 시험으로, 대략 회당 1,200명이 넘는 응시자가 있었고(1926년 2월 실시한 임시 시험만 75명), 제2종 시험은 회당 100명에서 200명 내외였으며 최상위 등급인 갑종 혹은 제1종 시험의 응시자 수는 50~100명 정도였다 (오대환, 2009:58). 평가 장소나 평가 관리 인원 등을 고려해 보았을 때 지금으로 생각해도 대규모의 평가가 이루어졌다고 할 수 있다.

둘째, 조선어 장려 시험은 구술 평가(대화)와 서면 평가(해석, 역문, 서취)의 직접 평가와 주관적 평가를 사용하였으며 서면 평가가 구술 평가에 비해 시간이나 분량 면에서 더 많은 비중을 차지한 것으로 보인다. 이는 조선의 사역원 시험과 초량관어학소 시험이 구술 평가에 많은 비중을 둔 것과는 대조적인 것인데 이는 대규모 표준화 시험으로 이루어지기 때문에 생기는 시간과 비용 등 실용도적인 측면이 고려된 것으로 보인다.

셋째, 조선어 장려 시험은 전체적으로는 번역에 중점을 둔 시험으로 주관적 평가이며 언어 기술 통합 평가가 주된 형식이며 언어 기술 분리 평가 형식도 발견된다. 오대환(2009:131)에는 야마다(2004:81, 86)이 언급한 시험의 설명을 제시하고 있는데 이를 정리하면 [표 23]

과 같다.

[표 23] 조선어 장려 시험에 사용된 시험 방법(영역)

해석 解釋	1~2행의 문장을 조선어에서 일본어로 번역하는 것과 일본어에서 조선어로 번역하는 것
역문 譯文	1~2행의 문장을 조선어에서 일본어로, 일본어에서 조선어로 번역하는 것
서취 書取	시험관이 조선어의 문장을 3회 반복해서 읽고, 그것을 그대로 조선어로 받아쓰는 문제와 일본어로 번역하여 받아쓰는 문제
대화 對話	주어진 조선어의 문장을 음독하여 구두로 일본어로 번역하는 문제와 일본어의 문장을 음독하여 구두로 조선어로 번역하는 문제
작문 作文	'작년의 농황을 친구에게 전달하는 문장 등과 같은 테마로 자유롭게 조선어로 쓰는 문제'라고 설명하고 있으므로 이는 규정에 적혀 있는 '통신문'이라는 용어와 함께 생각해 보면 일반적인 조선어 서한문의 작문

해석(解釋)과 역문(譯文)은 번역 형식으로 읽기와 쓰기가 통합된 것이고 서취(書取)는 일종의 받아쓰기 시험으로 듣기와 쓰기가 통합된 형식이다. 대화는 구어로 번역하는 능력, 즉 문장의 통역 능력을 측정하므로 듣기와 말하기가 통합된 평가 형식이라 할 수 있다. 대화 시험에 조선어 구술이 있지만 자세한 설명이 없어 확실하지는 않다. 듣기와 말하기의 통합 평가였을 수도 있고 말하기에 집중한 언어 기술 분리 평가였을 수도 있다. 작문은 조선어를 이용해 서한문을 쓰는 것이므로 실제적 쓰기를 구현한 언어 기술 분리 평가로 볼 수 있다. 따라서 대부분 언어 기술 통합 평가였고 일부에서 언어 기술 분리 평가가 나타난다고 하겠다. 그리고 조선어 구술을 제외한 해석, 역문, 서취 그리고 문장 통역의 대화 모두 번역(일부 통역)과 관련된다. 그러므로

번역 중심 시험으로 구술 평가보다는 서면 평가가 더 중시되었음을 알 수 있다.

대화의 구술시험과 관련해서 확인이 필요한 부분은 실제로 시험이 잘 이루어졌는가 하는 것이다. 당시 '모리야' 시험위원장이 "제3종 시험은 붓의 힘보다도 입이나 귀의 힘을 시험해, 어느 정도의 이야기를 할 수 있는 자를 선발하려는 취지로, 그 목적을 달성하고자 (중략) 규정에는 표현되지 않았으나, 제3종 시험에서는 대화 시험의 정도가 조금 높아져, 이것으로 전체의 절반의 점수를 주게 되어 있는 것입니다."라고 언급한 것은 '대화' 과목의 중요성을 언급한 것이라 할 수 있다. 그럼에도 불구하고 경성 조선어연구회에서 발행한 조선어 교육을 위한 잡지의 내용에는 역문과 해석 등의 시험과 연관성이 높은 과목이 많은 반면, '대화'를 위한 과목은 존재하지 않는다는 점(오대환, 2009:140)은 모리야 위원장의 말과 앞뒤가 맞지 않는다. 오디오 녹음 매체가 없어서 구어 그대로의 전달력은 어려웠더라도 이 시험의 비중이 크고 중요했다면 이 과목에 도움이 될 만한 다양한 정보가 잡지에 충분히 제시되었을 수 있기 때문이다. 이런 부분은 추후 연구가 될 필요가 있다고 하겠다.

넷째, 조선어 장려 시험은 구어체와 문어체의 차이를 인식하고 평가를 구성한 시험이다. 평가 방식으로 채택된 해석과 역문은 동일하게 번역하는 형식이지만 해석은 구어체 문장을 번역하는 것이고, 역문은 문어체 문장을 번역하는 것으로 시험 과목이 나뉘어 있는 것이 특징으로 보인다. 이는 구어체와 문어체의 차이가 조선어 학습과 평가에서 중요하다는 것을 인식하고 마련한 장치로 파악할 수 있다. 단, 구어체 문장을 구어로 발화하게 하는 것이 아니라 번역하는 서면 평가 형식을 취하고 있어 번역 능력에 대한 직접 평가이면서 동시에 말하기 능력에 대한 간접 평가의 형식이 있다고 할 수 있을 것이다. 역문, 대화, 서취는 직접 평가로 볼 수 있다. 단, 서취는 Oller가 말한 받아쓰기처럼 단일 능력 가설에 따른 통합 평가로 의도된 것은 아니라고 보인다. 한 행의 짧은 문장을 듣고 쓰는 형식으로 서면 평가가 많은 비중을 차지하는 시험 형식에서 듣기 능력을 측정하기 위해 도입한 평가 형식으로 보는 것이 더 적절하다.

다섯째, 조선어 장려 시험은 조선어와 일본어의 양방향 번역 능력과 통역 능력을 측정하는 시험이라고 할 수 있다. 해석과 역문, 대화에서 모두 일본어(당시 표현으로 국어)를 조선어로만 번역하는 형식(국어선역 또는 국문선역)이 아니라 조선어를 일본어로 번역하는 형식(조선어국역, 소선문국역)도 시험을 보고 있다. 서취에서도 조선어 문장을 듣고 조선어로 쓰고 일본어로 번역하는 능력까지 측정하고 있다. 이는 양 언어를 번갈아 번역하는 형식을 취하고 있어 앞에서 살펴본 초량관어학소 복문(復文) 형식과 연관성이 있는 것으로 보여 잠정적으로는 일본에서의 언어 교육적 특징으로 파악이 되며 한 방향의 번역 능력이 목표가 아니라 양방향 번역 능력 고양과 평가가 목표였다고 판단되는 대목이다. 이러한 시험은 한일 양 언어 간의 차이를 대조적으로 더 잘 파악할 수 있게 했을 것이고 이런 대조적 차이가 어려움으로 표출이 되면서 오대환(2009:141, 2010:119)의 언급처럼 『월간잡지 조선어』나 『국선문대역법』과 같은 시험 대비용 교재들이 오류에 대한 인식을 강화하기 위해 한자어를 포함한 어휘 학습과 일본어와 대조한 문법 학습에 대단히 많은 비중을 두게 된 것에 영향을 미쳤다고 하겠다.

여섯째, 조선어 장려 시험은 준거 지향 평가로 추정된다. 허재영 (2007)과 오대환(2009, 2010) 등의 연구에서 이 시험에 대한 합격 기준이 정확히 명시되어 있지 않다. 그렇지만 이 시험 이전에 시행된 '조선총독부 경찰관서 직원 통역겸장자 전형 내규(경무총감부내훈 갑 제2호, 1913년2월4일)'에 갑종은 필기 및 구술 모두 20점을 만점으로, 평균 60점 이상을 얻은 자를 합격으로 한다는 규정이 있는 것으로 미루어 보아 조선어 장려 시험에도 총점과 합격 점수가 결정이 되어 있었을 것으로 보인다. 또 1925년 8월 3종 1,242명 중 262명 합격, 1926년 8월 3종 1,209명 중 311명 합격 등(오대환, 2009:58)으로 응시생 중 합격자 수가 시행 때마다 다른 것으로 미루어 보아도 준거 지향 평가라 할 수 있을 것이다. 덧붙여 언급하면 이 시험은 총괄 평가이다.

일곱째, 조선어 장려 시험은 통역관인 시험 위원들을 통해 타당도와 신뢰도 측면에 도움이 될 수 있도록 했을 가능성이 있다. 시험 위원은 대체로 시험위원장 1명, 시험위원 3 8명, 서기 4명으로 구성되었고, 시험위원장은 총독관방 비서과장이 겸임하는 일이 많았고, 시험위원은 실제 통역관으로 일하는 사람들이었다고 한다는 기록(오대환, 2009:53)에 비추어 보았을 때 행정적 업무가 아니라 실제 시험을 개발하고 채점하는 데에는 시험 위원들이 기여를 했을 것으로 보인다. 물론 객관적인 자료들을 통해 얼마나 타당도 있고 신뢰도 있는 채점이 이루어졌는지에 대해서는 연구가 더 필요하다.

여덟째, 조선어 장려 시험은 해석, 역문, 서취, 작문, 대화가 당시 언어 교수법이었을 것이고 이 교수 방법이 평가에 반영된 것으로 보는 것이 적절하다. 오대환(2010:118)에서는 조선어 교재 『국선문대역법』에 문법번역식 교수법의 흔적이 보인다고 하였다. 그러나 그의 언급처럼 문법에 대한 설명은 없이 일본어와 조선어의 대응 형식과 예문이 나타나는 것은 넓은 의미에서 이 장의 말미에 자세하게 논의할 대역식 교수법의 대상이 문장 전체에서 문법 항목으로 세분화된 것으로 보는 것이 타당해 보인다. 이는 조선어와 일본어의 어순이 같고 교착어라는 특징으로 인해 몇 가지 어휘나 표현 외에 문법 요소에서 오류들이 두드러지게 보였을 것으로 예상된다. 따라서 이 시험에 도움이 될 만한 내용으로 문법 항목이 사용되었을 뿐이고 서양의 문법 번역식 교수법이 사용되었다고 보기는 어려워 보인다. 참고로 오대환(2010:12)에서 대응되는 문법 항목이 제시된 예시를 보이면 다음과 같다. 이는 분명 문법번역식 교수법과는 다르다는 것을 확인할 수 있다.

	문법항목	대응되는 표현의 제시
11	로/으로	で · を以て
12		へ
13	서/에서	で · にて · に於て
14		でも · では
15		から

그리고 시험의 실제를 부분적으로나마 확인할 수 있는 자료로 오대환(2009:133)에 제시된 1924년 개정 후 처음 실시된 1925년 10월 시행 제2종 시험의 해석과 역문 과목의 예시 문제를 원문 그대로 옮기면 다음과 같다.

나. 일본인 경찰관을 위한 조선어 시험

일본인 경찰관들을 위한 시험도 넓은 의미에서 조선어 장려 정책의
일환으로 시행된 것으로 볼 수 있다. 시험 결과에 따라 승진 및 수당
에 혜택을 줌으로써 실력 향상을 독려한 측면도 유사하다. 경찰관들
은 앞서 살펴본 조선어 장려 시험을 봐도 되지만 경찰관들만을 위한
내부 시험도 있었다. 김은희(2019:43~47)에 제시된 ① 1925년 충청
북도 훈령 지방경찰관 시험, ② 1926년 강원도 훈령 지방경찰관 시험,
③ 1926~1927년의 경찰관통역겸장자 시험(警察官通譯兼掌者 試驗)
에 관한 규정에서 중요한 부분만 정리하면 다음과 같다.

[표 24] 경찰관 대상 조선어 시험 규정들(김은희, 2019:43-47)

	①	②	③
시험수준	제1기는 간단한 업무가 가능한 정도. 제2기는 업무 집행에 지장이 없을 정도의 수준. 2기 시험은 1기 시험 합격자에 한함		경찰 용어, 고사숙어, 보고서 작성, 경찰서장의 축사 의 번역이 가능한 수준 실무 중심 시험
시험과목	**필기시험** : 국어를 조선어로, 조선어를 국어로 번역 **구술시험** : 국어를 조선어로, 조선어를 국어로 통역하고 조선어 회화	**필기시험** : 국어를 조선어로 조선어를 국어로 해석 **받아쓰기** : 조선어를 듣고 쓴 다음 번역 **구술시험** : 국어를 조선어로, 조선어를 국어로 통역하고 조선어 회화 * 경우에 따라서 일부를 생략할 수 있음	**필기시험** : 번역 **구술시험** : 회화
합격기준	100점 만점에 필기, 구술 각각 60점 이상, 평균 70점 이상을 합격자로 함 2기 합격자는 조선어 교육을 면제할 수 있음	각 100점 만점에 60점 이상을 합격자로 함	

　위의 [표 24]의 경찰관을 위한 시험들의 공통적인 특징과 개별적으로 발견되는 특징들을 중심으로 살펴보면 다음과 같다. 편의상 일본인 경찰관 조선어 시험을 경찰관용 조선어 시험으로 명명하고자 한다.

　첫째, 경찰관용 조선어 시험은 시험의 내용을 경찰관 업무와 관련된 것에 집중하여 출제하며 일본인 경찰관들에게 조선어를 교육하고 그 숙달도를 측정한다는 측면에서 '일본인 경찰관을 위한 직업 목적 기반 숙달도 시험'의 공식 평가라고 할 수 있다. 경찰 강습소에서는 한국어를 필수 과목으로 정하여 경찰관 연수생들에게 가르쳤고 각 지방 경찰서에서는 별도의 한국어 수업과 시험이 시행되었다는 기록(김은희, 2019:54)을 보았을 때 성취도 평가로 생각할 수도 있겠지만 통일된 특정 교육과정과 교수요목에 기반을 둔 특정 교재에 근거한 시험으로 보기 어렵다. 당시 김은희(2019:49)에 소개된 8종의 경찰관용 조선어 교재의 존재만 보더라도 특정한 출제서에 기반하였다고 보기 어렵고 조선어 장려 시험의 등급 기준이나 ①의 시험 수준과 같이 총괄적인 준거 기준을 목표로 시험이 만들어졌으며, 수업과 학습은 경찰서 내부 혹은 경찰관 개인적으로 이루어진 것으로 보는 것이 적절하다. 시험의 시행과 더불어 교재들이 주로 경찰 관리들에 의해 다수 발간되었고 경찰관 업무에 한정되어 있는 것을 보았을 때 일본인 경찰관을 위한 특별 목적 시험의 성격을 가진다고 할 수 있다. 이에 대한 자세한 내용은 김은희(2019:51-54)를 참조할 수 있는데 이러한 평가의 성과로 1927년 통계 자료에 따르면 일본인 경찰관 80%가 한국어로 업무를 수행할 수 있게 되었다는 언급이 있다.

둘째, 경찰관용 조선어 시험은 자격을 가진 사람과 승진 대상자를 뽑는다는 의미에서의 선발 시험이면서 세부적으로는 자격 인증 및 승진 시험으로 볼 수 있다. 특수 목적의 직업 목적이라고 볼 수 있는 이 시험은 활용 목적이 경찰관 선발에 있지 않고 이미 선발된 경찰관들을 대상으로 조선어 능력을 평가하여 수당을 지급하고 승진에 혜택을 주는 것이므로 엄밀하게는 자격 인증 및 승진 시험이라고 할 수 있다. 물론 앞에서 언급했듯이 수당 혜택을 받는 사람을 뽑고 승진 대상자를 뽑는다는 측면에서 보면 넓은 의미의 선발 시험이라고도 할 수 있다. 또한 [표 24]의 ①에서 나타난 것처럼 1기와 2기의 등급 기준이 정해져 있고 낮은 등급을 통과해야 높은 등급 시험을 볼 수 있는 것은 조선어 장려 시험과 비슷한 등급제 시험이라고 할 수 있다. 그런데 [표 24]의 ②에 보면 시험 과목에서 경우에 따라 일부를 생략할 수 있다는 규정이 있는데 이는 시험 과목이 유동적일 수 있다는 것으로 대화의 통역이나 구술시험 같은 영역이 평가의 실용도적 측면에서 생략되었을 가능성이 높았을 것으로 추측된다. 만약 그렇게 된다면 구술 평가보다는 서면 평가인 번역 시험의 중요도가 더 높아졌을 가능성도 보인다.

셋째, 경찰관용 조선어 시험은 조선어 장려 시험과 유사한 형식으로 시험 과목을 선택하였는데 이는 구술 평가와 서면 평가를 동시에 실시하면서 읽기와 쓰기, 듣기와 쓰기, 듣기와 말하기의 언어 기술 통합 평가이며 번역(일부 통역) 중심 시험이라고 할 수 있다. 초량관어학소 시험이나 조선어 장려 시험과는 다르게 부분적으로나마 언어 기술 분리 평가가 보이지 않는다. 그리고 이 시험 역시 주관적 평가와 직접 평가가 사용되었다고 할 수 있다.

넷째, 경찰관용 조선어 시험은 합격 기준에 과락 점수가 제시된 점도 특징으로 발견된다. 위의 [표 24]의 ①에서 평균 70점 이상 합격 기준에 각 과목별로 60점 이상이어야 하는 것은 구술 평가와 서면 평가 모두에서 일정 수준 이상의 능력이 필요하다는 것을 나타낸 것으로 볼 수 있다.

다섯째, 경찰관용 조선어 시험에는 높은 내용 타당도를 위해 노력한 흔적이 보인다. 앞서 첫째에서 살펴보았듯이 시험 관련 대비 교재

들을 만든 사람들의 다수가 일선 경찰관들이었다는 점은 내용적으로
보았을 때 경찰관 업무와 관련된 것들을 많이 사용할 수 있도록 했다
는 점에서 내용 타당도가 높을 가능성이 있다. 내용 타당도가 높다고
확언할 수 없는 이유는 전체 문제를 다 보지 못했기 때문이다. 앞에서
제시한 조선어 장려 시험과의 비교를 위해 김은희(2019:48)에 제시된
1926년~1927년 경찰관 통역 겸장 시험의 기출 문제 일부를 예로 보
이면 다음과 같다.

鮮語國譯 문제의 예(황해도 경찰부)
① 점점 따뜻하게 되어서 전염병 류힝의 시기가 오는 고로 요동안에 믹일 파
  리를 잡으시오.
② 뎡당포, 고물상에는 각금 절도품을 지참하는 쟈가 잇는 고로 조곰이라도
  부정품으로 싱각하거든, 곳 경찰셔에 계출하시오.
③ 즈동챠의 통힝하는 도로에 쇼ㅇ를 놀게 하야 두는 것은 심히 위험하니 믹
  일 조심하시오.
④ 료리졈이며 음식뎜은 허가를 맛지 안으면 영업은 못해.

國語鮮譯 문제의 예(함경남도 경찰부)
① 山は險しく道ハ判りませんでしたがとうとう尋ねて行きました
② 特に目立たぬ樣に内々事件の成行きをご御知らせ被下度幾重にも御願申
  上げす
③ 御前の樣に世の中を騷がすものは斷じて許すことが出來ぬそれでも悟レ
  ナイか

[문항 예시 6] 경찰관 통역 겸장 시험의 기출 문제(김은희, 2019:48 일부)

여섯째, 경찰관용 조선어 시험은 공식적 평가이며 상대적으로 중
규모의 총괄 평가 형식으로 볼 수 있다. 경찰 전체 규모면에서 보
면 1927년 전국에 조선 총독부의 경찰 관련 시설은 2,979개소이고

근무하는 경찰 관리 중 일본인은 12,139명이었다고 한다(김은희, 2019:46) 그렇다면 무척 큰 규모의 대규모 시험이 진행된다고도 할 수 있지만 문제는 경찰관용 조선어 시험이 경찰 기관 자체의 조선어 평가 시험, 각 지방 경찰부의 조선어 통역 겸장 시험으로 치러지고 또 조선어 장려 시험으로 대신할 수도 있다는 점이다. 경찰관용 조선어 시험 규정에 보면 시험을 출제하고 채점하는 사람의 자격에 대한 언급이 없고 규정에 모두 경찰부장 및 경찰 서장이 교육과 시험에 대한 권한과 책임이 있다. 그리고 시험 답안은 경찰부에서 채점이 되고 그 성적이 각 해당과에 통보된다는 것으로만 나와 있어서 더더욱 규모를 확인하기 어렵다. 김은희(2019:47)에 1926년 6월 황해도 경찰부에서 시행한 경찰관 통역 겸장 시험 응시자는 일본인 136명, 조선인 113명이었고, 1935년 3월에 시행한 충청북도의 경찰관 통역겸상 시험의 응시자는 100여명이었다는 언급을 보면 각 지방별로 시험이 치러진 것이 확실하고 그 규모도 적지는 않다. 그러나 대규모 표준화 평가로서 이 시험이 제작되고 시행되었는지는 명확하지 않기 때문에 상대적으로 중규모라고 판단하는 것이다. 그리고 자체 평가로 이루어진 시험의 특성상 채점 신뢰도 등에 대해서는 확실하게 무엇인가를 언급하기 어렵다.

다. 신라시대부터 1958년까지 외국어 평가와 조선어(한국어) 평가 정리

지금까지 신라의 독서출신과, 조선의 사역원 시험을 통해 우리 선조들에 의해 이루어진 중국어·몽골어·일본어·여진어에 사용된 외국어 시험들과 초량관어학소의 시험과 조선어 장려 시험, 경찰관용 조선어 시험을 통해 19세기 말부터 1958년까지의 조선어(한국어) 시험에 대해 살펴보았다. 이 시기의 교수법과 평가 유형의 특징을 4장의 [표 17] 영어 평가의 역사와 같은 방식으로 시기별로 교수법과 평가 유형을 정리하면 [표 25]와 같다.

이에 대해 설명부터 하면 다음과 같다. 우리나라에서 시행된 외국어 시험과 일본의 조선어 시험을 통해 보았을 때 대상 언어는 다르고 시기적으로도 다르지만 공통적인 경향의 교수법이 보이는데 이를 '대역식(對譯式) 교수법'으로 일컫는 것이 타당해 보인다. 앞에서 이것이 서양식 문법번역식 교수법과 다르다는 것은 언급한 바 있다.

언어 교육에 대한 과학적이고 이론적인 접근이나 체제가 잡히지 않은 상황에서 과거 우리 조상들은 외국어 학습의 목적은 대부분 통역이나 번역이었다. 이는 한 언어를 다른 언어로 중개하는 역할을 하는 것으로 두 언어에 대한 능력이 모두 활용될 수밖에 없다. 따라서 외국어 학습에서는 모국어의 사용이 필수적으로 요구되는 상황이었을 것이다. 그리고 [표 25]에서 볼 수 있듯이 시대마다 지역마다 역어, 복문, 역문 등 세부적인 용어는 다르더라도 목표어와 모국어를 사용하여 의미를 전달하고 이해하는 방식은 동일하게 등장하였으며 자연스러운 교수 방법이 되었을 것이다.

중국 북송(北宋)시대 손목(孫穆)이 1103년에 사신을 수행하여 고려에 다녀간 뒤 편찬된 편찬한 견문록이자 어휘집인 『계림유사』나 15세기 말 명(明)나라 때 회동관(會同館)의 통사(通事)들이 사용한 한·한대역(韓·漢對譯) 어휘집(語彙集)인 『조선관역어』 등은 이러한 대역식 교수법의 경향을 보여 주는 것이며 이후 중국어 교재인 『번역노걸대』와 『노걸대언해』, 일본어 교재인 『첩해신어』, 일본인을 위한 조선어 교재인 『교린수지』 등 다양한 대역식 교재들이 등장하는 것 역시 '대역식 교수법'을 확인할 수 있는 증거라 할 수 있다.

[표 25] 신라부터 1945년까지 시험에 나타난 외국어(조선어) 교수법과 평가 유형

평가 언어	교수법	평가 시기와 시험	평가 유형
우리나라 외국어 평가 (중국어, 몽골어, 일본어, 여진이)	대역식	신라 독서출신과	중국어 원전 읽고 한국어로 해석(독해)
			언어 기술 분리 평가
	대역식 (강서/ 사사/ 역어/ 강론)	조선 사역원	강서(읽고 낭독하기) 강론(2인 대화) 사사(외워서 쓰기) 역어(외국어로 번역)
			언어 기술 통합 평가 언어 기술 분리 평가
과학 이전 시기 일본의 조선어 평가	대역식 (복문)	19세기 말 초량관 어학소	암송(조선어 읽고 외워 말하기) 복문(조선어로 재번역) 회화(정확히 알 수 없지만 듣고 말하기)
			언어 기술 통합 평가 언어 기술 분리 평가
	대역식 (복문/ 복역)	일제강점기 조선어 장려 시험 경찰관용 조선어 시험	해석(구어체문장 읽고 두 언어로 번역) 역문(문어체문장 읽고 두 언어로 번역) 서취(문장 듣고 조선어로 쓰고 재번역) 대화(문장 읽고 두 언어로 통역) 작문(서한문 쓰기) 조선어구술(정확히 알 수 없지만 말하기)
			언어 기술 통합 평가 언어 기술 분리 평가

따라서 대역식 교수법은 모국어를 활용한 외국어 교수 · 학습 방법으로 '대역(對譯)'은 특별한 설명 없이 목표어에 대응하는 모국어를 말이나 글로 제시하는 것을 의미한다. 이 때 대역의 대상은 처음에는 문장과 단어(대역 어휘집)와 발음에 집중되어 나타났으나 문법 개념이 도입된 이후에는『국선문대역법』에서 볼 수 있듯이 문법 항목도 개별적인 대역의 대상이 된 것으로 보인다. 발음의 대역은 최세진의『번역노걸대』에서 원문에 중국어의 음을 방점과 함께 한글로 단 것 등에서 발견된다. 간단하게 설명하면 '큰형님'을 나타내는 중국어 '大哥'에 방점과 한글을 사용하여 발음 [따거]를 표기한 것을 볼 수 있다. 아래『번역노걸대』에서 발음과 문장 대역을 확인할 수 있다.

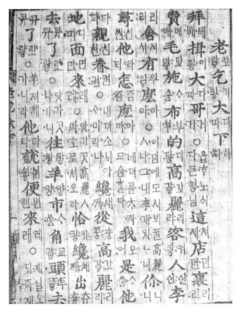

[그림 29] 최세진의 『번역노걸대』(출처: 한국민족문화대백과)

대역식 교수법의 목표는 독해를 포함한 문어 능력인 번역과 구어 능력인 통역 모두를 포함한다. 따라서 주된 목표가 독해 위주인 문법 번역식 교수법과는 차이가 있으며 문법 규칙을 설명하는 것이 아니라 문법 대역을 제시하는 것이므로 문법에 대한 사용 양상도 전혀 다르다고 할 수 있다. 대역식 교수법의 구체적인 모습은 위에서 제시된 강서, 강론, 역어, 복문, 해석, 역문 등 시험 과목으로 제시된 모든 방식을 통해 실현된다고 할 수 있다.

여기에서 제안하는 대역식 교수법과 서양의 문법번역식 교수법의 차이는 다음과 같다. 아래 표에 기술한 문법번역식 교수법의 특징은 Brown(2007, 권오량 외 역, 2008:20)의 내용이며 이에 대응하는 대역식 교수법의 주된 특징을 [표 26]에 번호를 대응해 제시한다.

내역식 교수법은 언어 평가 역사 중 과학 이전 시기에 동양을 중심으로 이루어진 언어 교수법으로 자리매김할 수 있으며 그 시기 한국어(조선어) 평가에도 영향을 미쳤다고 볼 수 있을 것이다.

고대를 시작으로 근대까지 우리나라를 비롯한 동양의 언어 교육에 대한 연구들이 교재 연구를 비롯해 점차 늘어가는 것은 기쁜 일이다. 그러나 이러한 연구들의 결과를 서양의 언어 교육 이론으로만 해석하려고 하는 것은 동양의 언어 교육 현상의 본질을 벗어나기 쉽다. 따라서 '대역식 교수법'과 같은 용어와 개념의 설정은 동양의 독자적인 언어 교수법과 평가를 이해하는 데 적절한 방식이며 이런 노력들이 더 많이 나오길 희망하는 바이다.

[표 26] 대역식 교수법과 문법번역식 교수법의 비교

대역식 교수법	문법번역식 교수법
1. 수업은 모국어와 목표어로 진행되며 목표어의 능동적인 사용을 독려한다. 2. 주로 문장 차원(담화로 확장 포함)에 대응되는 모국어와 목표어의 대역 문장을 제시하며 대역 발음이나 대역 어휘를 제시하고 가르친다. 3. 문법 설명은 없다. 4. 문법 개념이 생긴 시점 이후에도 대역 문법 항목을 제시하고 가르친다. 5. 교육 대상에 따라 유교 경전과 같은 고전 문장뿐 아니라 직업군에 따른 구어체 문장을 읽고 번역하고 말하도록 한다. 6. 글의 내용에 관심이 많다. 교육 대상에 적절하지 않은 내용은 적극적으로 수정한다. 7. 의미 해석하기, 낭독하기, 암송하기, 번역하기, 통역하기, 베껴 쓰기, 2인이 대화하기 등 다양한 훈련을 통해 듣기·말하기·읽기·쓰기의 네 가지 기술을 잘 하는 것이 목표이다. 8. 교재에 대역 발음을 제시하거나 원어민 교수를 통해 발음 교육이 보완되도록 한다.	1. 수업은 모국어로 진행되며 목표어의 능동적인 사용이 거의 없다. 2. 개별적으로 독립된 단어 목록의 형태로 많은 어휘를 가르친다. 3. 복잡한 문법에 대해 길고 정교한 설명을 해 준다. 4. 문법은 단어들을 결합하는 규칙을 제공한다. 교수는 가끔 단어의 형태와 어형 변화에 초점을 맞춘다. 5. 일찍부터 어려운 고전 문장들을 읽는다. 6. 글의 내용에는 거의 관심을 기울이지 않고 단지 문법적인 분석을 위한 연습으로 간주한다. 7. 종종 유일한 훈련은 서로 독립된 문장들을 목표어에서 모국어로 번역하는 것이다. 8. 발음에는 거의 혹은 전혀 관심을 기울이지 않는다.

지금까지 살펴본 5개의 시험을 4장의 [표 15]에 적용해서 정리하면 다음과 같다. ○는 해당됨, △는 위에 설명된 바와 같이 판단하기 모호

한 경우, ⊙는 구술과 서면 두 가지 모두 사용된 경우에 상대적 비중이 더 높은 경우를 나타낸다.

[표 27] 신라시대부터 일제강점기까지 우리나라 외국어시험과 일본인 조선어시험

분류 기준	시험 종류	신라 독서 출신과	조선 사역원	초량관 어학소 시험	조선어 장려 시험	경찰관 조선어 시험
평가 대상		6두품 관료	사역원 생도와 역관	통역관 지망 생도	일본인 관리	일본인 경찰관
평가 내용별	일반목적				○	
	학문목적	○				
	직업목적	○	○	○		○
평가 목적별	숙달도				○	○
	성취도	○	○	○		
	진단			○		
	선발	○	○		○	○
	배치					
	적성					
분류 기준	평가 종류	신라 독서 출신과	조선 사역원	초량관 어학소 시험	조선어 장려 시험	경찰관 조선어 시험
응답 양식	구술	○	⊙	○	○	○
	서면		○	⊙	⊙	⊙
의도	비공식적					
	공식적	○	○	○	○	○
기능	형성			○		
	총괄	○	○	○	○	○

분류 기준	평가 종류		신라 독서 출신과	조선 사역원	초량관 어학소 시험	조선어 장려 시험	경찰관 조선어 시험
해석	규준 지향(상대)		○	○			
	준거 지향(절대)		◉	◉	△	○	○
관리	교실(내부)		○	○	○		△
	대규모(외부)					○	△
정답 수	객관적						
	주관적		○	○	○	○	○
표본 관찰 방식	직접		○	○	○	○	○
	간접						
평가 요소	분리	언어 요소 분리					
		언어 기술 분리	○	○	○	○	
	통합	언어 요소 통합					
		언어 기술 통합		○	○	○	○
시간	속도						
	능력		○	○	○	○	○
기타 기준	자기/동료/컴퓨터				동료 평가 ○		

이들 시험을 전체적으로 고찰해 보면 다음과 같은 특징이 발견된다.

첫째, 모두 공무원과 역관(통역/번역사) 등 전문직을 대상으로 한 시험이었다. 따라서 대부분 직업 목적 시험이라 할 수 있다. 조선어 장려 시험도 시험의 내용상으로는 일반 목적 시험으로 분류될 수 있지만 그 대상은 일본인 관리였으므로 같은 맥락으로 이해할 수 있다.

둘째, 시대가 발전함에 따라 교실 기반 성취도 시험에서 대규모 숙달도 시험으로 규모에 있어 점차 확장되는 것을 볼 수 있다. 특히 조선어 장려 시험은 발견된 시험 연구 중에서 대규모 숙달도 시험으로 보이는 첫 사례라 할 수 있다. 이러한 변화는 시대의 흐름이고 요구에 따른 당연한 결과로 보인다.

셋째, 독서출신과와 사역원 시험과 같은 외국어 평가에서는 구술 평가가 중요했던 반면 일본인을 위한 조선어 시험에서는 서면 평가가 상대적으로 더 큰 비중을 차지했던 것으로 나타난다.

넷째, 독서출신과와 사역원 시험에서는 준거 지향 평가를 기반으로 하고 소수 인원 선발을 위해 점수를 통한 규준 지향 평가를 함께 활용하였고 다른 시험들에서는 대부분 준거 지향 평가를 사용한 것으로 보인다.

다섯째, 독서출신과에서는 독해 중심 언어 기술 분리 평가가 사용되었고, 경찰관용 조선어 시험에서 언어 기술 통합 평가가 주로 사용되었다. 반면에 나머지 세 시험은 언어 기술 통합 평가를 주로 많이 사용하면서 언어 기술 분리 평가도 부분적으로 사용한 것으로 나타난다.

최종적으로 과학 이전 시기 한국어(조선어) 평가를 정리하면 '대역식 교수법'의 영향으로 모국어를 목표어로, 혹은 목표어를 모국어로 번역하고 통역하는 형식의 언어 기술 통합 평가와 언어 기술 분리 평가가 구술과 서면 평가 형식으로 함께 사용되었다고 할 수 있을 것이다.

이러한 연구는 기존 학자들의 훌륭한 연구를 바탕으로 언어 평가의 입장에서 논의를 정리하고 해석한 것으로 연구 자료도 부족하고 필자의 역량도 부족한 현재의 상황에서 조금이나마 한국어 평가의 뿌리와 흐름을 파악해 보고자 하는 의도임을 다시 한 번 밝히는 바이다. 앞으로 현대 이전 시기의 다양한 한국어 시험 자료들이 발견되고 연구되기를 희망한다.

4) 문법번역식-심리측정학적-구조주의 시기
: 1959년부터 현재까지

이 시기는 Spolsky(1976)의 심리측정학적-구조주의 시기를 원형으로 하지만 한국어 평가는 문법번역식 교수법과 심리측정학적-구조주의 시기가 혼용된 시기로 보는 것이 적절해 보인다. 여기에서의 혼용은 1:1의 동일한 비중으로 사용되었다는 것이 아니라 심리측정학적-구조주의의의 평가적 형식과 문법번역식 교수법이 상황에 따라 가감이 되면서 어느 경우에는 문법번역식 교수법이 우세하게 또 다른 경우에는 심리측정학적-구조주의가 더 우세한 방식으로 혼재되었다고 보는 것이다.

심리측정학적-구조주의 한국어 평가의 시기를 1959년을 기점으로 한 이유는 현대적 의미의 한국어교육이 1959년 연세대학교 한국어학당에서 시작된 데에 있다. 그러나 더 중요한 지점은 연세대학교 한국어학당에서 1960년에 발행된 외국인을 위한 한국어 교재인『An Intensive Course in Korean Book1 한국어 교본』이 '구조주의 언어학'의 영향을 받아 제작되었기 때문이다. 이 책의 저자인 박창해 국어국문학과 교수는 1959년 연세대학교 한국어학당 학감을 맡아 직접 책을 저술하였다. 따라서 1960년에 발행되었지만 1959년을 기점으로 삼는 것이 적절할 수 있다. 박창해(1990:1-4)에서 그는 1955년 미국 뉴욕의 컬럼비아 대학에 머물면서 구조언어학에 대한 본격적인 연구를 하였고 우리말 연구에 적용할 구조언어학 이론의 틀을 만들었다고 하였다. 또 이 골격을 엮어서 한국어 교사를 위한 『국어구조론』을 지었으며 그 후 얼마간 수정을 거쳐 외국인을 위한 한국어 교재 『An Intensive Course in Korean Book I』에 넣어 문법과 발음 교육에 활용하면서 교육 실험을 한 바가 있다고 밝혔다(여찬영, 2011:260). 따라서 이 교재를 구조주의 언어학자의 전문적 지식이 투영된 최초의 한국어 교재라 할 수 있을 것이다. 물론 이 당시에 바로 객관식 언어 요소 분리 평가가 시행되었는지를 확신하기는 어렵다. 그러나 정확히 언제부터인지는 모르더라도 심리측정학과 구조주의 언어학이 결합된 이 시기의 영어 평가 형식을 한국어 평가에도 적용하여 수업과 평가에서 얼마만큼씩은 구현이 되었을 것으로 추정할 수 있다. 그래서 이 시점을 심리측정-구조주의 시기의 시작 시점으로 보는 것이다.

문법번역식 교수법의 관점이 결합되었다고 보는 이유는 다음과 같다. 여기에서는 완벽히 해결할 수 없지만 하나의 가설을 이야기하면 1959년 한국어학당이 시작되고 또 1960년 교재가 출판된 시점에서 과연 구조주의 언어학에 기반을 한 청각구두식 교수법이 시행되었을까 하는 부분이다. 즉, 문법 설명은 피하고 귀납적인 추론을 강조하며, 초급 수준에서는 번역을 금지하고, 말하기가 완전 학습될 때까지 읽기와 쓰기를 미루는, 문형 위주의 습관 형성 교수 방법인 청각구두식 본연의 교수법이(권오량 외 역, 2008:54) 시행되었다고 확신하기 어렵다. 1950년대 구조주의 언어학에 기반한 청각구두식 교수법이 언어 교육 전문가가 아닌 국어학 전문가에 의해서 시도되었을 가능성도 없진 않지만 당시로는 희박해 보인다. 따라서 한국어를 가르친 당시의 교수들이 경험했을 영어 교수법인 문법번역식 교수법이 실제 현장에서는 적극적으로 활용되었으리라 추정해 볼 수 있다. 이영식(2008:88)에서는 1945년 독립 후 1970년대까지 영어 교육과 평가에서 문법번역식 영어 교수법과 평가의 모습이 드러난다고 하는 점도 당시 영어 교육을 받은 교수들에게는 문법번역식 교수법이 익숙했을 것이고 구조주의 언어학의 틀로 교재를 집필하더라도 실제 교수 현장에서는 문법번역식으로 가르치는 것이 더 자연스러웠을 것이다.

　논점에서 벗어나기 때문에 교재와 관련된 상세한 기술은 여기에서는 하지 않지만 『An Intensive Course in Korean Book1 한국어 교본』의 '문법 구조 개관'이라는 부분에서 48쪽에 걸쳐 문법 설명이 연역적으로 제시된 것(여찬영, 2011:261-262)도 청각구두식보다는 문법번역식 교수법의 일환으로 설명될 수 있다. 또한 당시 평가의 모습을 추정해 볼 수 있는 연습 문제를 보면 영어와 한글 문장 상호 바꾸어 쓰기 연습, 서술문과 의문문·명령문·청유문으로의 교체, 단어 제시 후 문장 만들기, 문장 요소 빈칸 채우기, 수식어 쓰기, 문장 완성하기, 한국어 문장을 영어로 번역하기, 질문에 대답하기, 적절한 조사와 접미사 선택하기 등(여찬영, 2011:272)이 사용되고 있다. 이는 한국어 구조에 집중된 연습도 보이지만 문장 바꾸어 쓰기 연습이나 한국어 문장을 영어로 번역하기 등은 문법번역식 교수법이 반영된 것으로 볼 수 있다.

　물론 이는 가설이고 이러한 형식의 한국어 시험 문항을 현재 발견하지 못한 상황이다. 그러나 문법번역식 교수법은 수많은 교수법의 개혁 시도에도 끄떡없이 오늘날까지도 너무도 많은 교육 현장에서 시도되고 있다고 한 Brown(2007, 권오량 외 역, 2008:20)의 논의처럼 한국의 영어교육과 한국어교육 분야에서도 지금까지 그 영향력을 무시하기 어려운 것 또한 사실이다. 따라서 심리측정학적-구조주의의 영향과 문법번역식 교수법의 영향이 상황에 따라 목적에 따라 비중을 달리하면서 결합된 한국어 평가가 시도되고 개발되었다고 보는 것이 적절해 보인다. 더욱 이 연구에서는 과학 이전 시기를 대역식 교수법이 주된 시기로 보았기 때문에 1959년 이후 현대 한국어 교육과 평가에서 언어 교수법으로 영향력을 가진 문법번역식 교수법의 영향을 이 시기에 도입하는 것이 이론적 관점에서도 더 적절하고 판단된다. 이러한 가설들은 향후 실증적 자료에 의해 강화되거나 보완되고 수정될 수 있을 것이다.

앞에서도 언급한 바와 같이 여러 가지 현실적 문제로 공개되지 않거나 공개하기 싫어하는 기관의 성취도 시험으로 한국어 평가의 모습을 확인하는 것은 어렵다. 따라서 공식적으로 사용되고 있는 시험이나 출판물을 통해 확인할 수밖에 없다. 그 중 잘 알려지지 않았지만 이 시기의 한국어 평가의 모습을 잘 보여주고 있는 책이 있다. 1996년에 고려대학교 한국학연구소에서 출판된 『한국어 능력평가: Korean Language Proficiency Test』이다. 이 책은 국어학을 전공한 국어국문학과와 국어교육학과 교수들이 주축이 돼서 만든 것으로 음운, 형태, 통사·의미, 어휘, 문장에 대한 국어학 설명을 한국어로 자세하게 제시하고, 이에 해당하는 객관식 시험 문제를 제시하고 있다. 음운, 형태, 통사·의미, 어휘, 문장으로 나눈 것은 [그림 27] 수형도의 구조주의 언어 분석과 관련되며 객관식 시험 문항은 심리측정학과 관련된다. 또한 국어의 언어 구조에 대한 국어학적 설명이 자세하게 제시된 것은 문법번역식 교수법의 특징으로 볼 수 있다. 이 책에는 한국어로 제시가 되었지만 실제 현장에서는 영어와 같은 학습자의 모국어로 교수되었거나 영어 설명이 첨부된 교재가 제시되었을 가능성도 있다.

『한국어 능력평가: Korean Language Proficiency Test』의 특징을 살펴면 다음과 같다.

먼저 이 책에 제시된 문제들 중 많은 문제들은 그냥 보기에도 국어학 문제처럼 보인다. 그런데 책머리에 적힌 글을 보면 분명히 국어능력 평가를 위한 것이 아니라 외국인을 위한 한국어 능력 평가를 위한 책이다.

> 우리의 한국어가 국제사회에서 문화 언어로서의 위치와 영역을 확보하도록 힘을 기울이지 않으면 안 될 것이다. 이런 뜻에서 (중략) 안내가 될 하나의 교본을 만들어 내 놓는다. 비록 지극히 초보적인 것이지만 어떤 형태의 모형이라도 있어야만 연구와 논의의 시작이 될 수 있기 때문이다. (중략) 앞으로도 이에 대한 이론적인 연구의 뒷받침과 함께 평가 기준, 평가 등급에 관한 연구로 더욱 객관화를 시도할 계획이며, 발견되는 부족한 부분의 보완도 뒤따라야 되리라 생각한다. 이 책은 대학에서의 교양작문시간에 실용 문제로 활용하는 데도 적절할 것이면서 나아가서는 언어숙달도 측정 평가에도 활용할 수 있으리라 생각한다.
>
> (책 머리 중에서 일부 발췌)

저자 중 한 분이 이 책에 대해 좋은 점이든 나쁜 점이든 한국어교육을 전공하는 사람의 눈으로 많이 언급해 달라고 말씀하셨던 기억으로도 이 책은 외국인을 위한 한국어 평가 문항 모음집이라고 할 수 있다. 먼저 국어학 지식을 측정하는 문항의 예부터 보이면 다음과 같다.

음운 (49쪽 참조)	70. 아래의 설명이 올바르지 <u>못한</u> 것을 고르시오. 　(ㄱ) 한국어의 전설모음과 후설모음에는 모두 원순모음이 있다. 　(ㄴ) 한국어에서의 /외/는 대개 단모음으로 발음한다. 　(ㄷ) 한국어에서 /으/는 /우/보다 혀의 앞 쪽에서 발음한다. 　(ㄹ) 한국어에서 /오/는 /우/보다 개구도가 작다.
	[설명] /외/는 한국어의 기본모음체계에서 단모음으로 설정되었 지만 실제로는 이중모음으로 발음하고 있다. [정답] (ㄴ)
형태 (104쪽 참조)	(29~33) 다음 중 밑줄 친 낱말의 구성 방식이 다른 것은? 29. (ㄱ) <u>새로이</u> 마음을 정리했다. 　(ㄴ) 성적이 <u>날로</u> 향상된다. 　(ㄷ) 연기가 나지 않게 <u>덮개로</u> 덮어라. 　(ㄹ) <u>말없이</u> 고이 보내드리우리다.
	[설명] '새로이, 날로, 말없이' 등은 가가 '새로, 날(日), 말없다'에서 파생 부사들이지만 '덮개'는 '덮다'에서 파생된 명사이다. [정답] (ㄷ)

[문항 예시 7] (『한국어 능력평가 Korean Language Proficiency Test』
:1996, 국어학 지식 평가 문항 예시)

　이러한 문항들은 지금의 눈으로 보면 국어학 지식을 묻는 것이기 때문에 한국어교육 평가 문항으로 부적절하다고 판단이 될 것이다. 그러나 당시에는 언어 교육 전문가가 아니라 국어학 전문가인 국어학 교수들이 외국인을 위한 한국어 교육 현장에 있었기 때문에 한국어를 가르칠 때 국어학 지식을 설명하는 것은 어쩌면 당연한 교수 방법이었고 당연한 교수 내용이었을 것이다. 이는 앞에서 설명한 문법번역식 교수법과의 관련성과도 일치하는 상황이다.

다음으로 이 책의 모든 문항들은 음운, 형태, 통사, 의미, 문장의 언어 요소에 대해 객관식 분리 문항으로 제시하고 있어서 심리측정학적-구조주의 시기의 모습을 아주 잘 보여주고 있다. 각 언어 요소 범주별로 한국어 능력을 측정하는 문항을 한두 가지씩만 뽑아 보면 다음과 같다. 이 책에서는 읽기 영역의 서면 평가 형식으로 문항이 제시되어 있다. 여기에서는 사지선다형 문항만 제시했지만 답이 하나로 통제된 단답형 문항도 확인할 수 있다.

| 음운
(25쪽
참조) | 13. 〈보기〉의 문장에서 밑줄 친 단어의 소리를 올바르게 적은 것을 고르시오.
〈보기〉: 철수는 장학생이다. 그는 <u>낮</u>과 밤을 가리지 않고 열심히 공부한다.
(ㄱ) [낮과]   (ㄴ) [낟꽈]   (ㄷ) [낟과]   (ㄹ) [낟꽈]

[설명] '낮'의 'ㅈ'은 음절말의 위치에서 'ㄷ'으로 소리가 난다. 또한 뒤에 오는 예삿소리(평음) 'ㄱ'을 된소리(경음)으로 소리나게 한다.
[정답] (ㄴ)

14. 〈보기〉의 문장에서 밑줄 친 부분의 소리가 올바르지 <u>못한</u> 것을 고르시오.
(ㄱ) 영희는 <u>여덟</u> 개의 빨간 모자를 샀다.
(ㄴ) 그 강이 <u>넓다</u>고 건너지 못 하겠느냐.
(ㄷ) 강아지가 내 손을 <u>핥다</u>가 깨물었다.
(ㄹ) 그녀는 철수의 발을 <u>밟고</u>도 모른 척 하고 있었다.

(ㄱ) [여덜]   (ㄴ) [널따]   (ㄷ) [할따]   (ㄹ) [발꼬]

[설명] 겹받침 'ㄼ', 'ㄾ'은 어말 또는 자음 앞에서 'ㄹ'을 발음한다. 다만, '밟다'는 자음 앞에서 [밥]으로 발음한다. 중요한 것은 '넓…'은 '넓죽하다', '넓둥글다'와 같은 경우에는 [넙]으로 발음한다는 점이다.
[정답] (ㄹ) |

형태 (102쪽 참조)	21. 다음 말 중에서 올바르게 쓰인 것은? (ㄱ) 하나 사람 (ㄴ) 둘 사람 (ㄷ) 세 사람 (ㄹ) 넷 사람 [설명] 수사는 관형사로 쓰여 뒤에 나오는 체언(이 경우 주로 단위명사)을 수식하는 역할을 할 때는 '한, 두, 세, 네'로 그 형태가 바뀐다. 뒤에 나오는 단위명사가 무엇이냐에 따라 '셋, 넷'은 '서, 너'(말) '석, 넉'(되)로 바뀌기도 한다. [정답] (ㄷ)
통사 (221쪽 참조)	112. 여러분도 _____ 오늘날의 환경문제는 심각한 지경에 이르렀습니다. (ㄱ) 안다 하여도 (ㄴ) 알 망정 (ㄷ) 알다시피 (ㄹ) 안다 하지만 [해제] 앞에 놓인 종속절이 뒤에 오는 주절에 순조롭게 얹히는 것이 내용상 자연스럽다 [정답] (ㄷ) 113. 요즈음은 시험기간이라 도서관에서 _____ 합니다. (ㄱ) 사는 바와 같이 (ㄴ) 살려니와 (ㄷ) 살 망정 (ㄹ) 살다시피 [해제] 동사 '하다' 앞에 놓여 부사 기능을 하는 형태를 찾아야 한다. [정답] (ㄷ)
문장 (318쪽 참조)	(26~40) 문맥으로 보아 다음 ( )에 들어갈 내용으로 가장 알맞은 것을 고르시오. 26. ( ) 한국에는 김치가, 중국에는 만두가, 인도에는 카레가 있다. (ㄱ) 세계에는 공통된 음식이 없다. (ㄴ) 후진국에는 독특한 음식이 있다. (ㄷ) 독특한 음식을 가지고 있으면 선진국이 아니다. (ㄹ) 세계 여러나라가 독특한 음식을 가지고 있다. [정답] (ㄹ)

어휘 (284쪽 참조)	(139~149) 다음을 읽고 물음에 답하시오. (ㄱ)이지음 전통에 대한 반성과 모색이 왕성하게 논의 되기 시작한 것은 우리 문화의 자각과 전망을 위하여 (ㄴ)미더운 일이요, 또 마땅히 있어야 할 일이어서 이러한 관심의 (ㄷ)대두를 우리는 (ㄹ)동경하여 마지 않는다. 그러나 전통이란 말은 그 개념이 매우 (ㅁ)모호해서 (ㅂ)종잡을 수가 없는 데다가 논자에 따라 전통이란 말을 파악하는 각도가 다르고 거기에 부여하는 개념이 (ㅅ)한결같지가 않다. 그러므로 전통에 대한 논의는 몇 차례 (ㅇ)싹트긴 했어도, 제각기 단편적인 생각을 발표하고 서로 다른 개념을 가지고 (ㅈ)동문서답을 하다가 (ㅊ)흐지부지 식어 버리고 만 것이 이때까지의 (ㅋ)상례였다. 〈전통의 현대적 의미〉 139. 다음중 의미상 (ㄱ)과 거리가 먼 것은? 　　(ㄱ) 항간에　(ㄴ) 이 무렵　(ㄷ) 이 사이　(ㄹ) 차제에 140. (ㄴ)의 뜻풀이로 가장 적합한 것은? 　　(ㄱ) 밉지 않다　(ㄴ) 믿음성이 잇다 　　(ㄷ) 미래지향적이다　　(ㄹ) 아름답다

[문항 예시 8] (『한국어 능력평가 Korean Language Proficiency Test』:1996 문항)

따라서 『한국어 능력평가 Korean Language Proficiency Test』는 문법번역식-심리측정학적-구조주의 시기의 한국어 평가의 모습을 잘 보여주고 있는 자료라고 할 수 있다.

위의 책은 읽기를 중심으로 하고 있어서 발음에 관한 언어 요소 분리 평가를 확인하기 어렵다. 듣기에서 발음 등 언어 요소를 객관식으로 측정한 문항은 TOPIK 34회까지 초급 듣기에서 두 문항씩 출제되었다. 아래 문항은 34회 TOPIK 초급 듣기 1번으로 출제된 문항의 예시이다.

〈보기〉 (콩)이 있어요.

❶ 콩   ② 봉   ③ 통   ④ 종

1. (거울)이 있어요. (3점)
   ① 거울   ② 너울   ③ 서울   ④ 저울

[문항 예시 9] TOPIK 34회 초급 듣기 1번 문항

이런 문항 유형들은 2014년 개편 이전의 TOPIK에서 어휘 및 문법 영역과 쓰기 객관식 영역, 그리고 읽기 영역에서 높은 비중으로 발견되는 문항 형식이다. 2014년 개편 이후 2020년 현재까지 TOPIK I 읽기 영역 34~39번, TOPIK II 읽기 영역의 1~4번은 어휘와 문법 요소에 대한 객관식 측정이 이루어지고 있어 이 시기의 문항 유형이 지금도 사용되고 있음을 알 수 있다. 미국 SAT 한국어 시험에서도 Usage 부분 여덟 개 문제가 어휘와 문법 요소에 대한 객관식 평가 방식으로 이루어지고 있다. 따라서 한국어 평가의 심리측정학적-구조주의 시기의 시작은 1959년이지만 현재까지도 사용되고 있다고 할 수 있다.

4장에서 언급했듯이 언어 요소에 대한 분리 평가가 의사소통 능력을 증명하지 못한다는 연구와 이론이 많다. 그럼에도 TOEIC이나 TOEFL과 같은 영어 대규모 숙달도 시험에서도 한국어 대규모 숙달도 시험과 교실 시험에서도 여전히 사용되고 있다. 물론 그 비중이 크지 않고 문장 읽기나 담화 읽기 차원에서 독해 영역과 연결이 된다고도 할 수 있다. 그러나 실제로는 문장이나 담화를 읽지 않고 답으로 제시된 단어만 보고도 풀 수 있거나 텍스트 전체 의미를 몰라도 단어 앞뒤의 단어만 봐도 풀 수 있는 문제들도 많다.

6. 우리 언니는 오늘
　　숙제를 _____ 가는 바람에
　　학교에 _____ 다시 집에
　　돌아왔어요.

　　(A) 잊어버리고...... 가다가
　　(B) 잊어버리고......가면서
　　(C) 잃어버리고......가는데
　　(D) 잃어버리고......가지만

7. 이 차는 너무 낡아서
　　_____소용이 없을 거예요.

　　(A) 고쳐 보면
　　(B) 고쳐 봐야
　　(C) 고치므로
　　(D) 고치고야

나는 어려서부터 성격이 급해 서두른다는
말을 많이 들었다. 이런 성격 때문에 어른들
께 꾸중도 _____ 들었고, 늘 학교에 가지고
　　　　　　8
가야 할 것을 덤벙대고 집에 두고 가거나,
어디 놀러 갈 때는 이삼일 전부터 준비해 놓
으라고 야단법석을 _____ 어머니 속을 무척
　　　　　　　　　9
_____ 드렸다. 그러나 이 급한 성격 덕분에
　　10
숙제만은 학교에서 오자마자 먼저 해 놓고
놀기 때문에 숙제로 걱정 _____ .
　　　　　　　　　11

8. (A) 자주　　　9. (A) 덜어
　　(B) 마침　　　　(B) 들어
　　(C) 드디어　　　(C) 떨어
　　(D) 좀처럼　　　(D) 틀어

[문항 예시 10] 2020–21 SAT Subject Test Student Guide 한국어 샘플 문항

　이는 위에 제시된 예시 문항들에서도 쉽게 발견되는 현상이다. 그
리고 평가 과제의 실제성과 구인 타당도 측면에서 봤을 때에도 언어
요소 분리 평가를 사용하는 것은 고려가 필요한 부분이다. 대규모 숙
달도 평가에서 사용된다고 완벽한 시험이 아닐 수 있음은 앞에서도
언급한 바 있다. 따라서 이에 대한 타당성이 증명되지 않는다면 어휘
나 문법의 언어 요소들을 의사소통 능력을 평가하는 시험에서 측정하
는 것은 부적절하며 어휘 지식과 문법 지식의 진단 차원의 검사를 마
련하여 측정하는 것이 적절해 보인다.

5) 심리측정학적-의사소통적 시기: 2014년부터 현재까지

이영식(2008:93-96)에서는 한국의 영어 평가 역사를 제1기 과학이전의 시기, 2기 심리측정-구조주의 시기, 제3기 심리측정 및 준의사소통적 시기, 제4기 의사소통적 시기로 나누고 있다. 이는 한국의 영어 평가 역사에 Spolsky(1976)에서 언급된 3기 '통합적-사회언어학적 시기'는 나타나지 않았기 때문이라고 하였으며 대신 3기로 심리측정 및 준의사소통적(The Psychometric & Semi communicative Period) 시기를 설정한 것이다.

한국의 영어 평가 역사와 마찬가지로 한국어 평가 역사에서도 통합적-사회언어학적 시기의 단일 능력 가설에 의한 시험의 모습은 (아직) 발견되시 않았다. Oller 등의 학자들이 주장한 받아쓰기나 Cloze test 등 통합적 능력을 측정하기 위한 연습 문제나 시험 문항이 광범위하게 사용된 예를 찾기 어렵다. 교사 개인적으로 사용했을 수도 있고 기관 내에서 시도 되었을 수도 있으나 실제로 확인하기 어려운 상황이므로 잠정적으로 없다고 보는 것이 타당해 보인다. 따라서 한국어 평가 역사에서도 통합적-사회언어학적 시기는 없는 것으로 보는 것이 적절해 보인다. 대신 한국어 평가의 역사에서 심리측정학적-구조주의 시기 이후에는 심리측정학적-의사소통적 시기로 보고 그 시작 시점은 2014년으로 보고자 한다. 그 이유는 다음과 같다.

첫째, 2014년 35회부터 대규모 숙달도 한국어시험인 TOPIK에서 언어 요소 평가가 줄어들고 언어 기술에 집중한 평가 체제로 전환이 되었기 때문이다. 현재 한국어 평가 영역에서 긍정적이든 부정적이든 주도적인 역할을 하고 있는 공식적 숙달도 시험은 TOPIK이다. 따라서 공식적으로 공개된 한국어 평가 역사를 다룰 때 그 역할을 간과하기 어렵다. TOPIK은 2014년 7월의 35회 시험을 기점으로 해서 구체제 TOPIK과 신체제 TOPIK으로 나뉘며 평가 영역과 평가 문항 형식이 다음과 같이 수정된다.

[표 28] 구토픽 체제와 신토픽 체제의 평가 영역과 평가 문항 유형(TOPIK 웹사이트 참조)

	평가 영역		평가 문항 유형
구토픽 체제	어휘 및 문법		사지선다형 30문항
	쓰기		서답형 4~6문항 사지선다형 10문항
	듣기		사지선다형 30문항
	읽기		사지선다형 30문항
			⇓
신토픽 체제	토픽 I	듣기	사지선다형 30문항
		읽기	사지선다형 40문항
	토픽 II	듣기	사지선다형 50문항
		읽기	사지선다형 50문항
		쓰기	서답형 4문항 - 문장완성형(단답형): 2문항 - 작문형: 2문항 (200~300자 정도의 중급 수준 설명문 1문항, 600~700자 정도의 고급 수준 논술문 1문항)

2014년 35회 이전에는 언어 요소에 대한 평가인 어휘 및 문법 영역이 독립적으로 분리되어 있었고 전체적으로 객관식 문항이 많았다. 쓰기의 경우에는 1회부터 10회 시험까지는 1급 시험의 경우 30개 문

항 중 28개 문항이 사지선다형이고 나머지 두 문제도 단답형 쓰기로 간접 평가 형식이었다. 그리고 서답형 4~6 문항으로 변경된 이후에도 한 문항만 자유 작문이었고 2~4개 문항은 통제된 답을 유도하는 단답형이라고 볼 수 있다. 이런 현상은 2014년 35회부터 듣기·읽기·쓰기로 개편되어 분리된 언어 기술 영역을 측정하는 데에 집중한 시험으로 전환된다. 따라서 이때부터 TOPIK이 언어 기술에 집중한 의사소통적 평가의 모습을 갖추었다고 할 수 있다.

물론 현재 TOPIK에도 영역에 따라 어휘나 문법에 관한 문항이 여전히 존재하고 있는데 이는 지속적으로 이어지는 심리측정학적-구조주의 시기의 평가 모습을 나타내는 것이다. 또한 TOPIKⅡ 쓰기의 경우에도 언어 기술 평가의 외형은 갖추고 있지만 문장완성형 두 개 문항의 경우는 통제된 쓰기로 단답형에 가까우며 실제 채점에 있어서도 문법과 어휘 요소, 맞춤법 등 언어 요소에 집중한 분석적 채점이 이루어지는 것으로 파악된다. 따라서 의사소통적 평가를 지향하지만 심리측정학적 요소가 함께 작용하고 있는 것으로 볼 수 있다.

둘째, 다양한 한국어 교실 기반 평가에서는 실질적 의사소통적 평가가 이루어지고 있기 때문이다. 물론 교실을 기반 평가에서 TOPIK의 영향을 그대로 답습하는 경우(혹은 왜곡해 받아들이거나 응용하는 경우)에는 듣기와 읽기 그리고 쓰기에 집중한 TOPIK 형식의 시험이 이루어질 것이다. 그래서 현장의 교사들의 전언에 따르면 안타깝지만 2020년 현재에도 말하기 시험을 보지 않는 한국어 기관도 있으며 말하기 평가를 할 때 말하기라는 언어 기술과 소통의 성공 여부에 대한 채점이 아니라 수험자에게 답이 하나로 통제된(혹은 강요된) 단답형 말하기를 유도하고 그 발화를 녹음해 여러 번 들으면서 언어 요소인 발음, 어휘, 문법의 사용 여부를 확인하고 오류의 개수를 세서 점수화하는 방식으로 평가가 이루어지는 경우도 있다고 한다. 그러나 다행히 또 다른 한편에서는 TOPIK 시험 등 대규모 숙달도 시험과 무관하게 교육과정 본연의 내용과 구인에 집중하는 교실 평가로 인터뷰, 역할극, 토론 등과 같은 진정한 의사소통적 말하기 과제와 TOPIK에서 강조되는 논술식 쓰기를 넘어 편지, 수필, 일기, 메모 등 다양한 장르의 자유 작문 쓰기를 포함한 의사소통적 한국어 평가가 시도되고 또 실현되고 있다.

이러한 이유로 이영식(2008)의 한국의 영어 평가에서는 대학수학능력 영어시험이 객관식 문항으로 듣기와 읽기의 이해 영역에 집중하고 있고 이를 통해 표현 영역에 대한 간접 평가가 이루어지고 있다는 것을 근거로 하여 '심리측정 및 준의사소통적 시기'로 설정한 것과 달리 한국어 평가에서는 심리측정학적-의사소통적 시기로 설정한다. 여기에는 '준의사소통적'이라는 용어의 모호함에 대한 문제 의식도 포함된다.

단, 여기에서도 심리측정학적 경향과 의사소통적 경향이 1:1로 결합되거나 양분되어 있다는 의미는 아니며 상황에 따라 어느 한쪽이 우세하게 혹은 유사한 비중으로 나타날 수도 있고 완벽하게 이상적인 의사소통적 한국어 평가 모습이 혼재되어 있음을 의미한다. 아래 그림에서 a와 c는 한쪽이 주도적이고 우세한 경향을 나타낸 것이고 b는 의사소통적 한국어 평가의 모습으로 세 가지 유형들이 혼재되어 있는 상황이라고 할 수 있다.

[그림 30] 심리측정학적-의사소통적 한국어 평가 시기의 양상

이러한 경향은 Spolsky(2008)에서 언급된 현대 언어 평가의 타당도와 신뢰도의 끊임없는 논쟁, 즉 의사소통 능력의 타당한 평가와 신뢰도 있는 점수화에 관한 고민이 지속적으로 이어지고 있는 것과 같은 맥락으로 이해될 수 있다.

지금까지 설명한 한국어 평가의 시기를 정리해 보면 다음과 같다.

[표 29] 한국어 평가의 역사적 흐름과 특징

연도	한국어 평가 역사 시기		
19세기 말부터 1958년까지	과학 이전 대역식 시기(대역식 교수법과 대역식 평가법)		
1959년부터		문법번역식 -심리측정학적 -구조주의 시기 (문법번역식-객관식 문항-구조주의 언어학)	
1970년대			
1980년대			
1990년대			
2000년~2013년			
2014년부터			심리측정학적-의사소통적 시기(객관식-언어 기술 평가)
2020년 현재			

위의 표에서 확인할 수 있듯이 현재는 문법번역식-심리측정학적-구조주의 시기의 평가와 심리측정학적-의사소통적 시기(객관식-언어 기술 평가)의 양상이 혼재되어 있는 상황이라고 할 수 있다. 과학 이전의 대역식 시기를 표에 나타내면서 밑의 선을 점선으로 표시한 것은 현재에도 한국어 평가 현장 어디인가에서는 본문을 외워 말하는 암송식 교수와 평가 방법 등 대역식 교수법 시기에 사용된 전통적인 교수 기법의 흔적이 남아 있을 수도 있기 때문이다.

다시 언급하지만 이런 분류는 Spolsky(1976)의 과학이전 시기, 심리측정학적-구조주의 시기, 통합적-사회언어학적 시기, 의사소통 시기의 틀 안에서 설명되는 것이며 한국어 평가에서 실증적으로 확인할 수 있는 시험들을 통해 잠정적으로 제안하는 것이다. 풍성하고 정확한 후속 연구들을 통해 확실시 되거나 수정되고 보완되기를 바라는 바이다.

1. 다음을 한국어로 번역하시오. 그리고 이 시험 결과를 통해 자신의 영어 능력의 어떤 부분을 증명하고 있는지 분석해 보고 '과학 이전 시기'의 언어 능력 평가의 장점과 단점을 간단히 설명해 보시오.

> There once lived a woman who was always worrying about her two sons. They were both salespeople. The older son sold umbrellas and the younger sold straw shoes.
>
> One day after a long, wet rainy season, a neighbor stopped by to say hello. "Don't you feel happy now? The rainy season is finally over," she greeted the woman.
>
> "Well, I don't know. I'm anxious."
>
> "Why are you worried?"
>
> "Well, as you know, my older son sells umbrellas. In good weather, he can't sell anything."
>
> On a rainy day a week later, the neighbor stopped by again.
>
> "After all those hot days, isn't this rain nice?"
>
> "No, not at all," said the woman. "The rain worries me."

(출처: 중학교 1학년 영어 교과서)

2. [그림 30] 심리측정학적-의사소통적 한국어 평가 시기의 양상 a. b. c 시험 문항에 해당하는 것을 찾아서 발표해 보시오.

_____

_____

_____

_____

제

6

장

의사소통 능력과
언어 평가에 대한 제안

6장 의사소통 능력과 언어 평가에 대한 제안

 이 장에서는 다시 2장으로 돌아가서 언어 평가의 개념에 대하여 기존 논의들을 점검하고 거칠지만 새로운 대안을 제안해 보고자 한다. 현재 숙달도 대규모 언어 평가를 중심으로 한 의사소통 능력과 숙달도에 대한 개념은 대중적으로 잘 알려지고 맹신되고 있지만 그들 스스로도 밝히고 있다시피 완벽한 제안은 아니고 잠정적 협의일 뿐이다. 이들 개념에 대한 학자들의 주장 또한 마찬가지이다. 그렇다면 언어 교육을 실행하고 연구하는 입장에서 문제가 되는 부분이 무엇인지에 대해 지속적으로 고민하고 해결하려고 하는 것이 학문하는 사람의 소임일 것이다.

 여기에서 시도하는 목적은 너무나도 완벽한 인간의 언어 능력과 그 체제에 대해 완벽하게 해결하려는 욕심이 아니라 기존의 연구들과 성과들을 바탕으로 해결해야 하는 문제가 무엇인지에 대해 안내를 하고자 함이며 이에 대한 고민의 결과를 제안하는 것이다. 기존 연구들이 실증적 자료에 의거하지 않고 이론적 가설을 제안한 것에 용기를 얻어 이 제안이 또 하나의 동력이 되길 바라면서 이론을 바탕으로 한 가설을 제안해 보고자 한다. 논의의 방법은 기존 연구 결과에 대한 문제점을 제기하고 이에 대한 대안을 제시해 보는 식으로 진행한다. 그리고 2장과 관련된 내용이 많으므로 중복되는 것은 새로 제시하지 않고 기술할 것이다. 관련된 내용은 앞부분을 참조할 수 있다. 2장에서 바로 다루지 않고 6장으로 미룬 이유는 논의의 지루함도 있고 이를 설명하기 위해서는 3장에서 5장까지의 이론적 배경이 어느 정도는 필요했기 때문임을 밝히는 바이다.

1. 의사소통 능력의 용어와 개념 설정

언어 능력과 의사소통 능력을 언급할 때 핵심 용어는 '능력'에 관한 영어 'competence'와 'ability' 등의 개념에 관한 것이다. 학자들이 각자 사용한 언어 능력과 의사소통 능력을 지칭하는 용어와 개념에 대한 중요성은 1장의 5절에서 다룬 바 있다. 여기에서 다시 한 번 언급하는 이유는 이에 대해 최근의 경향을 살펴보고 그 개념을 확실히 해 보기 위해서이며 김유정(1999:28-30)에서 제안했던 의사소통 능력에 대한 개념도 수정하기 위해서이다. competence와 ability의 용어의 혼돈을 막기 위해 이 장에서는 competence는 '역량'으로 ability는 '능력'으로 사용할 것이며 설명은 논의 중에 이루어질 것이다.

우리나라 경영학 분야에서 competency는 '역량'이라는 용어로 사용이 된다. 이 개념은 여러 학자들에 의해 제안되는데 Mirabile(1997)에 따르면 '역량'은 직무를 수행하기 위해 필요한 KSAOs(knowledge, skill, ability, or other characteristics)의 네 가지 차원, 즉 지식과 기술과 능력과 다른 특징들의 결합으로 정의한다(구병모 외, 2010:143). competency와 competence는 유의어로 동일한 의미로 사용되거나 전자가 특정 직무에 관련된 능력이라면 후자는 개인의 일반적 능력으로 구별되기도 한다.

이러한 개념은 교육에서도 유사하게 발견된다. 유럽 의회 및 2008년 4월 23일 유럽 평생학습 자격 프레임워크의 설립에 대한 유럽 의회 권고안에 따르면 '학습 결과'는 학습자가 학습 과정을 완료했을 때 무엇을 알고, 이해하고, 할 수 있는지에 대한 진술을 의미하며, 지식과 기술 및 능력의 관점에서 정의된다고 하면서 '지식'과 '기술'과 '역량'을 다음과 같이 정의하고 있다. '지식(knowledge)'은 학습을 통한 이론적이고 사실적 정보의 이해의 결과를 의미하고, '기술(skills)'은 지식을 적용하고 노하우를 사용하여 작업을 완료하고 문제를 해결하는 능력을 의미하며, 유럽 자격 체계의 맥락에서 기술은 인지적(논리적, 직관적이고 창의적 사고와 관련됨) 또는 실용적(손재주와 방법, 재료, 도구 및 도구의 사용)으로 기술된다. '역량(competence)'은 직장이나 학업 상황, 전문 및 개인 개발에 있어서 '지식과 기술, 그리고 개인적이고 사회적이며 방법론적인 능력(ability)'을 사용할 수 있다고 증명된 능력(ability)이라고 하였다(Recommendation of the European Parliament and of the Council, 2008:4).

위와 같은 기술은 유럽공통 참조기준(CERF, 2001:9)에서도 나타나는데 역량, 지식, 기술, 능력에 대해 다음과 같이 정의하고 있다. 역량(competence)은 사람이 '행위를 수행할 수 있도록 하는 지식과 기술, 그리고 특성들의 총합'이고 기술(skill)은 선언적 지식보다는 절차를 수행하는 능력으로 숙달이 되면 굳이 생각하지 않아도 되는 '지식과 선천적 능력의 결합'으로 수행될 수 있다고 하였다. 예를 들어, 운전을 위해 기어를 어디에 둬야 하는지는 처음에는 기억해야 하는 지식이지만 숙달된 기술이 되면 굳이 의식적으로 기억을 떠올리지 않더라도 손으로 기어를 옮기는 선천적 능력과 함께 수행될 수 있다. 그리고 지식(knowledge) 중 선언적 지식은 경험(경험적 지식)과 보다 공식적인 학습을 통한 학문적 지식에서 비롯된 것이라고 하였다. 능력(ability)은 특별히 별도의 정의를 하고 있지는 않지만 '학습 능력(ability to learn)'이라는 용어에 나타난다. 학습 능력은 언어나 문화, 사람과 지식의 차이를 발견하기 위한 방법을 알고 있거나 그렇게 하는 것으로 언급하고 있다. 따라서 인간이면 누구나 할 수 있는 힘으로 볼 수 있으며 실존 역량, 선언적 지식, 기술 및 노하우와 같은 다양한 측면과 조합이 가능하다고도 하였다.

이상의 다양한 논의들을 종합해 보았을 때 지식과 능력은 개별적이지만 두 가지가 결합하여 기술이 될 수 있고, 능력은 또 다른 지식과 기술과 결합하기도 한다. 그리고 어떤 행위를 수행할 수 있도록 지식과 능력과 기술이 모두 활용되는 것을 역량이라고 할 수 있을 것이다. 이는 [표 30]과 [그림 31]로 나타낼 수 있다.

[표 30]에서 이들 각각에 대한 기본 의미를 파악할 수 있을 것이고 실제적인 요리와 언어의 예를 통해 지식, 능력, 기술, 역량의 차이 또한 확인할 수 있을 것이다. [그림 31]에서 양쪽으로 화살표를 둔 것은 상황에 따라 기술 강화와 역량 강화를 위해 순환적 과정이 이루어질 수 있고 이를 통해 기술과 역량이 보완될 수 있음을 나타내기 위한 것이다. 예를 들어, [표 30]에 따르면 한국어 문장 구조 지식과 한글 자판 지식, 그리고 자판을 두드릴 수 있는 선천적 능력은 '자판을 사용해

글을 작성하는 행위'인 기술로 나타날 수 있다. 그리고 한글로 이메일을 보내기 위해서는 컴퓨터 사용 지식과 이메일 작성 지식을 기반으로 한 '이메일 창 열기 기술'이 함께 사용되어야 한다. 이 두 기술을 사용해서 한글로 메일을 보내는 과정에 문제 상황이 발생하는 경우에는 또 다른 지식이나 기술이 필요하게 된다. 따라서 이들은 단절된 관계가 아니라 상호적이며 유기적인 관계 속에 있다고 볼 수 있다.

[표 30] 지식, 능력, 기술, 역량의 개념과 예

	의미	예) 요리	예) 한국어
지식 (knowledge)	개인이 축적 한 사실적이고 절차적인 정보	요리 재료, 절차	한국어 문장 구조, 한글 자판
능력 (ability)	사람이 가진 타고난 특성 또는 재능	자르기, 섞기	자판 두드리기
기술 (skills)	개인의 지식과 능력을 능숙하고 효과적으로 사용하여 행위로 드러냄	양념 만들기 배추 절이기	이메일 창 열기 자판으로 글 작성하기
역량 (competence)	지식과 기술과 능력이 결합되어 행위를 통해 문제를 해결하는 것	김장하기 (요리)	한글로 친구에게 이메일 보내기 (의사소통)

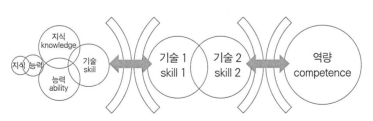

[그림 31] 지식, 능력, 기술, 역량의 관계

또 한 가지 여기에서 가장 중요한 핵심은 모든 제안들이 역량 (competence)을 '직무를 수행하기 위해, 직장이나 학업 상황 그리고 전문적이거나 개인적 개발에 있어서 (중략) 사용할 수 있다고 증명된, 사람이 행위를 수행할 수 있도록 하는' 등으로 설명하고 있다는 점이다. 이는 Chomsky가 인간의 뇌 속에 잠재되어 있는 추상적인 능력으로 본 것과 다르며 CEFR(2001:9)에 제시된 행위 지향적 접근법(action-oriented approach)으로 역량을 본다는 것과 연결된다. 이것이 중요한 이유는 언어 교육과 평가에서 의사소통 역량 (communicative competence)을 향상시키거나 측정하고자 할 때 그 최종 종착지는 의사소통 행위, 즉 수행(performance)으로 나타나도록 교육해야 한다는 것이며 의사소통 행위를 통해 평가가 이루어져야 한다는 것을 의미하기 때문이다. 이는 숙달도를 기술하면서 'Can Do' descriptors(무엇을 할 수 있는지를 기술하는 것)를 사용한 것으로도 확인된다. CEFR의 의사소통 언어 능력(Communicative language competences)은 특정하게 언어적 수단을 사용하여 행동하도록 작동시키는 능력을 의미한다고 한 정의에도(CEFR, 2002:9) 행위 중심의 의미가 분명히 드러나 있다.

위의 [표 30]의 한국어 예를 통해서도 한국어 교육의 목표가 무엇이고 평가의 목표가 무엇이냐에 따라 교육과 평가가 어떻게 달라질 수 있을지 분명하게 드러난다. 한국어 문장 구조를 가르치고 평가한다면 지식 교육과 지식 평가가 되고 한글 자판으로 글 작성하기까지 가르치고 평가한다면 기술 교육과 기술 평가가 되며 한글로 친구에게 이메일 보내기까지 가르치고 평가했을 때 진정한 한국어 의사소통 역량에 대한 교육과 평가가 이루어진다는 것이다.

그렇다면 현재 언어 교실 현장과 대규모 숙달도 시험에서 이루어지고 있는 교육의 목표와 평가의 목표는 어디에 있는지 이러한 개념 정의를 통해 다시 확인해 볼 필요가 있다.

용어와 관련된 한 가지 제안은 다음과 같다. 언어 능력 평가, 의사소통 능력 평가 등에 사용되는 영어 'competence'가 한국어로는 '능력'으로 사용이 되고 있어 앞에서 함께 살펴 본 'ability'라는 용어와 사용이 혼란스럽다. 둘 다 능력이라는 용어를 사용해도 그 차이를 인식하고 있다면 무관하겠으나 구별해서 부를 필요가 있어 보인다. 가장 좋은 방법은 'competence'는 역량으로 부르고 'ability'는 능력으로 하는 것이라 생각된다. 그러나 그 동안 많은 사람들이 사용해 온 것을 생각해 보았을 때 해결책은 두 가지를 분명히 구별해야 할 때에는 역량과 능력으로 나누어 부르고 두 용어를 구별할 필요가 없을 때에는 'competence'를 지금과 같이 능력으로 부르고자 한다. 단, 'competence'가 지식과 능력과 기술의 결합 양상이라는 점은 반드시 기억되어야 할 부분이다.

2. 숙달도 등급 설정과 해석

대규모 숙달도 시험들의 경우 다양한 등급 설정을 제안하고 있고 이 문제 역시 2장에서 다룬 바 있다. 여기에서 제기하고 싶은 문제는 다음과 같다.

첫째, 높은 등급은 낮은 등급에서 기술된 모든 것에 대해 숙달될 수 있는가? 그리고 언어 숙달도는 연속체인가에 대한 것이다.

ACTFL(2012:3)에서는 전체 체계 안에서 상위 단계는 자동적으로 그
보다 하위 단계의 능력을 모두 수행할 수 있음을 전제한다는 표현
이 있다. CEFR(2001:36-37)에서도 각 등급은 그 아래에 있는 등급
들을 모두 포함하고 있음을 의미한다고 하였다. 즉, B1 단계에 있는
누군가는 A2 단계에 명시된 것보다 더 나은 단계이며 A2 등급에 명
시된 모든 것을 수행할 수 있는 것으로 간주된다고 하였다. 그리고
CEFR(2018:34)에서는 언어 숙달도는 무지개처럼 실질적으로 연속체
라고 하였다. 이 논의에 따르면 [표 31]에 제시된 C1 단계의 사람은
A1부터 B2까지의 모든 것을 할 수 있다고 해석된다.

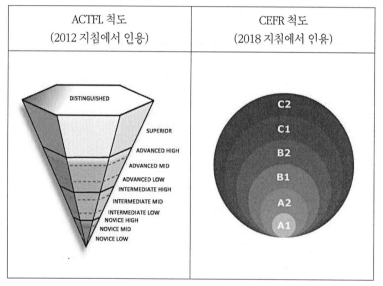

[그림 32] ACTFL 척도와 CEFR 척도

[표 31] CEFR 총괄 척도(김한란 외 역, 2007:32)

숙달된언어사용	C2	읽거나 듣는 것을 거의 모두 힘들이지 않고 이해할 수 있다. 문어와 구어로 된 다양한 자료에서 나온 정보를 요약할 수 있으며, 이때 근거와 설명을 조리 있게 재구성할 수 있다. 준비 없이도 아주 유창하고 정확하게 의사를 표현할 수 있고, 복합적인 사안을 다룰 때에도 비교적 섬세한 의미 차이를 구별하여 표현할 수 있다.
	C1	수준 높은 비교적 긴 텍스트의 폭 넓고 다양한 주제를 이해하고 내포된 의미도 파악할 수 있다. 준비 없이도 유창하게 의사를 표현할 수 있으며, 이때 겉으로 확연히 드러나게 어구를 찾는 일이 별로 없다. 사회생활, 직업생활, 대학 교육과 직업교육에서 언어를 효과적이고 유연하게 사용할 수 있다. 복합적인 사안에 대해 분명하고 체계적이며 상세하게 의사를 표현할 수 있으며, 이때 텍스트 연결을 위한 다양한 수단을 적절하게 사용할 수 있다.
자립적언어사용	B2	구체적이거나 추상적인 주제를 다루는 복합적인 텍스트의 주요 내용을 이해할 수 있다. 또한 자신의 전문 분야에서의 전문 토론도 이해한다. 쌍방 간에 큰 노력 없이 원어민과 자연스러운 대화를 할 수 있을 만큼 준비 없이도 유창하게 의사소통을 할 수 있다. 폭 넓고 다양한 주제에 대해 분명하고 상세하게 의사를 표현할 수 있고, 시사 문제에 대한 입장을 설명하고 다양한 가능성들의 장단점을 제시할 수 있다.
	B1	명확한 표준어를 사용하며 업무, 학교, 여가 시간 등과 같이 익숙한 것들이 주제가 될 때, 요점을 이해할 수 있다. 해당 언어 사용 지역을 여행하면서 마주치는 대부분의 상황 들을 극복할 수 있다. 익숙한 주제와 개인적인 관심 분야에 대해 간단하고 조리 있게 표현할 수 있다. 경험과 사건에 대해 보고할 수 있고, 꿈과 희망, 목표를 기술할 수 있으며, 계획과 견해에 대해 짤막하게 근거를 제시하거나 설명할 수 있다.

기초적언어사용	A2	아주 직접적으로 중요한 분야(예를 들어, 신상, 가족, 물건 사기, 업무, 가까운 주변 지역에 관한 정보)와 관련된 문장과 자주 사용되는 표현들을 이해할 수 있다. 반복적이고 단순한 상황에서 일반적이고 익숙한 문제에 대해서, 간단하고 직접적인 정보 교환으로의 의사소통을 할 수 있다. 간단한 수단으로 자신의 출신과 교육, 직접적인 주변 지역, 직접적인 욕구와 관련된 것들을 기술할 수 있다.
	A1	구체적인 욕구 충족을 지향하는 익숙한 일상적 표현들과 아주 간단한 문장들을 이해하고 사용할 수 있다. 자신과 다른 사람을 소개할 수 있으며, 다른 사람들에게 신상에 관하여 묻고, 예를 들어 어디에 사는지, 어떤 사람을 알고 있는지, 어떤 물건을 가지고 있는지, 이런 종류의 질문에 답할 수 있다. 대화 상대자가 천천히 분명하게 말하고 도와 줄 준비가 되어 있으면 간단한 방식으로 의사소통을 할 수 있다.

둘째, 고급의 숙달도는 교육 수준이 높은 사람만이 가능한 등급인가의 문제이다. ACTFL 능숙도 지침(2012) 한국어판 서문의 내용을 그대로 옮기면 ACTFL 능숙도 지침에서의 단계는 매우 유창하고 교육 수준이 높은 지식인의 언어 수행 단계부터 실질적 언어 수행 능력이 거의 없는 단계까지 모두 아우른다고 하였다. 새로 설정된 Distinguished 단계에 대한 총괄 기준은 다음과 같다.

DISTINGUISHED

정확성과 유창성이 결합되어 능수능란하게 언어를 다룬다. 교육 수준이 높고 자신의 생각을 논리정연하게 표현할 수 있다. 다양한 국제적 사안들과 고도로 추상적인 개념에 관해 문화적 코드에 위배됨 없이 자신의 의견을 개진할 수 있다. 가설에 기반한 담론을 설득력 있게 이끌어나가, 반드시 자신의 주장이 아니더라도 특정 논지를 옹호하는 담론을 전개할 수 있다. 청중과 대상에 따라 문화적으로 적절한 방식으로 연설 및 언어 사용역을 채택하고 발화를 조절할 수 있다.

CEFR에서는 C2 단계를 기술할 때 교육 수준에 관한 직접적인 언급은 하고 있지 않아서 ACTFL과는 다른 것처럼 보이지만 CERF (2002:27)에 제시된 C2 단계의 쓰기 총괄 기준을 보면 '잘 구성된 수준 높은 편지와 복합적인 내용의 보고서나 기사를 쓸 수 있다. 전문 분야의 텍스트와 문학 작품을 글로 요약할 수 있으며 이에 대해 논할 수 있다.'고 나와 있어 ACTFL과 동일하게 높은 숙달도 등급은 높은 교육 수준의 사람들이 해당된다는 사실에 대해 암묵적으로 시인하고 있는 인상을 준다.

이상의 두 가지 문제 제기는 다음과 같은 면에서 논쟁거리가 될 수 있다. 다른 학자들의 의견은 2장에서 언급한 바 있으므로 여기에서는 필자의 경험과 이론적 가설에 기반을 두고 선언적으로 기술해 나가고자 한다.

(1) 외국어 혹은 제2언어 학습자들의 언어 숙달도는 학습자와 학습 환경의 다양한 변인으로 인해 일관된 모습을 가질 수 없다. 따라서 숙달도 등급이 연속체로서 하위 등급의 내용을 완벽하게 숙달해서 쟁취한다는 것은 이론에 불과하다.

그 첫 번째 이유는 학습 시간과 등급 도달 가능성에 관한 문제이다. CEFR 지침은 숙달도 지침으로서 제안의 역할을 하기 때문에 등급 간이동에 걸리는 시간을 별도로 언급하지 않는다. 그러나 이 지침을 적용하는 개별 교육 체제에서는 교육과정을 설계하여야 하기 때문에 등급을 향상시킬 수 있는 시간을 제안하기도 한다. Cambridge 대학 출판사에서 2013년에 펴낸 Introductory Guide to CEFR for English Language Teachers의 안내에서는 "Cambridge English Language Assessment는 학습자들이 일반적으로 레벨 사이에서 진행하기 위해 다음과 같은 학습 시간을 소요한다고 추정한다. '학습 시간'이란 수업뿐만 아니라 과제 시간도 의미한다."라는 언급과 함께 A1 약 90~100시간, A2 약 180~200시간, B1 약 350~400시간, B2 약 500~600시간, C1 약 700~800시간, C2 약 1,000~1,200시간을 제안하고 있다. FSI 지침을 참고로 하는 오하이오 교육부(2014)에서는 중고등학교 학생들을 위한 등급과 등급에 도달하기 위해 걸리는 시간을 레벨1 135~150시간, 레벨2 270~300시간, 레벨3 405~450시간, 레벨4 540~600시간, 레벨 5 675~750시간, 레벨 6 825~900시간을 제안하기도 한다.

여기에서 문제는 Cambridge 대학에서의 제안을 받아들인다고 한다면 정말 1,200시간의 학습을 하면 A1부터 C2까지 등급 척도에서 언급한 모든 것을 할 수 있는지에 관한 것이다. 물론 그 '교육과정에서 목표로 한 것들에 한해' 일부 학습자들의 경우에는 어느 정도 가능할지도 모른다. 그러나 교육과정을 이수한 대부분의 학습자들에게도 숙달도의 빈 공간은 있기 마련이다. 더구나 교육과정에 들어가지 않고 혼자 독학을 하거나 하는 학습자의 경우에도 모든 언어 환경과 내용을 모두 숙달해내는 것은 불가능에 가깝다고 보인다. 이러한 문제는 CEFR 지침에서 언어 숙달도 등급은 무지개와 같은 연속체라는 점에 동의하기 어렵게 만든다.

두 번째 이유는 실제 교육 현장에서 만나서 확인이 되기도 하는데 제2언어 혹은 외국어 능력이 있는 사람들을 보면 그들의 능력에 무수히 많은 빈 구멍들이 발견되기 때문이다. 영어권 국가에 유학을 가서 박사 학위를 받고 온 사람이 가장 어려웠던 의사소통 상황은 학문적 상황이 아니라 쇼핑할 때 사용되는 영어 구어라고 하였다. 한국어 학습자 중에도 대학과 대학원에서 한국어로 보고서를 작성하고 발표를 하지만 교수의 질문에 대답을 못하거나 보고서에 써 있는 표현만 반복해서 답변하는 학습자들이 많다. 물론 아이디어의 문제일 수도 있다. 그러나 대부분은 추상어로 쓰인 개념을 구체어로 표현하지 못하기 때문인 경우가 많다. 즉, 언어적 장애 때문인 것이다. 또 논술적 글쓰기는 잘하지만 소설이나 수필과 같은 문학적 글쓰기는 못하는 경우가 있고 그 반대의 경우도 있다. 이런 다양한 경우에 우리는 그들에게 어떤 등급을 부여할 수 있는지 확신하기 어렵게 된다. 예전에 고급반 러시아 학생이 수업을 하다가 빵이 뭐냐고 물어서 놀란 적이 있다. 물론 단어 하나가 등급을 결정하지는 않는다. 그렇지만 위의 [표 31]에서 보면 A1 단계에서 가능한 능력인 구체적인 욕구 충족을 지향하는 익숙한 일상적 표현을 모르고 표현하지 못하는 것은 과연 이런 등급 체계가 맞는가 하는 의문이 들게 한다. 호주에서 온 육가공 수출업체 사장이었던 1급 학습자는 취미가 무엇인지는 잘 말하지 못해도 고기의 부위를 이야기하고 어떻게 요리해서 먹으면 좋은지를 설명하는 건 꽤 잘 말했다. 이런 상황에서 이 학습자는 몇 급인가의 문제도 같은 맥락이다. 이런 상황은 아래와 같이 그림으로 표현될 수 있다.

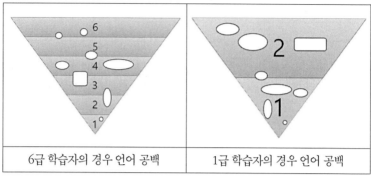

| 6급 학습자의 경우 언어 공백 | 1급 학습자의 경우 언어 공백 |

[그림 33] 학습자들의 등급 판정과 실제 언어 능력의 양상(흰 도형이 공백임)

또한 1,200시간 남짓한 학습 시간으로 외국어와 제2언어 숙달도를 최상위 등급까지 올린다는 것은 앞에서 살펴본 Ellis(1984)의 언어 발달 단계처럼 '문법'에 관해서는 가능한 기술일 수 있다. 그러나 일상, 학문, 직업의 모든 주제 영역을 다 다루고 마스터한다는 것은 불가능한 일이라고 판단된다. 제2언어 환경에서 적어도 10년 남짓한 시간이 필요한 일일 수도 있고 10년이 부족한 시간일 수도 있다.

따라서 완벽하게 숙달된 아래의 등급을 기반으로 연속체로 이루어진다고 한 기존의 숙달도 지침들의 문제를 인식하고 개선할 필요가 있다. 그 이유는 이러한 숙달도 지침이 수험자의 인생에서 학문적 영역이나 직업적 영역, 혹은 국적 취득과 관련해서 큰 영향을 미치기 때문이다. 특정 내용 항목들이 집중되어 있어서 자신의 실력을 충분히 발휘하지 못할 가능성이 있는 평가와 그로 인한 평가 결과 공지는 누군가에게는 이익이 되고 다른 누군가에게는 불이익이 된다면 타당도와 신뢰도 면에서 부적절한 평가가 되는 것이다.

기존 대규모 숙달도 등급 지침들이 제안으로서 의미가 있고 언어 교육과 평가에 훌륭한 방향성을 제시해 주고 있는 것은 충분히 인정하는 바이다. 그리고 하나의 틀로 등급의 연속성을 제안할 수밖에 없는 현실적인 상황도 이해가 된다. 그러나 다양한 언어 학습자의 학습 동기, 학습 환경에 따라 달라지는 언어 습득과 학습의 결과를 지금의 등급 체제에서 그것도 순차적으로 등급이 완성된다는 입장은 너무나도 많은 허점을 알면서도 그냥 묵과하는 것인지도 모른다.

(2) 고급의 숙달도 기술에 교육 받은 사람이 전제로 되는 것은 교육 정도에 따른 차별을 전제로 한 것으로 특정 사람들에게 유리한 기술이므로 이에 대한 수정이 필요하다.

위에서 언급한 ACTFL의 지침에 명시적으로 드러나 있는 부분과 CEFR 속에 잠재되어 있는 교육 정도와 숙달도와의 관계를 보면 교육 수준이 높은 사람만이 높은 등급에 위치할 수 있음을 의미하게 되며 이 논의는 모국인 화자에게도 적용될 수 있는 문제이다.

여러분은 이에 동의하는가라는 질문을 던져 보면 처음에는 다들 고개를 갸우뚱한다. 그러다가 질문을 바꾸어서 모국인 집단을 가정하고 박사 학위를 받은 사람이 시골에 계신 이장 할아버지보다 더 말을 잘하는가라는 질문으로 바꾸면 작은 소리로 '아니요.'라고 대답한다. 그 다음 질문으로 언어 전공 박사하고 이장 할아버지 중에 '김매는 절차와 이유, 벼이삭의 정도에 따른 작황 예상'에 대해 누가 더 말을 잘할 것 같으냐고 하면 '이장 할아버지요.'라고 대답한다. 박사 학위를 받은 사람이 이장 할아버지와 토론을 하면 항상 박사 학위 소지자가 토론에서 더 우월한 것인가도 무엇에 대해 토론을 하고 왜 토론을 하느냐에 따라 달라질 것이다. 심지어 박사 학위를 받은 사람이라고 해서 모두가 다 말을 잘하고 글을 잘 쓰는 것도 아니라는 사실은 누구나 인정할 수 있는 바라고 생각된다.

Bachman(1990:39)에서는 스펙트럼의 다른 쪽 끝에서 절대적으로 완전한 언어 능력을 가진 개인은 존재하지 않는다고 하였다. 특히 원어민들의 언어 사용은 절대 언어 능력의 기준으로 자주 제시되지만, 특히 응집력, 담화조직, 사회언어적 적합성과 같은 능력과 관련하여 원어민들도 능력에 상당한 다양성을 보이기 때문에 충분한 능력을 지니지 않았을 수 있다고 하였다. 이러한 이유로, 실제 언어 수행에 있어서 절대적으로 '완벽한 수준'이나 '완벽한 언어 능력'을 가진 개인 중 어느 하나를 정의하는 것은 이론적으로나 실제적으로 불가능해 보인다고 하였다. Bachman의 원어민 언어 능력의 다양성과 불완전성에 대한 이러한 언급을 통해서도 고급의 숙달노 기술에 교육 수순이 높다는 전제를 하는 것에 대한 문제점을 충분히 지적할 수 있다. 또한 임병빈 외 역(2005:199-200)에서 이 책의 저자인 Lightbown & Spada도 'IQ 검사로 측정되는 높은 지능 지수를 가진 사람들은 우수한 언어 학습자다.'라는 데에 편견이 있음을 주장하였다. 자연스러운 언어 학습 상황에서 그리고 상호작용적 언어 사용을 통한 언어 습득이 강조되는 교실에서 여러 가지 종류의 지적 능력을 가진 사람들도 성공적인 언어 학습자가 될 수 있음을 보여 주는 연구가 많다고 하였다. 특히 평가되는 기술이 구어 의사소통 기술일 경우 더욱 그러하다고 하였다.

따라서 모국인 사이에서 의사소통 수행의 차이는 교육 정도에 따른 것이 아니라 그 분야에서 얼마나 어떤 경험을 했느냐에 따라 달라지는 것이다. 만약 교육 수준을 기반으로 언어 숙달도가 정해진다면 우리는 언어 능력을 평가할 필요가 없이 교육 수준으로 먼저 지적 능력과 지식 여부를 평가하고 거기에서 선발된 사람들을 대상으로 언어 능력을 평가해야 하는 이상한 시스템을 인정할 수밖에 없는 것이다.

외국어와 제2언어를 습득한 학습자들의 경우에도 마찬가지라고 할 수 있다. 만일 교육 수준이 높은 사람만이 최상위 등급에 갈 수 있다면 이 경우에도 역시 교육 수준이 낮은 사람은 도달할 수 없는 등급이 된다는 것이고 시도조차 할 수 없게 된다. 외국어와 제2언어로 언어를 학습하고 습득한 경우 역시 어떤 환경에서 어떤 목적으로 언어를 경험하느냐의 여부에 따라 사용 가능한 의사소통적 언어 능력이 다르다고 보는 것이 타당하다.

그런데도 불구하고 이런 접근이 생긴 원인을 살펴보면 다음과 같은 이유로 추정할 수 있다. 2장 1절에서 언급한 바와 같이 초기 ACTFL 같은 숙달도 지침을 마련할 때 Cummins(1979)의 BICS(Basic Interpersonal Communication Skills, 기초적 대인관계 의사소통 기술) 모델과 CALP(Cognitive Academic Language Proficiency, 인지 학문적 언어 숙달도) 모델의 영향이 있었을 것으로 보인다.

BICS(기초적 대인 의사소통 기술)는 대인 관계에서의 의사소통 능력으로 습득에 1~2년 정도 걸리는, 상대적으로 습득이 용이한 것이다. 반면에 CALP(Cognitive Academic Language Proficiency)는 학문적인 영역에서의 언어 능력으로 5~7년 정도 걸린다고 하였으며 BICS의 기반 위에 CALP가 가능하다는 주장을 한다. 그런데 이는 Cummins(1979)의 논의가 영어권으로 이주해 온 아이들의 언어 능력과 인지 학습 능력의 차이에 기반을 한 것이라는 점에 주목해야 한다. 제2언어와 외국어로 영어를 배우는 아이들의 경우와 마찬가지로 이는 모국인 아이들에게도 해당되는 부분이다. 일상 언어와 교육과 학술 언어의 차이는 구체어와 추상어로 나타나며 또 인지 능력에 따른 차이와 동반되기 때문이다. 따라서 인지가 발달하는 시간이 필요하고 그 시간에 이루어진 노력에 따라 BICS에서 CALP로 향상될 수 있다. 즉, 두 모델이 동시적이면서도 단계적으로 이루어지는 것이라고 할 수 있다. 이러한 경향은 비단 외국어와 제2언어 학습 어린이뿐 아니라 어린이 모국어 화자들의 경우에도 적용된다고 할 수 있으며 언어가 도구적 수단으로도 활용되지만 사고 형성에 기여하는 바도 무척 크게 나타난다는 점에서 동의할 수 있는 부분이다.

그러나 성인 외국어 학습자들의 경우는 다르게 보아야 한다. 사람에 따라 차이는 있겠지만 모국어로는 BICS도 CALP의 능력도 어느 정도는 갖추세 될 것이나. 그리고 외국어를 배울 때 중요한 것은 새로운 문화와 언어를 접촉하면서의 사고 형성에 기여되는 부분도 있겠지만 대부분은 하고 싶은 말을 외국어로 하고자 하는 도구적 수단이 처음부터 강하게 나타날 것이다. 또 그 영역도 BICS에 1~2년 머물고 5~7년 정도의 시간을 거쳐 CALP 영역으로 확장되는 것이 아니라 학습자의 연령, 성별, 직업, 언어 학습 환경 등에 따라 언어 학습 초기부터 CALP 환경에 집중해서 언어 사용이 이루어지는 학습자도 있을 것이고 BISC 환경에서 심도 있는 언어 사용이 이루어지는 학습자도 있을 것이다. 또 일상적 영역과 학문적 영역에 그치지 않고 직업적 영역에서도 다른 언어 능력을 보이는 학습자도 있을 것이다.

따라서 언어 숙달도와 교육 정도는 무관한 것이며 일상 영역, 직업 영역, 학문 영역으로 나누어서 숙달도를 측정하는 것이 타당하다고 주장한다. 이러한 주장은 기존의 대규모 숙달도 시험이 학문 목적 시험, 직업 목적 시험 등으로 나누어 시행되는 것과도 일치하며 CEFR 지침에서도 (친구들과의) 비형식적인 토론과 형식적인 토론과 회의 등으로 말하기 의사소통 활동을 나누어서 등급 기술을 시도하고 있는 점과도 같은 맥락으로 이해할 수 있을 것이다. 여기에서는 더 분명하게 세 영역을 나눌 필요가 있다는 점을 강조하는 바이다.

이상의 의견을 바탕으로 숙달도 등급에 대한 제안을 하면 다음과 같다.

• 숙달도 등급 제안 1.

언어 발달을 나타내는 숙달도 등급은 학습자와 학습 환경의 변인에 따라 다르게 나타날 수 있으며 특정 등급으로 결정되는 것보다는 어느 지점에서 더 많은 능력을 가지고 있는지 사실을 나타내는 분포 양상에 기반하여 판단되어야 한다.

이러한 제안은 위에서 언급하였듯이 숙달도 등급으로 판정되더라도 다양한 언어 공백을 보이는 것에 대해 사실적으로 기술할 수 있는 장점을 가진다.

경제학, 인지심리학, 컴퓨터 과학의 발전에 공헌한 노벨경제학상 수상자인 Simon(1969, 1996 3판:51-52)의 개미의 은유를 들어 제안을 뒷받침하고자 한다.

[그림 34] Simon(1969)의 해변가 개미의 경로(Rolf Pfeifer & Christian Scheier, 2001:113)

Simon(1969, 1996:51-53)에서는 '개미의 은유'를 사용하여 인간의 기본적인 행동 원리를 설명하였다. 개미는 해변가를 지나 저 너머에 있는 목표 지점인 집을 향해 전진하면서 돌과 바위와 파도 등 다양한 장애물에 의해 복잡한 경로를 그리게 된다. 직선보다는 다양한 곡선 모양의 경로를 그리는데 전진을 하기도 하고 한 곳에 잠시 머물기도 하며 어떤 경우에는 심지어 뒤로 돌아가게 되기도 한다. 그런데 개미의 행동 체계는 단순하다. 장애물이 있으면 피하고 멈추고 장애물이 없으면 나아가는 것일 뿐이다. 그런데 개미가 그려 놓은 기하학적인 형상의 복잡한 경로, 즉 개미 행동의 결과인 궤적은 복잡하다. 그 이유는 개미 자체의 시스템이 아니라 환경의 복잡성에 기인하는 것이며 개미와 해변 환경이 상호작용한 결과라고 하였다. 개미의 이러한 경로를 인간에 적용하면 스키 선수의 활강 경로일 수도 있고 기하학에서 정리의 증거를 찾는 학생의 탐색 과정일 수도 있다고 하였다. 심지어 개미들은 똑같은 경로를 그리지 않는다.

이러한 개미의 경로는 외국어와 제2언어 습득에서도 적용될 수 있을 것이다. 학습자는 언어 숙달 등급의 최종 목표를 향해 가지만 학습자 변인과 학습 환경, 담화 참여자, 의사소통 환경 등 다양한 변수에 의해 다양한 출발점에서 시작을 하여 다양한 방식으로 도달 경로가 발생할 수 있다. 개미의 경로는 무지개 색처럼 연속적이지 않고 불규칙적이며 다양하다. 이는 2장에서 "숙달도로 가는 길은 그 목적지 자체의 기술만큼이나 많고 다양하다."라고 언급한 Galloway(1987)의 주장과도 일치한다. 따라서 이러한 다양한 경로와 거기에서 비롯된 현재 능력과 위치에 대해 객관적으로 판단하는 것이 학습자의 언어 숙달도를 잘 측정해 주는 것이 될 것이다.

• 숙달도 등급 제안 2.

숙달도의 최상위 등급에 교육 수준이 높다는 전제를 두지 않는다. 또한 일상 영역, 학문 영역, 직업 영역의 언어 숙달도가 다르게 나올 수 있다는 가설에 따라 각 영역을 별도로 혹은 평가 목적에 따라 혼합하여 측정한 결과로 숙달도를 판단해야 한다.

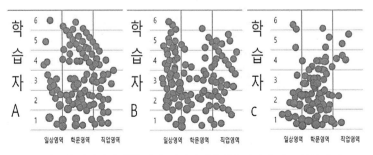

[그림 35] 일상영역, 학문영역, 직업영역별 학습자의 숙달도 양상 예시

위의 [그림 35]를 보면 학습자 A는 학문 영역에서 낮은 등급부터 높은 등급에 이르기까지 고른 숙달도 정도를 보이나 일상 영역과 직업 영역에서는 상대적으로 빈 여백이 많다. 반면 학습자 B는 일상 영역에서 고른 숙달도를 보이며 그 다음은 직업영역에서 더 잘 이루어지지만 빈 공간이 일상 영역보다 많고 학문 영역은 두 영역에 비해 더 많은 빈틈을 보이고 있다. 마지막으로 학습자 C는 초급에서는 일상 영역과 학문 영역에서 고르게, 중급에서는 학문 영역에 집중해 숙달도가 발달하고 있는 것으로 보이며 직업 영역에서는 능력이 간헐적으로 나타나고 있다. 그렇다면 세 학습자 중 누가 가장 우월한 숙달도를 보이고 있는가에 대한 대답은 어떻게 할 것인가의 문제가 남아 있다. 위의 [그림 35]에서 학습자 C는 세 영역 모두에서 아직은 중급 이상의 숙달도를 깃추고 있다고 보기 어렵기 때문에 가장 딜 숙달된 상태로 판단할 수 있다. 그러나 학습자 A와 학습자 B 중에 누가 더 우월한 숙달 등급에 있는지를 판단하는 것은 어렵다. 그러나 교육 수준이 전제된 학문 영역에 치중하여 학습자 A가 더 우월하다는 차별적인 전제가 개입된 판단은 방지할 수 있다. 두 학습자는 다른 영역에서 다른 숙달도를 보이고 있다는 그 자체로 판단되어야 하는 것이며, 그 영역이 학습자의 언어 학습 동기와 목적, 환경 등에 적절하면 바람직한 것이다. 학습자 A는 학문 영역의 한국어 사용에 목적이 있으면 더 적절한 상황일 것이고, 학습자 B는 한국에서 결혼해서 직장 생활을 하는 경우에 더 적절한 숙달도 연결이 될 수 있을 것이다. 물론 평가 결과를 활용하고자 하는 사람들은 숫자와 문자로 된 평어 등급을 선호한다. 그것이 정확히 의미하는 바가 무엇인지는 중요하지 않은 듯하다. 이러한 문제를 해결하는 것도 언어 평가에서 고민해 볼 문제이다.

이러한 제안을 통해 보았을 때 일상 영역과 학문 영역, 직업 영역에서의 의사소통 능력은 별도로 측정되는 것이 맞다. 가장 좋은 것은 학문과 직업 영역의 경우에는 더 세분화되어 학습자가 실제로 경험하는 상황에서의 능력을 측정하는 것이 타당하다. 언어학 전공자에게 의학 분야의 언어 능력을 측정하는 것과 무역업을 하는 사람에게 미용업과 관련된 언어 능력을 측정하는 것은 무의미하기 때문이다. 학문 목적과 직업 목적이라는 이름으로 일반화된 특수 목적 시험은 그것이 진정한 특수 목적 시험인지 엄밀하게 검토되어야 한다. 모든 학문을 아우르고 모든 직업을 아우를 수 있는 시험은 없다. 그렇다면 특수 목적 시험의 일반화는 사실은 어떠한 능력도 정확하게 측정하지 못하고 관련된 잠재 능력도 추론하지 못하는 것일지도 모른다.

개별적인 평가 도구의 다양성은 시험의 대상인 수험자들에게 선택의 기회를 보장한다는 면에서 긍정적이며 내용타당도와 구인타당도에 있어서도 높은 효과를 가질 수 있다. 따라서 일상 영역, 학문 영역, 직업 영역을 개별적으로 특화해서 측정하는 평가 도구들의 개발도 필요하며 수험자 집단에 따라 세 영역을 혼합하되 비중을 달리하는 평가 도구 개발, 예를 들어 한국 회사에 다니는 직장인 시험의 경우에는 일상3 : 직업7 같은 비중의 시험도 필요할 것이다.

그런 의미에서 유럽공통 참조기준(CEFR)에 따라 설계된 Cambridge English Exams는 다양한 평가 도구의 개발 양상을 확인할 수 있다는 점에서 소개할 만하다. 김유정(2018b:3)에서는 한국어 사용자 변인이 다양해지고 있는 현실에서 이에 부응하는 다양한 평가의 개발이 필요함을 강조하기 위해 Cambridge English Exams를 소개한 바 있다. 이들 시험 중 말하기 평가가 구성된 시험만 보면 다음과 같다.

[Cambridge English Exams 말하기 시험의 종류]

YLE(Young Learners English, 기초 수준, 유치원부터 초등 고학년), KET(Key English Test for Schools, 기초 수준, 중학생), PET(Preliminary English Test for Schools, 중급수준, 고등학생), FCE(First Certificate in English, 중급수준, 대학생/일반인), CAE (Cambridge in Advanced English, 상급 수준, 대학원생/전문직 업인), CPE(Cambridge of Proficiency English, 최상급 수준), IELTS(Academic Module, 대학/대학원 유학), BEC(Business English Certificates, 비즈니스영어능력시험), ILEC(Cambridge Legal English Certificate, 국제법률영어인증시험), ICFE(International Certificate in Financial English, 국제금융영어인증시험), BULATS(Business Language Testing Service, 비즈니스영어시험)

물론 높은 등급에 고위 전문직들이 위치하고 있는 점은 등급에 대한 필자의 생각과 차이를 보인다. 그러나 연령별, 목적별, 수준별, 전공별, 업종별로 평가 도구를 특화하는 것은 바람직한 방향성으로 보인다. 다시 강조하지만 이러한 실례를 제시하는 이유는 영어 시험의 예를 그대로 모방하자는 것이 아니라 다양한 등급 기술과 수험자 요구에 맞는 다양한 평가 도구 개발의 필요성을 강조하기 위함이다. 자세한 내용은 웹 사이트를 참고하기 바란다.

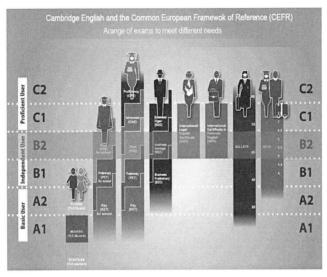

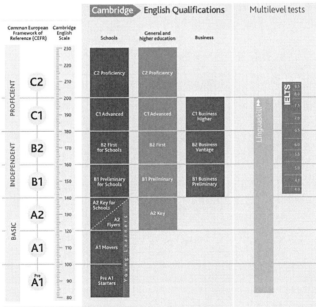

[그림 36] Cambridge English의 시험들과 등급(Cambridge English Assessment 웹사이트)

지금까지 숙달도 등급에 대한 제안은 새로운 시각이 필요한 이유와 그 대안을 제시한 것이며 완벽한 모델은 아닐 수 있다. 그러나 이런 필자의 제안에 대해 학문적 비판과 질정을 통해 더 나은 언어 숙달도 모델들이 등장할 것이라 믿는 바이다.

3. 의사소통의 개념 정의

언어 능력을 평가할 때의 핵심은 언어로 의사소통 할 수 있는 능력에 대한 것이다. 그래서 앞선 논의에서는 의사소통 능력의 모델이 무엇이고 그 구성 요소가 무엇인지에 관한 내용을 다루었다. 여기에서는 '의사소통'이 무엇인시 그 개념과 특성에 십중하고자 한다. 의사소통의 개념을 확실시 하는 것은 의사소통 그 자체가 가지고 있는 본질을 잘 유지해 의사소통적 교수와 의사소통적 평가를 가능하게 할 것이기 때문이다.

Canale(1983:4)에 따르면 의사소통은 언어적 · 비언어적 기호, 구술 및 서면 · 시각 모드, 그리고 생산 및 이해 과정 등을 통해 최소한 두 개인 간의 정보 교환 및 협상이라고 정의하였다.

그리고 Morrow(1979, 1981:16-17)에서는 의사소통의 특성으로 상호작용 기반, 예측 불가, 맥락, 목적, 수행, 실제성, 행동 기반으로 일곱 가지를 기술하고 있고 이러한 특성이 의사소통 언어 교수와 평가에서도 실행되어야 한다고 하였다. Morrow의 기본 개념을 각각 설명하고 관련된 보충 설명과 주장을 덧붙이면 다음과 같다. 이 특성들은 구어와 문어, 생산과 이해에서 모두 동일하게 적용되는 것으로 볼 수 있다.

① 상호작용 기반(Interaction-Based): 구어에서는 청자와 화자 사이에서 상호작용이 일어나며 문어의 경우에도 독자와 작가 사이에서 상대적으로 약한 상호작용이지만 반드시 일어난다. 이러한 상호작용은 메시지의 내용과 그것이 표현되는 방식에 영향을 미치게 된다.

② 예측 불가(Unpredictability): 상호 작용의 전개는 실시간으로 예측할 수 없는 데이터를 처리하게 하며 이는 언어 사용에 있어서 필수적인 측면이다. 따라서 본문을 외워 역할극을 수행하거나 미리 연습된 대로 대화하는 것은 예측 불가의 의사소통적 특성에 벗어난 형태라고 할 수 있다.

③ 맥락(Context): 언어 사용은 어떤 특정한 맥락에서 일어나며 맥락에 따라 적절한 언어 형태가 달라진다. 맥락에는 두 가지가 있는데 물리적 환경, 담화 참여자의 역할과 지위, 태도와 격식성 · 비격식성과 같은 상황 맥락과 텍스트의 응집성과 관련된 언어적 맥락이다. 따라서 언제, 어디, 어떤 자리에서 누구와 무엇에 대해 이야기를 하느냐에 따라, 그리고 어떤 담화를 생산하느냐에 따라 언어 사용이 달라진다는 것이다.

④ 목적(Purpose): 의사소통의 명백한 특징은 모든 발화에 목적이 있다는 것이다. 따라서 언어 사용자는 상대방의 발화 목적을 인식해야 하며 자신의 목적을 달성하기 위해 적절한 발화를 생성할 수 있어야 한다. 시험 상황에서 수험자의 목적은 인위적으로 조작된 문제를 해결하는 것인데 그 인위적 조작이 의사소통 목

적을 잘 반영하도록 고안되는 것이 중요하다. 즉, 질문과 응답의 연결이 실제 의사소통의 목적과 유사하게 주어졌을 때 더 적절한 평가가 이루어질 것이다.

⑤ 수행(Performance): 언어 수행은 기억의 한계, 방해 요소, 주의와 관심의 변화, 오류(임의적이거나 특징적인)와 같은 문법적으로 무관해 보이는 조건들 속에서 실행된다. 이러한 조건들이 삭제된 깨끗한 듣기 시험이나 말하기 시험은 실제 수행의 성과를 측정하지 못하게 된다.

⑥ 실제성(Authenticity): 실제적 언어(Authentic language)는 담화자의 언어적 수준을 고려하여 단순화되지 않는다. 따라서 수험자에게 단순화된 텍스트를 사용하도록 하는 것은 실제적 언어를 사용하는 환경에서의 의사소통 능력을 말해 주지 않는다. 숙달도에 따라 실제적 언어 텍스트에서 처리할 수 있는 부분은 다를 수 있지만 실제 상황에서는 처리 부분이 다르다고 해서 텍스트가 자체적으로 모습을 바꾸어 단순화하거나 일부러 복잡해지지 않는다. 이는 교육적 언어, 특히 교재 속 언어에 대한 고려를 하게 한다. 따라서 실제적 언어를 보여 주는 최적의 담화와 최적의 언어, 그리고 이를 통한 최적의 과제 수행이 바람직하다고 할 수 있다. 최적이라는 의미는 '그때 그 담화에서 가장 적절한' 언어 사용이라는 의미이다.

⑦ 행동 기반(Behaviour-Based): 의사소통의 성공과 실패는 행동 결과에 기초하여 참가자들에 의해 판단되어야 한다. Canale (1983:3)에서는 행동 기반의 예로, 토론토에서 기차역을 찾으려던 비원어민 영어권 화자의 경우, 지나가는 사람에게 '기차역에

가는 방법'을 묻고 그 결과 기차역으로 가는 길을 알게 되면 의사소통이 성공했다고 판단할 수 있다고 하였다.

여기에서는 Morrow(1979)의 의사소통 7가지 특성과 Canale(1983)의 의사소통 정의를 결합하여 '의사소통'에 대한 개념을 다음과 같이 정리해서 제안하고자 한다.

> 의사소통이란
> 목적 행위를 가진 최소한 두 개인 간(청·화자, 독자·필자, 집단 대 집단 등)에 일어나는 것으로 특정의 실제 맥락(구어·문어, 상황 맥락 등) 속에서 실제적인 언어와 비언어 등의 기호를 사용하여 예측 불가한 상호작용의 생산과 이해 과정 속에서 정보나 의견을 교환하고 교섭하여 목적 행위를 수행해내는 것이다.

이러한 개념 정의는 Canale(1983)에서 정의된 의사소통에 Morrow(1979)의 목적성과 예측 불가함, 그리고 실제성과 행동 기반의 개념을 보충한 것이다. 여기에서 협상이란 말 대신에 교섭이라는 말을 사용한 것은 상황에 맞게 의사소통 목적과 행위가 절충될 수 있음을 강조한 표현이다. 이렇게 개념을 보완하는 것은 의사소통을 무엇으로 생각하는지의 내용과 범위에 따라 실제 교수와 평가의 모양새가 달라지기 때문에 중요한 것이다. 따라서 다시 보완되고 정의된 개념으로 의사소통을 이해했을 때 더 적절한 언어 의사소통 교수와 평가를 지향할 수 있을 것이다.

4. 의사소통의 메커니즘

2장에서 살펴본 Hymes, Canle & Swain, Bachman & Palmer의 의사소통 능력 모델은 언어 수행을 전제로 내재되어 있다고 생각한, 의사소통을 가능하게 하는 원천으로서의 능력에 대한 것이다. 그리고 하위 구성 요소들을 설정하고 그것들이 서로 그리고 다른 세상 지식이나 개인적 특성들과 상호작용한다는 언급으로 의사소통 능력을 설명하고 있다.

이러한 언급은 CEFR에서 숙달도 지침을 제시할 때 풍부한 논의로 등장하고 나름의 위계를 제시하기도 하였다.

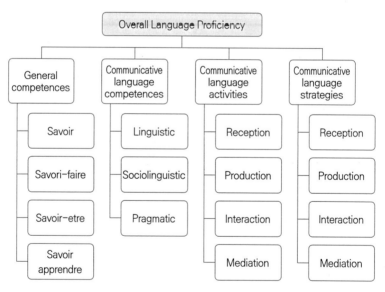

[그림 37] CEFR 기술 체계의 구조(CERF, 2018:30): Savoir:지식(knowledge), Savoir-faire:기술과 노하우(skill and know-how), Savoir-être:실존적 역량(Existential competence), Savoir apprendre:학습 능력(Ability to learn)을 의미함.

CEFR(2018:29)에 제시된 기술 체계의 구조는 [그림 37]에서 간단하게 표현되었으며 다음과 같은 설명으로 각 하위 구성 요소들 간의 상호작용을 설명한다. 앞에서 언급한 바와 같이 competence와 ability를 역량과 능력으로 해석하여 제시한다. 굵은 글씨는 원문에 있는 그대로 표시한 것으로 위의 기술 체계 구조의 요소들과 상호작용 원리에 중요한 것들을 나타낸 것이다.

'언어 학습을 포함한 언어 사용'은 개인적 · 사회적 행위자로서 **일반적 역량**과 특히 **의사소통적 언어 역량**의 범위에서 다양한 역량을 개발하는 사람들이 수행하는 행동으로 구성된다. 그들은 다양한 맥락과 다양한 제약 조건 하에서 다양한 영역에서 처리할 수 있는 역량을 활용하여 특정 **영역**의 **주제**와 관련한 **텍스트**를 생산하거나 이해하기 위해 **언어 프로세스**와 관련된 **언어활동**에 참여하고 **과제** 수행에 가장 적합해 보이는 **전략**을 활성화한다. 참여자들은 이러한 행위의 모니터링을 통해 역량을 강화하거나 수정하게 된다.

(CEFR, 2018:29, 2001:9)

이러한 기술은 의사소통 과정과 상호작용의 전체적인 경향성을 설명하는 것으로는 충분하지만 다음과 같은 문제들이 제기될 수 있다.

첫째, '그래서 그것이 구체적으로 어떻게 구현되는지'에 대한 설명으로는 부족하다. 각 요소들 간에 상호작용이 어떻게 일어나고 어떻게 조정되는지에 대한 구체적 실현 양상을 볼 수가 없다.

둘째, 그리고 의사소통 역량의 구성 요소인 언어학적 역량, 사회언어학적 역량, 화용적 역량들이 어떻게 구분되는지도 명확하게 설명되지 않는다. 예를 들어, CEFR(2001:109-120) 5.2.1.1의 어휘적 역량 중 고정적 표현에 나타난 속담과 관용구와 5.2.2.3의 사회언어학적 역량에서 민속적 표현에 나타나는 속담과 관용구는 어떻게 관련되고 어떻게 구별되는지 설명이 없다. 예를 들어, 한국어로 '오늘 아무래도 바가지 쓴 거 같아.'라는 표현에서 어휘적 역량이 어떻게 되고 사회언어학적 역량은 어떻게 되는지 그 경계가 분명하지 않아 설명할 수 없다.

셋째, 위의 [그림 37]에서는 총괄적 언어 숙달도가 하위에 네 가지의 요소를 둔 것으로 되어 있는데 과연 숙달도가 이 네 요소를 포함하는 것으로 이해하는 것이 맞는지에 대한 고려도 필요하다. CEFR(2001:16)에서는 위 그림과 다르게 숙달도는 학습자의 능력을 기술하는 일반적 수준 단계인 '수직적 차원'이고 나머지 '일반적 역량, 의사소통 언어 역량, 의사소통적 언어활동'은 '수평적 차원'으로 기술하고 있어서 어느 것이 더 적절한지에 대한 문제도 생각해 볼 필요가 있다.

CEFR(2018)에 기술된 것을 검토하는 이유는 가장 최근의 경향을 잘 반영하는 것이고 구체적으로 문제점을 지적할 수 있기 때문이기도 하다. 위의 세 가지 문제점을 한마디로 요약하자면 의사소통에 관련된 요소들은 개별적으로 이해가 되지만 각각의 연계성이 구체적으로 어떻게 실현되는지 명확하지 않다는 것이다. 물론 CERF(2001:90-93)에서는 의사소통적 언어 처리 과정(Communicative language processes)을 계획하고 실현하고 모니터하는 과정으로 간단히 설명하고 있다. 그러나 여기에서도 그 메커니즘을 한 눈에 확인하기는 어렵다.

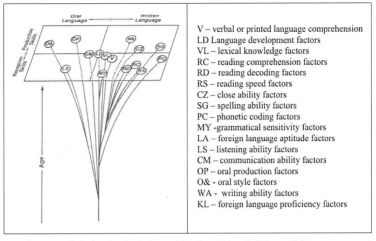

V – verbal or printed language comprehension
LD Language development factors
VL – lexical knowledge factors
RC – reading comprehension factors
RD – reading decoding factors
RS – reading speed factors
CZ – close ability factors
SG – spelling ability factors
PC – phonetic coding factors
MY -grammatical sensitivity factors
LA – foreign language aptitude factors
LS – listening ability factors
CM – communication ability factors
OP – oral production factors
O& - oral style factors
WA - writing ability factors
KL – foreign language proficiency factors

[그림 38] 언어 능력 영역의 요인들에 대한 개념적 표현(Conceptual representation of factors in the language ability domain)(Carroll, 1990:148, CEFR-Illustrative Tasks: Reading and Listening, p10에서 재인용)

위의 그림은 Carroll(1990)의 언어 능력 영역의 요인들에 대한 개념도이다. Carroll(1993)의 인간의 인지 능력 연구(Human Cognitive Ability, HAC)에서부터 시작된 CHC 프로젝트(Cattell-Horn-Carroll(CHC) Definition Project)를 통해 인간의 인지 능력에 대한 연구가 완성이 된다면 인간의 언어 능력에 대한 메커니즘도 완성될 수 있을지도 모를 일이다. CEFR-Illustrative Tasks: Reading and Listening(p3)에 따르면 1993년의 연구에서 Carroll은 언어 행동 영역에서 총 367개의 능력(예: 언어 이해력으로 해석되는 197가지 요소, 음성 코딩으로 10가지 요소, 별개의 어휘 요소로 15가지 요소)을 발견했다고 하였다.

지금으로선 인간의 위대한(?!) 언어 능력의 엄청난 시스템을 해독해 내고 해석해 내는 건 가능한 일인지 불가능한 일인지조차 가늠이 안 된다. 인공지능 시대에 인간의 언어 능력마저 기계에 위협(?)받고 있는 상황에서 우리 스스로의 언어 작동에 대해 거칠고 완벽하지 않지만 가설을 세우고 다양한 시도를 해 보는 것은 나름 의미 있는 일이 될 것이다.

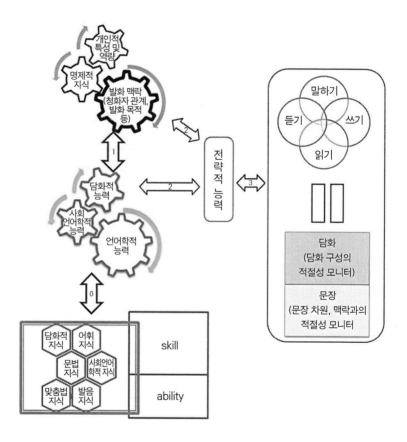

[그림 39] 의사소통의 상호작용 메커니즘

위의 [그림 39]는 앞에서도 제시한 [그림 15]의 Bachman & Palmer 의 언어 사용의 구성 요소의 관계도와 CEFR(2001:90)의 의사소통적 언어 처리 과정을 기반으로 의사소통의 상호작용 메커니즘을 구상해 본 것이다. 사실 화살표 안의 번호는 의미가 없다. 왜냐 하면 너무나도 빠른 찰나와도 같은 순간에 몇 차례의 담화가 생산되고 이해되기 때문이다. 그러나 여기에서는 설명의 편의를 위해 번호를 붙인 것이다. 의사소통의 처리 과정은 다음과 같이 제안해 본다.

1단계 : 가장 왼쪽에 있는 부분, 특히 '발화 목적'이 포함되어 있는 '발화 맥락'에서 시작이 된다. 시작과 동시에 발화 목적이 무엇이고 발화 주제가 무엇이냐, 누구를 대상으로 어떤 자리에서 발화를 할 것이냐에 따라 명제적 지식이나 개인적 특성 및 역량에 대한 점검이 이루어지고 동시에 중간에 그려진 언어학적 능력 · 사회언어학적 능력 · 담화적 능력에 대한 점검도 이루어진다. 이러한 점검은 모든 요소에 대한 점검이라고 할 수 있다.

2단계 : 전략적 능력이 활성화되면서 1단계에 이루어진 점검을 통해 무엇에 대해 얼마나 어떤 방식으로 의사소통할지에 대해 전략을 짜게 된다.

3단계 : 이러한 전략을 실행하여 적절한 문장을 생산(이해)하고 담화를 생산(이해)하면서 발화 목적을 수행할 수 있도록 하는 듣기 · 말하기 · 읽기 · 쓰기로 구현이 된다. 구현되는 문장은 문장(언어학적) 차원과 발화 맥락(사회언어학적) 차원에서 적절성이 모니터 되고, 담화는 담화 구성의 적절성 차원에서 점검이 이루어진다. 문제가 발견이 되면 전략적 능력의 도움을 받아 다시 의사소통적 언어 능력이나 발화맥락·명제적 지식·개인적 특성 등의 점검을 통해 의사소통 상황이 유지되거나 수정·보완되거나 중단된다.

위의 세 단계는 의사소통이 일어나는 동안 지속적으로 양방향으로 상호작용을 하면서 일어난다. 따라서 모든 화살표는 편의상 나눈 단계로 실제적으로는 거의 동시적이고 상호작용적이라고 할 수 있다. 의사소통 능력에 문제가 생겨 담화 구성이 힘들면 다른 주제로 전환할 수도 있고 도움을 요청할 수도 있다. 또는 청자가 무관심하거나 소기의 발화 목적을 이루지 못할 것 같은 느낌이 들면 대화를 중단할 수도 있다. 구어 의사소통이 아니라 문어 의사소통인 경우 자신의 담화적 능력이 부족한 것 같으면 유사한 담화 샘플을 읽으면서 능력을 보완해서 소통에 임할 수도 있을 것이다. 다양한 언어 사용 전략과 실제 사례들은 Clark(1996, 김지홍 역, 2009)을 참조할 수 있다.

[그림 39]가 기존 논의와 차별화되는 점은 다음과 같다.

첫째, [그림 39]의 가장 왼쪽 위에 있는 부분에 발화 맥락(발화 목적, 청화자 관계 등)을 포함시킨 것이다. 앞에서 의사소통의 정의에서도 살펴봤듯이 발화 목적과 대상이 없는 의사소통 환경은 없다. 그리고 발화 목적과 대상에 따라 어떤 의사소통 기술(듣기·말하기·읽기·쓰기)을 통해 어떤 담화와 문장이 사용될지가 결정이 된다. 따라서 발화 맥락을 언어 처리 과정 메커니즘에 포함시키는 것이 타당하다고 판단된다.

Hymes(1974)의 'S-P-E-A-K-I-N-G 모델'은 이러한 발화 맥락 처리의 중요성을 지지할 수 있는 이론이라 할 수 있다. 그는 의사소통 사건(communicative event)에 영향을 주는 잠재적인 사회적 요인과 맥락 요인으로 S(Setting & Scene, 장소와 시간, 추상적 심리 상태), P(Participants, 화자/청자), E(Ends, 목표와 결과), A(Act sequence, 발화의 형태와 내용, 그 차례), K(Key, 어조/태도/마음), I(Instrumentalities, 구어/문어, 방언, 레지스터), N(Norms, 해석과 상호작용의 규범), G(Genre, 농담/강의/연설 등의 장르)를 들고 있다. 이 모델은 언어를 올바르게 말하기 위해서는 어휘와 문법을 배우는 것뿐만 아니라 문맥을 필요로 한다는 견해에 따른 것으로, 상호작용 언어 구성 요소의 식별과 표시를 돕는 도구로 사용된다. 따라서 이러한 얼개(grid)는 넓은 의미의 '발화 맥락'의 구성 요소로 활용될 수 있으며 나아가 의사소통 능력과의 연계를 살필 수 있는 이론적 근거를 마련하게 할 것이다. 이러한 관점에서의 연구가 지속적으로 필요하다.

둘째, [그림 39]의 왼쪽 가장 밑 부분에 역량(competence)을 만들 수 있는 요소인 지식과 능력(ability)와 기술(skill)에 관한 부분을 가시적으로 제시해 본 것이다. 그리고 특히 진하게 표시된 네모 상자는 의사소통 능력을 발전시키는 기본 요소 중 하나인 어휘 및 문법, 발음과 맞춤법 등에 대한 언어학적 지식, 그리고 사회언어학적 지식과 담화적 지식이다. 따라서 의사소통 능력(역량)을 향상시키는 데 원천적인 지식 정보, 즉 재료가 되는 것이 바로 이들 영역의 지식(정보)라는 점이다. 이러한 지식들이 의사소통 능력의 재료가 된다는 데 대해서는 보충 설명이 필요해 보이므로 다음의 설명을 덧붙인다.

언어 사용 기술이나 능력을 설명할 때 자주 비유되는 것 중 하나는 운전 능력으로 운전 지식을 배우는 것과 운전을 해 낼 수 있는 것의 차이를 언급하면서 지식과 수행의 다른 점을 부각시킨다. 그러나 필자는 언어 사용은 운전이 아니라 요리와 더 유사하다고 생각한다. 운전에 필요한 지식은 뇌에 머물 수 있는 추상적 정보이고 그 매뉴얼에 따라 정보를 전환하여 신체적 작동을 하는 것이 운전 수행이다. 그러나 언어 사용은 정보이면서 동시에 언어 재료인 언어 기호들(어휘나 문법 등)을 사용하여 목적에 맞게 문장과 담화로 구성해내고 이해해야 하는 것이다. 따라서 추상적 정보의 전이가 아니라 재료를 사용한 창조적 행위라고 할 수 있을 것이다. 그러므로 이 원리의 이해를 돕기 위해서는 요리에 비유하는 것이 더 적절하다.

요리의 재료는 모양, 맛, 식감, 질감, 색감, 영양 등 재료 본연의 속성이 있다. 그리고 누구에게 어떤 상황에서 어떤 목적의 요리가 제공될 것이냐에 따라 다른 요리의 재료들이 선택될 수 있고 다른 요리들의 속성과 섞이게 된다. 이때 어떤 요리는 비빔밥처럼 본연의 모양을 비교적 잘 유지한 채로 요리가 될 수도 있고, 어떤 요리는 추어탕처럼 요리 시간과 조리법 등 다양한 요소들에 의해 본연의 속성이 사라진 듯 그 원래 모양을 잃어버린 채 하나의 요리가 될 수도 있을 것이다. 그러나 아무리 그 형체가 없어지고 그 재료를 짐작조차 하지 못한다고 해도 재료 본연의 속성은 요리에 그대로 남아 있을 것이고 조화로운 맛을 내거나 또는 이상한 맛을 낼 수도 있게 된다. 언어 사용도 요리와 마찬가지라고 보면 언어 사용의 재료는 바로 어휘와 문법 정보, 발음, 맞춤법 등의 언어 지식과 사회언어학적 지식, 그리고 담화적 지식(정보)라고 할 수 있을 것이다. 발화 목적과 청화자, 담화 상황에 따라 담화 장르와 사회언어학적 격식이 결정되고 자체적으로 그 안에 사용될 어휘와 문법 등의 재료들이 다르게 선택될 수 있다. 그 선택이 담화와 사회적 맥락과 문장 구성 차원에서 적절할 수도 있을 것이고 부적절할 수도 있을 것이다. 따라서 이들 지식 정보를 언어 사용의 재료로 볼 수 있을 것이다.

그런데 현장에서 언어를 가르치고 평가할 때 어휘와 문법, 발음과 맞춤법 등의 언어 지식에만 치중하고 사회언어학적 지식과 담화적 지식은 소홀히 하거나 무시되는 경향이 있다. 의사소통 능력은 언어적 능력만 있어서 되는 것이 아니고 사회언어학적·담화적 능력이 함께 작동해야 하는 것이므로 이에 대한 원천 지식 정보는 중요하다고 할 수 있다. 그리고 언어학적 지식과 사회언어학적 지식, 담화적 지식의 명확한 구별과 의사소통 기술과의 관련성은 앞으로 연구를 통해 규명되어야 할 것이다.

그러나 가장 강조되어야 하는 점은 이러한 지식들은 재료이지 역량 (competence)이 아니라는 것이다. 즉, 지식 차원에 머물러서 재료학에 심취되면 안 된다는 점이다. 반드시 행위적으로 드러낼 수 있도록 역량화가 되어야 한다는 점이며 교수와 평가는 이를 기반으로 이루어져야 한다. 또 한 가지의 기우 섞인 언급을 하자면 이 메커니즘에서의 강조가 '지식→능력→기술→역량'의 순으로 시간 차이를 두고 교육이 되어야 한다는 것을 의미하지 않는다. 요리는 재료의 속성을 완벽하게 알아야 가능한 기술이 아니며 오히려 요리를 하다가 서서히 재료의 속성을 알게 되는 경우가 많다. 언어도 마찬가지로 의사소통을 하다가 재료인 언어의 속성을 더 잘 알게 될 수도 있으며, 언어의 주된 목적은 재료를 활용하는 것이 아니라 재료를 활용하여 의사소통하는 것이라는 점이다. 언어 교수 과정에서 언어 재료에 대해 제시하고 설명하는 것이 별도로 이루어질 수는 있으나 최종적으로는 지식과 능력과 기술이 동시에 통합되어 훈련이 되는 것이 역량(competence)을 강화하는 적절한 방법일 수 있다는 점을 덧붙인다.

셋째, 평가의 대상은 메커니즘을 나타낸 그림 오른쪽 위에 표시된 듣기·말하기·읽기·쓰기의 수행이라는 점이다. 그리고 CEFR의 기술 체계를 나타내는 [그림 37]과 같이 숙달도가 이들을 모두 포괄하는 개념이 아니라 [그림 21]과 같이 이러한 수행 결과에 대한 숙달 정도를 기술한 것이 숙달도라는 점이다. 따라서 의사소통의 본질은 숙달도에 있는 것이 아니며 의사소통 수행에 있다고 할 수 있다. [그림 21]과 위의 메커니즘 [그림 39]를 결합하면 다음과 같이 표현될 수 있다.

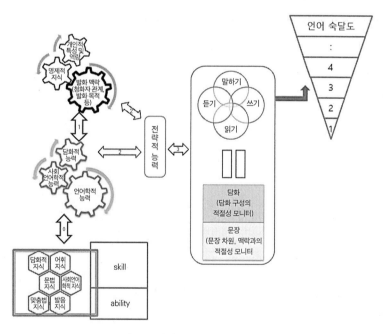

[그림 40] 의사소통 메커니즘과 숙달도

5. 의사소통 능력의 판단

Miller(1990:563)에 제시된 [그림 41] 밀러의 피라미드는 의사들의 임상 능력을 측정하기 위한 프레임(틀)으로 목적에 따라 학습자를 측정해야 하는 것에 대한 지침을 제시하고 있다.

Miller(1990:563-564)는 의사의 전문성을 측정할 때 그 목적에 따라 아는 것(KNOWS)인 지식, 어떻게 하는지를 아는 것(KNOWS HOW)인 역량(competence), 어떻게 하는지를 보여 주는 것(SHOWS HOW)인 수행(performance), 실제로 하는 것(DOES)인 행위(action)를 구분해서 평가해야 한다고 하였다. 아는 것과 어떻게 하는지를 아는 것은 인지 영역이고 어떻게 하는지를 보여 주는 것과 하는 것은 행위(행동) 영역이다.

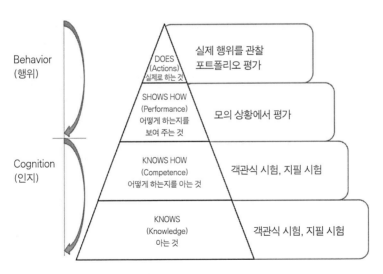

[그림 41] Miller의 피라미드(1990:536 피라미드에 설명 보충)

따라서 이들은 각기 다른 평가 방식을 선택할 수 있다. 아는 것과 어떻게 하는지를 아는 것은 객관식 지필 시험의 형식으로 측정 가능한 반면 어떻게 하는지를 보여 주는 것은 실제와 유사한 모의 상황에서 기술(skill)을 수행해 보이는 것이고, 실제로 하는 것은 실제 상황에서 학습자의 행위를 통해 평가를 하는 것으로 객관식 지필 시험의 형식이 아닌 모의 시연이나 실제 행위 관찰 등의 평가 방식이 사용된다. 당신이 환자라면 또는 병원장이라면 어떤 의사가 전문성이 있고 의료 행위를 맡길 만하다고 생각하는가라는 질문에 대한 답은 어쩌면 쉬울지도 모른다. 지식만 있는 의사보다는 지식을 어떻게 적용해야 하는지를 아는 것이 나을 것이고 그보다는 모의 상황에서라도 수행력이 있는 의사가 나을 것이며, 가장 전문성이 있다고 할 만한 경우는 환자를 직접 내하면서 의료 행위를 살 수행해 내는 경우일 것이다. Miller(1990:563)에서는 지식이 기초적 소양으로서 중요하고 측정되어야 하지만 Alfred North Whitehead의 '단지 잘 알기만 하는 사람만큼 쓸모없는 것은 없다.'는 말을 인용하면서 지식을 넘어 다른 차원에서의 평가가 중요하다는 것을 강조하고 있다.

그렇다면 위의 밀러의 피라미드를 응용하여 의사소통 능력을 측정한다고 하였을 때 몇 가지 문제에 대해 생각해 볼 필요가 있다.

1) 인지 측정과 행위 측정

'언어를 아는 것, 언어를 어떻게 사용하는지를 아는 것, 언어를 어떻게 사용하는지를 보여 주는 것, 실제로 언어를 사용하는 것' 중에서 어떤 부분에서 어떤 방식으로 평가가 이루어져야 할 것인가를 고민해 봐야 한다.

앞에서 살펴본 대로라면 의사소통은 행위에 기반을 한 것이고 행위로 수행되는 것을 측정해야 한다. 따라서 '아는 것과 언어를 어떻게 사용하는지를 아는 것'은 인지적 차원에서 머무는 것이기 때문에 의사소통 능력 측정의 본질에서 멀다고 할 수 있다. 반면에 '어떻게 하는지를 보여주는 것과 실제로 하는 것'은 행위 차원으로서 의사소통 능력 측정에 적절하다고 할 수 있다. 다시 말하면 듣고 말하고 읽고 쓸 수 있는지를 모두 행위 차원에서 측정하는 것이 타당성이 높다는 것이다. 그럼에도 불구하고 여전히 객관식 시험의 방법이 공식적인 평가 시스템 등에서 훨씬 지배적으로 사용되고 있는데 이는 Miller(1990:563)에서도 비판되는 부분으로 수행을 통한 실천에 더 많은 역할이 있다고 믿는다면 객관식 시험은 불완전하다고 하였다. 따라서 바람직한 의사소통 능력의 측정은 객관식 지필시험을 넘어설 필요가 있으며 이는 언어 평가의 역사에서 Spolsky(2008)에서 지속적으로 지적된 객관식 시험과 의사소통 시험의 끊임없는 논쟁과도 관련된 것이라 할 수 있다. 이렇게 분명하게 이상적이고 바람직한 방향의 평가 도구 개발의 지침이 있음에도 의사소통 능력을 측정할 때 객관식 문항의 역할이 현실적으로 줄어들 날이 언제일지 확언하기가 어려운 것도 안타깝지만 현재의 상황이다.

2) 행위 측정 방식의 선택

밀러의 피라미드에서는 행위를 기반으로 한 측정의 방법으로 어떻게 하는지를 보여주는 것과 실제로 행하는 것을 둘 다 사용할 것인지 혹은 하나만 선택해야 한다면 무엇을 선택할지의 문제에 대해 고려를 해야 한다.

이를 위해서는 통제된 상황에서의 '모의 시연(simulation)'을 통해 수행을 측정할 수도 있고 '관찰' 등의 방법으로 실제 행위를 측정할 수도 있다고 하였다. 가장 이상적인 것은 실제 행위를 측정하는 것, 즉 학습자가 의사소통을 하는 현장을 관찰하는 것일 수 있다. 그러나 이는 평가의 기본 요건 중 실용도적인 측면에서 가장 부담이 되는 것이며, 무수히 많은 현장의 돌발 상황으로 인해 시험 신뢰도 면도 높게 나타나지 않을 수 있다. 다시 설명하면 실용도 측면에서는 비용과 시간이 많이 든다는 것이다. 그리고 시험 신뢰도 측면에서 예를 들면, 초급의 두 학습자가 각기 다른 두 편의점에서 물건 사기 의사소통 행위를 하는 것을 관찰할 때 두 편의섬의 실제 상황과 두 판매자의 의사소통 행위를 통제할 수 없기 때문에 이것이 변수가 되어서 학습자의 발화 성공 여부를 다르게 만들 수도 있다. 별말 없이 "오천 원입니다. 잔돈 여기 있습니다."라고 하는 판매원과 "이거 유통기한이 지난 거라서요. 다른 거 가지고 오셔야겠는데요."라고 하는 판매원의 발화의 차이는 초급의 두 학습자의 물건 사기 목적을 수행하게 하는 데 크게 영향을 미칠 것이기 때문이다.

그래서 차선책으로 선택되는 것이 바로 '의사소통 모의 시연'이 되는 것이다. 실제로 행하는 것(DOES)에 대한 평가가 '강한(strong)' 의사소통 능력 평가라면 '의사소통 모의 시연'은 '약한(weak)' 의사소통 능력 평가라고 할 수 있다. 이는 실제 의사소통과 유사한 맥락과 상황에서 수험자 모두에게 동일하게 통제된 상황(청화자가 제한적이거나 주변 환경 등이 고정된 상황)을 제시하고 수험자의 의사소통 행위를 관찰해서 실제로도 그렇게 할 것이라고 추정하는 것이 되기 때문이다. 따라서 실제 행위를 하는 것(DOES)의 측정보다는 실용도와 시험 신뢰도 면에서 긍정적이지만 타당도 면에서는 다소 부정적일 수 있다. 그러므로 중요한 것은 '의사소통 모의 시연'의 타당성을 높이는 것인데 이는 과제 내용과 과제 행위를 어떻게 선정하느냐도 중요하며 그것이 실제성에 기반을 두고 나타나야 한다는 점도 중요하다. 실제 의사소통에서는 한 번도 할 가능성이 없는 상황을 설정하거나 청화자의 역할과 목적이 뚜렷하지도 않고 듣기 · 말하기 · 읽기 · 쓰기의 의사소통 행위의 연결이 자연스럽지 않게 조작된다면 행위에 초점을 둔 평가가 진행된다고 하더라도 타당성이 낮게 될 것이다. 따라서 '의사소통 모의 시연'을 통해 수행(Performance)을 측정할 때에 타당성을 높이기 위한 고민과 실천이 강조되어야 할 것이다.

3) 의사소통 성공에 대한 판단

의사소통 성공 여부는 어떤 기준으로 판단되어야 할 것이냐의 문제가 있다.

앞의 6장 3절에서 Morrow(1979)의 의사소통의 특성 중 행동 기반에서는 의사소통의 성공 또는 실패는 행동 결과에 기초하여 참가자들에 의해 판단되어야 한다고 하였고, 이에 대해 Canale(1983:3)이 기차역을 찾으려던 사람은 기차역을 묻고 기차역으로 가는 방법을 알게 되면 성공적이라는 예를 든 것을 설명한 바 있다. 그런데 이에 대해서 우리가 고민해 볼 여러 상황들이 있다. 외국인 학습자의 실제 의사소통의 상황을 가정하고 설명하면 다음과 같다.

① A는 "저, 죄송한데요, 기차역으로 가려면 어떻게 가야 되나요?"라는 발화를 하고 싶었는데 "저, 죄소...웅 합...니...다 기자 어, 기차역 가고 음... 가면 돼요?"라고 발화를 했고 다행히 청자가 알아듣고 기차역을 찾을 수 있었다. B는 똑같은 발화를 하려고 했는데 "저... 기...기차역이..."라고만 했는데도 청자가 기차역을 알려 주었다. 앞의 편의점 판매원의 경우와 마찬가지로 청자의 참여가 어디까지 듣고 일어나느냐에 따라 화자의 발화의 양과 질이 달라진다. 그럼에도 우리는 실제 소통 상황에서는 둘 다 의사소통을 성공적으로 했다고 해야 할 것이다. 그런데 실제 모국인의 의사소통 상황에서도 화자의 발화가 시작하자마자 청자가 반응하는 경우가 많다. 더구나 길을 물을 때에는 모국인들 사이에서도 자주 사용되는 "은행이..."혹은 "화장실이..."와 같은 발화를 불완전하다고 보기 힘들다.

② 물건 사기 상황에서 A와 B가 모두 가격 흥정을 하기 위한 발화를 하는데 A는 "좀 깎아 주세요."라고 했고 판매원이 안 된다고 하자 흥정하기를 멈추고 그냥 샀다. B는 자기가 원하는 가격인 "9,000원"이라고 이야기했고, 판매원은 "안 돼요, 안 돼."라고 했지만 거기에 다시 B는 "9,500원, 9,500원"이라고 말해서 500원을 깎을 수 있었다. 완벽하게 가격 흥정을 한 B가 의사소통에 성공을 했다고 할 것이다. 그렇다면 흥정하기를 중간에 멈춘 A는 의사소통에 실패한 것인가를 생각해 보면 흥정하기에 적극적이지 않은 성향이 이유일 수도 있고 판매원의 안 된다는 발화가 강하게 느껴져서 더 이상 하면 안 되겠다는 판단으로 그냥 흥정하기를 그만두고 물건을 사자라는 방향으로 전략이 수정되었을 수

도 있다. [그림 39]에서 살펴본 바와 같이 발화 맥락, 의사소통 능력, 듣기 · 말하기 · 읽기 · 쓰기의 수행 등의 다양한 변인에 대해 수없이 많은 전략 수정이 일어나는 것이 의사소통이다. 따라서 처음의 목적을 고수하고 수행해 내는 것도 의사소통의 성공이라 볼 수 있지만 상황에 따라서는 대화를 멈추는 것도 대화 주제를 변경하는 것도 의사소통의 성공일 수 있다. 직장에서나 가정에서 분위기(발화 맥락)에 상관없이 하고 싶은 말만 하는 사람을 보고 의사소통을 잘한다고 하지 않는 경우를 보면 이해할 수 있는 부분이다. 그렇다면 A는 의사소통에 성공했다고 볼 수도 있는 것이다. 여기에 덧붙여 고객과 주인이 되어 역할극을 하게 했다면 누구의 입장에서 성공적이라고 봐야 하는지도 문제가 될 수 있다. 손님은 가격을 깎아야 하고 주인은 적절한 가격으로 팔아야 할 것이다. 대화 중 상황이 여의치 않다고 판단한 손님이 물건 사기를 포기하고 돌아선다면 이것은 누구의 입장에서 성공이고 실패인가의 문제도 생각해 볼 필요가 있게 된다.

③ 위의 ②와 유사한 경우로 한국어 교실에서 '깎아 주세요.'라는 말과 가격 등 물건사기와 관련된 내용의 교수가 일어난 후에 역할극으로 시험이 수행된 상황이다. 이때 판매원이 "그거 만 원만 주세요."라고 했을 때 A는 "깎아 주세요."라고 발화를 했고 B는 똑같이 가격을 제시하면서 흥정을 했다. 두 사람 모두 교실 상황의 모의 시연인 관계로 모두 가격 흥정에는 성공을 했다. 이런 경우에 어떻게 점수를 주느냐고 어느 특강에 참석한 50여 명의 한국어 선생님들에게 물었을 때 거의 다수의 선생님들로부터 A한테만 점수를 주거나 B의 점수를 깎아야 한다는 대답을 들을 수

있었다. 왜 그러냐고 다시 물으니 배운 걸 써야 되는데 안 썼으니까 점수에 차등을 두어야 한다는 답변이 돌아왔다. 한 단계 더 나아가서 '깎아'가 아니라 "깎어 주세요."라고 대답하면 어떻게 되느냐고 묻자 살짝 고민하다가 괜찮다는 답변을 하는 사람도 있었고 형태적으로 틀렸기 때문에 감점을 해야 한다는 의견도 있었다. 이는 의사소통의 핵심을 소통에 두느냐 형태 구현과 정확성에만 두고 있느냐의 문제를 극단적으로 보여 주는 예일 수 있으나 스스로 어느 쪽에 더 힘을 싣고 싶은지 자문해 볼 필요가 있다.

④ 외국인 학습자에게 '인체 신경 구조와 역할'에 대해 쓰도록 했는데 한참을 생각하다 백지로 시험지를 제출하였다. 시험 이후에 학습자는 '그건 내가 생각해 본 적도 없고 관심도 없는 문제이고 모르는 주제였어.'라고 친구에게 하소연을 하였다. 같은 문제를 한국인에게 말하도록 했을 때 말을 못했다면 이는 한국어 능력이 부족한 것인가 아니면 해당 분야의 지식이 없는 것인가의 문제와 같은 맥락이다. 이 경우 학습자에게 0점의 점수를 부여하는 것이 적절한지 고려해 봐야 할 것이다.

이러한 문제점을 제시한 이유는 의사소통 능력을 판단하는 것이 그리 간단하고 쉬운 문제가 아니며 어쩌면 완벽한(완성된, 실수가 없는) 판단은 원천적으로 불가능한 일인지도 모른다는 인식 때문이다. 그리고 그럼에도 불구하고 평가를 해야 한다면 어떻게 하는 것이 바람직한 평가일지에 대해 준비하는 작업이 필요하다는 점을 강조하기 위해서이다. 완벽한 해결책은 아니지만 몇 가지 방향성을 제시하면 다음과 같다.

첫째, ①은 발화 당사자가 아닌 청자 참여도에 따라 의사소통 결과가 달라질 수 있다는 문제점과 수험자 발화의 양이 많고 적은 것에 대한 판단, 그리고 발화의 양이 많아지면서 더 많아지는 오류들이 평가에 미치는 부정적 영향에 대한 것이다. ②는 학습자 발화의 맥락과 전략, 그리고 최종 수행의 다양성을 어디까지 예측하고 수용할 것이냐의 문제이다.

여기에서 청자의 역할, 학습자의 발화 맥락과 개인적 성향과 전략 수정, 수험자 스스로가 목표로 삼은 발화의 양과 질 등은 외적으로 통제하기 힘든 부분이다. 시험 과제의 특성은 수험자의 개인적인 특성에 어느 정도는 적합해야 한다는 Bachman & Palmer(1996:143)의 언급처럼 이러한 요인들에 따라 의사소통 결과가 달라질 수 있다는 것은 평가자들에게 미리 인지되어야 하고 고려되어야 한다는 점이다. 평가 도구를 개발할 때 인간 내부에서 일어나는 내적 요인들을 통제할 방법을 마련하거나 그것이 불가능하다면 그것들이 어떤 영향을 미치는지에 대한 판단 기준이 큰 범주에서 공론화되어 있거나 혹은 자세한 기준으로 마련되어 있어야 한다. 기준 마련은 수험자의 내적 요인들과 발화 맥락에서의 돌발 변인에 대한 것뿐만 아니라 수험자의 발화 양의 많고 적음, 그리고 많은 발화를 시도하다가 더 많이 발견되는 오류 등에 대해서도 필요한데 발화 그 자체의 형태에만 집중하지 않고 전체 의사소통의 관점에서 어떻게 처리할지 평가 목표에 따른 적절한 기준이 사전에 마련되고 적용되어야 할 것이다. 따라서 청자와 화자의 역할이 무엇이고 어느 정도까지 어떤 양상으로 이루어지면 의사소통의 성공과 실패로 판단할지에 대해 구체적인 기준을 마련해야 한다. 물론 쉽지 않은 일이다.

둘째, ③은 현실의 채점 상황에서의 문제로 무엇을 가르치고 배웠는지와 의사소통의 다양성에 대한 문제를 고려해야 한다는 점이다.

'깎아 주세요'는 흥정하기 표현으로 교수가 되었고, 가격 표현은 흥정하기 전략으로 가르치지 않았지만 가격 묻고 말하기를 위한 표현으로 교수가 되었다. 그리고 나서 이루어진 역할극 시험에서 학습자는 개인적 성향에 따라 전략을 선택할 수 있다. 실생활이라고 한다면 '깎아 주세요'라는 표현과 가격을 제시하는 흥정 중 어느 것도 선택 가능한 상황이며 심지어 더 훌륭한 흥정하기 전략은 가격 제시 전략일 수 있다. 그럼에도 현장의 선생님들은 '-아 주세요.'의 문법을 통해 배운 '깎아 주세요'에만 초점을 두고 있는 것이다. 혹여 수업 시간에는 미처 가격 표현을 가르치지 않고 '깎아 주세요'만 가르쳤다고 하더라도 학습자들은 교실 수업에서만 한국어를 학습하고 습득하는 것이 아니기 때문에 아무리 성취도 시험이라고 하더라도 학습자들이 다양한 언어 재료를 가지고 있고 발화할 수 있다는 점을 잊으면 안 된다. 따라서 이러한 다양한 발화에 대한 판단 기준이 미리 고려되어 있어야 한다. 의사소통의 목표는 언어 재료와 그 자체의 사용에만 있지 않고 발화 맥락과 의사소통 능력에 맞춰 전략을 다양하게 사용하면서 목적을 수행하기 위해 담화 참여자와 지속적으로 교섭하는 데 있다는 것을 잊어서는 안 될 것이다.

셋째, ③의 또 다른 문제는 평가 도구 개발의 적절성에 대한 것이다.

먼저 고려할 점은 평가 목표에 맞는 형식을 개발해야 한다는 점, 즉 구인타당도의 측면에서 적절성에 대한 것이다. 역할극에서 '통제된 단일한 답'이 요구될 수 있다는 것 자체가 역할극 본연의 의도에서 벗어난 것으로 지적될 수 있다. 역할극이라는 이름의 시험이지만 실제로는 짝끼리 외워 말하기의 전통적 암송법이 사용되고, 이것이 그대로 구현되어 채점되는 것을 보면 평가 도구와 그 측정 의도 등이 부적절하게 적용되는 것으로 볼 수 있다. 만일 출제 의도가 '깎아 주세요'를 평가하려는 것이었다면 그것만 사용되는 평가 도구를 개발해서 다양성 요인은 감소시키면서 누구라도 '깎아 주세요'를 사용하도록 만들어야 한다는 점이다. 따라서 교사의 평가 도구 개발의 전문성이 요구된다고 하겠다.

넷째, ③에서 마지막으로 살펴볼 문제는 평가 기준의 공표와 관련된 것이다.

시험은 '출제자의 의도와 마음을 추측해 내는 수수께끼'가 되어선 안 된다. '아, 우리 선생님이 '깍아 주세요'를 가르쳐 주었으니 꼭 이걸 사용해서 대답을 해야 할 거야.'라고 평가 기준을 잘 추측해서 사용하는 학생과 그렇지 않고 자연스러운 의사소통 상황으로 상정하고 가격 제시를 사용한 학생이 서로 다르게 평가되는 것은 문제라는 것이다. 그럼에도 불구하고 실제로 '깎아 주세요'만 제대로 된 흥정으로 채점을 하고 그 외에 흥정 전략은 감점이 되는 경우, 실제 한국 사람들의 발화에서는 아무 문제없이 가능한 '깎어 주세요'로 발음하면 감점이 되는 경우를 시험에서 굳이 사용해야 하고 그렇게 하고 싶은 경우가 있을 수 있다. 그렇다면 학습자들에게 미리 그러한 채점 기준을 공지해서 학습자 스스로 '평가 기준 추측하기'에 실패하지 않고 시험에서 요구하는 바를 제대로 사용할 수 있도록 해야 한다. Bachman & Palmer(1996:52)에서는 응답의 적절성이 결정되는 방식인 정답에 대한 기준과 채점 절차에 대한 기준이 마련되어야 하며 이에 대해 수험자에게 제시되는 정보 수준에 따라 명확성이 달라진다고 하였다. 정보가 제시될 것인지 생략될 것인지 아니면 일부러 모호하게 제시될 것인지는 평가 행정적인 편의를 위해서 주도되는 선택의 문제일 수도 있지만 수험자의 최대 능력을 측정한다는 평가의 기본 취지를 고려한 다면 최대한 많은 기준이 명확하게 제시되어야 할 것이다.

다섯째, ④는 의사소통 언어 능력의 평가에서 지식 평가를 어느 정도까지 허용할 것이냐의 문제이며 지식이 없어서 의사소통 능력을 발휘하지 못했다면 이에 대한 판단은 어떻게 해야 하느냐와 관련된다. Bachman & Palmer(1996, 2010:41)에서는 기본적으로 명제적 지식으로 표현되는 세상 지식은 언어 사용과 직결되는 문제라고 하면서 특정한 지식이 요구되는 시험 과제는 수험자에 따라 유리하거나 불리할 수 있다고 하였다. '자유주의 경제 정책의 장단점'을 이야기하는 것은 경제학 전공자와 비전공자에게 다른 난이도로 다가올 것이고 특정 문화에 익숙한 과제 수행 역시 수험자에 따라 다른 난이도로 체감된다는 것이다. 이는 결과적으로 소통의 성공 여부에 영향을 미칠 수 있으므로 기본적으로 특정 지식이나 문화 기반의 언어 평가는 지양되는 것이 맞다. 단, Bachman & Palmer(1996:120-127)에서 제안한 바와 같이 특정 학문 분야나 직업 분야의 특정 그룹에 한정된 시험에서는 명제적 세상 지식이 구인으로 선정이 되고 다른 언어적 구인과는 별도로 평가될 수 있을 것이다. 그렇지 않은 일반적 언어 시험이라면 수험자가 모두 알 것이라고 생각되는 세상 지식을 언어 시험에 사용해야 한다. 그렇지 않으면 시험 과제 자체에 명제적 지식을 포함해서 읽게 하거나 들을 수 있게 하고 문제를 해결할 수 있도록 할 수 있을 것이다. 이때에도 시험 문항에 특정 지식의 유무에 의해 차별받게 되는 문항이 있을 수 있다는 가능성은 늘 염두에 두고 점검되어야 한다.

이렇듯 실제 의사소통 현장이라고 가정을 해도 혹은 의사소통 모의 시연 상황이라고 가정해도 의사소통 능력을 측정하는 도구를 개발하고 판단하는 것은 다양한 변인 속에서 전문성을 가지고 치밀하게 고민해야 하는 작업이라고 할 수 있다. 그래서 행위 중심의 의사소통 능력 측정의 이러한 복잡성과 어려움 때문에 간접적 평가 방식인 객관식 문항을 적극적으로 도입하고 그 안에서 안주하게 되는지도 모른다. 심지어 의사소통 시험을 표방하면서도 채점 신뢰도의 명목으로 의사소통 성공 여부와는 관계없이 문법 항목을 몇 개 썼는지 발음은 몇 개 틀렸는지를 세는 채점 기준이 사용되고 있다는 현장의 소리도 들려온다. 이 경우에 학습자들은 자신의 말하기 의사소통 능력이 그렇게 채점되고 있다는 사실을 모르고 있을지도 모른다.

Bachman & Palmer(1996:18)에서는 신뢰도와 타당도는 본질적으로 충돌되는 측면이라는 Underhill과 Heaton의 주장과 그렇기 때문에 실제적이면서 동시에 신뢰도 있는 시험을 개발하는 것이 불가능하다는 Morrow의 주장에 대해 부정적으로 보았다. 그보다는 이러한 상충되는 상황에도 불구하고 신뢰도와 타당도 중 어느 것도 완전히 포기할 필요는 없다는 Hughes의 주장에 더 힘을 실으면서 각각의 시험마다 그 목표와 내용에 따라 타당도와 신뢰도 사이의 상호 보완에 대한 인식과 적절한 균형을 이루는 것이 필요하다고 하였다. 물론 어려운 일일 것이다. 그러나 언어 평가의 발전적 방향의 모색에 있어서 바람직한 방향성은 분명하게 제시된 것으로 보이며 실천 의지의 문제로 보인다.

1. Morrow(1979, 1981)의 논의에 대해 Moller(1981:41)는 분리항
   목 평가, 통합적 평가, 의사소통적 평가에 나타나는 의사소통의 특성
   을 다음 표와 같이 기술하였다. 이에 대한 여러분의 생각을 예를 들어
   설명하시오.(○: 있음, ×: 없음, △: 중간적 특성, ?: 신중한 고려가
   필요함을 의미함)

• Moller(1981:41)의 평가 방식별 의사소통의 특성

특성	분리 항목 평가	통합적 평가	의사소통적 평가
텍스트의 목적	×	○	○
맥락	△	○	○
수행	×	○(제한적)	○
상호작용	×	○	○
실제성	?	?	?
예측 불가	×	×	○
행동 기반	×	×	○

2. Canale(1983:4)의 '의사소통은 언어적·비언어적 기호, 구술 및 서
   면·시각 모드, 그리고 생산 및 이해 과정 등을 통해 최소한 두 개인
   간의 정보 교환 및 협상이다.'라는 정의와 이 책에서 기술한 의사소통
   정의가 어떤 차이를 보이게 되는지 실제 언어 교수와 평가 상황에서
   예를 들어 설명하시오. 이 책의 의사소통 정의를 다시 보이면 아래와
   같다.

[김유정(2020)의 정의]
의사소통이란 목적 행위를 가진 최소한 두 개인 간(청/화자, 독자/필자, 집단 대 집단 등)에 일어나는 것으로 특정의 실제 맥락(구어/문어, 상황 맥락 등) 속에서 실제적인 언어와 비언어 등의 기호를 사용하여 예측 불가한 상호작용의 생산과 이해 과정 속에서 정보나 의견을 교환하고 교섭하여 목적 행위를 수행해내는 것이다.

제

7

장

한국어 평가 문항과 채점

제7장 한국어 평가 문항과 채점

이 장에서는 한국어 듣기 · 말하기 · 읽기 · 쓰기의 기술별 평가에 대해 논의하기에 앞서 한국어 평가에 사용될 수 있는 필기시험의 형식과 그 외 수행 평가 유형에 대해 살펴보고자 한다. 필기시험 형식으로 선택형 문항과 서답형 문항의 예시, 그리고 문항 작성 시 주의 사항, 채점 방식을 살펴보고 그 외 수행 평가에서는 어떤 유형들이 있는지에 대해서도 간단하게 살펴볼 것이다.

Mehrens & Lehmann(1975)는 선택형 문항으로 진위형, 선다형, 연결형을, 서답형 문항으로 논술형, 단답형, 괄호형(close form), 완성형(comple form)을 제안하였다. 이에 반해 Gronlund(1988)에서는 선택형 문항에 진위형, 선다형, 연결형을, 서답형 문항에 단답형, 제한된 논술형, 논술형을 제안하였다(신용진, 1998:67-68). 여기에서는 이 두 학자의 유형에서 한국어 시험에 많이 사용될 수 있는 필기시험 문항 유형으로 [표 32]와 같이 제시하고 설명하고자 한다.

[표 32] 필기시험 평가 문항 유형

응답 유형	문항 유형	응답 유형	문항 유형
선택형	진위형	서답형	완성형
	배합형 (연결형)		단답형
	선다형		논술형

1. 선택형 문항

1) 선택형 문항 유형

선택형 문항은 객관직 평가 유형을 의미하며 하위 유형으로는 진위형, 배합형(연결형), 선다형이 있다. 그런데 현장의 한국어 시험에서는 대부분 TOPIK의 영향 때문인지 사지선다형 유형만 선택되는 경우가 많다. 평가 문항 유형은 그 나름의 장단점이 있기 때문에 다양한 유형을 사용하는 것이 바람직하다고 할 수 있다. 아래 문항 유형들의 예시 문항은 초급 문항을 주로 제시하지만 초급부터 고급에 이르기까지 모두 사용될 수 있다.

(1) 진위형

듣기나 읽기 후에 의미에 대해 간단하게 확인하는 유형이다. 확률 때문에 신뢰도에 문제가 있기는 하지만 텍스트에서 다양한 정보나 세부 내용을 개별적으로 측정하기에 적절하다고 할 수 있다. Heaton(1988:114-115)에서는 진위형 문항 작성 시 가장 중요한 점은 '진위라고 한다면 텍스트 안에서 맞고 틀림이 분명하게 제시되어야 하고, 있는 것과 없는 것을 확인하는 것이라면 정보 유무가 명확해야 한다.'고 하였다. 따라서 아래 예시 문항에서 3번처럼 틀림을 판단해야 하는 진위 문항에서 나오지 않은 내용이나 모르는 내용을 문제로 작성하는 일은 피해야 한다.

진위형 예시 문항	※ 다음을 읽고 맞으면 ○, 틀리면 X 하시오. 2020년 5월 8일 나는 오늘 한국 친구와 같이 한식집에 갔다. 그 식당은 서울에서 아주 유명해서 손님이 아주 많았다. 외국 사람도 조금 있었다. 우리는 불고기 2인분을 먹고 냉면도 먹었다. 나는 오늘 냉면을 처음 먹었는데 아주 맛있었다. 재미있는 하루였다. 1. 나는 한국 음식을 먹었다. ( ) 2. 이 식당에는 외국 사람이 많았다. ( ) *3. 나는 냉면을 좋아한다. ( ) <div style="text-align:right">(* 표시는 잘못된 예시 문항)</div> <div style="text-align:right">(국립국어원 초급 한국어 읽기(p93) 각색)</div>

(2) 배합형(연결형)

배합형이란 쉽게 설명하면 문제와 답지(문자나 그림, 기호)를 연결(matching)하도록 하는 문항 형식으로 수험자로 하여금 관련 있는 것들을 배합(연결)하도록 한다. 한국어 교재에는 연습 문제 형식으로 간혹 나타나지만 실제 시험 문항에서는 역시 잘 보이지 않는다. 위에서 살펴본 진위형과 마찬가지로 배합형은 한 문항에 여러 개의 평가 목표를 넣어 선다형 문항을 만드는 것보다 개별 목표를 분리해서 측정함으로써 신뢰도 있게 평가할 수 있다. 추측 요인을 줄이기 위해 문제와 답지의 수는 문제 1에 답지는 1.5배(예: 2문제에 3개의 답항) 정도로 하는 것이 바람직하다.

배합형 (연결형) 예시 문항	※ 다음 대화를 듣고 맞는 그림에 번호를 쓰세요. 1. 가 : 수정 씨, 저 앞에서 좌회전이요? 　　나 : 아뇨, 직진이요, 직진. 그냥 똑바로 가요. 2. 가 : 여기서 우회전하면 돼요. 　　나 : 네, 알았어요. 우회전. 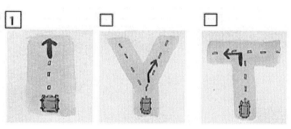 (국립국어원 초급 한국어 듣기(p69) 각색)

(3) 선다형

한국어능력을 평가하는 시험은 오지선다형보다는 사지선다형을 주로 사용한다. 물론 오지선다형도 사용할 수 있으나 답항 제작이 그만큼 어려워질 수 있다. 사지선다형은 네 개 중 '가장 알맞은 것'을 고르는 최선답형과 답이 명확하게 하나인 정답형이 있다. 언어 사용 맥락이 다양하게 해석될 수 있으므로 가장 알맞은 것을 고르라는 최선답형도 자주 사용되는 편이다. 그 외에 선다형에는 두 문항 외에 '답을 두 개 혹은 세 개 고르시오.' 와 같은 다답형 문항과 '답을 모두 고른 것은?'과 같은 형태의 합답형 문항도 있다. 다답형의 경우 일반적인 채점 방식은 3개를 고르라고 했을 때 3개 모두 정답일 때에만 점수를 주는 것이다. 한국어시험에서는 이런 다답형 문항과 합답형 문항이 거의 사용되지 않고 있는데 문항 난이도를 조절하기 위한 방안으로 충분히 활용될 수 있다.

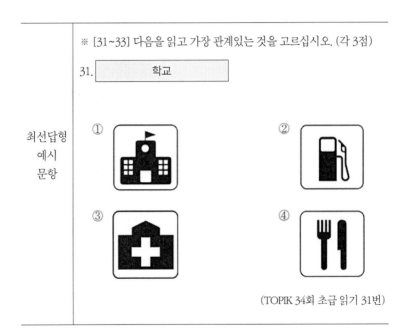

※ [31~33] 다음을 읽고 가장 관계있는 것을 고르십시오. (각 3점)

31. 학교

최선답형 예시 문항

(TOPIK 34회 초급 읽기 31번)

정답형 예시 문항	※ [53~54] 다음을 읽고 물음에 답하십시오. (각 3점) (　　　　　　　　　　　) 서울에 새 공원이 생깁니다. 공원 안에 호수가 있어서 배를 탈 수 있습니다. 공연을 볼 수 있는 공연장도 있습니다. 일 년 후에는 미술관도 만들 계획입니다. 이 특별한 공원의 이름을 만들어서 서울시 홈페이지에 올려 주세요. 53. 이 글의 제목으로 알맞은 것을 고르십시오. 　① 서울이 달라집니다! 　② 서울에 공원을 만듭시다! 　③ 서울의 공원이 새로워집니다! 　④ 공원의 예쁜 이름을 찾습니다! <div align="right">(34회 TOPIK I 읽기 54번)</div>
다답형 예시 문항	※ 다음 대화를 듣고 이 사람들이 살 것 **3개**를 고르시오. 가 : 언니, 엄마가 뭐뭐 사 오라 그러셨지? 나 : 잠깐만, 메모해 온 거 좀 보고……. 아, 우유랑 양파, 그리고 당근 사면 돼. 가 : 우유, 양파, 당근? 고기는 안 사도 되는 거지? 나 : 어, 엄마가 고기는 집에 있댔어. ① 양파 그림　　② 과자 그림　　③ 우유 그림 ④ 당근 그림　　⑤ 돼지고기 그림　　⑥ 토마토 그림

합답형 예시 문항	※ 다음 대화를 듣고 여자가 바로 해야 할 일을 것을 **모두** 고른 것은?

※ 다음 대화를 듣고 여자가 바로 해야 할 일을 것을 **모두** 고른 것은?

여자 : 여보, 오늘 애들 안 보는 책 좀 팔아볼까요? 전화만 하면 되겠죠?

남자 : 내가 전에 알아봤는데 팔 책을 사진 찍어서 중고 서점 홈페이지에 올려야 된대요. 책 제목이랑 출판사, 그리고 팔 책이 몇 권인지 거기에 적어서요. 그럼 다음날쯤 연락이 온대요.

여자 : 그럼 책은 책장에서 미리 다 내려놔야겠네요.

남자 : 아뇨, 나중에 직원이 와서 확인하고 직접 옮긴다고 했어요.

㉠ 책 사진 찍는 그림 　　　 ㉡ 사이트에 책 정보 작성하는 그림
㉢ 책을 책장에서 옮기는 그림 ㉣ 중고 서점 주인과 통화하는 그림

① ㉠, ㉡ 　　　　　　　　② ㉠, ㉢
③ ㉠, ㉢, ㉣ 　　　　　　④ ㉠, ㉡, ㉣

2) 선택형 문항 작성 원칙

선택형 문항 중 가장 많이 사용되는 선다형 문항을 중심으로 Heaton (1988:25-33)의 지침들 중에서 중요한 것을 선택하고 몇 가지를 추가하여 작성 원칙을 제시하고자 한다. 필요한 경우에는 한국어의 구체적인 예시 문항을 통해 이해를 도울 것이다.

먼저 선다형 문항은 무엇을 해결해야 하는지를 지시하는 '문두/문제/지시문(stem)', 읽거나 들어야 하는 '본문/지문/진술문/대화/텍스트(main text)', 그리고 문제 해결의 결과로 고르게 되는 '선택지/답항 (options/responses)'로 구성이 되며 '선택지/답항'은 정답과(correct option) 오답(distractor)으로 구성된다. 그런데 실생활에서는 이런 선

택형 문항 형식으로 의사소통이 이루어지지 않는다. 그래서 종종 의사소통으로서의 언어 시험으로 부적절하다는 비판이 끊임없이 제기되는 것이다. 그러나 그럼에도 불구하고 신뢰도적인 측면을 높이기 위해서, 그리고 듣기나 읽기와 같이 이해한 후에 나타나는 수험자의 수행 반응을 평가하기 위해서도 긍정적으로 사용될 수 있다. 따라서 부정적인 측면보다는 긍정적인 측면을 부각시키기 위해서는 선택형 문항을 '잘 만드는 것'이 중요하다.

분리 항목 평가로서 선택형 문항은 텍스트가 아닌 구나 문장 차원에서 발음, 어휘, 문법 등의 언어 요소에 기반한 문항들이 많이 출제되어 왔다. 그러나 여기에서는 언어 요소에 대한 분리 평가보다는 네 가지 언어 기술의 분리 평가로 작성되는 선택형 문항에 집중하여 잘 만들기 위한 지침을 제시하고자 한다.

선택형 문항 작성 원칙 1. 한 번에 하나의 목표만 평가해야 한다.

(원칙 1. 로 간략히 표현)

선다형은 기본적으로 분리 항목 평가 문항이다. 즉, 하나의 문항에 하나의 요소만 측정하는 것으로 측정 목표는 하나여야 한다는 의미이다. 따라서 언어 기술 분리 평가를 작성할 때에도 평가의 목표에 따라 장소면 장소, 시간이면 시간, 주제면 주제, 화자의 태도면 태도 등 하나의 측정목표에 집중해서 문항이 작성되어야 한다. 수험생에게는 혼동을 적게 할 뿐만 아니라 특정 교수 목표와 평가 목표를 강화하는 데 도움이 된다는 Heaton(1988:29)의 언급은 이를 뒷받침한다.

그런데 현장의 한국어시험에서는 별로 바람직하지 못한 문항 유형들을 그대로 답습하여 하나의 선다형 문항에서 청화자인 남녀 구별,

남녀에 대한 내용, 장소, 시간 등을 한꺼번에 목표로 삼는 경향이 있다. 이런 경향은 수정될 필요가 있다.

개별 목표 문항의 예시

Questions 14-16

미국에 온 지 벌써 사 개월이 되었다. 여기 생활에 익숙해질 때까지 적어도 일 년쯤은 걸리지 않겠나 생각을 했는데, 미국 사람들이 몹시 친절하고 또 우리 학교 유학생 클럽에서 매주 한 번씩 미국 문화에 대한 세미나가 있기 때문에, 지금은 여기 생활에 조금도 불편을 느끼지 않을 정도가 되었다. 미국에는 여러 민족이 함께 살기 때문에, 다양한 문화를 이해하고 받아들이는 것도 대단히 중요하다. 미국에 오기 전에 사람들에게 영어를 꽤 괜찮게 한다는 칭찬도 받아서 이 정도면 미국에 가서 큰 어려움은 없지 않을까 생각했는데, 잘못된 생각이었다. 역시 외국어는 그 나라 사람들하고 직접 같이 생활하면서 늘 써 보기 전에는 자신을 가질 수가 없다는 것을 알게 되었다. 외국어를 배운다는 것은 그 나라 말만 배우는 것이 아니라 사고방식, 문화까지 다 포함한다는 것을 새삼 깨달았다.

14. How long did the writer think it would take to get used to American life?
    (A) About four months
    (B) About four years
    (C) A lifetime
15. What did the writer learn is important in American society?
    (A) To accept cultural diversity
    (B) To speak many languages
    (C) To help international students
    (D) To befriend many people
16. What does the writer think is the best way to become proficient in English?
    (A) Memorizing a lot of vocabulary
    (B) Attending various seminars
    (C) Participating in student clubs
    (D) Learning and thinking in English

위의 문항은 The SAT Subject Tests Student Guide의 한국어 시험 샘플 문항에서 가져온 것으로 세부 내용 파악에 있어서도 14번은 기간 파악, 15번은 중요하다고 생각하는 이유 파악, 16번은 가장 좋은 방법 파악으로 측정 목표가 개별적으로 제시되고 있다. 이런 형식으로 시험이 평가되어야 학습자에게 구체적이고 명확한 진단 정보를 제공할 수 있게 된다.

원칙 2. 선택형 문항에서 정답은 오직 하나여야 한다.

문제에 의해서 선택되는 답은 분명하게 유일한 하나여야 하며 나머지 오답항은 유인 요소로만 작용해야 한다. 오답 유인도가 너무 크게 작성되어 복답(복수 정답) 시비를 일으키면 안 된다. 시험 점검 시에 다른 평가자로부터 복답이 지적이 되면 설명하거나 변명하지 말고 바로 받아들이는 것이 중요하다. 누가 봐도 정답이 하나가 되게끔 문항을 수정하거나 안 되면 다른 문항으로 바꾸어 작성하는 것이 바람직하다. 왜냐 하면 시험 출제자는 가끔 자신의 세계관에 갇혀 다양한 맥락을 고려하지 못하게 되는 경우가 있기 때문이다.

복답 논란 가능한 예시 문항	※ 다음 대화를 듣고 여기가 어디인지 고르시오. 가: 이 장미 얼마예요? 나: 만 원이요. ① 꽃집　　　　　② 서점 ③ 커피숍　　　　④ 편의점　　　(한국어교사 작성 문항)

위의 문항의 답은 대부분 ①번이라고 할 것이다. 그러나 반드시 ①번만 답이라고 할 수 있는 근거가 대화에 전혀 나타나 있지 않다. "어서 오세요.", "사장님, 이 장미 얼마예요?"나 "그럼 이걸로 예쁘게 포장해 주세요."와 같은 추가 장치들이 없어서 꽃을 사고 있다고만 보기 어렵다. 그래서 위의 대화는 극단적으로 말하면 어디에서든 가능한 대화이다. 문구점, 커피숍, 편의점 등 모든 장소에서 발화자가 우연히 발견한 장미를 보고 묻고 답할 수 있다. 그리고 요즘 한국에선 꽃집에서만 꽃을 팔지 않는다는 것도 복답 논란을 일으킬 수 있는 문제이다.

이러한 복답 논란은 맥락이 잘 드러나지 않는 짧은 대화나 읽기 텍스트 등에서 쉽게 발견이 되는 현상이다. 따라서 Heaton(1988:29)에서도 언급된 바와 같이 정답이 하나만 있는 문항을 구성하는 것은 쉬운 일처럼 보일지 모르지만 때때로 매우 어려운 일이라고 할 수 있다.

원칙 3. 핵심적인 것을 평가해야 한다.

1장에서 이미 살펴본 바와 같이 평가에서 핵심 항목을 다루어야 한다는 것은 주변적인 것을 측정하지 말고 중요한 것만 측정해야 한다는 것이다. 즉, 듣거나 읽은 내용 중에서 중요한 것들을 파악하도록 유도하고 답항들도 동일한 차원에서 작성이 되어야 한다는 것을 의미한다. 이를 위해서 출제자에게는 그 텍스트에서 중요한 것이 무엇인지를 잘 파악하는 능력과 이 능력을 바탕으로 텍스트와 답항을 작성하는 능력이 요구될 것이다. 이는 누구나 처음부터 당연히 할 수 있는 능력이 아니므로 출제자 훈련을 통해 역량을 강화하는 것이 필요하다.

아래 예시 문항의 읽기 텍스트는 텍스트 자체에 흥미롭고 개별적인 내용이 거의 없어서 텍스트 길이에 비해 측정할 만한 것이 별로 없다. 그럼에도 불구하고 이 텍스트에서 핵심을 찾아본다면 계절이 가을이라는 것, 주말에 설악산에 다녀왔다는 것, 그리고 설악산에서의 감상에 관한 것이다. 그래서 2번은 핵심 항목을 물은 것으로 볼 수 있다. 그러나 1번 교통편은 핵심 항목인지 생각해 볼 필요가 있다. 물론 초급에서 교통편을 배웠다면 1번은 측정될 가능성도 있는 문항이 될 수 있다. 그러나 중요한 것은 본질적으로 이 텍스트에서 교통편이 중요한 핵심 정보는 아니라는 점이다. 텍스트에 '버스를 타고'라는 표현이 없는 것이 훨씬 텍스트를 매끄럽게 하기도 한다. 따라서 교통편을 파악하는 것보다는 여행지에 대한 감상에 대해 측정하는 것이 핵심 문항으로 적절할 것이다. 이때 계절을 묻는 것과 여행지 감상의 내용이 서로 비추지 않도록 문항을 작성해야 하며 그것이 어렵다면 한 문항만 출제해야 한다. 이것은 원칙 6에서 다시 언급할 것이다.

주변적 목표 항목 예시 문항	※ 다음을 읽고 질문에 답하시오. 일주일 전부터 시원한 바람도 불고 단풍도 예쁘게 들기 시작했다. 그래서 나는 주말에 친구와 함께 버스를 타고 설악산에 다녀왔다. 설악산은 단풍이 아주 아름다웠다. 노란색과 빨간색 나뭇잎들이 파란 하늘과 무척 잘 어울렸다. 내년에도 또 가고 싶다. 1. 이 사람은 무엇을 타고 갔습니까? 　① 버스 그림　　　② 기차 그림 　③ 택시 그림　　　④ 비행기 그림 2. 지금은 무슨 계절입니까? 　① 봄　　　　　　② 여름 　③ 가을　　　　　④ 겨울 　　　　　　　　　　　　　(한국어교사 작성 문항)

원칙 4. 지시문은 짧고 명확해야 한다.

학습자가 자신의 실력을 가장 잘 나타낼 수 있도록 문제의 지시문을 구성하는 배려가 필요하다. 지시문의 목적은 모든 학습자가 똑같이 이해하고 어떠한 방향으로 문제를 풀어야 할 것인가를 쉽게 지시하는 데 있다. 그러므로 속도가 느린 학습자라도 문제의 유형을 정확하게 이해할 수 있도록 해야 한다. 즉, 짧으면서도 그 문항에서 무엇을 골라야 하는지 지시 내용이 잘 전달되도록 작성되어야 한다.

원칙 5. 부정형 지시문의 작성 시에는 시각적으로 간단하고 두드러지게 나타내야 한다.

문항 형식에서 부정형을 고르는 문항은 전체 문항의 30퍼센트 내외가 적절하다. 그리고 문항 작성 시 평가 목표에 비추어 보았을 때에 부정형을 고르는 것이 적절한지를 잘 판단해야 한다. 또한 지시문은 이중 부정형으로 작성되는 것은 바람직하지 못하므로 '맞지 않은'은 '**틀린**', '같지 않은'은 '**다른**'으로 표현하고 진하게 밑줄을 쳐서 긍정형 지시문과 시각적으로 차별이 되도록 하는 것이 좋다. '틀리지 않은'과 같은 지시문을 사용하는 경우는 더더욱 없어야 할 것이다.

원칙 6. 각각의 문항은 국부독립성(local independence)을 유지하여야 하다.

국부독립성은 하나의 듣기 대본이나 독해 지문에서 여러 개의 문항을 출제하는 경우에 위반되는 경우가 있다. 이는 평가 목표가 반복되거나 관련성이 커서 문항이 개별적이지 않고 국부종속성(local dependence)의 문제를 가진 문항으로 나타난다. 이는 한 문항이 다른 문항의 결정적 힌트가 되거나 반대로 한 문항을 못 풀면 다음 문항도 풀지 못하게 된다. 따라서 앞뒤 문항이 서로 문제를 푸는 데 결정적인 역할을 하는 힌트를 지니고 있으면 안 된다는 것이며 이는 평가의 신뢰도 면에서도 중요하다.

※ 다음 글을 읽고 질문에 답하십시오.

> 왕맹 씨는 중국 사람입니다. 회사원입니다. 토요일과 일요일
> 에 일을 하지 않습니다. 보통 집에서 책을 읽습니다. 친구들
> 과 영화도 보고 쇼핑도 합니다. 가끔 기차를 타고 바다와 산
> 에도 갑니다.

2. 주말에 하는 것이 **아닌** 것을 고르시오.
   ① 공부하기   ② 책 읽기   ③ 영화보기   ④ 여행하기

3. 맞는 것을 고르시오.
   ① 왕맹 씨는 토요일에 출근을 합니다.
   ② 왕맹 씨는 주말에 가끔 여행을 갑니다.
   ③ 왕맹 씨는 쇼핑을 좋아합니다.
   ④ 왕맹 씨는 주말에 언제나 친구들과 영화를 보고 쇼핑을 합
   니다.

(한국어교사 작성 문항)

위의 예시 문항은 2번과 3번이 모두 주말 활동을 파악하는 것으로
평가 목표가 같다고 할 수 있다. 2번에도 영화와 여행이 있고 3번에도
영화와 여행이 등장하는 것도 문항이 서로 종속되어 있음을 나타낸다
고 하겠다. 위의 지문을 그대로 사용한다면 왕맹 씨의 국적을 묻는 문
항, 직업을 묻는 문항, 주말 활동을 묻는 문항, 총 3문항으로 분리해서
작성하는 것이 적절해 보인다.

이와 관련하여 일지문 일문항(OPOI, One Passage One Item)과 일
지문 다문항(OPMI, One Passage Multiple Item) 문제가 최인철(1993)
등의 연구에서 확인이 되는데 중요한 점은 일지문 다문항의 경우에는
국부종속성의 문제를 인지하면서 지문(본문)과 문항이 평가 목표에

적절하게 분리되어 구성이 되어야 한다는 것이다.

원칙 7. 반드시 본문(대화)을 읽거나 듣고 풀 수 있는 문항으로 작성해야 한다.

선택형 문제의 경우 수험자들은 듣거나 읽기 전에 문제를 먼저 확인하는 전략을 사용한다. 이때 듣거나 읽지 않아도 선택지만 읽어 보고도 답할 수 있는 문항이 있는지를 검토해야 한다. 보통 답항만 보고도 정답을 선택할 수 있는 경우는 상식만으로도 정답이 찾아지는 경우가 많다. 이는 텍스트는 훌륭한데 답항을 잘못 작성한 경우도 있을 것이다. 그러나 대부분은 본문(대화)에 특별한 정보나 내용이 없이 일반적인 내용이 제시되는 경우, 즉 상식적인 내용의 텍스트로 인해 발생하는 경우가 많다.

예를 들어, '제주도에 대한 소개' 글을 읽고 맞는 것을 고르라고 하는 문제를 가정해 보자. 이 경우 제주도에 대해 일반적이지 않은 개별적인 정보나 내용이 들어가도록 텍스트를 작성하는 것이 바람직하다. 만일 그렇지 않은 텍스트라고 할 때 답항으로 제주도는 한국의 수도이다, 제주도는 서울 북쪽에 있다, 제주도에는 남산이 있다 등을 제시하는 경우(물론 극단적인 예일 수도 있음)는 바람직하지 않다. 이런 경우에는 오히려 단락별로 소재를 연결하게 하거나 텍스트에 제시된 것이나 제시되지 않은 것을 고르게 하는 것이 더 나은 문항이 될 것이다.

원칙 8. 긴 텍스트를 활용하는 경우 목표에 충실하고 다양한 목표로 측정이 되어야 한다.

긴 듣기나 읽기 텍스트를 사용하면서 다양하게 분산된 평가 목표를 측정하는 문항이 아니라 특정 단어 하나만으로 문제가 풀리거나 시작이나 끝부분만 듣거나 읽고도 풀 수 있는 허무한 문항은 지양한다.

원칙 9. 듣거나 읽어야 하는 본문(텍스트)보다 지시문과 답항은 쉬워야 한다.

시험에서 측정 목표가 되는 것은 지시문도 답항도 아니다. 목표는 듣거나 읽어야 하는 '본문'이다. 따라서 수험자로부터 측정해야 하는 능력의 수준은 본문에 맞춰져야 한다. 그리고 지시문과 답항에는 본문보다 더 어려운 표현이 사용되면 안 된다. 한국어로 지시문과 답항을 작성해야 하는 경우에 특히 조심해야 하는 부분이다. 한국인들이 경험한 국어 시험이나 다른 과목의 지식 시험들에는 답항이 목표가 되는 경우가 있다. 이는 언어적으로 문제가 없는 상황을 전제로 답항의 지식에 초점을 두기 때문에 가능한 평가 유형이 될 수 있는 것이다. 그러나 언어 능력을 측정하는 한국어 시험에서는 답항이 목표가 되는 경우는 괄호 안의 표현(목표 표현)을 찾게 하는 유형들에서만 가능하다. 그러므로 한국어 시험이니까 한국어로 된 건 다 읽고 들어야 한다는 잘못된 인식으로 시험 문항을 작성하면 안 된다.

일반적으로 답항(선택지)은 듣기 텍스트에 사용된 표현을 바탕으로 해서 더 쉬운 표현으로 작성이 되어야 한다. 듣기 평가나 읽기 평가 모두에서 답항 읽기가 평가 목표가 아니므로 읽기 요인을 최소화해야 한다. 따라서 답항의 어휘 수는 5~6개 단어 정도 이하여야 한다. 그 이상의 어휘로 구성되는 것은 바람직하지 않다. 또한 어휘와 문법 면에서도 최대한 간단해야 한다. 만약 답항이 텍스트보다 어려운 표현으로 사용될 수밖에 없다면 수험자의 모국어를 사용해서 제시할 수도 있다. 지시문의 경우에는 원칙 4와도 관련이 있는 것으로 이러한 문제를 해결하기 위해 지시문에 '보기'를 제시해 주거나 단일어를 사용하는 학습자들에게는 그들의 모국어로 지시문을 제시하는 방법을 사용할 수 있다.

'보기'를 제시한 예는 현재 시행 중인 TOPIK Ⅰ에서 확인할 수 있다. 그리고 위에서 제시한 SAT 한국어 시험 문항은 영어권 수험자들을 위해 읽어야 하는 목표 텍스트는 한국어로 제시하지만 지시문과 답항은 영어로 제시하고 있어 평가의 목표를 분명히 하고 있다. 국내의 영어 시험(수능 포함)에서도 평가의 목표에 있지 않는 지시문과 답항은 한글로 제시되고 있다. 지금은 EPS-TOPIK 시험이 시행 국가에서 모두 한글로만 제시되는데 초창기 EPS-KLT(Employment Permit System-Korean language Test)에서는 필요한 경우 지시문과 답항에 해당 국가 수험자의 모국어를 사용하였다.

아래 예시는 한글 지시문과 답항이 사용된 대학수학능력시험의 영어 문항과 3회 필리핀 EPS-KLT 문항이다. EPS-KLT 문항은 지시문과 목표 대화보다 어려운 답항을 필리핀 타갈로그어로 제시한 것이다. 한국어 보급이 잘 안 되어 있던 당시에 수험자들의 한국어 연습을 위해 한글도 함께 제시하고 있다. 마지막의 TOPIK Ⅰ 예시 문항은 목표인 읽기 텍스트에는 숫자와 간단한 구조의 문장으로 되어 있는데 답항은 더 어려운 구조와 표현으로 제시되어 있고 목표 텍스트보다 더 많은 답항을 읽어내야 하기 때문에 이 원칙에 맞지 않게 작성되었다고 판단할 수 있다. 보기 문항이나 모국어 활용이 어렵다면 더더욱 지시문과 답항 작성에 주의를 기울여야 한다.

18. 다음 글의 목적으로 가장 적절한 것은?

Dear Mr. Reese,
A few days ago, I submitted my application and recipe for the 2nd Annual DC Metro Cooking Contest. However, I would like to change my recipe if it is possible. I have checked the website again, but I could only find information about the contest date, time, and prizes. I couldn't see any information about changing recipes. I have just created a great new recipe, and I believe people will love this more than the one I have already submitted. Please let me know if I can change my submitted recipe. I look forward to your response.
Best Regards,
Sophia Walker

① 요리 대회 일정을 안내하려고
② 요리 대회 심사 결과를 확인하려고
③ 요리법 변경 가능 여부를 문의하려고
④ 새로운 요리법 개발을 요청하려고
⑤ 요리 대회 불참을 통보하려고

(2019 대학수학능력시험 영어)

※ [13~16] 무엇에 대해 이야기하고 있습니까? 잘 듣고 관계있는 것을 고르십시오.
Tungkol saan ang pinag-uusapan? Makinig nang mabuti piliin ang tamamg sagot.

13. ① 모양 Disenyo   ② 가격 Presyo
    ③ 이름 Pangalan   ④ 품질 Kalidan

(EPS-KLT 필리핀 제3회)

국내 영어 예시 문항

EPS-KLT 예시 문항

※ [40~42] 다음을 읽고 맞지 **않는** 것을 고르십시오.

40. (3점)

TOPIK
예시
문항

"1년 사용한
컴퓨터를 팔아요."

가 격: 100,000원
연락처 : study@Korea.co.kr

① 이 컴퓨터는 십만 원입니다.
② 이 컴퓨터를 1년 동안 썼습니다.
③ 이 사람은 컴퓨터를 받고 싶습니다.
④ 컴퓨터를 사고 싶으면 이메일로 연락합니다.

(35회 TOPIK Ⅰ, 40번 문항)

덧붙여서 기우 섞인 언급을 하면 다음과 같다. 예시 문항의 비교는 특정 시험에 대한 공과 사를 언급하려는 것이 아니며 문항 개발에서 발견되는 문제점을 대표하는 예시 문항으로 제시하고 대안을 제시하고자 하는 발전적 의도임을 밝힌다. 공개된 한국어와 영어 숙달도 시험을 통해 문제점을 확인하는 것이 현장 한국어 교사들에게 더 큰 파급 효과가 있을 것으로 판단되는 것도 이유 중 하나이다. 이는 이 책에 사용되는 모든 문항에 적용되는 사항이다.

원칙 10. 선다형 답안의 오답은 합리적으로 매력적이고 그럴 듯하게 작성되어야 한다.

선다형 문제에서 제시되는 오답이 학생들을 아주 적절히 유인하게 만들어져야 한다. 선다형 문제의 오답들은 주의분산 요인으로 작동하면서 정답 선택에 적당히 혼선을 주어야 할 필요가 있다. 보통의 경우 수험자의 60% 내외가 정답을 선택하고 나머지 오답들도 각각

10~15% 정도로 선택이 될 가능성이 있게 작성되어야 한다. 따라서 너무 쉽게 답이 나오거나 답이 모호해서 오답 유인도가 너무 높아지는 것도 피해야 한다. 내용에 있어서도 너무 쉽거나 답안의 길이로 추측해서 선택하도록 하는 문항 작성은 피해야 할 것이다. 즉, 답항의 난이도, 유인도, 길이 등은 유사하게 작성되어야 한다는 의미이다. 한 가지 덧붙이면 오답들도 형태적으로나 의미적으로 정답처럼 보일 수 있는 정상의 형태와 의미여야 한다.

아래 예시 문항에서 화살표 위쪽의 답항에 매력적인 오답이 없다. 심지어 한국어와 한글을 전혀 모르는 외국인도 시각적 그림 찾기를 통해 '지금'과 '시'를 찾아서 2번으로 답을 할 수도 있다. 이러한 답항 구성보다는 화살표 아래쪽의 답항이 적절한데 초급의 시간 관련 표현들이 사용되면서 오답항의 매력도가 너 높아진 것을 확인할 수 있다. 정확하게 알지 못하는 수험자들에게 매력적인 오답은 위의 예시 문항보다 아래쪽에 더 많다고 할 수 있다.

매력적인 오답 예시 문항	※ 다음 대화에서 '나'가 할 대답으로 적절한 것은?
	가: 지금 몇 시입니까? 나: _____
	① 머리가 아픕니다.　　　② 지금 한 시입니다. ③ 학교에 있습니다.　　　④ 친구가 아주 많습니다.
	⇓
	① 세 시에 옵니다.　　　② 두 시 반인데요. ③ 5분쯤 늦을 겁니다.　　④ 지금 시간이 없어요. 　　　　　　　　　　　　　　　(한국어교사 작성 문항)

원칙 11. 텍스트와 문제를 듣거나 읽으면 바로 답이 확인되도록 문항이 작성되어야 한다.

그 문항을 풀 수 있는 능력이 있는 수험자라면 누구나 텍스트를 읽거나 듣고 문제의 지시 사항을 보면 수험자의 머리에 답이 무엇인지 이미 확정이 되어야 한다. 그리고 그것을 답안에서 선택하도록 하는 것이 선다형 문항의 정상적이고 바람직한 방향이다. 그러지 않고 답항을 읽고 하나씩 지워 나가면서 남은 하나를 정답으로 고르도록 문항이 작성되는 것은 바람직하지 못하다. 이는 텍스트와 답항의 연결이 부자연스럽거나 답항 자체의 작성이 문제가 되는 경우, 그리고 한 문항에 여러 개의 평가 목표가 섞여 있는 경우에 발생하는 문제이다. 이러한 문항은 수험자가 의사소통 전략에 맞게 시험 문항을 처리할 수 없는 인위적이고 비의사소통인 문항이라고 할 수 있다. 언어 평가는 텍스트를 읽거나 들은 후에 그것과는 별개로 또다시 답을 연구하고 답을 찾아가는 것이 아니다. 텍스트를 읽거나 듣자마자 답은 확정되고 그 답이 어디에 있는지 선택하는 것이 선다형 문항이 되는 것이다. 이 또한 지식 평가에서 경험한 습관으로부터 생기는 문제일 수도 있다.

원칙 12. 답항에 불필요하게 반복되는 표현들은 피한다.

동일한 표현이 답항에 불필요하게 들어가는 경우에는 지시문(문제)에 포함시키는 것이 좋다. 지시문에 넣지 않아도 풀 수 있고 답항에 꼭 필요한 경우가 아니라면 중복되는 부분은 생략해서 간략하게 나타내야 한다.

원칙 13. 답항은 질서 있게 배치되어야 한다.

선다형 답안의 항목들이 일정한 순서(자모순, 연대순, 숫자 순서 등)를 가지는 경우에는 그 순서대로 배치하는 것이 적절하다. 그렇지 않으면 불필요한 혼동을 야기하여 수험자의 정답 선택을 어렵게 만들 수 있기 때문이다.

2. 서답형(書答型) 문항

한국어 필기시험 문항으로 개발할 수 있는 서답형 문항에는 완성형, 단답형, 논술형이 있다. 각각의 특징과 예를 보이면 다음과 같다.

1) 서답형 문항 유형

(1) 완성형

완성형 문항은 본문(지문, 텍스트)의 일부분을 비워 놓고 단어나 구, 숫자나 기호 등을 사용하여 써 넣도록 하는 유형의 문제이다. 비워지는 부분 역시 그 텍스트의 전반적인 내용과 관련하여 핵심적인 것을 목표로 삼아야 한다. 또한 완성하고자 하는 부분이 무엇인지 텍스트를 통해 충분하고 분명하게 유도될 수 있도록 텍스트가 작성되어야 할 것이다. 이는 부족한 정보와 구조로 수험자가 무엇을 어떻게 써야 하는지를 모를 수 있게 하면 안 된다는 것이다. 완성형은 수험자가 직접 답을 작성하고 기계가 아닌 사람이 채점을 해야 하는 것으로 채점자의 주관이 들어갈 수 있으므로 신뢰도를 위해서는 가능한 한 제한된 답이 올 수 있도록 해야 한다.

완성형 예시 문항	※ 다음을 완성하시오. 1. 가: 왜 이렇게 늦었어요? 　　나: (　　　　) 미안해요.
	※ 다음을 완성하시오. 2. 수미는 키가 크지만 나는 키가 (　　　).

위의 문항에서 1번은 초창기 한국어능력시험(KPT) 문항으로 이 완성형에 대한 수험자의 반응은 그야말로 다양하게 나타났다. 한국어 교사들과 시험 기술에 익숙한 수험자는 '늦어서'가 답이라고 생각하기도 하였다. 그러나 실제 수험자들의 답은 '정말, 아주, 무지무지, 수미 씨,(쉼표 포함),　알았어요.(마침표 포함)' 등 다양한 반응을 보였다. 이 완성형 문항의 답으로 '늦어서'만 가능한 것인가 하면 그렇지 않다. 위에 언급한 수험자들의 다양한 답들이 모두 정답으로 처리될 수밖에 없다. 이렇게 모든 것을 답으로 처리할 수 있는 문항은 측정의 의미가 없어진다. 따라서 '늦어서'를 답으로 하고 싶다면 텍스트 안에서 '늦어서'를 유인하는 요소가 분명히 드러나야 한다. 이 경우에는 '늦었어요?'라는 표현이 등장했지만 이 표현을 포함해서 어떤 요소도 '늦어서'를 유인하지 못하고 있다. 이런 문항은 작성하면 안 된다. 2번은 '키가 크지만'이 유인하고 있기 때문에 '작습니다, 크지 않습니다, 보통입니다' 정도로 '보통입니다'를 제외하면 문법적 표지를 달리하는 정도에서 답이 제한될 수 있다.

43.

> 20세기 들어 인간의 평균 수명이 35년 이상 늘어났다. 그 가운데 30년은
> 하수도 시설이 예방해 준 덕분이라는 의견이 있다. 실제로 인류의 생명
> 을 위협하는 질병 가운데 상당수가 오염된 물과 접촉해서 발생하는 것
> 이다. 달리 보면 이는 사람들이 만약 오염된 물과 (   ) 있다
> 는 의미이기도 하다. 이처럼 하수도는 오염된 물로부터 인간의 삶을 분
> 리시킴으로써 인류의 건강을 개선하는 데 크게 기여한 것이다.

(TOPIK 28회 고급 쓰기)

43.

> 사람들은 투우장에서 황소가 빨간색 천을 보고 흥분하여 투우사를 공격
> 한다고 생각한다. 투우사가 황소 앞에서 빨간색 천을 흔들면 황소는 투
> 우사를 적으로 생각해 맹렬하게 공격한다. 그런데 파란색 천을 흔들어도
> 황소는 투우사를 보고 똑같은 반응을 보인다. 이것을 보면 황소가 단지
> 투우사를 (   ) 결코 빨간색에 반응하는 것이 아님을 알 수
> 있다.

(TOPIK 29회 고급 쓰기)

완성형 문항을 만들기가 쉽지 않음을 보여 주는 예로 위의 두 문항
을 제시하였다. 실제로 이 문항들을 외국인 한국어 학습자와 한국인
대학생들에게 풀어보라고 했을 때에 시험 기술에 익숙한 외국인의 경
우는 무엇이라도 써 넣지만 한국인 대학생들은 대다수가 무엇을 써야
할지 막막해 하는 경우가 발견되었다. 그렇다면 이것은 한국어 능력
평가인가 시험 기술 평가인가를 고민해 봐야 하는 상황이 될 수 있다.
그리고 만일 위의 두 문항 중 하나가 다른 것보다 쉽게 해결될 수 있다
면 그 이유가 무엇인지를 점검해 볼 필요가 있을 것이다.

한국어 듣기 · 읽기 · 쓰기 평가에서도 사용되고 있는 문장과 단락
완성형 쓰기는 8장 이후 진행되는 구체적 논의에서 평가 문항 유형으

로 어떻게 선택하는 것이 바람직한지 제시할 것이다.

(2) 단답형

단답형 문항은 질문에 대해 단어나 구, 혹은 간단한 문장 수준으로 답을 작성하게 하는 것인데 쓰기 능력의 간섭을 피하기 위해서는 숫자나 기호 등으로 대답하는 형식도 가능하다. 아래 문항은 대화를 듣고 무엇을 샀는지 가격은 얼마인지를 쓰는 것이다. 이 경우 모두 답이 하나로 제한되는데 이처럼 단답형 문항은 가능한 한 하나의 정답만 나오도록 작성이 되어야 한다. 그래서 하나의 정답만 가능한 경우는 서답형 문항이지만 객관적 문항으로 볼 수도 있다.

읽거나 들은 후 푸는 단답형 문항은 채점할 때에 수험자가 쓴 답이 내용을 파악한 것으로 판단이 된다면 약간의 형태적 오류는 감점하지 않도록 채점 기준이 마련되어야 하는 점도 중요하다.

단답형 예시 문항	※ 다음 대화를 듣고 질문에 대한 답을 쓰시오.
	남자: 물 한 병 주세요. 여자: 물 여기요. 천 원이에요. 　　　　　　　　　　　　　　　　　(한국어교사 작성 문항)
	1. 남자는 무엇을 샀습니까? 단어로 쓰세요. (　　　　　) 2. 그것은 얼마입니까? 숫자로 쓰세요. 　(　　　　　원)

(3) 논술형

논술형이란 질문에 대하여 수험자 스스로 한 문장 혹은 여러 문장으로 자신의 생각과 의견 등을 정리하여 답안을 작성하는 형식을 말한다. 따라서 유일한 하나의 정답이 없고 수험자의 생각과 의견 등에 따라 다양한 답이 나올 수 있다. 그러므로 이에 대한 평가 목표를 명확히 확인하고 채점 기준을 마련하는 것이 신뢰도 확보에 있어서 중요하다.

논술형에는 확대 반응 문항(응답 자유형)과 제한 반응 문항(응답 제한형)으로 나뉜다. 이는 수험자의 자유를 완전히 보장하는 것과 그렇지 않은 것으로 나뉘는 것이다. 확대 반응 문항(응답 자유형)은 내용과 서술 양식에 제한이 없고 답안 길이에 제한도 없다. 따라서 시험 시간 안에 수험자의 역량에 따라 답안의 길이가 제각기 결정된다. 이때 자료를 제시하지 않고 질문만 던져서 답을 작성하게 할 수도 있고 읽기나 듣기 자료를 제시하고 그에 대한 자신의 생각을 쓰게 할 수도 있다. 제한 반응 문항(응답 제한형)은 문상 수나 글자 수와 같은 분량이 제한될 수도 있고 특정 내용이나 이론에 비추어 글을 작성하게 할 수도 있으며 글을 통해 해야 하는 기능(주장, 비교, 설득 등)을 제한하여 답하게 할 수도 있다. 이 세 가지 제한 요소가 결합된 형식도 가능하다.

실생활에서는 필자가 스스로 쓰고자 하는 내용과 형식을 정할 수 있기 때문에 응답 자유형이 유용한 경우도 많다. 그러나 평가의 측면에서 보자면 너무 열린 평가는 그 측정 목표와 구인을 특정할 수 없기 때문에 평가의 타당도와 신뢰도에 문제를 가질 수 있다. 따라서 평가의 목표가 되는 사항을 정확하게 지시해서 쓰도록 하는 것이 논술형 문항으로 더 적절할 수 있다.

응답 자유형 예시 문항	※ 어린이의 외국어 조기 교육에 대한 자신의 생각을 쓰시오. (아래 예시 문항과 비교 위해 작성)
응답 제한형 예시 문항	54. 다음을 주제로 하여 자신의 생각을 600~700자로 글을 쓰시오. 단, 문제를 그대로 옮겨 쓰지 마시오. (50점) 요즘은 아이가 학교에 들어가기 전 어릴 때부터 악기나 외국어 등 여러 가지를 교육하는 경우가 많다. 이러한 조기 교육은 좋은 점도 있지만 문제점도 있다. 아래의 내용을 중심으로 '조기 교육의 장점과 문제점'에 대해 자신의 의견을 쓰라. • 조기 교육의 장점은 무엇인가? • 조기 교육의 문제점은 무엇인가? • 조기 교육에 찬성하는가, 반대하는가? 근거를 들어 자신의 의견을 쓰라. (TOPIK II, 60회 쓰기 문항)

2) 서답형 문항의 채점

서답형 문항도 수험자로부터 목표로 한 능력을 잘 끌어낼 수 있도록 문항을 작성하는 것이 그리 간단치 않다. 서답형 문항 작성 시에도 무엇을 쓰게 할 것인지 그리고 그것을 어떻게 잘 유도할 것인지를 고민해야 한다. 지시문은 간단하면서도 명확하고 충분한 지시 사항을 넣어서 수험자가 무엇을 얼마나 써야 하는지를 잘 파악할 수 있도록 해야 한다.

서답형 문항은 선택형 문항에 비해 문항 제작의 측면에서는 상대적으로 실용도가 높다고 할 수 있다. 문제는 서답형 문항의 채점 실용도와 신뢰도이다. 따라서 서답형 문항 작성에 대한 자세한 지침은 한국어 쓰기 평가에서 살피도록 하고 여기에서는 채점 방식과 채점자 훈련에 대해 살펴보고자 한다.

(1) 채점 방식

완성형, 단답형, 논술형의 서답형 문항은 모두 채점자에 의한 주관적 채점을 필요로 한다. 따라서 신뢰도 부분에서 문제를 일으킬 수 있다. 실용도도 높고 거기에 타당도도 높은 문항을 출제했지만 잘못된 채점으로 인해 점수가 수험자의 실력을 제대로 측정해내지 못한다면 이 또한 큰 문제이다. 그러므로 신뢰도를 높일 수 있는 방안을 확인해야 한다.

채점을 위해서는 먼저 채점 기준이 구체적이고 명확하게 마련이 되어야 한다. 채점 기준은 출제자가 평가 목표에 맞추어 구체적이고 상세하게 작성해야 하며 수험자들의 예상 정답과 예상 오답에 맞춰 기준을 설정해야 한다. 그리고 출제자는 반드시 모범 답안도 작성해야 한다. 답이 열려 있는 논술형 문항에도 의도한 평가 목표가 모두 잘 들어가 있는 잘된 답안을 작성해서 지침이 될 수 있도록 해야 한다. 이때 모범 답안이 완벽하게 잘 쓰여진 경우 그 답안의 수준에 미칠 만한 수험자의 답안을 찾기 어려울 수도 있다. 그래서 출제자는 수험자들의 답안에 부정적인 판단을 할 가능성이 있기 때문에 원칙적으로 출제자는 채점하지 않도록 한다. 현장에서 그렇게 하기 어렵다면 출제자 스스로 모범 답안이 아니라 채점 기준에 집중하여 채점 신뢰도에 문제가 생기지 않도록 해야 한다. 물론 이 경우는 모두 모범 답안이 잘 만들어졌을 때를 전제로 한다.

채점 기준을 세우기 위해서는 우선 채점 방식을 선정하는 것이 필요하다. Perkins(1983)에서는 쓰기 평가에 대한 채점 방식으로 총괄적

(전체적) 채점과 분석적 채점, 그리고 주요 특성 채점 세 가지를 들고 있다(김유정, 1999:208). 이 방식들은 필기시험인 서답형 문항에서뿐만 아니라 구술 평가에서도 적용 가능하다.

가. 총괄적 채점(Holistic scoring)

총괄적 채점은 총체적 채점, 전체적 채점, 인상적 채점으로도 불린다. 미리 평가 준거로 정해진 총괄적인 기준을 이용해서 수험자의 답안에 대해 하나의 종합적인 인상을 판단하는 채점 방식이다. 총체적 채점은 특정한 언어 항목(문법이나 어휘 등)에 초점을 두지 않고 글의 전반적인 인상으로 점수를 제시한다. 채점하기 쉽고 시간도 적게 걸리는 반면 총괄적인 채점으로 인해 수험자의 답안에 대해 구체적인 진단 정보를 제공할 수 없어 역류 효과에 부정적이다.

TWE(Test of Written English)의 총괄적 채점 기준을 예시로 나타내면 다음과 같다. 자세한 하위 기준은 Brown(2004, 이영식 외 역, 2006:295)를 참조할 수 있다. 아래에 제시된 TWE의 총괄적 채점 기준을 보면 답안에 대한 전체적인 인상을 적고 있다. 그런데 문제는 그래서 그런 답안이 무엇인지 그 실체와의 연결이 쉽지 않다. 한국어 교사들을 대상으로 채점자 훈련을 하다 보면 총괄 기준에 대한 해석이 교사마다 다르게 나타나서 채점 신뢰도가 보장되지 않는 것을 자주 발견할 수 있다. 따라서 총괄적 채점을 신뢰도 있게 하기 위해서는 채점자들은 총괄 기준에 대한 명확한 이해를 해야 하며 채점자 훈련을 통해 채점자 내적 일관성과 채점자 간의 상호 일치성이 보장되어야 한다. 총괄 기준을 잘못 이해하거나 개인적 주관에 의해 마음대로 이해하는 것은 채점 신뢰도에 부정적인 영향을 미친다는 것을 잊어서는 안 된다.

[표 33] TWE(Test of Written English)의 채점 지침

6	때로는 오류는 있을 수 있으나 수사적이고 문법적 차원에서 탁월한 쓰기 능력을 나타낸다.
5	때로는 오류가 있으나 수사적이고 문법적 차원에서 일정 수준 이상의 쓰기 능력을 나타낸다.
4	수사적이고 문법적 차원에서 어느 정도의 쓰기 능력을 나타낸다.
3	쓰기 능력이 생기고 있음을 보여 주지만 수사적이나 문법적 혹은 양쪽 차원에서 결함이 있다.
2	쓰기 능력이 없음을 암시한다.
1	쓰기 능력이 없음을 나타낸다.
0	아무 반응이 없거나 논제를 단순히 베껴 쓰거나 논제를 완전히 벗어나 있거나 목표 언어 이외의 언어로 쓰여 있거나 단지 자판을 두드린 몇 글자만으로 구성된 글은 0점으로 채점된다.

나. 분석적 채점(Analytic scoring)

분석적 채점은 답안에 대해 몇 가지 분석 요소인 평가(채점) 범주를 설정하고 요소에 대해 별개로 평가하는 것이다. 그 중의 한 방법은 분석 요소에 대한 '점수 제하기'이다. 오류가 발견되면 감점하는 것으로 오류 부분은 문법(조사, 시제, 어순 등), 맞춤법 등이 포함될 수 있다. 문법 오류는 맞춤법 오류보다 2~3배 감점되고, 글의 구성과 같은 큰 요소는 문법 오류보다 두 배 더 감점하는 등 범주에 따라 기준을 다르게 적용하는 것도 가능하다. [표 34]가 분석적 채점의 점수 제하기 방식의 예가 될 수 있을 것이다.

[표 34] 28회 한국어능력시험 고급 쓰기 41번 채점 기준(웹 사이트 참조)

문항번호	모범답안 및 채점 기준 (주관식)	배점
41	어려운 일이 닥치더라도 절망하지 않고 문제를 해결하기 위해 노력하는 것이 긍정적인 사람의 특징이다 어려운 일이 닥치더라도 절망하기보다 문제를 해결하기 위해 노력하는 것이 긍정적인 사람의 특징이다 1) 연결 표현이 어색한 경우 -2점 2) 의미 전달에 지장이 큰 철자, 맞춤법 오류, 1-2점 감점 3) 제시된 조건(순서대로, 모두, 40-60자, 한 문장)을 충족 시키지 못한 경우 -2점 4) 제시된 표현의 의미적 연결이 어색한 경우 -2점 5) 제시된 주제를 벗어난 경우 -2점	10

분석적인 방법의 또 하나의 방법은 답안에서 채점할 세부 평가 범주를 정하고 각각의 잘된 점에 대해 '점수 주기'이다. 예를 들어, 100점 만점에서 맞춤법 20점, 어휘 20점, 문법 30점, 구성 30점으로 평가 범주를 설정한 후, 수험자의 답안을 읽고 맞춤법의 잘된 부분에 대해 점수를 부여하고 그 다음엔 어휘, 문법, 구성 순으로 읽으면서 각 평가 범주의 기준에 비추어 인상으로 점수를 부여하는 것이다. 각 범주의 비중에 대해 Madsen(1983)에서는 맞춤법 평가의 2~3배 정도의 비중을 문법 평가에 두고, 문법 항목의 2~3배 정도로 구성력을 평가하는 것을 예로 들고 있는데 이는 평가 목표에 따라 평가 범주별로 가중치를 다르게 할 수 있음을 의미한다.

Heaton(1988:148)에서는 다음과 같은 표를 사용한 분석적 방법의 점수 주기 채점을 소개하기도 하였다. 원본에는 0점 표시는 없으나 다음에서 설명되는 짝수 척도를 위해 0점을 추가해서 제시한 것이다.

[표 35] Heaton(1988:148)의 분석적 채점

	5	4	3	2	1	0	
Grammar			✓				
Vocabulary				✓			TOTAL=14
Mechanics		✓					
Fluency				✓			
Relevance			✓				

Heaton(1988:99)에서는 총괄적 채점이나 분석적 채점 기준을 정할 때 홀수 척도보다는 짝수 척도가 더 낫고 척도의 범위 또한 20개까지 너무 크게 만드는 것보다는 6개 정도가 적당하다고 하였다. 그 이유는 보통 홀수 척도에서는 중간 점수로 집중되는 경향이 있기 때문이며, 척도 범위가 20개로 넓으면 홀수 척도와 짝수 척도에 관계 없이 중간 점수인 9~12로 몰리기 때문이라고 하였다. 또한 척도를 4개로 하면 간격이 너무 좁다고도 언급하였다. [표 36]과 같이 홀수 척도일 때에 중간 점수의 능력은 3점 하나로 판단되지만 짝수 척도가 되면 중간보다 낮은 3점이나 중간보다 높은 4점으로 판단될 수 있어 수험자 능력에 대해 상대적으로 정확한 평가를 할 수 있게 한다.

[표 36] 짝수 척도와 홀수 척도

1	2	3	4	5
		✓		

1	2	3	4	5	6
		✓	✓		

아래 [표 37]은 TOPIK II 54번 쓰기 문항의 채점 기준으로 한국어 평가에서 사용되는 분석적 채점 중 점수 주기 기준의 예로 볼 수 있다.

[표 37] TOPIK II 쓰기 54번 채점 기준(웹 사이트 참조)

구분	채점 근거	점수 구분		
		상	중	하
내용 및 과제 수행 (12점)	1) 주어진 과제를 충실히 수행하였는가? 2) 주제와 관련된 내용으로 구성하였는가? 3) 내용을 풍부하고 다양하게 표현하였는가?	12~9점	8~5점	4~0점
글의 전개 구조 (12점)	1) 글의 구성이 명확하고 논리적인가? 2) 중심 생각이 잘 구성되어 있는가? 3) 논리 전개에 도움이 되는 담화 표지를 적절하게 사용하여 조직적으로 연결하였는가?	12~9점	8~5점	4~0점
언어 사용 (26점)	1) 문법과 어휘를 다양하고 풍부하게 사용하며 적절한 문법과 어휘를 선택하여 사용하였는가? 2) 문법, 어휘, 맞춤법 등의 사용이 정확한가? 3) 글의 목적과 기능에 따라 격식에 맞게 글을 썼는가?	26~20점	18~12점	10~0점

등급		내용 및 과제 수행(12점)	전개 구조(12점)	언어 사용(26점)
상	A	11~12	11~12	12~13(2)
	B	9~10	9~10	10~11(2)
중	C	7~8	7~8	8~9(2)
	D	5~6	5~6	6~7(2)
하	E	3~4	3~4	4~5(2)
	F	0~2	0~2	0~3(2)

분석적 채점은 총괄적 채점에 비해 채점 시간도 더 걸리고 채점 방식도 다소 복잡하지만 수험자의 답안에 대해 구체적인 진단 정보를 제공할 수 있는 장점도 있다. 이는 앞서 살펴 본 총괄적 채점과는 반대되는 양상이다. 그리고 분석적 채점은 기준이 명확하고 적절하다면 일관성 있고 신뢰도 있는 채점이 가능하다. 그러나 글의 각 부분을 평가하고 이것을 다 합한다고 해서 전체 글을 온전히 평가했다고 보기 어려운 부분이 있어 신뢰도는 있지만 타당도에 문제를 갖게 된다.

그런데 김유정(1999:83-84)에서는 한국어 교사들을 대상으로 동일한 답안지에 대해 동일 채점자가 총괄적 채점과 분석적 채점 두 가지를 실시한 경우의 결과를 통해 총괄적 채점 점수가 분석적 채점 점수, 특히 점수 제하기의 경우보다 상대적으로 높게 나타나는 것을 확인했다. 또한 동일한 답안시에 대해 여러 명의 채섬자가 두 방식의 채점을 한 결과, 분석적 채점 점수는 1~4점 정도 차이를 보였고 총괄적 채점에서는 1~2점 정도 차이를 보여 분석적 채점에서 오히려 신뢰도가 낮은 것을 확인할 수 있었다. 이는 영어 평가에서 총괄적 방식이 분석적 방식보다 신뢰도가 높은 결과를 가져왔다는 White(1984)의 논의와 같은 주장이며, 특히 대규모 채점이 실시될 때에는 총괄적 채점이 분석적 채점 방식보다 더욱 신뢰성이 높은 것으로 드러났다는 Stansfield(1986)의 논의와도 맥락을 같이 한다(이영식, 2000:207). 이는 채점 방식이 점수 결과에도 영향을 미친다는 것인데 위에서 언급한 총괄적 채점과 분석적 채점의 장단점에 대한 이론과는 다른 양상이다.

따라서 신뢰도 있고 타당한 채점을 위해서는 문항의 특징에 따라 그리고 평가의 목표에 따라 한 가지 방식을 선택하는 것이 바람직할 수도 있고, 김유정(1999:87)에서 주장된 바와 같이 분석적 채점과 총괄적 채점을 함께 병행할 수도 있을 것이다. 병행 방식의 예로, 처음에는 평가하려고 하는 의사소통 능력에 대한 전체적인 인상을 통해 총괄적 채점을 하고 그 다음에 평가하려고 하는 의사소통 능력에 대한 평가 범주를 설정하여 분석적 채점을 할 수 있을 것이다. 물론 그 반대 방식도 가능하고, 또는 강도 높은 전문적인 훈련이 필요하겠지만 두 가지 기준을 동시에 적용하여 채점하는 것도 가능할 것이다.

다. 주요 특성 채점(Primary trait scoring)

주요 특성 채점 방식은 전체 글의 인상을 평가하는 총괄적 채점과 달리 글의 특정 요소 한두 가지에만 초점을 두고 채점을 하는 것이다. 예를 들어, 긴 논술형의 글을 쓰게 하고 '반대편의 주장을 반박하시오.'나 '예를 들어 설명하시오.'라는 기능을 부여했다면 주장을 반박했는지 또는 예를 들어 설명했는지에만 초점을 두고 채점이 이루어진다. 이 방식은 보통 언어적으로 큰 문제가 없는 높은 숙달도의 수험자들의 긴 글을 측정할 때 사용할 수 있다.

이상으로 세 가지 채점 방식을 살펴보았다. 현장의 한국어 교사들이 서답형 문항을 작성하고 모범 답안을 만들고 또 채점 기준을 만드는 것은 쉬운 일은 아니다. 그러나 채점 신뢰도를 위해 정교한 채점 기준을 마련하고 이를 통해 채점을 하는 것은 반드시 필요한 일이라 할 수 있다. 교사들은 채점 시에 채점 기준으로 위에 제시된 예들을 활용할 수는 있다. 그러나 Hughes(1996, 전병만 외 역, 2012:125)는 채점 척도는 사용되는 상황에 따라, 보충하자면 서답형 문항의 내용과 형식에 따라 적절하게 수정되어야 한다고 강조하고 있다. 따라서 현장의 한국어 교사들은 자신이 출제한 서답형 문항에 대한 올바른 분석을 통해 적절한 채점 방식을 선정하고 잘된 채점 기준을 마련하는 것이 필요하다.

그리고 Valette(1977:256)에서 언급된 것처럼 수험자들이 서답형 문항을 작성할 때 무엇에 특별히 초점을 두고 써야 하는지를 알수 있도록 시험 전에 채점 방식을 제공해 주는 것이 바람직하다는 것도 잊어서는 안 될 것이다(신용진, 1998:448). 어쩌면 학습자와 수험자들에게는 잘 마련된 채점 기준과 그것의 사전 공개가 시험을 준비하는 데 있어 가장 중요할지도 모를 일이다.

(2) 채점자 훈련

채점 기준과 채점 방식을 잘 마련했다면 그 다음에는 채점 신뢰도를 높이기 위해 2인 이상의 채점 시스템을 구축하고 채점자 훈련을 해야 한다. Hughes(1996, 전병만 외 역, 2012:125)에서는 이상적인 채점자의 요건으로 언어에 민감하고 글쓰기를 가르쳐 보았거나 글을 채점해 본 경험이 있고 채점자 훈련을 받은 목표어의 원어민(혹은 원어민에 가까운)을 언급하고 있다. 이는 원어민이라고 해서 모두 다 채점을 할 수 있는 건 아니며 원어민들 중에서도 채점을 위한 언어적 능력이 있는 사람이어야 한다는 것이다.

실제로 채점자 양성을 위해 채점자 훈련을 해 보면 채점자들에게 필요한 요소는 평가에 대한 이론 지식과 적용 능력도 있겠지만 원천적으로는 독해력이라고 할 수 있다. 글이 전하고 있는 전반적인 의미의 독해는 물론이며 글의 내용과 구조에 대한 분석 능력 또한 중요하다. 아주 잘 쓴 글과 전혀 못 쓴 글은 크게 문제되지 않을 수 있다. 그러나 외국인 학습자들의 한국어 서답형 문항의 답은 다양한 요인에 의해서 독해하기 어려운 부분들이 있다. 따라서 일반적 독해력을 넘어서는 특별한 독해 능력이 요구되는 경우가 있다. 채점 기준을 아무리 제시해도 채점자가 좋아하는 어휘나 표현, 문법 사용만으로 글 전체의 의미와 글의 수준을 과장해서 이해하는 경우, 다소 흘려 쓴 글씨체 때문에 독해가 안 된다는 이유로 점수를 낮게 주는 경우, 어느 부분이 주장이고 어느 부분이 보충 설명이고 근거인지 파악하지 못하는 경우 등 잘못된 독해의 예는 생각보다 많이 발견된다. 따라서 채점자에게 요구되는 가장 기본적인 소양은 독해 능력이라고 할 수 있을 것이다.

물론 이러한 독해 능력은 단독으로 사용되어서는 안 되며 반드시 평가 문항과 평가 목표에 대한 이해를 기반으로 글의 수준을 판단할 수 있는 능력으로 승화되어야 하는 것이다. 따라서 채점 역시 아무나 할 수 없는 것이며 아무나 하면 안 되는 작업이라고 할 수 있다. 채점자의 채점 결과가 수험자의 인생을 좌우할 수 있는 결정적인 역할을 할 수 있다는 그 사실 하나만으로도 그 책임은 막중하다고 할 수 있다.

가. 채점자 훈련의 목표와 원칙

채점자 훈련의 목표는 Weigle(1998)이 언급한 바와 같이 채점자들이 자신의 채점 행위가 일관성 있게 진행될 수 있게 보장할 수 있도록 하는 것이며 동시에 채점자들 상호간에 그들의 채점 행위가 서로 일치하게 하는 것이다(이영식, 2000:203). 이는 간단히 말하면 2장 신뢰도에서 살펴 본 채점자 내적 일관성과 채점자간 상호일치성을 높이기 위한 것이라고 할 수 있다.

이영식(2000:203)의 바람직한 채점자 훈련의 원칙에 대해 자세한 설명은 생략하고 핵심 내용만 제시하면 다음과 같다.

[바람직한 채점자 훈련 원칙]
① 언어 교육에 전문성을 갖춘 사람을 채점자로 선발하여 훈련을 해야 한다.
② 자기일관성을 유지·발달시킬 수 있어야 한다.
③ 상호 일치성을 조성할 수 있어야 한다.
④ 공동 채점을 통한 공동체 의식의 발전이 필요하다.
⑤ 적당한 채점 속도를 고려해야 한다.
⑥ 일관성 있는 복수 채점을 필요로 한다.
⑦ 훈련과 함께 실세 채점 경험으로 이어져야 한다.
⑧ 채점 결과 신뢰도를 FACETS 프로그램이나 다국면 Rasch 모형 등을 통해 점검해야 한다.
⑨ 쓰기 평가의 타당성에 기초한 채점이 이루어져야 한다.

나. 채점자 훈련 단계

여기에서는 이완기(2003:349)와 Hughes(1996, 전병만 외 역, 2012:125-126)의 채점자 훈련 단계의 내용을 종합하고 실제 한국어 채점자 훈련 과정을 통해 확인된 내용을 보충하여 다음과 같이 채점자 훈련 단계를 제안한다.

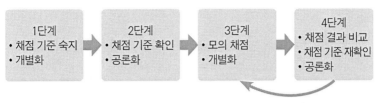

[그림 42] 채점자 훈련 단계

[1단계] 채점자별 채점 기준 숙지(개별화)

이 단계는 채점자의 내적 일관성을 확립하기 위한 단계로 미리 잘 개발된 채점 기준(scoring rubrics)에 대한 지침을 각자 충분히 읽고 기준에 대한 이해 정도를 높이는 것이다. 채점 기준 지침에는 평가 문항의 목표와 준거, 채점 방식, 채점 척도(scoring scales) 등이 자세하고 구체적으로 제시되어야 한다. 이때 채점 기준(scoring rubrics)에 맞춰 각 수준을 대표할 만한 글(답안지)이 함께 제공되어야 한다. 기준을 아무리 숙지해도 실제 텍스트에 어떻게 구현이 되는지 확인할 수 없으면 실제 채점 시 더 많은 혼란을 야기할 수 있다. 따라서 1단계에서부터 채점 기준과 답안지를 통해 적절하게 채점 기준이 의미하는 바를 실제적으로 확인하고 숙지하는 것이 바람직하다. 물론 이 때 채점자 훈련을 담당하는 전문가(Hughes에 의하면 '교관')가 답안지의 예시를 사용해 기준에 대한 구체적인 안내를 할 수도 있다.

그러므로 이 단계는 아무런 기준이 없던 상태에서 채점 기준 지침과 대표적 답안지의 글을 통해 채점자 개인 차원에서 채점 기준을 숙지하도록 하는 개별화 단계라 할 수 있다.

[2단계] 채점자간 채점 기준 확인(공론화)

이 단계는 1단계에서 개인적으로 숙지된 기준에 대해 복수 채점에 참여하는 채점자들이 같은 기준으로 이해하고 있는지를 확인하는 공론화 단계이다. 채점자는 1단계에서 개인적으로 기준을 숙지하는 노력을 했지만 맞게 이해하고 있는지를 확인할 필요가 있다. 그리고 어떤 기준은 이해가 되지 않거나 실제 답안과 기준이 불일치한다고 생각되는 부분들이 있을 것이다. 채점자들은 이러한 문제들에 대한 허심탄회한 토론을 통해 각자의 머릿속 기준들을 공통된 기준으로 맞춰 가게 된다. 이때 1단계에서 제시되지 않은 답안의 경우를 상정하거나 1단계와는 다른 답안지를 확보해서 다양한 채점 상황에 대해 토론하고 기준을 확인하며 상세히 하는 과정도 일어날 수 있다. 이 공론화 단계는 실질적으로 채점 훈련에서 가장 중요한 단계라고도 할 수 있다. 채점자간 상호일치성을 확보하기 위한 첫 단계이기 때문이다. 물론 이후 과정에서도 조성될 수 있지만 처음에 충분한 토의와 토론을 통해 기준을 맞추는 것이 전체 채점 과정을 더 원활하게 할 수 있다. 채점 과정에서 채점자끼리 서로 즉각 물어보고 공개적으로 그들의 생각을 나눌 수 있는 기회가 채점 훈련 또는 실제 채점에 참여하는 채점자에게는 아주 유익한 것으로 밝혀졌다는 이영식(2000:206)의 언급처럼 이 단계에 시간과 노력을 많이 투자하는 것이 중요하다. 이러한 과정을 통해 1단계에서 개별적으로 숙지된 채점 기준이 공론화된 기준으로 수정되면서 내적 일관성과 상호 일치성을 더 공고히 할 수 있게 된다.

이 과정을 통해 '보완된' 채점 기준이 마련될 수 있다. 단, 여기에서 오해하면 안 되는 것은 채점자들이 채점 기준을 수정하는 것이 아니라는 점이다. 채점 기준은 평가 목표에 맞춰 전문적으로 잘 마련이 된 것이다. 따라서 이러한 채점 기준을 바꾸는 것은 평가 목표 자체를 수정하게 되는 것이므로 바람직하지 않다. 채점 기준에 미처 기록되지 못한 부분들에 대해 정보를 보완하고 이해도를 높이기 위해 구체적인 사례를 들거나 표현을 바꾸는 정도를 의미하는 것이다.

[3단계] 모의 채점(개별화)

이 단계는 채점자들에게 동일한 답안지를 10부 혹은 그 이상 일정한 분량씩 나누어 주고 앞선 두 단계에서 확인되고 숙지된 기준을 바탕으로 각자 채점하도록 한다. 그리고 그 결과는 채점 기준표에 기록하도록 한다. 이는 앞선 두 단계의 채점자 훈련을 통해 숙지한 바를 이용해 채점자 개인별로 실제처럼 각각의 글을 채점하는 것이므로 다시 개별화 단계라 할 수 있다. 이때 채점자의 내적 일관성과 채점의 적절성도 함께 확인될 수 있다. 1, 2단계에서는 충분히 이해한 것 같지만 열린 답을 가진 서답형 답안지는 예상치 못한 다양성을 드러낸다. 따라서 채점자는 다양한 답안지에 대해 채점 기준을 적용하면서 자신이 일관된 기준을 사용하는지 점검할 수 있으며 동시에 판단하기 어려운 답안의 예를 통해 스스로 채점 기준의 어느 부분이 제대로 숙지되지 않았는지도 확인할 수 있다.

[4단계] 채점 결과 비교 및 채점 기준 재확인(공론화)

이 단계는 3단계에서 각자 채점한 채점 결과를 가지고 채점자들이 모두 한자리에 모여서 그 결과를 서로 비교해 보도록 한다. 이때 서로의 기준이 비슷하게 적용되고 있는지를 점검하고 기준을 다시 재확인하거나 재정립하는 공론화 단계이다. 다시 채점자간 상호일치성이 대두되는데 현실적으로 사람이 복수 채점하는 경우, 모든 답안에 대해 모든 채점자가 똑같은 점수를 부여하는 것은 불가능한 일이다. 따라서 문항마다 혹은 시험마다 평가 목표와 배점에 따라 이 정도까지는 비슷한 눈으로 볼 수 있다는 점수 허용의 간격이 설정될 수 있다.

예를 들면, 10점 만점의 답을 채점하는 경우 2점까지는 같은 눈으로 보기로 약속이 된다면 A 채점자는 9점을 주고 B 채점자는 7점을 준 경우는 같은 눈으로 본 것으로 처리하여 두 채점자의 평균인 8점을 부여할 수 있다. 그러나 C 채점자는 9점을 주고 D 채점자는 6점 혹은 그 이하의 점수를 주었다면 같은 기준으로 보았다고 판단되지 않는 것이다. 따라서 이 단계에서는 3단계에서 채점된 동일한 답안의 점수를 서로 비교하면서 왜 9점을 주었는지 그리고 왜 6점을 주었는지를 이야기하도록 한다. 이 과정에서 C 채점자가 잘못 적용한 것으로 판단되어 공식적으로 7점이나 6점이 적절하다고 판단될 수도 있고, D 채점자가 어느 부분을 놓치고 적게 준 것으로 판단이 되면 9점이나 8점 정도의 답안으로 판단될 수도 있다. 혹은 논의하는 과정에서 그 답안의 부정적인 문제가 새롭게 발견이 되면서 3점 이하의 낮은 점수, 심지어 0점으로도 판단될 수 있다.

만일 채점자 훈련이 아니라 실제 채점에서 2인의 복수 채점을 하는 경우 같은 답에 대해 두 채점자의 점수 차가 크면 제3의 채점자(경력자 혹은 동일하게 훈련 받은 채점자)에게 채점을 하게 한다. 그리고 그 결과를 바탕으로 세 점수의 평균으로 점수를 부여하거나 세 채점자의 점수 중 비슷한 점수를 준 두 채점자의 점수 평균으로 최종 점수를 부여하는 경우가 일반적이다.

따라서 이 과정은 2단계의 공론화 과정을 통해 3단계 모의 채점을 하면서 실제 채점에서 발견될 만한 문제들을 미리 발견하고 실제 적용에서 판단하기 어려운 채점 기준들을 다시 확인하고 다시 숙지할 수 있다. 그리고 앞 단계에서 미처 확인되지 못한 기준을 다시 보완하고 정립하는 단계라 할 수 있다. 이 단계는 실제 적용에 대한 검토가 이루어져야 하기 때문에 2단계와는 다른 차원의 논의들이 충분히 이루어져야 하며 채점 기준은 다시 보완될 수 있다.

이렇게 4단계가 끝나면 채점자 신뢰도가 높아지느냐 하면 그렇지 않다고 답할 수밖에 없다. 그래서 [그림 42]의 화살표처럼 다시 3단계 모의 채점, 그리고 또 다시 채점 결과 비교와 기준 재확인 과정이 신뢰도에 문제가 없다고 판단될 때까지 반복적으로 이루어져야 한다. Hughes(1996, 전병만 외 역, 2012:126)는 연속 3일 동안 훈련이 이루어져야 한다고 하였고 채점자가 되기 위해서는 모두가 합의할 수 있는 수준의 정확성이 요구된다고 하였다. 그러면서 이러한 정확성을 성취하지 못하는 사람은 채점자가 될 수 없다고 강하게 주장하기도 하였다. 그러나 다행히도 이완기(2004:348)에서는 Carroll & West(1989:107-11)의 연구와 자신의 연구 결과를 들어 4~5시간의 채점자 훈련만으로도 상당히 높은 수준의 채점 결과를 나타낼 수 있다고 하였다.

그러므로 대규모 시험에서 채점자 훈련은 반드시 이루어져야 한다. 그러나 현장의 교사 평가에서 이와 동일한 방식으로 채점자 훈련을 하고 채점을 하는 것이 현실적으로 불가능할 수도 있다. 그렇지만 동일한 급이 여러 반이 있고 동일한 시험이 시행된다면 교사들끼리 약식으로라도 채점 기준을 마련하고 숙지하고 적용할 수 있도록 해야 할 것이다. 또한 기관 차원에서는 교육 기관의 방학 등을 활용해서 급

별로 교육 기관의 교육 목표와 등급의 관련성, 이미 시행되었던 서답형 답안을 활용한 채점자 훈련 등을 통해 교사의 채점 역량을 강화할 수 있을 것이다.

채점자 훈련을 시행하는 것은 평가 신뢰도를 고려한 반드시 필요한 과정이다. 그러나 이러한 채점자 훈련이 갖는 단점 또한 고려되어야 한다. 이영식(2000:206-209)에서는 주요 문제점으로 두 가지를 언급하고 있다.

하나는 Hamp-Lyons(1991)이 언급한 것으로 공동적인 채점 훈련도 채점 과정 동안 채점 지도자나 상위 채점자로부터 미묘한 상하 관계 또는 권력 관계가 발생하게 된다는 것이다. 그리고 이러한 관계가 부당하게 강요될 때 채점자에게 주어진 채점 기준은 오히려 심리적인 부담이 되고 결국 채점하려는 작문에 대한 타당한 판단과 평가를 저해할 수 있다는 것이다. 이 문제점은 앞에 제시된 바람직한 채점자 훈련의 원칙 ④에 따라 채점자들은 표준을 결정하고 적용하도록 하는 해석적 공동체이므로 열린 마음으로 공동체 의식을 확립하려는 노력으로 해결해 나가야 할 것이다(이영식, 2000:206).

다른 하나는 2인 이상의 채점의 결과가 신뢰도가 높게 나타났다고 하여 단일 채점보다 반드시 평가의 타당성이 높다고는 말할 수 없다는 것이다(이영식, 2000:209). 이는 2인 이상의 복수 채점에 대한 맹신을 경계할 필요가 있다는 것으로 실제 현장 채점에서는 '그들만의 리그'라는 것이 존재하는 것 같다. 채점자 훈련을 받고 실전에서 채점 경력이 오래된 채점자들의 경우에 간혹, 문항마다 달라지는 채점 기준을 제시하지만 그것을 잘 반영한 채점 결과가 아니라 그들만의 채점 기준을 사용하는 경우가 발견된다. 그런데도 그들의 눈, 그들만의 기준이 같기 때문에 채점자 신뢰도가 높게 나타나는 것이다. 이렇게 채점에 익숙해져 버린 그들만의 눈에 의한 채점은 평가의 목표를 제대로 반영한 타당한 채점 결과로 보기 어렵다. 따라서 이런 문제는 채점자의 점수 결과만을 비교한 통계 수치에서는 채점자 신뢰도 지수가 아주 적절하게 나오기 때문에 본질적인 문제를 고칠 수 없다. 개별 문항에 대한 채점 결과를 면밀히 검토하여 평가 목표에 맞는 채점이 이루어지도록 해야 하며 동일한 문항 형식의 채점을 반복하게 하는 것보다는 다양한 문항 형식의 채점으로 변화를 주는 것과 같은 방안들이 모색되어야 할 것이다.

여기에서는 쓰기에 집중해서 논의했지만 서답형 문항 중 단답형과 논술형, 그리고 채점 방식 및 채점자 훈련에 대한 내용은 음성 언어인 말하기 평가에서도 사용될 수 있다. 따라서 쓰기와 말하기 평가에서는 이에 대한 자세한 논의는 생략할 것이다.

3. 그 외 수행 평가 유형

우리는 앞에서 학습자의 의사소통적 언어 능력을 제대로 측정하기 위해서는 언어 수행을 통해서 이루어져야 한다는 것을 확인하였다. 이는 6장 Miller의 피라미드에서도 가시적으로 확인이 된다. 따라서 한국어 학습자의 의사소통 능력을 제대로 측정할 수 있는 것은 '수행 평가(perfomance assessment)'라고 할 수 있다. 그 이유로 Stiggins & Bridgeford(1982)는 '수행 평가는 학습자가 새로운 문제를 해결하거나 특정 과제를 완성하기 위하여 자신의 기존 지식을 실제로 어떻게 사용하는가를 측정할 수 있기 때문'이라고 하였다(김진석, 2009:293). 또한 Wiggins(1989)에서는 수행 평가는 응답이나 산출물을 창조함으로써 학생들이 자신의 지식과 기술, 전략을 보이도록 하는 것이라고 정의하였다(임병빈, 2005:227) 그러므로 수행 평가는 수험자의 능력을 직접 평가 형식으로 측정하는 것이다. 참 평가, 진정한 평가, 대안적 평가 등으로 불리는 수행 평가의 용어에 대해 생각해 보자면, 앞에서도 언급했듯이 언어 평가의 본질이 수행 평가라고 한다면 대안적 평가라는 용어는 부적절해 보인다. 기존의 간접 평가의 분리 항목 필기시험의 형식이 마치 언어 평가의 본질인 것처럼 오해될 수 있기 때문이다. 그러므로 수행 평가라는 용어 자체로 사용하는 것이 더 적절해 보인다.

언어 기술 네 가지 모두 수행 평가가 이루어질 수 있다. 위에서 살펴본 서답형 문항은 학습자와 수험자에게 쓰도록 함으로써 결과물을 산출하게 하므로 수행 평가라 할 수 있다. 듣기와 읽기의 경우 텍스트를 듣거나 읽고 말하게 하거나 쓰게 하는 것도 수행 평가가 될 수 있다. 그리고 쓰기와 말하기는 모두 수행 평가로 이루어지는 것이 타당하다.

수행 평가는 타당도 측면에서는 훌륭한 평가이나 실용도적인 측면과 잘못된 채점이 이루어지는 경우 신뢰도 측면에 문제를 가질 수 있다. 그러나 학습 목표 달성을 위해 바람직한 교수와 학습 방법으로의 전환을 위해 수행 평가가 필요하다면 이러한 문제점들을 보완하는 방안을 강구하는 것이 타당할 것이다(최연희, 1999:41).

[표 38] 수행 평가 방법의 유형(최연희, 1999:54에서 부분 수정)

평가 유형		언어 기술	예시
과제 중심 수행 평가	서술형 및 논술형 과제	듣기(쓰기)	듣고 메모하기, 듣고 말로 답하기
		읽기	읽고 답하기, 읽고 요약하기, 읽고 예측하기
		쓰기	작문, 서식 작성하기, 편집하기
	면접형 과제	말하기(듣기)	구술 면접, 조사 활동하기
	가상 역할극 과제	말하기(듣기)	역할극, 즉흥극, 가상 모의극
	구두 발표형 및 보고형 과제	말하기(듣기) (읽기)	구두 보고, 이야기 재현하기, 글을 읽고 구두로 전달하기
	토론형 과제	말하기(듣기)	토론하기
	문제 해결형 과제(정보 전이형 과제 포함)	듣기	듣고 행동하기, 듣고 그림이나 도표 그리기, 듣고 이야기 짜 맞추기
		말하기	정보차 채우기, 의견차 메우기, 이야기 짜 맞추어 말하기
		읽기	읽고 행동하기, 읽고 그림이나 도표 그리기, 읽고 이야기 짜 맞추기
		쓰기	그림 보고 글로 묘사하기, 이야기 짜 맞추어 글 완성하기
프로젝트형 과제		듣기·말하기·읽기·쓰기	조사 활동 후 보고서 작성하기, 극본 작성하여 드라마 실행하기, 조사 활동 후 학교 홍보 책자 만들기, 여행 가이드 만들기
포트폴리오 평가		듣기·말하기·읽기·쓰기	학습 결과 중심 모음집(활동지, 자료, 녹음, 작문 모음) 학습 과정 중심 모음집(일지, 전략/능력 점검표, 학습 목표 작성)
교사 관찰 평가법		언어 기능별 통합	관찰 점검표 작성법, 평정 척도법, 일화 기록법
자기 평가		언어 기능별 통합	항목별 점검표 작성법, 평정 척도법, 설문지 작성법, 학습 반성 일지 작성법

위의 [표 38]은 최연희(1999:54)에 제시된 수행 평가 방법의 유형을 간단하게 수정한 것이다. 앞에서 다룬 논술형 과제를 제외한 그 외 수행 평가 유형에 대해 최연희(1999:105-165)에 제시된 내용을 정리하고 보충 설명을 덧붙이면 다음과 같다.

(1) 구두 인터뷰(구두 면접)

구두 인터뷰(Orla Interview)는 언어 말하기 능력을 측정하기 위해 가장 널리 사용되는 방식이다. Weir(1993)에서는 미리 정해진 질문 없이 자연스럽게 질문하고 답하는 자유 인터뷰(free interview)와 인터뷰 절차와 질문, 주제 등을 미리 준비하여 수험자에게 거의 동일한 질문을 하는 통제 인터뷰(controlled interview) 두 가지가 있다고 하였다. 사유 인터뷰는 질문이 달라짐으로 인해 공정성에 문제가 있을 수 있고 통제 인터뷰에서는 학습자의 관심에 따라 질문을 유연하게 바꿀 수 없다는 단점이 있다. 따라서 현실적으로 일어날 수 있는 인터뷰의 모습을 취하기 위해서는 수험자가 관심이 있는 주제에 대한 질문을 선택할 수 있도록 하고 전문적 인터뷰 평가자가 이어지는 응용 질문을 해서 목표 구인을 잘 측정할 수 있도록 응용하는 것도 바람직할 수 있다.

(2) 역할극

역할극(Role Play)은 가상의 상황에서 가공적인 인물이 되어서 혹은 학습자 자신의 역할로 간략하게 '극화(劇化)'하는 것이다. '극화'라는 것은 그냥 학습자 자신의 생각을 이야기하는 것이 아니라 역할과 과제에 맞는 사용역(register)을 가정하고 연극하듯이 그 역할을 수행해 내는 것을 의미한다. 식당 주인의 역할, 상점에서 물건 교환을 요구하는 손님의 역할 등은 역할에 따라 언어 사용역이 정해지고 이를 바탕으로 그 사람인 척하면서 연극을 하는 수행을 통해 평가가 이루어지는 것이다. 역할극의 예로는 두 사람이 각기 환자와 의사의 역할 과제 수행 대화, 가상 부모 자식 역할에서의 논쟁, 길을 묻고 대답해 주는 행인들의 대화 등이 될 수 있다. 이보다 좀더 규모가 큰 가상 모의극(simulation, 모의 시연)은 참여자가 4~5명 이상이 되는 경우가 많으며 간단한 대화 수준을 넘어서 30분 이상의 토론극이 되기도 한다. 역할극이 즉흥적이고 창조적인 말하기 활동이라면 모의 시연은 대본을 외워서 그대로 행하는 것을 측정하는 데 목표를 둔 활동이다.

(3) 구두 발표 및 구두 보고

이것은 독백식 구어 수행 평가이다. 구두 발표(Short talk)란 학습자에게 주제를 주고 이에 대해 간단히 이야기하도록 한 후 이를 평가하는 것이며, 구두 보고(oral report)란 주어진 주제 연구 결과를 보고하는 방식이다. 말하기의 직접 평가 형식이지만 학습자의 실제 언어 사용과 무관하지 않도록 하는 것이 중요하다. 무엇에 대해 왜, 누구를 청중으로 해야 하는 발표와 보고인지 의사소통 맥락이 분명히 제시되어야 하며 무엇보다 그 발표와 보고가 학습자에게 유용해야 한다.

(4) 토론

학습자들에게 주제나 어떤 상황을 제시하고 이에 대해 그룹별 혹은 반 전체가 토론을 하게 한 후 이를 관찰해서 평가하는 방법이다. 교수·학습 활동과 평가 활동이 통합적으로 수행되는 대표적 평가 방식이나 채점의 신뢰성을 유지하기 힘들고 특정 학습자가 토론을 주도한다면 공정한 평가가 되기 어려운 문제점이 있다. 따라서 평가로 활용하기 위해서는 면밀한 설계가 필요하다.

(5) 프로젝트

프로젝트(project)는 듣기, 말하기, 읽기, 쓰기 네 가지 언어 기술을 통합하며 여러 단계를 걸쳐 완성되는 것으로 학습자가 특정한 목표를 가지고 장기간 수행하는 과제를 말한다. 그룹이 협동 과제로 안내 책자 제작, 포스터 제작, 문집 제작, 연극 프로젝트 등을 수행하게 되는 경우를 예로 들 수 있다. 연극 프로젝트의 경우 연극 대본 작성, 무대 연출, 대사 암기, 연극 홍보, 상연 등 다양한 단계에서 네 가지 언어 기술이 수행되고 측정될 수 있게 된다. 이렇게 전제 프로젝트가 여러 단계를 거쳐 완성되는 경우에는 평가 목적에 따라 과정별로 평가하거나 전체 과정과 결과물을 별도로 평가할 수도 있다.

(6) 문제 해결 과제

의사소통 수업에서 자주 사용되는 문제 해결 과제(problem-solving task)는 말 그대로 문제 상황을 해결해야 하는 명확한 목적을 가지고 언어를 사용하도록 유도하는 활동이다. 정보 차 채우기, 의견 차 메우기, 이야기 조각 맞추기(jigsaw)와 같은 수업 활동의 수행을 관찰하고 평가할 수 있다. 상황과 목적에 따라 그룹의 수행 결과를 측정할 수도 있고 개인별 수행 과정을 측정할 수도 있다.

(7) 포트폴리오

포트폴리오(Portfolio)는 한 개인의 기술이나 기능, 아이디어, 흥미, 성취 결과물과 관련된 작품의 표본을 담아두는 모음집으로 예술이나 광고, 건축학 등에서 널리 쓰이는 방법이었다. 그러나 1990년대 미국 교육 분야를 중심으로 포트폴리오를 많이 활용하게 되었는데 예술 분야와는 달리 학습자의 학습 진전을 보여 주는 활동물, 산출물, 학습 목표와 관련된 학습자의 지식을 반영하는 기록물 등으로 구성된다(최연희, 1999:117).

포트폴리오는 학습 활동의 결과나 그 결과를 보여 주는 자료를 아무렇게나 모아두는 것이 아니라 학습 과정을 보여 주는 근거 자료를 일정한 목적과 체계를 가지고 수집하는 것이다. 따라서 과정 중심의 평가 방법으로 중요하게 인식되고 있다. 포트폴리오는 교사 주도적으로 혹은 교사와 학습자의 상호작용을 통하여 미리 계획되고 시행되는 것이 바람직하며 네 가지 언어 기술에서 모두 사용 가능하다. 각 언어 기술별 학습 활동지를 모으는 것도 학습 일지를 쓰는 것도 포트폴리오가 될 수 있다. 또한 평가 목표와 의도에 따라서는 특정한 언어 사용(어휘나 문법 사용)에 초점을 두고 포트폴리오 평가가 수행될 수도 있다. 김유정(2001)에서는 중급 학습자들을 대상으로 학습자들의 언어 사용의 범위와 정확성을 높이기 위한 목적의 쓰기 포트폴리오 평가에 대해 연구를 진행한 바 있다.

포트폴리오는 학습자를 학습과 평가에 적극적으로 참여할 수 있게 유도하고 강점을 발견하는 데 중점을 둠으로써 동기를 유발하고 자신감을 갖게 한다는 장점이 있다. 그러나 채점과 시간적 측면, 즉 신뢰도와 실용도에서 문제를 일으킬 수 있다. 적절한 사용을 위해서는 명확한 채점 기준 마련과 적절한 시간 분배를 할 수 있어야 할 것이다. 포트폴리오 채점 기준에 대해서는 10장 쓰기 평가에서 살펴보고자 한다.

(8) 교사 관찰

학습자의 수업 태도, 참여도, 성취도에 대한 기존의 교사 관찰은 수업의 일환으로 자연스럽게 일어나는 비공식 평가라 할 수 있다. 이에 반해 교사 관찰 평가는 구체적인 학습 목표를 설정한 후 학습자들의 학습 행동의 유무와 성취 정도를 판단하기 위해 의도된 관찰 행위이다. 수행 평가로서 교사 관찰 평가가 역할을 잘하기 위해서는 일회적인 관찰 기록으로 그쳐서는 안 되고 일정 기간 동안 체계적인 기록을 통해 학습자 언어 수행의 변화와 학습 과정에 대한 정보를 제공할 수 있어야 한다. 평가 방식으로는 관찰 점검 목록표에 표시할 수도 있고, 척도를 만들어 목표 행동의 수행 정도를 판단할 수도 있으며, 일화(일지) 기록으로 보다 정성적인 평가 자료를 생성할 수도 있다. 다른 평가 방식에 비해 교실 수업 상황에서 그대로 진행할 수 있으므로 시간적으로나 노력 측면에서 수고가 덜 든다는 장점이 있다. 그러나 수업도 하고 관찰도 해야 하는 것은 말처럼 쉬운 일이 아니고 별도로 기록을 해 보관해야 하는 것도 실용도적인 면에서 긍정적이라 하기 어려움 면도 있다. 또한 관찰 결과가 학습자 개인에 대한 심도 있는 진단 정보를 제공하기 어려운 면, 교사의 주관적 관찰 기준으로 인해 평가의 신뢰도에도 문제가 있을 수 있다. 따라서 교사 관찰 평가에 대한 올바른 이해와 충분한 훈련이 병행되어야 한다. 영어 평가에서 교사 관찰 점검표의 예를 보이면 다음과 같다.

[표 39] 영어 듣기와 말하기 능력에 대한 교사 관찰 점검표(최연희, 1999:153)

반:＿＿＿ 번호:＿＿＿ 이름:＿＿＿＿ 관찰 일시:＿＿＿	
1. yes/no 의문문을 묻고 대답할 수 있다.	관찰 결과 (○/×)
2. wh- 의문사를 사용하여 질문하고 대답할 수 있다.	
3. 상황에 적절한 인사와 안부 묻기를 할 수 있다.	
4. 대화를 먼저 시작할 수 있다.	
5. 상대방의 말을 잘 이해하지 못했을 때 설명을 요구할 수 있다.	
6. 주제를 바꿔 대화를 이어나갈 수 있다.	
7. 주변의 일반적인 화제에 관하여 언급할 수 있다.	

(9) 자기 평가

자기 평가(self-assessment)는 특정 언어 기능이나 영역에 대하여 학생들 스스로 학습 과정이나 그 결과에 대해 평가하게 한 후 그 결과 보고서를 교사가 평가하는 방식이다. 이것 역시 교실 관찰 평가와 마찬가지로 자기 평가 점검 목록표에 표시하기, 평정 척도에 표시하기, 일지 기록하기 등이 있다. 이 평가는 학습자의 주도적 학습을 증진시킨다는 장점이 있다. 그러나 4장에서도 언급한 바와 같이 비전문가인 학습자가 스스로 평가하는 것이 얼마나 정확한가에 따라 타당도와 신뢰도에 문제를 갖게 된다. 스스로 평가의 기준을 확고히 할 수 있는 훈련이 이루어졌을 때 이러한 문제점이 해결될 수 있다고 하지만 말처럼 쉽고 간단한 문제는 아니다. 학습자 중심의 이상적 교수 방안으로서의 의의는 지닐 수 있지만 평가의 타당성과 신뢰도의 측면에 문제가 있을 수 있다. 따라서 학습자 주도성을 위해 수업 시 비공식적 평가 절차로 진행하는 것은 가능할 수 있으나 공식적 평가에 포함시키는 것은 바람직하지 않다.

이상으로 살펴 본 수행 평가는 1회적이고 객관적인 평가 방식을 벗어나 다양한 수험자의 언어 능력을 측정할 수 있다는 면에서 긍정적이다. 그러나 이러한 평가 역시 좋은 평가가 되기 위해서는 평가가 지녀야 하는 요건인 타당도, 신뢰도, 실용도의 측면이 잘 고려되고 이를 바탕으로 치밀하게 구조화되고 학습자에게 미리 공지가 되어야 할 것이다. 만약 한 학기 수업 후 성취도 시험의 최종 성적에 지필 시험, 포트폴리오, 평상시 구두 발표, 관찰 평가가 합산이 된다면 이에 대한 기준과 내용, 시기, 방법, 비중 등이 구체적으로 공지되어 수험자의 수행을 긍정적으로 촉진할 수 있어야 한다.

4. 평가 문항 작성과 채점에 필요한 능력

이 장에서는 한국어 평가에 사용될 수 있는 문항의 종류와 작성 지침, 채점 방식과 채점자 훈련에 대해 살펴보았다. 이는 1장의 평가자 중 출제자와 채점자의 역할에 필요한 영역이라고 할 수 있으며 위의 내용들을 통해 출제자에게 필요한 능력과 채점자에게 필요한 능력이 무엇인지를 가늠해 볼 수 있었을 것이다.

여기에서 간단히 언급하자면 출제자에게 필요한 능력은 출제 영역이 되는 듣기 · 말하기 · 읽기 · 쓰기에 대한 이해 그리고 그 이해된 바를 실제 시험 개발에 적용할 수 있는 능력이 필요하다. 그런데 실제 시험 개발 적용을 위해서는 평가 문항에 대한 지식과 이를 평가 문항으로 구현시킬 수 있는 기술 능력이 요구된다. 평가 문항으로 구현시키는 기술 능력에는 우선 텍스트 작성 능력이 가장 중요한데 다양한 듣기 텍스트(대화나 독백)와 다양한 장르의 읽기 지문을 작성해 낼 수 있어야 한다. 그래서 어느 때는 방송 작가가 되었다가 어느 때는 소설가, 기자가 되어야 한다. 그리고 채점자에게는 그 문항에서 구현된 쓰기 혹은 말하기 기술의 특성, 문항의 평가 목표와 준거에 대한 이해, 채점 방식과 채점 기준에 대한 이해력과 적용 능력, 그리고 답을 읽어내는 독해력 등이 필요하다.

우리는 앞에서 의사소통 능력이 지식과 기술이 합쳐져서 의사소통 행위로 구현해 낼 수 있는 '능력, competence'라는 것을 확인한 바 있다. 출제자와 채점자에게 요구되는 바 역시 출제와 채점에 대한 지식이 아니라 지식과 기술이 어우러져서 실체적으로 구현할 수 있는 '능력, competence'라는 점을 강조하고 싶다. 출제와 채점을 포함한 평가는 글로만 배울 수 있는 것이 아니다. 마음에 들지 않는다고 지적만 할 줄 아는 출제자, 채점자가 아니라 실체를 만들어내고 구현해 낼 수 있는 출제자와 채점자, 그리고 평가자가 될 수 있도록 노력해야 한다. 이에 대해서는 12장에서 자세하게 언급하고자 한다.

연습 문제

1. 위의 문항 작성 원칙을 바탕으로 한국어 선다형 문항과 서답형 문항을 유형별로 각각 하나씩 만들어 보고 검토해 보시오. 혹은 기출 문항들을 선택하여 장단점을 토론해 보시오.

2. 다음은 초급 학습자의 쓰기 논술형 답안들이다. TWE 채점 기준과 TOPIK 채점 기준으로 채점하고 비교해 보시오. 그리고 피드백을 준다면 어떻게 줄 수 있는지도 발표해 보시오. (가)~(다)는 '요즘 나의 한국 생활에 대해 쓰십시오.'에 대해 쓴 것이고 (라)는 '내가 아끼는 물건'에 대해 쓴 것이다. 학습자가 쓴 원문을 그대로 제시한다.

학생 답안 (가)	한국말을 배우고 한국문화를 보러 한국에 왔다. 사람들 때문에 한국을 많이 좋아 한다. 여기에 스위스보다 사람들이 다르다. 한국에 사람들이 더 칙절한다.
학생 답안 (나)	한국에 사는게 힘들다. 한국에서 칭층대 너무 만이잇다. 택시 잇으니까 감사하다. 여기서 운전하는게 어렵겟다. 너무 복잡해. 어디 차질라그려면 어렵겟다. 다 똑가치보이니까. 기슥사에두 엘아배이터 잇음면 조켓다. 모꼭할대두 뜨거운 물 옵섯다. 한국 잇는 쪼금안 자동차 사서 미국 갈고 가고 십다.
학생 답안 (다)	한국에서 매일 교통이 복잡하니까 지하철이나 택시를 타고 가다. 한국보다 미국이 더 무섭다. 하생들이 대학교에 다니고 싶으면 열심히 공부하다. 미국 자동차 많이 없으니까 한국차를 빨리 갈 수 없어요. 담배를 아무데나 피우면 될 것 같다. 미국보다 한국의 백화점이 더 비싸다. 미국보다 한국의 날씨가 더 이상하다. 지하철하고 택시 있으니까 차를 없으면 됐다. 미국여자보다 한국여자들이 더 건강음식을 먹다. 한국의 바다를 너무 더러워서 수열을 할 수 없다.

학생 답안 (라)	내가 아끼는 것은 여러가지 있지만, 그 중에서 하나 고르면 도토리다. 그 도토리들은 예쁜 유리 병에 들고 내 책상 위에 놓여 있다. 흔한 도토리가 아니고 다른 시대나 다른 나라에서 온 도토리다. 한 가지는 내가 어렸을 때 주운 것이다. 개를 데리고 공원으로 가서 개가 뛰어 다니는 동안 나는 도토리를 주웠다. 두개는 어머니께서 나한테 주신 것이다. 그것은 어머니께서 고등학교 때 아무 생각없이 주운 것이다. 나머지는 프랑스에 간 친한 친구한테 받은 것이다. 내가 도토리를 아긴다는 이야기는 전혀 안 했는데도, 그 친구는 크리스마스에 옷과 같이 프랑스 도토리를 주었다. 프랑스는 패션으로 유명한 나라이니까 역시 도토리도 베레모자처럼 보이는 귀여운 모자를 쓴다. 이 세가지 도토리와 같이, 나와 어머니, 친구의 즐거운 추억도 한 병에 꽉차 있다.

제

 8

 장

한국어 듣기 평가

제8장 한국어 듣기 평가

1. 듣기의 개념

Rivers(1981)에서는 의사소통 상황에서 한 사람의 시간 45% 정도를, Wagner(2014)는 50% 이상을 '듣기'에 소비하는 것으로 추정된다고 하였다. 이렇게 많은 비중을 차지하고 있는 듣기의 목적은 듣는 행위를 통해 의사소통에 참여하여 의사소통을 성공시키려는 것이고 듣기 평가의 목적은 듣기 의사소통 수행 능력이 있는지를 측정하기 위한 것이라고 할 수 있다.

그렇다면 한국어 듣기 능력을 평가하는 데 있어서 가장 기본적으로는 '듣기'를 무엇이라고 정의하느냐가 중요하다. 왜냐 하면 듣기의 정의에 따라 교수와 평가의 양상이 달라질 수 있기 때문이다. 듣기의 개념에 대한 학자들의 설명은 다음과 같다(김유정, 1999:134-135).

Brown (1994:235)	듣기는 말을 산출하기 전에 청취를 통해 언어학적 정보를 내재화하는 것이다. 다시 말하면 듣기는 한 방향의 길이 아니다. 듣기 이해(listening comprehension)는 귀를 통한 소리 물결을 받아들이는 정신 운동의 과정이고 뇌에 신경적 충동을 보내는 것이다. 그것은 뇌가 충동에 반응하는, 많은 다른 인지적·정의적 기제를 낳는 상호작용적 과정의 시작이다.
정동빈 (1990:174)	기억과 언어 경험에 관련된 음향학적인 지각 감수 능력을 포함한 모든 지적 사고 능력을 가리킨다.
Peterson (1991)	초보 학습자에게 있어서 듣기는 언어 입력으로서의 의미 이해 수단이요, 중급 학습자들에게는 문법 체계를 정교하게 하기 위함이요, 고급 학습자들에게는 어휘력이나 관용어 사용 한계를 넓히고 문화적 의미를 이해하는 것이다.
Chastain (1979:81-8)	1) 언어의 중요한 소리와 억양 유형을 구별한다. 2) 구두 메시지를 인식한다. 3) 진행되고 있는 대화를 기억한다. 4) 포함된 메시지를 이해한다.

Brown(1994)와 정동빈(1990)의 설명은 뇌생리학적인 면과 인지력에 중점을 둔 것으로 Brown(2004, 이영식 외 역, 2006:154-155)에서 언급한 것처럼 과정도 결과도 관찰할 수 없는 추상적인 정의라고 할 수 있다. 그리고 Peterson(1991)과 Chastain(1979:81-8)의 설명은 듣기의 개념이라기보다는 외국어 혹은 제2언어 교육의 장에서 유용하게 사용될 수 있는 듣기의 기능과 듣기 처리 과정에 관한 설명이다. 이러한 설명들에는 의사소통 능력이 반영된 수행으로서의 듣기 기술이 없다.

이런 설명 방식에서 '이해한다는 것'은 뇌에서 일어나는 작용이기에 관찰할 수 없다. 그렇다면 우리는 관찰할 수 없는 상태로 듣기를 가르치고 평가해야 한다. "이해했지요?"라는 질문으로 학습자의 이해도를 확인하는 것은 신뢰도 있는 평가가 될 수 없을 것이다. 그렇게 되면 앞에서 살펴 본 '행위'로서의 의사소통 듣기를 확인하기 어렵다. 따라서 이해하는 것이 무엇인지에 대한 개념을 설명할 때 행위로서 드러날 수 있도록 정의를 하는 것이 바람직할 것이다.

본격적인 개념 정의에 앞서 한 가지 기본 전제는 "시끄러운 방에서 들리는 이런저런 소리를 자신의 의사와는 상관없이 듣는 것(hear)과 청자가 의사를 가지고 듣는 것(listen)은 다르다."고 한 Mary Underwood(1989:1-2)의 언급처럼, 의사소통의 듣기(Listening)는 듣고 이해하는 것을 기반으로 하는 청해력(listening comprehension)이라 할 수 있으며 순순히 소리를 받아들이는 청력(hearing)과는 다르다고 할 수 있다는 것이다. 물론 청해력을 위해서는 청력이 기본이 되어야 하지만 단순히 듣는다는 것을 한국어 듣기 평가의 목표로 삼지 않는다는 의미이다.

Glenn(1989)의 연구 결과에 따르면 '듣기 개념'에 사용되는 용어들로 해석(interpretation), 인식(perception), 주의 집중(attention), 반응(response), 기억(memory)을 들고 있다. 이러한 용어와 앞선 학자들의 설명을 바탕으로 의사소통 '듣기'를 다음과 같이 정의하고자 한다.

듣기란 ① 목적이 있는 구어 텍스트를 ② 청자가 의도를 가지고 ③ 청각을 통해 인식하고 ④ 청자 자신의 배경 지식을 활용하여 ⑤ 자신의 의도에 맞게 의미를 해석하고 재구성하는 것이다. 의미를 재구성한다는 것은 새로운 표현(행동이나 새로운 말이나 글)으로 반응해 내는 것으로 반응은 즉각 수행될 수도 있고 기억해 두었다가 시간을 두고 수행될 수도 있다.

위의 듣기의 개념 정의에는 Glenn(1989)의 해석, 인식, 반응, 기억
이라는 표현이 그대로 사용되었으며 '의도를 가지고'라는 표현으로
주의 집중의 개념도 활용된 것을 확인할 수 있다. 설명의 편의를 위해
듣기의 개념 정의를 도식화하면 다음과 같다.

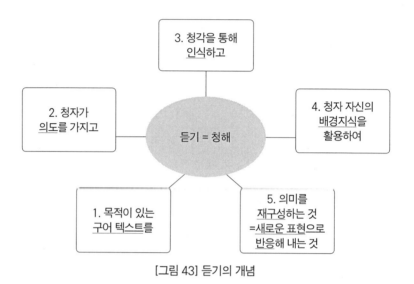

[그림 43] 듣기의 개념

① '목적이 있는 구어 텍스트'라는 것은 의사소통 듣기에서 들어야
하는 것은 바람 소리와 같은 자연적 소리가 아니라 의사소통의 목적
을 가진 음성 언어 '듣기 텍스트'라는 것이다. '텍스트'는 간단히 설명
하면 목적성을 가지고 완전한 메시지를 전달하는 구어가 사용된 의사
소통 행위체라고 할 수 있다. 따라서 남대문 시장의 '만 원, 만 원'의 한
단어의 반복적 사용만으로도 구어 텍스트가 될 수 있다. 구어 텍스트
에는 '개인 간의 대화, 안내 방송, 광고, 뉴스, 토론 등'이 있는데 이들
은 모두 안부, 안내, 홍보, 보도, 주장 등 각각 텍스트의 목적을 가지고

있다. 이 부분이 중요한 이유는 한국어 교수 상황에서도 평가 상황에서도 텍스트가 아닌 듣기는 의사소통 듣기가 아니라는 의미이다. 물론 교수 상황에서는 연습을 위해서 '가, 나,......', '가요, 와요,....' 등 텍스트가 아닌 음운이나 단어 차원에서의 듣기 훈련이 가능할 수 있다. 그러나 최종 목표는 그런 훈련을 통해 인간의 의사소통에 활용되는 구어 텍스트를 듣기 위함이다. 따라서 한국어 듣기 평가는 최종적으로 구어 텍스트 듣기가 되어야 한다. 예를 들어, 식당에서 주인에게 화장실의 위치를 물었을 때 주인이 "나가서서 왼쪽 문으로 다시 들어가시면 건물 2층에 있어요."라는 것을 듣게 되는 경우에는 정보 교환을 목적으로 한 친숙하지 않은 개인 간의 대화에서 장소를 안내하는 구어 텍스트 듣기가 될 것이다.

② '청자가 의도를 가지고'라고 표현한 것은 의사소통의 주체가 누구인지 명확히 하고자 함이며 듣기의 목적이 있을 때에만 이루어진다는 의미를 강조한 것이다. 목적이 없는 상태에서는 그냥 소리 듣기만 일어날 수도 있다. 예를 들어, 지하철이나 버스를 타고 가는 동안 옆 사람들의 대화는 의미로 처리되기보다는 그냥 소리 듣기가 되는 경우가 많다. 소리로 처리되던 대화 중 자신이 좋아하는 주제(좋아하는 사람, 뉴스거리 등)가 출연하게 되면 그때부터는 의도를 가진 의사소통 듣기가 되기도 한다. 실제로 청자가 의도(듣는 목적)를 가지느냐 가지지 않느냐에 따라 의미 듣기와 소리 듣기가 달라진다고도 할 수 있다. 그런데 이 의도를 가지고 듣는 행위는 인간의 집중력의 한계로 인해 그리 오래 지속되기는 힘들다. 실제로 강의 시간을 60분으로 두었을 때 60분 내내 집중적인 이해를 위한 듣기를 지속하기보다는 의미 이해 듣기와 소리 듣기(다른 생각을 하는)가 반복이 된다고 볼 수 있다.

정리하자면 듣기는 청자에게 목적성을 주도록 수업도 평가도 설계되어야 한다는 것을 의미한다고 하겠다. 위에서 이어지는 예로 보자면 화장실의 위치를 묻는 청자의 의도는 화장실에 가고자 함일 것이다.

③ '청각을 통해 인식하고'는 음성 언어가 인간의 '귀'를 연결 통로(channel)로 해서 뇌로 전달되고 그 음성 언어 기호인 단어와 문법 등이 본래 의미로 인지되는 것을 의미한다. 식당 주인의 발화 "나가셔서 왼쪽 문으로 다시 들어가시면 건물 2층에 있어요."가 뇌에 인지되고 그 각각의 음운과 어휘와 문법과 문장 의미가 한꺼번에 인식되고 자체 의미로 이해되는 것을 말한다. 이 상황으로 순순히 인식되고 이해되는 상황의 듣기도 있다. 그러나 대부분은 이 단계로 그치지 않고 ④와 결합하여 적절하게 해석된다.

④ '청자 자신의 배경 지식을 활용하여'는 듣기를 하는 청자의 능동적인 이해의 측면을 나타냄과 동시에 ③에서 받아들여진 정보를 청자가 파악할 수 있거나 이미 파악해서 알고 있는 발화 맥락에 맞게 수용하여 해석하는 것을 의미한다. 여기에서 배경 지식이라고 하는 것은 듣기 텍스트 맥락과 관련된 화자의 특성이나 상황 맥락 및 습관, 청자가 알고 있는 관련 지식, 청자의 상황과 목적과 태도 등 다양한 발화 맥락들이 활용된다는 점이다. 그렇기 때문에 실상은 듣기 텍스트의 이해는 듣기 텍스트 자체의 목적보다는 청자의 듣기 목적과 배경 지식에 따라 다르게 해석될 가능성이 있는데 이를 전적으로 잘못 해석했다고 보기 어렵다. 듣기 텍스트의 작성자(발화자)의 의도와는 별개로 청자의 능동성이 강조될 수 있기 때문이다. 따라서 실제 의사소통 상황에서는 정답이 있는 듣기 활동은 없다고 볼 수 있다. 시험을 위해서 답을 통제해야 하는 상황이 있더라도 청자의 능동성을 차단하는

것보다는 통제된 맥락에서라도 능동성이 활성화되도록 하는 것이 듣기 텍스트와 청자, 청자의 배경 지식과 전략 등의 상호작용을 높일 수 있는 방안이 될 것이다. 식당 주인이 발화 "나가셔서 왼쪽 문으로 다시 들어가시면 건물 2층에 있어요."가 뇌에 인지되었지만 청자가 가지고 있는 배경 지식이나 상황 등에서 그 메시지를 그대로 받아들일 것이냐 말 것이냐를 결정하게 된다. 청자가 볼일이 급한 상황과 다리를 다쳐서 깁스를 한 상황의 차이는 주인의 메시지를 해석하고 활용하는 데 다르게 영향을 미칠 것이다.

⑤ '자신의 의도에 맞게 의미를 해석하고 재구성하는 것'이라는 것은 '이해하다'를 다른 말로 풀어 설명한 것이다. ③과 ④에서 인지된 음성 언어와 활용된 배경 지식을 통해 자신의 의도와 목적에 맞게 의미를 재구성한다는 것은 듣기 텍스트에 있는 그대로 복사해서 의미를 받아들이는 것이 아니라 새로운 말이나 글로 표현하거나 행동으로 반응하는 것을 의미한다. 물론 청자의 머릿속에 지적인 정보 상태로 추상적으로 남아 있을 수 있으나 이 또한 들은 그대로가 아니라 청자가 변형한 메시지 덩어리나 파편일 수 있다는 것이며 언젠가는 새로운 글이나 말 또는 행동으로 표현될 수 있다는 면에서 같은 맥락으로 볼 수 있다.

화장실의 위치를 물었을 때 "나가셔서 왼쪽 문으로 들어가시면 건물 2층에 있어요."라는 화자의 음성 메시지를 들었다고 한다면 청자는 "나가셔서 왼쪽 문으로 들어가시면 건물 2층에 있어요."를 반복해서 말하지 않는다. 새로운 표현, 즉 행동으로 반응하여 메시지대로 실행해서 2층에 있는 화장실을 찾아갈 수도 있고, 친구에게 "나가면 2층에 있대."라는 표현으로 전달도 할 수 있으며, 혹은 자신의 배경 지식 속에 있던 상가 밖에 있는 화장실에 대한 부정적인 경험이 발현이 된다면 화장실에 가지 않기로 결정할 수도 있다. "나가셔서 왼쪽 문으로 들어가시면 건물 2층에 있어요."에는 '그곳을 찾아 가라'는 의미는 발화수반 의미로 포함되어 있지만 친구에게 전하라거나 당신 상황에 맞춰 갈지 말지를 결정하라는 의미는 없다. 그럼에도 불구하고 청자는 자신의 의도와 배경 지식에 맞춰 새로운 표현으로 반응하는 것이다. 이러한 반응은 앞에서도 언급했듯이 즉석에서 일어날 수 있는 것도 있고 기억 속에 저장되어 있다가 얼마 간(혹은 아주 오랜) 시간이 지난 후에 말이나 글 혹은 행동으로 표현될 수도 있는 것이다. 실제로 의사소통 상황을 가정한다면 화장실의 위치를 묻고 만약 이 사람이 2층이 아니라 1층으로 갔다면 의사소통에 실패한 것이 확인된다. 그리고 화장실에 가시 않아서 왜 가시 않느냐고 물었을 때 "밖에 있고 2층은 너무 높아서 안 가려고요."라고 대답을 한다면 정확히 의미를 파악한 것으로 판단할 수 있다. 그러나 시험 상황에서는 모든 수험자들이 의미를 재구성한 것을 일일이 물어서 확인하기 어렵다. 따라서 이 담화 듣기에서 의미를 재구성하도록 하는 데 중요한 것을 파악했는지를 확인하는 것으로 문항을 작성해야 한다. 즉, 여기에서는 '나가서, 왼쪽 문, 2층'이 측정의 일반화된 목표 항목이 되고 이 핵심 항목들을 측정할 수 있는 문항으로 개발되어야 한다.

이렇듯 의사소통 '듣기'의 정의에 사용된 ①~⑤의 내용은 한국어 교수와 평가 상황에서 모두 고려되어야 하는 부분이다. 어느 한 부분이 누락이 되면 실은 의사소통에서 실제적인 듣기라고 할 수 없게 될 것이기 때문이다.

2. 듣기를 가능하게 하는 기술들과 평가 목표

1) 듣기를 가능하게 하는 기술(구인)들

Brown(2007:308)에서는 Richards(1983:228-230, 이완기, 2003: 231-232 참조)가 제안한 33개의 대화 듣기에 포함되는 하위 요소들을 듣기 수행에 수반되는 미시적 기술(언어의 작은 요소들과 관련되며 주로 상향식 과정)과 거시적 기술(듣기 과제를 하향식으로 접근 하는 것과 관련된, 비교적 큰 요소 중심)로 세분화하여 제시하면서 듣기의 교수와 평가의 목표로 설정될 수 있다고 하였다. Brown(2004:241-242)에서는 (11)이 미시적 기술에 있었는데 Brown(2007)에서는 거시적 기술로 자리를 옮겼으며 미시적 기술은 문장 수준의 기술이고 거시적 기술은 담화 차원의 기술이라고 하였다. 또한 여기에서 제시하는 17개의 미시적 기술과 거시적 기술은 일반적 구어 텍스트에 해당하는 것이며 학문적 듣기와 같은 경우에는 Richards(1983)의 18개의 학문적 듣기에 포함되는 더 구체적인 미시적 기술과 거시적 기술이 필요하다고 하였다.

여기에서는 Brown(2004)에서부터 제시된 17개의 기술들을 기본적 듣기 기술로 제시한다. 학문적 듣기의 기본 토대도 17개의 미시적 기술에서 발현되는 것이며 학문적 듣기 기술인 Richards(1983)의 내용은 그 담화가 '강의'로 특화되어 구체화된 것으로 볼 수 있기 때문이다.

따라서 이를 한국어 평가에 적용하여 제시하면 다음과 같다. 이영식 외 역(2006)을 참고하여 번역을 실은 것이며 Brown(2007)에 제시된 대로 (11)을 거시적 기술로 옮겨서 표로 작성하였다.

[표 40] 한국어 듣기의 미시적 · 거시적 기술(Brown, 2007:308에서 한국어로 응용)

한국어 듣기의 미시적 기술

(1) 다양한 길이의 언어 덩어리(chunk)를 단기 기억 저장소에 보유하기
(2) 한국어의 변별음 구별하기
(3) 한국어의 장단음, 리듬이나 억양 구조, 이들의 정보 전달 관련 역할 인식하기
(4) 단어의 축약형 식별하기
(5) 단어의 경계 구별하기, 핵심어 파악하기, 어순 패턴과 그에 따른 의미 해석하기
(6) 다양한 속도의 발화 처리하기
(7) 휴지, 오류, 정정 등 수행 변인을 포함한 발화 처리하기
(8) 품사(명사, 동사 등), 체제(시제, 일치 등), 패턴, 규칙, 생략형 인지하기
(9) 문장 구성 요소를 파악하고, 주된 구성 성분과 부수적인 구성 성분 구분하기
(10) 특정 의미가 다양한 문법적 형태로 표현될 수 있다는 사실 인식 하기

한국어 듣기의 거시적 기술

(11) 담화에서 응집 장치 인식하기
(12) 상황, 대화자, 목적을 고려하여 발화의 의사소통 기능 인지하기
(13) 실생활 지식을 사용하여 상황, 대화자, 목적 추론하기
(14) 기술된 사건이나 생각 등으로부터 결과를 예견하거나 사건 간 관계 , 인과 관계를 추론하고, 중심 생각, 뒷받침 내용, 새로운 정보, 주어진 정보, 일반화, 예시 등에 대해 분석하기
(15) 문자 그대로의 의미와 의도된 의미 구별하기
(16) 얼굴 표정, 몸짓, 그 밖의 비언어적 단서를 이용해 의미 해석하기
(17) 주요 어구 파악하기, 문맥 속에서 어휘 의미 추론하기, 도움 호소하기, 상대방에게 자신의 이해 여부 표시하기 등과 같은 듣기 전략의 개발과 사용

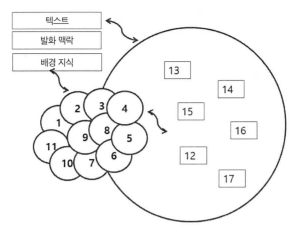

[그림 44] 듣기의 미시적 기술과 거시적 기술의 상호작용

[그림 44]에서 (1)부터 (10)까지는 언어 요소와 관련된 문장 차원의 미시적 기술을 의미하고 큰 원은 담화 차원의 거시적 기술을 의미한다. 미시적 기술은 듣기 텍스트와 듣기의 목적에 따라 모두 동시에 활용되거나 혹은 듣기 이해를 위해 필요한 몇 개씩만 활용될 수 있으며 발화 맥락, 텍스트, 배경 지식 등과 연결되면서 거시적 기술의 의미 파악에 기여하게 된다. 미시적 기술과 거시적 기술은 의사소통 능력의 언어학적·사회언어학적·담화적·전략적 능력, 발화 맥락, 일반적 능력의 상호작용이라고도 볼 수 있다.

그런데 미시적 기술과 거시적 기술의 적용에서 실생활 영역에서는 때로는 특정 발음이나 억양, 단어, 문법 요소 등 문장을 구성하는 요소들의 미시적 기술에 집중한 듣기도 가능하다. 그러나 탈맥락적이고 탈목적적이 아니라 의사소통 상황의 실제성 있는 과제여야 한다. 예를 들어, AS 센터 직원이 고객의 이름이나 주소를 들어야 하는 경우, 쇼핑 목록을 받아 적어야 하는 경우 등은 발음이나 단어에 집중하게 된다. 그러나 이 상황은 분명히 실생활의 의사소통이다. 따라서 언어 요소에 집중한 미시적 기술의 듣기를 평가할 때에도 실제 의사소통의 발화 맥락에서 텍스트로 구성되어야 하며 청자가 의도를 가지고 능동적으로 상호작용할 수 있도록 문항이 구성되어야 할 것이다.

위의 Brown(2004)의 미시적 기술과 거시적 기술 17개는 모두 듣기 평가의 구인이 될 수 있다. 그리고 CEFR-Illustrative Tasks: Reading and Listening(p4-5)의 '읽기' 구인으로 제시된 것을 응용하여 듣기 능력 평가의 구인을 다음과 같이 간략하게 제안해 볼 수도 있을 것이다. 듣기 평가의 구인에 대한 두 논의 모두 의사소통 능력과 발화 맥락, 일반적 능력 등을 모두 아우르는 것이라고 할 수 있다.

- 효율적인 단어 인식을 위해 음성 언어 기호를 해독하는 능력
- 많은 단어의 의미에 자동적으로 접근하는 능력
- 구와 절 단위의 담화에 사용된 문법 정보에서 의미를 도출하는 능력
- 문장을 넘어 단락이나 담화 차원으로 의미를 이해할 수 있는 능력
- 다양한 듣기 전략을 사용할 수 있는 능력
- 청자의 배경 지식을 적절하게 활용할 수 있는 능력
- 텍스트의 정보를 평가, 통합 및 합성하여 청자의 상황에 맞게 이해하는 능력
- 이러한 듣기 과정을 장기간 유창하게 유지하는 능력
- 청자의 목표에 맞추어 듣기 텍스트 정보를 적절하게 사용할 수 있는 능력

이해를 돕기 위해 예를 들어 보면, Brown(2004)의 17개 기술들 혹은 CEFR-Illustrative Tasks: Reading and Listening의 구인들은 다음 2)절에서 살펴볼 듣기 평가 목표 중 직접적 의미 이해와 추론, 그리고 듣고 받아쓰기를 할 때 다음과 같은 구인들로 사용될 수 있을 것이다. 이 예는 Buck(2001:54)에 제시된 것이다.

[직접적 의미 이해를 위해 사용되는 구인들]
- 요점을 이해하는 능력
- 주요 아이디어(들) 또는 중요한 정보를 이해하는 능력
- 중요한 세부 사항의 회상을 포함하여 특정 내용을 청취하는 능력
- 청취자 또는 주제에 대한 발표자의 태도 또는 의도를 결정하는 능력

[추론 의미 이해를 위해 사용되는 구인들]
- 의미를 유추하는 능력
- 사회적 상황과 발화를 연결시키는 능력
- 화자 발화의 의사소통 기능 인식 능력
- 문맥에서 익숙하지 않은 어휘 항목의 의미를 추론하는 능력

[듣고 메모하기를 위해 사용되는 구인들]
- 주요 요점을 추출하는 능력
- 텍스트를 요약하는 기능
- 관련 핵심 사항을 선택하는 능력

2) 듣기의 평가 목표

듣기의 평가 목표는 청자로 하여금 무엇을 듣게 할 것인가와 관련
된다. Lund(1990: 106)에서는 '청자의 기능(listener's function)' 여섯
가지를 아래와 같이 제시하였다. 청자 기능이란 듣기 텍스트를 통해
청자가 하는 일, 즉 어떤 작업이 수행되는가를 의미하며 청자가 처리
해야 할 텍스트의 일부를 정의한다고 하였다. 또한 청자의 기능은 잠
재적인 평가를 위한 진술이라고 하였다. 이는 곧 청자가 무엇을 듣느
냐에 초점이 주어진다고 할 수 있다. 따라서 청자의 기능은 듣기의 목
표라고도 할 수 있을 것이다.

[표 41] Lund(1990:107-109)의 청자의 기능

청자의 기능	설명
1. 확인/식별 (Identification)	내용이 아니라 발음이나 억양, 단어 등 언어 기호에 초점을 두고 인식하고 구별하는 것
	사람의 이름, 장소, 메뉴, 단어, 발음과 억양 구별
2. 오리엔테이션 (Orientation)	메시지를 상세하게 처리하기 위해 본문에 대한 필수적인 사실들을 결정하는 것
	참가자, 역할, 상황/맥락, 일반적인 주제, 감정적 어조, 장르, 화자 역할 등
3. 중심 생각 이해 (Main idea comprehension)	메시지 자체에 대한 실제 이해의 첫 단계로 전체적인 내용을 파악하는 것
	중심 생각, 주제, 요점 등
4. 세부 이해 (Detail comprehension)	특정 정보나 중심 생각을 뒷받침하는 세부 내용을 파악하는 것
	시간, 날짜, 이유, 기온 등

5. 전체 이해 (Full comprehension)	전체 메시지를 이해하는 것으로 포괄적인 의미와 구체적인 세부사항을 이해하는 것을 포함(3와 4를 포함)
	강의 듣고 전체 내용 이해 등
6. 복제 (Replication)	메시지 자체의 형태를 보존하거나 전송하는 것 복제의 정확성에 주의를 집중하는데 반드시 메시지의 내용에 주의를 기울이는 것은 아님. 따라서 이해력보다 더 높은 수준의 기능은 아님
	받아쓰기, 전사하기 등

위의 분류는 여섯 가지로 나뉘지만 5의 전체 이해는 3과 4를 합친 것이고 6의 복제는 의미에 집중하지 않고 음성 언어를 문자 언어로 바꾸는 것이기 때문에 의미에 집중한 청자의 기능은 1~4의 발화 맥락과 상황, 중심 생각, 세부 내용, 특정 정보를 이해하는 것으로 볼 수 있다. 이렇게 1~4에 집중하는 것은 5의 전체 이해를 간과하는 것을 의미하지 않는다. 듣기 텍스트가 무엇이고 듣기의 목표가 무엇이냐에 따라 1~4가 따로 또 같이 중요할 수 있다는 것은 기본적인 전제이다. 그런데 이러한 Lund의 분류는 들리는 그대로의 내용과 정보를 순순히 받아들이는 것과 같아서 추론을 하거나 비판하고 평가하는 듣기 활동은 명확히 드러나지 않은 인상을 준다. 따라서 여기에서는 Brown(2004)의 미시적과 거시적 기술, 그리고 Richards(1983)의 듣기 기술 항목들의 내용(이완기, 2004:231-232 참조)을 바탕으로 청자가 배경 지식을 활용하여 의미를 재구성하는 것들의 목표 항목을 보충해서 아래와 같이 한국어 듣기 목표 항목을 제안한다.

▶ 한국어 듣기 목표 항목들

(1) 담화 상황 파악하기(사실적, 추론적)

(2) 담화 의도 파악하기(사실적, 추론적)

(3) 담화 종류 파악하기

(4) 담화 참여자 및 관계 파악하기(사실적, 추론적)

(5) 정보 파악하기: 이름, 나이, 시간, 장소, 연대, 날짜, 날씨, 온도, 가격, 품목, 직업 등

(6) 담화 소재, 중심 내용, 주제, 주장, 제목 파악하기(사실적, 추론적)

(7) 전체 줄거리 파악하기

(8) 세부 내용 파악하기: 이유, 과정, 결과, 근거, 모양 묘사, 개념, 지시 사항, 순서, 차이 등(사실석, 추론석)

(9) 사건이나 행동의 인과 관계 파악하기(사실적, 추론적)

(10) 사실과 의견 파악하기(사실적, 추론적)

(11) 단어나 표현 그대로의 의미와 함축된 의미 파악하기(사실적, 추론적)

(12) 지시어나 완곡어 사용 의미와 의도 파악하기(사실적, 추론적)

(13) 담화의 앞뒤 맥락과 내용 파악하기(사실적, 추론적)

(14) 화자의 태도나 어조 파악하기(사실적, 추론적)

(15) 화자 말하기의 전개 방식 파악하기(사실적, 추론적)

(16) 화자의 심정이나 기분 파악하기(사실적, 추론적)

(17) 화자의 성격이나 성향 파악하기 (사실적, 추론적)

(18) 담화 내용의 정확성 비판하기

(19) 담화 의도와 담화 내용의 적절성 비판하기

(20) 담화 내용과 사회적 맥락과의 관련성 분석하기

(21) 담화의 내용을 청자의 입장에서 판단하기

(22) 담화 내용과 형식, 문체 등에 대해 정서적으로 반응하기 등

여기에서 제시한 것들은 듣기 텍스트를 하나만 들을 때의 목표이며 듣기 텍스트를 두 개 이상 듣게 하거나 듣기 텍스트를 읽기 텍스트와 연계하도록 하면 더 많은 수의 응용된 듣기 목표가 설정될 수 있을 것이다. 또한 뒤에서 살펴볼 '읽기' 평가 목표와의 비교를 통해 상세화될 수도 있다.

여기에서 한 가지 확인해야 하는 부분은 듣기 이해력(뒤의 읽기 이해력도 동일함)의 목표나 구인으로 언급되는 범주로 사실적 이해, 추론적 이해, 비판적 이해, 감상적 이해가 있다. 그런데 학자들마다 기본 개념에 대한 이해는 동일하나 위의 (1)~(22)와 같은 하위 항목들을 분류할 때 중심 내용 파악이 사실적 이해에 들어가기도 하고 추론적 이해에 들어가기도 하는 등 동일 항목을 분류하는 기준이 명확히 제시되어 있지 않고 차이가 크다. 따라서 여기에서는 다음과 같이 정리하고자 한다.

사실적 이해는 듣기 텍스트에 정보와 내용이 담화에 명시적으로 노출되어 있고 청자는 들리는 그대로의 정보와 내용을 파악하는 것이 목표이고 추론적 듣기 이해는 명시적으로 제시되지 않은 내용을 듣기 텍스트에 명시적으로 제시된 내용을 바탕으로 추측하는 능력을 평가하는 것이 목표이다. 비판적 이해는 텍스트를 넘어 다른 텍스트, 사회적 맥락, 청자의 개인적 경험 등에 비추어 판단하고 평가할 수 있는지를 목표로 하는 것이며 감상적 이해는 듣기 텍스트를 듣고 청자가 공

감하거나 하는 등 정서적으로 반응하는 능력을 평가하는 것이다.

위의 (1)~(22) 중 (18)~(21)은 비판적 이해에 속하는 것이고 (22)는 감상적 이해로 볼 수 있다. 실제 의사소통 상황에서는 청자의 배경지식과 주관적 감상이 자유롭고 다양하게 일어날 수 있다. 그러나 이러한 것을 공식적 시험 문항으로 개발하는 경우 (18)~(22)의 비판적 이해와 감상적 이해는 수험자마다 너무나도 다양한 반응이 나올 수 있다. 즉, 답을 하나로 특정하기 어렵게 된다는 것이다. 따라서 비공식 평가에서는 적극적으로 활용될 수 있으며 소규모의 특정 그룹을 대상으로 한 주관적 듣기 시험 문항이 아닌 경우에는 복답 논란을 주의해야 한다.

문제는 (1)~(17)을 사실적 이해와 추론적 이해 중 어느 것으로 볼 것인가이나. 분명하게 (3), (5), (7)은 있는 그대로를 파악해야 하는 사실적 이해 문항이다. 이 세 가지를 제외한 나머지 14개의 문항은 텍스트 구성을 어떻게 하느냐에 따라 사실적 이해와 추론적 이해로 구분할 수 있는 것이다. 즉, 듣기 텍스트를 구성할 때 내용을 명시적으로 제시하고 측정하면 사실적 이해를 목표로 한 문항이 될 수 있고 듣기 텍스트에 내용을 명시적으로 드러내지 않게 작성을 하고 이에 대해 추론을 하게 하면 추론적 이해를 목표로 한 문항이 되는 것이다. 이와 같은 이유에서 항목들 옆에 (사실적, 추론적)이라고 병기한 것이다.

또한 Brown(2004)에서 제시하고 있는 집중형 듣기, 반응형 듣기, 선택형 듣기, 확장형 듣기 과업의 분류는 그 기준이 평가의 초점, 텍스트 길이, 반응 유형 등이 섞여 있어서 명확하게 구분하기 어렵다. 따라서 위에 제시한 것처럼 '무엇'을 들어야 하는지에 집중하여 나열하는 방식을 택하는 것이 타당해 보인다.

3. 듣기 텍스트와 반응 유형

듣기 평가는 듣는 자료가 어떤 것이냐, 그리고 들은 후 어떻게 반응해야 하느냐에 따라 평가 유형이 달라진다. 어떤 텍스트를 듣느냐에 따라 듣기의 목적이 달라질 수 있다는 것은 곧 평가하려고 하는 범주가 달라질 수 있다는 의미이다(김유정, 1999:145). 그리고 들은 후의 반응 양식의 차이는 평가 문항 유형을 선택할 때 적용할 수 있는 부분이다.

1) 듣기 텍스트

먼저 듣기 평가에 입력 자료(input material)로 사용될 수 있는 음성 언어 텍스트의 종류를 Nunan(1991:21)에서는 다음과 같이 분류하고 있다.

[그림 45] 음성 언어 텍스트 종류(Nunan,1991:21)

Nunan(1991:21)의 계획된 독백은 원고가 작성되어 만들어진 듣기 텍스트를 듣는 것으로 뉴스 보도나 일기예보, 연설, 원고 낭독식 강의가 될 것이며 계획되지 않은 독백은 대강의 강의 내용은 머릿속에 있고 그 내용을 즉석에서 풀어내는 즉석 강의나 강연, 친구가 오늘 있었던 일을 길게 이야기하는 것 등이 포함된다. 계획된 독백과 계획되지 않은 독백은 같은 내용이 들어가더라도 내용의 전개 방식이나 수행 변인, 잉여성 등 구어가 가지는 특징 면에서 다르게 나타날 것이므로 실제적 듣기 텍스트를 작성할 때 이 부분이 잘 드러나야 한다. 대화는 두 명 이상의 사람 사이에서 일어나는 구어 상호작용으로 친분과 같은 사교적 관계를 구축하기 위한 사교적 대화와 특정 정보나 의견, 주장 등의 교환으로 이루어지는 정보교류적 대화가 있는데 이는 친숙한 관계의 사람이나 낯선 관계의 사람과도 가능하다. 그리고 Brown(2007, 권오량 외 역, 2008:351)에서 언급된 것처럼 이러한 범주들은 분리되고 상호배타적으로 구분되지 않으며 함께 순차적으로 사용될 수 있다는 점이다.

한편 Underwood(1989:4-7)에서는 (a) 참여하지 않는 실시간 대화 듣기, (b) 공지 사항 청취(공항, 기차역 등), (c) 라디오에서 뉴스, 일기 예보 등을 듣기, (d) 텔레비전에서 뉴스, 일기 예보 등을 듣기, (e) 오락을 위해 라디오 청취, (f) 오락을 위해 텔레비전을 보는 것. (g) 연극의 라이브 공연 관람, (h) 영화관에서 영화를 보기, (i) (노래 등의) 레코드를 듣기, (j) 수업 듣기. (k) 강연 듣기. (l) 전화 듣기(메시지를 받기 위해 단순히 대화를 하기위한 것), (m) 지시 사항 듣기(예 : 스포츠 코치가 제공), (n) 공개 연설을 하는 사람(예: 정치 지도자)의 연설 듣기의 14개의 다양한 듣기 상황을 제시하고 있다.

그런데 이러한 실제적 상황의 듣기를 Nunan(1991)의 이분법적으로 나누어진 음성 언어 텍스트 종류에 포함시키는 것은 앞에서 언급한 것과 같은 이유, 즉 음성언어 텍스트 분류 항목들이 상호배타적이지 않기 때문에 그리 간단한 작업이 아니다. 두 논의를 합쳐 정리해 보면 [표 42]와 같이 마지막 부분에 대화와 독백의 복합체와 같은 음성언어 텍스트가 만들어질 수 있다.

[표 42] 음성언어 텍스트 유형과 듣기 텍스트

음성언어 텍스트 유형	듣기 텍스트
계획된 독백	라디오와 TV로 뉴스나 일기 예보 듣기 광고 듣기 공지사항과 안내 방송 듣기(공항, 기차역 등) 공식적인 연설 듣기
계획되지 않은 독백	원고에 의하지 않은 즉석 강의나 강연 듣기 일반적 수업 듣기 친구의 전화 메시지 듣기(자동응답 등)
낯선 관계의 사교적 대화	지인의 친구와 첫인사하는 대화 듣기 직원이 고객의 패션을 칭찬하는 대화 듣기
친숙한 관계의 사교적 대화	친구와의 안부 대화 듣기 전화로 지인의 수다 듣기
낯선 관계의 정보교류적 대화	운동코치와의 운동 방법에 대한 대화 듣기 은행 직원과의 은행 업무 관련 대화 듣기 면접 상황에서의 대화 듣기 공식적인 대담과 토론
친숙한 관계의 정보교류적 대화	친구와의 여행지 정보에 관련한 대화 듣기 가족들과 모임의 메뉴 상의하는 대화 듣기
독백과 대화의 복합	라디오 프로그램 듣기 영화와 텔레비전 보기(듣기) 강의, 그리고 학생들의 질문에 답하는 대화 듣기

그러므로 Nunan(1991)의 분류는 음성언어 텍스트가 특징적으로 한 면이 부각될 수 있을 때를 강조한 것으로 볼 수 있다. 즉, 친구와 대

화를 할 때에도 친구가 한참 동안 자신의 이야기를 할 수 있는데 이때
는 독백이 주된 형식이 되는 것이며, 강의는 주로 계획되지 않은 독백
으로 이루어지지만 학습자의 질문에 의해 대화로 전환되는 장면도 등
장하게 된다. 따라서 실생활에서 음성 언어 텍스트는 긴 대화에 짧은
독백 혹은 짧은 대화에 긴 독백 등으로 대화와 독백의 복합체로 구현
된다고 보는 것이 맞다.

그렇다면 한국어 듣기 텍스트를 작성할 때에도 이런 면이 잘 드러
나는 것이 바람직할 수 있을 것이다. 문제는 듣기 시험의 실용도적인
측면으로 제한 없이 긴 텍스트를 작성하기 어렵고 텍스트의 특정한
측면을 부각하여 듣기 텍스트를 작성해야 하는 상황이 벌어질 수 있
다는 점이다. 그 때에는 [표 42]의 분류를 참고하여 독백(계획된/계획
되지 않은)과 대화(사교석/정보교류석/낯선 관계/친숙한 관계), 그리
고 독백과 대화의 복합체 형식이 듣기 시험의 목표에 맞춰 적절하게
포함될 수 있도록 해야 할 것이다.

2) 듣기 반응 유형

Kathleen Galvin(1985)에서는 듣기의 목적으로 ① 사회적 행사에
참여하기 위해, ② 정보를 교환하기 위해, ③ 관리 및 통제를 위해, ④
감정을 공유하기 위해, ⑤ 오락을 위해 다섯 가지를 들고 있다. 그런데
이러한 목적으로 듣기 텍스트를 들은 이후에는 단기 혹은 장기 기억
으로 뇌에 저장하고 있을 수도 있지만 필요에 의해 행동이나 말 등 관
찰 가능한 반응으로 나타난다.

청자의 반응을 관찰해야 하는 중요한 이유는 듣기가 뇌에서 어떻게

이루어졌는지를 추정할 수 있는 방법이기 때문이다. Lund(1990:109)에서는 청자의 반응은 청자가 성공적인 청취를 보여 주기 위해 수행하는 작업으로 정의된다고 하였다. 그리고 이러한 Lund의 언급은 Brown(2007)에서 지지를 받는데 그는 발화에 대한 학습자의 가시적(언어적 혹은 비언어적) 반응을 통해 이해의 정확성 여부를 알아볼 수 있도록 해야 한다고 하였다(권오량 외 역, 2008:360).

[표 43]의 아홉 가지의 반응 유형은 실생활 의사소통 상황에서 그리고 현장의 한국어 교수 상황과 비공식적 평가 상황에서 그대로 활용 가능하다. 특히 행동하기와 모형 따르기, 그리고 대화하기는 듣기 수업을 활동적이고 능동적으로 만들 수 있는 좋은 방법이 될 수 있다. 그러나 공식적인 평가인 시험으로 개발이 된다면 각각의 반응 유형들은 적절한 듣기 시험 유형으로 변환될 필요가 있을 것이다. 이는 다음 절에서 듣기 평가의 문항 유형을 살피면서 다시 설명할 것이다.

[표 43] Lund(1990:110-111)의 9가지 듣기 반응 유형

번호	반응 유형	설명
1	행동하기 Doing	청자는 지시에 따라 신체적으로 반응하여 모방하거나 지시를 따르거나 무언가를 만든다.
2	선택하기 Choosing	청자는 주어진 그림이나 사물, 동작, 텍스트와 같은 대안 중에서 선택한다.
3	전이하기 Transferring	청자는 들은 내용을 기호, 그림, 문자 등의 다른 형태를 이용해 정보를 변환한다.
4	대답하기 Answering	청자는 텍스트에 대한 질문이나 요구에 대해 대답한다.
5	압축하기 Condensing	청자는 텍스트를 듣고 설명, 메모, 초록, 개요 등으로 원본 메시지를 짧게 줄인다.

6	확장하기 Extending	청자는 결말을 예측하고 변경하거나 해결책을 제시하는 등 텍스트에 기초하여 텍스트 내용을 추가적으로 제공 한다.
7	복사하기 Duplicating	청자는 받아쓰기, 번역, 간단한 구두 반복 등 다른 형식 이나 언어로 복사한다.
8	모형 따르기 Modeling	청자는 억양과 같은 부분적 특징을 듣고 모방하거나 식 사 주문 대화를 듣고 텍스트 전체를 모델로 삼아 비슷한 상황에서 그것을 모방한다.
9	대화하기 Conversing	청자는 텍스트를 듣고 4번과 같은 대답하기 반응에 그치 지 않고 적절한 정보 처리를 보여 주는 대화에 능동적으 로 참여한다.

4. 듣기 평가 문항 유형

한국어 듣기 평가 문항 유형은 앞에서 7장에서 살펴본 평가 문항 유형을 한국어 듣기와 결합하여 재구성한 것으로 들어야 하는 텍스트나 평가 목표와 같은 내용적인 측면은 고려하지 않고 단지 형식적 측면에서 가능한 문항 유형을 살피는 것이다. 텍스트가 청자의 귀를 통해입력된 이후 측정할 수 있는 것은 청자 반응을 통한 수행이다. 따라서그 반응으로 나타난 수행을 평가 문항 유형 중 결합 가능한 것들과 적절하게 연결하는 것은 듣기 평가 문항 유형으로 사용할 수 있는 틀을다양하게 확보할 수 있는 방법이 될 것이다.

김유정(1999:148-149)에서는 Lund(1990)의 듣기 반응 유형, Hughes(1989:136-139)와 Omaggio(2000:402-408)의 내용을 참조하여 한국어 듣기 평가에서 사용할 수 있는 반응의 종류를 다음과 같이 제시하였는데 원문을 그대로 다시 인용하면 아래와 같다. 1-2는 Lund(1990)의 듣기 반응 유형 중 선택하기(choosing)와 관계가 있고, 3은 전환하기(transferring), 4-5는 대답하기(answering), 요약하기(condensing), 확장하기(extending), 6은 이야기하기(conversing), 7은 행동하기(doing), 8은 복사하기(duplicating)와 관련된 것이다.

▶ 듣기 평가의 반응의 종류(김유정, 1999:148-149)

1. 선다형: 듣고 네 개의 답 중 하나 또는 둘 이상을 선택하는 것이다. 선다형으로 제시될 때 답은 듣기, 그림, 문자언어 등으로 표현될 수 있다. 문자로 답이 제시되는 경우에는 소리와 문자 맞추기가 되지 않아야 하며 답이 듣기 내용보다 어려우면 안 된다.

2. 참, 거짓 찾기: 50%의 확률로 정답을 맞힐 수 있으므로 신뢰도가 떨어지는 단점이 있다.

3. 정보 전이: 지도나 도표 혹은 간단한 그림 등에 들은 내용을 표시하거나 그림을 그리는 방법, 또는 들은 정보를 이용해 해당되는 양식을 간단히 채우는 방법이다.

4. 주관식 단답형 쓰기: 정보를 듣고 간단한 어휘 차원에서 답안을 작성한다. 듣기 평가에 초점이 있는 경우에는 쓰기 능력의 평가에 초점이 가지 않도록 채점 기준이 마련되어야 한다. 즉, 의미 파악에 방해가 되지 않는 정도의 맞춤법 등은 감점하지 않는 것이 좋다.

5. 메모하기(노트하기) : 강의와 같은 듣기에 흔히 수반되는 활동으로 들은 내용을 요약 정리하거나 들은 내용을 바탕으로 새로운 결말을 창조하거나 완성 혹은 다른 방법으로 윤색하는 등의 쓰기

활동과 연관된 평가 활동이다. 듣기 능력만을 측정하고자 할 때에는 한국어가 아닌 수험자의 모국어를 사용해서 쓸 수도 있다.

6. 말하기: 들은 내용을 말하게 함으로써 평가하는 방식이다. 들은 내용에 대한 즉각적인 반응을 하는 대화, 들은 내용을 다시 요약하여 말하기, 들은 내용에 대해 토론하기 등으로 발전시킬 수 있으며 말하기 능력과 함께 평가할 수 있다. 이 경우에도 채점 기준이 잘 마련되어야 한다.

7. 행동하기: 들은 내용을 행동으로 옮기는 평가이다. 운동 코치의 지시 내용을 듣고 그대로 행할 수 있는지 등과 같은 유형으로 평가할 수 있다.

8. 통역하기/번역하기: 들은 내용을 자신의 모국어로 통역하거나 번역하게 할 수 있다. 모국어로 통역과 번역하는 능력을 평가할 때에는 이중 언어 평가자가 필요할 것이다.

위의 유형들은 당시의 이론에 비추어서 그리고 듣기 과제 유형을 본 따서 만들어진 것으로 한국어 평가의 문항 유형을 확인하는 데 도움을 주었다고 할 수 있으며 현재도 위의 유형들을 그대로 쓰는 것에 큰 문제는 없다. 그런데 이러한 문항을 적용하여 예시를 들 때에는 '듣고 정보 찾기, 듣고 연결하기, 듣고 핵심 내용 찾기' 등 형식과 내용이 섞여 있어서 체계를 파악하기 어려워 실제로 평가 문항을 개발하는 데 기본 원칙으로 사용되기 어렵고 실례를 보여 주는 의의만 가질 수 있었다.

그러나 현 시점에서는 발전된 이론적 근거를 바탕으로 객관화되고 상세화 될 필요가 있다고 판단된다. 따라서 여기에서는 발전된 논의의 하나로 듣기 평가 문항 유형을 결정하는 요소들과 원리를 제시하고자 한다.

1) 듣기 평가 문항 유형 개발을 위한 요소와 원리

일단 반응 유형 아홉 가지는 실제 의사소통 듣기 상황에서 일어나는 반응이기 때문에 그대로 듣기 평가 문항 유형으로 가능하다고 할 수 있다. 이런 유형들은 타당하지만 신뢰도와 실용도의 측면에서 문제를 나타낼 수 있다. 따라서 적절한 평가 문항 유형과 결합하여 신뢰도와 실용도 측면을 보완해야 한다. 따라서 아래 [그림 46]과 같은 요소들을 고려하여 듣기 평가 문항 유형을 개발할 수 있을 것이다.

[그림 46]에 나타난 바와 같이 듣기 평가 문항 유형은 3절의 듣기 반응 유형과 7장의 평가 문항 유형, 그리고 답의 구현 방식과 결합하여 결정할 수 있다. Lund(1990:110)는 청자에게 할당된 듣기 반응이 무엇이냐에 따라 텍스트의 듣기 방식과 범위가 달라진다고 하였다. 즉, 선택하게 하느냐 아니면 확장하게 하느냐에 따라 정확한 듣기의 정도도 달라지고 얼마나 많이 들어야 하는지 또한 달라진다. 또한 들은 후에 고르게 하느냐 말로 하게 하느냐 쓰게 하느냐에 따라서도 듣기의 양상은 달라질 수밖에 없다. 따라서 듣기 평가 문항 유형의 개발에는 9가지 듣기 반응 유형을 기반으로 평가가 문항 유형(선택형, 서답형 등)과 답의 구현 방식이 동시에 고려되어야 한다.

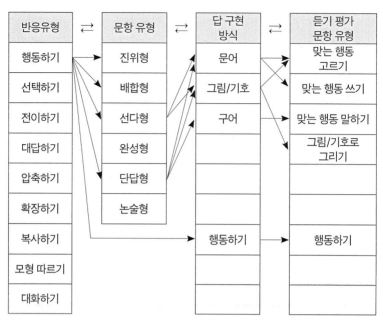

반응유형	⇄	문항 유형	⇄	답 구현 방식	⇄	듣기 평가 문항 유형
행동하기		진위형		문어		맞는 행동 고르기
선택하기		배합형		그림/기호		맞는 행동 쓰기
전이하기		선다형		구어		맞는 행동 말하기
대답하기		완성형				그림/기호로 그리기
압축하기		단답형				
확장하기		논술형				
복사하기				행동하기		행동하기
모형 따르기						
대화하기						

[그림 46] 듣기 평가 문항 유형 개발에 사용되는 요소와 원리

위의 그림은 3절 듣기 반응 유형 9개와 문항 유형 6개를 요소로 활용해 듣기 평가 문항 유형을 결정할 때 고려해야 하는 요소들과 원리를 나타낸 것이다.

듣고 행동하는 반응을 하는 경우에 문항 유형으로 선택될 수 있는 것들은 먼저 그대로 '듣고 행동하기'의 형식으로 가능하며 '완성형'을 제외한 5가지가 선택될 수 있다. 그 다섯 가지 중 선다형을 선택했다고 하면 답의 구현 방식은 문어와 그림/기호가 선택될 수 있고 이에 따라 듣기 평가 문항 유형은 듣고 맞는 행동 문어 답항에서 고르기와 듣고 맞는 행동 그림에서 고르기가 가능하다. 만일 단답형을 선택하게 되면 답은 문어, 그림과 기호, 구어로 모두 구현이 될 수 있다. 이 경우 '길 찾기' 대화를 듣고 어디에 갔는지를 찾는 상황을 상정한다면 듣고 맞는 행동 쓰기와 듣고 지도에 경로 표시하기, 듣고 맞는 행동 말하기 등의 형식으로 작성될 수 있는 것이다. 여기에서 설명하지는 않지만 진위형과 배합형을 선택했을 때에도 마찬가지의 순서와 원리를 따르게 되는 것이다.

따라서 듣기 평가 문항 유형으로 개발되고 사용할 수 있는 것들은 우리가 경험한 것보다 그리고 예상하는 것보다 훨씬 많을 수 있다. 그러나 중요한 것은 이 모든 것이 무의미하게 나열되고 선택되는 것이 아니라 평가 맥락과 환경, 평가 목표, 평가 대상, 평가 내용에 따라 가장 적절한 것이 무엇인지를 판단하고 선택하고 개발하는 것이다.

이러한 원리는 정말 복잡해 보이고 과연 필요한 것인가 하는 생각이 들기도 한다. 이렇게 하지 않아도 그간 듣기 평가 문항 유형으로 많이 사용된 것들을 그대로 사용하면 용이할 수 있을 것 같기도 하고 설명할 수는 없지만 직관적으로 문항을 잘 만드는 소수의 사람들도 있기 때문이다. 하지만 이런 생각은 안일한 대처라고 할 수 있다. 더 나은 평가 원리를 밝히고 그것을 알려서 훌륭한 평가 전문가를 많이 양성하는 것이 반드시 필요한 일이기 때문이다. 그러므로 여기에서 그 잠재된 원리를 밝힘으로써 평가 문항 자체의 타당도와 신뢰도를 확보하기 위한 객관적인 방안을 제시하는 것이다. 이러한 원리를 제시하는 것은 평가 문항은 아무렇게나 만들면 안 되는 것이며 아무렇게나 만들어져서도 안 된다는 것을 의미하기도 한다. 나아가 가까운 혹은 먼 미래에 컴퓨터 프로그램을 통한 자동 평가 개발 시스템과 같은 것이 실현이 된다면 그 때에도 이러한 원리가 조금은 도움이 될 수 있지 않을까 하는 기대와 희망도 가져 본다.

위에서 설명한 원리를 바탕으로 한국어 듣기 평가 문항 유형으로 제시할 수 있는 것들은 다음과 같다. 이 평가 문항 유형은 수업 시간에 비공식 평가와 공식 평가에 사용될 수 있는 것들을 모두 포함하므로 평가의 여러 요소들을 고려하여 선택할 수 있을 것이다. 제시 순서는 반응 유형의 순서를 기본으로 한 것이다.

▶ 한국어 듣기 평가 문항 유형

(1) 듣고 맞는(적절한) 행동하기

(2) 듣고 맞는(적절한) 행동 진위를 판단하기(문어나 그림)

(3) 듣고 맞는(적절한) 행동 연결하기(문어나 그림)

(4) 듣고 맞는(적절한) 행동 고르기(문어나 그림)

(5) 듣고 맞는(적절한) 행동 그리기/표시하기

(6) 듣고 맞는(적절한) 행동 쓰기(단답형, 논술형)

(7) 듣고 맞는(적절한) 행동 말하기(단답형, 논술형)

(8) 듣고 선택하기

(9) 듣고 선택한 것 진위를 판단하기(문어나 그림)

(10) 듣고 선택한 것 연결하기(문어나 그림)

(11) 듣고 선택한 것 고르기(문어나 그림)

(12) 듣고 선택한 것 그리기/표시하기

(13) 듣고 선택한 것 쓰기(단답형, 논술형)

(14) 듣고 선택한 것 말하기(단답형, 논술형)

(15) 듣고 정보 전이하기(그림/기호/양식 채우기 등)

(16) 듣고 정보 전이한 것 진위 판단하기

(17) 듣고 정보 전이한 것 연결하기

(18) 듣고 정보 전이한 것 고르기

(19) 듣고 질문에 대한 대답 진위 판단하기

(20) 듣고 질문에 대한 대답 연결하기

(21) 듣고 질문에 대한 대답 고르기

(22) 듣고 질문에 대한 대답 쓰기(단답형, 논술형)

(23) 듣고 질문에 대한 대답 말하기(단답형, 논술형)

(24) 듣고 내용 압축한 것 진위 판단하기

(25) 듣고 내용 압축한 것 연결하기

(26) 듣고 내용 압축한 것 고르기

(27) 듣고 내용 압축한 것 쓰기(단답형, 논술형)

(28) 듣고 내용 압축한 것 말하기(단답형, 논술형)

(29) 듣고 내용 확장한 것 진위 판단하기

(30) 듣고 내용 확장한 것 연결하기

(31) 듣고 내용 확장한 것 고르기

(32) 듣고 내용 확장한 것 쓰기(단답형, 논술형)

(33) 듣고 내용 확장한 것 말하기(단답형, 논술형)

(34) 듣고 복사한 것 진위 판단하기

(35) 듣고 복사한 것 연결하기

(36) 듣고 복사한 것 고르기

(37) 듣고 복사해서 쓰기(목표어로, 모국어로)/(단답형, 논술형)

(38) 듣고 복사해서 말하기(목표어로, 모국어로)/(단답형, 논술형)

(39) 듣고 모방하기(모방해서 말하기)

(40) 듣고 대화에 참여하기

위의 40개는 그림과 기호, 목표어와 모국어 등으로 나뉠 수 있어서 그런 것들을 분리하여 12개를 더하면 50개가 넘는 듣기 문항 형식이 제안될 수 있다. 들은 후에 쓰기와 말하기로 답하는 경우를 단답형이냐 논술형이냐에 따라 나눈다면 그 숫자는 더 늘어나게 된다. 물론 이 목록에서 수정되거나 더 확충될 가능성도 있을 것이다.

위의 문항들은 모두 듣고 난 후의 반응 유형에 따라 나눈 것으로 관찰 가능하다. 따라서 모두 듣기 '수행(performance)'을 기반으로 한 평가라 할 수 있다. 그런데 문항 유형을 어떻게 선택하느냐에 따라 직접 평가와 간접 평가 형식으로 나뉜다고 볼 수 있다. 듣고 행동하기의 경우를 보면 (1) 듣고 맞는(적절한) 행동하기, (6) 듣고 맞는(적절한) 행동 쓰기(단답형, 논술형), (7) 듣고 맞는(적절한) 행동 말하기(단답형, 논술형)는 직접 평가라 할 수 있고 (2) 듣고 맞는(적절한) 행동 진위를 판단하기(문어나 그림), (3) 듣고 맞는(적절한) 행동 연결하기(문어나 그림), (4) 듣고 맞는(적절한) 행동 고르기(문어나 그림), (5) 듣고 맞는(적절한) 행동 그리기/표시하기는 답항이 그림과 문어 중 무엇으로 제시되느냐에 따라 직접 평가의 성격에 가까워질 수도 있고 간접 평가가 될 수도 있다. 다른 문항들도 위와 같이 판단 가능하다. 따라서 위의 듣기 평가 문항 유형 항목들은 평가 목표와 맥락에 따라 직접 평가가 가능한 문항과 간접 평가가 가능한 문항 중 어떤 것을 선택하는 것이 좋을지에 대한 기본 정보도 제시하고 있다. 실제 문항 개발에서는 직접 평가와 간접 평가에 대해서도 신중하게 고민하고 적절하게 선택하여 문항을 작성해야 한다.

위의 문항 유형들을 하나의 시험에서 모두 사용하라는 것도 아니며 모두 사용할 필요도 없다. 중요한 것은 다양한 평가 문항 유형들의 가능성을 파악하고 적재적소에 활용하는 것이다. 대규모 숙달도 시험의 여파로 한국어 교실의 성취도 평가 문항들이 모두 숙달도 시험의 문항을 벗어나지 못하고 몇몇 가지에 제한되는 것은 바람직하다고 볼 수 없다. 다양한 내용과 형식을 가진 의사소통의 상황을 담아야 하는 교수 과제와 마찬가지로 평가 문항으로 표현되는 평가 과제 역시 실제적이기 위해서는 문항 유형의 다양성을 확보할 수 있어야 한다.

2) 듣기 평가의 최종 문항 유형 결정 원리

위에서 듣기 평가 문항 유형의 개발 원리는 평가 문항의 형식적인 측면을 설명한 것이다. 그러나 형식만으로 듣기 평가 문항을 작성할 수는 없고 반드시 내용 요소와 결합을 전제로 하는 것이다. 따라서 듣기 평가의 최종 문항 유형 결정 원리는 한 단계 더 나아가 내용 요소들과 형식 요소들이 잘 결합될 수 있어야 한다. 그 원리를 살피면 다음과 같다.

듣기 평가 문항을 선택할 때에는 우선적으로 고려해야 하는 것은 듣기 평가 문항 유형과 듣기 주제, 듣기 텍스트, 듣기 목적의 적절한 연결이다. 이는 김유정(1999:145)에서 언급한 듣기 텍스트, 듣기 목적, 반응 유형이 연결되어야 한다고 한 것에 듣기 주제를 추가한 것으로 이 요소들이 적절하게 고려되고 잘 선택되어 연결되어야 한다. 그리고 평가 맥락, 즉 평가 목적과 환경 및 수험자 요소 등을 고려해서 최종 문항으로 선택되고 개발될 수 있다. 듣기 텍스트와 듣기 목표는 8장의 1절과 2절에서 살펴본 목록들을 적용할 수 있을 것이다.

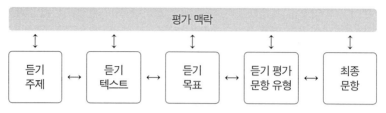

[그림 47] 듣기 평가의 최종 문항 결정 원리와 요소

위의 [그림 47]도 [그림 46]과 같이 원리를 상세화 할 수 있을 것이나 여기에서는 간단히 원리만 설명하고자 한다.

형식과 내용은 잘 조화될 때 완성도가 높아진다. 평가 역시 마찬가지이다. 어떤 주제를 어떤 텍스트로 듣게 하느냐에 따라 듣기의 목적이 달라질 수 있으며 그 목적을 수행하도록 하는 듣기 평가 문항 유형이 선택될 수 있는 것이나. 예를 들어 보면, 날씨라는 주제에 대한 텍스트는 일기 예보일 수도 있고 뉴스의 기상 현상에 대한 보도일 수도 있다. 일기 예보를 통해서는 간단한 날씨 변화나 기온 등의 정보 파악이 목적이 되지만 뉴스의 이상 기후 보도에서는 중심 내용과 세부 내용으로 어떤 현상을 이야기하고 있는지와 그 원인과 전망 등이 무엇인지를 파악해야 한다.

일기 예보의 날씨 듣기는 날씨와 온도를 들어야 하고 날씨에 맞는 적절한 옷이나 우산 등을 선택할 수 있다. 따라서 (8) 듣고 선택하기, (9) 듣고 선택한 것 연결하기(문어나 그림), (10) 듣고 선택한 것 고르기, (14) 듣고 선택한 것 말하기, (15) 듣고 정보 전이하기(날씨 그림, 기호 등), (18) 듣고 정보 전이한 것 고르기(날씨 그림, 기호 등), (21) 듣고 질문에 대한 대답 고르기(문어나 그림) 등이 선택될 수 있을 것이다.

- 일기 예보 듣고 옷(준비물) 선택하기
- 일기 예보 듣고 옷(준비물) 선택한 것 연결하기
- 일기 예보 듣고 옷(준비물) 선택한 것 고르기
- 일기 예보 듣고 옷(준비물) 선택한 것 말하기(이유 포함)
- 일기 예보 듣고 날씨 정보(날씨, 온도) 전이하기(기호/그림): 기상도에 날씨, 온도 표시하기
- 일기 예보 듣고 날씨 정보(날씨, 온도) 전이한 것 고르기(기호/그림)
- 일기 예보 듣고 날씨 정보 질문에 대한 대답 고르기(문어/그림)

반면 이상 기후 뉴스 보도 듣기는 내용에 따라 차이가 있을 수 있으나 중심 내용과 세부 내용을 파악하는 것이 중요하므로 (20) 듣고 질문에 대한 대답 연결하기(문어), (21) 듣고 질문에 대한 대답 고르기(문어), (22) 듣고 질문에 맞는 대답 쓰기(단답형, 논술형), (23) 듣고 질문에 맞는 대답 말하기(단답형, 논술형), (26) 듣고 내용 압축한 것 고르기, (27) 듣고 내용 압축한 것 쓰기(단답형, 논술형), (28) 듣고 내용 압축한 것 말하기(단답형, 논술형), (40) 듣고 대화에 참여하기 등으로 나타날 수 있다. 이 예에서 평가 맥락에 따라 최종적으로 선택 가능한 몇 가지 문항은 다음과 같다.

- 이상 기후 뉴스 보도 듣고 중심 내용/세부 내용을 묻는 질문에 대한 대답 연결하기
- 이상 기후 뉴스 보도 듣고 중심 내용 질문에 대한 대답 고르기
- 이상 기후 뉴스 보도 듣고 세부 내용(상황, 근거, 전망, 이유 등)

질문에 대한 대답 고르기
- 이상 기후 뉴스 보도 듣고 중심 내용/세부 내용 질문에 대한 대답 쓰기/말하기
- 이상 기후 뉴스 보도 듣고 전체 내용 요약해서 쓰기/말하기
- 이상 기후 뉴스 보도 듣고 향후 중심 내용/세부 내용에 대한 전망 쓰기/말하기
- 이상 기후 뉴스 보도 듣고 중심 내용/세부 내용에 대한 토론하기

따라서 일기 예보 듣기와 뉴스 보도 듣기를 통해 평가 문항으로 가능한 것들이 공통적인 것도 있지만 차별적인 것들도 있음을 확인할 수 있다. 일기 예보 듣기에서는 중심 내용이나 세부 내용을 고르기보다는 특징 정보를 고르도록 하거나 이를 바탕으로 추론하는 문항 유형과 연결되어야 하며 이상 기후 뉴스 보도 듣기에서는 중심 내용과 세부 내용을 들을 수 있는지를 파악하기 위해 문항 유형이 선택형과 서답형(구어 포함)으로 다양하게 연결될 수 있어야 한다. 이는 주제와 텍스트, 그리고 평가 목표에 따라 평가 문항 유형이 어떻게 다르고 무엇이 선택되어야 바람직한지에 대한 하나의 예시를 보인 것으로 이러한 원리가 모든 평가 문항 작성에 적용되어야 할 것이다. 이 중에서 최종적으로 선택하는 것은 앞에서도 언급했듯이 누구를 대상으로 한 어떤 목적의 시험이며 평가와 채점에 얼마만큼의 시간과 노력(비용) 등이 허용되느냐에 따라 결정될 수 있을 것이다.

그리고 위의 구체적 최종 듣기 평가 문항 목록의 예시들에는 텍스트 주제(날씨/이상 기후), 텍스트 종류(예보/뉴스 보도), 평가 목표(날씨 정보, 중심 내용 등), 평가 문항 유형(고르기, 요약해서 쓰기, 토

론하기 등)이 모두 제시되어 있다. 이러한 제시 방식은 평가 문항 원리에 작용하는 것들을 모두 제시하면서 문항 전체의 타당성을 확인하는 데에도 유용할 것이다.

5. 듣기 평가 개발 지침

8장의 1~4까지 살펴본 내용은 한국어 듣기 평가 문항을 만들 때 고려되어야 하는 요소들과 문항 개발 및 결정 원리에 대한 것이다. 이들 개별 문항의 예를 모두 제시하는 것은 뒤로 미루고자 한다. 현재 필자의 주장과 차이가 있지만 김유정 외(1998), 김유정(1999), 강승혜 외(2006) 등을 통해 한국어 평가에서 사용될 수 있는 개별적인 문항의 다양성은 참조할 수 있을 것이다. 여기에서는 듣기 평가 문항을 작성할 때 중요하게 고려되어야 하는 몇 가지 지침들에 대해 살펴보고자 한다. 7장에서 언급한 문항 작성 원칙은 듣기 평가 문항 작성에서도 적용이 되는 것이므로 중복되지 않는 것들을 중심으로 제시할 것이다. 여기에서는 이완기(2004:236-237)의 듣기 평가 문항 제작 시 유의점과 김영숙 외(2004:264-265)에 제시된 Cohen(1994), Heaton(1988), Hughes(1989)의 문항 작성 원리와 지침에서 중복되는 부분을 정리하고 몇 가지 지침은 추가적으로 보충할 것이다. 그리고 듣기 텍스트 작성, 듣기 문항 작성, 듣기 녹음 부분으로 나누어 지침을 제시할 것이다.

1) 듣기 평가의 텍스트 작성 지침

(1) 듣기 평가에서 수험자가 들어야 하는 것은 '한국어 음성 언어 텍스트'여야 한다.

이 원칙은 앞에서 제시한 '듣기'의 정의에 따른 것으로 한국어 듣기 평가의 목적은 실제적 의사소통 상황의 듣기이다. 실생활에서 우리는 아무런 맥락 없이 단어나 문장을 듣지 않는다. 단어나 문장을 들을 때에도 그것들은 맥락이 있고 청화자가 있으며 발화 목적이 있고 담화의 장르가 정해진 텍스트라는 것이다. "찹쌀떡~, 메밀묵~", "계란이 왔어요, 계란"과 같은 지금은 자주 들을 수 없는 담화는 단어만으로 그리고 문장 하나로 충분히 음성 언어 텍스트이다. 장사하는 판매자가 동네 주민들을 대상으로 판매를 위해 홍보를 하는 독백이고 나름의 어조와 박자감으로 생산된 한국어 구어 텍스트인 것이다. 그런데 실제 문항들을 보면 아무런 맥락이 없이 누가 왜 어디에서 발화하는지도 모르는 채로 오로지 단어로서만, 그리고 오로지 단어와 문법이 결합된 문장으로서만 기능하는 것들을 들려주는 경우가 자주 보인다. 이는 여러 가지 이유가 있겠지만 언어 재료(요소)에 초점을 두기 때문으로 보인다. 의사소통은 단어와 문법에서 시작하는 것이 아니라는 점은 앞에서도 여러 차례 언급하였다. 듣기 평가 문항을 제작할 때에도 마찬가지로 발화 맥락과 의도, 청화자, 발화 내용 등을 통해 텍스트성을 먼저 설정하고 그 다음에 언어 재료가 선택이 된다면 텍스트를 작성하는 것이 그리 어렵지만은 않은 일이 될 것이다. 똑같은 단어와 문장을 어떻게 하면 음성 언어 텍스트로 만들 수 있는지 앞에 든 예시 담화들을 잘 기억해서 적용해야 한다.

(2) 듣기 텍스트는 구어성을 지녀야 한다.

이는 (1)과 연결되는 당연한 지침이다. 듣기 텍스트는 계획된 원고에 의한 연설문과 같은 경우라고 하더라도 완전한 문어는 아니다. 왜냐 하면 들어야 하는 청자를 고려하기 때문이다. 따라서 모든 음성 언어로 이루어진 듣기 텍스트는 구어성이 있으며 이를 최대한 잘 반영한 텍스트를 작성해야 한다. 반복되는 정보로 인한 잉여성, 머뭇거림, 미완성된 문장, 단순한 문법 구조, 휴지 등 구어의 특징을 띠는 자료여야 한다. 그렇지 않으면 듣기 평가는 타당도가 떨어지게 된다.

그 중 가장 많이 드러나야 하는 특징 중 하나는 잉여성 혹은 중복성을 가진 반복된 표현의 사용이다. 듣기 텍스트에서 화자는 핵심 내용을 언급할 때 강조를 위해 자주 반복한다. 따라서 듣기 평가 문항에서도 핵심 단어나 표현은 반복되는 것이 당연한 것이다. 이때 반복은 실제 대화에서처럼 자연스러운 반복이어야 한다. 읽기와는 달리 듣고 이해하는 것은 순간적으로 일어나는 것이기 때문에 한 번의 발화만으로 거의 추론을 하게 하는 것은 바람직하지 않다. 그런데 실제로 문항 작성을 해 보면 한국어 교사들은 학습자들에게 너무 많은 힌트를 주는 게 아니냐며 딱 한 번만 들려주고 맞히게 해야 한다는 완고함을 보이는 경우가 의외로 많다. 의사소통적으로 가르치고 평가를 한다고 하면서 왜 한 번만 들려주어야 하는지 되묻고 싶다. 심지어 한국인은 전화번호를 묻고 답할 때에도 여러 가지 전략을 사용해서 확인하는 작업을 통해 여러 번 듣는다. 그런데 왜 외국인은 그 어려운 숫자를 한 번만 듣고 맞혀야 하는 것인지 모를 일이다. 학습자와 수험자를 괴롭게 만드는 것이 교수와 평가의 목표가 아니라 충분히 구어성을 가진 텍스트를 듣고 맞힐 수 있도록 하는 것이 듣기 교육의 목표이며 평가의 목표이다.

구어성 부족한 텍스트	남자 : 전화번호가 뭐예요? 여자 : 공일공 일이사오에 구팔구공이에요.
구어성 있는 텍스트	남자 : 고객님, 전화번호 말씀해 주시겠습니까? 여자 : 공, 일, 공, 일, 이, 사, 오에 구팔,구공이에요. 남자 : 네, 전화번호 맞는지 확인하겠습니다. 공일공 일일사오 　　　에..구. 여자 : 아뇨, 아뇨, 일일 아니고 일, 이요, 하나 둘이요. 남자 : 아, 네~. 일, 이, 사, 오에 구팔구 영 맞으신가요? 여자 : 네, 맞아요. 일이사오 구팔구영.

두 대화 텍스트 중 위의 텍스트는 대화로 제시되지만 청화자가 누
구인지 분명하지 않고 따리서 발화 맥락도 알 수 없다. 그러나 아래의
텍스트에는 청화자가 분명하므로 발화 맥락이 추측될 수 있다. 또한
남자의 발화가 여자의 발화에 의해 중간에 끊기기도 하고 숫자를 다
양하게 발화해서 이해시키고자 하는 청화자의 전략이 다수 사용되면
서 전화번호가 여러 차례 반복된다. 이와 같이 구어성을 가진 텍스트
가 듣기 평가의 기본이 되는 것이다. 중요한 것은 분량이 아니며 실제
로 발화 녹음 시 몇 초가 더 필요할 뿐이다. 여섯 차례의 대화가 길면
구어성을 살리면서 적절하게 발화의 양을 줄이는 것이 바람직한 방법
이지 딱 한 번만 들려주는 것이 바람직한 것은 절대 아니다.

이러한 구어성은 계획된 독백에서도 계획된 독백답게 드러나야 하
고 계획되지 않은 독백에서도 계획되지 않은 독백답게 듣기 텍스트로
서 구어성을 잘 드러내야 한다. 아래 예시 문항은 모두 '강연'이라는
구어 텍스트이다.

※ [49~50] 다음은 강연입니다. 잘 듣고 물음에 답하십시오.
(각 2점)

> 여자 : 마키아벨리의 정치 사상을 해석하는 관점은 두 갈
> 래로 나뉩니다. 먼저 군주는 목적을 위해서라면 수
> 단과 방법을 가릴 필요가 없다는 기존의 해석인데
> 요. 군주에게 도덕심은 필요 없으며 이익과 권력을
> 지키려면 잔인한 방법도 써야 한다는 것이 그의 사
> 상의 핵심입니다. 다른 하나는 최근 나타나고 있는
> 새로운 해석인데요. 마키아벨리가 강력한 군주를
> 요구한 건 맞지만 그것은 비상 상황에 필요한 존재
> 일 뿐이고 권력의 바탕은 언제나 국민이었다는 겁
> 니다. 지금까지 마키아벨리는 냉혹한 정치 기술자
> 로 인식되었는데 새로운 시각에서는 국민과 함께
> 잘 살기 위한 군주상을 제시했다고 본겁니다. 진짜
> 마키아벨리의 생각은 무엇이었을까요? 여러분도
> 직접 그의 저서를 읽고 판단해보시죠. 정치 철학을
> 고민해 볼 좋은 기회가 될 겁니다.

(36회 TOPIK Ⅱ 듣기 문항 텍스트)

위의 강연은 '마키아벨리(Niccol Machiavelli)'의 사상에 대한 강연
이고 아래는 '토마스 에디슨(Thomas Alva Edison)의 명언'에 대한 강
연이다. 시험에 출제된 것이긴 하지만 실생활이라고 가정해 본다면
유명한 강연자가 프롬프트(prompt)의 원고를 보면서 그대로 읽어가
는 낭독식의 강연이 진행될 수도 있고 간략하게 요약된 프롬프트나
프리젠테이션 화면을 보면서 계획되지 않은 독백으로 진행이 될 수도
있다. 그러나 여러 가지 외부적 조건을 고려하더라도 두 가지 모두 '강
연'이다. '강연'은 일정한 주제에 대하여 청중 앞에서 강의 형식으로
말하는 것이다. 따라서 해당 주제에 대해 청중을 이해시키기 위한 설

명 위주나 혹은 그 설명을 통해 이해된 바를 바탕으로 청중을 설득하는 것이 목적인 듣기 텍스트라고 할 수 있다. 그렇기 때문에 설명하고자 하는 개념에 대해 구체적인 예시나 설명, 비교나 대조, 반복적 제시혹은 다른 말로 풀이하기 등 이해를 도울 수 있는 방법들이 많이 동원되어야 하는 것이 구어 텍스트 강연이 가진 특성이라고 할 수 있다. 그리고 실제 강연은 제시된 문항들처럼 1분도 안 되는 시간에 끝나지 않기 때문에 몇 가지의 개념에 대해 충분한 시간을 가지고 설명할 수도있다. 이런 강연의 텍스트를 사용해서 평가 문항을 만들고자 한다면이에 대한 충분한 이해를 바탕으로 제한된 듣기 시간에 강연 텍스트에서 다룰 수 있는 내용이 무엇이고 어느 정도까지 설명이 가능한지가늠을 해 봐야 한다.

강연 '마키아벨리'에서는 '정치사상을 해석하는 두 가지 관점'에 대해 다루고 있다. 기존의 해석과 새로운 해석의 내용 제시, 새로운 해석의 의의가 등장한다. 그런데 이들이 선언적으로 제시될 뿐 왜 그런 해석이 가능한지에 대한 배경이나 설명은 없다. 청자들이 마키아벨리의정치적 사상에 대해 잘 이해하고 있다는 것을 전제로 하더라도 이런강연이 이루어지는 것이 실제적인가 하는 의문이 든다. 기존의 해석과 새로운 해석 중에서 하나에 대한 설명만으로도 1분이 부족한 것이강연 텍스트이기 때문이다. 따라서 청자들을 대상으로 한 강연의 성격에 적절하지 않은 너무 많은 내용들이 선언적으로 제시되어 있다고볼 수 있다. 그래서 이 텍스트를 듣고 마키아벨리의 정치사상에 대해복사해 말하기는 가능할 수 있겠지만 이해를 기반으로 한 설명이 가능할지 의문이다. 이렇게 부연 설명이 없는 텍스트는 구어가 아니라요약의 문어 텍스트와 유사한 특징을 가진다. 몇몇 구어적 어말 어미가 사용되고 있기는 하지만 마지막 두 줄을 빼고 어말 어미를 '-ㄴ다'로 바꾸면 해당 주제에 대한 요약문의 성격을 잘 보여 준다. 문장 길이도 복문 구성으로 길기 때문에 실제로 이런 텍스트를 녹음하다 보면 현장 성우들이 어려움을 호소하는 경우가 있다. 구어의 호흡 단위로 자연스럽지 않기 때문이다.

	※ [29~30] 다음 강연을 듣고 물음에 답하십시오.
구어성 있는 텍스트	여자 : 발명가 에디슨의 경우도 마찬가지입니다. 우리는 노력의 중요성을 언급하며 '천재는 1%의 영감과 99%의 노력으로 이루어진다'라는 에디슨의 말을 인용합니다. 그러나 이것은 앞의 명언들처럼 말을 옮기는 과정에서 의미가 왜곡된 것입니다. 한 인터뷰에서 그는 '1%의 영감이 없다는 99%의 노력도 소용없다'라고 말했다고 합니다. 오히려 영감을 강조했던 것이지요. 그런데 기자는 99%의 노력에만 초점을 두고 이 말을 해석했던 것입니다. 에디슨이 말하고자 하는 것이 무엇인지를 정확하게 이해하지 못한 것이라고 할 수 있습니다. 이와 같이 들은 사람이 말을 어떻게 해석하느냐에 따라 그 의미가 달라질 수 있습니다. 따라서 말하는 사람이 무엇을 이야기하고 싶어하는지 어떤 것에 초점을 두고 들어야 하는지 잘 판단해야 할 것입니다.

(33회 TOPIK 고급 듣기 문항 텍스트)

반면 '에디슨의 명언'에서는 '화자가 말한 원래 의도를 잘 파악해야 한다.'는 하나의 주제를 다루고 있다. 전반부를 차지하고 있는 에디슨의 명언에 얽힌 구체적인 일화는 이 주제를 위해 활용된 것이다. 이어진 후반부는 일화에서 얻을 수 있는 강연의 목표 주제를 다른 말로 반복해서 제시하고 있다. 발화도 단문으로 짧게 제시되는 것이 많아서 듣기에도 편하고 구체적인 예를 제시하고 있기 때문에 이해하기도 쉬울 수 있다. 그래서 이 강연을 들은 후 청자는 자기 말로 설명이 가능할 거라 생각된다. '것입니다'와 같은 어말의 표현을 '겁니다'로 바꾸기만 하면 강연 텍스트로서 내용적으로나 구어적으로 크게 문제될 바는 없다.

이렇게 차이가 생긴 이유는 강연 텍스트에 대한 고려의 부족으로 구어성을 제대로 구현하지 못해서일 수도 있고 문어에서 가지고 온 많은 내용들을 제대로 잘 파악하고 강연에 맞게 선별하지 못했기 때문일 수도 있다. 그리고 문어 텍스트의 집약되고 농축된 내용을 어말의 표현만 바꾸면 구어가 될 수 있다는 잘못된 오해일 수도 있을 것이다.

구어싱 있는 한국어 음성 언어 듣기 텍스트를 작성하는 것은 무척 어려운 일이다. 그러나 좋은 한국어 듣기 평가를 위해서는 평가 전문가나 출제자에게 있어서 반드시 요구되는 능력임을 잊지 말고 끊임없이 고민해야 할 것이다.

(3) 듣기 텍스트에서 목표가 되는 내용들이 충분히 제공될 수 있도록 작성되어야 한다.

듣기 텍스트에서 목표가 되는 내용은 빈도수가 높은 어휘를 사용해야 한다. 혹 빈도수가 낮은 표현을 사용한 경우에는 다른 표현으로 풀어서 반복적으로 표현되도록 하는 장치 등을 통해 충분히 의미 이해를 도울 수 있도록 작성되어야 한다. 그렇지 않으면 특정 어휘 하나를 몰라서 틀리게 되어 의미 이해가 아니라 어휘력 평가가 되고 만다. 텍스트의 장르적 목적에 따라 다르겠지만 실생활에서 화자가 어려운 어휘나 표현을 사용한 경우에 보충 설명을 위해서나 혹은 이해를 못한 청자의 질문에 의해서 전반적인 이해를 방해하지 않는 장치들이 작동하게 된다. 따라서 듣기 텍스트에서 핵심 단어를 어려운 수준으로 사용하면서 한 번만 언급하고 일부러 숨겨서는 안 된다.

(4) 문어 텍스트를 그대로 구어 텍스트로 사용하면 안 된다.

우리가 실생활에서 듣는 구어 텍스트는 다양하고 풍성하다. 그러나 실제로 평가를 위해 사용하려고 그 텍스트들을 살펴보면 너무나도 길거나 내용이 불명확하고 광범위하게 흩어져 있거나 혹은 뭔가 그럴듯한 말들은 많은데 핵심은 없는 경우들이 많다. 그래서 어떠한 윤색이나 편집 없이 '그대로 곧바로' 듣기 평가 텍스트로 활용할 수 있는 구어 텍스트는 현실에서는 거의 없다고 할 수 있다. 드라마의 남녀 주인공의 대화도 한두 마디는 사용할 수 있지만 그 외에는 상황이 너무 주변적이거나 극히 개인적(드라마 주인공 상황에서)이라 평가 목표에서 벗어나고 토론은 그야말로 다툼 아니면 거의 혼자 말하기 식이다. 뉴스도 너무 길고 내용은 많은데 정리가 안 된다. 드라마, 토론, 뉴스는 장르적 특성에서 구어 텍스트로서 중요하고 내용과 형식면에서 실제 텍스트를 참고하는 것이 좋다. 그러나 평가 목표에 맞춰 구어 텍스트를 작성하는 것이 만만치 않으면 대부분 특정 정보나 내용이 담긴 문어 텍스트를 그대로 혹은 일부 가지고 와서 독백의 구어 텍스트라고 하거나 남녀가 문어 텍스트를 번갈아 읽는 것으로 대화 구어 텍스트라고 하는 경우가 있다. 문어 텍스트에서 부족한 내용을 활용하는 것은 사실에 근거할 수 있다는 면에서 바람직하다. 그러나 그 텍스트를 그대로 낭독한다고 해도 그건 구어 텍스트도 아니고 그야말로 준구어 텍스트(구어를 위해 미리 작성된 문어 텍스트, 뉴스 보도문, 강연 대본 등)도 아니다. 문어 텍스트의 문장 어미 '-ㄴ다'를 '-아요/어요/습니다'로 바꾼다고 해서 구어 텍스트가 되는 것이 아님을 기억해야 한다. 문어성과 구어성은 너무나도 다르다.

(5) 들을 만한 구어 텍스트를 작성해야 한다.

들을 만하다는 것은 청자로 하여금 듣고 싶은 생각이 나야 한다는 의미이다. 듣지 않아도 알 만한 상식 수준의 내용으로 구성하거나 왜 들어야 하는지도 모르게 문법만 가득한 산만한 텍스트는 사용하면 안된다. 한국은 사계절이 있다는 텍스트, 한국인은 김치를 많이 먹는다는 텍스트는 왜 들어야 하는지 생각해 볼 필요가 있고 다 듣지 않아도 답만 보고 풀 수 있는 가능성이 있다는 면에서도 부적절이다. 한국의 계절과 김치가 소재로 부적절하다는 것이 아니라 그 소재를 사용하더라도 반드시 들어야만 하고 듣고 싶게 만들 수 있는 텍스트가 바람직하다(이는 읽기 텍스트의 경우도 마찬가지다). 한국의 문화적 내용을 넣어서 다큐멘터리나 강연 텍스트를 만드는 것은 좋은 일이나 그때에도 누가 들어도 재미있고 참신하고 뭔가를 새롭게 배울 수 있는 내용이 선택되어야 한다. 성취도 평가의 경우 내용 범위가 정해져 있다고 하더라도 다양한 개인적 상황을 가정한다면 반드시 들어야만 풀 수 있는 듣기 텍스트를 작성할 수 있을 것이다.

(6) 구어 텍스트에는 평가 목표가 되는 핵심이 있어야 한다.

위의 (5)의 원칙과 연계되는 면으로 소재도 재미있고 참신한데 평가 목표가 되는 핵심이 빠진 텍스트들이 있다. 그냥 재미있고 참신한 소재가 등장하기만 한 경우이다. 참신하고 좋은 소재로 들을 만하게 작성했는데 듣고 나서 남는 게 없는 텍스트가 되면 안 된다. 특정 정보든 중심 내용이든 세부 내용이든 핵심이 잘 드러나는 구어 텍스트를 작성해야 한다. 그렇지 않으면 평가 문항으로서의 타당도가 없는 문항이 된다.

(7) 듣기 텍스트의 내용과 형식에 비약이나 억지가 없어야 한다.

듣기 평가를 위한 텍스트는 시험의 제한된 시간 관계상 실생활 듣기 텍스트처럼 충분히 긴 듣기가 되지 못한다. 따라서 실생활 텍스트에 비해 짧을 수밖에 없다. 그러나 어떤 텍스트든 길이에 상관없이 내용과 형식에 있어서 완성도가 있어야 한다. 구어든 문어든 참고하는 텍스트의 일부만을 가지고 와서 구어성 있게 텍스트를 만든다고 애는 썼으나 앞뒤 맥락 없이 작성된 텍스트는 거의 백 퍼센트 출제자만 이해할 수 있는 텍스트가 되어 버리고 만다. 그래서 답이 없거나 모두 답이 되는 상황이 발생할 수도 있다. 앞뒤 맥락이 간단하게라도 언급이 되거나 전체를 잘 압축을 하는 방식을 사용해야 한다. 그래서 내용적으로나 형식적으로 흐름이 자연스러운 텍스트여야 한다. 완성도는 길이에 관계가 없이 지켜져야 하는 원칙으로 누가 봐도 부끄럽지 않은 텍스트가 되어야 한다. '한국 사람들이 이런 말을 해?'라거나 '이런 상황이 있어?'라는 등의 문제 제기를 받을 만한 텍스트들은 대부분 문제만을 위한 텍스트를 작성하는 경우에 그렇다. 문제를 위한 텍스트가 아니라 자연스러운 텍스트에서 문제가 출제되도록 해야 하는 것이다. 따라서 듣기 텍스트는 상황이나 논리의 비약이 없는 완결성을 갖춘 듣기 자료를 선택하거나 그렇지 않다면 완결성 있는 텍스트를 잘 제작해야 하는 것이다.

(8) 듣기 텍스트는 대화의 참여자를 두 사람으로 하는 것이 적절하다.

시각적 상황이 보조되는 실생활 듣기와는 다르게 보통의 듣기 시험은 녹음된 자료를 통해 시행된다. 시각적 정보가 거의 없기 때문에 목소리만 들어서 성별을 구별하거나 나이를 가늠하는 것조차 어렵다. 따라서 사회자, 토론자1과 토론자2 등과 같이 특별한 역할로 구분이 되지 않는다면 두 사람이 대화하는 텍스트가 적절하다. 그래서 목소리의 차이를 분명히 드러낼 수 있도록 녹음할 수 있는 남녀의 대화가 바람직하다고 할 수 있다. 단, 할아버지와 어린 손자 등과 같이 연령대가 분명히 차이가 나서 목소리와 발화 내용에 정화사의 역할이 잘 반영이 되는 경우에는 동성의 대화도 가능하다.

2) 듣기 평가의 문항 작성 지침

(1) 듣기 문항은 실제 의사소통 상황에서 요구되는 핵심적인 능력을 측정해야 한다.

듣기 시험을 보면 필요한 것만 메모하지 않고 들리는 모든 것을 메모한 후에 그걸 이용해서 답안에서 오답을 지워가면서 정답을 찾는 수험자들을 자주 발견한다. 이는 들어야 할 것만 문제로 출제한 것이 아니라 중요하지 않은 정보를 모두 기억해서 답을 작성해야 하는 단순 암기식의 기억력 과제인 경우가 많다. 꼭 필요한 것만 들을 수 있도록 듣기의 목표가 핵심적인 것만을 물어야 한다. 이를 위해서는 실생활에서 청자가 그 듣기 텍스트를 왜 듣는지를 생각해 보는 훈련이 필요하다. 듣기 텍스트에서 장소가 중요하면 장소만 묻고 화자의 생각이 중요하면 화자의 생각만 물어야 한다. 중요하지 않은 걸 묻는 것은 목표 없는 평가이며 따라서 평가가 아니다. 더구나 중요하지 않은 사항이 정답으로 작성되는 것은 가장 피해야 할 사항이다.

아래 예시 문항의 텍스트에서 핵심적인 내용은 '지하 빈교실의 활용'에 대한 것으로 집중되어야 한다. 따라서 이에 대한 남녀의 생각과 그 근거가 핵심이라고 할 수 있다. 21번은 남자의 중심 생각을 물었기 때문에 핵심을 물은 타당한 문항이라고 볼 수 있다. 그렇다면 22번은 남자가 그렇게 생각하는 이유나 여자가 이의 제기를 하는 이유를 파악하는 것이 맞다. 왜냐 하면 그것이 남녀의 생각을 다르게 만드는 중요한 근거이기 때문이다. '학생들이 원해서, 창고로 쓰기엔 아까운 공간이어서, 어두워서, 환기가 안 돼서, 에어컨 설치가 안 돼서'가 핵심으로 답항으로 구성될 수 있는 문제를 만들어야 한다. '지하, 창고, 빈교실'을 사용한 혼동 유발 문장, 누가 말했는지 성별 파악, 시제 파악을 통해 남자가 계획을 수행했는지의 여부, 그리고 특히 '여자가 회의를 한 것'은 핵심이 아니다. 그럼에도 불구하고 정답은 '여자가 회의를 한 것'이다. '여자가 지난주에 선생님들과 회의를 한 것'은 이 텍스트에서 절대 핵심이 될 수 없으므로 듣기 평가로서 상당히 부적절하다고 판단할 수 있다. 그래서 한국인들조차 이러한 문항을 더 어려워한다. 들어서 알 수 있는 것과 들어야 하는 것을 고르는 것이 아니라 다 쓰고 문장, 어휘, 문법 차원에서 맞고 틀리는지를 한 문장씩 읽어가면서 일일이 확인해서 풀어야 하는, 시험의 특별한 기술이 인지되고 훈련되어야 하기 때문이다.

핵심을 평가하지 않은 문항 예시	※ [21~22] 다음을 듣고 물음에 답하십시오. (각 2점) 여자 : 교장 선생님, 지난주에 선생님들과 회의가 있었는데요. 　　　지하에 있는 빈 교실을 창고나 토론방으로 이용하자는 　　　의견이 있었습니다. 남자 : 음, 창고보다는 토론방이 더 낫지 않을까요? 학생들이 　　　팀 과제를 준비하면서 편하게 얘기 나눌 공간이 부족하 　　　다는 말이 많았잖아요. 여자 : 그런데 그 교실은 어둡고 환기가 잘 안되는데 토론방으 　　　로 괜찮을까요? 에어컨도 설치가 안 돼 있고요. 남자 : 그건 해결이 가능하지 않을까요? 거기를 창고로 쓰긴 　　　좀 아까워요. 21. 남자의 중심 생각으로 알맞은 것을 고르십시오. 　① 교실의 불편한 점을 고쳐야 한다. 　② 빈 교실을 토론방으로 활용하는 게 좋다. 　③ 학생들의 팀별 과제를 늘릴 필요가 있다. 　④ 토론 수업을 위해 교실을 넓게 지어야 한다. 22. 들은 내용으로 맞는 것을 고르십시오. 　① 지하에 창고를 새로 만들었다. 　② 남자는 빈 교실의 환기 문제를 해결했다. 　③ 여자는 지난주에 선생님들과 회의를 했다. 　④ 지하에 있는 교실에 에어컨을 모두 설치했다. 　　　　　　　　　　　　　　　　　(60회 TOPIK Ⅱ 문항)

　최대한 문항을 비슷한 것으로 비교를 하기 위해 영어 시험 문항과 다른 회차의 TOPIK 시험 문항을 예로 들었다. 영어 시험의 경우 듣기 텍스트를 제시하지 않더라도 답항이 모두 시사회 진행에 집중해서 관련된 정보들로 채워져 있다. 그리고 35회 TOPIK 문항은 구입하고자

하는 가방에 대한 내용이 핵심적인 텍스트이며 답항은 모두 '가방'에 대한 정보로 구성되어 있어 타당한 문항으로 볼 수 있다. 이러한 차이는 어떻게 문항을 작성하는 것이 듣기 평가 문항으로서 타당한지를 확인할 수 있게 한다.

핵심을 평가한 문항 예시	11. 2018Upcycling Workshop에 관한 내용을 듣고, 일치하지 **않** **는** 것을 고르시오. ① 3일간 진행될 것이다. ② 세미나실에서 열릴 것이다. ③ 패션 디자이너가 가르칠 것이다. ④ 모든 재료가 제공된다. ⑤ 참가 연령에 제한이 없다. (2019년 대학수학능력시험 영어 시험 문항)
핵심을 평가한 문항 예시	24. 남자 : 여행 가방 하나 사려고 하는데요. 여자 : (잠시 후) 이 가방은 어떠세요? 가볍고 튼튼해서 사 람들이 많이 사요. 남자 : (잠시 후) 주머니도 많아서 편하겠네요. 근데 이거 말고 다른 색깔은 없어요? 여자 : 있어요. 여기 여러 가지 색깔이 있으니까 구경하세 요. ① 이 가방은 인기가 있습니다. ② 이 가방은 주머니가 없습니다. ③ 이 가방은 색깔이 한 가지입니다. ④ 이 가방은 튼튼하지만 무겁습니다. (35회 TOPIK Ⅱ 문항)

(2) 듣기 문항에 발화 맥락을 최대한 제시해야 한다.

발화 맥락이 없는 실생활 듣기는 없다. 의사소통을 위해서는 청화자가 있어야 하고 담화 상황과 텍스트가 분명히 있다. 우리는 그 상황맥락 속에서 들어야 할 것이 무엇인지를 탐색하거나 듣고 싶어한다. 지하철 좌석에 앉아 있는 많은 사람들은 낯선 관계 혹은 친숙한 관계의 사람끼리 일상적 대화를 하지 거기에서 강연을 하지 않는다. 그 주제가 시시콜콜한 잡담 수준일 수도 있고 최근의 이슈가 되는 관심사의 사건사고일 수도 있다. 가끔은 지나가는 상인의 물건 판매를 독촉하는 소리도 묻혀 들릴 수 있다. 우리가 뉴스를 듣는다고 상상을 하면 즉시 머릿속에서 뉴스 앵커의 발화 사용역과 뉴스거리들이 잠정적으로 예측이 된다. 지하철 안의 사람들이 말하는 사건사고에 관심이 생겨 듣고자 하는 경우에는 청자가 노트는 내용이나 사람들의 개인적생각에 듣기의 초점이 맞춰질 것이다. 그리고 뉴스 속 발화에서는 앵커 개인의 느낌에 듣기의 초점이 놓이지 않고 전문적이고 객관적인보도 내용에 초점이 맞춰진다. 이렇게 지하철 내부의 발화 맥락과 뉴스라는 발화 맥락은 청자로 하여금 뭘 들어야 하는지 계획에서부터시행까지 거기에 적절한 듣기 전략을 결정할 수 있도록 한다.

이런 면에서 발화 맥락을 제시하는 것은 무척 중요하다. 그런데 많은 듣기는 청자로 하여금 각각의 텍스트 듣기를 위한 어떠한 준비도허용하지 않는다. 교실 상황 시험이라면 실제로 듣기 텍스트 녹음이작동되기 전까지 떨리는 마음으로 가만히 앉아 있을 뿐이다. 왜냐하면 '다음 대화를 듣고 질문에 답하십시오.'라는 지시문과 다양한 내용을 담고 있는 시험지 답안만으로는 목표가 분명하지 않기 때문이다. 이러한 상황은 뭐든 들리는 걸 다 듣고 보자는 무리한 전략을 사용하게 한다. 답을 푸는 데 결정적인 것이 아니라면, 즉 담화 참여자 관계 파악, 장르 파악, 장소 파악이 아니라면 누구와 누가 이야기하는지, 텍스트 장르가 무엇인지, 어디에서 일어나는 담화인지를 알려 주어야 하고 그래서 그 텍스트에서 무엇을 목표로 들어야 하는지 등 듣기 평가 전략을 짤 수 있는 것은 미리 제시해 주어야 한다. 시험 상황에서는 수험자는 능동적으로 목표를 설정할 수 없다. 이러한 상황은 실생활과 다르며 의사소통적이지 않다. 따라서 텍스트를 듣기 전에 수험자들을 편하게 하는 데에 인색할 필요가 없이 필요한 발화 맥락은 지시문(문제)이든 답항이든 시각적 정보든 최대한 활용해야 한다.

청자의 입장이 되어서 '다음을 듣고 일치하는 것을 고르십시오.'의 지시문과 '새로 나온 영화를 소개하는 방송이다. 잘 듣고 영화에 대한 내용으로 맞는 것을 고르시오.'의 지시문의 차이가 무엇인지 생각해 볼 필요가 있다. 물론 이러한 발화 맥락이 지시문에 장황하게 들어가지 않도록 중요한 것만 추려서 제시하는 것도 필요한 일일 것이다.

(3) 듣기 문항은 듣기 텍스트에 적절한 난이도에서 작성되어야 한다.

듣기 문항은 듣기 텍스트를 듣는 것보다 쉽게 고를 수 있는 난이도로 작성되어야 한다. 쉽게 들었는데 답을 찾기 힘들면 그건 듣기 텍스트 자체의 난이도보다 훨씬 어렵고 복잡한 문항이 된다. 출제자는 보통 듣기 텍스트를 문자로 작성하고 문자화된 대화문이나 듣기 텍스트를 눈으로 '읽고' 듣기 문항을 작성한다. 그러다 보면 실제 상황의 듣기보다 필요 이상으로 어려워지거나 지엽적이 될 가능성이 높다. 따라서 듣기 평가의 문항을 만들 때에는 듣기 텍스트를 음성 언어로 들어 보면서 만드는 작업이 필요하다. 이렇게 하면 듣기 텍스트의 난이도에 맞는 문항을 작성하기에 용이할 수 있다. 또한 텍스트의 구어성과 핵심 내용 파악의 타당성도 함께 검토될 수 있다.

아래 예시는 TOPIK Ⅰ에 사용되는 17-21번의 〈보기〉 문항이다. 답을 보지 않은 상태로 텍스트의 남녀 대화를 보면 핵심이 무엇인지 쉽게 판단이 된다. '요즘 여자가 한국어를 공부하는데 친구한테서 배운다'는 것이다. 그냥 머릿속에 여자가 친구랑 공부하는 상황이 떠오를 뿐이다. 남자가 학생인지 아닌지는 알 수 없고 여자가 학교(한국어 학교가 아닌 다른 학교)에 다니는지도 알 수 없으며 남자가 한국어를 가르친다는 답항은 '배우다의 반대말 찾기'가 목표인 것으로 보인다. 그리고 이 모든 걸 판단하는 건 듣기 텍스트 두 줄에 비해 수준을 넘어서는 방대하고(?) 복잡한 내용이라고 할 수 있다. 따라서 아래 수정된 문항처럼 같은 것을 고르게 하더라도 그 반응 유형을 그림으로 하여 제대로 내용을 이해했는지를 확인하거나 또는 누구한테 혹은 어떻게 공부하고 있는지만 묻는 것이 적절하다고 할 수 있다.

듣기보다 어려운 문항 예시	※ [17~21] 다음을 듣고 〈보기〉와 같이 대화 내용과 같은 것을 고르십시오. (각 3점) 〈보기〉 **남자 : 요즘 한국어를 공부해요?** **여자 : 네, 한국 친구한테서 한국어를 배워요.** ① 남자는 학생입니다. ② 여자는 학교에 다닙니다. ③ 남자는 한국어를 가르칩니다. ❹ 여자는 한국어를 공부합니다. (TOPIK Ⅰ 듣기 보기 문항)

듣기 난이도에 맞는 문항 예시	〈보기 문항〉 문항 수정 ※ 대화 내용과 같은 것을 고르십시오. ① 친구와 농구하는 그림　　② 친구와 한국어를 공부하는 그림 ③ 친구와 영화 보는 그림　　④ 친구와 여행하는 그림 （또는） ※ 남자는 어떻게 한국어를 공부하고 있습니까? ① 혼자 책으로　　　　　　② 친구한테서 ③ 한국어 학교에서　　　　④ 한국 텔레비전으로

(4) 듣기 평가 문항은 실제 과제와 유사해야 한다.

앞서 언급했듯이 질문의 내용과 답항이 청자가 실생활에서 듣고 반응할 수 있는 자연스러운 과제로 연결되어야 한다.

아래 제시된 문항의 텍스트를 듣고 나서 (텍스트의 적절성은 차치하고) 가장 자연스러운 청해의 반응은 무엇이라고 생각하는가? 이 대화에서 여자의 입장이라면 '길을 건너서 오른쪽, 큰 건물, 3층'을 머릿속 영상으로 처리하게 될 것이다. 따라서 가장 바람직한 반응은 가고자 하는 장소의 위치를 그림에서 파악하는 것이 적절한 평가 문항이 될 것이다.

듣기 텍스트 예시	남자 : 실례합니다. 국제어학원에 가려고 하는데, 어떻게 가야 하나요? 여자 : 국제어학원에 가려면 이 길을 건너야 해요. 길을 건너서 오른쪽으로 조금 가다 보면 큰 건물이 나오는데, 거기 3층에 있어요. 남자 : 네, 감사합니다.

그러나 실제로 현장 교사에 의해 작성된 답항은 아래와 같이 긴 문

자로 되어 있다. 길 안내를 듣고 긴 문장으로 적힌 것을 다시 확인하는
것은 부자연스러운 반응 유형이다. 실생활에서는 이렇게 확인하지 않
는다. 동일한 문구의 반복적인 출연도 문제이지만 ②와 ③번이 큰 의
미 차이가 있는 정답과 오답항인지도 혼란스러운 점은 추가적인 문제
이다(김유정, 2008:354).

실제 과제와 분리된 답항 예시	① 국제어학원은 길을 건너면 바로 보입니다. ② 국제어학원은 길을 건너 오른쪽에 있습니다. ③ 국제어학원은 길을 건너 오른쪽으로 가면 있습니다. ④ 국제어학원은 길을 건너 왼쪽으로 가면 있습니다.

(5) 질문 내용이 이름 듣기, 수 듣기에 집중되면 안 되며 암기력과 계산력 측정도 안 된다.

이름과 숫자 듣기가 숙달도에 따라 특정 텍스트에서 평가 목표가
될 수 있다. 친구를 소개하는 대화 내용을 듣고 그 사람의 이름과 나이
를 들어야 하는 것은 적절하다(물론 친구 이름만 듣고 맞춤법을 측정
하는 것은 안 될 일이다). 중고급에서 특정한 연도를 들어야 하는 것
이 핵심인 경우도 있을 것이다. 그러나 듣기 텍스트와 관련 없이 혹은
이미 그 차원은 넘어선 수준이거나 목표를 생각하지 않고 대부분 이
름 듣기와 숫자 듣기에 집중하여 반드시 문항으로 출제하고자 하는
경우가 있다. 그리고 들어야 하는 숫자가 너무 많거나 복잡한 경우는
암기력에 가까운 시험이 될 수 있어서 지양해야 하며 가장 문제는 계
산이다. 사과 한 개에 천 원이고 배 한 개에 천오백 원인 건 들을 수 있
었고 사과 열 개 배 다섯 개를 산 것도 어렵지만 열심히 들었는데 갑자
기 이 사람이 내야 하는 돈이 총 얼마냐고 물으면 그건 숫자 듣기 문항

이 아니라 산수 문제가 된다. 평가 구인이 완전히 다른 것이다. 주인이 "만칠천오백 원이네요."라고 얘기하는 걸 잘 듣거나 계산기에 찍힌 합계를 눈으로 확인하면 될 상황이다. 다 들었는데 계산하다 틀려서 답을 놓치면 그건 듣기의 문제인가 계산력의 문제인가? 부디 계산 문제를 한국어 시험에서 다시는 볼 수 없기를 바란다.

(6) 그림이나 도표 자료를 활용한 답항에서 그림은 분명하고 단순하게 제시되어야 한다.

듣기에 집중해야 하므로 그림이 무엇인지 몰라서 그림을 골똘히 연구하게 하면 안 된다는 의미이다. 즉, 텍스트를 들으면 그림은 쉽게 선택될 수 있어야 한다. 그러려면 그림을 보면 특정한 듣기 담화가 떠오를 수 있어야 한다. 잘 들었는데도 불구하고 그림 자료의 복잡성이나 모호함 때문에 답을 고를 수 없거나 답을 고를 시간이 부족해지면 시험 신뢰도에 문제가 되는 것이다.

(1) TOPIK 25회 고급 듣기 문항	(2) TOPIK 34회 고급 듣기 문항
※ [14~15] 다음 그림을 보고 가장 적절한 대화를 고르십시오.(각 4점) 	※ [14~15] 다음 그림을 보고 가장 적절한 대화를 고르십시오.(각 4점) 

위의 (1)과 (2)에 제시된 문항은 시험지에는 그림만 제시되어 있고

이 그림에 적절한 대화를 네 가지 답항 대화 중에서 고르게 하는 것으로 담화 상황을 파악하는 유형이다. 이 유형은 TOEIC과 같은 영어 시험에서도 사용된 바 있는 것으로 시각적 정보는 제한적으로 제한되는데 비해 들어야 할 것들이 많기 때문에 문항 유형상 자체적으로 난이도가 있다. 하나의 장면에 여러 발화를 듣고 고르는 것은 실제 자연스러운 듣기 상황에서는 이루어지지 않는 부자연스러운 것이기 때문에 어려울 수밖에 없다. 따라서 이 문항의 의도는 대화가 나오기 전에 미리 제시된 그림을 보고 어떤 대화가 나올지를 예상한 다음에 녹음에서 들리는 답항의 대화 중 맞는 것을 연결해서 선택하라는 것이다. 즉, 예측 전략을 사용할 수 있도록 하는 것이다. 그렇기 때문에 그림은 대화가 반드시 나올 수 있는 대표적인 상황을 잘 묘사해야 한다. 그림에서 나타날 수 있는 대화가 유일해야 하는데 다수가 되면 예측하기 전략을 쓸 수 없기 때문이다.

(1)은 공중에서 패러글라이딩을 타면서의 대화 상황이고 (2)는 텐트를 설치하면서 남녀가 하는 대화를 예상할 수 있어야 한다. 실제 시험지에서 그림은 훨씬 크기 때문에 여자의 표정을 알 수 있는데 무서워하는 것으로 보인다. 그래서 (1)은 남자가 어떠냐고 물으면 여자가 무섭다 정도의 대화나 생각한 것보다 훨씬 높다는 정도의 '감상'의 발화가 예상되고 (2)는 두 사람이 줄을 잡고 있는 것으로 보아 줄을 잡고 있으라거나 더 당기라거나 하는 '협업'의 발화가 예상될 수 있다. 그렇게 예상 전략을 짠 수험자들은 그 다음엔 시각 정보가 없이 들려오는 대화 음성 언어 텍스트를 듣고 그림에 맞는 대화인지를 파악해야 한다. 그렇기 때문에 그림에서 대화가 어느 정도 완전하게 예상되어야 듣기 대화를 통해 파악하는 것이 혼란스럽지 않게 되고 목표에

맞춰 잘 고를 수 있다. 그런데 그림의 예상과 다른 대화가 등장을 하게 되면 그림을 보고 예상한 것이 틀리게 되어 들리는 것을 다 받아써 놓고 다시 그림으로 돌아가 그림을 연구해서 답을 고르게 될 수 있다. 예상한 대화가 나오겠지 싶어서 중요한 상황만 듣고 간단하게 메모한 수험자는 낭패를 보게 되기도 한다. 수험자는 무엇이든 출제자가 강요하면 다 들어야 한다는 것은 잘못된 생각이다. 수험자들에게 자연스러운 듣기가 될 수 있도록 출제자가 최대한 잘 만들어서 제공하지 않아서 수험자의 반응이 적절치 못한 것은 전적으로 출제자가 답항을 부적절하게 제시한 것이다.

아래에 제시된 답항을 보면 (2)의 경우는 예상한 대화가 등장을 해서 선택하기가 용이하다. 그러나 (1)은 예상을 벗어난 대화가 등장한다. 그래서 결국 수험자는 당황할 수밖에 없고 다 메모해서 표현 하나하나를 꼼꼼히 다 들어야 하고 그 이후에 답지를 연구해야만 풀 수 있게 된다. (1)을 자세히 보면, ①은 '가슴 운동을 할 때'가 처음에 나와서 쉽게 판단된다. 그러나 ②는 '이렇게 잘 펴 놓아야'까지 들어야 하고 ③은 예상을 벗어난 대화라 판단에 혼란이 오며 ④는 '이렇게 마무리 운동을'이 없다면 여자의 마지막 말만 봐서는 답으로 오인될 수 있다. 고급이기 때문에 이렇게 다 들어야 한다고 주장할 수도 있을 것이다. 그러나 담화 상황은 특정한 단어로 표현되는 것이 아니라 전체적인 담화에 상황이 잘 드러나야 한다. 그리고 앞에서도 언급했지만 이 문항은 유형 자체만으로도 이미 어렵기 때문에 더 어렵게 할 필요가 있다면 그 이유가 무엇인지 설명이 필요하다.

그림과 연결이 부적절한 답항 예시 (1)	① 남자 : 가슴 운동을 할 때에는 그렇게 팔에 힘을 많이 주면 큰 효 　　　　과를 보기 어렵습니다. 　여자 : 운동 기구가 무거워서 그런지 팔에 자꾸 힘이 들어가네 　　　　요. ② 남자 : 경사로로 뛰어 내려갈 때 공기가 날개 안으로 들어가는데 　　　　요. 이렇게 잘 펴 놓아야 바람이 골고루 잘 들어갑니다. 　여자 : 이게 풍선처럼 부풀어진다니 놀라운데요. ③ 남자 : 이제 직접 방향 조절을 한번 해 보세요. 왼쪽 방향은 이 　　　　줄을 잡아당기시면 된다고 말씀드렸죠? 　여자 : 네, 근데 줄이 너무 팽팽해서 그런지 잘 안 당겨지는데요. ④ 남자 : 장비를 다 풀고 나서는 이렇게 마무리 운동을 해 주셔야 　　　　다음 날 근육이 당기지 않습니다. 　여자 : 휴우, 아까는 너무 긴장했는데 이제 좀 살 것 같네요. 　　　　　　　　　　　　　(TOPIK 25회 고급 듣기 문항 답항 대본)
그림과 연결이 적절한 답항 예시 (2)	① 남자 : 4인용 텐트 하나 사러 왔는데요. 설치하기 쉬운 게 있다 　　　　던데요? 　여자 : 이거 한번 보시겠어요? 설치도 쉽고 가격도 저렴해요. 　남자 : 그래요? 마음에 들긴 한데 다른 것도 좀 보여 주세요. ② 남자 : 우선 바닥에 이걸 깔아서 습기가 올라오는 걸 막아야겠 　　　　어. 　여자 : 바닥에 나뭇잎도 깔면 어때? 푹신하고 좋을 것 같은데. 　남자 : 그럼, 아이들 데리고 나뭇잎 좀 모아다 줘. 난 가방에서 　　　　텐트 꺼내고 있을 테니까. ③ 남자 : 이쪽에서 잡고 있을 테니까 그쪽에서 좀 당겨 봐. 　여자 : 지금보다 더 당기라고? 이 정도면 됐어? 　남자 : 어, 됐어, 됐어. 이 정도면 바람이 불어도 끄떡없겠어. ④ 남자 : 텐트가 생각보다 넓고 정말 아늑한데. 너도 빨리 들어와 　　　　봐. 　여자 : 응, 이것만 정리해 놓고 들어갈게. 　남자 : 대충하고 들어와. 아이들도 기다리잖아. 　　　　　　　　　　　　　(TOPIK 34회 고급 듣기 문항 답항 대본)

(1)번 문항의 또 다른 문제는 패러글라이딩을 하는 그림에서 왼쪽 손잡이를 잡아당기라는 것이 그림에 잘 표현이 되어 있는지 수험자들이 파악하기 어렵다는 점이다. 여기에서는 작게 제시되었지만 크게 확대해서 봐도 파악하기 어렵다. 답을 듣고 한참을 들여다봐야 그걸 강조한 건가하고 의아한 생각이 들 뿐이다. 그리고 가장 결정적인 문제는 ③번 정답은 대화만 들어서는 그림이 생각나지 않는다는 것이다. 위에 제시된 8개 중 나머지 7개는 대화만 들어도 대표되는 장면이 떠오른다. 그러나 ③번 정답은 그렇지 않다. 지상에서 사전 훈련을 하면서 하는 대화일 수도 있고 모의 상황으로 시연을 할 수 있는 장소에서 시연을 하면서 하는 대화일 수도 있기 때문이다. '이제 직접 방향 조절을 해 보세요.'가 하늘 위 공중 상황의 실전만을 의미하지 않기 때문이다. 그림은 대화를 직접 연상시키고 역으로 대화도 그림을 직접 연상시킬 수 있도록 작성되어야 하는 것이다.

이러한 원칙은 대화를 듣고 맞는 그림을 고르게 하는 유형에서도 마찬가지이다. 답항으로 제시되는 그림은 그림만 보고도 모두 특정 대화로 연상되어야 한다. 그래야 그림 답항으로서 의미가 있는 것이다.

다음과 같은 문항을 풀 때 수험자들은 듣기 전에 그림만 보고 어떤 대화가 들릴지 가능성을 예상하는 전략을 사용한다. ①은 짐 좀 올리겠다는 양해를 구하는 대화. ②는 여행 온 사람을 마중 나가서 환영하는 대화, ③은 잘 다녀오라는 배웅의 대화, ④는 비행기에 부칠 짐을 올려 주거나 짐과 관련된 대화 정도로 예상이 된다. 그러한 예상을 하고 있던 수험자는 녹음에서 나오는 대화를 듣고 예상한 것들 중 하나를 선택하는 것이다.

2. 남자 : 수미 씨, 여기예요. 여행은 즐거웠어요?
    여자 : 네, 그런데 비행기를 오래 타서 그런지 좀 피곤하
           네요. 많이 기다렸어요?
    남자 : 아니에요. 가방 이리 주세요. 제가 들게요.

적절한
그림
답항 예시

(TOPIK 36회 중급 듣기 문항)

아래에 제시된 '부적절한 그림 답항 가' 문항에서 정답인 ③은 여자
가 '주스'를 테이블에 놓으며 일하고 있는 남자를 향하고 있으므로 어
느 정도 예상할 수 있다. 그러나 ①, ②, ④는 주스만 등장할 뿐 관련된
특정한 대화가 예상되지 않는다. 이런 답항은 위에서 살펴 본 답항과
비교되는 것으로 부적절하게 답항이 작성된 것으로 볼 수 있다. 수험
자가 듣기 전략을 원활하게 사용할 수 없게 하기 때문이다.

16.

> 여자 : 아직도 일하세요? 이쪽으로 와서 주스 좀 드세요.
> 남자 : 네, 잠깐만요. 갈게요.

부적절한
그림
답항 예시
가.

①

②

③

④

(34회 TOPIK 초급 듣기 문항)

※ [1~3] 다음을 듣고 알맞은 그림을 고르십시오. (각 2점)

1.

> 여자 : 고객님, 어떤 문제가 있으세요?
> 남자 : 노트북 화면이 안 나와서요.
> 여자 : 네, 언제 구입하셨지요?

부적절한
그림
답항 예시
나.

①

②

③

④

(64회 TOPIK II 문항)

위에 제시된 '부적절한 그림 답항 예시 나' 문항의 경우는 ①을 제외한 답항 그림들은 대화가 어느 정도 예상이 된다. 그런데 ①의 그림은 두 사람이 무슨 대화를 할지 특정되지 않아서 예상이 어렵다. 그렇기 때문에 이 문항은 답을 고를 수 있다는 것과는 무관하게 오답항이 제 역할을 다 하지 못하게 작성된 것이다. 매력적인 오답이 되지 않는 것이고 예상되는 대화가 없어서 오히려 수험자를 당황하게 할 수도 있다. 6장에서 살펴본 평가 문항 작성 원칙 9에 따라 그림 답항도 정답은 정답의 역할을 해야 하고 오답은 오답의 역할을 해야 한다.

(7) 답항은 텍스트의 음성 언어 소리와 문자 연결하기가 가능하도록 작성되면 안 된다.

듣기 평가는 음성 언어 소리를 듣고 그 의미가 무엇인지를 잘 파악하는지에 대한 능력을 측정하는 것이다. 따라서 '공부해요'를 들려주고 '공부해요'의 의미를 파악했는지를 측정해야 하며 남자의 주장이 "현재 분리수거 정책이 시정되어야 한다."고 말했으면 그 의미가 무엇인지 알고 있는가를 측정해야 한다. 그러려면 '공부해요'와 "현재 분리수거 정책이 시정되어야 한다."와 같은 의미로 더 쉬운 말이나 표현(그림)으로 답항이 구성되어야 한다. 그런데 그렇게 만들기가 쉽지 않다는 이유 등으로 텍스트 그대로의 표현을 답항에 사용하는 경우가 많다. 이것은 의미 듣기가 아니라 '소리 듣고 맞는 문자 찾기' 문항이 되어버린다. 외국인 학습자들이 텍스트에 나온 것과 똑같은 말 찾기를 중요한 시험 전략으로 사용한다고 하는 것은 우연이 아닐 것이다. 이러한 현상은 읽기에서도 동일하게 적용되어 똑같은 문자 찾기가 되는데 이것 역시 의미 읽기가 아니다.

소리 듣기 답항 예시	※ 다음을 듣고 여자가 무엇을 할지 고르십시오.
	남자: Ppokki dordanda mo? 여자: Hyo, Ppokki tatono mo.
	① seidem mi ② tatono mo ③ dordanda mo ④ Ppokkimi ma

위의 대화는 필자가 아무렇게나 만든 말이기 때문에 의미를 알 수 없다. 그런데도 위의 언어를 듣고 ②번 답을 맞혔다면 그것이 의미 듣기인지 소리 듣고 맞는 문자 찾기인지 알 수 있을 것이다.

(8) 듣기 내용의 간격을 두고 문항을 작성하는 것이 좋다.

짧은 글에 촘촘히 정보가 들어가 있는 텍스트의 경우 한 단어 걸러 한 단어 모두가 중요한 정보나 내용이 되면 듣기 능력을 제대로 측정하기 힘들다. 되묻기 전략을 쓸 수 없는 인위적인 시험 상황에서 흘러가는 음성 언어를 붙잡고 다 기억해내기도, 다 이해로 처리하기도 힘들기 때문이다. 따라서 간격 없이 연속되는 정보에 대한 질문이 주어지는 경우 앞 문항의 답을 메모하거나 처리하다가 다음 문항을 놓칠 수 있으므로 적절한 간격으로 처리할 수 있도록 작성되어야 한다.

3) 듣기 평가의 녹음 지침

(1) 발화 속도는 자연스럽게 유지해야 한다.

초급 수준의 수험자들을 대상으로 일반적인 한국어 발화보다 인위적으로 천천히 하는 것은 실생활 듣기를 측정하는 것이 아닐 수 있다.

교실에서 연습을 위한 한국어 선생님의 일시적 교수 기법이 아니고서
는 일반적 한국 사람들이 '안~녕~~하~세~요~?'라고 얘기하는 걸 듣
는 건 무척이나 드문 일이기 때문이다. 발화 속도보다는 발화와 발화
사이의 휴지의 길이를 약간 조정하는 방법을 사용할 수도 있으나 기
본적으로 숙달도에 따라 평가의 목표가 다르기 때문에 정상적인 발화
속도에서 목표를 들도록 훈련하고 평가하는 것이 가장 바람직할 것이
다.

(2) 듣기 텍스트가 의도하는 자연스러움이 잘 드러나도록 녹음을 해야 한다.

듣기 텍스트는 구어로 잘 만들어졌는데 녹음을 하는 사람들(성우나
현상 한국어 선생님)이 그 의도를 잘 살리지 못하는 경우 듣기 텍스트
의 진정성과 멀어지게 된다. 간혹 듣기 자료를 녹음할 때 대본을 읽지
말고 간단한 메모를 보고 전체 내용이 훼손되지 않는 범위에서 자연
스럽게 말하는 것을 녹음하는 것이 제안되기도 한다. 그럴 수 없다면
텍스트에 의도가 잘 드러나도록 발화자 요인(남녀, 연령대, 직업군, 관
계 등), 발성 정도나 억양 및 발화 태도 등에 대한 정보를 텍스트 원고
에 보충해서 제시하는 것이 바람직하다.

1. 앞에서 제시된 TOPIK 25회 고급 듣기 문항 답항 대본의 정답 ③번 대화를 그림을 연상할 수 있는 대화로 수정해 보시오. 그리고 앞에 제시된 64회 TOPIK Ⅱ 문항의 그림 답항 ①을 어떤 그림으로 바꾸면 좋을지 수정해 보시오.

2. 이 장에서 제시된 듣기 평가 문항 유형 결정 원리, 듣기 텍스트 작성 원칙, 듣기 문항 작성 원칙에 비추어 한국어 듣기 문항을 작성해 보시오. 또는 사용되고 있는 한국어 듣기 평가 문항들을 검토해 보고 장단점을 발표해 보시오.

제 9 장

한국어 읽기 평가

제9장 한국어 읽기 평가

Omaggio(2000:179-180)에서는 듣기와 읽기는 모두 언어학적 기호 지식과 인지 과정 기술, 스키마를 기반으로 한 이해, 텍스트의 내외적인 문맥적 단서들에 의한 복잡한 과정이라는 유사점이 있는 반면 Richards(1983)의 언급을 들면서 담화의 조직, 일관성, 상호작용성 등에서 구어와 문어 텍스트의 차이점을 가진다고 하였다.

이러한 주장을 수용하면 8장에서 언급한 듣기 평가에 관한 내용들 중 많은 부분이 읽기 평가와 유사하다고 할 수 있다. 따라서 여기에서는 설명을 간략히 하고 듣기와 차별되는 부분에 대해 자세히 언급하고자 한다. 듣기와 중복되는 내용은 8장을 참고하기를 바란다.

1. 읽기의 개념

'읽기'가 무엇이냐는 질문에 대한 대답은 '독해'라는 것에서 시작하는 경우가 많다. "대부분의 학교에서 읽기 평가의 핵심은 독해

(reading comprehension)이다."라는 Madsen(1983:76)의 언급이 이를 확인해 준다. 그래서 독해가 무엇인지 다시 물으면 그 대답은 '글자를 읽는 것', '문자를 소리 내어 읽는 것', '글을 읽고 이해하는 것', '무슨 뜻인지 아는 것', '정보를 파악하는 것' 등등으로 다양하게 나타난다. 그렇다면 우리가 읽는 대상이 글자인지 글인지의 문제와 '이해하고 알고 파악하는 것'이 무엇인지를 정확하게 다시 확인할 필요가 있다. 이는 제대로 된 '읽기' 평가를 하기 위한 첫 작업이기도 하다. 여러 학자들의 논의에 나타난 읽기의 개념은 다음과 같다.

Rebecca (1977)	읽기는 자모를 시각적으로 인식하고, 어휘와 구조를 고립적으로 이해할 수 있으며 나아가 문맥(context)에서 이해할 수 있는 것이다. (김유정, 1999:139에서 재인용)
Carrell et al. (1988)	읽기, 즉 독해란 독자의 배경 지식과 다양한 언어 지식이 글에 있는 정보와 상호작용하는 과정을 말하며 이 과정을 거쳐서 독자는 주어진 글을 이해하게 된다. (임병빈 외, 1999:135에서 재인용)
Brown (1994)	읽기는 독자가 다양한 언어학적 신호(문자 · 형태 · 음절 · 단어 · 구 · 문법적 신호 · 담화 표지 등)를 인식하고 그것들을 언어학적 자료 처리 메커니즘, 그리고 독자 자신의 스키마와 배경 지식을 통해서 그 의미를 해석하는 것이다. (김유정, 1999:139에서 재인용)

위의 논의들에는 자모와 언어학적 기호 인식, 맥락 활용, 의미 해석, 독자의 배경 지식과 정보의 상호작용 과정 등의 용어로 읽기를 설명하고 있다. 충분히 이해되는 개념 설명이지만 의사소통 읽기의 본질은 역시 놓치고 있는 듯하다. 따라서 앞에서 살펴본 듣기의 개념과 동

일한 방식으로 읽기의 개념을 설정하고 설명하고자 한다. 읽기의 개념은 다음과 같다.

읽기란 ① 목적이 있는 문어 텍스트를 ② 독자가 의도를 가지고 ③ 시각을 통해 인식하고 ④ 독자 자신의 배경 지식을 활용하여 ⑤ 자신의 의도에 맞게 의미를 해석하고 재구성하는 것이다. 의미를 재구성한다는 것은 새로운 표현(행동이나 새로운 말이나 글)으로 반응해 내는 것으로 반응은 즉각 수행될 수도 있고 기억해 두었다가 시간을 두고 수행될 수도 있다.

본격적인 논의에 앞서 확인할 부분 하나는 보통 읽기가 무엇이냐는 질문에 '문자를 읽는 것'이라는 대답과 '문자를 소리 내어 읽는 것'이라는 대답도 종종 등장한다. '문자를 읽는 것'은 읽기를 위해 필요한 교수 학습의 첫 단계로 의미가 있다. 그러나 실생활에서 의사소통을 목적으로 한 읽기에서는 맥락 없는 문자 읽기는 거의 일어나지 않는다. 따라서 문자 읽기는 읽기를 위한 전제 조건이지 읽기 그 자체는 아니라고 하겠다.

또 하나의 문제는 '문자를 소리 내어 읽는 것', 즉 '낭독하기'가 읽기냐 하는 문제이다. 이경화(2001:23)에서는 읽기 학습의 시작이 문장의 음성화에서 시작되기 때문에 글자를 바르게 소리 내어 읽기, 똑똑한 목소리로 분명하게 읽기, 문장을 적절하게 띄어가며 읽기, 어조에 맞추어 읽기 등 문자 소리 내어 읽기가 강조되었다고 하였다. 그러나 여기에서는 문자의 소리 내어 읽기는 본질적 읽기가 아닌 것으로 본다. 그 이유는 Rebecca(1977)의 정의에서처럼 읽기는 시각적 통로를 사용하는 것이지 발성 기관을 통로로 발현되는 것이 아니라는 점에 있다. 또다른 이유는 문자를 소리 내어 낭독할 수는 있지만 그것이 의미 이해와 직결되지는 않는다는 점이다. 대학에서 외국인 학생들이 발표문을 열심히 낭독하고 발표를 마치지만 이해가 전혀 되지 않는 상태에서 낭독만 하는 경우에는 질문에 대한 대답을 하지 못하는 것으로 판정이 된다. 실생활에서 보고서 낭독해서 발표하기, 연설문 낭독하기, 고향으로 돌아간 친구로부터 반 친구 전체에게 온 편지를 큰 소리로 낭독하기 등 낭독하기도 일상적 의사소통 행위로 나타날 수 있다는 것을 부인하는 것은 아니다. 그러나 Brown(2007, 권오량 외 역, 2008:430)에서도 낭독은 아주 진정성 있는 언어 활동이라 하기 어렵다는 언급을 통해서도 확인되듯이 낭독하기를 읽기 그 자체라 할 수 없다.

다음의 영어 텍스트를 큰 소리로 낭독해 보고 낭독을 잘한 것과 그렇지 않은 것이 의미 이해와 어떤 관련이 있는지 설명해 보면 확실히 알 수 있을 것이다. 결론은 의미 이해는 낭독 능력과 상관없으며 낭독은 읽기가 아니라는 것이다. 낭독과 말하기의 관련성도 여기에서 언급하자면 낭독을 잘하는 것이 곧 말하기 능력으로 직결되지 않는다고 할 수 있다. 낭독한 것을 보지 않고 다시 말해 보시오라는 과제를 제시하면 금방 확인할 수 있다. 따라서 낭독은 문자의 음성화 정도이고 문자와 소리를 연결시키는 연습을 위해 혹은 정확한 발음을 위한 연습으로는 유용하다고 할 수 있을 것이다.

2019년
대입
수능
영어
22번
지문

With the industrial society evolving into an information-based society, the concept of information as a product, a commodity with its own value, has emerged. As a consequence, those people, organizations, and countries that possess the highest-quality information are likely to prosper economically, socially, and politically. Investigations into the economics of information encompass a variety of categories including the costs of information and information services; the effects of information on decision making; the savings from effective information acquisition; the effects of information on productivity; and the effects of specific agencies (such as corporate, technical, or medical libraries) on the productivity of organizations. Obviously many of these areas overlap, but it is clear that information has taken on a life of its own outside the medium in which it is contained. Information has become a recognized entity to be measured, evaluated, and priced.

* entity: 실재(물)

위에서 기술한 읽기의 개념을 자세하게 설명하면 다음과 같다.

① '목적이 있는 문어 텍스트'라는 것은 바로 앞에서도 언급했듯이 단순히 문자를 읽는 것을 넘어 목적이 있는 의사소통 상황에서 읽기 텍스트를 읽어야 한다는 점이다. 글이라는 표현 대신 텍스트를 읽는 다고 한 이유는 문어 텍스트의 다양성에 초점을 두는 것이며 '글'이라 는 것이 텍스트의 한 종류로 분류될 수도 있고 그 경계가 모호한 긴 문 어라는 의미도 있기 때문이다. 의사소통상황에서 우리는 각자의 머릿 속에 개념화되어 있는 모습의 '글'만 읽지 않는다. 교통 표지판, 영수 증, 기차표 처럼 현실의 의사소통 상황에서 문어로 표현되는 다양하 고 실제적인 텍스트부터 철학과 문학과 의학 등에 관련된 전문 서적

까지 모두 읽는다. 따라서 이 모두를 포함할 수 있는 표현으로 '문어 텍스트'를 사용하는 것이다.

읽기 텍스트는 필자와 독자와의 상호 의사소통 작용으로 텍스트마다 나름의 목적이 있다.

'화장실'

위에 제시된 '화장실'은 그냥 문자로 이루어진 단어이며 단어를 읽는 것은 문자 읽기 차원이다. 우리는 교육 상황에서 이 단어를 배우고 외울 수 있고 마주할 수 있다. '화장실'이라는 단어를 보면 머릿속에는 외국인 학습자의 모국어로 화장실이 생각이 나거나 화장실의 모습이 생각날 수도 있다. 그러나 단어를 보면 머릿속에 그 단어의 의미가 생각이 나거나 그 장소의 모습이 생각나는 것은 단어를 학습하는 상황에서만 그렇다. 실제 의사소통 상황이 아니기 때문이다. 같은 '화장실'이지만 아래는 목적이 있는 문어 텍스트로 장소를 나타내는 안내 표지판이다. 물론 아주 초기의 외국인 학습자라면 모국어로 떠올려서 확인하는 것도 가능할 수 있겠지만 보통의 상황에서 우리들은 저 표지판을 읽고 '화장실'이라는 단어를 읽었을 때와 동일하게 반응하지 않는다. 'toilet'이나 'restroom'이라는 대응어를 떠올리거나 화장실의 내부를 생각하지 않는다는 것이다. 그 이유는 같은 단어가 사용되었지만 목적성과 형식성에서 분명히 차이를 보인다. 우리가 의사소통 상황에서 읽는 것은 문자나 단어 학습 차원의 '화장실'이 아니라 안내 표지판의 문어 텍스트에 사용된 '화장실'이다. 따라서 읽기 교수와 평가에서는 의사소통 상황에서 사용되는 읽기 텍스트를 사용하여야 한다는 점에 주목해야 한다.

② '독자가 의도를 가지고'라고 표현한 것은 문어 텍스트를 아무런 목적 없이 읽지 않는다는 것이다. 주위를 둘러보면 표지판, 메뉴판, 홍보용 포스터, 버스 노선, 간판, SNS, 메일, 신문, 책 등등 무수히 많은 문자 텍스트들이 있다. 그러나 그 모든 것들이 읽기 텍스트라는 이유로 모두 이해 처리 과정에 사용되고 이해되지 않는다. 반드시 독자가 의도가 있을 때에만 그 텍스트에 집중하게 된다는 것이다. 화장실에 가고 싶을 때 화장실 안내문을 찾아서 읽을 것이며 식당을 찾고자 할 때 간판을 읽게 될 것이며 영화가 보고 싶을 때 영화에 대한 정보가 있는 영화 포스터를 읽게 되는 것이며 지적 호기심이 생겼을 때 관련 서적을 찾아 읽는 것이다.

③ '시각을 통해 인식하고'는 문자 언어가 인간의 '눈'을 연결 통로(channel)로 해서 뇌로 전달되고 그 문자 언어 기호인 단어와 문법, 마침표 등이 본래 의미로 인지되는 것을 의미한다. 화장실에 가고 싶어서 화장실의 위치를 알고 싶으면 우리는 시각을 통해서 안내문을 탐색하고 '화, 장, 실'이라는 문자와 단어를 인식해서 화장실을 찾게 되는 것이다. 식당 메뉴판에서 원하는 음식 이름을 찾을 때에도 역시 뇌로 연결하는 통로는 시각이 활용된다. 그러나 읽기 역시 이 단계에서 머물지 않고 ④와 결합되어 의미를 해석하게 된다.

④ '독자 자신의 배경 지식을 활용하여'는 읽기 역시 필자가 쓴 그대로의 의미를 받아들이는 것을 넘어서 독자가 자신의 경험, 세상에 대

한 지식과 태도, 텍스트와 관련된 내용 스키마와 형식 스키마 등의 배경 지식을 활용하여 개인적이며 능동적 활동으로서 문어 텍스트의 의미를 해석한다는 것이다. 그러므로 읽기 텍스트의 이해도 텍스트 자체의 목적성보다는 독자의 의도와 목적성이 더 중요하게 반영된다. 외국의 공공 화장실은 유료인 경우가 있다. 이러한 사실을 알게 되기 전과 이후에 독자가 '화장실'이라는 안내문에 대해 갖게 되는 배경 지식은 달라진다. 그래서 공공 화장실의 안내 표지판은 어느 경우에는 적극적인 읽기 텍스트 이해에 긍정적으로 사용되기도 하고 어느 때는 화장실에 가고 싶더라도 유료라는 것에서 부정적으로 사용될 수도 있다.

⑤ '자신의 의도에 맞게 의미를 해석하고 재구성하는 것'이라는 것은 어떻게 이해되는지를 언급하는 것이다. ③에 인지된 내용 그대로 받아들이는 것이 아니라 ④의 배경 지식을 활용하여 자신의 의도와 상황과 지식과 스키마 등에 비추어서 독자가 자의적으로 받아들인다는 것이다. 그 의미는 ③의 기본적 의미를 이해하지 못한다는 것이 아니라 기본적 의미 이해를 전제로 그 의미를 자신에 맞게 적용한다는 것으로도 볼 수 있다. 그래서 어떤 의미에서는 읽기 텍스트 본연의 의미를 넘어 다양한 의미들이 생성될 수도 있다는 것이다. 식당을 이용할 때 화장실 안내 표지판을 보고 화장실을 이용하는 것은 기본이다. 그런데 어떤 사람은 식당 안에 위치해 있는 화장실 표지판을 보고서 '이 식당은 편안하게 이용할 수 있겠구나.'라는 새로운 해석을 한다. '화장실'이라는 세 글자 어디에도 독자가 새롭게 해석한 의미가 나타나 있지 않다. 생리 현상을 해결하기 위한 장소 안내를 목적으로 만들어진 표지판은 독자에 의해서 식당 이용의 편리함에 대한 평가를 하게 할 수 있다. 이것이 의미의 해석이고 재구성이며 새로운 표현으로

반응하거나 반응을 준비해서 가지고 있는 것이다. 그러므로 읽기 또한 이해 과정으로서 직접 눈으로 뇌의 처리 과정을 관찰할 수는 없지만 독자의 반응을 통해 간접적으로 확인할 수 있는 것이다.

따라서 한국어 읽기 평가는 이러한 읽기의 개념의 모든 과정을 잘 고려해서 문항을 개발하고 독자가 의사소통적 상황과 유사한 수준으로 한국어 문어로 작성된 읽기 텍스트에 어떻게 반응하는지를 통해 그 능력을 측정하는 것이라고 할 수 있다.

2. 읽기를 가능하게 하는 기술들과 평가 목표

1) 읽기를 가능하게 하는 기술(구인)들

읽기를 가능하게 하는 의사소통 능력은 본질적으로 언어학적 능력, 사회언어학적 능력, 담화적 능력, 전략적 능력이다. 이를 자세하게 세부적인 기술들로 풀어낸 것이 Brown(2007:227)에서 제시한 읽기의 미시적 기술과 거시적 기술 목록이라고 할 수 있다.

미시적 기술은 문장 차원의 이해에 관련되고 거시적 기술은 담화 차원의 이해에 관련된다. 그러나 미시적 기술과 거시적 기술을 분리된 것으로 보기보다는 8장의 [그림 44] 듣기의 미시적 기술과 거시적 기술의 작용처럼 읽기의 미시적 기술과 거시적 기술도 읽기의 맥락과 독자의 배경 지식 등과 상호작용하는 것으로 이해하는 것이 적절할 것이다. Brown(2007:227)을 한국어로 응용하여 아래 [표 44]에 한국어 읽기 위해를 위한 미시적 기술과 거시적 기술 14가지를 제시한다.

이는 모두 읽기 평가의 구인이 될 수 있는 기술 항목들이다.

[표 44] 한국어 읽기 이해를 위한 미시적 · 거시적 기술(Brown,2007:227에서 한
국어로 응용)

한국어 읽기의 미시적 기술

(1) 한글 자모를 구별하고 바른 철자법을 식별한다.
(2) 여러 길이의 언어 단위를 단기 기억에 저장한다.
(3) 목적에 맞게 효율적인 속도로 텍스트를 처리한다.
(4) 핵심어를 인식하고 어순의 패턴과 그 의미를 해석한다.
(5) 품사(명사, 동사 등), 언어 체계(시제, 일치 등), 패턴, 규칙, 생략형을 인식
한다.
(6) 동일한 의미가 다양한 문법 형식으로 표현될 수 있음을 인식한다.

한국어 읽기의 거시적 기술

(7) 글의 응집 장치와 이들이 절과 절 사이의 관계를 나타내는 데 하는 역할
을 인식한다.
(8) 글의 수사적 형태와 그것이 해석에 미치는 중요성을 인식한다.
(9) 형식과 목적에 따라 글의 의사소통적 기능을 인식한다.
(10) 배경 지식을 활용하여 명료하지 않은 상황을 추론한다.
(11) 기술된 사건, 개념 등으로부터 사건들 간의 연관 관계를 추론하고, 인과
관계를 추리하며, 중심생각, 뒷받침 내용, 새 정보, 기존 정보, 일반화, 예
시와 같은 관계를 파악한다.
(12) 문자 그대로의 의미와 함축된 의미를 구별한다.
(13) 특정한 문화적 지칭을 파악하여 이를 적절한 문화적 스키마의 맥락에
맞추어 해석한다.
(14) 정독과 통독을 하며, 담화 표지를 인지하고, 어휘의 의미를 문맥으로 짐
작하며 글을 해석하기 위해 스키마를 활성화하는 등 종합적인 읽기 전
략을 개발하고 활용한다.

그리고 8장의 듣기의 구인으로 응용했던 CEFR-Illustrative Tasks: Reading and Listening(p4-5)의 읽기 구인도 제시하면 다음과 같다.

- 효율적인 단어 인식을 위해 문자 언어 기호를 해독하는 능력
- 많은 단어의 의미에 자동적으로 접근하는 능력
- 구와 절 단위의 담화에 사용된 문법 정보에서 의미를 도출하는 능력
- 문장 차원을 넘어 단락이나 담화 차원으로 의미를 이해할 수 있는 능력
- 다양한 읽기 전략을 사용할 수 있는 능력
- 독자의 배경 지식을 적절하게 활용할 수 있는 능력
- 텍스트의 정보를 평가, 통합 및 합성하여 독자의 상황에 맞게 이해하는 능력
- 이러한 읽기 과정을 장기간 유창하게 유지하는 능력
- 독자의 목표에 맞추어 듣기 텍스트 정보를 적절하게 사용할 수 있는 능력

Brown(2004)의 14가지 읽기 구인이나 CEFR-Illustrative Tasks: Reading and Listening의 읽기 구인 모두 읽기 이해를 가능하게 하는 능력으로 얼마나 세분화했느냐의 차이라고 볼 수 있다. 한국어 읽기 평가에서는 이러한 구인 항목들에 대한 이해를 전제로 구인을 측정할 수 있는 평가 문항을 개발하여 구인타당도를 높일 수 있도록 해야 할 것이다.

2) 읽기 평가의 목표

읽기의 평가의 목표는 독자로 하여금 읽기 텍스트에서 무엇을 읽게 할 것인가와 관련된다. Barrett(1976)의 독해력 분류법에는 읽기의 독자가 무엇을 어떻게 읽어내야 하는지에 대해 제시하고 있다. Barrett(1976)의 분류는 원래 교실에서 교사가 독해 문제나 시험 문제를 개발하는 데 도움을 주기 위해 고안된 것으로 [표 45]와 같다. 사실적 이해는 축어적 이해라고도 하는데 명시적으로 언급된 아이디어와 정보를 파악하는 것이고 재구성은 명시적으로 언급된 아이디어나 정보를 분석하고 짧게 재구성하거나 다른 것과 합성하는 것이다. 추론적 이해는 명시적으로 드러나지 않은 내용에 대해 텍스트에 제시된 근거에 기반하여 추측해 내는 것이며 평가적 이해는 텍스트 내용을 텍스트 외적인 기준(사회적 상황, 개인적 경험 등)과 비교하여 판단을 내리는 것이다. 마지막으로 감상은 텍스트에 대한 독자의 정서적 반응을 나타내는 것이다.

이와 유사한 분류로 Gray(1960)에서는 ① 행(the lines)을 읽기, ② 행간(between the lines) 읽기, ③ 행을 넘어서(beyond the lines) 읽기의 세 가지를 제시하였다. 행을 읽는 것은 문자 그대로의 의미를 이해하는 사실적 이해를 가리키고 행간을 읽는 것은 추론적 이해를, 행을 넘어 읽는 것은 텍스트에 대한 독자의 평가적 읽기와 일치한다고 할 수 있다(Alderson:2001, 김지홍 역, 2015:20). 따라서 읽기의 목표는 행, 행간, 행을 넘어 읽을 수 있도록 하는 것과 개인적 감상을 포함한 것이라고 할 수 있을 것이다.

[표 45] Barrett(1976)의 독해력 분류법(Reeves, 2012:35에서 재인용)

1. 사실적 이해 (인식과 회상)	(1) 세부 사항의 인식 (2) 주요 아이디어의 인식 (3) 순서의 인식 (4) 비교의 인식 (5) 원인과 결과 관계의 인식 (6) 특성의 인식
2. 재구성	(1) 분류 (2) 개요 (3) 요약 (4) 통합
3. 추론적 이해	(1) 세부 사항의 추론 (2) 주요 아이디어의 추론 (3) 순서의 추론 (4) 비교의 추론 (5) 원인과 결과 관계의 추론 (6) 특성의 추론 (7) 결과 예측 (8) 비유적 언어 추론
4. 평가	(1) 현실인지 환상인지 판단 (2) 사실인지 의견인지 판단 (3) 적합성과 타당성 판단 (4) 적절성 판단 (5) 가치, 바람직함, 수용 가능성 판단
5. 감상	(1) 내용에 대한 정서적 반응 (2) 인물이나 사건에 대한 공감 (3) 저자의 언어 사용에 대한 반응 (4) 이미지화(형상화)

위의 [표 45]에서 '재구성'을 제외하고는 8장 듣기 평가에서 살펴
본 사실적 이해, 추론적 이해, 비판적 이해, 감상적 이해와 유사하다고

볼 수 있으며 8장에서와 마찬가지로 사실적 이해와 추론적 이해는 텍스트에 명시적으로 내용이 드러나느냐의 여부에 따라 달라지므로 하나의 읽기 목표 항목으로 볼 수 있다. 위의 분류표와 8장 듣기 평가 목표 항목을 참고하여 한국어 읽기 평가의 목표 항목들을 나열하면 다음과 같다.

▶ 한국어 읽기 목표 항목들

(1) 정보 파악하기: 이름, 나이, 시간, 장소, 연대, 날짜, 배경, 가격, 품목, 직업 등(사실적)

(2) 담화 소재, 중심 내용, 주제, 주장, 제목 파악하기(사실적, 추론적)

(3) 전체 줄거리 파악하기(사실적)

(4) 세부 내용 파악하기: 상황, 인물 발화 의도, 이유, 과정, 결과, 근거, 모양 묘사, 개념, 지시 사항, 순서, 차이 등(사실적, 추론적)

(5) 시간의 순서, 사건이 일어난 순서, 앞뒤 맥락(사실적, 추론적)

(6) 담화 전개 방식 파악하기(사실적, 추론적)

(6) 인물 비교하기(사실적, 추론적)

(7) 시간이나 장소 비교하기(사실적, 추론적)

(8) 사건이나 행동의 인과 관계 파악하기(사실적, 추론적)

(9) 인물의 성격이나 심정 등 파악하기(사실적, 추론적)

(10) 결과 예측하기(추론적)

(11) 비유적 언어, 지시어 등 파악하기(사실적, 추론적)

(12) 필자의 태도나 어조 파악하기(사실적, 추론적)

(13) 현실과 환상 파악하기(사실적, 추론적, 평가적)

(14) 사실과 의견 파악하기(사실적, 추론적, 평가적)

(15) 담화 내용의 타당성 평가하기(평가적)

(16) 담화 의도와 담화 내용의 적절성 평가하기(평가적)

(17) 담화 내용과 사회적 맥락과의 관련성 평가하기(평가적)

(18) 담화의 내용을 청자의 입장에서 가치나 수용 가능성 평가하기
　　(평가적)

(19) 담화 구성이나 주제에 대해 정서적으로 반응하기(감상적)

(20) 인물이나 사건에 공감하기(감상적)

(21) 저자의 언어 사용에 대해 반응하기(감상적)

(22) 담화에 대한 감상을 이미지화하기(감상적)

(23) 사람, 사물, 장소, 사건 등을 일정 범주로 분류하기(재구성)

(24) 담화 내용에 대한 개요를 작성하기(재구성)

(25) 담화 내용에 대해 자신의 언어로 요약하기(재구성)

(26) 텍스트와 다른 텍스트에서 나온 내용을 통합하기(재구성)

이 항목들은 공식 평가와 비공식 평가(수업 상황)에서 모두 사용 가능한 것을 나열한 것이다. 따라서 (19)~(22)와 같은 감상적 이해의 경우에는 다양한 개인의 특성이 반영될 수 있으므로 특정한 답을 요구하는 시험에서는 부적절할 수 있을 것이다. 괄호 안에 표시한 것은 텍스트에 정보가 명시적으로 드러나느냐의 여부에 따라 사실적 이해와 추론적 이해로 나뉠 것이며 텍스트 두 개 이상을 사용하는 경우에는 평가적 이해도 가능할 것이므로 목표 항목의 숫자는 제시된 26개보다 더 많을 것이다. 이는 이러한 항목이 절대적이거나 확정적이지 않다는 의미로 더 많은 항목으로 상세화 될 수 있다는 것을 의미한다. 또한 각기 듣기 이론과 읽기 이론에 근거하여 8장 듣기 목표와 9장 읽기 목

표를 기술하였기 때문에 다소 차이가 있다. 그러나 이해 영역이라는 측면에서 공통되는 요소들은 두 가지를 통합해서 듣기와 읽기 목표에 적절하게 사용할 수도 있을 것이다.

3. 읽기 텍스트와 반응 유형

읽기 평가에서 목표로 삼아야 하는 대상은 바로 읽기 텍스트이다. 따라서 읽기 텍스트에 무엇이 있는지를 확인하는 것이 필요하다. 이는 실생활에서 사용되는 다양한 읽기 텍스트를 확인하여 한국어 읽기 문항의 다양성을 확보하는 데에도 도움이 될 것이다. 또한 읽기 텍스트를 읽고 독자가 뇌에 저장만 하고 있는지 아니면 다른 형태로 반응을 하는지를 살피는 것도 중요하다. 이는 읽기 평가 문항을 작성하는 데 단서를 제공하기 때문이다.

1) 읽기 텍스트

모든 유형의 읽기 텍스트에는 그 나름의 규칙과 관습이 있다. 읽기를 잘하기 위해서는 독자가 텍스트의 규칙과 관습을 예상할 수 있거나 배경 지식으로 가지고 있어야 한다. 따라서 읽기 텍스트에 대한 고찰은 읽기 능력 평가를 구성하는 부분이라고 할 수 있다(Brown:2004, 이영식 외 역, 2006:233). 예를 들어 한국의 메뉴판과 서양의 메뉴판은 그 형식적 구조와 내용이 다르다. 한국의 메뉴판은 주로 음식명과 가격(최근엔 원산지 포함)이 목록 형태로 제시되는 반면 서양의 메뉴판은 애피타이저(전식), 메인(본식), 디저트(후식), 음료의 순으로 책자 형태로 제공되며 음식명과 음식 재료, 간단한 조리법, 그리고 가격이 제시된다. 이는 한국 메뉴판을 읽을 때에는 음식 재료 어휘가 크게 필요하지 않지만 서양 메뉴판을 읽을 때에는 무척 중요하게 적용될 수 있음을 의미한다. 따라서 읽기에 사용되는 언어들이 달라질 수 있고 읽기 평가 목표도 달라질 수 있다는 것으로 읽기 텍스트에 대한 이해의 중요성을 알 수 있다.

몇몇 학자들이 제시한 읽기 텍스트 유형은 다음 [표 46], [표 47], [표 48]과 같다. Brinker(1994)는 의사소통의 화행적 기능을 고려하여 분류를 하였고 Brewer(1980)은 인지 구조와 담화 목적으로 분류한 것이다. 마지막으로 Brown(2004)에서는 읽기 텍스트가 주로 사용되는 사용 영역에 따라 유형을 제시하였다.

[표 46] Brinker(1994)의 읽기 텍스트 유형(이경화, 2001:66에서 재인용)

텍스트 유형	텍스트 기능	지배적인 화행	텍스트 종류
정보적 텍스트	정보 전달	예측, 보고, 전달, 설명, 추측, 분류	신문, 보고서, 진단소견서, 서평, 독자 편지
설득적 텍스트	설득	명령, 요청, 지시, 권고, 충고, 주장	광고지, 홍보 글, 논평, 작업 안내서, 사용 설명서, 요리책, 처방전, 법률 텍스트, 지원서, 신청서, 청원서(탄원서)
책무적 텍스트	책무	협박, 약속, 내기	계약서, 합의서, 보증서, 서약서, 맹서, 상품 전단
친교적 텍스트	친교	사과, 감사, 축하, 인사, 위로, 애도	축하편지, 조문 편지(엽서), 그림엽서, 연애편지

| 선언적 텍스트 | 선언 | 세례, 해임, 사면, 사임, 임명, 정의 | 기부증서, 복무증명서, 상속증서, 학위증서, 위임장, 유언장, 증명서, 임명장, 위임장, 졸업증서, 출생증명서, 해약고지서, 회원증명서 |

[표 47] Brewer(1980)의 읽기 텍스트 유형(이경화, 2001:68에서 재인용)

담화목적 / 인지구조	정보전달성	오락성	설득성	심미성
묘사	보고서 (식물학, 지리학)	일상 묘사	광고문	시
서사	신문 기사, 역사기록문, 절차 안내문, 전기문, 처방전	추리소설, 공상과학 소설, 단편 소설, 전기문, 드라마 대본	우화, 설화, 광고문, 드라마 대본	소설, 드라마 대본
설명	과학적인 글		광고문, 선전문, 사설	

[표 48] Brown(2004)의 읽기 텍스트 유형(이영식 외 역, 2006:233-234)

1. 학업적 읽기	2. 업무 관련 읽기	3. 개인적 읽기
일반적 관심사를 다룬 기사, 전공 보고서, 전문 학술지 논문, 참고자료(사전 등), 교재·학위 논문, 연구 논문·논설, 시험 지시문, 사설·의견을 담은 기고문	전언(전화 용건), 편지·이메일, 메모, 보고서(업무 평가, 프로젝트), 일정, 라벨, 표지, 공고, 서식, 지원서, 설문지, 재정 관련 서류(영수증, 송장), 전화번호부, 사무실 주소록, 사용 설명서	신문과 잡지, 편지, 이메일, 인사장, 초대장, 메시지, 쪽지, 일정표(기차, 버스, 비행기), 요리법, 메뉴, 지도, 달력, 광고(상업, 구인 구직), 장·단편 소설, 유머, 희곡, 시, 재정 관련 문서(대출 신청서), 서식, 설문지, 건강진단서, 연재만화, 시사만화

이러한 읽기 텍스트 유형에 대한 고찰은 다음과 같은 의미를 가진다.

첫째, 읽기 텍스트가 사용되는 영역, 인지 구조, 텍스트의 지배적 기능 등이 무엇인지를 확인하게 해 주는 것이다. 따라서 읽기 시험 문항을 작성할 때 그 특성에 맞게 적절한 읽기 텍스트를 선택하거나 작성하는 데 도움을 줄 수 있다. 위의 표에서 예를 들어 보면, 실제적인 광고지를 선택해서 읽도록 할 수도 있지만 광고지를 작성해야 할 때에는 그 광고를 보고 물건을 사거나 구직 희망을 하거나 하는 설득적인 기능을 할 수 있도록 해야 한다는 것을 알 수 있다. 이러한 제시는 실제적 광고 텍스트처럼 작성하는 데 중요한 힌트가 되는 것이다. 광고지라는 틀을 선택했으나 실제로 그 광고 텍스트에 설득력이 전혀 없는 경우는 실제성이 떨어지기 때문이다.

둘째, 읽기 텍스트를 통해서 측정해야 하는 목표를 확인할 수 있도록 한다. 광고지가 설득을 갖게 하기 위해서는 제품 광고의 경우는 제품의 기능이나 서비스 항목 등이 강조될 것이고 구인 광고라면 업무나 급여 등의 조건이 강조될 것이다. 그렇다면 읽기 평가에서는 이것들에 초점을 두고 문항을 작성해야 하는 것으로 위의 표들을 통해서 도움을 받을 수 있을 것이다.

셋째, 다양한 읽기 텍스트들이 대상과 학습 목적에 맞게 다양하게 선택되고 평가되고 있는지에 대해 확인할 수 있게 한다. Brown(2004)에서 위의 목록들은 수백 가지 읽기 텍스트 목록 중 일부에 지나지 않는다고 하였다. 많은 한국어 읽기 텍스트 중 외국인 학습자들이 무엇을 읽어야 하고 무엇을 읽고 싶어하는지 확인하고 현재 교재와 시험에서는 어떤 텍스트에 집중되어 있는지를 살펴서 유용한 읽기 교육과 평가가 이루어질 수 있도록 해야 한다.

2) 읽기 반응 유형

읽기도 듣기와 마찬가지로 뇌에서 일어나는 이해 작용 자체는 관찰 불가능하다. 따라서 평가를 하기 위해서는 이해 정도를 눈으로 관찰할 수 있는 읽고 난 후의 반응을 살펴야 한다. Brown(2007:376)에서는 Lund(1990)의 아홉 가지 반응 유형을 읽기에도 적용하여 제시한 바 있다. [표 49]에서 '읽기 텍스트를 읽은 후 반응'의 설명 중 전이하기와 모형 따르기에 대한 설명으로 Brown은 '독자는 읽은 것을 구두로 요약한다.'와 '예를 들면, 조립에 대한 지시 사항을 읽은 후에 독자가 장난감을 조립한다.'고 설명하였다. 이러한 설명은 '요약'이 '압축하기'와 관련되고 '지시대로 장난감을 조립하는 것'은 '행동하기'이므로 부적절한 설명으로 보고 두 가지는 새롭게 설명을 작성하였다. Lund(1990)의 아홉 가지 반응 유형은 8장을 참조할 수 있다.

아래 [표 49]는 읽기 텍스트에 대한 독자의 반응 유형으로 이것이 중요한 이유는 적절한 텍스트를 읽고 반응하도록 평가 문항을 작성하기 위한 것이다. 텍스트를 읽고 그 반응으로 쓰기가 적절한지 어떤 행동을 하도록 하거나 행동을 하는 것을 고르게 하는 등 텍스트 읽기와 반응 유형의 연결에 대한 힌트를 제공한다는 면에서 중요하다.

[표 49] Lund(1990)의 반응 유형과 읽기 텍스트에 대한 반응(Brown, 2007:376 에서 수정)

번호	반응 유형	읽기 텍스트를 읽은 후 반응
1	행동하기	독자는 텍스트를 읽고 지시나 명령에 대해 신체적으로 반응한다.
2	선택하기	독자는 텍스트를 읽고 대안들 중에서 선택한다.
3	전이하기	독자는 텍스트를 읽고 그림이나 기호, 말로 변환한다.
4	대답하기	독자는 텍스트를 읽고 질문에 대답한다.
5	압축하기	독자는 텍스트를 읽고 내용을 간략하게 압축하거나 메모를 한다.
6	확장하기	독자는 텍스트를 읽고 텍스트의 결말을 제공한다.
7	복사하기	독자는 텍스트를 읽고 모국어로 번역하거나 그대로 옮겨 적는다.
8	모형 따르기	독자는 텍스트를 읽고 텍스트를 본 따서 유사한 텍스트를 작성한다.
9	대화하기	독자는 텍스트를 읽고 관련된 대화에 참여한다.

(* 고쳐 쓰기도 읽고 난 후 반응 유형으로 가능하나 누구에게나 자주 일어나는 일반적인 활동이 아니므로 제외함.)

여기에서 읽기 텍스트와 반응 유형이 독자의 의도에 따라 어떻게 달라지는지 확인할 필요가 있다. 화장실 안내 표지판 읽기, 영화 포스터 읽기, 선거 공약문 읽기를 통해 이에 대해 설명하고자 한다.

먼저 화장실 안내 표지판의 목적은 '장소 안내'와 이용을 하려면 여기로 '들어가시오'라는 '지시'이다. 독자는 화장실에 갈 의도가 있어서 혹은 앞서 살펴본 바와 같이 그 식당을 자주 이용할지 말지를 결정하기 위해 안내 표지판을 읽는다. 그리고 독자의 배경 지식과 상황 맥락(독자 상황, 화장실의 위치 등)에 따라 화장실에 가는 행동을 하거나 처음 온 식당을 계속 이용하기로 마음먹거나 친구에게 "여기 자주 와야겠다."는 새로운 표현으로 반응할 수도 있다. 이때 그러한 독해를 가능하게 하는 것은 안내 표지판에서 '화장실'이라는 장소를 나타내는 표현이 되는 것이다.

영화 포스터의 목적은 홍보이며 독자를 설득해서 영화를 많이 보도록 하는 것이다. 독자는 영화를 보고 싶은 생각이 있을 때나 최근에 나온 영화가 무엇인지 개인적 정보 축적을 위해 영화 포스터를 읽을 수 있다. 영화 포스터를 읽고 영화를 볼 것인지 말 것인지를 결정하는 데에는 그리 오랜 시간이 걸리지 않는다. 제목, 장르, 감독, 주연 배우, 수상 여부 등 몇 가지 정보만 탐색(스캐닝, scanning)하면 된다. 그리고 독자의 배경 지식에 따라 친구에게 "이거 보자." "재미없겠다."와 같은 새로운 표현으로 말을 하면서 선택 여부를 결정할 수 있다. 아니면 그 영화의 주연 배우를 좋아하는 친구에게 "네가 좋아하는 배우가 나오는 영화 새로 하던데?"라고 하면서 문자 메시지를 보낼 수도 있을 것이다. 이렇게 영화 포스터 읽기는 독자로 하여금 결정과 추천을 하게 한다. 그렇게 하도록 하는 중요한 읽기의 목표는 바로 제목, 장르, 감독, 주연 배우, 수상 여부와 같은 영화에 대한 정보이다. 따라서 영화 포스터에 나오는 모든 문자를 다 읽을 필요가 없고 실제로 누구도 영화 포스터의 모든 문자를 다 읽고 영화를 선택하지 않는다.

다음으로 선거 공약문의 목적은 선거에 출마한 후보를 홍보하는 것이다. 독자는 선거에 관심이 있을 때 누구를 뽑을지 말지를 선택하고 결정하기 위해 공약문을 읽을 것이다. 독자가 가진 배경 지식에 의해 많은 후보들 중 한 명이 선택되어 투표하는 날 한 표를 행사하는 행동으로 독해의 반응이 나타날 수 있다. 혹은 지인들과 후보에 대해 비판하거나 지지하는 토론을 할 수도 있다. 이러한 반응을 하게 하는 선거 공약문의 핵심 목표는 후보들의 공약, 즉 주장과 그 주장을 뒷받침하는 근거이다. 후보의 고향, 학벌, 경력 등의 정보만 보고 후보를 선택하는 사람들도 있지만 선거 공약문에서의 핵심은 그런 정보보다는 주장과 근거라고 하는 것이 맞다. 따라서 이때에는 선거 공약문에 사용되는 주장 표현들과 근거에 관련된 표현들이 가장 중요한 내용이 될 것이다.

영화 포스터를 읽고 어떤 영화를 선택하겠는지 그리고 그 이유가 무엇인지 물으면 학습자가 영화 포스터에서 적절하게 정보를 파악했는지를 확인할 수 있다. 그리고 선거 공약문도 마찬가지로 어느 후보를 뽑을 것인지 그 이유가 무엇인지를 물어서 학습자의 답을 들으면 선거 공약문의 이해도를 측정할 수 있다. 그러나 이는 수업 시간에 이루어지는 비공식 평가나 과제 평가 등으로는 가능하지만 공식적 시험으로는 일일이 다 확인하기가 어렵다.

따라서 읽기 평가 문항을 작성할 때 영화 포스터 읽기에서 핵심인 정보 파악하기 문항을 내게 되는 것이고 선거 공약문 읽기에서는 후보자의 주장과 근거를 파악하는 문항을 출제하는 것이다. 실생활 읽기에서 다양한 의도를 가진 독자의 다양한 반응을 일으키는 공통 요소가 영화 포스터에서는 정보이고 선거 공약문에서는 주장과 근거이기 때문이다.

또한 텍스트와 독자의 의도에 따라 독자의 반응이 달라지는 것을 확인하여 읽기 평가 문항이 적절하게 연결되어 작성되도록 해야 한다는 점도 아래 표에서 확인할 수 있다.

[표 50] 장르별 읽기 텍스트, 독자 반응, 읽기 평가의 내용 관계 예시

텍스트 장르	텍스트 목적	독자의 의도	텍스트 핵심 내용	독자의 반응	읽기 교육과 읽기 평가의 내용
안내 표지판	장소 안내	생리 현상 해결, 식당 이용 여부 결정	장소 어휘 지시 표현	행동 지시	장소/지시 사항 파 악을 위한 표현
영화 포스터	영화 홍보	영화 선택 정보 전달	정보(장르, 감독, 배우 등)	선택 문자로 정보 전달	정보(장르, 감독, 배 우 등) 파악을 위한 표현
선거 공약문	후보 홍보	후보 선택	주장(공약), 근거	선택 비판	주장(공약)과 근거 파악을 위한 표현

4. 읽기 평가 문항 유형

1) 읽기 평가 문항 유형 개발을 위한 요소와 원리

다음은 여러 학자들의 읽기 평가 문항 유형의 분류이다. 이 평가 문항 유형들은 7장에서 제시한 일반적 평가 문항 유형과 구별되기 어렵고 읽기 문항으로서의 특징이 명확하게 드러나지 않는다. 따라서 읽기 평가 문항 유형도 8장의 듣기 평가 문항 유형을 참조하여 제시하고자 한다.

Heaton(1975)의 분류형	Valette(1977)의 분류형	Madsen(1983)의 분류형

1) 낱말 연결하기
2) 문장 연결하기
3) 그림과 문장 연결하기
4) 진위형 평가
5) 선다형 평가 문항 (짧은 텍스트)
6) 선다형 평가 문항 (긴 텍스트)
7) 완성형 평가 문항
	1) 그림 평가
	2) 독립된 어휘 평가
	3) 문맥 내의 어휘 평가
	4) 문법 요소의 평가
	5) 독해력: 어휘 평가
	6) 독해력: 통사의 이해
	7) 독해력: 의사소통중심 평가
	8) 본문 이해
	9) 클로즈 평가
		1) 제한 응답 평가
		2) 문장 이해 평가
		  ① 그림 단서
		  ② 구와 문장 단서
		3) 줄거리 이해 평가
		  ① 표준 선다형
		  ② 선다형 클로즈 테스트

Weir(1993)의 분류형	Brown(2004)의 분류형	
1) 생략 부분 채우기 2) C-test 3) 단답형 평가 문항 4) 요약문 빈칸 채우기	1) 지각적 읽기: 소리내어 읽기, 필기답안, 선다형, 그림단서 구별/짝짓기 2) 선택적 읽기: 선다형, 짝짓기, 교정하기, 그림 단서, 빈칸 채우기 3) 상호작용적 읽기: 클로즈 테스트. 질문에 답하기, 단답형, 교정하기, 탐색적 읽기, 순서 배열, 정보 전환 4) 확장적 읽기: 훑어 읽기, 요약하기, 반응하기, 요점 적기, 개요 정리하기	

여기에서는 읽기 평가 문항 유형 개발을 위한 요소와 원리에 대해 자세한 설명은 하지 않을 것이다. 자세한 내용은 8장에서 설명된 내용을 참조할 수 있을 것이다. 8장의 [그림 46] 듣기 평가 문항 유형 개발에 사용되는 요소와 원리와 동일한 방식을 사용해서 읽기 평가 문항으로 가능한 형식적 유형을 나열하면 다음과 같다.

▶ 한국어 읽기 평가 문항 유형

(1) 읽고 맞는(적절한) 행동하기

(2) 읽고 맞는(적절한) 행동 진위를 판단하기(문어나 그림)

(3) 읽고 맞는(적절한) 행동 연결하기(문어나 그림)

(4) 읽고 맞는(적절한) 행동 고르기(문어나 그림)

(5) 읽고 맞는(적절한) 행동 그리기/표시하기

(6) 읽고 맞는(적절한) 행동 쓰기(단답형, 논술형)

(7) 읽고 맞는(적절한) 행동 말하기(단답형, 논술형)

(8) 읽고 선택하기

(9) 읽고 선택한 것 진위를 판단하기(문어나 그림)

(10) 읽고 선택한 것 연결하기(문어나 그림)

(11) 읽고 선택한 것 고르기(문어나 그림)

(12) 읽고 선택한 것 그리기/표시하기

(13) 읽고 선택한 것 쓰기(단답형, 논술형)

(14) 읽고 선택한 것 말하기(단답형, 논술형)

(15) 읽고 정보 전이하기(그림/기호/양식 채우기 등)

(16) 읽고 정보 전이한 것 진위 판단하기(문어나 그림)

(17) 읽고 정보 전이한 것 연결하기(문어나 그림)

(18) 읽고 정보 전이한 것 고르기(문어나 그림)

(19) 읽고 질문에 대한 대답 진위 판단하기(문어나 그림)

(20) 읽고 질문에 대한 대답 연결하기(문어나 그림)

(21) 읽고 질문에 대한 대답 고르기(문어나 그림)

(22) 읽고 질문에 대한 대답 쓰기(단답형, 논술형)

(23) 읽고 질문에 대한 대답 말하기(단답형, 논술형)

(24) 읽고 내용 압축한 것 진위 판단하기

(25) 읽고 내용 압축한 것 연결하기

(26) 읽고 내용 압축한 것 고르기

(27) 읽고 내용 압축한 것 쓰기(단답형, 논술형)

(28) 읽고 내용 압축한 것 말하기(단답형, 논술형)

(29) 읽고 내용 확장한 것 진위 판단하기

(30) 읽고 내용 확장한 것 연결하기

(31) 읽고 내용 확장한 것 고르기

(32) 읽고 내용 확장한 것 쓰기(단답형, 논술형)

(33) 읽고 내용 확장한 것 말하기(단답형, 논술형)

(34) 읽고 복사한 것 진위 판단하기

(35) 읽고 복사한 것 연결하기

(36) 읽고 복사한 것 고르기

(37) 읽고 복사해서 쓰기(목표어로, 모국어로)(단답형, 논술형)

(38) 읽고 복사해서 말하기(목표어로, 모국어로)(단답형, 논술형)

(39) 읽고 모방하기(모방해서 쓰기)

(40) 읽고 대화에 참여하기

위의 읽기 평가 문항의 형식적 유형 40개 역시 듣기 평가 문항과 마찬가지로 그림과 기호, 목표어와 모국어 등의 사용 가능성에 따라 그리고 쓰기와 말하기의 형식이 단답형이냐 논술형이냐에 따라 그 숫자는 더 늘어날 것이다. 또한 듣기 평가에서와 같은 논리로 위의 평가 문항 유형들은 모두 읽기 '수행' 능력을 측정하는 데 집중하고 있으며 문항 형식의 선택에 따라 직접 평가와 간접 평가로 나뉠 수 있음도 확인할 수 있다. 이에 대해서는 8장 듣기 평가를 참조할 수 있다.

따라서 읽기 평가 문항을 작성할 때에 몇몇 개의 제한된 문항을 사용하는 것이 아니라 위의 읽기 평가 문항 유형 항목들이 다양하고 적절한 읽기 평가 문항 유형을 개발하는 데에 도움이 되리라 생각한다. 물론 이 단계에서 문항 유형의 적절성은 텍스트 읽기와 그 반응 유형의 적절성에 따라 달라진다는 것은 늘 기억해야 하는 부분이다.

그런데 한 가지 언급해야 하는 문제가 있다. 그것은 '완성형' 문항에 대한 것으로 여기 읽기 평가 문항 유형에는 평가 문항 중 서답형의 '완성형(빈칸 채우기 형식)'은 제외하였다. 8장 듣기 평가에서는 듣는 텍스트 도중을 비워 놓고 그곳을 채워 넣게 하는 방법 자체가 사용될 수 없기 때문에 완성형(빈칸 채우기) 문항이 당연히 제외되어있다. 그러나 읽기 평가 문항에서는 완성형 문항을 현재도 많이 사용하고 있기 때문에 사용 자체가 불가능한 것은 아니다. 그러나 다음과 같은 이유에서 읽기 평가 문항 유형으로 완성형을 제외하고자 한다.

첫째, 의사소통적 읽기 상황에서 빈칸 채우기 읽기는 일어나지 않는다. 어휘 중심과 문법 중심 혹은 문장 중심의 교수법과 그것을 사용하는 교실 현장에서는 연습을 위해 빈칸 채우기가 활용될 수 있을지도 모른다. 그러나 실생활 어디에서도, 심지어 고도의 지적 능력이 필요한 대학과 대학원 전공서 읽기에서도 괄호를 주고 뭔가를 채워 읽는 방법은 한 번도 실행되지 않는다. 실생활에서 사용되지 않는 방법이라면 의사소통적 읽기 평가에서 측정해야 하는 타당성 자체가 없다고 할 수 있다. 어디에서든 실생활에서 빈칸 채우기 활동이 발견이 되면 평가 문항으로 추가할 수 있을 것이다.

둘째, 읽은 후 반응 유형으로도 자연스럽지 않다. Lund(1990)에서 언급한 9개의 반응 유형에 빈 곳 채우기는 없다. 확장하기는 읽기 텍스트에서 충분한 내용 전달이 이루어진 후에 결말을 추론하는 형식이지 텍스트 자체를 비우고 그곳을 확장하라는 것이 아니다. 7장의 완성형 문항에 대한 설명을 하면서 한국인이 더 풀기 어렵다는 것을 언급한 바 있다. 이는 자연스러운 의사소통 상황과 거리가 멀기 때문이라고 볼 수 있다. 완전한 텍스트가 제시되어도 필자가 하고 싶은 내용이 무엇인지 이해하는 것은 결코 쉬운 활동이 아니다. 그런데 텍스트를 이해해가야 하는 상황에 더해져 빈칸을 제시하고 필자가 무슨 말을 썼을지 찾으라는 것은 언어 능력 외에 수수께끼를 풀 수 있는 퀴즈 해결 능력 같은 것이 구인으로 필요해 보인다. 이러한 부자연스러움은 텍스트를 읽으면서 바로 괄호를 채울 수 있는 경우보다 답을 일일이 보면서 확인해서 지워가는 방식의 부적절한 평가 형식을 유도한다.

셋째, 다른 평가 문항 형식으로 더 핵심적인 부분의 평가가 가능하다. 텍스트를 주고 제목 부분을 비워 놓고 답을 고르게 하거나 쓰게 하는 것은 중심 내용이나 소재, 텍스트 기능을 파악해서 고르게 하거나 쓰게 하는 것과 같은 것이다. 또한 읽기 텍스트의 전반부는 제대로 제시하고 마지막 결말 부분만 빈칸으로 하는 것 역시 중심 내용이나 주장, 요지를 파악해서 고르거나 쓰기의 형태라고 할 수 있다. 실생활에서 텍스트 중간에 나오지도 않은 정보를 독자가 임의대로 넣을 일은 없을 것이다. 여기에서는 고쳐 쓰기라는 반응 유형을 제외하였지만 읽고 고쳐 쓰기를 한다고 하더라도 누군가 쓰다가 빈 칸을 많이 마련해 놓은 글을 읽고 수정할 일은 아무리 생각해도 없다.

넷째, 읽고 완성형 문항으로 고르거나 쓰기를 하는 경우 대부분 어휘나 문법 평가에 집중하기 쉽다. 전통적인 읽기 평가 방식으로 많이 사용되는 cloze test(빈칸 채우기) 완성형은 주로 단어나 전치사 등에 집중해서 사용되어 왔다. Oller(1976)의 언어는 하나의 통합된 능력이라는 가설에서 지지를 받은 이 방식은 다행히 한국어에서는 cloze test 방식 그대로 사용되는 일은 거의 없는 듯하다. 그럼에도 불구하고 간혹 등장하는 완성형 문장들이 담화 내용 전체를 대표하지 않는 개별 단어나 표현에 집중되는 것은 바람직하지 않다고 볼 수 있다. Brown(2007:241)에서는 형태심리학의 'closure'의 개념을 들면서 cloze test를 허용 가능한 상호작용적 읽기 평가의 문항으로 제시하고 있다. 그러나 주로 시각적 인지 혹은 전체와 부분의 인지에 관련되는 'closure'(심리적 클로저)가 읽기 빈칸 채우기 완성형 문항과 직접적인 관련이 있는지 그리고 그것이 전체 텍스트 이해와 어떤 관련이 있는지는 생각해 볼 여지가 있어 보인다.

이러한 이유를 제시했음에도 한국어 읽기 평가 문항으로 완성형을 사용할 수도 있을 것이다. 그렇다면 의사소통 읽기 상황과 유사한지 무엇을 평가해야 하는지 그래서 어느 부분을 완성하도록 하는 것이 핵심 의미 이해와 관련되는지를 신중히 고려해야 할 것이다.

2) 읽기 평가의 최종 문항 유형 결정 원리

8장의 듣기 평가의 최종 문항 유형 결정 원리와 같은 방식으로 읽기 평가의 최종 문항 결정 원리를 다시 그림으로 보이면 아래와 같다.

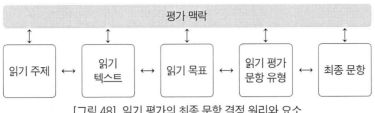

| 읽기 주제 | ↔ | 읽기 텍스트 | ↔ | 읽기 목표 | ↔ | 읽기 평가 문항 유형 | ↔ | 최종 문항 |

[그림 48] 읽기 평가의 최종 문항 결정 원리와 요소

설명의 편의를 위해 앞에서 제시한 '화장실 안내 표지판'을 대상으로 최종적으로 개발할 수 있는 평가 문항 유형을 살펴보면 다음과 같다. 화장실 안내 표지판의 경우 주제는 화장실 등의 공공장소, 텍스트는 안내 표지판으로 읽기의 목표는 장소를 파악하는 것이다. 따라서 이 텍스트를 읽고 할 수 있는 반응은 화장실을 이용하는 행동을 하는 것이 가장 바람직한 유형이 될 것이다. 그러므로 선택될 수 있는 평가 문항은 (1)~(7)까지의 행동하기와 관련된 것들이 가능할 수 있으나 그 중에서 (1) 읽고 맞는(적절한) 행동하기, (2) 읽고 맞는(적절한) 행동 진위를 판단하기(문어나 그림), (3) 읽고 맞는(적절한) 행동 연결하기(문어나 그림), (4) 읽고 맞는(적절한) 행동 고르기(문어나 그림)가 선택될 수 있을 것이다.

- 화장실 안내 표지판 읽고 (적절한) 행동하기
- 화장실 안내 표지판 읽고 맞는(적절한) 행동 진위를 판단하기(문어나 그림)
- 화장실 안내 표지판 읽고 맞는(적절한) 행동 연결하기(문어나 그림)
- 화장실 안내 표지판 읽고 맞는(적절한) 행동 고르기(문어나 그림)

만약 화장실 등의 공공장소를 주제로 이용 불편 사항에 대한 시민의 투고를 읽게 된다면 투고문에 어떤 내용이 들어갔는지에 따라 달라질 수는 있으나 평가 목표는 글을 쓴 목적, 글의 중심 내용(불편 사항과 불만), 필자가 제안한 내용, 필자의 어조나 태도 등이 될 수 있을 것이다. 이 경우 공식 평가와 비공식 평가에서 사용할 수 있는 평가 문항 유형을 모두 골라 보면 (19) 읽고 질문에 대한 대답 진위를 판단하기(문어나 그림), (20) 읽고 질문에 대한 대답 연결하기(문어나 그림), (21) 읽고 질문에 대한 대답 고르기(문어나 그림), (22) 읽고 질문에 맞는 대답 쓰기(단답형, 논술형), (23) 읽고 질문에 맞는 대답 말하기(단답형, 논술형), (26) 읽고 내용 압축한 것 고르기, (27) 읽고 내용 압축한 것 쓰기(단답형, 논술형), (28) 읽고 내용 압축한 것 말하기(단답형, 논술형), (32) 읽고 내용 확장한 것 쓰기(단답형, 논술형), (33) 읽고 내용 확장한 것 말하기(단답형, 논술형), (39) 읽고 모방해서 쓰기(예: 투고문 샘플 보고 쓰기 등), (40) 읽고 대화에 참여하기 정도가 될 것이다. 이것들 중 평가 맥락에 맞춰서 가장 적절한 것을 선택하면 된다. 위에 제시된 평가 문항 유형들을 이용해서 최종 문항으로 가능한 것들은 화장실 이용 불편에 대한 투고 읽고 목적/주장/제안/필자의 어조/태도에 대해 질문에 대한 답의 진위를 판단하기에서부터 대화에 참여해서 필자의 주장에 대한 타당성이나 공감하는 부분 등에 대해 이야기할 수도 있을 것이다.

- 화장실 이용 불편 사항에 대한 투고 읽고 목적/주장/제안/필자의 어조/태도 진위 판단하기
- 화장실 이용 불편 사항에 대한 투고 읽고 목적/주장/제안/필자의

어조/태도 연결하기

- 화장실 이용 불편 사항에 대한 투고 읽고 목적/주장/제안/필자의 어조/태도 고르기
- 화장실 이용 불편 사항에 대한 투고 읽고 목적/주장/제안/필자의 어조/태도 쓰기/말하기
- 화장실 이용 불편 사항에 대한 투고 읽고 중심 내용/요지 고르기
- 화장실 이용 불편 사항에 대한 투고 읽고 중심 내용/요지 쓰기/말하기
- 화장실 이용 불편 사항에 대한 투고 읽고 주장과 제안에 대해 대한 답변 쓰기/말하기
- 화장실 이용 불편 사항에 대한 투고 읽고 비슷한 형식으로 모방해서 투고문 쓰기
- 화장실 이용 불편 사항에 대한 투고 읽고 주장/제안/필자의 어조/태도에 대해 토론하기

최종 문항 유형으로 제안된 위의 아홉 가지를 모두 다 사용하라는 것은 아니다. 평가 맥락에 따라 평가 목표 중 '목적/주장/제안/어조/태도'에서 일부만 선택될 수도 있고 문항 형식으로 진위 판단하기/연결하기/고르기/쓰기/말하기 중 적절한 것이 선택될 수 있는 것이다. 공식적 시험 상황에서는 고르기나 연결하기 등이 선택 가능하다. 또한 비공식적 평가 상황에서 쓰기나 말하기와 통합 수업을 할 수 있다면 마지막에 제안된 세 가지 평가 문항 유형인 답변 쓰기/말하기, 투고문 쓰기, 토론하기 등이 선택될 수 있을 것이다.

위의 문항 목록에는 텍스트 주제(화장실/화장실 이용 불편), 텍스

트 종류(안내 표지판/이용객 투고), 평가 목표(장소, 중심/세부내용/어조 등), 평가 문항 유형(고르기, 확장해서 쓰기/말하기, 대화에 참여하기 등)이 모두 제시되어 있다. 이러한 제시 방식은 평가 문항 원리에 작용하는 것들을 모두 제시하면서 문항 전체의 타당성을 확인하는 데 유용할 수 있다. 그리고 더 중요한 것은 최종 문항으로 개발하고 작성할 때 텍스트 주제, 텍스트 유형, 평가 목표, 텍스트를 읽고 난 후의 반응 유형이 반영된 평가 문항이 평가 맥락에 잘 연결되어야 하는 것이다. 따라서 다소 길더라도 위에 제시한 예들처럼 최종 문항 유형에는 이들이 한눈에 다 드러날 수 있도록 하는 것이 다양하고 적절한 평가 문항 유형을 개발하는 데 도움을 줄 수 있을 것이다.

5. 읽기 평가 개발 지침

읽기 평가 개발 지침에서 다시 강조하고 싶은 것은 평가에서 무엇을 측정할 것인가의 문제로 여전히 어휘와 문법 등 언어 지식에 집중한 평가 문항을 어떤 형태로든 고수하고자 하는 경향이 존재한다는 점이다. 읽기 교수 상황에서는 어휘와 문법 교수를 통한 단계적 읽기를 통해 읽기 능력이 향상되도록 할 수 있다. 그렇지만 교수의 목표는 어휘와 문법 교수에 있는 것이 아니라 그 언어 지식을 능력, 즉 competence로 전환하여 목적이 있는 읽기 텍스트를 읽고 의사소통하는 것이다. 따라서 읽기 평가는 단계적 읽기 능력을 측정하는 것에 목표가 있지 않다. 수영을 배울 때에는 물에 몸 띄우기, 팔 돌리기와 발차기, 숨쉬기를 따로 단계적으로 배울 수 있다. 그러나 수영 시험에서는 단계적 교수 내용을 평가하는 것이 아니라 모든 것을 활용해서 수영할 수 있는지를 측정하는 것이다. 요리도 마찬가지이다. 재료가 무엇인지 알려 주는 시간, 순서를 알려 주는 시간, 실제 단계별로 요리를 진행하는 요리 수업 시간이 존재해야 한다. 그러나 요리 시험을 본다는 것은 요리 재료학이 아니라면, 필기로 지식을 측정하는 것이 아닌 요리 실력을 보는 것이라면 배운 모든 능력을 총동원해서 요리를 해 내야 하는 것이다.

그러므로 읽기 텍스트를 읽는 것은 텍스트 길이와 난이도에 상관없이 읽기를 가능하게 하는 구인들을 총동원하여 텍스트의 기본 의미를 이해하고 독자의 배경 지식을 활용하여 텍스트 의미를 해석해 내는 것이지 구인이 되는 요소들, 특히 언어 지식을 개별적으로 측정하는 것이 아니라는 점이다. 이러한 언어 평가에 대한 철학은 듣기 · 말하기 · 읽기 · 쓰기 전 영역에 해당된다.

읽기 평가 개발 지침에서 듣기와 동일한 부분은 생략하고 중요한 부분만 언급한다.

1) 읽기 평가의 텍스트 작성 지침

읽기 평가를 위한 텍스트 작성 지침은 Heaton(1988:117-122), Hughes(1989:119-120)의 내용을 정리한 김영숙 외(2004:286), 이완기(2004:99,284)에서 중요한 것을 추리고 몇 가지를 추가하여 제시한다.

(1) 읽기 평가에서 수험자가 읽어야 하는 것은 '한국어 문어 텍스트'여야 한다.

의사소통 상황에서 읽기 개념을 통해 읽어야 하는 대상은 한국어 문어 텍스트라고 확인한 바 있다. 그렇다면 그 텍스트의 특성을 잘 보여줄 수 있는 것이 선택되거나 잘 개작 혹은 창작되어서 제시되어야 한다. 문어 텍스트에는 형식적 특성(관습)에 맞춰 텍스트의 본질적 목적을 수행할 수 있는 적절한 내용들이 들어가 있는 완성된 텍스트여야 한다. 텍스트에 따라 내용 일부를 제시할 수는 있겠지만 형식과 내용이 잘 조화된 텍스트로서 완성도가 있어야 한다는 의미이다.

(2) 읽기 텍스트는 '가능한 한' 진정성 있게 작성이 되어야 한다.

읽기 텍스트는 가능한 한 (한눈에 봤을 때에노) 실세계에서 섭할 수 있는 실제적이고 진정성 있는 텍스트여야 한다. 진정성은 형식과 내용 모든 면에서 조화를 이루어야 한다. 내용적인 면에서도 그 텍스트에 반드시 들어가야 하는 것들이 선택되고 사실에 근거해서 작성이 되어야 한다. 어떤 특정한 텍스트를 그대로 가지고 와서 사용할 경우에도 내용의 진정성과 사실성에 대해서는 반드시 확인하는 작업이 필요하다.

그리고 진정성 있는 읽기 텍스트는 시각 자료이므로 텍스트의 시각적 효과가 잘 드러나는 것이 중요하다. 왜냐하면 텍스트의 시각적 효과는 그 자체로 문어 텍스트성을 나타낸다. 즉, 담화 자체의 목적과 언제 왜 읽을 수 있는지에 대한 맥락을 암시하여 독자로 하여금 그 텍스트를 어떻게 이해해야 하는지 준비할 수 있도록 하기 때문이다.

다음 [표 51]에 제시된 영어 읽기 텍스트들은 네 가지 모두 각기 다른 시각적 효과로 해당 텍스트의 장르적 특성을 잘 드러낸다. 텍스트

편집, 다양한 글씨체, 글씨 굵기, 언어 사용 양상, 사진이나 그림 자료의 활용과 배치 등에서 실제적이라는 인상을 주며 그 특징을 잘 드러내고 있다.

[표 51] 다양한 영어 읽기 평가를 위한 텍스트들

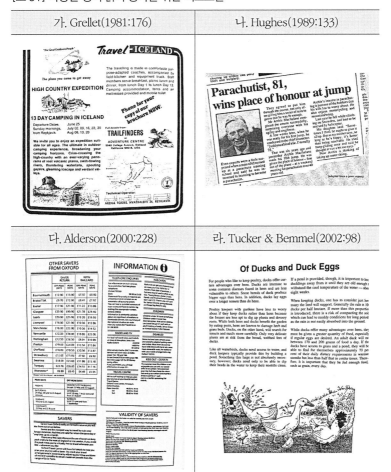

가. Grellet(1981:176)	나. Hughes(1989:133)
다. Alderson(2000:228)	라. Tucker & Bemmel(2002:98)

가, 나, 다, 라의 텍스트를 읽는 경우에 무엇을 읽어야 하는지에 대해 생각해 보거나 동료와 이야기해 보면 읽기 전에도 무엇을 찾아야 할지 어디쯤에서 찾아야 할지 계획이 세워진다. 읽기를 위한 전략적 능력의 사용이 자동화되어 나타나는 것이다. 그리고 그 전략을 수행하고 텍스트를 읽으면서 또 전략을 수정하는 과정을 진행하면서 텍스트를 이해하게 된다. 하향식으로 읽을지 상향식으로 읽을지 어느 부분을 탐색해서 읽을지 아니면 전체적으로 훑어 읽을지 결정하게 되면서 독자와 텍스트의 상호작용이 일어나는 것이다. 물론 독자가 원하는 내용이 없는 경우에는 중간에 읽기를 그만둘 수도 있다. 이렇듯 자연스러운 실제 의사소통 읽기를 가능하게 하기위해서는 텍스트 자체의 시각적 장치들이 잘 구현이 되도록 해야 한다.

라.에 제시된 Tucker & Bemmel(2002)의 텍스트는 IELTS academic module의 읽기 시험 텍스트로 가금류 사육자들에게 닭과 오리의 생태와 사육의 장단점을 설명하고 있는 전문적 내용이 포함된 텍스트이다. 이를 인용하는 이유는 학문적 읽기 시험이나 수필, 소설 등 긴 글로 작성된 자료에서도 텍스트 이해에 결정적이지 않은 정도의 텍스트성은 시각적으로 부각될 필요가 있기 때문이다. 실생활에서 수필이나 소설을 선택해서 읽을 때에도 전공 서적을 읽을 때에도 시각 자료로서 읽기 텍스트의 기능은 있다. 책 표지 디자인이 시각 자료로 활용되기도 하고 책 제목이나 장(chapter)별 제목 등을 통해 그 안의 내용이 무엇인지를 예측하고 독자가 무엇을 어떻게 읽을지 선택할 수 있게 한다. 그런데 어떤 장치도 없이 문장만 나열된다면 이는 의사소통적 읽기 활동이 될 수 없다. 어떠한 상호작용 전략도 세우지 못한 상태에서 한 글자씩 읽어야 하는 상향식 문자 읽기와 문장 읽기로 그치게 되는 것이다.

이는 Hughes(1989:118)의 주장에서도 확인할 수 있다. Hughes는 숙달도에 맞는 적절한 항목을 평가 목표로 삼는다면 모든 숙달도 수준에서 실제적 텍스트를 사용하는 것이 가능하다고 하였다. 따라서 앞에서 언급한 대로 '가능한 한' 실제적 텍스트 읽기를 통해 읽기 능력을 측정하도록 해야 할 것이다. 물론 텍스트 사용의 실용적 측면도 함께 고려해야 한다. 길고 복잡한 실제적 텍스트인데 초급에서 너무 적은 항목이 측정되게 된다면 실제성을 살리면서 일부분만 제시하는 것도 가능할 것이다. 그러나 이때에도 텍스트 고유의 성격은 유지되어야 한다.

실제적 텍스트를 작성해야 하는 가장 근본적인 이유는 수험자들이 교실을 벗어난 일상에서는 교재나 평가에 사용되는 인위적으로 조작된 텍스트를 읽지 않고 실제 텍스트를 읽어야 하기 때문이다. 따라서 한국어 읽기 평가에서도 한국어 읽기를 위한 실제적 텍스트들의 특징을 잘 살펴보고 이를 기반으로 읽기 평가 텍스트를 작성할 수 있도록 해야 한다.

[표 52]는 한국어 읽기 평가 텍스트로 사용 가능한 것들의 예시 자료들이다. 각각의 읽기 텍스트에서 무엇을 읽어야 할지 분명히 드러난다. 여기에 제시된 가, 나, 다, 라 모두 최대한 실제 텍스트성을 살리고 있다. 가)는 띄어쓰기도 실세계에서 발견할 수 있는 것처럼 규범에 맞지 않은 채로 제시된 진정성 있는 텍스트이다. 그리고 가)에는 해시태그가 있고 나)에는 바코드도 표현된다. 이러한 시각적 기호들은 의미 파악에 영향을 미치지 않지만 텍스트성을 보여 주는 데에는 큰 역할을 하는 것이다. 다)의 건물 간판들은 하나씩 제시되는 것도 가능할 것이다. 그러나 우리가 일상생활에서 간판을 읽을 때에는 건물에

걸린 많은 간판들 중에서 독자가 필요한 것을 탐색해 읽는다. 다)는
이러한 의도가 반영된 읽기 텍스트라고 할 수 있다. 마지막에 제시된
라)는 긴 사연이 적힌 글이지만 인터넷에 자신의 상황에 대해 도움을
요청하는 질의응답(Q & A) 방식의 텍스트이다. 이는 실제적으로 사
용되는 텍스트를 활용함으로써 맥락을 예상할 수 있고 독자에게 진정
성 있고 분명한 읽기 목표를 제시하는 텍스트라고 할 수 있다.

[표 52] 한국어 읽기 평가를 위한 텍스트들

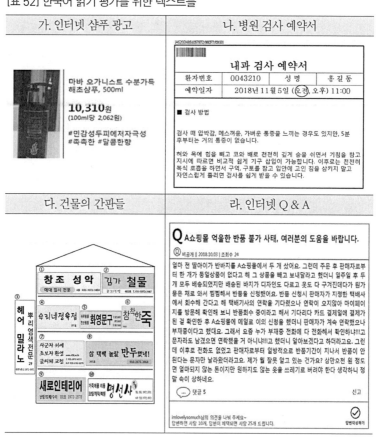

(3) 한국어 교재에 제시된 '대화' 형식을 읽기 시험에 사용하는 것은 바람직하지 않다.

(1)의 지침과 연계된 것으로 일상생활에서는 '대화' 읽기가 거의 일어나지 않는다. 드라마 대본이나 희곡 대본, 영화 시나리오에 있는 대화 읽기도 한국어 교재 속 대화와는 장르적 특성에서 확연히 다르다. 따라서 그러한 대본 읽기의 대화가 아니라면 한국어 교재에 제시된 '대화' 형식을 읽기 시험에 사용하는 것은 바람직하지 않다고 보며 한국어 문어 텍스트 평가의 대상이 아니라고 본다. 한국어 교재에는 구어 대화를 문어로 실을 수밖에 없다. 그러나 그 목표는 문어 텍스트 이해가 아니다. 단지 전달 매체를 문어로 사용해서 구어를 기록한 것이다. 그런데 한국어 읽기 시험 문항들을 보면 대화문이 많다. 특정 어휘와 문법에 치중해서 자연스럽지도 않고, 그런 대화로는 드라마 대본이 될 수 없을 것이다. 이런 대화 읽기는 교수 상황에서 읽고 낭독하고 말하기로 전환시킬 수 있는 샘플 대화로 봐야 할 뿐이다. 영어의 경우 읽기 교육과 관련된 서적과 연구 어디에서도 구어 대화 읽기를 사용한 예를 발견하지 못하였다.

(4) 읽기 텍스트의 핵심 항목이 평가하고자 하는 목표를 잘 드러내도록 작성해야 한다.

읽기 텍스트마다 정보, 중심 내용, 세부 내용 등으로 핵심 항목이 특정될 수 있다. 이러한 핵심 항목을 측정하는 것이 평가 목표가 되므로 이를 잘 파악할 수 있도록 텍스트가 작성이 되어야 한다. 정보 파악이 목표라면 해당 정보들이 적재적소에 충분히 잘 제시되어 있어야 한다. 어떤 경우에는 핵심 항목들 중 하나를 특정해서 측정하지만 결국

엔 서로 평가 목표에 연결될 수도 있다. 예를 들어, 중심 내용과 세부 내용이 핵심인데 명시적으로 중심 내용이 언급되지 않은 텍스트가 있다고 하자. 그때 중심 내용을 추론하기 위해서는 세부 내용들이 중심 내용 추론을 뒷받침할 수 있어야 한다. 그런데 세부 내용이 빈약하게 제시된다거나 누락이 되는 경우에는 중심 내용의 추론 능력이 아니라 상상력을 측정하게 될 수도 있다. 이는 중심 내용과 세부 내용이 연결되어 있기 때문이다. 따라서 읽기 텍스트 작성할 때에는 모든 핵심 항목들을 신중하게 고려하여야 한다.

(5) 읽기 평가의 목표, 수험자의 수준, 내용의 난이도에 따라 적당한 길이로 작성해야 한다.

영어 읽기 평가에서는 다음과 같이 제안하고 있다. 특정 정보 검색하기(scanning) 평가를 위해서는 2,000 단어 이상의 지문도 가능하다고 한 반면, 꼼꼼하게 다 읽어야 하는 정독을 요구하는 평가에서는 몇 개의 문장으로 구성된 지문을 사용할 수 있다고 하였다. 또한 숙달도별로 초급 단계에서는 50~100, 중급에서는 200~300. 고급에서는 400~600 단어 정도의 지문을 선다형 문항에 사용하는 것이 적절하다고 하였다(김영숙 외, 2004:286). 이러한 지침은 한국어 읽기 평가에서 참고하고 한국어의 특성에 맞게 조절할 필요가 있을 것이다. 단, 이러한 지침은 확정적으로 받아들이는 것보다 평가 맥락에 맞추어 적절하게 조절하는 것이 성공적일 수 있을 것이다.

(6) 수험자에게 가치 있는 텍스트로 내용적으로나 형식적으로 비약이 없는 텍스트여야 한다.

가치 있는 텍스트가 유명 작가나 유명한 작품을 의미하는 것이 아니다. 수험자에게 가치 있는 텍스트라는 것은 읽고 싶게 만드는 흥미로운 내용과 주제를 담고 있는 텍스트여야 한다는 의미이다. 아무리 유명한 작가가 쓴 텍스트라고 하더라도 이미 알고 있어서 식상한 내용일 수도 있고 독자의 관심을 벗어난 주제의 텍스트일 수도 있다. 따라서 독자가 읽을 수 있고 읽어야 하는 동기를 가지도록 평가 맥락에 맞는 다양한 텍스트를 작성하는 것이 더 바람직할 것이다. 또한 자연스러운 내용 전개와 적절한 형식을 갖추는 것도 읽기 평가 텍스트의 기본적 요소일 것이다.

(7) 다음과 같은 텍스트를 선택하거나 작성하는 것은 지양해야 한다.
- 이미 잘 아는 일반적인 내용으로 된 텍스트
- 수험자가 이미 읽은 적이 있는 텍스트 본문과 교과서 본문
- 지나치게 전문적이거나 특정한 내용의 텍스트
- 텍스트 이해에 문화적 배경 지식을 너무 많이 요구하는 텍스트
- 문화, 종교, 성, 나이 등에 편견이 있거나 지나치게 강한 주장이 담긴 텍스트
- 문체나 글의 구조상 잘못이 있거나 개인적 특성이 너무 강한 텍스트

이미 잘 아는 일반적인 내용은 상식 측정의 가능성이 있고 이미 읽은 적이 있는 텍스트를 다시 읽는 것은 암기력과 관련되어 측정의 신

뢰도가 낮아진다. 지나치게 전문적이거나 문화적 배경 지식 등이 강조되면 그 분야의 지식이 있는 사람들에게 유리한 차별적 문항이 될 수 있다. 그리고 읽기 평가를 받으면서 정서적으로 불편함을 느낄 수 있는 특정 주제의 내용 등은 수험자 측면의 신뢰도를 보장할 수 없으므로 지양해야 한다. 그리고 원본 자체에 문제가 있거나 개작 과정에서 오류를 가진 텍스트들은 훌륭한 독자라도 읽기를 혼란스럽게 할 수 있으므로 사용하면 안 된다. 특히 출판된 책이나 기사 등을 완벽한 텍스트로 생각하고 그대로 사용하는 경우가 있는데 아무리 공식적으로 출판되거나 공표된 읽기 텍스트라고 하더라도 내용과 형식에 오류가 있을 가능성이 있으므로 잘 판단해서 사용하여야 한다.

2) 읽기 평가의 문항 작성 지침

읽기 평가 문항의 문제와 답항을 작성할 때 중요한 지침이 무엇이고 어떻게 적용될 수 있는지 살펴보면 다음과 같다.

(1) 읽기 문항은 실제 의사소통 상황에서 요구되는 핵심적인 능력을 측정해야 한다.

앞에서 살펴봤듯이 읽기 주제와 읽기 텍스트, 그리고 평가 목표는 하나로 연결되어 있다. 그렇기 때문에 읽기 텍스트에서 가장 중요한 핵심을 문항으로 출제하는 것이 평가 목표에 적절하다. 그런데 실제 시험 문항들을 보면 문항의 목표가 정해져 있고 거기에 맞춰 텍스트를 짜 맞추는 경향이 있다. 순서와 상관없이 이들 연결이 잘 맞는다면 문제가 없지만 연결성을 고려하지 않는 경우에는 어색한 문항이 될 수 있고 핵심적인 능력을 측정하기 어렵게 만드는 경우가 있다.

텍스트와 문제 연결이 부적절한 문항 예시	※ [57~58] 다음을 순서대로 맞게 나열한 것을 고르십시오. 57. (3점) (가) 저는 종이컵을 많이 썼습니다. (나) 이제부터는 그 컵을 쓰려고 합니다. (다) 그래서 가지고 다닐 컵을 샀습니다. (라) 그런데 종이컵은 바로 쓰레기가 됩니다. ① (가)-(다)-(나)-(라) ② (가)-(라)-(다)-(나) ③ (나)-(다)-(라)-(가) ④ (나)-(라)-(가)-(다) (64회 TOPIK Ⅰ 읽기 문항)

위의 예는 텍스트를 네 문장으로 나누어 각 문장을 순서에 맞게 배열하는 형식의 문항이다. 그런데 이 텍스트를 원래대로 풀어놓고 보면 이 텍스트는 사건의 순서나 생각의 순서가 가장 중요한 텍스트라고 보기 어렵다. 그렇게 되려면 왜 지금껏 쓰던 종이컵을 안 쓰기로 했는지 계기가 될 만한 사건이 들어가야 더 적절하다.

그리고 위의 문항은 담화 표지 파악만 해도 어느 정도는 풀이가 가능하다. 시험 풀이 기술을 사용해 보면, 수험자는 먼저 담화 표지에 표시를 할 수 있는데 (가)에는 없고 (나)의 그 컵, (다)의 그래서~컵, (라)의 그런데 종이컵이 있음을 확인할 수 있다. 따라서 아무런 담화 표지가 사용되지 않은 (가)가 처음에 등장하는 답인 ①, ②번 중 하나가 답이 될 수 있음을 알 수 있다. 그 다음에는 (가)에 있는 종이컵이 (라)에도 등장하고 있기 때문에 (라)를 그 다음으로 하면 답은 ②가 된다. 물론 더 복잡한 기법으로 시험 풀이 기술을 벗어나서 의미 파악을 유도할 수도 있겠지만 이 방식으로라면 텍스트의 의미를 전혀 모르고 담화 표지와 단어 몇 개만 인지할 수 있으면 답을 찾을 가능성이 높은 문항이 된다. 이러한 면에서도 읽기 텍스트의 핵심인 의미를 전혀 물을 수 없기 때문에 핵심 항목과 관련된 적절한 평가 문항이라고 보기 어렵다. 처음 문항을 계획할 때부터 순서 나열하기의 문항 유형과 어울리는 주제와 텍스트가 무엇인지 잘 파악하고 적용하는 것이 중요할 것이다.

그래서 이 문항을 정상적인 순서로 배열해 놓고 보았을 때에는 아래 수정된 문항처럼 이 사람의 생각이 무엇인지를 파악하는 것이 핵심 문항이고 그렇게 평가 문항을 작성했을 때 텍스트와 평가 목표가 자연스럽게 연결된다고 할 수 있다. 텍스트 각 문장들이 세부 사항이 되어서 중심 생각을 뒷받침하고 있고 명시적으로 드러나 있지 않지만 세부 사항을 통해 추론할 수 있는 문항으로 읽기 텍스트의 핵심 의미 파악과 연결되는 문항이라고 할 수 있다. 이처럼 어떤 텍스트를 어떤 평가 목표와 연결시키느냐가 핵심 항목을 평가하는 문항으로 성공적으로 작성할 수 있느냐를 결정하는 중요한 단계라고 할 수 있을 것이다.

| 텍스트와 문제 연결이 적절한 문항 예시 (수정된 문항) | ※ 다음을 읽고 중심 생각을 고르십시오.

저는 종이컵을 많이 썼습니다. 그런데 종이컵은 바로 쓰레기가 됩니다. 그래서 가지고 다닐 컵을 샀습니다. 이제부터 그 컵을 쓰려고 합니다.

① 저는 새 컵이 마음에 듭니다.
② 저는 새 컵을 사고 싶습니다.
③ 저는 종이컵을 안 쓸 것입니다.
④ 저는 종이컵을 버리려고 합니다.

(64회 TOPIK I 읽기 57번 본문 사용) |

(2) 선다형 읽기 문항의 목표는 하나여야 하며 답항은 그 목표로 집중해서 작성되어야 한다.

하나의 읽기 텍스트에는 정보, 주제, 세부 내용, 필자의 어조, 태도 등 다양한 요소들이 핵심적으로 기능할 것이다. 그리고 이들 전부 혹은 가장 두드러지는 몇 가지를 뽑아서 물을 수 있다. 그때 선다형 읽기 문항의 목표는 앞에서 살펴본 바와 같이 하나이기 때문에 하나의 목표만 묻는 것이 적절하다. 시간이면 시간, 주제면 주제, 세부 내용도 이유면 이유로 하나씩 물어야 한다. 따라서 긴 텍스트의 경우에는 핵심 문항이 많고 국부독립성을 유지할 수 있다면 많은 수의 문항으로 평가하는 것도 가능하다. 그런데 문제는 제한된 문항 수를 지켜야 하거나 혹은 평가 목표를 잘못 적용하는 경우 답항에 중심 내용과 세부 내용과 텍스트 기능 등이 혼재하는 경우가 있다. 이는 하나의 문항에 평가 목표가 여러 개 등장하는 문제점도 가지면서 동시에 핵심이 아닌 내용들로 답항을 채우게 되는 문제도 일으킬 수 있다.

아래의 문항은 7장 평가 문항에서도 답항이 텍스트보다 길고 어려운 예시 문항으로 제시한 바 있는데 여기에서 다시 설명에 활용해 보고자 한다. 이 텍스트는 읽기 텍스트로서 진정성 있는 텍스트이다. 이 텍스트에서는 1년 동안 사용한 컴퓨터를 판다는 것밖에 중요한 것이 없다. '가격'을 몰라도 '연락처'를 몰라도 숫자와 이메일 주소로 가격과 연락처를 파악할 수 있기 때문이다.

평가 목표가
여럿인
문항 예시

① 이 컴퓨터는 십만 원입니다.
② 이 컴퓨터를 1년 동안 썼습니다.
③ 이 사람은 컴퓨터를 받고 싶습니다.
④ 컴퓨터를 사고 싶으면 이메일로 연락합니다.

(35회 TOPIK I 읽기 문항)

그런데 여기에서 언급하고자 하는 핵심은 답항으로 제시된 것을 보면 ①은 컴퓨터 가격, ②는 컴퓨터 사용 기간, ③은 텍스트의 목적, ④는 읽고 난 후 독자의 행동을 파악하는 것이 목표이다. ①, ②는 컴퓨터의 정보이기 때문에 적절할 수 있다. 그러나 나머지 두 답항은 ①, ②를 위한 전제가 되는 내용으로 핵심적인 내용으로 보기 어렵다. 이렇게 핵심과 비핵심의 평가 목표가 하나의 문항에 같이 제시되는 것은 바람직하지 않다. 독자는 이 텍스트를 읽고 살 수 있는 물건이 무엇이고 그 물건이 어떤지에 대한 정보를 파악해서 구매를 결정하게 된다. 따라서 읽기 텍스트에 컴퓨터에 대한 정보를 더 추가하여 문항을 작성하는 것이 바람직하다고 할 수 있을 것이다. 추가적으로 언급하자면, 숫자를 읽고 알았는데 답항에서 '십만 원'이라는 단어를 읽어야 한다면 이건 텍스트 읽기가 아니라 답항 읽기가 목표가 된다는 것도 문제라 할 수 있다. 100,000원이 십만 원과 같은 의미라는 것을 측정하고 싶다면 십만 원으로 작성될 수 있는 실제적 읽기 텍스트를 작성하고 그것을 100,000원으로 연결하는 것이 올바른 방향이다. 10,000$라고 쓰여 있어서 얼마인지 충분히 이해했는데 그것을 어떻게 소리내어 읽을 수 있는지 맞게 적힌 것을 고르라고 하는 것은 의미 읽기가 아니라 구어 발화를 문자화 한 단어를 파악하는 문제이다. 그리고 이메일 주소를 보면 문의를 메일로 하라는 것을 알 수 있는데 긴 답항 '컴퓨터를 사고 싶으면 이메일로 연락합니다.'를 읽게 하는 것 역시 텍스트보다 어려운 문법이 사용된 답항 읽기가 목표라고 볼 수 있다.

(3) 읽기 문항에 텍스트의 맥락을 최대한 제시해야 한다.

앞에서 텍스트 작성 시 시각적 정보를 통해 텍스트의 맥락이 잘 제시되어야 한다는 점을 언급한 바 있다. 그러나 시각적 정보를 활용하기 어려운 경우에는 문제를 푸는 데 결정적인 힌트가 되지 않는다면 텍스트의 장르나 소재 등에 대해서는 문제(지시문)에 언급을 해 주는 것이 바람직하다. 물론 답항을 먼저 읽는 전략을 사용해도 텍스트의 소재나 장르 파악이 가능할 수 있지만 지시문에서 미리 정보를 주는 것이 실제 의사소통 텍스트 읽기와 더 유사하며 텍스트를 읽기 전에 목표가 생길 수 있기 때문이다. '다음을 읽고 질문에 답하십시오.'와 '다음은 세탁기 사용 시 유의사항 안내문입니다. 잘 읽고 질문에 답하십시오.'의 차이는 읽기 텍스트의 독자인 수험자에게 끼치는 영향도 다를 것이다.

(4) 읽기 텍스트 답항을 문자 찾기가 되게 작성하면 안 된다.

평가 문항 작성 지침 9에서 살펴본 바와 같이 읽기 평가 문항의 지시문과 답항은 텍스트에 사용된 표현을 사용할 수는 있지만 더 쉽고 간단하게 작성되어야 한다. 그런데 그렇지 못하는 경우에 명시적으로 나타난 표현을 그대로 사용하여 답이 되게 하는 경우가 많다. 이는 의미 파악이 아니다. 한국어를 몰라도 똑같이 생긴 것만 찾아서 고르면 답이 될 수 있는 것이다.

다음의 '글씨 맞추기 문항 예시 가'를 풀어 보면 확인이 된다. 텍스트성을 차치하고 간단히 원리만 설명하기 위해 아래와 같은 문항을 제시한다. 이 문항은 이탈리아어를 아는 사람은 물론이거니와 이탈리어어를 전혀 모르는 사람도 풀 수 있는 문항이다. 여기에서 답을 찾는 것은 언어 능력이라기보다는 시각적 인지 능력과 약간의 시험에 대한 센스이다. 답은 물론 ③이다. 그래서 이 말이 무엇을 의미하는지 알 수 있는가? 이에 내한 내답은 거의 내부분 아니다일 것이다. 의미를 몰라도 풀 수 있다면 이것은 읽기 평가 문항이라고 할 수 없다.

글씨 맞추기 문항 예시 가.	Mi piace il mela.
	1. Cosa mi piace? ① riso ② pane ③ mela ④ carne (이탈리아어 읽기 문항)

글씨 맞추기
문항 예시
나.
	※ 다음을 읽고 맞는 것을 고르세요.
	
	한국에는 4계절이 있어요. 6월~8월은 여름이에요. 아주 더워요. 비도 많이 와요. 12월~2월은 겨울이에요. 겨울에는 아주 추워요. 겨울에는 눈이 와요. 여름에는 수영을 해요. 겨울에는 썰매를 타요. 수영과 썰매는 모두 재미있어요. 한국 사람들은 더운 여름에는 시원한 수박을 먹고 겨울에는 따뜻한 팥죽을 먹어요.
	
	4. 이 글의 내용과 같은 것을 고르세요.
	  ① 겨울에는 비가 옵니다.
	  ② 날씨가 추울 때 눈이 옵니다.
	  ③ 한국은 7월에 아주 춥습니다.
	  ④ 따뜻한 팥죽은 더운 여름에 먹습니다.
	
	(한국어 교사 작성 문항)

위의 '글씨 맞추기 문항 예시 나'는 텍스트 자체도 상식적이고 일반적이라 흥미롭지 못하기 때문에 별로 바람직하지 않다. 그리고 어느 정도의 독해 능력과 한국에 대한 상식만 있으면 텍스트를 읽지 않고 답항만 보고도 풀 수 있다. 그래서 전체적으로 바람직하지 않은 문항이라고 할 수 있다. 그러나 여기에서 제시하는 초점은 똑같은 글씨 찾기가 된다는 것이다. 한국어를 전혀 모르는 수험자도, 기초적인 한국어 능력만 있는 수험자도 시각적으로 똑같은 글씨를 맞춰 가다 보면 답을 풀 수 있게 된다. 수험자마다 시험 기술이 다를 것이다. 어떤 사람은 답항마다 한 어절씩 위의 텍스트와 비교해 가면서 풀 것이고 어떤 학습자는 동그라미와 세모 표시를 하면서 여름과 겨울을 나누어서 확인할 수도 있다. 위의 텍스트에서 그냥 여름 글자와 겨울 글자가 있는 문장을 정리해 보면 다음과 같다. 그리고 나서 문제를 풀어 보면 답

은 ②번으로 의미를 전혀 몰라도 풀 수 있다. 이는 이탈리아어 문제와 같은 차원이라고 볼 수 있다.

여름	겨울
6월~8월	12월~2월
아주 더워요	아주 추워요
비도 많이 와요	눈이 와요
수영을 해요	썰매를 타요
시원한 수박을 먹고	따뜻한 팥죽을 먹어요

이러한 문항은 중·고급 문항에서도 마찬가지로 발견될 수 있다. 아래 '글씨 맞추기 문항 예시 다'의 문항은 TOPIK 중급 문항으로 제시된 것이다. 중심 내용을 고를 때 좋은 시험 전략 중 하나는 '그러므로, 따라서, 결론적으로, 요약하면' 등을 발견하고 그 부분을 이해하는 것이다. 그런데 우연히도 '따라서'가 있는 문장이 중심 내용이 되었다. 그런데 더욱 문제는 '경제 활동부터 해야 한다.'로 이어지는 문장이 '-의 시작과 동시에'를 '-을 시작하면서'로 바꾸고 '준비' 대신 '대비'라는 말이 사용되어서 같은 어휘와 표현으로 볼 수 있게 답항이 제시되었다는 것이다. 중·고급 학습자들이 이 텍스트를 열심히 읽고 의미를 파악해서 문항을 풀 수도 있다. 그러나 텍스트를 잘 이해하지 못하는 수험자가 시험 전략을 잘 사용해서 문제를 풀어낸다면 이는 시험 신뢰도에 문제가 되는 일이다.

따라서 답항에는 텍스트에 제시된 단어를 사용하는 건 맞지만 글씨 맞추기가 되지 않도록 해야 한다. 제시된 표현을 사용하되 더 쉬운 표현으로 바꾸어 표현하거나 그림이나 기호 등의 다른 형식으로 전이되는 방법을 사용할 수 있을 것이다. 그리고 그림이나 기호로 전이하는 것이 안 되면 수험자의 모국어를 사용해야 하고 그것도 불가능하면 쓸 수 없는 문항이 되는 것이다. 이렇게 글씨 맞추기 형식의 문항이 생각보다 자주 많이 발견된다는 건 심각하게 고민해 볼 문제이다. 다시 한 번 강조하지만 글씨 맞추기 형식의 문항을 맞힌 두 명의 학생이 있을 때 두 명 모두가 한국어 읽기를 진정으로 잘하고 있는지를 신뢰할 수 없기 때문이다.

글씨 맞추기 문항 예시다.	※ [59~60] 다음 글을 읽고 물음에 답하십시오. (각 3점)
	이러한 일은 더 이상 기대하기 어려워졌다. 대부분의 자녀들이 결혼과 동시에 부모의 곁을 떠나 둘만의 가정을 꾸리기 때문이다. 자녀에게 자신의 노후를 의지하는 것은 이제 옛말이 되었다. 최근에는 사람들이 직장을 구하여 사회로 진출하는 시기는 늦어진 반면 평균 수명은 늘어났다. 다시 말해 사람들이 경제 활동을 할 수 있는 기간은 줄었지만 퇴직 후에 수입이 없는 상태로 지내야 하는 기간은 길어졌다는 것이다. <u>따라서</u> 안정된 노후를 맞이하기 위해서는 <u>경제 활동의 시작과 동시에</u> 노후 준비를 해야 한다. 모든 국민이 들어야 하는 국민 연금에 가입하는 것 외에도 개인적으로 월급에서 일정한 금액을 꾸준히 저축할 필요성이 커졌다.
	59. 이 글의 중심 생각을 고르십시오. ① 안정된 노후를 위해 국민 연금에 가입해야 한다. ② <u>경제 활동을 시작하면서 바로 노후를 대비해야 한다.</u> ③ 퇴직 후에도 수입을 유지하는 방안을 찾아보아야 한다. ④ 늘어난 평균 수명에 맞춰 경제 활동 기간을 늘려야 한다. (TOPIK 27회 중급 읽기 문항)

(5) 읽기 평가 문항은 실제 과제와 유사해야 한다.

읽기 평가 문항 역시 읽은 후에 무엇을 하는 것이 가장 적절한 반응이냐를 생각하는 것이 과제의 실제성을 확보하는 데 도움이 된다. 다음에 제시된 문항은 텍스트의 완성도는 약간 아쉽긴 하지만 일기의 텍스트성을 보여 주고 있다. 다른 사람의 일기를 보는 일은 거의 없는 일이라 실제적이라고 할 수 없지만 요즘은 블로그 형식 등으로 일상을 공개하기도 하므로 아예 비실제적이라고도 할 수도 없을 듯하다.

실제 과제와 다른 문항 예시	※ [19-20] 다음을 읽고 물음에 답하십시오. [각 6점] 8월 16일 　나는 오늘 친구 영미와 신발을 사러 가기로 했다. 나는 신천 역에서 영미를 기다렸다. 하지만 영미가 오지 않아서 나는 조금 화가 났다. 영미에게 전화를 건 후에 나는 영미에게 미안해 졌다. 왜냐 하면 우리의 약속 장소는 신천 역이 아니라 신촌 역이었기 때문이었다. 20. 윗글의 내용과 같은 것을 고르십시오. 　① 영미 씨는 저에게 전화했습니다. 　② 영미 씨는 저에게 화를 냈습니다. 　③ 영미 씨는 약속을 지키지 않았습니다. 　④ 영미 씨는 신촌 역에서 기다리고 있었습니다. (한국어 교사 작성 문항)

이 읽기 텍스트를 쓴 필자가 독자의 지인이라고 한다면, 읽고 난 후 독자의 반응은 보통 '영미도 황당했겠다, 너도 놀랐겠다, 그래서 어떻게 했어? 만났어? 영미가 뭐래? 너는 뭐라고 했어?' 등으로 필자의 상황에 공감을 하거나 필자에게 당시 상황과 그 이후에 상황에 대해서

질문을 하는 것이 적절한 반응이 될 것이다. 필자가 앞에 없는 경우라면 독자 혼자 '좀 황당했겠다, 영미한테 뭐라고 사과했겠지, 그래서 그 다음엔 어떻게 됐나?' 등을 생각할 수 있을 것이다. 따라서 영미나 필자인 나의 심정이나 기분을 파악하게 하거나 전화로 어떤 대화가 이루어졌을지 추론하거나 이후 어떻게 됐는지를 파악하게 할 수 있다. 텍스트에서 나의 기분은 '미안해졌다'로 명시적으로 나와 있는데 이것을 답으로 문항을 작성하면 더 쉬운 표현이 없어서 답항을 만들기가 어렵다. 영미의 심정은 추측은 되지만 딱히 추론의 근거가 나와 있지 않고 그 이후 둘이 만났는지 쇼핑을 했는지도 알 수가 없다. 따라서 '미안해졌다'와 '신천 역이 아니라 신촌 역이었기 때문이었다'는 표현을 결정적인 힌트로 해서 주인공이 영미에게 뭐라고 했을지 추론하도록 하는 것이 실제 상황에서도 일어날 수 있는 가장 자연스러운 평가 과제라고 할 수 있다.

그리고 위에 제시된 20번은 문제 지시문에 특정적인 평가 목표가 제시되어 있지 않았다. 그리고 답항 역시 핵심에서 벗어나 있다. 누가 전화했는지를 파악해야 하는 것도, 이 텍스트에서는 확인할 수 없는 내용인 '영미 씨가 화를 냈다'를 사용해 답항을 작성한 것도 바람직하지 않다. ③, ④ 역시 약속과 조금은 관련된 내용으로 답항을 구성하긴 했지만 핵심은 아니다. 핵심은 내가 신촌이 아니라 '신천' 역에 있었다는 것이기 때문이다. 따라서 문항을 아래와 같이 수정을 하면 위의 문항과는 달리 수험자들은 내가 영미에게 뭐라고 해야 하는 상황인지를 파악하기 위한 읽기 전략을 짜고 텍스트를 파악하게 될 것이다. 이러한 방식이 텍스트를 통해 해결해야 하는 평가 과제를 조금이라도 실제적으로 만드는 것이라 할 수 있다. 답을 고르게 하거나 맞춤법에 크게 좌우되지 않는 서답형 쓰기를 통해 읽기 능력을 더 적절하게 측정할 수 있을 것이다.

실제 과제와 유사한 문항 예시 (문항 수정)	20. 나는 영미에게 뭐라고 했을까요? 맞는 것을 고르십시오. ① 지하철을 놓쳐서 그랬어. ② 오늘 바빠서 못 갈 것 같아. ③ 늦어도 괜찮으니까 천천히 와. ④ 만나는 곳을 잘못 알고 있었어. (또는) 20. 나는 영미에게 뭐라고 했을까요? 15자 이내로 쓰십시오. ( )

(6) 의미 파악에 집중하고 지엽적 언어 요소 파악은 지양해야 한다.

아래 문항 예시 가.는 26회 어휘 · 문법 영역으로 출제된 문항이고 현재는 TOPIK에서는 없어진 영역이다. 그러나 한국어 교육 현장에서는 여전히 사용되고 있는 유형이다. 어휘력과 문법 능력을 '진단'하기 위해 독립된 '진단 평가' 형식이 가능하다는 언급은 앞서 한 바 있다. 그러나 읽기 평가 문항에 이와 유사한 형식으로 특정 어휘나 표현을 측정하는 것은 그것이 전체 텍스트 내용을 포함하지 않는 한 개별적 어휘 지식 평가가 될 가능성이 크다.

아래 제시된 문항의 예 '가'를 보면 위 칸에는 문장으로 텍스트를 제시하였고 아래 칸에는 '젖은'만 남겨 두고 문장의 나머지를 지운 채로 제시한 것이다. 이렇게 보면 위 칸에 제시된 문항 역시 다른 것은 필요 없이 오로지 '젖은'과 '마른'만 측정의 목표가 된다. 따라서 문장의 의미를 파악하는 것과는 전혀 관련이 없는 문항이라고 할 수 있다. 이

한 문장을 젖은 옷 세탁 방법 혹은 장마철 세탁 방법 등으로 좀더 텍스트성을 갖추어 읽기 텍스트로 만드는 것이 바람직하다. 그리고 그 텍스트를 읽고 제대로 행동한 경우나 그렇지 않은 것을 찾게 해야 한다. 그랬을 때 선다형이라고 하더라도 의미 파악에 집중되고 실제 과제와 유사한 평가 문항이 될 수 있을 것이다.

언어 요소 평가 문항 예시 가.	※ 다음 밑줄 친 부분과 의미가 **반대**인 것을 고르십시오. 젖은 옷을 바로 세탁하지 않으면 옷 색깔이 변할 수도 있다. ① 닦은 ② 다린 ③ 마른 ④ 묻은 (TOPIK 26회 중급 어휘 · 문법 12번 문항) ※ 다음 밑줄 친 부분과 의미가 **반대**인 것을 고르십시오. 젖은 ① 닦은 ② 다린 ③ 마른 ④ 묻은
언어 요소 평가 문항 예시 나.	※ [7~9] 다음을 읽고 빈 칸에 들어갈 알맞은 말을 고르십시오. (각 5점) 7. 답장 전체답장 전달 ×삭제 스팸차단▾ 이동▾ 읽음▾ ☆ **수잔 씨에게** ｜ 관련편지검색 ⊞ 보낸사람 ｜ 하미 14.06.10 21:28 주소수가 수신차단 수잔 씨, 잘 지냈어요? 지난 주말에는 참 [ ] 이번 주 주말에도 또 만나요. 이번 주말에는 남산에 가요. 연락 주세요. ① 재미있었어요. ② 재미있어요. ③ 재미있을 거예요. ④ 재미있겠어요. (한국어 교사 작성 문항)

위의 문항 '나'의 텍스트성은 시각적으로도 잘 만들어졌고 텍스트 자체에 평가 목표도 잘 드러나 있다. 이 책에서는 읽기 평가 문항 유형으로 '완성형'을 설정하지 않았지만 한국어 교사가 작성한 이 문항은 '완성형'이다. 그리고 그 완성형의 답항은 문법적 요소로 구별되어 작성되어 있다. 이렇게 어렵게 읽기 텍스트를 만들어 놓고 '지난 주말'과 대응하는 '-었어요'를 찾게 하는 문항을 만들면 텍스트가 너무 아깝게 된다. 읽기 텍스트의 목표가 무엇인지 독자는 무엇을 읽어야 하는지 끊임없이 생각해야 읽기 평가 문항이 잘 작성될 것이다.

(7) 긴 텍스트를 사용하는 경우 글 전체에 걸쳐 골고루 평가 문항 이 작성되어야 한다.

긴 텍스트를 사용하는 경우 시삭이나 마무리 부분의 특정한 내용 하나만 시험 문항으로 작성하면 안 된다는 것이다. 긴 텍스트를 제시했을 때에는 그만큼의 평가 목표가 계획이 되어 있었을 것이다. 그렇다면 처음부터 마지막에 걸쳐 평가 문항이 골고루 작성되어야 한다. 특정한 부분에서만 내려고 하면 긴 텍스트를 잘 각색해서 일부만 드러나도록 수정하는 것이 맞다. 그렇지 않으면 긴 텍스트를 작성하기 위한 노력과 시간이 너무나도 아깝게 된다.

1. 언어 요소 평가 문항 예시 나.에 제시된 '수잔 씨에게' 보내는 메일을 읽고 실제 과제와 유사한 의사소통적 읽기 시험 문항을 만들어 보시오.

_____

_____

_____

_____

2. 이 장에서 제시된 읽기 평가 문항 유형 결정 원리, 읽기 텍스트 작성 원칙, 읽기 문항 작성 원칙에 비추어 한국어 읽기 문항을 작성해 보시오. 또는 사용되고 있는 한국어 읽기 평가 문항들을 검토해 보고 장단점을 발표해 보시오.

_____

_____

_____

_____

한국어 쓰기 평가

제10장 한국어 쓰기 평가

　쓰기(Writing)는 문자로 자신의 생각을 표현해 내는 것이다. 그런데 표현이라는 측면에서 말하기와 다르다. "걷기와 말하기는 자연스럽게 배울 수 있는 반면, 수영과 쓰기는 문화적으로 학습된 행동이다."라는 Eric Lehnber(1967)의 언급은 쓰기가 말하기와 다르다는 것이고, 따라서 쓰기는 말하기의 복사물이 아니며(Rebecca, 1977) 그다지 자연스럽지 않은 인간만의 행동이라는 것을 나타낸다. 또한 쓰기는 읽기와 다르고 독립적이다. 읽기를 잘하는 사람이 반드시 쓰기를 잘하는 건 아니다. 이것은 쓰기와 읽기가 문자 언어를 매개로 하지만 그 의사소통적 기술은 다른 것임을 의미한다. 그러므로 쓰기는 당연하게 읽기와는 다른 평가 범주를 설정해야 한다(김유정, 1999:141-142). 이장에서는 독립적인 의사소통 기술로서 쓰기의 개념과 평가 문항 유형, 그리고 문항 작성 원리에 대해 살펴볼 것이다.

1. 쓰기의 개념

간단히 생각해 보았을 때 쓰기란 '의미를 먼저 생각하고 그것을 문자 언어로 옮기는 것'을 뜻하는 것으로 정의할 수 있다. 이는 쓰기에 대한 상식적이고 관습적인 설명으로 표현하려고 하는 것이 무엇인지를 생각하고 그것을 문자로 쓴다는 것이다. 그러나 다양한 개념들은 쓰기의 개념을 폭넓게 확장하고 있다.

Elbow (1973:15)	쓰기는 의미를 완전히 알기 전 출발 단계부터 시작하는 유기적이고 발전적인 과정이고 쓰기가 끝났을 때 비로소 의미가 완성이 된다. 따라서 쓰기는 어떤 메시지를 전하는 것이 아니라 어떤 메시지를 '키우고 요리하는 것'이다.
Dvorak (1986;145)	쓰기는 생각(thought)을 종이에 옮기는 모든 다양한 활동들에서 형태에 초점을 둔 '전사(transcription)'와 생각의 효과적 전개 그리고 의사소통에 초점을 둔 '작문(composition)' 모두를 포함한다.
Byrne (1988)	한두 단어나 문장 등 아무리 짧은 길이의 문자 기호 조합의 배열이라도 일관성(coherence)이 있는 하나의 글(text)로 형성될 때 이를 쓰기라고 한다.

(최연희, 2009:1에서 인용)

이들 정의에서 핵심적인 것들은 '생각과 의미의 전달 및 완성 과정', '전사', '작문', '의사소통', '텍스트' 등을 들 수 있다. 이러한 정의를 바탕으로 김유정 외(1998:54)에서는 '한국어 쓰기는 한국어 자모의 올바른 사용과 어휘와 문법적 지식을 사용해서 자신의 생각(메시지)을 표현하는 의사소통 기술로 그 범위는 단순한 '전사'에서 좀더 복잡한 '작문' 모두를 포함시킨다.'라고 정의한 바 있다. 여기에서는 의사소통 기술로서 쓰기의 개념을 확장시키고 구체화 시키고자 한다. 이를 위해 Widdowson(1978), Lynch(1996)이 쓰기를 '필자와 독자의 상호작용'으로 봐야 한다는 내용과 Raimes(1983:5)에서 쓰기의 구성 요인으로 필자, 독자, 목적, 단어 선택, 담화 구조, 철자법(맞춤법, 구두점 등), 문법(동사 규칙 등), 구문(문장 구조 등)로 제안한 것(최연희, 2009:2, 29)을 활용하여 다음과 같이 의사소통 쓰기의 개념을 정의하고자 한다.

쓰기란 ① 필자가 필자의 생각(의견, 사실, 느낌, 주장, 감상, 듣거나 읽은 내용 등)을 ② 독자를 상정해서 ③ 목적을 가지고 ④ 문어 텍스트를 ⑤ 창작해 내는 것이다. 쓰기는 ⑥ 단순한 전사와 작문을 모두 포함하지만 초점은 작문에 있다. (추가적으로 외국어(혹은 제2언어) 쓰기에서 창작이라는 것은 제1언어에서 제2언어(외국어)로 단순한 ⑦ 기호 바꾸기는 아니라는 의미를 포함한다.)

이러한 정의를 자세하게 설명하면 다음과 같다. 평가와 관련되어 신중하게 고려할 부분이 무엇인지도 함께 기술할 것이다.

① '필자가 필자의 생각(의견, 사실, 느낌, 주장, 감상, 듣거나 읽은 내용 등)을'이라는 것에는 쓰기의 주체와 쓰는 내용이 표현되어 있다. 필자가 자신의 생각을 쓰는 것이라는 것은 쓰기 과정을 작동시킬 때에 중요한 의미를 가진다. 쓰기가 능동적이고 자연스러우려면 필자가 가진 것으로부터 시작을 해야 한다. 그것이 언젠가 어디로부터 들은 이야기거나 읽은 내용이더라도 필자의 머릿속에 들어 있어야 한다는 의미이다. 따라서 필자는 모르는 것을 쓸 수 없다는 의미이기도 하다.

실생활에서 누군가 쓴 내용을 읽고 베껴 쓰기나 인용을 하더라도 본인의 머릿속에는 순간적으로라도 이해가 되고 자기화가 되었기 때문에 쓸 수 있다는 것이다. 그러므로 쓰기 교육 특히 평가에서는 필자가 쓸 수 있는 내용을 선택하는 것이 중요할 것이다.

② '독자를 상정해서'는 의사소통 쓰기에서는 반드시 독자가 있고 독자와의 의사소통이 성공적으로 이루어지기 위해 써야 한다는 것이다. 이는 독자에 대한 배경 지식과 독자의 맥락 등을 충분히 고려해야 성공적인 쓰기가 될 수 있다는 것을 의미하기도 한다. 독자를 상정하는 것이 중요한 이유는 써야 하는 내용 범위와 언어 사용이 달라질 수 있기 때문이다.

동일한 주제, 예를 들어 환경오염에 대한 주제를 다룬다고 하더라도 유치원생을 대상으로 글을 쓸 때와 대학생을 대상으로 글을 쓸 때를 생각해 보자. 유치원생에게는 아주 간단한 내용 범위만 다룰 수 있지만 대학생을 대상으로 할 때에는 방대한 범위까지 다룰 수 있다. 유치원생에게는 아주 이해하기 쉬운 표현만 사용할 것이지만 대학생에게는 전문적인 어휘와 표현들로 채운 글쓰기가 가능할 것이다. 이렇게 독자를 상정한다는 것은 쓰기에 있어서 중요한 부분을 결정하게 한다.

어떤 이는 독자 없는 쓰기도 있다고 하면서 일기나 노트필기를 이야기할 수도 있다. 그러나 그것 역시 독자가 있다. 자신이 독자이기 때문에 자신만 알아볼 수 있는 기호와 글씨체로 자기 마음대로 쓸 수 있는 것이다. 일기 같은 경우는 몰래 훔쳐보는 언니가 독자가 될 때도 있어서 '언니 그만 봐.'라는 내용을 첨가할 때도 있다. 따라서 독자 없는 글쓰기는 없다고 할 수 있다. 그리고 카드 발급 신청서처럼 공공기관에서 사용되는 텍스트의 경우에는 업무 담당자와 담당 기관으로 독자가 이미 정해져 있기도 하고 독자 고려가 크게 중요하지 않을 수도 있다. 그러나 공적인 독자를 대상으로 한다는 점에서 텍스트 쓰기를 수행할 때 어떤 언어를 선택하고 사용할지 결정되므로 독자는 언제나 중요하다고 할 수 있다.

③ '목적을 가지고'는 필자가 독자와 의사소통하려는 목적이 있다는 것이다. 독자에게 사과하기 위한 것인지 약속을 위한 것인지 아니면 설명이나 설득을 위한 것인지 또는 스스로를 독자로 상정하여 다짐을 하기 위한 것인지 등등 목적성은 다양할 것이다. 목적이 분명하기 때문에 일상생활에서 쓰기는 그 목적을 잘 수행하기 위해 무엇을 쓸지 내용을 선택하고 어떤 순서로 쓰는 것이 좋을지 글의 전개 구조를 고민할 수 있다. 또한 목적에 따라 필자의 태도나 문체도 달라질 수 있다. 따라서 쓰기 평가를 할 때에 왜 써야 하는지 목적이 잘 드러날 수 있도록 해야 한다.

④ '문어 텍스트를'이라는 것은 쓰기의 결과물이 '글'이 아니라 '문자 언어로 이루어진 텍스트'라는 것이다. 문어로 이루어진 복합체로 안내문, 표지판, 편지, 메모, 서식, 보고서 등 한 단어, 한 문장, 긴 글 모두 텍스트들이고 이것들이 쓰기의 결과물이 된다는 것이다. 문어 텍스트가 정해진다는 것은 텍스트마다 다른 언어 형식(표현)을 선택해야 하는 것을 의미하게 된다. 독자에 따라서도 언어의 선택이 달라질 수 있지만 텍스트가 달라졌을 때에도 언어 재료의 선택과 사용 양상이 달라진다. 예를 들어, 보험 회사 직원에게 보험금 지급과 관련하여 문자나 메일을 주고받는 경우 자신의 이름을 언급할 때 '○○○입니다.'로 표현하고 '보험금을 받으려고 하는데 어떻게 하면 되는지 알려

주십시오.' 등과 같은 표현을 사용할 것이다. 그러나 이와 관련된 신청서를 완성해야 하는 경우에는 이름을 쓰는 칸에는 그냥 'OOO'라고만 쓰지 '입니다'를 붙이지 않는다. 용도를 써야 하는 칸이 있으면 '보험금 받으려고'라는 표현을 쓰면 안 된다. 대신 '보험금 지급' 또는 '보험금 지급용'과 같이 써야 한다. 문자나 메일 텍스트와 보험금 신청서 텍스트에 동일한 정보가 들어가더라도 언어 표현이 달라지는 것이다.

문어 텍스트로 정의한 것과 관련해 또 한 가지 언급해야 하는 것은 텍스트의 구조에 관한 것이다. 언어권마다 독특한 텍스트의 형식이 있고 수사적 구조가 있다. 이는 Kaplan(1966:14)에서 제시되는데 아래 그림과 같이 영어, 셈어, 동양어, 로망스어, 러시아어어의 문어 담화 패턴이 다르게 나타난다는 것을 알 수 있다. 영어권에서는 직선적으로 담화가 진행이 되고 동양어에서는 나선형으로(우회적으로) 담화가 진행이 된다는 것이다.

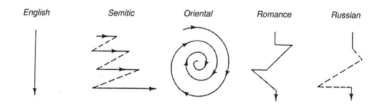

[그림 49] 문어 담화 패턴들(Patterns of Written Discourse)(Brown, 2007:393)

개인적으로 Kaplan이 제시한 패턴의 차이를 경험한 적이 있다. 영어 초록을 작성하기 위해 한국어로 원문을 작성해 놓고 영어로 번역 작업을 한 후에 영어 모국어 화자에게 텍스트 교정을 부탁한 적이 있다. 그런데 한 페이지에 걸쳐 있던 텍스트가 반 토막이 되어서 돌아왔다. 우회적으로 상세하게 설명을 한 한국어에서 번역된 영문 초록이 '나는 이 논문에서 이것을 이런 방법으로 다루었다. 그 결론은 무엇이다.'의 형식으로 아주 직접적으로 핵심만 언급하는 것으로 바뀌어 온 것이다. 물론 이 한 번의 경험이 Kaplan의 영어 담화 패턴과 한국어 담화 패턴을 완전히 설명하는 것은 아니더라도 인상적인 경험이었다. 이 경험과 유사한 결과를 보이는 학술적 글쓰기에 대한 영어 화자와 한국인 화자의 차이는 최연희 외(2009:210-211)에서 다양한 연구 결과를 참조할 수 있다.

이렇듯 담화 구조의 차이로 인한 쓰기 결과의 차이는 한국어를 학습하는 외국인 학습자도 겪을 수 있다. 언어권에 따라 그 언어의 특징이 드러나도록 전개 구조나 표현 등을 사용하는 경우가 있다. 누가 봐도 프랑스 사람이 쓴 글, 누가 봐도 베트남 사람이 쓴 글이라는 느낌이 드는 텍스트는 최종적으로 한국어 텍스트라고 보기 어려울 수 있다.

여기에 대해 Brown(2007:393-394)에서는 Kaplan의 논의가 다소 지나치게 단순하고 지나치게 일반화된 점도 있지만 그럼에도 불구하고 언어권마다 수년 간의 학교 교육, 읽기, 쓰기, 생각하기, 주장하기, 논쟁하기, 옹호하기 등이 녹아 있는 모국어의 문화 또는 성향들이 미치는 영향을 부정할 수 없다고 하였다. 그러면서 학습자의 모국어와 관련된 수사학적인 전통을 존중하고 그것들을 뿌리 뽑으려 하지 말고 그러한 스키마들을 이해하는 과정을 통해 학생들을 유도해 나가는 것이 중요하다고 하였다. 그런 다음에는 학생들의 자기 이해가 목표어 수사학의 관습들을 더욱 효과적으로 음미하고 사용하게 만들 수 있다고 언급하고 있다. 이는 속도와 절차에 있어서 온건한 입장을 취하고 있기는 하지만 결론적으로는 목표어 텍스트의 수사적 구조를 따라야 한다는 것으로 이해할 수 있다. 그러므로 한국어 쓰기 교수 상황에서는 언어권별로 다르게 나타나는 담화 패턴들에 유의하여 한국어 텍스트 쓰기를 가르쳐야 하고 쓰기 평가에서도 이에 대한 평가가 명확한 기준을 가지고 이루어져야 할 것이다.

⑤ '창작해 내는 것이다'라는 것은 '무'에서 '유'를 창조하는 의미가 아니다. 독자의 생각대로 독자 나름의 표현 방식대로 생산해낸다는 것을 뜻한다. 누가 써 준 주소를 그대로 베껴 쓸 때에도 독자만의 필체가 있을 것이다. 주민 센터에 가서 서류를 뗄 때에 견본을 보고 쓰게 되는데 그때에 이름을 쓰는 칸에 '홍길동'이라는 견본 이름 대신 자신의 이름을 쓰는 것이 '창작'이다. 그리고 누군가의 글을 읽고 자신의 생각내로 필요한 부분을 인용하면서 단어와 문법 표현을 바꾸거나 담화 구조를 변경해서 쓰는 것도 창작이다. 즉, 필자가 자신의 언어로 새롭게 표현해 낼 수 있는 것을 의미하며 이렇게 할 수 있도록 쓰기 교육이 이루어져야 하고 평가도 여기에 초점을 맞추어야 한다.

⑥ '단순한 전사와 작문을 모두 포함하지만 초점은 작문에 있다'는 것은 먼저 기호 쓰기를 나타내는 전사(transcription)를 쓰기의 기초적 능력으로 본다는 의미이며 최종 목표는 창조적인 텍스트 쓰기를 의미하는 작문(구성, composition)에 있다는 것이다. 다음 예를 읽어 보자.

예) 구 ㅏ ㄹ히

위의 예를 소리 내어 읽어 보면 '구아르히' 정도로 읽어낼 수는 있을지도 모른다. 그렇지만 한글 자모 운영 체계에 맞지 않는 기호를 사용하고 있다. 한국어 문어 텍스트를 작성하기 위해서 가장 기초적인 것은 기호 체계를 잘 운영할 수 있어야 한다는 것이다. 이것이 전사 (transcription) 단계라고 할 수 있다. 그러나 이는 언어 교수와 학습 초기 단계에서 어느 정도 완성할 수 있는 능력이다. 그러므로 문어 텍스트를 작성할 수 있는 최종 목표는 작문(텍스트 구성, composition)에 있다고 할 수 있을 것이다. 따라서 둘 다 포함하지만 수렴해야 하는 목표를 명시한 것으로 이해할 수 있다. Smith(1994:20)에 제시된 전사와 작문의 차이를 보면 확실히 이해할 수 있을 것이다.

[표 53] Smith(1994:20)의 전사와 작문의 차이(이재승, 1997:350)

전사(transcription)	작문(구성, composition)
신체적 움직임 철자 구두법 표준어(맞춤법) 필체	목적 설정 작문 과제 분석 및 상황 파악 아이디어의 생성 아이디어의 조직 단어의 선정

⑦ '기호 바꾸기는 아니라는 의미'는 외국어(혹은 제2언어) 쓰기의 경우에 추가되는 개념으로 모국어를 목표어로 기호만 바꾸는 것이 쓰기는 아니라는 의미이다. 언어 숙달도가 높아져서 외국어 목표어의 쓰기 능력이 완전 자동화가 되는 시점이라면 좀 다를 수 있겠지만 그렇지 않은 대부분의 학습자들이 하는 쓰기 방식이 있다. 그것은 모국어로 쓰고 그것을 목표어로 번역해서 쓰는 것이다. 이때 그 번역이 바람직하고 이상적인 목표어의 번역이 아니라 단순히 모국어 언어 기호를 대응되는 목표어 언어 기호로 교체하는 것으로 그칠 수 있다. 이때 언어에 따라 선택되는 단어나 표현이 다를 수 있는데 기호 바꾸기에

서는 그것이 드러날 수 없다.

예를 들어, 일본인 초급의 학습자는 한국어 텍스트를 작성할 때 먼저 일본어로 작성하고 바꿀 수 있다. 일본어 속담에 사용되는 '猫の手を借りたいほど忙しい(네꼬노데오 가리따이호도 이소가시이.)' 라는 표현을 사용해서 한국어로 하나씩 기호 바꾸기를 하면 '고양이 손을 빌리고 싶을 정도로 바쁘다.'가 된다. 이렇게 작성된 텍스트는 한국어 텍스트라고 보기 어렵다. 물론 요즘엔 언어들이 서로 그 경계를 무너뜨려서 일본어를 잘하는 한국 사람들이 이 말을 쓰는 경우를 볼 수 있기도 하지만 엄격히 말하면 현재까지는 한국어가 아니라고 할 수 있다. 한국어 문어 텍스트로 바꾸자면 '눈코 뜰 새 없이 바쁘다.'가 적절한 표현이고 이렇게 했을 때 비로소 기호 바꾸기가 아니라 '한국어 쓰기'가 되는 셋이다. 언어가 가지는 관습은 텍스트에노 표현에노 기호에도 모두 적용된다. 따라서 외국어(혹은 제2언어) 쓰기, 그리고 특정한 언어인 한국어 쓰기 교육의 목표는 기호 쓰기가 아니라는 점도 중요하게 인식될 필요가 있다.

이상 일곱 가지로 나누어 설명한 '쓰기와 외국어(제2언어) 쓰기'의 개념은 한국어 쓰기에도 적용이 되는 것으로 한국어 교수와 평가에 중요한 지침이 되는 사항들이다. 여기에서는 이 개념을 바탕으로 한국어 쓰기 평가에 대해 기술해 나갈 것이다.

2. 쓰기를 가능하게 하는 기술들과 평가 목표

1) 쓰기를 가능하게 하는 기술(구인)들

Brown(2007:399)에서는 제시된 쓰기의 미시적 기술과 거시적 기술 12가지를 제안하였다. 이를 바탕으로 하여 한국어 쓰기의 미시적 · 거시적 기술을 제시하면 다음과 같다.

[표 54] 한국어 쓰기의 미시적 · 거시적 기술(Brown, 2007:399에서 한국어로 응용)

한국어 쓰기의 미시적 기술
(1) 한글 자모와 맞춤법에 맞는 패턴을 만든다.
(2) 목적에 맞게 효율적인 속도로 글을 쓴다.
(3) 수용 가능한 핵심 단어들과 적절한 단어 순서의 패턴을 사용한다.
(4) 수용 가능한 문법 체계(시제, 일치 등)와 패턴 규칙을 사용한다.
(5) 다양한 문법적 형태로 특정한 의미를 표현한다.

한국어 쓰기의 거시적 기술
(6) 문어 텍스트에서 응집력 있는 장치를 사용한다.
(7) 문어 텍스트의 수사학적 형태와 규칙을 사용한다.
(8) 형식과 목적에 따라 문어 텍스트의 의사소통 기능을 적절하게 수행한다.
(9) 사건들 사이의 연결과 관계를 표현하고 중심 생각, 뒷받침 내용, 새로운 정보, 기존 정보, 일반화, 예시 등과 같은 관계들을 표현한다.
(10) 문어 텍스트를 작성할 때 문자 그대로의 뜻과 함축된 뜻을 명확하게 구별해 표현한다.
(11) 문어 텍스트 맥락상 문화적 특징을 지닌 내용들을 정확하게 전달한다.
(12) 독자의 해석을 정확하게 평가하기, 사전 쓰기 장치를 사용하기, 첫 번째 초안 유창하게 쓰기, 다른 말로 바꿔 쓰기, 동의어 사용하기, 동료와 교사에게 피드백 요청하기, 수정과 편집을 위한 피드백을 사용하기와 같은 쓰기 전략을 개발하고 사용한다.

위의 12가지 기술들은 그 자체로 모두 한국어 쓰기 평가의 구인이라고 할 수 있다.

이와 유사한 내용을 아래 그림을 통해 확인할 수 있다. Troia(2009, 박영민 역, 2012:25)에서는 기능적 쓰기 체계의 복합적인 관점을 다음 [그림 50]과 같이 제시하고 있다. 이 그림에서도 쓰기를 위해 필요한 구인을 확인할 수 있다. 기본적인 쓰기를 할 수 있는 전사 능력, 집행(실행) 능력, 텍스트 생성 능력, 그리고 무엇을 어떻게 쓸 것인지에 대한 작업 기억과 인지 흐름이 서로 상호작용하고 있는 것을 볼 수 있다. 전사 능력은 위의 미시적 기술 중 (1)과 관련되고 집행 능력은 거시적 기술 (12)와 연결될 수 있다. 그리고 다른 미시적 기술과 거시적 기술들이 텍스트 생성에 연결될 수 있는 것으로 볼 수 있다.

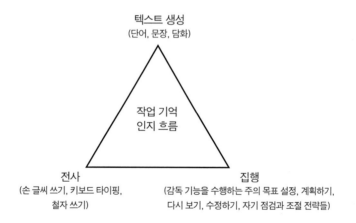

[그림 50] 기능적 쓰기 체계의 복합적인 관점(Troia, 2009, 박영민 역, 2012:25)

한편, 최연희 외(2009:10-11)에서는 Hillocks(1987), Tribble(1996). Hyland(2003)가 제안한 구인들을 확인할 수 있다.

[표 55] Hillocks(1987), Tribble(1996). Hyland(2003)의 쓰기 구인들

Hillocks(1987)
(1) 내용에 관한 지식
(2) 내용을 조직화하는 절차적 지식
(3) 담화 구조, 구문 형태, 쓰기 관습에 대한 지식
(4) 다른 모든 유형의 지식을 통합하기 위한 절차적 지식

Tribble(1996)
(1) 내용 지식: 주제 영역에 관련된 개념 지식
(2) 맥락 지식: 작가가 특정 독자를 위한 적절한 글을 쓸 수 있도록 하는 문맥의 지식, 그리고 이 새로운 텍스트를 읽을 공동 텍스트에 대한 지식
(3) 언어 체계 지식: 과제의 완성에 필요한 언어 지식(어휘, 구문 등)
(4) 쓰기 과정 지식: 특정 쓰기 과제를 준비하는 가장 적절한 방법에 대한 지식(과제에 적합한 작문 기술 명령 포함)

Hyland(2003)
(1) 내용 지식: 주제 영역에 관련된 개념 지식
(2) 맥락 지식: 작가가 특정 독자를 위한 적절한 글을 쓸 수 있도록 하는 문맥의 지식, 그리고 이 새로운 텍스트를 읽을 공동 텍스트에 대한 지식
(3) 언어 체계 지식: 과제의 완성에 필요한 언어 지식(어휘, 구문 등)
(4) 쓰기 과정 지식: 특정 쓰기 과제를 준비하는 가장 적절한 방법에 대한 지식(과제에 적합한 작문 기술 명령 포함)
(5) 장르 지식: 장르의 의사소통 목적에 대한 지식과 특정 맥락에서 장르 가치에 대한 지식

Hillocks(1987), Tribble(1996). Hyland(2003)의 다양한 쓰기 지식들은 Brown이나 Troia의 논의와 유사하다. 전사, 언어 체계, 전략적 능력, 텍스트 구조와 맥락 등에 대해 명시적으로 언급했는지의 여부와 범주가 얼마나 세분화되어 있는지 부분에서 약간의 차이를 보인다. 예를 들어, Brown의 (8)과 (11)은 Troia의 텍스트 생성과 관련되

며 Hillocks의 (3) 그리고 Tribble의 (2)와 관련된다고 할 수 있다. 그리고 '지식'이라고 되어 있어서 실제 구인이 되기 위해서는 다른 기술과의 결합을 통해 능력으로 전환되어야 한다는 것에 차이가 있다. 그러나 내용 지식이 내용 지식 발현 능력, 내용 조직화 지식이 내용 조직화 구현 능력으로 전환될 수 있는 것이므로 구인의 기초적 지식으로 볼 수 있을 것이다.

다만 특징적인 것은 Lausberg(1967:24)가 제안한 '주제 처리 단계' 중 1단계 착상(inventio)에 대한 능력이 [표 55]에서는 내용 지식이라는 이름으로 제시된 것이라 할 수 있다. 주제 처리 단계는 '착상-배열-표현-암기-발표'로 제안되었는데 텍스트 전체의 특성에서 중요한 것은 앞의 세 단계이다(백설자 역, 2001:24-25). '착상'은 쓰고자 하는 내용에 알맞은 생각 찾기를 의미한나. '배열(dispositio)'은 생각을 정리하여 쓰기 목적에 맞게 그룹화하고 순서화하는 것으로 내용을 조직화 하는 지식이나 문어 텍스트의 수사학적 형태와 규칙을 사용하는 것에 해당한다. '표현'은 그야말로 착상에서 얻은 생각을 언어 체계로 연결하는 것으로 언어 체계와 관련된 지식이나 기술과 연결된다. 배열과 표현은 앞의 기술과 지식들에 언급된 바 있지만 '착상'은 언급되지 않았다. 이 '착상'의 개념을 Hillocks(1987)에서 내용 지식이라는 항목으로 제안하고 있는데 내용적 지식을 표현하는 데 있어 쓰기를 하는 필자는 선험적 지식과 경험 및 기억력을 동원하며 이를 위해 발상, 토의를 통한 의견 모으기, 의미망 구성이나 목록 작성, 동료와의 협동 등의 전략을 사용한다고 하였다. 이에 따르면 쓰기 언어 능력을 측정할 때에 내용 지식(선험적 지식과 경험, 기억력)을 구인으로 넣을 수 있다는 말이 된다.

내용 지식은 쓰기의 핵심으로 내용이 없는 쓰기는 그 자체로 불가능하거나 무의미하다. 그래서 쓰기에서 시작점으로서 중요한 의미를 가진다. 그러므로 수업 시간에는 착상을 위한 다양한 전략과 활동들이 사용될 수 있다. 그렇지만 평가에 '착상' 아이디어가 구인이 되어서 평가가 이루어지게 되면 그 내용 지식이 사전에 준비되지 않은 수험자들에게는 쓰기를 시작조차 못하게 할 수 있다. 따라서 언어 능력으로 쓰기를 측정한다는 것은 내용 지식의 간섭을 최대한 적게 받으면서 자신의 의사소통 기술로서 쓰기 능력을 최대한 잘 드러낼 수 있도록 해야 한다. 따라서 6장 의사소통 성공에 대한 판단 부분에서 언급한 것처럼 내용 지식을 구인으로 삼는 데 신중해야 할 필요가 있다. 예를 들어, 항공사 직원 채용 언어 시험이나 의료 통역사 시험 등 특정 지식이 필요하고 그 지식을 가진 그룹으로 제한되어 있다면 특정한 내용 지식을 구인으로 설정할 수 있을 것이다. 그러나 일반적 쓰기의 경우에는 특정한 내용 지식을 구인으로 설정하는 것은 문제가 될 수도 있다. 이런 경우에는 내용 지식의 옳고 그름이나 지식의 깊이 등을 구인으로 삼기보다는 내용 지식을 얼마나 잘 전달하고 있는지 전달의 명확성에 초점을 두는 것이 바람직할 것이다.

이상의 내용을 종합해서 한국어 쓰기의 구인 능력을 간단히 정리해 보면 다음과 같다. 이는 결국 문법적 능력, 사회언어학적 능력, 담화적 능력, 전략적 능력과 관련된다고 할 수 있다.

- 한글을 운영 규칙에 맞게 전사할 수 있는 능력
- 한국어 단어와 문장을 언어 체계 지식에 맞게 사용할 수 있는 능력
- 텍스트의 맥락(목적, 독자, 장르 지식 등)에 맞게 언어를 선택하

고 사용할 수 있는 능력

- 텍스트의 담화 구조에 맞게 내용을 배열하는 능력
- 텍스트의 담화 구조를 긴밀하게 응집하는 능력
- 쓰기 과정을 조정하고 진행해 나가면서 다양한 쓰기 전략을 사용할 줄 아는 능력

2) 쓰기의 평가 목표

쓰기의 평가 목표는 필자(수험자)로 하여금 무엇을 쓰게 할 것인가와 관련된다. 그것이 무엇인지 파악하기 위해 쓰기의 목적부터 살펴보고자 한다.

[표 56] 쓰기의 목적(최연희 외, 2009:5)

O'Malley & Peirce(1996:137-138)	Vähäpässi(1982)
정보 전달을 위한 쓰기 묘사 또는 이야기를 위한 쓰기 설득을 위한 쓰기	학습하기 위해 감정과 느낌을 전달하기 위해 생각을 알리기 위해 설득하기 위해 즐거움을 위해 연락을 유지하기 위해

이러한 쓰기의 목적들은 필자로부터 연유하는 쓰기의 동력이 되는 것으로 다양한 텍스트 유형으로 구현된다. 정보 전달을 위해서 설명하는 텍스트를 작성할 수도 있고 간단히 메모 텍스트를 작성할 수도 있다. 설득을 위해서는 편지를 쓸 수도 있고 논설문을 작성할 수도 있다. 그렇다면 설명문, 메모, 편지, 논설문 등이 모두 쓰기 목표가 될 수

있을 것이다. 그러나 이렇게 텍스트에 입각해서 목표를 설정하면 그 하위 요소들을 구체적으로 확인하기 어렵게 된다. 그리고 동일한 텍스트도 주제가 달라지면 그 하위 요소들 또한 변할 수 있다. 설명문이라고 하더라도 과학적 원리를 설명하는 쓰기와 전자 제품을 설명하는 쓰기는 차이가 나는 부분이 있을 수 있다. 과학적 원리를 설명할 때에는 전제되는 이론과 현상 등을 설명하는 것이 주가 될 수 있지만 전자 제품을 설명할 때에는 제품에 대한 기능 설명하기와 제품 묘사하기 등이 주가 될 수 있다. 따라서 쓰기의 목표를 설정하기 위해서는 쓰기의 목적-쓰기 주제-쓰기 텍스트-독자 등 다양한 요소를 고려하여 무수히 많은 경우의 수를 일일이 확인해야 할 것이다. 이는 모든 쓰기 텍스트를 데이터화하여 분류한다면 가능할 수도 있지만 꽤 많은 수고를 요하는 작업이라고 생각된다.

따라서 여기에서는 차선책으로 문어 텍스트인 읽기의 평가 목표를 바탕으로 하여 표현 영역인 쓰기의 평가 목표를 잠정적으로 제안하고자 한다. 이는 확정적인 것이 아니며 쓰기의 목적-쓰기 주제-쓰기 텍스트-독자 등의 요소에 따라 달라질 수 있는 쓰기의 목표를 일반화한 목록이라고 판단하는 것이 바람직할 것이다.

▶ **한국어 쓰기 목표 항목들**

(1) 정보 쓰기(개인 정보, 물품 목록, 시간, 장소 등)

(2) 도입부 쓰기

(3) 중심 내용 쓰기

(4) 세부 내용 쓰기: 상황, 인물 발화 의도, 이유, 과정, 결과, 근거, 모양, 개념, 지시 사항, 순서, 변화, 차이, 감정, 어조, 태도 등

(5) 보충 문장과 단락 쓰기

(6) 마무리 쓰기

(7) 담화 기능에 맞게 쓰기(사양하기, 감사하기, 초대하기, 명령하기, 부정하기 등)

(8) 담화 전개 방식(담화 구조, 시간의 순서, 사건이 일어난 순서, 앞뒤 맥락)에 맞춰 쓰기

(9) 적절한 응집 장치를 사용하여 잘 연결되게 쓰기

(10) 적절하고 일관된 문체로 쓰기

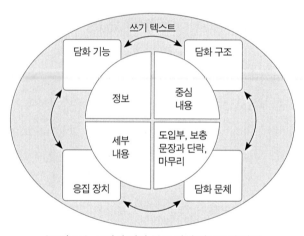

[그림 51] 쓰기의 평가 복표 하위 항목들의 관계

위의 [그림 51]은 쓰기의 평가 목표를 구성하는 하위 항목들의 관계를 나타낸다. 제일 큰 원은 쓰기 텍스트를 나타내고 이는 형식적인 측면의 네 가지 목표 항목들과 가장 안쪽의 내용 중심 목표 항목들로 이루어진다. 내용 항목들과 형식 항목들이 잘 조화를 이루어서 쓰기 텍스트를 완성하는 것이다.

이들 목표 항목들은 텍스트의 맥락과 종류에 따라 부분적으로 선택될 수 있다. (1)~(6)까지는 텍스트에 들어가야 할 내용 중심의 목표들로 텍스트 종류에 따라 정보만 필요하기도 하고 중심 내용만 필요하기도 할 것이다. 서식 완성을 할 때에는 정보만 필요하고 그 자체를 쓰는 것만으로 쓰기가 완성이 된다. 그리고 지시하는 사항을 메모로 작성할 때에도 중심 내용만 작성하면 된다. 여행 감상문을 작성하고자 하면 (1)~(6)의 목표가 다 실행이 되어야 할 수도 있다. 반면 (7)~(10)은 텍스트의 형식적인 측면의 목표라고 할 수 있을 것이다. 이 역시 텍스트 종류에 따라 목적에 따라 다른 양상으로 선택될 수 있을 것이다.

그런데 이것은 표현된 결과물에 '무엇'이 포함되어야 하는지에 대한 목표 기술이다. 그렇지만 이를 측정할 때 무조건 목표 항목들이 들어갔다고 해서 잘 썼다고 할 수는 없을 것이다. 따라서 얼마나 잘 써야 하는지, 즉 어떻게 써야 하는지에 대한 기준이 되는 평가 범주 또한 쓰기 목표로 제시되는 것이 표현된 결과물에 대한 적절한 평가가 될 수 있을 것이다.

이완기(2003:474-475)에서 척도 항목이라는 용어로 제시된 것들과 진대연(2005:82)에서 평가 항목으로 제시된 여러 가지 평가 범주 중 '어떻게'와 관련되어 사용할 수 있는 것들만 정리해서 제시하면 다음과 같다. 용어가 약간씩 차이가 나고 포함된 범주가 유사하면 같은 것으로 보고 정리한 것이다. 텍스트 쓰기의 큰 범주인 과제 수행부터 내용과 논점, 독자 고려, 담화 구조, 언어 사용과 관련된 순으로 제시하였다. 이러한 평가 범주 항목들은 한국어 쓰기 평가 문항을 구체적으로 실현할 때 평가 목적과 목표에 맞게 선택될 수 있을 것이며 등급이나 숙달 정도에 따라 차이를 기술하여 채점할 때 사용될 수 있을 것이다.

[표 57] 한국어 쓰기 평가(채점) 범주 항목들

평가 범주	세부 평가 범주 항목	평가 범주 설명
과제	과제 완성도	쓰기에 제시된 요구를 모두 충실하게
전체적 맥락	적절성	쓰기 텍스트 목적이나 기능에 맞게
	유창성	언어 사용의 일관성과 적절성, 의미 전달성
	의사소통의 질/효율성	쓰기의 목적에 맞게 효과적으로
독자	독자 고려도	독자의 상황, 수준, 흥미에 맞게
내용	내용	관련 있게/ 충분하게
	논점 명확도	명확하게
구조	구조/조직적 전개	목적에 맞게 효과적으로
	응집성	문장과 단락이 잘 연결되게
	수사 구조	주장이나 주제를 통일성 있고 명료하게
언어	정확성(언어 사용)	정확하게
	범위(언어 사용)	다양하게
	용이성(언어 사용)	어휘, 문법이 까다롭지 않고 이해하기 쉽게

위에서 설명한 쓰기 평가 목표와 평가 범주는 모두 결과물을 바탕으로 한 것이다. 그렇기 때문에 과정 중심 쓰기인 경우에는 평가 목표와 평가 범주가 달라질 수 있다는 것을 의미한다.

먼저 과정 중심과 결과 중심 쓰기에 대한 논의를 하면 다음과 같다. 앞에 제시했던 쓰기의 개념에서 Elbow(1973)의 정의는 '과정 중심 쓰기'를 강조하는 것이다. 쓰기의 최종적 생산물에만 관심을 둔 전통적 쓰기, 즉 정확한 문법, 전통적 구성, 맞춤법 등 구조적인 면에 집중한 '결과 중심의 쓰기'에서 학습자를 언어의 창조자로 보고 내용과 메시지에 초점을 둔 '과정 중심의 쓰기'로의 전환을 강조한 것이다. 그러나 Brown(1994:322)와 Brown(2007:394)에서 강조되는 언급이 있다. 과정 중심 쓰기의 중요성을 강조한 Elbow(1973)의 주장을 인정하면서도 쓰기의 궁극적인 목표는 '결과물'이라는 것이다. 즉, 쓰기를 준비하고 초안을 작성하고 수정하고 편집하는 모든 과정을 거치는 이유는 최종 목표인 눈에 보이는 결과물을 위해서라는 것이다. 그렇지 않으면 끊임없는 검토와 수정의 바다(sea of revisions)에 빠져버릴 수 있다고 하였다. 그런 의미에서 과정은 끝이 아니라 끝을 향해 가는 수단이라는 그의 언급은 중요해 보인다. 따라서 Brown의 논의대로라면 앞에서 제시한 평가 목표들이 결과 중심 쓰기에 적용 가능한 채로 끝날 수 있다.

그러나 Nunan(1999)에서는 과정 중심과 결과 중심에 대해 Brown과 다른 의견을 보인다. Nunan은 과정 중심 쓰기는 학습자들이 쓰기에 필요한 일련의 기술들을 개발할 수 있도록 돕고자 하는 것이므로 잘 작성된 쓰기의 마지막 산물을 더 중요시 여기는 결과 중심 쓰기와 상충될 이유가 없다고 하였다. 그러면서 쓰기 수업에서 필요한 것은 잘된 표본 글뿐 아니라 적절한 쓰기 절차도 필요하므로 과정과 결과가 모두 필요하다고 하였다(Nunan:1999, 임병빈 외 역, 2012:385) 이 주장에 따르면 과정 중심의 쓰기도 평가 대상이 될 수 있을 것이다. 특히 한국어 교실 등에서 이루어지는 쓰기 평가에서는 과정 쓰기가 어느 정도 중요한 비중으로 평가될 가능성도 있다. 그렇다면 과정 쓰기와 관련된 평가 목표와 평가 기준을 마련하는 것이 적절할 것이다.

Nunan(1999)에서는 [그림 52]와 같이 쓰기의 과정을 나타내고 있다.

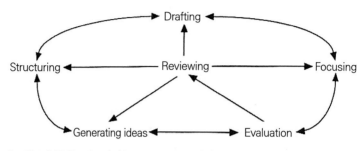

[그림 52] 글을 쓰는 과정(Nunan,1999, 임병빈 외 역, 2012:384에서 재인용)

[그림 52]는 White & Arndt(1991:4)에서 제안된 여섯 단계의 쓰기 과정을 보여 주는 것으로 아이디어를 착상하기, 구조화하기, 초고 쓰기, 집중해 쓰기, 검토하기, 평가하기가 반복적이고 순환적으로 나타나고 있다. 만일 과정 중심의 쓰기를 평가하고자 한다면 이들 단계 일부 혹은 전체에 대한 평가가 이루어져야 한다는 것을 의미한다. 포트폴리오 평가(portfolio assessment)는 과정 중심의 쓰기를 평가할 수 있는 방법 중 하나이다. 포트폴리오는 학습자의 학습 과정에서 생산되는 모든 것들을 수집하고 정리하여 모아 놓는 모음집이라고 할 수 있다. 따라서 쓰기 포트폴리오에는 아이디어 생성부터 시작해서 쓰기 과정 6단계에 걸친 자료들이 수집될 수 있고 그 모음집을 통해 학습자의 쓰기가 얼마나 잘 성장하고 발전했는지를 평가할 수 있게 된다. 그러므로 최종 결과물이 아니라 아이디어 생성 과정에서의 평가 목표와 평가 기준이 무엇인지, 구조화하기의 평가 목표와 기준이 무엇인지 등에 관련해서 과정에 집중한 평가 목표와 평가 기준을 따로 마련하고 적용하여야 할 것이다. 그리고 1차 초고와 2차 초고 쓰기의 변화 과

정을 평가한다면 그때는 무엇이 평가 목표가 되어야 하는지도 고려해야 할 것이다. 과정 중심의 구체적인 포트폴리오 평가 기준은 최연희(2000:206)에 제시되었다. 따라서 여기에서는 최연희(2000)의 영어 쓰기 포트폴리오 점검표를 통해 과정 중심 글쓰기의 평가 목표와 기준의 일면을 확인하고자 한다. 이 점검표는 위에 제시된 [그림 52]의 전 단계에 걸친 과정 평가의 모습을 볼 수 있다. 이 점검표 또한 하나의 실례로 실제 한국어 쓰기 포트폴리오 현장 맥락에 맞게 응용될 수 있을 것이다.

[표 58] 포트폴리오 점검표(최연희, 2000:206)

단계	해당 자료	첨부 (0-1)	완성 (1-2)	적절성 (1-3)	반성 (1-3)
글쓰기 전	1. 과의 학습 목표				
	2. 먼저 생각해 봅시다.				
	3. How to write wonderful diaries.				
	4. 알고 씁시다. (쓰기 채점표 기준)				
	5. 환상의 공책 (포트폴리오 평가 기준표)				
	6. We want you! (최종 과제지)				
	7. 우선 써 봅시다.				
	8. 생활계획표				
쓰기	9. 알고 있으면 부자가 되는 단어				
	10. 1차 원고				
	11. 돋보기로 봅시다.				
	12. 2차 원고				
	13. 효과적인 글 구조				
	14. 3차 원고				

글 쓴 후	15. 꼼꼼하게 다시 읽어봅시다.				
	16. 좋을 글을 쓰기 위해 무엇을 했나요?				
	17. 4차 이상 원고			╱	╱
	18. 최종 원고		╱	╱	╱
	19. 평가 결과표		╱	╱	╱
	20. 모두 있습니까?				
부분 점수 합계		/20	/26	/39	/15
전체 점수 합계					/100점

3. 쓰기 텍스트와 착상 유형 및 입력 자료

1) 쓰기 텍스드

쓰기 평가에서 써야 하는 최종 목표는 쓰기 텍스트이다. 쓰기 텍스트의 종류는 학자들마다 다른 기준으로 분류된다. 아래에 제시한 Grabe & Kaplan(1996:4)의 분류는 작문 과정이 포함되었는지의 여부와 독자 유형에 따라 나눈 것이고 Hedge(1988:96)의 분류는 쓰기 텍스트의 목적과 활용 영역이 결합된 분류라고 할 수 있다(최연희 외, 2009:7) 그리고 Brown(2007:260-261)에서는 학술적 쓰기, 직업 관련 쓰기, 개인적 쓰기 세 가지로 나누어 제시하고 있다.

[표 59] 독자에 따른 쓰기 텍스트 유형 분류(Grabe & Kaplan, 1996:4)

독자 유형 \ 작문 과정 유무	작문 과정이 포함되지 않는 쓰기	작문 과정이 포함된 쓰기	
		지식 전달	지식 전이
글쓴이 자신	물건 사기 목록	개인 일기	
타인 한 명/ 아는 사이	우유 배달부에게 남긴 메모	개인 편지	
타인 한 명/ 모르는 사이		사업용 편지	
소집단/ 아는 사이		교안, 설교	
소집단/ 모르는 사이	설문지	소식지 기사	기안
대집단	세금 보고서, 운전 면허증 신청서		시, 희곡, 소설, 단편 소설

[표 60] Hedge의 쓰기 텍스트 유형 분류(Hedge, 1988:96)

개인적 쓰기	공적 쓰기	창조적 쓰기
일기, 사야 할 물건 목록, 상기용 메모, 포장품 목록, 주소 목록, 요리법	편지(정보 수집용, 요청용, 고객 불만 표출용), 서류 양식 작성, 신청서 작성	시, 희곡, 소설, 노래, 운율, 자서전
사회적 쓰기	학술적 쓰기	제도적 쓰기
편지, 초대장, 노트(조의, 감사, 축하 표현용), 전보, 지시문(친구, 가족용)	읽으면서 노트하기, 강의 노트하기, 요약하기, 검토하기, 보고서(실험, 워크샵, 방문 보고용)수필, 일대기	회의록, 포스터, 세부사항, 지시, 보고서, 연설검토서, 신청서류, 계약서, 이력서, 실무편지, 명세서, 공고사항, 광고환자 진료노트 작성

[표 61] Brown(2007)의 쓰기 텍스트 유형 분류(Brown, 2007:260-261)

학술적 쓰기	직업 관련 쓰기	개인적 쓰기
논문, 일반 주제 보고서 에세이, 작문 학술 저널 단답형 시험 답안 기술적 보고서(실험실) 학위 논문	메시지 메모(전화) 편지, 이메일 메모(회사 내부) 보고서(업무 평가, 프로젝트), 일정, 상표, 표지판, 홍보, 공지 지침서(매뉴얼)	편지, 이메일, 연하장 초대장, 메시지, 메모 일정, 쇼핑 품목, 쪽지 재정 서류(수표, 세무양식, 대출 신청서) 각종 서식, 설문지, 의료보고서, 이민 관련 서류 일기, 개인적 일지 문학(단편 소설, 시)

이들 분류는 동일한 텍스트를 다른 기준으로 나누고 있지만 하나의 텍스트가 가지는 다양한 특성을 잘 살펴볼 수 있게 한다. 분류에 따르면 '개인 편지'는 개인적 글쓰기로 사회적 관계를 위한 쓰기이며 아는 사이의 독자 한 명(실제로는 독자가 여러 명도 가능, 친구들 또는 가족들)에게 지식(필자의 생각)을 전달하는 차원에서 작문 과정을 포함한 글쓰기로 파악할 수 있다.

그런데 중요한 것은 실제로 학습자들에게 여기에 제시된 모든 텍스트를 쓰게 해야 하는가의 문제이며 선택해야 한다면 무엇을 선택해야 하는가의 문제이다. Rivers(1981)에 의하면 일반적 의사소통 상황에서 쓰기는 다른 언어 기술에 비해 평균 9%의 시간밖에 할애하지 않는다. 일반적으로 한국인의 경우에도 하루 종일 무엇을 쓰는가 생각해 보면 딱히 쓰는 게 없다. 일정 메모, 쇼핑할 목록, 지인과의 문자, 간단한 메모, 관공서나 은행에서 신청서 작성, 식당 이용 후기, 그리고 아주 훌륭한 사람의 경우 일기 정도가 대부분이다. 특정 직업군이나 학문 영역에 있더라도 매일 고난이도의 텍스트를 쓰지 않는다. 이것이 쓰기의 실상일 수 있다.

그런데 한국어 수업 시간에 외국인들은 무엇인가를 너무 많이 써야 한다. 한국인이라고 해도 기자가 아니고서는 거의 쓰지 않는 기사문도 작성해야 하고 모국에서 대학을 졸업해서 대학 갈 일이 없는데 학술적 설명문이나 보고서를 작성해야 한다. 문학적 감성이 없는 사람도 수필을 써야 하고 시도 도전해 봐야 한다. 그런데 정작 쓰고 싶은 한국 친구와의 문자 쓰기는 교실에서 배우지 않은 기호들이 사용되는 데다가 빠르게 써야 써야 하는데도 불구하고 교실에서 다루지 않는 경우가 많다. 사무실에 가서 재학 증명서를 발급받고 싶은데 그때마다 서식을 완성하는 것도 만만치 않다. 인터넷 쇼핑으로 물건을 샀는데 문제가 있어서 교환을 요청하는 칸에 체크를 하고 교환하는 이유를 써야 하는 것도, 혹은 처리가 늦어져서 고객센터에 문의하는 메시지를 보내는 것도 생각보다 쉽지 않다. 그런데 설명문과 논설문을 써야 한다. 이것은 극단적인 넋두리일 수도 있지만 실제 한국어 교육 현장에서 어느 정도 인정할 수밖에 없는 쓰기의 상황이다. 당신은 영어를 배울 때 반드시 학술적 설명문과 논설문을 써야 하고 기사문을 작성해야 하는가를 생각해 보면 조금은 이해가 될 듯하다.

위의 학자들의 분류에 제시된 항목들을 보았을 때 우리는 현실에서 무엇을 쓰고 있는가를 체크해 볼 필요가 있다. 설교문은 목사님이 쓸 것이고 소설은 소설가나 소설가를 희망하는 예비 문학가가 쓰는 것이다. 가족이나 친구들 간에 각서 정도면 혹시 가능할 수도 있지만 계약서는 법률적으로 중요하기 때문에 개인이 함부로 쓰는 것이 아니다. 계약서는 잘 읽어야 하는 텍스트이다. 그래서 Grabe & Kaplan과

Hedge의 분류는 써야 하는 텍스트라기보다는 문어 텍스트를 분류해 놓은 것으로 보는 것이 적절해 보인다. 반면 Brown(2007)의 분류는 좀더 언어 교육에서 사용될 만한 실제적 쓰기 텍스트로 보인다. 학술적 쓰기, 직업 관련 쓰기, 개인적 쓰기로 사용 영역에 따라 써야 하는 최종 목적의 텍스트가 분명히 잘 드러나 있다.

이러한 이유로 보자면, 쓰기 텍스트는 Brown의 분류에 어떤 항목들이 들어갈 수 있는지를 더 상세화 하는 것이 바람직해 보인다. 왜냐 하면 언어 교수가 크게 일반, 직업, 학문 세 영역에서 목적별로 나뉠 수 있기 때문이고 이 영역에서의 글쓰기는 유사점보다 차이점이 더 많기 때문이다. Whitaker(1994)는 심리학 전공자인 원어민 영어 사용 대학원생들을 대상으로 심리학과 관련된 직장에서 요구하는 업무용 보고서를 작성하도록 한 연구를 하였다. 이 연구 결과 학술적 글쓰기에 이미 숙련되어 있는 필자들이라고 하더라도 새로운 장르의 직장 업무 보고용 심리 보고서를 작성하는 것은 전혀 다른 차원의 일이었다는 것이 밝혀졌다(Troia, 2009, 박영민 역, 2012:21). 필자도 유사한 경험이 있다. 학술적 논문과 한국어 교재 쓰기 작업에 익숙했지만 공적 기관에 들어가 사업 기획안을 작성하고 공문을 작성해야 했을 때에는 바로 그것을 쓸 수 없는 상황이었다. 사업 기획안과 공문 작성 능력이 없었던 것이다. 경험하지 않은 텍스트에 대한 이해도 부족했고 어떤 내용으로 어디까지 작성해야 하는지, 그리고 논문과 다르게 당장 독자의 반응이 확인되고 반영되는 맥락에서 독자 분석을 어떻게 해야 할지 감을 잡을 수 없었다. 기존에 작성된 샘플 기획안과 공문 여러 개를 참고해서 텍스트를 분석하고, 그것들을 모방해 쓰는 전략을 사용하면서도, 양식에 맞춰 내용과 형식을 완벽하게 채우는 데에는 여러 차례 수정 작업이 이루어진 후에야 가능했다. 모국인도 자신과 직접 관련된 영역에서 사용되는 글쓰기가 아니면 다른 영역의 글쓰기는 처음부터 배워야 하는 것이다. 학술적 논문을 잘 쓰는 사람은 소설도 잘 쓰고 기사문도 잘 작성하고 방송 대본도 잘 쓸 수 있다는 것은 잘못된 생각이다. 학술적 논문 쓰기가 소설 쓰기보다 더 훌륭한 숙달도의 쓰기라고 생각하는 것도 큰 오해이다. 모두 다 완벽하게 다른 글쓰기 능력을 요구하는 것이기 때문이다.

이렇게 길게 언급하는 이유는 쓰기가 어려운 의사소통 기술이라는 것을 강조하기 위함이다. 쓰기가 어려운 이유는 문화적 행동으로 인간 본연의 의사소통 기술이 아니었다는 데 기인한다. 인간은 누구나 큰 문제만 없다면 자연스럽게 걷고 말할 수 있다. 그러나 누구나 수영을 하고 피겨스케이팅을 하지는 못한다. 문화적 행동이라는 의미는 우리에게 수영을 하고 피겨스케이팅을 하라는 의미, 나아가 선수가 되라는 의미와도 같을 수 있다. 모국인의 경우에도 말하기를 아무리 잘하는 사람이라도 쓰기는 어렵다. 쓰기의 관습과 규약은 말하기와 전혀 다르고 일부러 찾아서 배우고 훈련해야 하는 것이기 때문이다. 이렇게 어렵고 힘든 수행(performance)은 학습자의 목적과 요구에 맞더라도 습득하고 실행하는 것이 쉽지 않다. 하물며 학습자의 목적과 요구에 맞지 않는 쓰기가 이루어진다면 그건 너무나도 학습자를 고통스럽게 하는 일일 것이다.

한국어 교육을 할 때 학습자 요구 분석을 통한 교재 개발과 교수법 개발 등이 이론적으로 너무나 당연히 제시되고 있지만 현장에서 특히 쓰기 교육은 학습을 위한 글쓰기 혹은 특정 시험을 위한 글쓰기를 중심으로 교사와 교육 기관 중심의 강요된 쓰기가 시행되고 있는 건 아닌지 돌아볼 필요가 있다. 학문적 영역의 한국어가 필요한 학습자에게는 학문적 글쓰기를 강조해야 한다. 시험용 쓰기가 필요한 학습자는 그 부분을 도와주어야 한다. 그렇지 않은 사람들에게까지 강요되면 안 된다는 것이다. 그리고 직업 영역과 일상생활 영역에서의 한국어 글쓰기가 필요한 사람에게는 그 부분이 강화되어야 할 것이다. 그렇게 했을 때 한국어 쓰기 평가도 의사소통적일 수 있으며 필자로부터 최대의 쓰기 능력을 유도하고 측정할 수 있게 될 것이다.

여기에서는 위의 텍스트 유형을 바탕으로 일상적/개인적 · 직업적 · 학문적 쓰기 텍스트로 나누어서 한국어 쓰기 텍스트를 제안해 보고자 한다. 여기에는 소셜 미디어(social media)로 나타나는 쓰기 텍스트도 함께 포함시켜 현 시점에서 현실적으로 사용가능한 한국어 쓰기 텍스트의 다양성을 확인하고 보색해 보고자 한다.

[표 62]는 외국인 한국어 학습자들이 실생활에서 꼭 사용해야 하고 사용할 것 같은 것들을 위주로 제시한 것이다. 그래서 독자가 필자 자신인 경우에는 굳이 한국어가 사용될 필요가 없을 수 있기 때문에 넣지 않고 독자가 자신이 아닌 다른 경우가 상정이 될 때만 넣었다. 예를 들어, '일기'는 학습을 위한 쓰기로 중요할 수 있지만 실제로 일기를 누구나 자발적으로 쓰는 것도 아니고 굳이 쓴다고 해도 실제 기록으로 자신의 역사를 남기고 싶다면 모국어로 쓰는 것이 더 완성도가 있을 것이기 때문이다. 훌륭한 학습자가 한국어 실력 향상을 위해 스스로 일기를 쓸 수도 있지만 그것 역시 학습을 위한 연습 쓰기로 보는 것이 적절해 보인다. 그래서 '일기'는 개인적 쓰기에 넣지 않았다. 개인적 쓰기에 넣은 '쇼핑 목록' 같은 경우도 혼자 있을 때가 아니라 한국어를 사용하는 다른 사람과 협업을 할 때 작성될 수 있는 경우를 나타

낸 것이다.

개인적 쓰기 텍스트를 필기와 소셜 미디어로 나눈 것은 컴퓨터를 기반으로 한 온라인 의사소통이 증가한 현상을 반영하기 위해서이다. 웹 기반 쓰기의 특징과 유형 등은 Brown(2007:200)과 Troia(2009, 박영민 역, 2012:20)에서 확인할 수 있다. 그리고 표에서는 구체적으로 제시하지 않았지만 직업적 쓰기와 학문적 쓰기 텍스트도 손으로 작성하는 것보다는 컴퓨터를 통한 워드 작업이나 웹에서 이루어지는 경우가 훨씬 많다. 이런 기계를 사용한 한국어 쓰기도 다양한 연구를 통해 어떻게 교수되고 평가되어야 할지 구체적인 방안이 마련되어야 할 것이다.

[표 62] 한국어 쓰기 텍스트 유형 분류

일상적/ 개인적 쓰기 텍스트	필기	쇼핑 목록, 공공 기관 이용 시 각종 신청서(은행 통장/카드 발급), 쪽지 메모(부탁, 알림, 감사), 카드(감사, 축하, 위로, 초대), 방명록(결혼식, 돌잔치), 지인에게 편지/엽서 등등
	소셜 미디어	지인과 개인적 문자, 지인과 개인적 메일, 지인들과 단체 문자 대화 SNS/블로그: 상태메시지, 자기소개, 본문(취미, 정보, 후기), 댓글, 질의응답 웹 사이트/App: 메모(식당예약/음식배달/택배 요청 사항), 후기(식당/공연 관람/물건구입/여행), 요청서(교환/환불/반품), 문의(배송/상품/가격) 등등
직업적 쓰기 텍스트		이력서, 자기소개서, 출퇴근 기록(이름, 사인), 업무 관련 메모/이메일, 업무 관련 문자(결근/지각/조퇴/업무완료), 업무 관련 단체 문자 대화, 업무 관련 신청서(휴가), 문자 업무 관련 설문지/보고서/기획안, 매장 안내문(영업시간/휴업/휴식)(주인, 아르바이트생) 등등

학문적 쓰기 텍스트	자기소개서, 노트필기, 학업 관련 신청서(입학/장학금/휴 학/기숙사), 학업 관련 문자(지각/결석/시험), 학업 관련 단체 문자 대화, 수강 과목 웹 게시판 질문/보고서 제목, 시 험 답안 작성, 보고서, PPT 발표 자료, 논문 등재 신청서, 논 문, 논문 초록 등등

여기에 제시된 것은 한국어 쓰기 텍스트 전체 중 극히 일부에 속하는 것이다. 학문적 쓰기도 인문학 논문의 관습과 이공학 분야의 논문에 사용되는 관습이 다르므로 전공별로 요구되는 텍스트의 종류와 성격도 상세화 되어야 할 것이다. 그리고 직업적 쓰기 텍스트의 경우도 Troia(2009, 박영민 역, 2012:21)가 언급한 것처럼 특정 직업에서 요구되는 쓰기 텍스트가 무엇인지 연구가 필요할 것이다. Troia는 그 이유로 대학 입시와 같은 고무담 검사에서 적용되는 쓰기 유형들(설득적 글쓰기)은 실제로는 직장에서 그다지 자주 쓰이는 글의 유형으로 볼 수 없다고 언급하였다. 이와 관련해 Nunan(1999, 임병빈 외 역, 382-383)도 논술 시험과 같이 다분히 학문적인 성격의 글쓰기들은 그 인위적인 성격으로 인해 비판을 받아왔다는 주장을 한 바 있다.

한국어 쓰기 교육의 교수와 평가를 위해 앞으로 더 많은 쓰기 텍스트가 발굴되기를 기대한다.

2) 쓰기의 착상 유형과 입력 자료

쓰기는 '필자의 생각'을 문어 텍스트로 작성하는 것이다. 그렇기 때문에 '필자의 생각'은 쓰기의 재료이며 내용으로 가장 중요한 요소이다. 이 '필자의 생각'은 다양한 방법으로 만들어지거나 발생할 수 있다. '필자의 생각'은 필자 스스로의 발상에서 시작될 수도 있고 외부에서 어떤 자극을 받아서 생길 수도 있다. 그리고 이 '필자의 생각'으로 쓰기 결과물이 완성된다. 따라서 쓰기에서는 쓰고 싶은 생각이 들게 하고 써야 하는 목적을 부여하는 착상이 어떻게 이루어지느냐가 중요하다. 의사소통 상황에서 '필자의 생각을 발현시키는 것'들을 '쓰기의 착상'이라고 보고 그 유형을 살펴보면 다음과 같다.

▶ 쓰기의 착상 유형
① 필자 스스로의 발상 후   ② 문어 텍스트를 읽고 나서
③ 구어 텍스트를 듣고 나서   ④ 대화를 하고 나서
⑤ 시각 자료를 보고 나서
⑥ 문어 · 구어 · 시각 복합 텍스트를 듣고/보고 나서

필자의 생각은 필자의 순간적 영감, 기억, 느낌, 존재 사실 그리고 경험 등에서 스스로 발현될 수도 있다. 아니면 문어 · 구어 텍스트 · 대화 참여 · 시각 자료 · 복합 텍스트 등을 보거나 듣거나 읽거나 말한 후에 필자의 생각이 착상되기도 한다. 일정 메모하기는 스스로의 발상(순간적 영감/기억/느낌/존재 사실/경험 등)에서 비롯된 필자의 생각을 표현한 것이다. 편지에 답장을 하는 것은 문어 텍스트를 읽고 나서 생긴 필자의 생각으로 작성하는 쓰기이다. 그리고 회의 내용을 메모하는 것은 구어 텍스트를 듣거나 대화에 참여하고 나서의 필자 생각으로 이루어지는 쓰기이며 미술관에 전시된 그림을 보고 감상 후기를 쓰는 것은 시각 자료가 입력 장치가 되어 필자의 생각으로 전환되는 것이다. 그리고 문어/구어/시각 자료가 통합된 영화, 드라마, 공연,

뉴스 등을 시청각을 통해 보고 나서 필자에게 든 생각은 후기, 추천 댓글, 독자 투고 등으로 쓰기 텍스트를 만들어낼 수 있다. 이러한 쓰기의 착상은 쓰기의 재료인 필자의 생각을 마련하는 중요한 과정이며 단계이다. 또한 쓰기 교수와 평가의 의사소통적 본래 모습을 잘 파악하여 적용할 수 있기 때문에 중요한 의미를 가진다.

그리고 이렇게 착상된 추상적 아이디어, 즉 '필자의 생각(쓸 것/쓸거리)'은 실제로 쓰기가 행해지면 그 내용을 언어 기호로 변환하여 채우는 입력 자료가 된다. 그런데 텍스트마다 차이가 있긴 하지만 착상하게 한 하나의 자료만 가지고 텍스트 쓰기가 이루어질 수도 있고 하나 이상 최대 여섯 종류의 입력 자료들이 선택되고 통합되어서 텍스트 쓰기를 할 수 있다. '일정 메모하기'는 스스로의 발상 자료를 언어로 바로 표현할 수도 있지만 이미 메모되어 있는 일정을 읽으면서 혹은 다른 사람과의 대화를 통해 일정이 바뀔 수도 있다. 소설을 쓸 때에도 특정 주제와 인물과 줄거리에 대한 아이디어가 있지만 시대적 고증을 해야 하고 개연성을 위해 무수히 많은 문어·구어·복합 텍스트를 탐색해야 한다. 논문도 마찬가지이다. 교수의 강의를 듣고 관련 서적을 읽고 또 시청각 자료들을 바탕으로 쓰기의 입력 자료를 풍성하고 적절하게 만들어가는 것이다. 이때 자기 발상과 동일한 내용도 선택되지만 자신의 생각과 다른 내용도 필요에 의해 선택될 수 있다. 따라서 '쓰기의 착상'을 일으키는 요인들이 고스란히 실제 쓰기 작업에 활용되는 '입력 자료'가 될 수도 있는 것이다. 쓰기에 사용되는 입력 자료들의 관계는 [그림 53]과 같이 표현할 수 있을 것이다.

이러한 입력 자료의 다양한 사용이 허용되지 않으면 쓰고자 하는 텍스트를 완성할 수 없게 된다. 텍스트의 '완성'은 완벽하게 잘된 명문을 의미하는 것이 아니라 필자가 독자를 고려해서 쓰고자 하는 목적을 수행함에 있어서 완벽하지는 않지만 어느 정도의 자신감과 만족감을 의미한다. 따라서 필자로 하여금 완성도 있는 텍스트를 쓰도록 하기 위해서는 교수 상황과 평가 상황에서 입력 자료가 최대한 보장되는 것이 적절할 것이다.

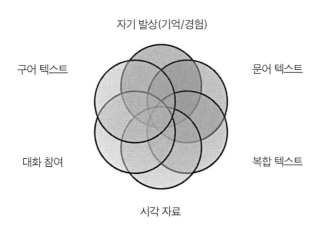

[그림 53] 쓰기 입력 자료들의 관계

여기에서 살펴 본 쓰기의 착상 유형과 입력 자료는 다음에 살피고자 하는 쓰기 평가 문항 유형 개발에 사용될 것이다.

4. 쓰기 평가 문항 유형

1) 쓰기 평가 문항 유형 개발을 위한 요소와 원리

쓰기 평가 문항 유형을 개발하기 위해 먼저 기존 연구에서 어떤 문항 유형들이 있었는지를 확인하면 다음과 같다.

[표 63] 기존 연구에서의 쓰기 평가 문항 유형

Madsen (1983)	1. 제한된 쓰기 　1) 문장 결합 2) 문장 확대 3) 문장 줄이기 4) 베껴 쓰기 　5) 듣고 괄호 채우기 2. 안내(유도된) 작문 　1) 단락 바꾸기 2) 단어 이용해 문장 만들기 3. 받아쓰기 4. 자유 작문
Heaton (1997)	1. 장면 중심의 작문(편지/대화/도표/그래프/사건메모 이용)·신452 2. 객관식 평가 3. 통제 작문 4. 자유 작문
Brown (2007)	1. 모방적 쓰기: 문자/단어/문장부호 연습, 타자 연습, 베껴 쓰기, 듣고 cloze 쓰기, 그림보고 쓰기, 양식 및 설문지 완성, 숫자와 약어를 단어와 구로 변환, 맞춤법 과제, 한 단어 받아쓰기 과제 2. (통제된) 집중적 쓰기: 구문 및 간단한 문장의 받아쓰기, 받아적기 씩 작문(지금 들은 이야기를 다시 쓰기), 문법적 변환 연습, 그림 묘사 과제, 문장에서 어휘 사용, 순서 배열 과제, 단답형 과제, 문장 완성 과제 3. 반응적 쓰기: 문장 바꿔 쓰기, 유도 작문 작성(질의응답), 문단 구성 과제(주제 문장, 중심 생각 등), 읽기 또는 강의에 반응 4. 확장적 쓰기: 에세이 쓰기 과제, 쓰기 유형별 과제(진술하기, 기술하기, 주장하기 등), 쓰기 장르별 과제(실험 보고서, 평론, 연구 논문)

김유정(1999)에서는 Madsen(1983)의 유형을 기본으로 하여 쓰기의 단계와 입력 자료의 특성을 결합하여 쓰기 평가에 사용할 수 있는 유형을 제시하기도 하였다.

[표 64] 쓰기 단계와 입력 자료를 통한 쓰기 평가 유형(김유정, 1999:189)

제한된 쓰기	유도된 쓰기	자유 작문
1. 그림, 발화를 통한 쓰기 2. 어순 배열하기 3. 문장 연결하기 4. 질문에 대답하기 5. 바꿔 쓰기(문법, 사회언어학적 항목 이용)	1. 대화 완성하기 2. 빈 칸 채우기 3. 정보 채우기 4. 그림이나 구어·문어 자료를 이용한 쓰기 5. 구어나 문어 자료를 이용한 요약하기 6. 글 완성하기	제목에 맞게 쓰기

이들 쓰기 평가 유형들은 다음과 같은 문제점이 있다.

첫째, 실생활 의사소통 쓰기인 자유 작문을 위해 인위적으로 만들어진 쓰기 연습 활동이 대부분을 차지하고 있다. 특히 모방적·제한된·유도(안내)된 쓰기들은 문자·문장 차원의 쓰기 연습으로 거의 전사 단계라고 할 수 있다. 쓰기를 위해 배운 모든 것을 평가해야 한다면 이것들이 평가의 대상이 될 수도 있을 것이다.

일례로 한글자모를 가르쳐 줄 때 쓰는 순서를 제시할 수 있다. 그리고 그것이 어떤 소리와 연결되는지도 가르칠 수 있다. 그러나 그것은 한글로 단어와 문장, 담화를 완성해 내도록 하기 위한 전사 단계의 기초적 교수 목표는 될 수 있지만 그것이 평가 목표가 되는 것은 문제가 있다. 더구나 순서대로 쓰지 않아도 쓸 수 있으면 된다. 한국인도 순서대로 쓰지 않는 사람이 많다. 순서대로 쓰지 않으면 의사소통 쓰기가 안 되는 것인가. 순서를 아는 것은 쓰는 행위와 관계없이 획순에 대한 지식이다. 한국어 쓰기 평가는 그 지식을 측정하는 것이 아니라 지식을 기반으로 다른 지식과 기술을 통합하여 실제로 쓰기 텍스트를 만들어낼 수 있는지를 보는 것이다. 획순을 받아들이고 받아들이지 않고는 오로지 필자의 자의적 결정인 것이다.

그리고 이렇게 작은 교수 목표 단계를 측정하면 더 큰 범주의 교수 목표 단계와 중복된 측정이 될 수도 있다. 수영 시험을 보는데 숨쉬기는 어떻게 해야 하는지 묻거나 따로 숨쉬기 능력을 측정하고 그 다음에 20미터를 수영으로 갔다 오게 하는 것과 같다. 같은 시험지에 단답형이나 논술로 한글을 이용해 답안을 작성하는 문항이 있어서 '썼는데'도 불구하고 획순을 별도로 묻는 건 그래서 더욱 더 지식 평가가 되는 것이다.

이와 관련해 또 한 가지 생각해 볼 문제는 쓰기 활동들이 학습 작문인가 혹은 작문 학습인가에 대한 것이다. Klein(1999)에서 학습 작문 (writing to learn)은 학습을 위한 도구로 글쓰기를 활용하는 것을 말하고, 작문 학습(learning to write)은 능숙한 글쓰기를 목표로 하여 쓰기 지식, 쓰기 기술이나 전략 등에 대해 배우는 것을 말한다고 하였다 (최연희 외, 2009:4). 그렇다면 의사소통 쓰기에서 위의 '자유 작문'이나 실제적 쓰기와 관련되지 않는 유형의 쓰기는 '작문 학습'이 되어야 하지 '학습 작문'이 되면 안 된다. 즉, 이러한 쓰기 활동들이 쓰기의 목표 자체가 아니라 쓰기 학습을 위한 연습과 훈련이라는 의미를 다시 확인하게 되는 것이다.

교수의 목표는 세부적인 단계가 나뉠 수 있지만 평가의 목표는 숙달도에 맞는 의사소통 쓰기 텍스트를 생성해 내는 과제를 수행하는 것이다. 따라서 실생활 쓰기 과제로 설정될 수 있는 것들을 평가 유형으로 삼는 것이 적절하다. 수영 능력을 키우기 위해 배우는 개별 기법들(몸 띄우기, 호흡하기, 팔 돌리기, 발차기)을 따로 측정하지 않는다는 것은 앞에서 언급한 바 있다.

둘째, 입력 자료와 결과물 쓰기의 형식적 측면이 혼용되어 있거나 명확하게 드러나지 않아서 항목을 기술함에 있어 통일성이 없다. 그래서 어떤 쓰기에 어떤 입력 자료가 들어갈 수 있는지 혹은 들어가는 것이 맞는지 파악하고 판단하는 것이 어렵다. 따라서 일관된 기준으로 평가 문항 유형을 설정할 필요가 있다.

따라서 여기에서는 일관된 기준으로 '필자가 필자의 생각을 독자를 고려하여 필자의 목적에 맞는 실제적 텍스트를 창작할 수 있는' 실제적 텍스트 쓰기 평가와 관련된 문항 유형을 설정하는 데에 집중하고자 한다. 이러한 시도는 기존의 쓰기 평가에 비해 파격적인 주장일 수 있다. 그러나 한국어 쓰기 교수·평가가 의사소통적이어야 한다는 이론과 실제 현장 평가가 다른 모습을 보이는 괴리 현상을 보완할 수 있는 방안이라고 할 수 있다.

한국어 쓰기 평가 문항 유형을 결정하기 위한 요소로는 쓰기 착상 유형, 쓰기 입력 자료 유형, 평가 문항 유형을 사용할 수 있다. 어떻게 발상을 하고 어떤 자료에 기대어 어떤 방식으로 쓸 수 있는지를 결정할 수 있기 때문이다. 아래 [그림 54]의 원리는 다음과 같은 전제를 기본으로 한다.

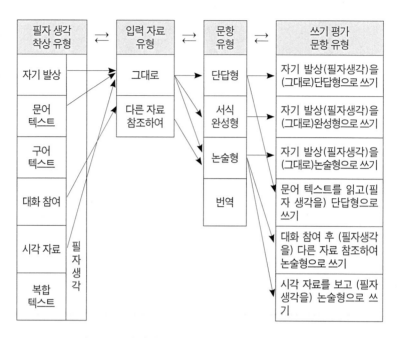

[그림 54] 쓰기 평가 문항 유형 개발에 사용되는 요소와 원리

첫째, 쓰기 착상 유형 여섯 가지는 개별적으로 사용되는 것으로 한다.

엄밀하게 말하면 실생활에서는 각각 하나씩이 사용되어 착상이 되기도 하지만 두 개 이상이 결합하여 착상이 될 수도 있을 것이다. 그렇게 되면 너무 많은 경우의 수가 나오기 때문에 단순화한 것이다. 실제성은 가지지만 최소한의 경우를 상정하는 것이 평가 문항 개발 측면에서도 적절하다고 판단되기 때문이다.

둘째, 쓰기 입력 자료 유형은 '필자 생각'을 그대로 표현하는 것과 '다른 자료를 참조하여' 두 가지로 설정한다. 그 이유 역시 복잡도 때문이다. 쓰기 착상을 일으키는 것들 여섯 가지가 그대로 입력 자료로 사용되면 앞에서 언급한 바와 같이 최소 하나에서 최대 여섯 가지가 선택될 수 있다. 이 역시 경우의 수가 너무 많다. 따라서 이것 또한 단순화하여 평가 문항 개발 측면을 고려하고자 한다.

셋째, 서답형 문항 유형 외에 '번역'을 문항 유형으로 추가하여 제시한다. 모국어 문어 텍스트를 읽고 그대로 목표어로 쓰게 하거나 거꾸로 목표어를 주고 모국어로 번역하게 하는 것을 다른 유형과 구별하기 위함이다. 일반적으로 '번역'은 쓰기 기술의 하위 유형으로 포함되어 기술되는데 유럽공통 참조기준(2018)에서는 의사소통 언어 활동(Communicative language activities)의 하위 범주로 수용, 생산, 상호작용, 중개(중재, meditating) 활동 네 가지를 설정하고 있다. 그 중 통역과 번역 활동이 중개 활동으로 따로 제시되었다. 통역과 번역 같은 중개 활동은 텍스트 중개에 속하는 것으로 영어 구어와 문어가 한국어 구어와 문어의 형식으로 변환되는 것이다. 이때에는 각기 다른 언어에 대한 이해와 표현 능력이 동시에 요구되므로 일반적 쓰기 능력과는 차별된다고 볼 수 있다. 유럽공통 참조기준의 중개 활동과 동일한 의미에서 번역을 따로 제시하는 것은 아니지만 다른 쓰기 문항 유형과 다른 점을 강조하기 위해서임을 밝히는 바이다.

위의 전제를 바탕으로 하여 [그림 54]를 설명하면 다음과 같다.

먼저 여섯 가지 착상 유형에 의해 '필자 생각'이 발현한다. 그 다음에는 '필자 생각'을 그대로 사용할 수도 있고 다른 자료를 참조할 수도 있다. 그리고 어떻게 써야 하는지는 서답형 문항 유형인 단답형, 완성형, 논술형 중에서 선택하면 쓰기 평가 문항 유형이 결정되는 것이다.

단, 여기에서는 서답형 유형 중 완성형은 긴 글이나 단락에 빈 칸을 만들어 놓고 쓰게 하는 것이 아니라 실제 쓰기 텍스트의 신청서와 같은 서식의 빈 곳을 채우는 완성형만을 선택한다. 긴 글이나 단락 완성하기는 언어 교실에서 일어나는 연습 활동으로는 가능할 수 있으나 실제 의사소통 상황에서는 일어나지 않는 쓰기이기 때문이다. 김영숙 외(1999:299)에서는 Heaton(1988:157)과 Hughes(1989:78)가 완성하기 유형으로 '주어진 문장이나 단락 완성하기'와 '서식 완성하기' 두 가지가 있다고 한 언급을 인용하였다. 그리고 서식 완성하기는 글의 내용 전개, 구성 능력 등을 측정하지는 않지만 실생활에서 필요한 쓰기 능력이므로 좀더 의사소통 중심의 평가에 가깝다고 볼 수 있다고 하였다. 그럼에도 불구하고 김영숙 외(2004:299)에서는 서식 완성하기도 간접 평가에 포함시키고 있다. 그러나 여기에서는 '서식 완성형'을 그 자체로 텍스트를 완성하는 것으로 보고 의사소통적 쓰기라고 할 수 있는 직접 평가 문항으로 설정하는 것이 적절하다고 판단한다.

'단락 완성하기'를 의사소통 쓰기 평가로 보기 어려운 이유를 설명하면 다음과 같다. 아래에 제시된 문항은 전반부와 마지막 부분에 대한 내용 읽기를 온전히 한 후에 제시된 근거를 사용해서 '마약의 합법화에 대한 반대 입장'을 중간 단락에 완성하는 형식이다. 이 형식은 참조 자료로 〈근거〉도 제시하고 있고 무엇을 써야 할지도 나름 정교하게 고민한 유도된 작문 형식의 문항 유형이다. 그래서 언뜻 보면 실제적 의사소통 쓰기 문항 유형처럼 보인다. 그러나 이런 쓰기는 없다. 엄밀하게 말해 이 글을 완성한다는 것은 이 글을 시작한 사람의 머릿속에 어떤 착상이 시작되었는지부터 파악해야 하고 이 사람이 선택한 어휘와 문법, 구조, 문체 등을 제대로 파악해서 한 사람이 쓴 것처럼 써야 한다는 것을 의미한다. 그래서 한국인이라고 하더라도 차라리 혼자 다시 쓰는 게 낫겠다는 생각이 들 정도로 어려운 작업이 되는 것이다. 그래서 누군가가 쓰다가 만 글을 채우는 일은 현실에서는 거의 일어나지 않는다. 검토나 수정 차원에서 조언은 해 줄 수 있지만 대신 써 줄 수는 없다. 내 식으로 고치려면 처음부터 혼자 쓰는 것보다 오히려 더 큰 작업이 될 수 있다. 따라서 이러한 쓰기 완성형은 의사소통적이지도 않으면서 부자연스럽고 어렵기만 할 뿐이다. 그래서 쓰기 문항 유형 중 완성형으로 '서식 완성하기'만 선택하는 것이다.

| 단락
완성하기
쓰기
문항
예시 | ※ [55] 다음 글을 읽고 아래에 제시된 근거를 사용해서 글을 완성하십시오. 150~200자로 쓰십시오. (9점)

몇 해 전부터 일부 국가에서는 차라리 일부 마약을 담배나 술처럼 정식으로 판매하자는 주장이 등장하고 있다. 불법 밀거래와 그에 따른 사회적 악영향을 줄이는 데 도움이 된다는 논리였다. 의학적으로 안전성이 규명된 마약이라면 차라리 합법화하는 것이 사회적 낭비를 줄일 수 있다는 것이었다.
그러나 한 편에서는 마약의 합법화는 말도 안 된다는 입장이 강하게 유지되고 있다. 마약이 합법화되면 _____
_____
_____
이렇게 강경한 반대 속에서 '마약의 합법화' 주장이 어떻게 될지 귀추가 주목된다.

〈근거〉
<table><tr><td>청소년 마약 복용</td><td>육체적 · 정신적 건강</td></tr></table>
(KPT(구 TOPIK) 5회 6급 쓰기 문항) |

[그림 54]에 제시된 순서로 연결하면 '자기 발상으로 착상된 필자 생각'을 그대로 단답형 쓰기, 완성형 쓰기, 논술형 쓰기로 평가 문

항 유형을 설정할 수 있다. 설문지의 질문에 대한 단답형 대답 쓰기는 '자기 발상으로 착상된 필자 생각'을 (그대로) 단답형으로 쓰는 유형이 된다. 무엇을 써야 하는지를 지시하는 지시문은 착상과 직접 관련되는 것이 아니므로 읽기 착상 자료로 처리하지 않는다. 통장 발급 신청서의 서식을 완성하는 것은 '자기 발상으로 착상된 필자 생각' 그대로 완성형으로 쓰기 유형이며, 친구에게 안부 편지쓰기는 '자기 발상으로 착상된 필자 생각' 그대로 논술형 쓰기가 될 수 있다. 같은 방식으로 문어 텍스트를 읽고 착상된 '필자 생각' 그대로 단답형 쓰기로 할 수도 있고 다른 자료를 참조하여 단답형 쓰기로도 할 수 있다. 대화 참여를 통해 착상된 '필자 생각' 역시 그대로 혹은 다른 자료를 참조하여 단답형, 완성형, 논술형을 선택하면 된다. 구어 텍스트, 시각 자료, 복합 텍스트 역시 같은 원리이다.

이러한 원리를 바탕으로 하면 다음과 같은 한국어 쓰기 평가 문항 유형을 제시할 수 있다. 이 평가 유형은 공식 평가뿐 아니라 비공식적 수업 평가에서도 가능한 것들을 최대한 나열한 것이다. 일관된 원리를 사용했기 때문에 각 요소를 빠짐없이 고려하여 실제 평가 맥락에서 적절하게 선택되고 사용될 수 있을 것이다. 편의상 목록에서는 '자기 발상의 필자 생각'은 그냥 '자기 발상'으로 표현하고, 문어 텍스트 등을 통해 착상된 필자 생각은 그냥 '문어 텍스트를 읽고' 등으로 표현한다. 그리고 '입력 자료 유형'에서 필자 생각을 '그대로' 사용하는 경우에는 별도로 표기하지 않도록 한다.

▶ 한국어 쓰기 평가 문항 유형
(1) 자기 발상 단답형 쓰기

(2) 자기 발상 완성형 쓰기

(3) 자기 발상 논술형 쓰기

(4) 자기 발상 다른 자료 참조하여 단답형 쓰기

(5) 자기 발상 다른 자료 참조하여 완성형 쓰기

(6) 자기 발상 다른 자료 참조하여 논술형 쓰기

(7) 문어 텍스트 읽고 단답형 쓰기

(8) 문어 텍스트 읽고 완성형 쓰기

(9) 문어 텍스트 읽고 논술형 쓰기

(10) 모국어 문어 텍스트 읽고 번역 쓰기

(11) 문어 텍스트 읽고 다른 자료 참조하여 단답형 쓰기

(12) 문어 텍스트 읽고 다른 자료 참조하여 완성형 쓰기

(13) 문어 텍스트 읽고 다른 자료 참조하여 논술형 쓰기

(14) 구어 텍스트 듣고 단답형 쓰기

(15) 구어 텍스트 듣고 완성형 쓰기

(16) 구어 텍스트 듣고 논술형 쓰기

(17) 모국어 구어 텍스트 듣고 번역 쓰기

(18) 구어 텍스트 듣고 다른 자료 참조하여 단답형 쓰기

(19) 구어 텍스트 듣고 다른 자료 참조하여 완성형 쓰기

(20) 구어 텍스트 듣고 다른 자료 참조하여 논술형 쓰기

(21) 대화 참여하고 단답형 쓰기

(22) 대화 참여하고 완성형 쓰기

(23) 대화 참여하고 논술형 쓰기

(24) 대화 참여하고 다른 자료 참조하여 단답형 쓰기

(25) 대화 참여하고 다른 자료 참조하여 완성형 쓰기

(26) 대화 참여하고 다른 자료 참조하여 논술형 쓰기

(27) 시각 자료 보고 단답형 쓰기

(28) 시각 자료 보고 완성형 쓰기

(29) 시각 자료 보고 논술형 쓰기

(30) 시각 자료 보고 다른 자료 참조하여 단답형 쓰기

(31) 시각 자료 보고 다른 자료 참조하여 완성형 쓰기

(32) 시각 자료 보고 다른 자료 참조하여 논술형 쓰기

(33) 복합 텍스트 보고 단답형 쓰기

(34) 복합 텍스트 보고 완성형 쓰기

(35) 복합 텍스트 보고 논술형 쓰기

(36) 모국어 복합 텍스트 보고 번역 쓰기

(37) 복합 텍스트 보고 다른 자료 참조하여 단답형 쓰기

(38) 복합 텍스트 보고 다른 자료 참조하여 완성형 쓰기

(39) 복합 텍스트 보고 다른 자료 참조하여 논술형 쓰기

39개 중 (10)과 (17), (36)은 모국어로 된 문어, 구어, 복합 텍스트를 번역하는 것으로 특정하였다. 나머지 36개도 문어, 구어, 복합 텍스트 등을 학습자의 모국어로 제시할 수도 있고 한국어로도 제시할 수 있어서 그 숫자는 더 늘어날 수 있다. 이들 항목 중 실제 문항 개발에서 잘 사용되지 않는 항목이 있을 수도 있다. 그렇지만 듣기와 읽기처럼 위의 문항 유형들도 일관된 원리로 뽑아낼 수 있는 기본적 쓰기 문항 유형이라는 점에 의미를 두는 것이 좋다. 실질적으로 어떤 주제로 어떤 텍스트를 쓰게 하느냐에 따라 선택될 수 있는 것들이 달라질 수 있기 때문이다.

위에서 언급했듯이 '서식 완성형'이 의사소통 쓰기에 적절하지만 그럼에도 불구하고 '문장 완성형이나 단락 완성형'을 작성하고자 하는 평가 개발자와 출제자들을 위해 항목에는 그냥 '완성형'으로 제시하였음을 밝힌다.

이상으로 제시해 본 쓰기 평가 문항 유형을 통해 알 수 있는 것은 다음과 같다.

첫째, 제시된 쓰기 평가 문항 유형의 항목들은 모두 쓰기 '수행' 평가이며 직접 평가라는 점이다. 앞에 제시된 [표 63]에서 Heaton (1997)의 객관식 쓰기 문항을 비롯해서 제한적 쓰기와 문법이나 어휘를 통제한 쓰기 등은 간접 평가로 볼 수 있다. 객관식 쓰기 문항은 초기 한국어능력시험(TOPIK)에서도 사용된 바 있는 것으로 이는 쓰기 간접 평가의 대표적 유형이라고 할 수 있다. 그러나 위에 제시된 유형들은 의사소통적 상황에서 필자가 직접 텍스트를 씀으로써 그 능력이 직접 관찰될 수 평가임을 다시 강조하고자 한다.

둘째, 위의 유형에서 확인할 수 있는 것은 착상을 일으키는 것들이 모두 한국어가 사용이 된다면 36개 중 자기 발상 쓰기인 (1), (2), (3)과 시각 자료 보고 쓰기인 (27), (28), (29)만 쓰기를 단독으로 측정하는 것이 되고 번역을 제외한 나머지 30개는 다른 기술과의 통합 능력을 측정하게 된다는 것이다. 쓰기 아이디어를 만들어 내는 착상 단계에서 그리고 실제 쓰기를 행하면서 사용하는 입력 자료에서 듣기, 말하기, 읽기 기술이 연관이 되어 있다는 점을 확인할 수 있다. 텍스트와 대화 참여를 모두 모국어로 제시하여 목표어의 다른 언어 기술의 간섭을 제한할 수 있다. 그렇게 되면 쓰기 능력에 집중해 측정할 수 있는 것들은 다른 자료를 참조하지 않는 쓰기 유형 12개가 더 추가될 수 있다. 따라서 쓰기만 측정할 수 있는 경우는 6개이거나 최대로 늘면 모국어를 사용하는 착상이 더해져서 18개 쓰기 문항 유형으로 늘 수 있다는 것이다. 그렇지 않으면 6개만 쓰기 능력에 집중된 쓰기 기술 분리 평가가 되고 다른 쓰기 문항은 기술 통합 평가가 된다. 물론 모국어 읽기와 듣기 등을 통해 한국어 쓰기 평가가 이루어진다고 해도 완벽한 기술 분리 평가로 보기 어려울 수도 있다. 모국어 읽기와 듣기 또한 완벽하게 이루어지는 것은 아닐 수 있기 때문이다.

따라서 고민은, 어떤 것을 선택하는 것이 쓰기를 제대로 측정하는 것인지에 대한 것이다. 쓰기는 독립된 기술로서 측정 가능하도록 고안 되는 것이 맞고 그럴 필요가 있다. 다른 기술의 간섭 없이 쓰기 고유의 능력을 측정해야 하기 때문이다. 실제 의사소통 쓰기는 통합적 성격이 특히 더 두드러진다는 것을 위의 평가 문항 유형이 말해 주고 있다. 이영숙(2005:98)에서는 쓰기 평가가 다른 영역에 비해 언어 영역의 통합적인 기능을 평가할 수 있는 영역이라고 하였는데 이러한 점에서 동의할 수 있는 부분이다. Brown(2004, 이영식 외 역, 2006:307)에서는 언어의 네 기술 중 한 가지 이상의 다른 기능 수행을 개입시키지 않고 어느 하나만 분리하기는 사실상 불가능하고 단일한 기술 영역을 목표로 개발된 평가라 하더라도 영역 통합의 저력을 과소평가하지 말아야 한다고 언급하였다. 이러한 통합적 성격이 쓰기에서 좀더 두드러지는 이유는 말하기와는 다른 '형식성'과 '영속성', '독자와의 거리', '복잡성' 등의 문어적 특성이 '완결성'을 추구하기 때문인 것과 관련이 있어 보인다. 시각적 텍스트로 영속적으로 보관이 가능하기 때문에 책임성이 강하게 작동을 할 것이다. 그리고 텍스트 형식과 복잡성, 독자 고려 등의 문제를 필자의 자발적 발상만으로 해결하기 어렵기 때문에 다양한 참조 자료를 필요로 하게 한다.

따라서 평가 개발자나 출제자들은 이러한 점들을 고려하여 쓰기 기술 분리 평가와 쓰기와 다른 영역의 기술 통합 평가 유형이 갖는 특징에 대해 분명한 인식을 가지고 평가 문항 유형을 선정하고 개발해야 할 것이다.

2) 쓰기 평가의 최종 문항 유형 결정 원리

앞에서 살펴 본 쓰기 평가 문항 유형은 실제 쓰기 평가에 사용될 수 있는 문항의 형식적 유형 목록들이다. 이 목록들을 평가 실제 상황에 맞게 잘 선택하고 연결하는 것이 중요하다. 이를 위해서는 '누구를 대상으로 해서 무엇을 왜 어떤 형식으로 써야 하는지' 함께 고려해야 한다. 쓰기 평가의 최종 문항 유형 결정을 할 때 고려해야 하는 요소들과 그 관계는 다음 [그림 55]와 같이 표현할 수 있다.

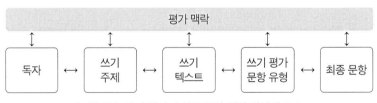

[그림 55] 쓰기 평가의 최종 문항 결정 원리와 요소

쓰기 평가 문항을 선택할 때에는 쓰기 평가 문항 유형을 아무렇게나 자의적으로 선택하면 안 된다. 반드시 위에서 제시한 쓰기 평가 문항 유형과 독자, 쓰기 주제, 쓰기 텍스트의 적절한 연결을 고려해야 한

다. 독자는 누구를 대상으로 하는지와 관련되고, 쓰기 주제는 무엇에 대해 써야 하는지와 관련되며, 그리고 특정된 형식을 통해 왜 어떤 항목을 써야 하는지는 쓰기 텍스트와 연결되는 것이다. 독자와 쓰기 텍스트는 동시에 고려될 수도 있고 독자가 먼저 고려되거나 쓰기 텍스트가 결정이 되어 있다면 쓰기 텍스트를 먼저 고려할 수도 있다. 순서는 중요하지 않다. 독자, 쓰기 주제, 쓰기 텍스트가 한 번에 모두 결정되어 있거나 결정될 수도 있으므로 순서보다는 각 요소들을 잘 연결하는 것이 중요하다.

예를 들어, '자기소개'에 대해 쓴다고 했을 때에 텍스트는 개인 신상 정보 서식도 가능하고 자기소개서도 가능하다. 그리고 자기소개서라는 텍스트의 독자가 누구냐에 따라 취업용 자기소개서일 수도 있고 진학용 자기소개서일 수도 있다. 개인 신상 정보 서식도 독자가 달라질 수 있다. 이 역시 취업용과 동아리 가입용 등으로 나뉘면서 독자가 달라질 수 있다. 개인 신상 정보 서식의 경우에는 자신의 이름, 생년월일, 성별, 주소, 연락처 등의 기본 정보를 쓸 수 있다. 그러나 독자가 다르기 때문에 취업용에는 학력, 성적, 경력 등을 추가적으로 기입해야 하는 반면 동아리 가입용에는 기본적 신상 정보에 더할 내용은 동아리 가입 동기와 동아리에서 하고 싶은 활동이나 기대 등이 될 것이다. 자기소개서를 쓴다고 했을 때에도 취업용과 진학용 모두 자신을 뽑도록 설득해야 하므로 취업용은 취업에 필요한 능력을, 진학용은 진학에 필요한 능력을 피력할 수 있는 내용들을 선택해야 한다. 그리고 어떤 종류의 직장이냐에 따라 어떤 전공이냐에 따라서도 달라질 수 있다. 이렇게 동일한 주제라고 하더라도 독자와 텍스트가 달라질 수 있고 이에 따라 써야 하는 내용과 형식이 결정될 수 있는 것이다.

또한 그것을 구현하는 데 평가 문항 유형 중 어느 것이 적절한지를 파악해야 한다. 자기 발상을 그대로 쓰게 하는 것이 적절한지 아니면 자기 발상을 다른 자료를 참조해서 쓰게 하는 것이 적절한지 등을 고려해야 한다. 그리고 이때 단답형, 서식 완성형, 논술형 중에서 적절한 유형도 선택되어야 한다. 은행 카드 발급용 신청서에는 자기 신상 정보 중 이름과 주소, 연락처, 생년월일 정도만 써도 되고, 은행 직원이 친절하게 어디에 뭘 써야 하는지 표시를 해서 고객에게 알려주는 경우가 많다. 그래서 특별히 다른 참조 자료가 필요하지 않다. 반면 주민 센터에 가서 신상에 대한 증명서를 발급하기 위한 신청서는 서식을 완성해서 직원에게 주는 절차이므로 복잡한 서식의 어디에 무엇을 어떤 식으로 써야 할지 파악이 잘 안 된다. 그래서 서식 용지 옆에는 항상 견본이 참조 자료로 구비되어 있다. 이런 이유를 고려해 보면 카드 발급 신청서와 신상 증명(등본, 초본 등) 신청서 쓰기에 선택되어야 하는 평가 문항 유형은 달라야 한다.

위의 예를 통해 살펴 본 것들을 바탕으로 자기소개에 대한 주제로 글을 쓴다고 했을 때 평가 문항 유형 개발을 위한 연결은 다음과 같은 것들이 가능할 것이다. 특별히 독자를 고려할 필요가 없을 때에는 독자를 표기하지 않을 것이다. 모든 항목에 공통적 쓰기 주제인 '자기소개'와 '자기 발상', '그대로'는 편의상 한 번만 대표로 제시한다.

['자기소개' 관련 쓰기 평가 문항 유형]
- '자기소개(신상)' 은행 카드 발급 신청서 자기 발상 그대로 완성형 쓰기
- 주민 센터 증명서 발급 신청서 다른 자료 참조하여 완성형 쓰기

- 동아리 담당자 고려하여 동아리 가입 신청서 완성형/논술형 쓰기
- 동아리 담당자 고려하여 동아리 가입 신청서 다른 자료 참조하여 완성형/논술형 쓰기
- 문어 텍스트 읽고 온라인 커뮤니티 담당자 고려하여 커뮤니티 가입 신청서 완성형/단답형 쓰기
- 대화 참여 후 회사 인사 담당자 고려하여 이력서 다른 자료 참조하여 완성형 쓰기
- 대화 참여 후 회사 인사 담당자 고려하여 자기소개서 다른 자료 참조하여 논술형 쓰기
- 대화 참여 후 입학선발 담당자 고려하여 입학원서 다른 자료 참조하여 완성형 쓰기
- 구어 텍스트 듣고 입학선발 담당자 고려하여 자기소개서 다른 자료 참조하여 논술형 쓰기

'동아리 담당자 고려하여 동아리 가입 신청서 완성형/논술형 쓰기'라고 한 것은 정보는 서식에 완성하고 말미에 가입 동기 등에 대해 길게 서술할 수 있기 때문이며 그냥 필자의 생각만으로도 쓰기가 가능하고 잘 쓰고자 하거나 어떻게 쓰는지 모르는 경우에는 다른 자료 참조하여 완성형/논술형으로 문항을 결정할 수도 있을 것이다. '온라인 커뮤니티 담당자 고려하여 커뮤니티 가입 신청서 완성형/단답형 쓰기'는 다양한 온라인 카페나 밴드 등에 가입하는 경우에 쓸 수 있는 것이다. 이때 간단한 신상 정보(닉네임 등)를 서식 완성형으로 쓰는 것도 있다. 그리고 '이 카페를 어떻게 알고 오셨나요? 간단한 인사말을 해 주세요. 좋아하는 책이나 영화 장르를 남겨 주세요.'와 같은 질문에

아주 간단하게 대답을 해야 하는 경우도 있는데 이를 단답형 쓰기로 본 것이다. 이 경우 단답형 쓰기는 '네, 아니요' 대답도 가능하고, 단어 혹은 짧은 한 문장으로 대답해도 상관없을 것이다. 온라인 커뮤니티 가입 신청서는 자기 발상만으로 작성해도 되지만 취업과 진학을 위한 서식과 자기소개서는 잘 써야 하므로 다른 사람과 대화를 해서 어떻게 쓸 것인지 착상을 하고 다른 사람의 자기소개서 등 다른 자료를 참조하여 작성하는 것이 적절한 의사소통 전략이 될 것이다.

현실적으로 다수의 사람이 써야 하는 것도 아니고 더구나 한국어를 외국어나 제2언어로 학습하는 학습자들에게는 필요하지 않을 것 같은 자기소개 관련 텍스트는 '자서전'이 될 것이다. 자서전의 경우에는 신상 정보보다는 출생부터 현재까지 연령별로 특별한 사건, 삶에 영향을 미친 요인(사람, 말, 사건 등)들, 자신이 생각하는 삶의 가치 등에 대해 이야기하기 방식 등의 적절한 형식을 사용하여 서술하게 될 것이다. 이때 다른 자서전의 형식과 내용 등을 참조할 수 있다. 따라서 이 상황을 전제로 한다면 자서전 쓰기는 '자기소개'하는 주제로 예상 독자를 고려하여 자서전 다른 자료 참조하여 (아주 긴) 논술형 쓰기 문항이 될 것이다.

위에 제시한 최종 문항 유형을 설명한 것에는 독자 고려(동아리 담당자), 쓰기의 주제(자기소개), 쓰기 텍스트(동아리 가입 신청서), 그리고 적절한 쓰기 평가 문항 유형(자기 발상 완성형/논술형)이 모두 제시되어 있으며 구체적으로 '자기소개'에서 정보, 동기, 경력, 능력 중에서 무엇을 써야 하는지는 쓰기 텍스트가 결정이 되면 '텍스트'의 특징에 따라 자동적으로 선택 가능한 항목들이 파악될 수 있다. 물론 교사와 평가자는 이들 항목들을 잘 선택해야 한다.

그리고 앞에 제시한 9가지 '자기소개' 쓰기 예비 최종 문항 유형들 중에서 평가 맥락, 즉 평가 목적과 환경 및 수험자 요소 등을 고려해서 최종 문항이 선택되고 개발될 수 있을 것이다. 여기에서도 순서는 중요하지 않으므로 평가 맥락을 고려하면서 쓰기 주제, 독자, 쓰기 텍스트, 쓰기 평가 문항 유형의 관계를 잘 파악해서 선정할 수도 있다. 이러한 원리를 다양한 주제, 다양한 독자, 다양한 텍스트에 적용할 수 있을 것이다.

이상의 내용을 종합해 보았을 때 [그림 55]를 통해 살펴 본 쓰기 평가의 최종 문항 결정 원리와 요소는 의사소통 상황에서의 자연스럽고 진정한 쓰기 평가를 개발하는 데 도움을 줄 것이라 판단된다.

5. 쓰기 평가 개발 지침

실제 교실 현장에서 이루어지는 쓰기 수업에서는 쓰기 착상을 유도하는 다양한 방식이 다른 언어 기술과의 통합을 통해 충분한 시간을 두고 시도될 수 있다. 특정 주제에 대해 학습자들이 서로 토론을 하면서 아이디어를 수집하고 정리하게 할 수 있으며 이를 바탕으로 학습자가 필자의 생각을 마련할 수 있고 독자를 고려한 텍스트를 작성하기 위한 전략에 다른 참조 자료가 필요하면 다른 관련 내용의 책을 읽거나 관련 구어 텍스트를 들어서 입력 자료를 강화할 수 있다. 그리고 교실에서 쓸 수도 있고 집에서 숙제로 써 올 수도 있으며 1차 초고, 2차 수정, 3차 수정 등의 과정을 통해 최종 결과물이 완성될 것이다. 이러한 쓰기는 과정과 결과를 모두 중시한 쓰기 수업이면서 동시에 교사 관찰을 통해 혹은 포트폴리오를 통해 평가로도 활용할 수 있다. 이러한 수업과 평가를 위해 이 장의 4절에서 살핀 최종 문항 결정 원리를 적용하는 것이 바람직할 것이다. 그런데 이러한 쓰기는 이상적인 쓰기 수업과 평가의 모습이긴 하지만 교재 집필이나 수업 활동과 좀 더 관련된다고 할 수 있다. 따라서 여기에서는 '쓰기 시험'으로 사용하는 경우에 쓰기 문항을 어떻게 작성하는 것이 좋은지에 집중해서 살펴보고자 한다. '쓰기 시험'은 교실 쓰기나 실제 쓰기와 다르게 엄청난 시간의 제약이 있고 관련 자료도 마음껏 찾아보기 어려워 오직 자기 발상에 의지해야 하는 경우가 많이 발생할 수 있다. 이러한 '쓰기 시험'의 조건에서 쓰기 시험의 목표는 수험자가 가진 쓰기 능력의 최대치를 끌어내는 것이어야 한다.

여기에서는 신용진(1989:441-448), 김영숙 외(2004:295-296), 이완기(2003:373-379)의 내용을 바탕으로 쓰기 평가 문항 작성 지침과 쓰기 채점 지침에 대해 살펴볼 것이다. 이들 연구에서 중요한 지침을 선별하고 몇 가지를 추가하여 논의를 진행할 것이다.

1) 쓰기 평가의 문항 작성 지침

(1) 쓰기 문항은 실제 의사소통 상황 쓰기 과제와 유사하게 작성되어야 한다.

앞에서 살펴본 쓰기 최종 문항 유형 결정 원리에서 설명된 바와 같이 내용과 형식이 잘 일치되도록 쓰기 문항을 작성하는 것이 중요하다. 간단한 예로 이름을 쓰라는 질문에 대한 대답으로 자신의 이름을 쓰는 것과 카드 발급 신청 서식에 이름을 쓰는 것이 동일하다고 여길 수도 있다. 그러나 전자는 맥락도 없고 의사소통적이지 않지만 후자는 맥락적이고 의사소통적이다. 그래서 전자는 그냥 이름 적기가 되지만 후자는 담화 수준의 쓰기가 되는 것이고 그 자체로 의사소통이 되는 것이다. 한국어 쓰기 교수의 목표가 의사소통을 전제로 한다면 다소 복잡한 제작 과정이 요구되더라도 가능한 한 실생활에서의 언어 사용과 유사할 수 있도록 과제와 상황을 제시하는 것이 바람직하다. 아래에 제시된 문항 예시는 실제 학생 신분의 외국인들이 작성할 만한 의사소통 쓰기 과제이며 그 양식 또한 실제적 텍스트에서 따온 것이다. 숙달도에 따라 발급 사유가 목표로 선택될 수도 있고 선택되지 않을 수도 있을 것이다. 발급 사유를 써야 한다면 지시문에 있는 '잃어버렸습니다, 잃어버려서' 등을 사용하면 안 되고 이 텍스트의 관습에서 유용한 '분실, 도난, 훼손' 중에서 선택해 쓰는 것이 적절할 것이다.

의사소통 과제 쓰기 평가 문항 예시	※ 당신은 학생증을 잃어버렸습니다. 학생증 재발급 신청서를 작성하십시오. 학생증 재발급 신청서(학생용) | 성명	(한글)	(영문)
학과		
학번		
생년월일		
발급사유		| 위와 같이 학생증 발급을 신청합니다. 년　월　일 신청인　　　(서명)

부가적인 언급 한 가지를 하면 다음과 같다. 한국어 교실에서 초급 수업 시간에 '잃어버리다'를 가르치면 듣기 · 말하기 · 읽기 · 쓰기를 모두 '잃어버리다'로 해야 한다는 신념이 강한 것 같다. 물론 '잃어버리다'를 사용해서 쓸 수 있는 적절하고 유용한 쓰기 텍스트가 선정이 된다면 바람직할 것이다. 그러나 문장 차원의 연습은 가능하지만 쉽게 찾아지지 않을 때가 많다. 그럼에도 가르치지 않았으므로 알고 있는 것만 가지고 써도 훌륭하다는 기준을 가지고 아래와 같은 서식의 발급 사유에 '잃어버렸습니다'와 '잃어버려서'를 써도 맞게 한다면 과연 실제적 의사소통 쓰기의 목표가 무엇인지 반문해야 한다. 영어로 man과 woman만 배웠어도 영어 서식의 성별 난에는 Male, Female 혹은 M, F라 써야 적절한 것이다. '잃어버리다' 하나도 배우기 힘들다고 생각하고 이 서식 텍스트에서 반드시 필요한 분실을 가르치지 않는 것보다 적재적소의 표현을 가르치지 않아서 학습자들이 실제 생활에서 겪는 혼란이 학습자들을 더 힘들게 하는 것일지도 모른다. 초급이라고 하더라도 '분실'이라는 단어를 배울 수 있다. 적재적소의 표현을 가르친다면 학습자들은 더 잘 받아들인다. 왜냐 하면 교실 밖 실세계에서 유용하기 때문이다. 당신은 외국어를 배울 때 단어를 배웠는데 어디에 써야 하는지 모르는 단어 학습을 하고 싶은가 아니면 적재적소의 단어를 배워서 진정성 있는 의사소통을 하고 싶은가라는 질문에 자문해 볼 필요가 있다.

결국 위의 예시 문항은 '학교생활이라는 주제의 학생증 재발급 신청서 자기 발상 완성형 쓰기'로 학생증 발급 신청서 서식이라는 텍스트 맥락에 적합한 언어 사용 능력을 사용해서 자신의 상황을 표현하고 무엇인가를 요청할 수 있는지를 측정하는 것이다. 언어 구조나 어휘 연습의 차원을 넘어 학습자가 나타내고자 하는 의미를 효과적으로 표현할 수 있도록 평가가 작성된 것이라고 할 수 있다. 따라서 출제자는 위의 문항처럼 실제적 과제 유형으로 제시하기 위해 끊임없이 연구하고 노력해야 한다.

(2) 수험자가 쓰기 평가의 목표와 방향을 확실히 알 수 있도록 문항을 작성해야 한다.

쓰기 평가는 '필자의 생각'을 문어 텍스트로 창작하는 활동이다. 따라서 최소한 필자 자신의 '생각'을 잘 드러낼 수 있도록 문항이 작성되어야 한다. '필자의 생각'이 잘 드러나기 위해서는 필자가 어떤 생각을 착상해야 하는지 분명히 전달되어야 한다. 따라서 쓰기 주제, 쓰기의 목적, 독사, 쓰기의 내용과 범위, 쓰기의 방향, 길이 등 필자가 생각을 구체적으로 착상할 수 있도록 해야 한다.

부적절한 문항 예시	※ 다음 제목을 가지고 글을 쓰십시오. 　　제목 : 나의 10년 후 모습　　　　　　　　　(김유정, 1999:198)
수정된 문항 예시	※ 당신이 원하는 직업에 대해 부모님이 반대합니다. 10년 후 당신의 모습이 어떠할지, 그리고 그것을 위해 어떤 노력을 할지 약속드리면서 부모님을 설득하는 편지를 써 보십시오. (15문장 이상)

김유정(1999:198)에서 제시되었던 자유 작문의 형식은 그냥 제목만 있다. 무엇에 대해 쓰라는 것만 제시되어 있다. 이러한 쓰기는 필자가 어떤 생각을 해야 하는지 막막해진다. 독자도 모르겠고 어떤 형식으로 어떤 목적으로 써야 하는지 전혀 파악이 되지 않기 때문이다. 그

러나 이 문항을 아래와 같이 수정을 하면 쓰기의 주제와 내용(원하는 직업을 하고 싶다, 직업 선택 10년 후의 내 모습에 대한 전망, 이를 위한 노력)이 있고 특정 독자(부모님)가 고려될 수 있다. 왜(설득) 써야 하는지 어떻게(약속드리는 방식) 써야 하는지 그리고 얼마나 길게(15문장 이상) 써야 하는지도 잘 드러나 있다. 직업을 특정하지 않았기 때문에 약간의 상상력이 필요하긴 하지만 오히려 수험자 스스로 자신이 가장 자신 있는 상황으로 내용을 주도할 수 있다. 외국인의 부모님에게 한국어로 편지를 쓰는 것이 불필요하다고 판단이 되면 적절한 상황을 가정한 한국인 독자(선생님, 친구, 동료 등)로 바꿀 수 있다. 그리고 지시문이 어렵다면 수험자의 모국어를 사용할 수도 있다. 따라서 수정된 문항의 예시는 (1)에서 언급된 의사소통적 실제 과제이면서 수험자가 쓰기 평가의 목표와 방향을 확실히 알 수 있도록 작성된 쓰기 평가 문항이라고 할 수 있다.

Alderson et al.(1995:60)에서는 쓰기 평가 문항은 글의 주제, 내용, 방향, 글을 읽을 사람, 글의 형식, 길이 등을 분명하게 제시해야 한다고 하면서 아래와 같이 예시 문항을 제시하였다(이완기, 2003:373). 교실 상황 시험에서 유일한 독자인 '당신의 영어 선생님'을 제시한 것이 눈에 띈다. 당연한 독자이긴 하지만 가시적으로 확인할 수 있기 때문에 수험자 입장에서는 고려해야 할 독자가 분명해지고 의사소통적 상황으로 좀더 유도할 수 있을 것으로 보인다. 여기에서는 채점 기준도 함께 제시하고 있는데 채점 기준은 이처럼 문항에 직접 제시할 수도 있고 시험 전에 구체적인 시험의 내용은 제시하지 않고 문항이나 텍스트별로 무엇을 기준으로 채점할지 미리 제시하는 방법도 가능할 것이다. 수험자 입장에서 채점 기준을 알면 글을 쓸 때 어떤 부분에 중점을 두어야 하는지가 명확해지기 때문에 사전 공지든 문항별 제시든 반드시 제시되어야 한다. 이는 7장 채점 방식에서도 언급한 바 있다.

Alderson et al. (1995)	예) '여행은 마음을 넓혀준다.'라는 말에 동의하는지 당신의 영어 선생님을 독자로 하여 에세이(formal essay)를 작성하십시오. 약 200~250단어를 써야 합니다. [채점 기준] • 에세이의 구조(문단 사용)(20%) • 스타일의 적절성 (20%) • 논증의 명확성(20%) • 문법과 어휘의 범위 (20%) • 문법 및 어휘의 정확성 (20%)

위와 같은 에세이를 작성할 경우에 여기에서는 지시문에 '동의하는지'의 여부를 쓰라고 하여 쓰는 목적이 드러나 있다. 이처럼 학문 목적의 에세이 쓰기인 경우에도 그냥 '쓰시오'보다는 '무엇에 대해 비교하시오, 설득하시오, 주장하시오, 묘사하시오' 등으로 구체적인 쓰기의 목적을 제시하는 것도 반드시 지켜져야 한다.

또한 내용 범위도 구체적으로 특정하는 것이 바람직하다. 쓰기 맥락이 없기도 하지만 '한국 문화에 대해 쓰시오.'라는 문항은 너무나 광범위한 내용 범위를 목표로 하고 있다. 이보다는 '친구에게 한국 여행에서 경험한 식사 예절(혹은 상차림 문화)과 관련된 일화를 소개하는 메일을 써 보세요.'와 같이 제시하는 것이 더 명확하고 구체적인 목표를 가지고 쓸 수 있게 한다. 이러한 것은 말하기 평가에서도 동일하게 적용되어야 하는 지침이다.

(3) 쓰기 평가 문항의 주제는 수험자가 어려움 없이 다룰 수 있는 주제여야 한다.

쓰기 주제는 필자가 써야 하는 내용으로 '필자의 생각'이 되어야 하는 것이다. 그런데 주제가 너무 어렵거나 수험자의 관심 밖의 주제가 제시되거나 혹은 주제와 관련된 경험이 없는 경우에는 '필자의 생각' 자체가 착상될 수 없다. 이는 쓰기 능력이 아니라 쓰기 주제에 따라 수험자의 언어 수행이 달라질 수 있다는 것을 의미하게 된다. 따라서 수험자의 숙달도, 연령, 학습 목적, 성별, 전공 분야 등 평가 맥락에 따라 다양한 요소를 고려하여야 한다. 출제자의 상식이 모든 사람의 상식이 아닐 수 있음을 늘 고려해야 하며 쓰기 평가에서 '특정한 지식'이 핵심 구인이 되면 안 된다는 것을 기억해야 한다.

부적절한 주제 문항 예시	※ 인간 게놈 프로젝트(human genome project)에 대한 자신의 생각을 쓰세요. ※ 어렸을 때 가장 행복했던 기억을 쓰세요. ※ 자신이 보거나 들은 교통사고에 대해 써 보세요. (한국어 교사 작성 문항)

우선 위의 문항 예시는 (2)에 제시된 '나의 10년 후 모습' 문항처럼 주제만 제시되어 있다는 점에서 전혀 의사소통적 쓰기 평가 문항이 아니기 때문에 수정되어야 함은 당연하다. 그러나 여기에서는 '주제'에 대해서만 살펴보고자 한다. 수업 시간에 '인간 게놈 프로젝트'에 대해 읽거나 들었을 수도 있다. 그러나 이 주제는 아무리 수업 시간에 다루었다고 하더라도 평상시에 약간의 들은 정보가 있더라도 아무런 자료 없이 자신의 생각을 쓸 수 있는 주제는 아니다. 배운 것을 외워서

써야 하는 암기력 평가로 이어질 수도 있고 이렇게 작성된 텍스트는 심오한 무게의 주제에 비해 완성도와 수준도 많이 떨어질 수 있다. 공감할 수 없거나 실감이 나지 않는다면 지금 바로 직접 써 보기 바란다.

'어렸을 때 행복했던 기억'과 '교통사고'는 누구나 쓸 수 있는 주제라 생각된다. 그러나 실제로 학습자 중에는 (진심으로) 행복했던 기억이 없다거나 교통사고를 보거나 들은 적이 없다고 오히려 쓸 만한 내용이 아니라고 불만을 토로한 경우도 있었다. 이러한 경우 평가에 적극적이고 긍정적인 태도로 뭐든 상상이라도 해서 (거짓말로라도) 답을 써야 한다고 생각한다면 그건 출제자로서 잘못된 생각이라 할 수 있다. 상상력은 한국어 쓰기 측정의 목표 구인이 아니다. 완벽하게 공정한 문항은 없을지도 모르지만 수험자로부터 문제가 발견된 문항은 출제사가 적극적으로 수성하고 보완할 책임이 있다. 그리고 개인적 경험이나 원천적으로 가지고 있는 것이 없어서 쓸 수 없는 경우가 있다는 것을 인정해야 하는 것이다.

따라서 주제를 선택할 때 수험자에게 풍성한 쓸 거리를 유도할 수 있는 주제인지 신중하게 생각해 봐야 한다. 만일 이러한 주제들을 꼭 다루어야 하는 상황이라면 전문적 주제 혹은 개인적 경험 유무에 의해 영향 받을 수 있는 이러한 주제들을 착상하게 할 방안이나 참조할 자료들을 모색하고 마련해야 할 것이다.

(4) 착상을 위해 혹은 참조 자료로 사용되는 자료들과 지시문은 쓰기를 용이하게 해야 한다.

쓰게 하기 위한 동기 부여나 상황을 제시하는 것은 무척 어려운 일이다. 그래서 '자기 발상'만으로 가능하지 않은 경우에는 수험자, 숙달도, 평가 목표 등 평가 맥락에 따라 자세한 상황 설명, 관련된 읽기·듣기·시청각 복합 텍스트 등이 함께 제시될 수도 있다. 그런데 이들 자료의 의미는 참조를 하도록 하는 것이다. 즉, 도움을 주기 위한 역할을 할 수 있어야 한다. 착상을 위해 혹은 자료로 활용하는 데 아이디어를 제공하는 역할로 충분히 기여할 수 있어야 한다. 물론 언어 기술 통합 평가의 의도로 읽기 자료나 듣기 자료들이 적절한 난이도로 제시될 수는 있다. 그러나 '쓰기'를 목표로 하는 시험에서 착상과 참조 자료로 제시된 자료들이 어려우면 착상 자체부터 불가능하고 참조 자료는 **쓰기를 용이하게 하는 것이 아니라 쓰기 어렵도록 만들게 된다.**

따라서 최대한 쉽고 간단하게 만들어서 상황 지시문과 참조 자료를 제시해야 한다. 그것이 용이하지 않는 경우 수험자의 모국어로 상황 지시문과 참조 자료를 제시하는 것도 가능하다.

아래의 예시는 의사소통 상황을 실제적이고 구체적으로 유도하려고 했다는 점, 그래서 쓰기의 목적과 목표, 써야 하는 내용, 독자, 텍스트가 구체적으로 드러나 있다는 점에서 긍정적이다. 그런데 문제는 너무 복잡하다는 것이다. 박스 안은 상황 설명이고 아래의 항목들은 써야 할 것들에 대한 지시문이다. 박스 안에 들어 있는 상황 자체도 복잡하고 그 상황에 대한 설명도 복잡하다. 그리고 아래의 지시문은 무엇을 써야 하는지 친절하게 풀어쓰기는 했지만 길고 많다. 부가적인 문제는 이런 상황에서 저렇게 많을 걸 '쪽지'라는 텍스트에 써야 하는지도 생각해 볼 문제이다. 더구나 서울에 대한 전문가가 아니면 쓸 수 없는 것들도 많다. 이 글을 쓰는 가상의 필자도 6개월밖에 안 된 외국인인데 교통편과 서울 지리와 식사와 즐길 거리에 대한 모든 걸 쓸 수 있을지 의문이다. 억지로라도 만들어 내자면 이 문항에도 상상력이 요구된다.

이해하기 어려운 상황으로 착상과 지시 문항 예시	※ 다음을 읽고 상황에 알맞은 글을 쓰십시오. (10문장 이상 쓰십시오.) 당신은 기숙사에 6개월째 살고 있는 학생입니다. 어제는 다른 학생 한 명이 방 친구(룸메이트)로 새로 왔습니다. 그 학생은 한국말을 할 수 있지만 한국에 온 것은 이번이 처음이어서 교통편이라든가 서울 지리 같은 것에 대해서는 전혀 모릅니다. 오늘 오후에 그 학생이 시내에 볼일이 있다고 해서 당신은 같이 가 주기로 했습니다. 그리고 시내에 나간 김에 저녁에는 함께 시내의 유명한 한식집에서 식사를 하려고 했습니다. 그런데 갑자기 다른 일이 생겨서 당신은 약속을 지키지 못하게 되었습니다. 그 학생에게 남기는 쪽지를 써 보세요. • 먼저 미안하다고 이야기를 하고 • 왜 당신이 약속을 지키지 못하게 되었는지를 밝히고 • 교통편 및 서울 지리에 대해 유용한 정보를 가르쳐 주고 • 그 학생이 어디에서 저녁을 먹을 수 있는지 이야기를 해 주고 • 당신이 돌아올 때까지 무엇을 할 수 있을지 이야기를 해 주고 • 당신은 언제 돌아오는지를 이야기 해 주세요. <div align="right">(한국어 교사 작성 문항)</div>

이러한 문항은 쓰기 전에 착상하는 과정이 너무나도 힘들고 참조 자료도 없다. 쓰기 평가 문항 작성을 위해 의사소통 상황을 잘 설정하기 위한 노력은 하되 쉽고 간단한 방법을 통해 수험자가 빨리 '쓰기를 시작'할 수 있도록 해야 한다.

(5) 쓰기 평가에 참조된 문어 자료를 '베껴 쓰기' 할 수 있게 문항을 작성하면 안 된다.

착상과 지시문, 참조 자료가 친절하게 제시되는 것은 좋지만 '베껴 써도' 될 정도가 되면 안 된다는 의미이다. 제시된 한국어 지시문, 착상과 참조 자료 그대로에 몇 가지 단어와 문법 표현만 첨가해서 써도 시험에서 원하는 답안을 작성할 수 있다면 그건 원하는 쓰기 평가 목표를 측정할 수 없는 것이다.

아래에 제시된 문항에 실제적 의사소통 요소가 드러나지 않은 것도 문제이지만 여기에서는 제시된 참조 자료에 집중하여 설명하고자 한다. 이 문항은 인터넷의 장단점에 대한 착상이 어렵고 지식 평가가 될 수 있다는 문제를 인지하고 착상과 참조 자료(써야 할 내용)를 제시하고 있다는 면에서 긍정적이다. 그런데 제시된 참조 자료를 그대로 사용해서 써 보면 위의 '작성 답안 예시'와 같이 완성될 수 있다. 답안은 총 231자, 62단어가 사용되었기 때문에 우선 200~300자로 쓰라는 조건도 맞고 내용을 다 포함하고 있다. 평가 기준에 따라 다소 점수가 달라질 수 있으나 문항이 원하는 조건을 다 충족하였기 때문에 어느 정도의 점수는 보장이 된다. '작성 답안 예시'의 글에서 이 답안을 작성한 수험자의 표현 능력은 밑줄 친 부분에 한정된다. '-은 다음과 같다. 먼저, 세 가지가 있다, 첫째, 둘째, 셋째, 그리고'만 스스로 생산해 낸 것이라고 할 수 있다. 나머지는 제시된 자료를 그대로 사용한 것이다. 그래서 극단적으로는 초급의 수험자가 연습된 '시험 테크닉'을 사용해서 잘 이어 붙인 답안을 만들 가능성을 배제하기 어렵다. 그리고 추가적인 문제는 인터넷의 단점에 제시된 1과 3은 같은 내용 범주라는 것이다. 출제 시 이러한 부분도 잘 고려해서 분명히 구별될 수 있는 내용으로 제시하는 것도 중요하다.

부적절한 문어 참조 자료 문항 예시	※ 다음 표를 보고 인터넷의 장단점을 200~300자로 쓰십시오. 	인터넷의 장점	인터넷의 단점
1. 시간과 공간을 초월하여 실시간으로 알릴 수 있다. 2. 돈과 시간을 절약할 수 있 다. 3. 누구나 콘텐츠를 만들어서 올릴 수 있다.	1. 유해한 자료도 쉽게 퍼질 수 있다. 2. 인터넷 중독이 될 수 있다. 3. 모든 연령층이 이용할 수 있기 때문에 어린이에게 유해할 수 있다. | (한국어 교사 작성 문항)
작성 답안 예시	인터넷의 장단점은 <u>다음과 같다</u>. 먼저 인터넷의 장점은 <u>세 가지가</u> <u>있다</u>. <u>첫째</u>, 시간과 공간을 초월하여 실시간으로 알릴 수 있다. <u>둘</u> <u>째</u>, 돈과 시간을 절약할 수 있다. <u>셋째</u>, 누구나 콘텐츠를 만들어서 올릴 수 있다. <u>그리고</u> 인터넷의 단점도 <u>세 가지가</u> 있다. <u>첫째</u>, 유해한 자료도 쉽 게 퍼질 수 있다. <u>둘째</u>, 인터넷 중독이 될 수 있다. 그리고 <u>셋째</u>, 모 든 연령층이 이용할 수 있기 때문에 어린이에게 유해할 수 있다.
수정된 문항 예시		인터넷의 장점	인터넷의 단점
1. 정보 공유 2. 경제성 3. 자유로운 콘텐츠 제작	1. 유해한 자료 2. 중독성 3. 잘못된 정보	

이런 문제점을 해소하기 위해서는 수험자의 모국어를 사용해서 자
료를 제시하거나 아래의 수정된 문항 예시처럼 핵심어를 통해 제시하
는 방법이 있다. 이때 핵심어도 이해하기 어려우면 안 되므로 수험자

그룹의 숙달도에 맞게 잘 고려해야 한다. 수정된 문항 예시를 보면 핵심어만 사용해서는 문항이 요구하는 바를 완수할 수 없다. 쓰기 답안을 작성하면서 핵심어를 그대로 사용하더라도 수험자는 '필자 생각'을 표현하기 위해 더 많은 부가적 내용을 동원해야 한다. 따라서 수정 전의 문항보다 수험자의 쓰기 능력을 잘 측정할 수 있다.

위의 지침 (4)에 제시된 문항에도 이러한 문제점이 잠재되어 있다. '먼저 미안하다고 이야기를 하고 왜 당신이 약속을 지키지 못하게 되었는지를 밝히고'에 관한 내용은 박스 안에 제시된 '갑자기 다른 일이 생겨서 약속을 지키지 못하게 되었습니다.'를 그대로 사용해도 되는 문제점을 가지고 있다.

(6) '쓰기'에 어울리는 주제와 과제를 선택해야 한다.

이것은 쓰기에 어울리지 않는 주제와 과제를 문항으로 작성하면 안 된다는 것이다. 언어 교육 이론과 실제를 구현하는 현장의 모습을 보면 가장 이해하기 힘든 부분이 있다. 그것은 들은 걸 그대로 읽어야 하고 또 그것을 그대로 말하고 그대로 써야 하는 것이다. 물론 듣기 · 말하기 · 읽기 · 쓰기가 공통적으로 사용될 수 있는 의사소통 상황이 있을 수 있고 있기도 하다. 그러나 모든 것이 그렇지는 않다. 누구나 소설을 읽고 소설을 써야 하는 것은 아니며 일기 예보를 듣고 일기 예보 방송 대본을 쓰거나 뉴스를 듣고 뉴스 보도문을 써야 하는 것은 아니다. 앞에서 읽기에 가능한 문어 텍스트가 모두 그대로 쓰기를 위한 문어 텍스트가 될 수 없음을 언급한 것과 마찬가지 이유에서이다. 혹시 한 번이라도 쓸 일이 있을 수 있기 때문이라는 이유로 거의 쓸 일이 없거나 간헐적이고 부분적으로만 필요한 쓰기를 평가의 핵심으로 다루는 건 적절하지 못하다. 따라서 학습자에게 쓰기를 가르칠 때에도 꼭 써야만 하는 주제와 텍스트를 중심으로 가르쳐야 하고 평가도 마찬가지로 꼭 써야 하는 주제와 텍스트를 작성하도록 해야 한다.

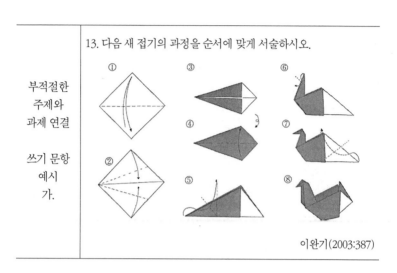

부적절한
주제와
과제 연결

쓰기 문항
예시
가.

13. 다음 새 접기의 과정을 순서에 맞게 서술하시오.

이완기(2003:387)

위의 그림은 종이 접기 과정을 서술하라는 것이다. 종이 접기 방법은 잘 접는 사람이 접는 기술이 없는 사람에게 알려주는 것으로 기본적으로 '접기와 관련된 지식'이 요구된다. 그리고 색종이나 종이 접기 책에 적힌 종이 접기는 완벽하지 않은 경우도 많아서 번호와 번호 사이의 의미와 시각적 자료의 의미를 이해하는 것은 상당히 어렵다. 그래서 결국에는 동영상을 보거나 직접 접는 사람에게 물어서 방법을 파악한다. 내가 종이를 잘 접는다고 해서 친구에게 그 방법을 써서 전해 주지 않는다. 접기 책에 있는 내용을 보라고 하거나 만나서 말과 행동으로 알려준다. 이것이 '종이 접기'와 관련된 자연스러운 의사소통이다. 종이 접기는 읽고 이해하기 어렵지만 간혹 읽기와 듣기가 될 수

는 있고 실제로 접으면서 몇 가지 표현(이렇게, 반대로, 접고, 펴고 등)
의 말로 전달할 수 있지만 쓰기는 일반적으로 거의 하지 않는 활동이
다. 따라서 위의 시각적 자료를 활용해서는 접는 방법을 적어 놓은 읽
기(듣기) 텍스트와 그림을 연결하거나 혹은 간단히 말을 하게 할 수는
있지만(시각적 자료만으로 접기를 다 이해하기 힘듦으로) 쓰기로는
부적절한 과제라 할 수 있다.

12. 다음 오믈렛 만드는 과정을 나타낸 그림을 보고 서술하시오.

부적절한
주제와
과제 연결

쓰기 문항
예시
나.

이완기(2004:386)

    김영숙 외(2004:302)에도 위의 그림과 유사한 요리하는 과정 그림
을 제시하고 이를 기술하도록 하는 유형이 예로 제시되어 있다. 이렇
게 요리 그림을 시각 자료로 제시하고 쓰도록 하는 것은 착상과 참조
자료의 역할을 한다는 면에서는 긍정적이지만 의사소통 상황을 고려
했을 때 부적절한 쓰기 과제로 볼 수 있다. 종이 접기에 비해서는 더
친숙하고 일반적이라서 쓰기에 적절할 것 같지만 꼭 그렇지만은 않

다. 그 이유는 다음과 같다.

사람들은 일반적으로 요리 방법을 모를 때 조리법이 적힌 문어 텍스트를 읽거나 시청각 복합 텍스트를 보고 듣는다. 요리사 또는 요리사 지망생, 요리에 관심이 많은 사람이 아니면 잘 쓰지 않는다. 친구를 위해 오믈렛 만드는 방법을 설명한다고 하더라도 문자나 간단한 메모 형식이 적절할 것 같지 [모범 답안]으로 제시된 것처럼 쓰기는 힘들어 보인다. 사용된 언어 자료들이 평가 목표가 될 수 있으므로 영어 원문을 최대한 직역에 가깝게 번역하여 제시하면 다음과 같다.

[모범 답안]

a) 계란 두 개를 그릇에 넣습니다. 달걀 껍질이 들어가지 않도록 조심하십시오. 그렇지 않으면 오블렛이 아삭거리게 될 것입니다! b) 계란을 잘 풀어 주십시오. 혼합물이 전체적으로 노란색이고 가장자리 주위에 약간 거품이 있는지 확인하십시오. c) 강판에 간 치즈와 다진 양파를 그릇에 담으십시오. 그러면 오믈렛 맛이 날 것입니다. d) 프라이팬을 스토브 위에 올려놓습니다. 그리고 불은 중간 단계로 켭니다. 팬에 식용유를 붓습니다. 너무 많이 부으면 오믈렛이 느끼해질 겁니다. e) 오일이 뜨거워지도록 하십시오. 조금 연기가 나기 시작하면 혼합물을 넣으십시오. 지글거리는 소리가 들릴 겁니다. 오믈렛이 완전히 단단해질 때까지 요리하십시오. f) 오믈렛이 완성되었습니다! 팬에서 꺼내십시오. 소금과 후추를 넣으십시오. 토스트 옆이나 위에 올리십시오!

위의 모범 답안은 요리책의 요리방법을 쓴다고 가정하더라도 무척 자세하다. 요리 재료와 순서뿐 아니라 단계별 주의 사항과 팁이 아주 상세하게 제시되어 있다. 그래서 어쩌면 요리사가 요리하면서 말로 해 주는 느낌이 강해서 말하기에 더 적절해 보인다. 물론 '모범'적 답안이기 때문에 어떻게 채점이 이루어질지는 알 수 없지만 실제 쓴다고 가정했을 때의 답과 비교하면 다음과 같은 어려움이 예상된다. 먼저, 그림만 보고 '계란 두 개'를 파악해 내는 것은 '관찰력' 평가가 될 수 있으며 '치즈와 양파, 중불, 연기가 날 때' 등은 지식이거나 상상력이 될 것이다. 이러한 관찰력과 지식, 상상력이 없으면 쓰기 힘들다는 것이다. 오믈렛이 대중적인 음식이라고 하더라도 먹는 것과 요리 방법을 아는 것은 다른 문제이기 때문이다. 독자를 요리 못하는 친구로 상정하고 간단하게 '문자나 메모'를 통해 알려 준다고 하더라도 '계란 2~3개를 깨서 그릇에 넣고 풀기 – 그 안에 치즈나 야채 잘게 다져 넣고 섞기 – 프라이팬에 기름 적당량 두르고 예열하기 – 프라이팬이 따뜻해지면 섞은 것 붓고 익히기' 정도면 충분할 듯싶다. 만약 [모범 답안]처럼 쓰게 하고 싶다면 '번역 쓰기'가 더 적절하다.

　물론 '요리 블로그'를 가정하고 쓰게 할 수도 있을 것이다. 그렇다면 더 자세한 사진과 함께 모범 답안처럼 상세한 팁도 들어갈 수 있다. 그런데 이런 요리 블로그는 누구나 쓰는 것은 아니고 누구나 쓸 수 있는 것도 아니라는 점도 쓰기 평가를 만들 때 고려해야 한다. 평가 대상 그룹의 학습자들에게 차별적 지식이나 쓰기 외의 다른 능력이 비중 있게 요구될 수 있기 때문이다.

　위의 예들은 공식적으로 발표된 영어 평가 책에서 가져온 것이긴 하지만 한국어 교육 현장에서도 이와 유사한 상황은 많이 발견된다. 외국인 학습자가 한국어를 사용해서 당장 쓸 만하고 써야만 하는, 진정한 의사소통 쓰기에 어울리는 과제인지에 대한 점검이 반드시 필요하다.

(7) 시각 자료(그림 등)에는 써야 하는 내용이 분명하게 나타나야 하며 그림의 해석이 쉬워야 한다.

Brown(2004, 이영식 외 역, 2006:280-282)에서 시각 자료를 사용하는 장점은 읽기와 쓰기의 연결을 분리하고 대신 쓰기 반응을 고무시키기 위해 비언어적 수단을 제공한다는 데에 있다고 하였다. 그리고 개방형 쓰기 과제는 수험자에게 너무 많은 선택의 여지를 줄 수 있기 때문에 반드시 단순하고 명확해야 한다고 하였다. Brown의 말처럼 착상을 위해 시각 자료나 그림을 사용하는 것은 바람직할 수 있다. 그러나 무엇을 써야 하는지 명확하지 않거나 부석설한 경우에는 수험자는 그림을 연구해야 할 상황에 봉착하게 된다. 도대체 무슨 그림이고 사진인지 불분명하기 때문이다.

아래 예시 문항은 여행지에서 찍은 사진 네 장을 순서대로 연결해서 글을 쓰라는 것이다. 특별히 쓸 만한 여행 경험이 없는 수험자들을 위해 사진 자료를 제시한 것은 적절할 수 있다. 문항에 의사소통적 쓰기 맥락을 추가한다면 '일기'나 '블로그에 올릴 여행 후기' 등의 텍스트가 적당해 보이고 '설악산 여행(다른 산도 괜찮음)'이라는 제목으로 텍스트를 쓰게 할 수 있다. 그런데 문제는 이 사진들이 어디에서 무엇을 하고 있는 것인지 분명하지 않다는 것이다. 사진 속 이미지는 직접 여행을 경험하고 이 문항을 작성한 출제자만 알 수 있는 그림들이다. 상상력과 창작력을 동원해서 써 보려고 해도 사진 자료에 드러나 정보가 너무 없다. 잘 쓰게 하기 위해서는 장소가 명확히 달라서 거기에서 하는 행동이 드러나거나 유추될 수 있는 사진을 선택해야 한다. 그리고 행동 사진이라고 한다면 수험자의 착상을 원활하게 할 수 있는 명확하고 특징적인 행동이 있는 사진이어야 한다. 즉, 시각 자료를 활용할 때에는 누가 봐도 쉽게 이해할 수 있도록 제시해야 하는 것이다.

※ 다음은 여행에서 찍은 사진입니다. 순서대로 이야기를 만들어 보세요.

시각 자료
해석
어려운

쓰기 문항
예시

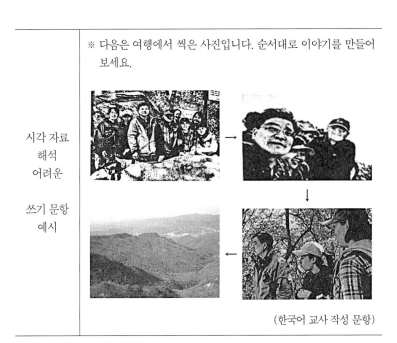

(한국어 교사 작성 문항)

도표나 그래프 등의 시각 자료들도 지침대로 이해하기 쉽고 간단하면서 분명하게 제시되어야 한다. 물론 일반적으로 도표나 그래프를 보고 텍스트를 작성해야 하는 경우가 한국어 학습자들 다수에게 빈번하게 일어나는 일인지에 대한 원론적인 고민도 필요해 보인다. 아래에 제시된 Hughes(2003)의 문항에 영어로 쓰기 답안을 작성해 보면서 고민을 해 보는 것도 추천한다.

※ 도표를 이용하여 1980년대에서 2000년에 걸쳐 네 집단의 상대적 연간 소득에 대해 논하는 한 문단의 글을 쓰시오.

그래프
제시

쓰기 문항
예시

Average annual earnings of four working groups: 1980–2000

£70,000
£60,000
£50,000
£40,000
£30,000
£20,000
£10,000
£0

1980 1990 2000

☐ manual
■ clerical
▨ teachers
▨ other professions

(Hughes, 2003, 전병만 외 역, 2012:109)

(8) 시각 자료(그림 등)는 의사소통 쓰기에 적절한 텍스트 및 독자와 연결되어 글의 내용을 구성할 수 있도록 해야 한다.

시각 자료는 자료 자체가 목적이 되는 것이 아니라 쓰도록 착상하게 하거나 참조 자료로 적절하게 활용될 수 있어야 한다. 그러기 위해서는 시각 자료들이 충분히 의사소통적으로 잘 사용될 수 있도록 텍스트와 독자를 잘 연결해야 한다. 이것은 앞에서 여러 번 강조하였다.

아래 예는 Brown(2004)에 제시된 것으로 1993년 연구에서부터 2007년까지도 계속 등장하는 그림이다. 하루 일과를 나타내는 표현과 시간 표현을 배운 뒤에 문장을 써 보도록 하는 과제 유형으로 본격적인 텍스트 쓰기 전에 하는 연습 활동으로는 괜찮을 수 있다. 그렇다면 최종적으로는 적절한 텍스트 쓰기로 연결이 되어야 하는데 제시된 과제만 봐서는 '문장 쓰기'가 어떤 텍스트 쓰기로 가기 위한 것인지 불분명하다. 그래서 담화 쓰기가 아니라 문장 차원의 언어 연습으로 볼 수밖에 없다.

한국어 교실에서는 이것을 활용해 '일기'를 쓰도록 하는 활동이나 평가를 자주 목격하게 된다. 그러나 하루 일과를 시간별로 쭉 써 내려가는 것은 '일기'가 아니다. 일기는 하루 중 '자신이 한 일, 본 일, 들은 일, 생각한 일 중에서 가장 인상에 남는 특별한 것에 대해 쓰는 것이다. 매일 반복되는 일과를 쓰는 건 일기가 아니라 일지이다. 그리고 일지는 문장으로 쓰지 않기 때문에 학습자들은 동사의 명사형 표현(단어 그 자체, -ㅁ/음, -기) 등을 사용해서 써야 한다. 결론적으로 아래의 시각 자료는 일기와는 연결이 적절하지 않다고 할 수 있다.

시각
자료와
과제 연결
부적절한

쓰기 문항
예시

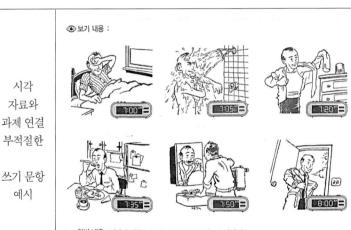

◉ 보기 내용 :

읽기 내용: 남자의 아침 일과를 여섯 문장 이내로 묘사하시오.

(Brown, 2004, 이영식 외 역, 2006:281)

다음에 제시된 것은 하루 일과를 의사소통 쓰기에 적절한 독자와 텍스트로 연결하고 있다.

시각
자료와
과제 연결
적절한

쓰기 문항
예시

※ 미국에 사는 여러분 또래의 Mike라는 학생이 한국 학생들은 하루를 어떻게 보내나 궁금해 한다. Mike에게 영어로 편지를 써 보자. 먼저 다음 그림을 보고 자신의 일과와 관계된 그림을 선택하고 몇 시에 그 일을 하는지 시계에 표시한 후 주어진 편지를 완성하시오.

(최연희 외, 2009:135)

초등학교 고학년이나 중학교 저학년 영어 쓰기 유도 작문으로 제안된 위의 문항은 또래의 한국 친구의 생활을 궁금해 하는 외국인 Mike를 독자로 하여 편지라는 쓰기 텍스트를 작성하게 하고 있다. 하루 일과를 가르쳐서 정말 쓰게 하고 싶다면 앞의 그림으로 문장이나 일기를 쓰게 하는 것보다는 이 문항 유형이 훨씬 적절하다고 할 수 있다. 이러한 비교를 하는 이유는 시각 자료를 활용할 때 어렵긴 하지만 조금 더 고민하면 적절한 텍스트와 독자가 연결될 수 있다는 것을 강조하기 위해서이다. 큰 차이가 아닌 것 같지만 정말 큰 차이라고 할 수 있다. 물론 (5)의 지침처럼 쓰기에 적절하지 않은 것들도 있으므로 잘 판단해야 한다.

여기에서는 시각 자료에 집중하여 논의를 했지만 착상이나 참조 자료로 사용되는 듣기와 읽기 텍스트 역시 같은 원리를 적용해야 한다.

(9) 출제자는 답안을 직접 작성해 보면서 시간, 길이, 내용의 타당성 등을 확인해야 한다.

정말 잘 만들려면 듣기나 읽기보다 더 어려울 수 있음에도 쓰기 문항은 듣기나 읽기에 비해 문항 제작에 있어서 다소 실용적으로 보인다. 짧은 시간에 쉽게 지시문만 만들면 되는 것이라 생각하면 그렇다. 그리고 대부분 출제자들은 문제 만들기에만 급급할 뿐 답은 나 몰라라 하는 경우가 많다. 그러나 쓰기 문항의 답안은 평가 대상과 유사한 집단의 학습자에게 써 보게 하는 것이 이상적이지만 현실적으로 불가능하면 적어도 출제자만이라도 직접 작성해 보아야 한다. 직접 작성해 보면서 착상과 참조 자료가 적절한지, 지시문은 분명하게 제시되는지, 쓸 만한지, 쓸거리가 분명하고 구조는 잘 조직되는지, 평가 목표로 한 언어 사용이 잘 이루어지는지, 분량은 적절하고 시간을 충분한지에 대해 치밀하게 판단해 보아야 한다. 문제가 발견되면 다시 답안을 써 보고 문제가 없을 때까지 착상 자료나 참조 자료를 수정하거나 지시문을 수정하는 등 작업을 해야 한다. 만일 답안을 작성할 때 출제자도 작성하기 힘든 쓰기라고 한다면 문항으로 출제하는 것을 심각하게 고민해야 한다. 그렇기 때문에 쓰기 평가 문항 작성이 더 어려울 수도 있다.

2) 쓰기 채점 지침

쓰기 채점은 7장에서 다룬 채점 방식 중 평가 문항에 적절한 것을 선택하고 채점 기준을 마련하여 채점자 훈련을 통해서 이루어져야 한다. 이에 대해서는 7장을 참고하면 된다. 여기에서는 부가적으로 참고할 만한 지침 몇 가지를 제시하고자 한다.

(1) 오류 빈도수 채점 방법보다는 총괄적 채점이나 분석적 채점이 바람직하다.

채점의 객관성을 위해 어휘, 문법, 맞춤법의 오류를 세서 채점하는 오류 빈도수 채점 방법(error-count method)을 사용하는 것은 텍스트의 의미와 구조보다 언어 사용의 정확성에만 집중하게 된다. 따라서 의사소통적 쓰기 평가의 목표에 맞지 않다. 실제 쓰기 작업에서 여러 번의 원고 수정이 일어날 때 텍스트의 핵심 의미와 구조에 집중하고 최종 수정을 목적으로 할 때에 비로소 표현을 미세조정(fine tuning)하는 쪽으로 옮겨가야 한다(Brown:2004, 이영식 외 역, 2006: 306). 이러한 원리에 비추어 보았을 때에 기우일지는 모르지만 한국어 현장에서 혹시라도 오류 빈도수 채점이 이루어지고 있다면 개선되어야 한다.

(2) 잘 만들어진 채점 기준을 사용해서 채점을 해야 한다.

채점 기준은 정교하게 고안되어야 한다. 최연희(2000:67-69)에서는 Herman, Aschbacher, & Winters(1992:55)에 제시된 채점 기준의 구성 요소로 평가 범주와 채점 기준 제작 절차를 소개하고 있다. 이 내용을 옮기면 다음과 같다.

[채점 기준 구성 요소]
- 학생 답안을 판단할 수 있는 기초가 되는 하나 이상의 특성 또는 평가 범주(dimension)
- 각 특성 또는 평가 범주의 의미에 대한 명확한 정의 및 예시
- 각 차원을 평가할 수 있는 척도(값)의 규모(또는 계산 시스템)
- 특정 수행 수준이 왜 우수한지에 대한 기준과 각 수행 수준에 대한 예시

채점 기준 구성 요소는 네 가지로 평가 범주(dimension), 정의 및 예시, 척도(scale), 기준(standard)이다. 원문에는 평가 범주를 평가 영역이라고 하였으나 듣기 · 말하기 · 읽기 · 쓰기도 평가 영역이라 하는 경우가 있어서 평가 범주로 수정하여 제시하였음을 밝힌다. 이 내용의 설명에 따르면, 우수한 글(good writing)이 어떤 속성(기준)을 가지고 있고 그런 글이 무엇인지 보여야 한다. 그리고 우수한 쓰기 능력을 구성하는 세부적인 평가(채점) 범주에 무엇이 있는지 개념을 정의하고 이를 평가하기 위한 척도를 몇 단계로 할지 나누어야 하며 각 척도의 의미와 예가 되는 텍스트를 밝혀야 한다는 것이다.

[채점 기준 작성 절차]
1. 채점 방법의 선택
2. 평가 내용과 관련된 학습 결과 목록 작성
3. 학습 결과로 예상되는 성취 수준 파악

4. 성취 수준의 가장 높고 낮은 단계 규명

5. 평가 범주 규명 및 정의

6. 성취 수준 단계 파악

7. 평가 척도 유형 및 단계 결정

8. 각 평가 범주의 단계별 기준 기술

9. 동료 교사와의 협의

10. 평가 기준의 수정 보완

위의 내용을 통해 채점 기준 작성의 중요성과 어려움을 확인할 수 있다. 이러한 내용을 참고하여 정교한 채점 기준을 제작하고 채점자 훈련을 통해 신뢰도 있고 타당한 채점을 할 수 있어야 할 것이다.

1. Hughes(1989:83)에서는 '벌을 비교하고 대조하라.'는 문항이 나와 있다. 그리고 김유정 외(1998:83)에 아래와 같은 쓰기 문항이 제시된 바 있다. 이 두 문항 모두 실제적인 의사소통 맥락이 없는 문항이다. 앞에서 정의한 '쓰기의 개념'과 '쓰기 평가 문항 유형', 그리고 쓰기 평가 문항 작성 지침 등을 참고로 하여 실제적이고 의사소통적인 쓰기 평가 문항이 가능한지 생각해 보고 가능하다면 어떻게 만들 수 있을지 구상해 보고 제작해 보시오.

(1) Hughes (1989)	※ 다음 그림은 세 가지 종류의 벌(여왕벌, 일벌, 수펄)을 나타내고 있다. 세 종류의 벌을 비교 · 대조하시오. 분량은 3/4페이지로 쓰시오. QUEEN　　WORKER　　DRONE
(2) 김유정 외 (1998)	※ 다음 그림을 보고 이 사람에 대해 쓰십시오.

2. 이 장에서 제시된 쓰기 평가 문항 유형 결정 원리, 쓰기 텍스트 작성 원칙, 쓰기 문항 작성 원칙에 비추어 한국어 쓰기 문항을 작성해 보시오. 또는 사용되고 있는 한국어 쓰기 평가 문항들을 검토해 보고 장단점을 발표해 보시오.

_____

_____

_____

_____

_____

제

 11

 장

한국어 말하기 평가

제11장 한국어 말하기 평가

　언어 사용의 가장 기본적인 기술이면서 누구나 가장 잘하고 싶은 기술이 바로 말하기일 것이다. 모두 다 알다시피 '한국어를 잘하십니까?'의 의미는 '한국어로 잘 말하십니까?'의 의미이기 때문이다. 이런 말하기는 표현 영역으로서 쓰기와 동일하지만 시각적 자료로 그 결과가 남는 쓰기와는 다르게 일반적으로는 결과가 남지 않는다. 그리고 준비된 독백이 아니라면 즉흥적이고 순식간에 이루어진다. 이런 특성으로 인해 말하기를 평가한다는 것은 가장 어려운 일일 수 있다. 이 장에서는 말하기 평가를 잘하기 위한 기본적 이론으로 말하기의 개념, 말하기 텍스트, 말하기 평가 문항 유형, 말하기 평가 문항 개발 지침을 살펴보고자 한다.

1. 말하기의 개념

말하기에 대한 대표적인 정의를 통해 말하기 능력을 평가하는 데 본질이 무엇인지 살펴보면 다음과 같다.

Brown(1994) Burns & Joyce (1997:54)	말하기란 정보를 생산하고 수신하고 처리하는 것을 포함하는 상호작용을 하는 과정이다. 그것의 형태와 의미는 참가자들 자신, 그들의 집단 경험, 신체적 환경, 그리고 말하는 목적을 포함하여 그것이 일어나는 상황에 따라 달라진다.
Chaney (1998:13)	말하기는 다양한 맥락에서 구두 및 비언어적 기호를 사용하여 의미를 구축하고 공유하는 과정이다.

이 정의를 통해 보면 '말하기'는 단순히 화자의 생각을 표현하고 전달하는 일방향이 아니라 생산, 수신, 처리, 의미 구축, 공유의 개념을 포함하는 상호작용적 측면이 강조되어 있다. 그리고 의사소통의 다양한 맥락에 따라 다양하게 나타난다는 것에 주목하고 있다. 이 부분을 의사소통의 개념에 가깝게 더 구체적으로 풀어 보면 다음과 같다. 이 개념은 앞에서 언급한 '쓰기'의 정의와 큰 틀에서 같다고 할 수 있다.

말하기란 ① 화자가 화자의 생각(의견, 사실, 느낌, 주장, 감상, 듣거나 읽은 내용 등)을 ② 청자를 고려해서 ③ 목적에 맞게 ④ 음성 언어 텍스트를 ⑤ 창작해 내고 ⑥ 청자와 교섭하는 상호작용이다.

이러한 정의를 자세하게 설명하면 다음과 같다. 쓰기의 정의에서 충분히 설명된 것은 간단하게 언급할 것이다.

① '화자가 화자의 생각(의견, 사실, 느낌, 주장, 감상, 듣거나 읽은 내용 등)을'이라는 것은 말하기의 주체와 무엇을 말하는지를 표현한 것이다. 말하는 내용은 화자가 순간 느낀 감정, 생각, 화자에 대한 사실 혹은 상황 정보, 들은 사실, 읽은 정보 등 다양하다. 따라서 말하기 교수와 평가에서는 화자가 말할 수 있는 것이 무엇인지, 어떻게 그 무엇이 도출되는지 고민해야 한다.

② '청자를 고려해서'는 의사소통을 성공하기 위한 말하기는 혼자서 마음대로 발화를 표현(생성)해내는 데 의미를 두지 않고 반드시 청자를 대상으로 이루어진다는 의미이다. 청자가 말하기의 대상자가 되기 때문에 청자에 대한 분석을 통해 적절한 말하기가 이루어져야 한다. 청자의 연령, 지위, 관계, 성별, 상황, 기분, 분위기 등 청자를 둘러싼 다양한 맥락을 잘 고려해서 말을 해야 한다. 이러한 고려는 청자에게 어떤 순서로 말을 해야 할지, 어떤 언어로 말을 해야 하는지, 심지어 말을 해야 할지 말아야 할지를 결정하도록 한다. 친구에게 하는 말과 직장 상사에게 하는 말이 다른 것, 친구가 기분이 좋을 때와 기분이 나쁠 때 말하기 주제, 말하기 스타일, 순서, 어조, 비언어적 장치 등을 탐색하고 수정하는 것은 바로 청자 고려를 통해 성공적인 말하기를 하기 위한 것이다.

③ '목적을 가지고'는 화자가 말하는 이유와 의도가 있다는 것이다. 아무런 목적 없이 말하지 않는다. 즉, 목적이 있을 때에만 말을 한다는 것이다. 그래서 말하기 싫거나 말하고 싶지 않을 때 그리고 말할 수 없을 때에는 아무리 말을 시키려 해도 말하지 않을 수 있는 자유가 화자에게 있는 것이다. 그렇다면 말하기 교수와 평가 현장에서는 학습자가 말하도록 하기 위해서는 목적을 가질 수 있도록 교수 활동과 평가

과제를 만드는 것이 중요할 것이다.

④ '음성 언어 텍스트를'이라는 것은 말하기의 결과물을 의미한다. 말하기의 결과물은 음향이나 소리가 아니다. 인간의 음성 언어로 이루어진 구어 텍스트이다. "잠깐"과 같이 단어로 이루어진 구어 텍스트도 있을 수 있고 한 시간 가량의 긴 대화나 독백으로 생성되는 구어 텍스트도 있을 것이다. Bailey(2005, 전지현 외 역, 2007:7-8)에 따르면 텍스트란 결정되지 않은 길이의 언어를 가리키며 음성 언어 텍스트는 발화, 즉 말로 구성된다. 발화는 쓰기와 다르게 항상 완결된 문법적인 문장이 아니다.

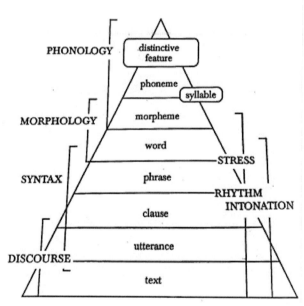

[그림 56] 언어 단위(Van Lier, 1995:15, Bailey(2005, 전지현 외 역, 2007:7-8)
에서 인용)

[그림 56]의 Van Lier(1995)의 음성 언어의 구성 요소에서 왼쪽 편은 교사가 이해해야 할 전통적인 네 가지 언어적 분석 영역을 나타내며 가운데는 학습자가 숙달해야 할 음성 언어의 단위를 나타낸다. 이 단위들은 흔히 언어의 '단계'를 나타내지만 실제로 학습자가 언어를 말할 때 이 모든 단위들이 함께 동시에 작용한다(Bailey:2005, 전지현 외 역, 2007:7). 따라서 한국어 말하기 평가의 최종 결과물은 음성 언어 텍스트가 되는 것이다.

8장 '듣기' 평가에서 Nunan(1991)의 '음성 언어 텍스트 종류'를 살펴보았다. 가장 큰 범주는 독백과 대화이다. 따라서 말하기의 결과물은 크게 독백과 대화로 나뉠 수 있고 두 가지 모두 언어 교실에서 연습되고 평가되어야 한다. 그런데 독백과 대화 중 인간의 말하기에서 큰 비중을 차지하고 있는 것이 무엇인가를 보면 '대화'라는 점이다. 긴 연설 끝에 질의응답 없이 마무리하는 완벽한 독백 상황은 있기는 하지만 흔하지 않다. 공식적인 연설과 강의도 긴 독백 끝에 청중과 질문하고 대답하는 대화로 이어질 수 있다. 낯선 사람들 앞에서 자기소개를 할 때는 짧은 독백이 일어나지만 곧 서로의 신상에 대해 대화를 나누게 된다. 그리고 긴 연설과 강의 같은 텍스트는 특수한 경우에 특정 직업의 사람들에게 많이 일어나는 말하기라고 할 수 있다. 따라서 독백과 대화 모두 구어 텍스트이지만 말하기의 본령은 '대화'에 있다고 할 수 있다.

'대화' 텍스트가 중요한 이유는 다음과 같다. 첫째, 대화는 준비할 수 없다. 경우에 따라 다르지만 독백은 준비된 원고나 즉석에서 준비한 짧고 거친 원고를 가지고 낭독을 하거나 외워서 말할 수도 있다. 그리고 말미에 '이상으로 발표를 마치겠습니다.'나 '감사합니다.'와 같은 인사를 하면 말하기가 끝날 수도 있다. 그러나 대화는 그렇지 않다. 원고를 준비할 수도 없고 화자가 머릿속으로 예상을 해서 준비해도 그대로 되지 않는다. 그 이유는 혼자 하는 활동이 아니라 2인 이상이 함께 만들어가는 즉흥적이고 순간적인 활동이기 때문이다. 둘째, 2인 이상이 하는 대화에서 화자는 발화를 생산하기도 하지만 상대방이 말할 때에는 청자 역할로 메시지를 수신해야 한다. 그리고 상대방의 발화에 적절한 의미 처리를 해서 다시 새로운 표현으로 말을 생산해 내야 한다. 이는 앞에 제시한 Brown(1994)의 정의를 설명하는 것이다. 그리고 대화(conversation)는 구두(any spoken)의 만남 또는 상호활동이라고 정의한 Nolasco & Arthur(1987)의 논의처럼 말하기 활동은 구두 활동의 만남이라고 할 수 있다. 따라서 듣기 활동과는 뗄 수 없다. 이에 대한 주장은 "말하기는 듣기 기술과 분리될 수도 없고 분리하는 것이 바람직하지도 않다."고 한 Heaton(1975:88)의 논의에서도 확인할 수 있다(김유정, 1999:138).

독백과 대화 텍스트에 대한 이러한 개념 확인은 말하기 교수와 평가의 모습을 결정하는 데 역할을 하므로 중요하다. 말하기를 '화자가 생각을 표현하는 것'이라고 정의한다면 '독백'이 더 중요한 비중을 차지하게 될지도 모른다. 그러나 '대화'가 말하기의 본령이라는 철학이라면 말하기 자체를 '말하고 듣고 말하고 듣고'의 집합체라고 여기는 것이고 수업과 평가가 대화를 하도록, 즉 화자와 청자가 되어 상호작용하도록 구성될 것이기 때문이다.

음성 언어 텍스트라는 언급에서 추가로 확인해야 하는 것 하나는 Chaney(1998:13)의 개념 정의에서처럼 언어적 기호뿐 아니라 비언어적 기호의 사용도 포함한다는 것이다. 한국어 말하기 텍스트는 한국어 발음, 억양, 어조, 어휘, 문법 등 언어적 기호도 중요하지만 텍스트마다 중요한 표정, 눈빛, 청자와의 간격, 몸동작 등도 함께 작용한다는 것이다. 한국어를 사용하면서 모국어의 동작을 사용하는 경우 의사소통에 혼란을 가져올 수 있다. 왜냐 하면 비언어적 기호가 언어권과 문화권에 따라 다를 수 있기 때문이다. 따라서 비언어적 기호도 말하기 교수와 평가의 대상이 될 수 있다.

⑤ '창작해 내고'라는 것은 쓰기의 설명과 마찬가지로 '무'에서 '유'를 창조하는 의미가 아니며 화자 나름대로 만들어낸다는 것이다. 언어 교수 초기에는 모방하는 말하기가 있을 수 있다. '안녕하세요?'라고 모방할 수 있으나 화자의 목소리와 표정과 어조가 다를 수 있어서 완전한 복사는 아니다. 그리고 '안녕하세요?' 발화 다음에 이어질 말들이 천편일률적이지 않다. 누구와 어디에서 왜 이야기하느냐에 따라 다양하게 만들어진다. 그래서 창작이라고 할 수 있다. 말하기 주제, 말하기 순서, 말하기 목적, 단어나 문법 선택 등 '인사' 하나에도 무수히 많은 결과물이 있을 수 있다. 따라서 화자가 자신의 언어로 새롭게 표현해 낼 수 있는 것을 의미하며 여기에 초점을 맞춰 말하기 교수와 평가가 이루어져야 한다.

⑥ '청자와 교섭하는 상호작용이다.'라는 것은 ④에서 '대화'가 말하기의 본령이라고 한 것과 연결된다. 화자가 말하고자 하는 바를 끝까지 밀고나가기만 하는 것이 말하기가 아니라는 의미이다. 화자의 말하기 목적과 내용이 끝까지 잘 유지되는 경우도 있지만 그렇지 않은 경우도 많다. 화자가 발화를 먼저 시작했을지는 몰라도 상대방 청자의 반응에 따라 화자의 말하기 목적과 내용도 수정되거나 변경되거나 중단될 수 있는 것이다. 화자가 들어야 하는 청자 역할이 될 때에는 상

대방이 화자가 되는 것이고 상대방도 나름의 목적과 내용을 가지고 대화에 임하게 된다. 따라서 먼저 발화를 시작한 사람의 의도만 중요한 것이 아니라 두 사람의 말하기 목적과 내용이 모두 중요하다고 할 수 있다. 그러면서 두 사람이 어느 정도 혹은 완벽하게 각자의 말하기 목적을 이루었다고 생각이 되는 그 지점까지 여러 차례의 듣고 말하기가 이어지게 되는 것이다. 서로 만족할 만한 대화가 이루어지지 않으면 대화는 중단되고 이 상황은 대부분 '서로 말이 안 통한다.'는 결론을 갖게 되기도 한다. 따라서 말하기는 청화자가 서로의 말하기 목적을 성공시킬 수 있도록 지속적으로 의미를 협상하는 상호작용이라고 할 수 있다.

2. 말하기를 가능하게 하는 기술들과 평가 목표

1) 말하기를 가능하게 하는 기술(구인)들

Brown(2007:186)에서는 말하기의 미시적 기술과 거시적 기술 16가지를 제안한 바 있다. 이를 바탕으로 하여 한국어 말하기의 미시적 · 거시적 기술을 제시하면 다음과 같다.

[표 65] 한국어 말하기의 미시적·거시적 기술(Brown, 2007:186에서 한국어로 응용)

한국어 말하기의 미시적 기술

(1) 다양한 길이의 언어 의미를 가진 덩어리 표현(chunk)을 발화한다.
(2) 한국어 구어에 사용되는 음소와 변이음을 구별해서 표현한다.
(3) 한국어 억양, 고저, 어조, 리듬에 맞게 표현한다.
(4) 단어와 구의 축약 형태를 표현한다.
(5) 화용적 목적을 달성하는 데 적합한 수의 구어 어휘를 사용한다.
(6) 다양한 전달 속도로 유창한 발화를 생산한다.
(7) 의미를 더 명료하게 전달하기 위해 자신의 구두 표현을 점검하고, 휴지, 채움말, 자기 수정, 되새김 등과 같은 다양한 전략을 사용한다.
(8) 한국어 구어 텍스트를 생산하는 데 필요한 문법(명사, 동사 등), 체계(시제, 일치 등), 어순, 문형, 규칙, 생략형 등을 사용한다.
(9) 적절한 구, 휴지, 끊어 말하기, 문장 등 자연스러운 구성으로 발화를 한다.
(10) 특정한 의미를 다양한 구어 문법 형태를 이용해 표현한다.

한국어 말하기의 거시적 기술

(11) 한국어 구어 담화에 적절한 응집 장치를 사용한다.
(12) 상황, 참여자, 목적에 따라 적절히 의사소통 기능을 달성한다.
(13) 면대면 대화에서 적절한 언어 사용역(registers), 함의, 덧붙이는 말, 화용적 관습, 사회언어학적 특징을 사용한다.
(14) 사건들 간의 관계를 전달하고, 중심 개념과 부수적 개념, 사건과 느낌, 새 정보와 기존 정보, 일반화와 예시와 같은 관계를 표현한다.
(15) 한국어와 함께 한국어 말하기에 적절한 표정, 동작, 몸짓 언어, 그 밖의 비언어적 단서들을 표현한다.
(16) 핵심어 강조하기, 고쳐 말하기, 말뜻을 해석할 수 있도록 문맥 제시하기, 도움 요청하기, 상대방이 자신의 발화를 어느 정도 이해하는지 정확히 평가하기 등과 같은 말하기 전략을 개발하고 사용한다.

위의 미시적·거시적 기술들은 그 자체로 한국어 말하기 능력의 구인이 될 수 있는 것이다. 그런데 여기에서 중요하게 확인해야 하는 부분은 미시적 기술과 거시적 기술에서 모두 '구어'를 강조한 것이다. 그 이유는 말하기는 '쓴 것'을 단순히 발성 기관을 사용해서 발화해 내는 것이 아니고 '구어'의 특징을 잘 드러내야 하기 때문이다.

그리고 Nunan(1989:32)에서 제시한 말하기 능력의 구인은 다음과 같다(이완기, 2003:320).

- 언어의 음운적 특질에 맞게 발화할 수 있는 능력
- 강세, 리듬, 억양 패턴 등을 아는 능력
- 용인할 수 있을 정도로 유창하게 말하는 능력
- 인간관계의 유지나 정보 전달을 할 수 있는 능력
- 자신이 말할 차례나 순서를 아는 능력
- 대인 간 상호 작용을 할 수 있는 능력
- 상대방의 의미를 효과적으로 파악 하는 의미 교섭 능력
- 상대방의 말을 잘 들어 주는 자세
- 상대방의 말하는 목적을 알아내는 능력
- 굳어진 표현을 적절하게 사용하고, 중간사(hesitation filler)를 효과적으로 사용하는 능력 등

Nunan의 구인을 보면 청자와의 상호작용적인 측면이 강조되어 있다. Bygate(1987:24-27)에서도 말하기와 쓰기의 차이점을 처리 조건과 상호교환 조건으로 나누어서 제시하면서 말하기의 상호작용에 대해 언급하고 있는데 이 내용을 정리하면 [표 66]과 같다.

[표 66] 말하기와 쓰기의 차이점(Bygate:1987, 김지홍 역, 2003:24-27)

	말하기(대화)	쓰기
처리조건	일상적이고 쉬운 어휘	정교하고 격식적인 어휘
	짧고 단순한 구나 절, 문장	복잡하고 긴 문장
	특정된 청자(거의 면대면)	특정되지 않은 대중적 독자의 느낌
	발화, 이해, 다시 발화가 동시에 처리됨	내용 계획부터 쓰기까지 긴 시간 준비
	발화 결과 사라짐	쓰기 결과 보존
	즉석에서 청자의 궁금증 해결 가능	독자의 궁금증 즉시 해결 어려움
	구어 문법(잦은 통사적 오류)	문어 문법(정확성)
	의도와 말할 내용을 잊어버릴 수 있음	계획된 내용과 구조
	이미 말한 사실 잊고 다시 반복할 수 있음	보충 설명이 아니면 중복 내용 없음
	성글고 엉성한 짜임새	경제적이고 효율적인 짜임새
상호교환조건	화자는 앞에 있는 청자의 이해 정도, 정보 간격, 원하는 정보 등을 예상해서 말함	필자는 독자의 이해 정도, 정보 간격, 원하는 정보 등을 짐작해서 써야 함
	화자의 오류를 청자가 즉석에서 수정 가능	필자의 오류 등을 즉시 수정할 수 없음
	화자의 발화에 대해 청자가 동의, 이해, 몰이해, 반대 등으로 의사 표현 가능	독자는 이해가 안 되는 것을 필자에게 알릴 수 없고 이해하기 위해 스스로 노력(건너 읽기, 정독, 다시 읽기 등) 해야 함
	청자의 반응에 따라 화자의 고쳐 말하기가 가능	독자 반응에 즉각적으로 고쳐 쓸 수 없음

Bygate(1987:26)에서는 다소 전문적인 주제의 독백 텍스트이긴 하지만 이러한 발화의 예를 아래와 같이 제시하고 비교해 보도록 하고

있다. 그리고 Bailey(2005, 전지현 외, 2007:9)에 제시된 구어 대화도 아래에 함께 제시한다. Bailey는 제시된 대화에서 어떤 발화도 완결된 문장이 아니나 이러한 대화는 평상시 음성 언어의 전형적인 형태이며 말이 되는 대화라고 하였다. 그리고 문장이 아닌 '말'로 구성되어 있는 텍스트라는 언급도 덧붙였다. 이는 [그림 56]의 피라미드에서 텍스트에 대한 설명과도 같다.

구어 발화에서 편집된 문어	speaking impressionistically it would appear that if a word is fairly high on the frequency list the chances are you would get a compound or another phonologically deviant form frequently of the same phonological shape- 인상적으로 말하면, 한 낱말이 빈도 목록에서 정말 상위 순위에 있는 경우 동일한 음운 형식에 대하여 합성어 혹은 다른 음운론적으로 일탈된 형식을 접하게 되는 기회가 많아질 듯하다.
구어 독백	and it seems to be if a word is fairly high on the frequency list I have not made any count but just impressionistically um um the chances are that you get a compound or another phonologically deviant form with ah which is already in other words which is fairy frequently the same phonological shape- 그리고 그럴 것 같은데요, 한 낱말이 빈도 목록에서 순위가 정말 높다면, 어떤 통계도 내진 않았지만, 바로 인상적으로 어, 어, 합성어나 다른 음운론적으로 일탈된 형식을 접하는 기회가 많아지고, 그 결로 어, 그 일탈 형태가 이미 아주 빈도 높은 동일한 음운 형식에 대한 다른 낱말들이 돼요. (Pawley &Syder, 1983)

	Person 1:	Person 2:
구어 대화	Hungry? Nope. Mmmhm, nah. Maybe. Yeah!	Yep. Pizza? Mexican? Chinese? Sushi! (Bailey:2005, 전지현 외, 2007:9)

처음에 제시된 문어 텍스트는 아래 구어 발화를 편집하여 만든 텍스트이다. 그래서 정돈되어 있고 머뭇거림이 없으며 압축된 의미를 한 번씩의 언어 사용을 통해 정확하게 전달하고자 시도된 문어 텍스트라고 할 수 있다. 반면 구어 독백 발화는 어떤 면에서는 두서가 없는 듯 보이기도 한다. 말이 끊기고 부가적인 설명이 중간에 들어가고 머뭇거림도 나타나고 같은 표현이 계속 반복되고 중복된다. 이러한 구어의 특성은 8장 듣기에서 살펴본 바와 같다. 그러나 말하기에서 다시 확인하는 이유는 학습자와 수험자들에게 어떻게 말하도록 할 것인가에 대해 분명한 인식을 가지고 있어야 제대로 평가할 수 있기 때문이다.

아래에는 한국 드라마 대본 일부를 예로 들었다. 드라마 대본도 쓰이는 것이므로 실세계의 말하기 발화와 약간은 차이가 있을 수 있지만 그래도 구어의 특성을 가장 잘 볼 수 있다는 면에서 예로 제시한다. 구어의 특성이 드러난 언어적 측면, 화제 전환, 화제로 돌아오기 등이 아주 짧고 간단한 말차례 바꾸기를 통해 일어나고 있다. 청자와 화자의 역할 바꾸기가 거의 동시에 순식간에 즉흥적으로 발생해서 이루어지는 것 또한 확인할 수 있다.

따라서 한국어 말하기 평가는 '말하기'의 구어적 특성과 상호작용적 특성을 모두 측정할 수 있도록 고안되고 시행되어야 할 것이다.

한국 드라마 구어 발화	수빈 그래? 뭐하는 사람인데? 유라 모르지, 나야. 그냥 옆집 사는 애, 그게 다야. 애? 한 스무살 　　　 정도. 좀 어려 보여. 재희 그런데 개가 이따만 하다고? 유라 응. 나보다 더 커 개가. 재희 사냥개야? 유라 모르지 그런 건. 재희 뭐하는 사람일까? 수빈 너 또 안테나 뺐지? 재희 아 언니가 걱정되니까 그렇지. 슬그머니 나타나서 깜짝깜 　　　 짝 놀라게 한다잖아. 유라 야 말 마라, 밤에는 더 깜짝 놀래. 재희 걱정 마 언니, 내가 한 번 알아볼게. 수빈 야! 니가 어떻게? 니가 딱 보면 아냐? 재희 내가 무당이야? 딱 보면 알게. 수빈 그러면? 재희 아 몰라. 빨리 밥 먹으러 가자. 유라 그래 가자. 　　　　　　　　　　　　　(KBS 드라마 시리즈 『프로포즈』 1회 대본 일부)

이상의 내용을 종합하여 한국어 말하기의 구인을 의사소통 능력 개념과 관련하여 정리해서 제시하면 다음과 같다. 이는 확정적인 구인을 제시한 것이 아니라 제안이다. 그리고 말하기가 독백 혹은 대화인가에 따라 이들 구인들은 부분적으로 혹은 전체적으로 선택될 수 있을 것이다.

▶ 한국어 말하기 구인 항목들

- 맥락에 맞게 한국어 음성 언어(음소, 억양, 리듬 등)를 발화하는 능력
- 구어 맥락에 맞는 한국어 단어를 선택하고 사용하는 능력
- 맥락에 맞게 한국어 구어 문법을 선택하고 사용하는 능력
- 한국어 말하기에 적절한 비언어적 표현을 사용하는 능력
- 구어 처리에 적절하게 속도를 조절하면서 발화를 생산하고 유지하는 능력
- 다양한 전략(휴지, 자기 수정, 끊어 말하기 등)을 사용해서 자연스러운 구어를 발화하는 능력
- 구어로 화자의 생각을 생산하고 전달하는 능력
- 구어 텍스트 담화 구조에 맞게 내용을 배열하는 능력
- 구어 텍스트 담화를 긴밀하게 응집하는 능력
- 발화를 시작하고 청자와 지속적으로 대화를 유지하고 발화를 마무리하는 능력
- 청자의 발화 의미를 이해해서 새롭게 발화를 생성하는 능력
- 발화 상황에 맞추어 발화 목적을 달성하거나 수정하는 능력
- 다양한 말하기 전략(핵심어 강조하기, 고쳐 말하기, 도움 요청하기 등)을 사용해서 발화를 효과적으로 처리하는 능력

2) 말하기의 평가 목표

말하기의 가장 기본적인 평가 목표는 화자가 화자의 생각을 잘 말하고 있는지를 측정하는 것이다. 그렇다면 화자의 생각이 무엇인지를

살펴봐야 할 것이다. 이는 위에서 언급한 구인 능력들을 사용해서 만들어내는 말하기의 실체라고 할 수 있다. 먼저 왜 말하는지 말하기의 목적부터 살펴보면 다음과 같다.

Brown & Yule(1983:3)에서 말하기 특히 대화는 정보 교류 또는 사교(개인적 상호작용)를 위해서 이루어진다고 하였다. 이 둘은 명확하게 나뉘는 것은 아니며 대부분의 대화는 정보 교류와 사교가 공존한다. Kingen(2000:218)에서는 정보 교류와 사교 두 가지 목적을 자세하게 분류하여 말하기는 12개의 기능(function) 수행을 돕는다고 하였다(Ounis, 2017:96).

① 개인(Personal) - 개인의 감정, 의견, 신념 및 아이디어를 표현하기 위해
② 묘사(Descriptive) - 실제 또는 상상된 누군가 또는 무언가를 묘사하기 위해
③ 서사(Narrative) - 이야기나 연대순으로 배열 된 사건을 만들고 이야기하기 위해
④ 지시(Instructive) - 결과를 산출하도록 설계된 지침을 제공하거나 지시하기 위해
⑤ 질문(Questioning) - 정보를 얻으려고 질문하기 위해
⑥ 비교(Comparative) - 둘 이상의 대상, 사람, 아이디어, 의견을 비교하기 위해
⑦ 상상력(Imaginative) - 사람, 장소, 사건 및 사물을 정신적 이미지로 표현하기 위해

⑧ 예측(Predictive) - 가능한 미래 사건을 예측하기 위해

⑨ 해석(Interpretative) - 의미를 탐구하고, 가상의 추론을 만들고, 추론을 고려하기 위해

⑩ 설득(Persuasive) - 타인의 의견, 태도, 관점, 행동을 변화시키거나 영향을 주기 위해

⑪ 설명(Explanatory) - 아이디어와 의견을 설명하고 명확하게 하며 지지하기 위해

⑫ 정보 제공(Informative) - 다른 사람과 정보를 공유하기 위해

그리고 CEFR(2001:123)과 Luoma(2004:33)에서 제시된 미시적 기능(micro-functions) 여섯 가지는 다음과 같다.

① 사실에 입각한 정보 제공 및 요청(보고, 질문)

② 입장을 표현하고 질문(동의, 반대)

③ 설득(제안, 요청, 경고)

④ 사교(관심 유도, 인사, 소개, 작별)

⑤ 담화 구성(대화 시작, 요약, 주제 변경, 대화 종결)

⑥ 수정(신호 비이해성, 도움 요청, 바꿔 말하기)

마지막으로 Tarigan(2008:30-36)에서 제시된 말하기의 목적 네 가지는 다음과 같다.

① 알리기 위해(정보, 아이디어, 과정, 느낌, 의견 등)

② 즐겁게 하기 위해(청자가 행복함을 느끼도록)

③ 설득하기 위해(청자가 무언가를 하도록)

④ 토론하기 위해(어떤 결정과 계획을 세우기 위해)

이러한 다양한 말하기 목적과 기능도 그 자체로 말하기 평가 목표가 되기는 어렵다. 설득을 할 때에도 설명을 할 때에도 필자가 알고 있는 사실을 이야기할 수도 있고 느낌을 이야기할 수도 있기 때문이다. 이러한 문제는 10장 쓰기의 평가 목표에서 이미 언급한 바 있다. 따라서 여기에서도 8장 듣기의 평가 목표를 가지고 와서 말하기의 평가 목표를 잠정적으로 제안하고자 한다. 들어야 하는 것들 중에서 말해야 하는 것들을 선별하여 적용한 것이다. 이 또한 확정적인 것은 아니나 말하기의 목표에서 공통된 항목들을 뽑아 놓은 것으로 말하기의 목석-말하기 주제-말하기 텍스트-청자 등의 요소에 따라 목표 항목의 선택은 달라질 수 있다.

▶ 한국어 말하기 목표 항목들

(1) 담화 상황 말하기

(2) 담화 핵심 의도(목적, 기능) 직간접적으로 말하기

(3) 정보 말하기: 이름, 나이, 시간, 장소, 연대, 날짜, 날씨, 온도, 가격, 품목, 직업 등

(4) 중심 내용 말하기

(5) 전체 줄거리 말하기

(6) 세부 내용 말하기: 이유, 과정, 결과, 근거, 모양, 정도, 개념, 지시 사항, 순서, 차이, 기분, 감정, 태도, 느낌 등

(7) 보충하는 내용 말하기

(8) 담화 시작, 종료 말하기

(9) 담화의 부가적 의도(담화 수정, 머뭇거림 등) 말하기

(10) 청자(담화 참여자)에 반응하는 내용 말하기

위의 말하기 목표 항목들은 말하기의 내용적 측면(상황, 의도, 정보, 중심 내용, 전체 줄거리, 세부 내용, 보충하는 내용)과 말하기의 형식적 측면(담화 시작, 종료, 담화의 부가적 의도), 그리고 화자가 청자에 반응하는 내용 말하기로 되어 있다. 말하기의 텍스트와 맥락에 따라 목표는 하나만 선택될 수도 있고 몇 가지가 동시에 작동이 될 수 있을 것이다.

이런 목표 항목들은 측정하는 평가 범주에 따라 얼마나 잘 말하는지가 판단될 것이다. 이완기(2003:470-474)에 척도 항목이라는 용어로 제시된 다양한 말하기 시험의 평가(채점) 범주 항목들을 정리해 보면 다음과 같다. 쓰기에서와 동일한 방법으로 용어가 약간씩 차이가 나고 포함된 범주가 유사하면 같은 것으로 보고 정리한 것이다. 말하기의 전체적 인상과 관련된 부분, 청자와 관련된 부분, 내용, 구조, 언어 사용과 관련된 순으로 제시하였다. '수사성(rhetoric)'은 우선 구조에 관련된 항목으로 넣었으나 전체적 측면으로 볼 수도 있을 것이다. 독백의 경우에는 청자 관련 평가 범주가 선택되지 않아도 되지만 대화의 경우에는 청자 관련 평가 범주가 중요하게 선택되는 등 평가 목적과 목표에 적절하게 선택해서 사용하여야 한다. 또한 등급이나 숙달 정도에 따라서도 다양한 채점 척도가 선택되고 개발될 수 있을 것이다.

[표 67] 한국어 말하기 평가(채점) 범주 항목들

평가 범주	세부 평가 범주 항목	평가 범주 설명
전체적 (맥락)	전체적 판단	상황과 맥락에 맞게 의미를 소통하는 전반적 능력에 대한 전체적 인상
	적절성	전체 상황에 어색하지 않게
	유창성	막힘없이 자연스럽게
	유연성	말이 막히거나 했을 때 재빨리 다른 말로 풀어 말할 수 있는 정도
	의미 전달	의미 전달의 효율성, 효과성의 정도
	이해가능성	발음과 전달하는 의미가 전체적으로 이해되게
	크기	전체적인 말의 양이 긴 이야기를 할 수 있을지의 정도
청자 관련	이해도	상대방의 말을 알아듣고 이해하는 정도
	상호작용	상대방과 말을 주고받는 빈도나 자신감의 정도
내용	내용 관련성	관련 있게/ 충분하게
	화제	주제나 화제가 다양하게
구조	조직성	말의 형식과 의미상의 논리성, 조직성의 정도
	수사성	자신의 말에 설득력을 더하기 위해 동원하는 기교의 정도
언어	정확성(언어 사용)	어휘, 문법 정확하게
	범위(언어 사용)	어휘, 문법 다양하게
	복잡성(언어 사용)	단어나 문장의 수 등을 비교적 많이 하고 길게 말하는 정도
	발음	개별 발음의 명료성과 전체적 억양 등의 정확성

위의 항목은 이완기(2003)에 제시된 8개의 영어 말하기 시험에 사용되는 평가(채점) 범주들이다. 이에 대해 몇 가지를 확인할 필요가 있다.

(1) '과제 완성도'라는 평가 범주의 필요성에 대한 것이다. 쓰기의 평가 범주와 비교해 보았을 때, 말하기에는 '과제 완성도' 측면이 없다. 이는 추론해 보자면 실제 말하기에서는 화자가 목표로 한 목적과 미션이 다양한 변인에 의해 수행될 수도 있고 그렇지 않을 수도 있기 때문으로 보인다. 즉, 말하기의 상호작용적 특징을 충분히 감안한 것으로 보인다. 그러나 '독백'과 같은 텍스트에서는 무엇을 말할지에 대한 지시가 이루어질 수 있고 발화된 말하기를 통해 과제 수행도를 평가 범주에 넣는 것도 가능해 보인다. '대화'에서도 목적을 이루었는지를 측정하기 힘들더라도 말하기 '목적'을 이루기 위해 어떠한 시도가 있었는지 측정해서 과제 완성도 혹은 과제 시도 여부와 정도성을 평가 범주로 설정하는 것도 가능해 보인다. 왜냐 하면 말하기 평가에서는 완전한 실세계 말하기와 달리 무엇인가를 하도록 임의적으로 과제가 주어지므로 평가 측면에서 보았을 때 목표 과제의 수행 정도를 측정하는 것이 마땅해 보이기 때문이다.

(2) 발음에 대한 것이다. 위의 표에서 영어 시험에 따라 '발음'을 별도로 지정하기도 하고 아예 평가 범주로 지정하지 않은 경우도 있다. Luoma(2004:9-10)에서는 말하기 발화(speech)가 발음에 기초해서 판단될 때의 문제점을 지적하였다. Luoma는 먼저 발음의 표준을 원어민에 기준을 두는 것의 문제점을 지적하였다. 이러한 표준이 갖는 문제는 첫째, 현대 세계에서 표준이 되는 'native' 화자가 누구인지 판단하기가 어렵고, 둘째, 연구에 따르면 의사소통 상황에서 아주 잘 말하는 학습자들이라고 하더라도 그 중 아주 극소수의 학습자만이 네이티브 수준의 발음을 달성할 수 있다는 것이다. 또한 심리적이고 사회적인 이유로 영어의 악센트는 학습자의 개인 정체성의 특성으로 간주되

며 제거해야 하는 것이 아닐 수 있다는 것이다. 마지막 문제는 발음 평가에 포함할 내용으로 개별 음(소리), 고저, 볼륨, 속도, 일시정지, 강세, 억양 등이 있는데 평가의 목적에 따라 이 모든 특징을 모두 고려할지 선택할지를 고려해야 한다고 하였다.

(3) 정확성에 관한 것이다. 정확성에 관한 것은 문법과 어휘를 대상으로 하는 평가 범주인데 말하기에서의 정확성은 쓰기의 정확성과는 다른 의미로 해석되어야 한다는 점을 강조하고자 한다.

먼저 Luoma(20004:12-14)에 제시된 영어 구어 문법의 특징은 다음과 같다. 첫째, 문장으로 말하지 않는다. 둘째, 말하기는 아이디어 단위로 구성되므로 짧은 어구나 절이 많으며 영어의 경우 and, but, that 혹은 접속사 없이 그냥 말하거나 휴지로 구분할 수 있다. 셋째, 청자가 실시간으로 이해해야 하는 아이디어를 전달하고자 하기 때문에 화자의 아이디어 단위는 약 2초 혹은 일곱 단어보다 짧다(Chafe, 1985). 넷째, 아이디어는 화자에서 시작해서 청자에서 마무리될 수도 있다. 다섯째, 계획된 연설은 계획되지 않은 연설에 비해 복잡한 문법적 특징과 높은 수준의 문어체의 영향이 보인다. 그럼에도 불구하고 아이디어의 단위는 일반적으로 문어 텍스트보다 짧다. 반면 계획되지 않은 연설에서는 짧은 발상 단위와 '불완전한 문장'이 일반적이다.

다음으로 Luoma(2004:16-19)에서는 구어 어휘의 특징에 대해 다음과 같이 언급하였다. 첫째, 일상적 구어 담화와 고급 수준의 말하기에서 간단하고(simple), 평범한(ordinary) 단어가 사용된다. 둘째, 문어에서는 특정한 단어가 사용되지만 말에서는 자연스러움이 중요하기 때문에 일반적인(generic) 단어가 사용된다. 예를 들면, 문어에서는 '의자' 상품 설명서에 '요추 지지대'와 같은 표현이 있을 수 있지만 구어에서는 '허리 받치는 데'라고 사용할 수 있다. 셋째, 대화식의 비공식적 대화는 화자가 단어가 생각이 나지 않을 때에는 '그거, 그 뭐냐, 거시기 등'과 같은 모호한 단어를 사용한다. 모호한 단어는 잊어버린 단어에 상관없이 말의 진행과 화자의 이해를 돕는 역할을 한다. 넷째, 고정된 문구(간투사: 알다시피, 그나저나 등), 채움말(fillers), 망설임 표지 등을 사용하며 small words(작은 단어들)로 이루어진 채움말이 많을수록 더 유창하다고 인지된다.

마지막으로 Luoma(2004:19)에서는 원어민의 정상적인 말에는 잘못 발음한 단어, 부주의로 인한 잘못된 단어와 같은 많은 실수와 오류가 포함되는데도 용서되는 경향을 가진다고 하였다. 이에 반해 제2언어와 외국어 학습자들의 말하기에서 실수가 나타나면 이것은 지식의 부족으로 판단하고 감점을 하는 경향이 있다고 하였다. 그러면서 정상적인 실수를 채점할 것이냐의 문제에서 Luoma는 채점자가 '오류'를 세지 않도록 특별한 교육이 필요하다고 강조하였다.

이상 살펴 본 Luoma의 주장을 보았을 때 구어의 '정확성'은 문어에서의 '완벽한 정확성'이 아니라는 것이다. 그리고 이는 모든 평가 범주 항목에 해당할 수 있는 문제이므로 평가 맥락에 맞게 평가(채점) 범주들을 선택하는 것도 중요하며, 각각의 평가 범주가 의미하는 바가 무엇이고 수험자들의 능력의 어떤 부분에서 차이를 두고 채점할 것인지에 대한 정확한 인식과 훈련이 반드시 필요하다.

3. 말하기의 텍스트와 착상 유형 및 입력 자료

1) 말하기 텍스트

Nunan(1991)의 구어 텍스트 분류 중 정보교류적 대화와 사교적 대화 텍스트의 구분은 그 목적성이 말해주듯이 텍스트에 차이를 보인다. 먼저 정보교류적 대화에서 언어는 주로 정보 전달을 목적으로 하기 때문에 청자에 대한 고려가 없지는 않지만 '듣는 사람' 지향적이라기보다는 '메시지' 지향적이다(Nunan, 1989:27). 따라서 정보교류적 대화에서 중요한 것은 메시지의 이해 여부를 확인하는 것, 정확하고 일관성 있는 메시지의 전달이 중요하다. 그리고 이 대화의 특징은 화자 말하기가 상대적으로 쉽고, 화자는 말하기 전에 어떤 내용을 어떤 방식으로 제공하는 것이 좋을지 미리 계획을 할 수 있다(Basturkmen, 2002:26). 직업이나 학문적 상황에서의 발표하기도 그렇고 일상생활에서 AS 안내원의 잘 훈련된 설명이 이에 속할 수 있다. 반면 사교적 대화는 인사, 잡담, 칭찬 등을 통해 사람들 사이에 관계를 맺거나 유지하기 위해 사용되는 텍스트이다. 따라서 이 대화에서 사용되는 언어는 청자 지향적이고 상당히 짧은 말차례 바꾸기가 일어나는 경향이 있다(Richards, 1990:54-55).

정보교류적 대화와 사교적 대화의 텍스트의 차이를 예로 든 이유는 바로 평가해야 할 텍스트의 특징을 제대로 파악하는 것이 말하기 평가를 잘 고안하고 시행할 수 있도록 하기 때문이다. 즉, 정보교류적 대화는 메시지를 잘 전달할 수 있도록 평가가 고안이 되어야 하며 메시지에 집중하여 청자에게 잘 전달이 되는지를 측정해야 할 것이다. 사교적 대화는 청자와의 사교를 위한 맥락을 잘 전달할 수 있도록 평가가 고안이 되는 것이 가장 중요할 것이고 청자 지향적인 언어 사용이 되고 사교가 잘 되고 있는지를 측정해야 한다.

위에서 살펴본 정보교류적 · 사교적 대화 텍스트 등이 포함된 Nunan(1991)의 구어 텍스트는 음성 언어 텍스트이므로 8장 듣기 텍스트를 말하기 텍스트로 그대로 참조할 수도 있다. 그러나 10장 쓰기 텍스트에서도 언급한 바와 같이 읽는 것을 다 쓰지 않듯이 듣는 것도 다 말하지 않는다. 듣기 텍스트의 모든 것은 말하기의 예비 텍스트가 될 수도 있다. 그러나 그 예비 텍스트들에 대한 무분별한 사용이 학습자의 요구에 맞지 않거나 말하기로 자연스럽지 않아서 학습 의욕을 꺾거나 고생스러운 학습이 되게 할 수도 있다. 따라서 외국인 학습자들이 한국어를 사용해서 말할 만한 텍스트가 무엇인지에 연구하고 탐색하고 개발해야 한다. 아래 [표 68]은 Nunan(1991)의 구어 텍스트 종류를 일상적, 직업적, 학문적 텍스트로 나누어서 제시한 것이다. 외국인 한국어 학습자들이 말할 만한 말하기 텍스트로 극히 일부에 대한 제안임을 밝힌다.

[표 68] 한국어 음성 언어 텍스트 유형과 말하기 텍스트 유형 분류

음성 언어 텍스트 유형	일상적/개인적 말하기 텍스트	직업적 말하기 텍스트	학문적 말하기 텍스트
계획된 독백	1. 가족에게 (원고) 이용해 안부를 영상 녹화/녹음 2. 유튜브 원고 이용 개인 방송	1. 사업계획안(원고) 발표 2. 업무 보고(원고) 발표 3. 여행 가이드의 준비된 안내	강의실/세미나/학술대회 1. 과제(원고) 발표 2. 논문 발제(원고) 낭독 3. 논문 발표(원고) 4. 수상 소감

계획되지 않은 독백	1. 자기소개 2. 유튜브 개인 방송 3. 전화 메시지 남기기	1. 자기소개 2. 사업계획안 발표	1. 자기소개 2. 강의식 과제 발표
낯선 관계의 사교적 대화	1. 지인의 친구와 첫인사 2. 매장 직원과 고객의 인사와 일상적 대화	1. 타부서 직원과 일상적 대화 2. 거래처 직원과 일상적 대화	1. 학과 사무실 직원/조교와 학생의 일상적 대화 2. 학과 친구의 친구를 소개받고 인사 대화
친숙한 관계의 사교적 대화	1. 친구와의 안부 대화 2. 전화로 지인과 수다 3. 가족과 하루일과 대화 4. 단골집 주인과 일상적 대화	1. 동료와 일상적 대화 2. 직장 선후배와 일상적 대화 3. 회식 자리에서 일상적 대화	1. 교수-학생 일상적 대화 2. 학우와 일상 대화 3. 전화로 학과 선후배와 수다
낯선 관계의 정보교류적 대화	1. 은행/우체국/병원/약국에서 직원/약사/의사와 대화 2. 음식 배달 주문 대화 3. 택배 배달 기사와 관련 대화 4. 화장품 가게 점원과 화장품 사용법에 관한 대화 5. 식당/극장 예약 전화	1. 면접 상황에서의 대화 2. 다른 회사/매장 직원과 업무 관련 대화 3. 타부서 사람들과 업무관련 전화 대화 4. 거래처 사람들과 회의	1. 구술시험(면접) 2. 수업 첫 시간 교수와 학생 대화 3. 학과 사무실 직원/조교와 학생의 수강 신청/장학금 신청 등에 관한 대화 4. 학교 시설 이용 시 담당자와 대화 5. 강의 시간 질의응답 6. 팀별 과제 토론
친숙한 관계의 정보교류적 대화	1. 친구와의 여행지 정보에 관련한 대화 2. 가족들과 모임의 메뉴 상의하는 대화 3. 지인에게 개인적인 상황 상담 대화	1. 상사와 업무 관련 대화 2. 부서 회의	1. 학우와 과제/시험에 대한 대화/토론 2. 담당 교수와 진로/시험/성적에 대한 대화 3. 교수와 수업 지각, 결석 관련 대화

말하기 텍스트는 장르로 나눌 수도 있다. Carter & McCarthy (1997:8)에서는 다른 유형의 대화는 서로 다른 유형의 언어를 생성하며, 공식적·비공식적 또는 공공 및 개인 대화와 담화 사이의 광범위한 구분이 유일한 범주적 구분이 아님을 인식하는 것이 중요하다고 하였다. 이는 위 [표 68]에 제시된 텍스트 유형에서만 말하기를 보면 안 된다는 언급으로 이해할 수 있다. Carter & McCarthy(1997)은 완성된 장르는 아니라고 하면서 8개의 장르를 제안하고 있다.

[표 69] Carter & McCarthy(1997)의 말하기 장르(speech genre)

장르	예시
서사(Narrative)	적극적인 청취 참여로 들려주는 일상 일화 시리즈 말하기
확인(Identifying)	자신에 대해, 현재·과거의 삶에 대해 이야기
행위를 위한 언어/지시 (Language-in-action)	사람들이 요리, 물건 옮기기, 포장 등과 같은 일을 하는 동안의 말하기
의견 표현 (Comment-elaboration)	사물, 다른 사람들, 사건들, 그리고 그들과 그들의 일상을 둘러싼 것들에 대해 가벼운 의견을 제시하는 말하기
서비스 (Service encounters)	상품과 서비스 상황에서의 다양한 말하기
토론과 논쟁 (Debate and argument)	다양한 사안에 대해 입장을 취하고 논쟁을 추구하고 의견을 상세히 설명하는 말하기
언어 학습과 상호작용 (Language, learning and interaction)	교육 기관과 학습 상황에서의 말하기
결정과 협상(Decision-making and negotiating outcomes)	의사결정이나 협의를 위해, 해결 방법을 협상하기 위한 상황에서의 말하기

언어 교실 상황에서 사용되는 말하기인 '언어 학습과 상호작용' 장르를 제외하면 일곱 가지이고 특정하게 '발화가 일어나는 장면'이 제시된 '서비스' 상황 말하기도 제외하면 '서사, 확인, 지시, 의견, 토론과 논쟁, 결정과 협상' 여섯 가지 장르를 상정할 수 있다. 이는 앞에서 살펴본 말하기의 목적과 기능과 유사한 측면이 있다.

말하기 장르는 위에서 언급한 동일한 텍스트에서 어떤 주제에 대해 무엇을 말하도록 하느냐와 관련되면 다양하게 변이될 수 있다. 가족과의 일상 대화에서도 그날 일어난 일화를 이야기하면 서사 장르와 연결이 될 수 있고 오늘 한 일에 대해 이야기하면 확인 장르와 연결이 될 것이고 그날 입은 옷에 대해 이야기하면 의견 표현 장르와 연결이 될 수 있다. 가족과의 정보 교류적 대화는 사안에 따라 토론이 될 수도 있고 결성하는 말하기가 될 수도 있다. 이처럼 말하기 텍스트와 장르가 연결이 되면 무수히 많은 유형이 가능할지도 모른다. 그렇지만 그 연결이 가지는 의미가 무엇인지에 대한 정확한 고찰이 있을 때 말하기 평가 문항 개발이 적절하게 이루어질 수 있을 것이다.

2) 말하기의 착상 유형과 입력 자료

말하기의 단계는 Levelt(1989), Faerch & Kasper(1986), Wilkins(1983)이 제안한 바와 같이 표현할 생각을 개념화하는 목표 형성 단계, 언어 표현을 구체적으로 계획하는 언어 계획 단계, 발음 기관을 통해 발화하는 음성 발화 단계, 발화된 말의 효과를 스스로 점검하는 자기 점검 단계의 네 단계로 이루어진다고 이해되고 있다(이완기, 2003:316). 그리고 말하기의 본질적 개념은 '화자가 화자의 생각'을 말하도록 하는 것이다. 따라서 말하기 평가는 '화자의 생각'을 개념화할 수 있는 '목표 형성 단계'에서 시작이 될 수 있다. 일상생활에서는 갑자기 든 생각, 느낌, 보거나 들은 내용들을 바로 혹은 회상해서 화자의 생각으로 개념화하고 말하고자 하는 목적과 결합하여 말하기가 이루어질 수 있을 것이다. 그러나 평가에서는 그렇게 할 수 있는 것과 그렇게 할 수 없는 것들이 있다. 따라서 말하기 평가에서는 말하고 싶은 생각이 들게 해야 하고 말해야 하는 것이 무엇인지 착상이 되도록 유도하는 것이 중요하다. 의사소통 상황에서 '화자의 생각을 발현시키는 것'들을 '말하기의 착상'이라고 보고 그 유형을 살펴보면 다음과 같다. 이는 '쓰기의 착상'과 동일하므로 자세한 내용은 10장을 참조할 수 있다.

▶ **말하기의 착상 유형**
① 화자 스스로의 발상 후
② 문어 텍스트를 읽고 나서
③ 구어 텍스트를 듣고 나서
④ 대화를 하고 나서
⑤ 시각 자료를 보고 나서
⑥ 문어 · 구어 · 시각 복합 텍스트를 듣고/보고 나서

말하기의 화자 생각은 스스로 발현될 수도 있고 시각 자료를 보거나 문어 · 구어 · 시청각 텍스트를 보거나 들을 후에 아이디어가 착상이 될 수도 있으며 혹은 다른 사람과의 대화를 통해 착상이 완료되고 이것이 다른 말하기 텍스트에서 화자의 생각으로 사용될 수도 있다.

또한 말하기는 쓰기와 달리 대부분은 착상된 머릿속 생각을 바탕으로 이야기를 할 수 있지만 상황에 따라서 말하기를 돕는 참조 자료로 화자 개인의 기억이나 경험, 문어·구어 텍스트, 시각 자료, 복합 텍스트, 그리고 대화 참여를 통해 보충된 내용들이 사용될 수도 있을 것이다. 즉, 착상 유형으로 사용되는 것들이 동시에 말하기의 입력 자료로도 활용될 수 있다. 이는 PPT 발표와 같은 말하기를 하는 경우에 다양한 시각 자료와 문어 텍스트들이 말하기를 돕는 참조 자료로 활용되는 것에서도 확인할 수 있는 부분이다. 이 내용도 쓰기와 동일하므로 10장을 참조할 수 있다.

4. 말하기 평가 문항 유형

1) 말하기 평가 문항 유형 개발을 위한 요소와 원리

말하기 평가에서 기존 연구들에 사용된 유형은 다음과 같다. 이들은 모두 교실 말하기 활동과 연결하여 낭독하기, 문장 따라 말하기, 문장 완성하기 등과 같은 비실제적 말하기 과제부터 토론과 발표, 역할극과 같은 실제적 말하기 과제까지 모두 아우르고 있다. 그러나 앞에서도 언급한 바와 같이 말하기의 최종 결과물을 만들어내기 위해 연습하고 훈련하는 과정 중의 모든 말하기 과제를 평가에 도입할 필요는 없다. 따라서 이들 중에서 실제적 말하기에 사용할 만한 문항 유형을 뽑는 것이 더 적절하다고 판단된다.

[표 70] 기존 연구에서 말하기 평가 문항(과제) 유형

Klippel (1984)	1. 인터뷰	2. 가치 명료화	3. 추측 게임
	4. 문제 해결 활동	5. 직소우(Jigsaw) 과제	6. 역할극
	7. 등급 매기기	8. 시뮬레이션	9. 토의

Luoma (2004)	1. 개방형 말하기 과제(open-ended tasks): 담화 유형에 따른 말하기(서사, 지시, 비교와 대조, 설명, 예측, 정당화, 결정, 역할극, 묘사, 자유로운 인터뷰) 2. 구조화된 말하기 과제(structured tasks): 낭독, 문장 반복하기, 문장 완성하기, 사실적 단답형 질문에 답하기, 구조화된 인터뷰

Brown (2007)	1. 모방적 말하기: 수업 시간의 기계적 반복 훈련 2. 집중적 말하기: 언어의 음성적 문법적 측면을 연습하는 활동 3. 반응적 말하기: 언어 수업에서 교사나 다른 학습자의 질문 혹은 의견에 대한 짧은 응답 4. 정보교류적 대화: 특정 정보를 전달하거나 교환하기 위한 목적의 대화 5. 사교적 대화: 사람들 간의 사회적 관계를 유지하기 위한 대화 4. 확장적 말하기: 결과 보고, 요약 정리, 연설 등의 형태로 혼자서 길게 말하기

O'Sullivən (2008)	1. 구두 발표(논문, 준비된 독백) 2. 정보 전이(연속된 그림 묘사, 하나의 그림이나 시청각 텍스트에 대한 말하기) 3. 상호작용 과제들(정보차 활동, 역할극) 4. 인터뷰 5. 토론

[표 70]의 말하기 과제들을 바탕으로 제안할 수 있는 한국어 말하기 평가 문항(과제) 유형은 다음과 같다.

▶ 말하기 평가 문항(과제) 유형

　　① 발표　　② 인터뷰　　③ 역할극　　④ 대화

　　⑤ 토론　　⑥ 토의　　⑦ 통역

　먼저 '낭독하기'를 제외한 이유는 다음과 같다. 낭독하기는 Brown (2004, 이영식 외 역, 2006:192-193)과 김유정(1999:168)에서 말하기 평가 문항 유형으로 제시된 바 있다. 그러나 Brown도 언급하였듯이 진정성이 결여되고 실제적 의사소통 능력과 관련이 없다. 그리고 9장 '읽기'에서 언급한 바와 같이 낭독하기를 잘한다고 해서 의미 읽기를 잘하는 것도 말하기를 잘하는 것도 아니다. 따라서 낭독하기는 이 책에서 일관되게 추구하는 의사소통적 언어 기술로 보기 어렵고 그 이유로 말하기 평가에서도 제외한다.

　위에 제안된 의사소통적 말하기 평가 문항(과제) 유형 각각에 대한 간단한 설명을 하면 다음과 같다. 김유정(1999:167-174)에서는 실제 평가 유형을 참조할 수 있을 것이다. 단, 현재의 시각으로 보았을 때 각 유형에 대한 설명과 예시는 수정이 필요하다.

　① 발표는 계획되거나 계획되지 않은 독백으로 직장 또는 대학의 프리젠테이션이나 강연, 여행 가이드의 안내 같은 말하기를 고안하고 평가하는 것이다. 착상 유형과 입력 자료에 기반하여 공식적 발표 형식은 아니지만 화자가 독백 형태의 말하기를 할 수도 있을 것이다. ② 인터뷰는 주로 평가자에 의해 주도되는 면접 형식의 말하기를 의미한다. 이론적으로는 학생이 평가자를 인터뷰하거나 학생끼리 인터뷰하는 것도 가능하다. 그러나 이는 수업 시간 과제로는 가능할 수 있지만 인터뷰하는 사람에 따라 평가 결과가 달라질 수 있고 평가의 목표가

잘 수행되어야 하기 때문에 공식적인 시험에서는 잘 훈련된 평가자에 의해 시행되는 인터뷰가 평가 과제로 적절하다. ③ 역할극은 먼저 대화 참여자 간에 특정한 역할(role)을 가정하고 특정 상황에서의 자신의 역할을 수행하거나 다른 사람이 되어 역할을 하는 것이고, play(놀이)는 학생들이 가능한 독창적이고 재미있는 안전한 환경에서 역할을 수행함을 의미한다(Gillian,1987:5). 따라서 이는 가상의 상황을 설정하고 자유롭게 그 역할을 말하기로 수행해야 하는 것으로 짜여진 원고가 없고 원고 그대로 하지 않는다는 면에서 모의시연(simulation)과 다르다. 따라서 역할극은 약간의 상상력과 연기력이 요구되는 말하기 평가이기도 하다. ④ 대화는 역할극과 달리 수험자들끼리 특정한 상황을 상정하지 않고 자신들의 생각이나 자료에 제시된 정보 등에 대해 의견을 나누는 것을 말한다. 토론이나 토의보다는 길이가 짧고 대화의 목적은 일상적이고 비공식적인 상황에서 서로의 생각이나 의견을 교환하는 정도의 말하기라고 할 수 있다. 역할극, 토론과 구분할 수 있는 평가 과제 유형으로 여기에서 별도로 제안한다. ⑤ 토론은 찬반으로 나누어 자신의 의견을 지지하고 다른 편의 의견을 반박하는 활동으로 이루어지는 말하기이다. ⑥ 토의는 하나의 결정을 하기 위해 서로 다양한 입장과 생각을 이야기하는 형식의 말하기이다. ⑦ 통역은 모국어로 제시된 문어나 구어 텍스트에 대해 목표어 말하기로 바꾸는 것이다.

이러한 과제들은 평가자와 수험자 1인이 수행하느냐 수험자 두 명이 수행하느냐 혹은 수험자 그룹이 수행하느냐에 따라서도 나뉠 수 있다. 또한 역할극, 토론 등도 수험자끼리 하느냐 평가자와 하느냐에 따라서도 방식이 달라질 수 있다. '통역'은 모국어로 제시된 착상 자료를 한국어로 바꿔 말하는 것으로 [표 70]의 말하기 문항(과제) 유형에는 포함되어 있지 않지만 말하기 평가로 제안한다. CEFR(유럽공통 참조기준)에서는 통역이나 번역을 언어와 언어를 연결해 주는 '중개' 활동으로 별도로 제시하고 있기도 하다. 이는 쓰기에서 언급한 바 있다.

듣기와 읽기, 그리고 쓰기는 필기시험으로 7장에서 살펴본 평가 문항 유형을 그대로 활용할 수 있었다. 그러나 말하기는 필기시험이 아니기 때문에 위와 같이 말하기 평가 문항(과제)으로 가능한 것들을 설정하는 단계가 필요했다. 이러한 말하기 평가 문항은 그대로 말하기 평가 문항이 될 수 있지만 평가 상황에서 착상을 어떻게 하느냐 참조 자료가 어떻게 투입이 되느냐에 따라 모습이 달라질 수 있다.

[그림 57]은 말하기 평가 문항 유형 개발에 사용되는 요소와 원리이다. 원리는 10장의 쓰기와 동일하므로 자세한 설명은 생략한다.

여기에 나타난 것은 화자 생각을 착상하게 하는 유형, 입력 자료의 유형, 말하기 문항(과제) 유형의 세 가지 요소에 따라 개발 가능한 몇 가지 예시를 보인 것이다. 자기 발상 그대로 발표하기, 자기 발상을 그대로 인터뷰하기, 문어 텍스트를 읽은 후 화자의 생각을 그대로 발표하기, 시각 자료 보고 화자 생각을 그대로 발표하기, 문어 텍스트 읽고 화자의 생각을 그대로 역할극 하기, 복합 텍스트 보고 화자 생각을 다른 자료 참조하여 토론하기 등은 다양한 평가 문항 유형의 일부이다. 이러한 원리를 통해 말하기 평가 문항 유형으로 가능한 최대한의 목록을 모두 보이면 다음과 같다. 편의상 목록에서는 '자기 발상의 화자 생각'은 그냥 '자기 발상'으로 표현하고, 문어 텍스트 등을 통해 착상된 필자 생각은 그냥 '문어 텍스트를 읽고' 등으로 표현한다. 그리고 '입력 자료 유형'에서 필자 생각을 '그대로' 사용하는 경우에는 별도로 표기하지 않도록 한다. 또한 착상 유형과 말하기 문항 유형은 입력 자료 유형인 '그대로' 혹은 '다른 자료 참조하여' 두 개로 나뉘어 연결되므로 이는 함께 병기하도록 한다.

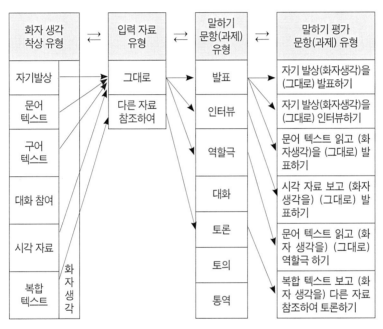

[그림 57] 말하기 평가 문항 유형 개발에 사용되는 요소와 원리

▶ 한국어 말하기 평가 문항 유형

(1) 자기 발상 (그대로/다른 자료 참조하여) 발표하기

(2) 자기 발상 (그대로/다른 자료 참조하여) 인터뷰하기

(3) 자기 발상 (그대로/다른 자료 참조하여) 역할극하기

(4) 자기 발상 (그대로/다른 자료 참조하여) 대화하기

(5) 자기 발상 (그대로/다른 자료 참조하여) 토론하기

(6) 자기 발상 (그대로/다른 자료 참조하여) 토의하기

(7) 문어 텍스트 읽고 (그대로/다른 자료 참조하여) 발표하기

(8) 문어 텍스트 읽고 (그대로/다른 자료 참조하여) 인터뷰하기

(9) 문어 텍스트 읽고 (그대로/다른 자료 참조하여) 역할극하기

(10) 문어 텍스트 읽고 (그대로/다른 자료 참조하여) 대화하기

(11) 문어 텍스트 읽고 (그대로/다른 자료 참조하여) 토론하기

(12) 문어 텍스트 읽고 (그대로/다른 자료 참조하여) 토의하기

(13) 모국어 문어 텍스트 읽고 통역하기

(14) 구어 텍스트 듣고 (그대로/다른 자료 참조하여) 발표하기

(15) 구어 텍스트 듣고 (그대로/다른 자료 참조하여) 인터뷰하기

(16) 구어 텍스트 듣고 (그대로/다른 자료 참조하여) 역할극하기

(17) 구어 텍스트 듣고 (그대로/다른 자료 참조하여) 대화하기

(18) 구어 텍스트 듣고 (그대로/다른 자료 참조하여) 토론하기

(19) 구어 텍스트 듣고 (그대로/다른 자료 참조하여) 토의하기

(20) 모국어 구어 텍스트 듣고 통역하기

(21) 대화 참여하고 (그대로/다른 자료 참조하여) 발표하기

(22) 대화 참여하고 (그대로/다른 자료 참조하여) 인터뷰하기

(23) 대화 참여하고 (그대로/다른 자료 참조하여) 역할극하

(24) 대화 참여하고 (그대로/다른 자료 참조하여) 대화하기

(25) 대화 참여하고 (그대로/다른 자료 참조하여) 토론하기

(26) 대화 참여하고 (그대로/다른 자료 참조하여) 토의하기

(27) 시각 자료 보고 (그대로/다른 자료 참조하여) 발표하기

(28) 시각 자료 보고 (그대로/다른 자료 참조하여) 인터뷰하기

(29) 시각 자료 보고 (그대로/다른 자료 참조하여) 역할극하

(30) 시각 자료 보고 (그대로/다른 자료 참조하여) 대화하기

(31) 시각 자료 보고 (그대로/다른 자료 참조하여) 토론하기

(32) 시각 자료 보고 (그대로/다른 자료 참조하여) 토의하기

(33) 복합 텍스트 보고 (그대로/다른 자료 참조하여) 발표하기

(34) 복합 텍스트 보고 (그대로/다른 자료 참조하여) 인터뷰하기

(35) 복합 텍스트 보고 (그대로/다른 자료 참조하여) 역할극하기

(36) 복합 텍스트 보고 (그대로/다른 자료 참조하여) 대화하기

(37) 복합 텍스트 보고 (그대로/다른 자료 참조하여) 토론하기

(38) 복합 텍스트 보고 (그대로/다른 자료 참조하여) 토의하기

(39) 모국어 복합 텍스트 듣고/보고 통역하기

여기에서는 모국어로 제시된 문어와 구어, 복합 텍스트를 통역하는 것은 (13), (20), (39)에 별도로 제시하였다. 시간을 두고 문어를 통역하는 경우에는 다른 자료 참조도 가능하겠지만 여기에서는 그냥 통역이라는 행위 자체에 집중하여 모국어 문어 텍스트 통역하기, 모국어 구어 텍스트 통역하기, 그리고 모국어 복합 텍스트 통역하기로만 제시한다. 따라서 위의 평가 문항(과제) 유형은 '통역하기'를 제외하더라도 '그대로'와 '다른 자료 참조하여'를 함께 제시하였기 때문에 총 72가지로 확장될 수 있다. 또한 문어, 구어, 복합 텍스트 등을 학습자의 모국어로 제시하거나 한국어로 제시하는 경우도 가능하고, 문어와 구어 텍스트를 함께 제시한 후에 말하기를 하도록 하는 방식까지 생각하면 그 수는 더 늘어날 것이다. 이는 공식 평가에서뿐 아니라 비공

식적인 수업 평가에서도 가능한 유형들을 최대한 나열한 것이다. 일관된 원리를 사용했기 때문에 각 요소를 빠짐없이 고려하여 실제 평가 맥락에서 적절하게 선택되고 사용될 수 있을 것이다.

또한 위의 말하기 평가 문항 유형은 모두 직접 평가이고 수행 평가이라는 점, 그리고 10장 '쓰기'에서와 마찬가지로 (1)~(6), (27)~(32)의 자기 발상과 시각 자료를 보고 그대로 말하는 유형 12개만 말하기 단독으로 측정 가능한 것이고 나머지는 모두 다른 언어 기술과 통합적으로 측정될 수 있는 것도 확인할 수 있다.

2) 말하기 평가의 최종 문항 유형 결정 원리

말하기 평가 역시 평가 맥락과 함께 무엇을 말하게 할 것인가 청사가 누구인가 어떤 텍스트를 말하게 할 것인가, 그리고 말하기 평가 문항 유형이 무엇인가에 따라 최종 문항 유형이 결정될 것이다. 이들의 관계는 [그림 58]과 같다.

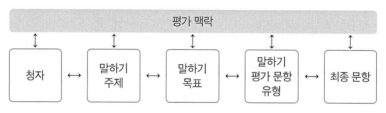

[그림 58] 말하기 평가의 최종 문항 결정 원리와 요소

말하기 평가의 최종 문항 결정 원리와 요소에는 쓰기와 다르게 말하기 목표를 별도로 설정하였다. 쓰기의 경우에는 텍스트가 결정이

되면 텍스트 속성 자체에 무엇을 왜 써야 하는지가 내포되어 있다. 그러나 말하기는 말하기 평가 문항 유형에 텍스트가 나타나는데 '토론'이나 '토의'와 같이 텍스트 속성 자체에서 무엇을 왜 말해야 하는지가 내포된 경우도 있지만 '대화'나 '발표'와 같은 텍스트에서는 무엇을 왜 말해야 하는지 그 자체만으로 파악하기 힘들기 때문이다. 말하기의 목표는 위에서 살핀 Carter & MacCarthy의 '말하기 장르'가 될 수도 있고 Kingen(2000:218)의 12가지 기능(function)이 될 수도 있으며 이보다 더 확장된 더 많은 말하기 기능이 될 수도 있다. 여기에서 자세히 제시하지 않지만 Van Ek & Alexander(1975)의 목록에는 70여 개의 기능을 수록하고 있다. 그리고 Brown(1994, 신성철 역, 1996:322)에 따르면 우리가 언어를 통해서 수행하는 기능이 거의 무한에 가까운 다양성과 복잡성을 지니고 있다고 하였다. 우리나라 중학교 영어 교육 목표로 제시된 기능도 120여개 이상으로 사용되고 있다. 따라서 여기에서는 말하기의 목표로 어떤 기능이나 의도가 있는지 목록 하나하나를 제시하지는 않을 것이다. 그 텍스트에서 주된 장르나 기능이 되는 것을 언급한다는 정도로만 제안을 하고자 한다. 장르와 기능 중 어느 것이 더 적절한지는 좀더 연구가 필요한 부분이다. 여기에서는 먼저 앞에서 살펴 본 Carter & MacCarthy의 장르를 중심으로 '서사, 확인, 지시, 의견, 토론과 논쟁, 결정과 협상'을 언급하도록 하고 이 장르로 정확한 말하기 목표를 제시하는 것이 어려운 경우에는 의사소통 기능을 언급할 것이다.

위의 원리를 통해 말하기 평가의 최종 문항 유형은 다음과 같이 설정될 수 있다.

'자기소개'라는 주제로 말하기를 할 때, 청자는 다수의 청중일 수도 있고 개인일 수도 있다. 그리고 주제 자체에 '소개하기' 기능이 있어서 말하기의 목표는 '소개' 혹은 '신원 확인'이 될 수 있다. 다수의 청중을 대상으로 할 때에는 발표와 연결이 되고 개인인 경우에는 낯선 관계에서의 사교적 대화나 낯선 관계에서의 정보교류적 대화로 연결이 가능하며 무엇을 하게 하느냐에 따라 평가 문항 유형은 대화나 역할극으로 가능할 수 있다. 이러한 원리에 의해 말하기 평가 문항 유형 중 가장 잘 어울리는 것과 연결이 될 것이고 평가 맥락(수험자, 숙달도, 평가 목적 등)에 따라 모든 요소의 적절성을 판단해 최종 문항으로 결정될 수 있는 것이다.

아래 목록은 '자기소개' 관련 말하기 평가 문항 유형으로 가능한 것들을 제시한 것이다. 여기에서도 쓰기에서와 동일하게 '자기 발상', '그대로'와 같은 표현은 처음 한 번만 제시하고 나머지는 생략할 것이다. 그리고 청자가 다수이거나 특정되지 않은 경우도 생략할 것이다. 평가 문항 유형 목록은 청자나 청자를 유추할 수 있는 말하기 상황, 말하기 주제, 평가 목표, 말하기 평가 문항 유형 순으로 제시한다.

['자기소개' 관련 말하기 평가 문항 유형]

- 취미 동아리 모임에서 자신을 소개하는 '자기 발상 그대로' 발표하기
- 직장에서 자신을 소개하는 발표하기
- 학과 모임에서 자신을 소개하는 발표하기
- 지인의 친구와 첫 만남에서 자신을 소개하는 역할극하기
- 타부서 직원과 첫 만남에서 자신을 소개하는 역할극하기
- 학과 친구와 첫 만남에서 자신을 소개하는 역할극하기

- 대화 참여 후 회사/아르바이트 면접 상황에서 자신을 소개하기 위해 역할극하기
- 전자제품 AS 전화 신청 시 자신의 신원을 확인하는 역할극하기

대부분은 자기 발상을 통해서 그대로 말하기가 이루어질 수 있지만 '대화 참여 후 회사/아르바이트 면접 상황에서 자신을 소개하기 위해 역할극하기'처럼 일상생활에서는 지인이나 멘토 등과의 대화를 통해 자신의 어떤 부분을 피력할지 상의하고 그 착상을 가지고 회사 면접 상황을 특정하여 자신을 소개하는 대화를 하게 된다. 따라서 이러한 특징을 말하기 평가에도 활용할 수 있을 것이고 하나의 유형으로 소개할 수 있다.

분리수거 문제에 대한 주제의 경우에는 다음과 같은 유형이 선정될 수 있을 것이다. 분리수거 문제에 대해서는 화자의 생각을 주장하기 위해, 다른 사람을 설득하기 위해, 현황을 보고하기 위해 등 다양한 말하기 목표 기능을 가지고 대화와 독백 등으로 연결되어 평가 문항 유형으로 개발이 가능하다.

['분리수거 문제' 관련 말하기 평가 문항 유형]
- 수업에서 분리수거 문제의 해결책에 대해 주장하는 발표하기
- 수업에서 분리수거 문제의 개선책에 대해 반대편을 설득하기 위해 다른 자료 참조하여 발표하기
- 직장에서 사업계획과 분리수거 문제의 관련성을 보고하기 위해 다른 자료 참조하여 발표하기

- 친구끼리 분리수거 문제에 대한 정보 공유하는 대화하기
- 식당 주인에게 행정 관리 감독관으로서 분리수거 문제와 관련된 행정적 지시를 위한 역할극하기
- 뉴스 보도 보고 친구끼리 분리수거 문제에 대해 지시하고 설득을 위한 논쟁하기
- 뉴스 보도 보고 가족끼리 분리수거 문제에 대해 결정하기 위해 토의하기

위의 최종 말하기 평가 문항 유형들에는 청자(면접관), 말하기 주제(자기소개), 말하기 목표(소개하기), 말하기 평가 문항 유형(역할극)이 모두 제시되어 있다. 이러한 방법이 다소 복잡해 보일 수는 있으나 평가에서 놓치기 쉬운 요소들을 체계적으로 확인할 수 있도록 한나는 점에서 중요하다고 할 수 있다. 이렇게 개발된 평가 문항 유형은 말하기 평가 맥락에 따라 최종 문항으로 결정되고 구체적으로 개발될 수 있을 것이다.

5. 말하기 평가 개발 지침

수험자에게 말하고 싶게 만들고 말할 거리를 충분히 가질 수 있도록 하는 것이 말하기 평가 문항 작성에서 가장 중요한 목표가 될 것이다. 이를 위해 Hughes(1989, 2003), 이완기(2003:351-354)에 제시된 West(1990)의 말하기 평가 과제 작성 시 원칙들과 말하기 평가 시 유의 사항, 김영숙 외(2004:273), Brown(1994, 신성철 역, 1996:374-

376)의 내용에서 중요한 것들을 정리하고 몇 가지 제안을 첨가하여 주의해야 할 점을 제시하고자 한다.

1) 말하기 평가의 문항(과제) 작성 지침

(1) 말하기 평가 문항은 실제 의사소통 상황에서 이루어지는 과제와 유사하게 작성되어야 한다.

이는 앞서 살펴 본 모든 언어 기술에서 공통되는 지침이다. 반복적으로 계속 언급하는 이유는 가장 중요하기 때문이다. 실제 의사소통과 유사해야 한다는 것은 이론에서는 너무나 많이 들어서 알고 있지만 실제로 교수와 평가에 구현해내지 못한다면 문제라고 할 수 있다. Nunan(1999, 임병빈 외 역, 2003:334-337)에서는 실제적 과제와 다른 '교육적 과제'가 '3P 수업 사이클(제시-연습-말하기 생산, presentation-practice-production)이 '학습자들에게 실제 상황에서 꼭 필요한 언어를 사용할 수 있도록 도움을 준다.'는 표면상의 목표를 내세워 '재생적 언어 과제(reproductive language tasks)'로 구성되어 있다고 비판하였다. 재생적 언어 과제란 예로 제시된 모델(본문이나 대화) 언어를 다소간 변형을 주어 재생하는 것 이상을 요구하지 않는 과제라는 의미이다. 그러면서 실제 말하기는 이러한 과정을 통하더라도 창의적인 언어 사용의 기회를 가지는 것이고 가져야 한다고 하였다. 그는 '목표 사회 · 실세계 과제(target & real-world tasks)'는 수업 속에서 학습자들이 교실 밖 세계에서 요구되는 유형의 행동에 근접하도록 하지만 교육적 과제(pedagogical tasks)는 교실 밖에서는 좀처럼 요구되지 않을 것들을 하도록 요구한다고 하였다. 그리고 '글쎄, 학습자들이 교실 밖에서는 별로 수행하지 않을 성싶은 과제들이기는 해도 이 과제들은 습득의 내적 과정을 촉진시키고 있는 것이다.'는 심리학적 입장으로 포장하는 것에 대해 비판하였다.

같은 이유로 한국어 말하기 평가에서도 Nunan의 실제적 과제에 대한 중요성은 간과될 수 없다. 그렇게 하기 위해서는 먼저 우리들이 실제로 무엇을 말하고 있는지에 대한 다양한 의사소통 말하기 목록을 가지고 있는 것이 필요하다. 아래 제시된 '오늘 어떤 말하기 과제를 수행하였는가?'는 말하기 목록을 개발하고 연구하는 데 있어 본보기로서 중요한 의미를 가질 수 있을 것이다.

오늘 어떤 말하기 과제를 수행하였는가?
(이는 Burns & Joyce(1997)에 제시된 것들이다.)
• 아이들에게 등교 준비를 하도록 말하기
• 이웃과 좋은 날씨에 대해 이야기하기
• 자동차 서비스를 받기 위해 차 정비소에 예약하기
• 직장 동료와 휴일 계획에 대해 논의하기
• 세탁물을 찾는 것을 부탁하기 위해 어머니께 전화하기
• 서로 알고 있는 사람에 대해 친구들과 잡담하기
• 아들의 선생님과 향상 정도에 대해 상의하기
• 새 여권을 신청하기
• 직장의 상사와 승진 가능성에 대해 논의하기

Nunan(1999, 임병빈 외 역, 2003: 319)

다음은 한국어 말하기 평가의 비실제적 말하기 과제이다. 이것들이 왜 비실제적 과제인지 설명해 보면 다음과 같다. 번호는 설명을 위해 붙인 것이다.

비실제적 말하기 과제 문항 예시	① 다음 지하철 노선도를 보고 신설동역에서 대공원역까지 가는 방법을 설명해 보십시오. (노선도 생략) ② 다음 그림을 보고 두 고장을 비교해 보십시오. (가) (나) ③ 최근 어린이들의 조기 교육에 대한 관심이 높아지고 있습니다. 조기 교육 실시의 장단점에 대해 이야기하면서 자신의 의견을 주장해 보십시오. 김유정(1999:170-173)

①은 역할극이나 대화 형식으로 활용할 수 있는 평가 과제이다. 그리고 여기에서는 노선도를 생략했지만 실제 시각적 자료를 통해서 지하철 노선을 확인할 수 있다는 점에서 의사소통적으로 보이는 장치를 시도하였다. 그러나 '신설동역에서 대공원역까지' 가는 방법을 누구에게 왜 설명해야 하는지 말하기의 맥락이 없다. 그냥 기계적으로 언어를 발화해야 하는 것이다. 그리고 실생활에서는 노선도가 있는데 어떻게 가야 하는지 묻지 않는다. 노선도를 보고 이해해서 목적지로 가다가 지하철 역 안에서 탑승하는 쪽이 어디인지 모를 때, 지하철을 잘못 탔을 때, 환승하는 곳을 잘못 알고 내렸을 때 지나가는 사람이나 지하철 역 안의 다른 사람에게 물어서 문제를 해결하게 된다. 그리고 친구와 지하철 노선도를 함께 보면서 이야기를 하더라도 가고자 하는

목적지가 지하철 노선도에 명확히 드러나지 않은 곳일 때 한 사람이 거기가 어디쯤인지 몰라서 묻고 다른 한 사람이 그 정보를 알고 답을 한다면 가능한 일일 것이다.

②는 도시와 농촌 마을의 시각적 자료를 제시하고 고장을 비교해 보라는 것으로 이 역시 맥락이 없다는 면에서 이미 비실제적이라고 할 수 있다. 누가 왜 누구에게 어떤 상황에서 말해야 하는지 모른다. 그래서 말하기가 어렵고 말할 수 없다. 단지 시각적으로 판단되는 혹은 발견되는 것들을 '여기는 공장이 많고 저기는 숲과 나무가 많아요.' 정도이거나 '여기는 공해가 심할 것 같고 여기는 공기가 좋을 것 같아요.' 정도의 나열에 그치기 쉽다. 이는 담화 수준의 말하기 평가를 할 수 없고 억지로 몇 문장을 만들어 발화해 내는 수준에 그칠 수밖에 없나. 추가되는 참조 사료가 없는 상태라면 시각 사료는 도시와 농촌에 대한 착상에 그치고 화자가 말해야 하는 것은 도시와 농촌에 대해 가지고 있는 지식과 경험이 될 것이다. 그렇다면 그것을 최대한 활용할 수 있도록 하면서도 화자가 능동적이고 적극적으로 말할 수 있고 말할 만한 과제를 개발하는 것이 중요하다. 교수의 목표가 무엇이었는지에 따라 다르겠지만 유추해 보면 도시와 농촌의 삶의 장단점에 대해 이야기할 수 있는 주제를 다루었다고 보인다. 그렇다면 친구들과 노후에 어디에서 살고 싶은지 왜 그런지에 대해 가벼운 대화를 나누게 할 수도 있을 것이고 아니면 부부 혹은 부모와 자식이 특정 상황에서 어디로 이사를 가는 게 좋은지에 대해 토의하기 혹은 설득하는 역할극을 하게 할 수도 있을 것이다. 아마도 그런 상황이 제시가 된다면 앞에 제시된 나열된 말하기 이상의 다양한 말하기가 가능할 것이다.

③은 토론으로 시도된 문항이다. 주제적인 측면에서는 토론으로 어

울릴 수 있다. 그런데 이것도 구체적인 상황이 없기 때문에 화자가 가진 배경 지식이나 경험만으로 얼마나 긴 토론이 원활하게 이루어질지 부정적이다. '어린이들의 조기 교육'이라는 관점 자체가 너무 방대하고 구체적이지 않다. 우리는 실생활에서 이렇게 방대하고 구체적인 것에 대해 말하지 않는다. 따라서 특정 상황을 구체화하는 것이 말하기 과제에서 필요하다고 할 수 있다. 그리고 실생활에서는 아무런 착상 자료나 참조 자료 없이 토론이 이루어지지 않는다. 따라서 영재로 판단되는 아이에게 조기 교육을 해야 하는지에 대한 부모의 입장 차이 혹은 어린이 조기 교육의 장단점에 대한 기획 프로그램 등을 보게 한 후 이에 대해 토론을 하게 한다면 좀더 구체적이고 명확한 말할 거리가 생길 수 있을 것이다.

(2) 수험자가 말하기 평가의 목표와 방향을 확실히 알 수 있도록 문항을 작성해야 한다.

어떤 상황의 화자가 되어서, 누구에게, 무엇을, 왜, 어떤 말하기 장르와 텍스트로 말해야 하는지 분명히 제시되어야 한다. 그렇지 않다면 수험자로 하여금 말하기의 착상부터 스스로 계획하고 실행하고 점검하는 과정 전체를 어렵게 만들 것이다. 말하기 평가는 수험자의 말하기 능력의 최대치를 끌어낼 수 있도록 해야 한다. 따라서 이것들이 쉽고 간단하고 명확하게 제시되어야 한다. 따라서 지시문은 수험자의 모국어로 제시하는 방법도 가능하다.

	①-1.
실제적 말하기 과제 수정 문항 예시	A : 당신은 지금 김포 공항 안에 있습니다. 친구 회사 근처로 가려고 합니다. 친구에게 전화를 해서 거기까지 가는 방법을 알아 보세요.
	B : 당신은 지금 회사에 있습니다. 친구를 회사 근처 커피숍 ① 에서 만나려고 합니다. 친구가 어떻게 약속 장소에 올 수 있는지 아래 지도와 지하철 노선도를 보고 알려 주세요. (지하철 노선도 생략, 실제 시험에서는 제시)  (네이버 지도 화면 인용)

위의 예시 문항은 (1)의 ① 지하철 노선도 문항을 수정하여 수험자가 어떤 상황에서 무엇을 어디까지 해야 하는지 역할극 카드에 분명하게 제시하고 있다. 여기에서는 과제를 어떻게 해야 하는지 나타낼 수 있을 정도로 지도를 작게 제시하였지만 실제 평가 상황에서 시각 자료는 잘 이해될 수 있도록 크고 분명하게 제시되어야 할 것이다.

(3) 말하기 평가 특히 대화를 해야 하는 평가는 상호작용을 극대화할 수 있어야 한다.

구어 상호작용의 유효한 시험에는 상호주의가 포함되어야 한다. 이것은 수험자들이 단지 질문에 대답하는 것보다 더 큰 범위에서 상호작용에 참여해야 한다는 것을 의미한다(Weir, 1993).

앞의 (1)의 ①에 제시된 예에서는 '신설동 역에서 대공원역까지 어떻게 가요?'라는 질문과 이에 대해 거의 정해진 답변으로 평가가 종료될 수 있다. 이는 말하기 대화에 참여하는 사람들의 상호작용을 유도하기보다는 구조화된 언어 사용에 초점이 맞춰져 있는 것으로 볼 수 있다. 그러나 (2)에 제시된 ①-1의 평가 문항을 보면 앞의 예보다 더 유연하고 자유로운 발화로 상호작용을 촉진할 수 있게 작성된 것으로 보인다. 이 과제에서는 현재 위치를 알려주기는 했지만 어디에서 어디까지라고 명확하게 지점을 정해 주지 않았다. 두 사람의 발화에 따라 현재 위치를 묻고 답할 수도 있고, 그래서 김포공항 역까지 가는 방법을 알고 있는지도 확인할 수 있으며, 시간이 얼마나 걸리는지 등등 다양한 상호작용적 발화를 예상할 수 있다. 평가 문항에 제시된 두 사람의 정보 차이를 조합해서 대화를 완성해야 하므로 실제 상황과 유사하게 상호작용을 할 수 있는 평가 문항이라고 할 수 있다.

다음은 영어 시험 중 하나인 OPIc의 샘플 문항들이다.

	Concerts
OPIc '인터뷰' 샘플 문항	Q 08. You indicated in the survey that you go to concerts. Which concerts do you go to? Who do you go with? 당신은 설문조사에서 콘서트에 간다고 했습니다. 어떤 콘서트에 가나요? 누구와 가나요? Q 09. Tell me about the concert you've been to recently. How many people were there? What did you do? 최근에 갔던 콘서트에 대해 말해 보세요. 얼마나 많은 사람들이 있었나요? 무엇을 했나요? Q 10. Tell me about a memorable incident that happened at a concert. 콘서트장에서 있었던 잊지 못할 기억에 대해서 말해 주세요.

	Role play
OPIc '역할극' 샘플 문항	Q 11. I'd like to give you a situation for you to act out. You want to go shopping with your friend. Ask 3~4 questions to your friend. 상황을 하나 드릴 테니 연기를 해 주세요. 당신은 친구와 쇼핑을 가고 싶습니다. 친구에게 3~4가지 질문을 해 보세요. Q 12. I'm going to give you a situation and ask you to act it out. Imagine that you want to buy a new smart phone. Call the store and ask 3 or 4 questions about the smart phone. 당신에게 연기할 상황을 드리겠습니다. 당신은 스마트폰을 새로 구입하고 싶습니다. 상점에 전화해서 스마트폰에 대해 3~4가지 질문을 해 보세요.

OPIc(Oral Proficiency Interview-Computer)를 소개하는 코너를 보면 면대면 인터뷰인 OPI를 최대한 실제 인터뷰와 가깝게 만든 iBT 기반의 응시자 친화형 외국어 말하기 평가로 단순히 문법이나 어휘 등을 얼마나 많이 알고 있는가를 측정하는 시험이 아니라 실제 생활에서 얼마나 효과적이고 적절하게 언어를 사용할 수 있는가를 측정하는 객관적인 언어 평가 도구라고 한다(OPIc 웹 사이트). 인터뷰의 경우에는 사전 조사를 통해 수험자가 관심 있어 하는 주제를 말하게 한다는 면에서 긍정적일 수 있다. 그러나 컴퓨터 시험의 한계이긴 하지만 인터뷰도 독백처럼 계속 혼자 발화를 해야 한다.

Q 12. 예시 답안	Hello, is this LogiTech store? I am thinking about buying a new smart phone and I'd like to ask you a few questions. First of all, I was wondering if you have any new LG smart phone models. Not yet? How much do you think it would cost? Okay. Also could you tell me what your exchange and return policy is like? What about your warranty policy? If I decide to order online, how long would the shipping take? Thank you so much for your time and service.
	안녕하세요? 로지테크 상점이죠? 새로운 스마트폰을 살까 생각 중인데 질문이 몇 개 있어요. 우선 새로운 LG 스마트폰 모델이 있으신지 궁금합니다. 아직 없다고요? 가격이 얼마 정도 할까요? 알겠습니다. 또한 교환과 환불 정책은 어떻게 되는지 말씀해 주시겠어요? 품질 보증은요? 만약에 제가 인터넷으로 주문한다면 배송은 얼마나 걸릴까요? 시간 내서 대답해 주셔서 감사합니다. (OPIc 웹 사이트)

역할극 샘플 문항도 상황은 주어지긴 했지만 이것 역시 위의 예시 답안처럼 수험자가 혼자 청자의 반응을 예상하면서 이 말도 해야 하고 저 말도 하면서 상대방이 말을 하는 순간에는 듣는 척 혹은 들은 척 연기도 해야 한다. 이 문항들에서는 어디에서도 상호작용을 찾아보기 힘들다. 웹 사이트 FAQ를 보면, 무조건 길게 말하는 것이 도움이 되는지를 묻는 질문에 '공식적인 수치는 아니지만 주어진 시간 내 모든 문제에 풍부한 내용으로 답변을 하려면 한 문항 당 짧으면 1분, 일반적으로 2분에서 2분 30초 이상 말할 수 있도록 준비하는 것이 좋다.'는 답변이 있다. 실제 상호작용이 없는 이러한 시험 상황에서 1분 넘게 심지어 2분 30초 이상 말하는 것이 실제로 가능한지 모를 일이다. 시험이니까 미리 예상 질문에 맞게 그 길이에 맞는 답변을 준비해서 말하도록 한다면 그건 계획된 독백 형식의 말하기에 더 가까우며 자연스러운 인터뷰도 역할극도 아니다. 그리고 시험을 위해 뭐든 말해야

하는 '시험용 발화'일 뿐 실제 말하기와는 다르다. 2분 30초 동안 위의 역할극 중 한 문항을 연기를 하면서 직접 영어로 발화해 보면 자연스러운 상호작용의 중요성을 확인할 수 있을 것이다.

Bygate(1987:9)에서는 말하기 결과물에 영향을 주는 화자와 청자의 상호작용(상호교환, reciprocity) 조건(청화자 모두 말해야 하는 상황인지 오직 화자만 말해야 하는 상황인지 구별하는 조건)을 언급하며 '자신에 대해 이야기하는 간단한 주제'를 말할 때 다양한 상황을 제시하면서 어떤 상황에서 가장 쉽고 어려운지를 확인해 보도록 하고 있다. 그가 제시한 상황은 취업을 위한 면접시험 말하기, 동료들이 당신의 생일을 축하해 주려고 마련한 식사 자리에서 말하기, 친한 친구 한 명에게 말하기, 텔레비전 카메라 앞에서 말하기, 눈을 감은 채로 말하기, 친구 네 명에게 말하기, 낯선 사람 네 명에게 말하기, 녹음으로 말하기, 서른 명의 반 친구들에게 말하기로 아홉 가지였다. 이 중에서 어떤 상황에서의 말하기가 가장 쉽고 가장 어려운가? OPIc의 위의 샘플들은 이와 같은 Bygate의 상호작용 조건을 통해서도 검토될 수 있을 것이다. 따라서 말하기 평가에서는 이러한 상호작용 조건들이 잘 고려되어야 적절한 말하기를 도출할 수 있을 것이다.

(4) 성취도 말하기 평가는 교과서 내용을 반영하되 단순히 외워서 말하게 하면 안 된다.

성취도 말하기 평가의 경우에 교과서는 목표로 하는 언어 상황과 과제들을 제시하고 방향을 이끄는 역할이지 교과서에 나온 본문 대화나 예시 대화 그 자체가 목표는 아니다. 이는 앞에서 Nunan의 실제적 과제 설명에서 이미 언급한 바 있다. 따라서 유사한 내용과 평가 과제를 도입할 수 있지만 수업 시간 그대로의 상황과 내용을 말하기 평가에 그대로 사용하면 안 된다. 실제로 한국어교육 현장에서 역할극을 두 수험자끼리 하게 할 때 두 사람이 역할을 나누고 대화 텍스트를 외워서 시험을 보는 일도 있다고 한다. 그만큼이라도 말하는 것이 훌륭하다고 여기는 것도 문제이고 외워 말하기가 교수 목표와 평가 목표에 있다고 공식적으로 표방하는 것이 아니라면 이는 적절치 않다. 실제 의사소통적 교수법과 평가는 수험자 자신의 생각을 창의적으로 발화할 수 있도록 말하기의 본질에 가깝게 이루어져야 하기 때문이다. 말하기는 계획된 말하기가 아니면 일시적이고 동적인 활동이며 대인 관계적이고 내용 중심적이고 맥락 의존적인 것이 본질적 특징이라고 할 수 있다. 이러한 특징이 잘 드러나도록 문항이 작성되어야 할 것이다.

(5) 수험자 측면의 다양한 변인을 고려하여 적절한 주제를 선택하고 말하기 평가 문항을 작성해야 한다.

수험자들이 한국어를 필요로 하는 영역은 일상, 직업, 학문 영역으로 나누어질 수 있을 것이다. 그리고 영역에 따라 개인적 관심사가 달라질 수 있다. 관심사는 무엇을 말하게 할 것인가의 착상 부분에서 말하기 자체의 성공 여부와 직결될 만큼 중요하다. 또한 연령에 따라서도 문화적 배경에 따라서도 적절한 내용과 형식의 말하기 과제를 작성할 수 있도록 고민이 필요하다. 언어 학습자의 그룹마다 요구 사항이 다르다. 여행가는 여행 언어와 레저용 언어가 필요하고, 이주자는 생존과 취업, 자녀 교육시스템과 관련된 언어가 필요하며, 학생은 시험과 학문적 소통, 사회적 상호작용에 유용한 언어가 필요할 것이며, 직장인은 직장 의사소통과 기획안 발표에 사용할 언어가 필요할 것이다. 이렇게 다양한 변인이 중요한 이유는 화자는 자신과 관련된 주제에 대해 더 많이 이야기하려고 하고 더 자신 있게 말할 수 있기 때문이다(Underhill, 2004:18-19). 이는 모국인도 마찬가지이다. 따라서 말하기 평가 과제에서는 수험자가 수행할 수 있을 것으로 예상되는 말하기 과제의 대표적인 표본을 구성해내야 한다. 서로 다른 맥락에서 '좋은, 효과적인' 또는 '적절한' 이라는 말을 더 잘 이해한다면 말하기 능력을 창출하는 구인과 과제를 잘 일치시키는 평가 과제를 만들 수 있을 것이다. 이러한 과제들이 수험자의 실제 능력을 드러낼 수 있도록 하기 때문이다(Hughes, 2011:112-113).

　이러한 측면에서 고려되어야 하는 것들 중 하나는 문화적인 내용과 관련한 것이다. 말할 내용이 너무 목표어 사회의 구성원들에게만 중요할 때 그렇다. 다시 말하면 한국 사람한테만 관심이 있거나 한국 사람들 중 일부만 관심이 있을 것만 같은 한국의 문화적 지식이 많이 포함된 것을 말하기의 주제로 삼는 것은 피해야 한다. 아래에 제시된 문항들은 한국 사람들도 모두 관심을 가질 만한 주제가 아니다. 그리고 '수도 이전'에 관련된 다양한 문제, '양심적 병역 거부' 문제에 깔려 있는 다양한 배경과 고려해야 하는 상황은 한국 사람도 관심을 가지지 않으면 모를 만큼 많다. 그런데 이에 대해 토론을 하고 말하기를 하게 하는 것은 착상 자체를 불가능하게 할 것이다. 말하기 평가 전에 수업 시간을 통해 이에 대한 지식을 미리 알려주거나 평가 전에 미리 준비를 시키면 되지 않느냐 할 수도 있다. 그러나 그럼에도 불구하고 이것을 왜 외국인들이 열심히 공부해서 굳이 말하기 시험으로 봐야 하는지에 대해서 생각해 볼 필요가 있다. 외국의 수도 이전 문제에 대해, 그들의 병역 문제에 대해 어떻게 생각하는지 지금 바로 이야기해 보면 충분히 이해가 될 수 있다고 판단된다. 만약 꼭 사용해야 한다면 외국인 학습자들이 말하고 싶게 만드는 장치를 마련해야 한다.

부적절한 말하기 주제 문항 예시	※ 수도 이전에 대해 여러분은 어떻게 생각하십니까? ※ '양심적 병역 거부' 문제에 대해 찬성하는 입장에서 토론해 보십시오. '양심적 병역 거부' 문제에 대해 반대하는 입장에서 토론해 보십시오. <div align="right">(한국어 교사 작성 문항)</div>

(6) 수험자에게 적절한 수준의 말하기 평가 문항을 작성해야 한다.

숙달도 등급이나 교육 기관의 교육 목표에 명확한 과제들을 주로 선정한다면 적절한 난이도의 문항이 개발될 수도 있을 것이다. 그러나 다양한 평가 문항들을 작성하다 보면 의도치 않게 난이도 조절에 실패하게 된다. 착상과 입력 자료를 만들고 지시문을 어렵게 만들었는데 생각보다 말할 거리가 없어 너무 쉬울 수도 있고 어렵게 만든 자료들에 비례해 어려워질 수도 있다. 그래서 평가자는 문항만 만들어 놓지 말고 시험 전에 직접 혹은 동료 평가자들과 '말하기'를 수행해 보는 것이 필요하다. Hughes(1989:106)에서는 수험자들이 자신의 모국어로 어려움을 겪지 않을 것으로 예상되는 과제와 주제만 설정하라고 명확하게 언급하고 있다.

(7) 착상을 위해 혹은 참조 자료로 사용되는 자료들과 지시문은 말하기를 용이하게 해야 한다.

말하도록 하기 위해 사용되는 부가적인 자료들이 말하기를 원천적으로 못하게 하는 경우가 있다. 듣기, 읽기와 함께 말하기를 통합적으로 측정하는 경우에 간혹 듣기와 읽기 텍스트가 어려울 수 있다. 그러나 말하기에 초점을 둔 평가라고 한다면 듣기와 읽기 텍스트, 시각 자료는 수험자로 하여금 연구하게 하면 안 된다. 쉽게 읽히거나 들을 수 있고 시각 자료도 쉽게 파악해서 착상하거나 말하기 자료로 활용할 수 있어야 한다. 듣기와 읽기의 능력을 측정하는 것이 아니라면 수험자의 모국어로 된 텍스트를 제시하는 것도 가능하다.

어려운
시각 자료
말하기
문항 예시

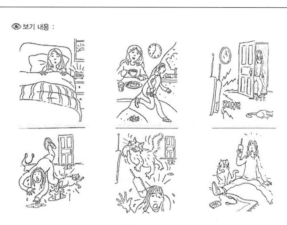

◉ 보기 내용 :

🎧 듣기·읽기 내용: Tell the story that these pictures describe.
수험자는 이 연속된 그림 단서를 이용하여 이야기를 구성한다.

(Brown:2004, 이영식 외, 2006:227)

위의 예시 문항은 실제적 발화 맥락이 결여되어 있다는 문제점이 있다. 그러나 시각 자료만 보면 뭔가 안타까운 에피소드를 그림으로 표현해 놓고 일화로 이야기(서사)를 하도록 한 것으로 판단된다. 그런데 이 그림이 어떻게 연결이 되는 것인지 알 수가 없다. 세 번째 그림에 언뜻 보이는 밖의 상황이 비가 오고 있는 것인지, 아래 그림의 제일 왼편 그림의 물이 빗물인지 물인지 판단하기 어렵다. 그리고 그 이후

고양이와 그림 속 주인공 사이에 어떤 일이 일어났는지도 알 수 없다. 시각적 자료는 평가자 주도적으로 평가자의 머릿속 상황이 반영되기 때문에 그 상황을 겪지 않는 사람들은 그림만 보고 그림 속 내용을 이해하기도 힘들고 그림과 그림 사이 여백을 이해하기도 쉽지 않다. 그래서 바로 착상이 안 되고 그림을 연구해야 하며 연구해도 착상에 도움이 잘 안 된다. 따라서 시각적 자료 이용 시에는 수험자의 입장에서 문제가 없는지 확인을 해야 한다.

어려운 문어 텍스트 참조자료 말하기 문항 예시	※ 현재 A는 한국에 있는 대학교에 교환 학생으로 와서 생활을 하고 있습니다. 같은 반 친구인 B에게 아래 정보를 이용하여 본인 소개를 해주세요.	
	사는 곳	**캠퍼스 내 기숙사** **장점** - 학교 안에 위치, 수업 가기 편리함 - 방에 가구가 있음 (침대, 책상, 냉장고 등) - 조용한 편임 **단점** - 요리하기가 불편하다 전반적으로 만족함
	한국 생활 기간	한국에 온 지 4개월
	학교 & 전공	한국대에서 국제학을 공부하고 있어요.
	학교가 어때요?	학생 의견 (예: 아담해서 좋아요, 학생들이 많아요 등)
	전공 공부가 어때요?	학생 의견 (예: 어려워요, 재밌어요, 힘들지만 좋아요 등)
	주말 계획	- 주말에 국제학생회 친구들과 남산을 갈 예정 - 학교 나무 계단에서 토요일 아침 10시에 모이기로 함 - 이동은 지하철을 탈 예정
	한국 생활이 어때요?	학생 의견 (예: 사람들이 친절해서 좋아요 등)
		(한국어 교사 작성 문항)

위의 예시 문항은 착상을 돕기 위해 너무 많은 양의 문어 텍스트를 제시하고 있다. 편집상의 문제이긴 하겠지만 무엇을 의미하는지 파악하기도 어렵다. 그리고 이런 방식의 말하기는 현실에 존재하지 않는다. 착상을 돕기 위해 어떤 자료들이 적절한지에 대해 고민이 필요하다는 것을 확인할 수 있는 예시 문항으로 제시하였다.

(8) 평가에 참조된 자료들과 지시문을 사용해 '베껴 말하기'를 할 수 있도록 작성하면 안 된다.

쉽고 친절한 지시문과 참조 자료의 제시는 필요하지만 너무나도 친절해서 그대로 낭독하면 과제 수행이 되는 경우를 만들면 안 된다. 아래 예시 문항은 문자로 온 내용을 눈으로 읽고 이해할 수만 있다면 그대로 낭독하면 된다. 물론 교수님에게 말하는 적절한 격식과 보충되는 말을 사용해야 하겠지만 그것을 평가하는 것이 목표가 아니라면 내용은 베껴 말할 수 있다. '교수님, OOO 씨한테서 문자가 왔는데 차가 막혀서 수업에 10분 정도 늦을 것 같으니 결석 처리 하지 말아 달라고 교수님께 전해 <u>달라고 했어요</u>.'와 같이 베껴 말하기에 형식적인 표현을 살짝 더해서 말하면 된다. 밑줄 친 부분만 화자가 생성하는 발화이다. 이러한 문항은 말하기 평가가 아니라고 할 수 있다. 그리고 논외의 문제이긴 하지만 '만약 거절하시면 ~ 알려 달라고'의 부분은 어떤 맥락에서 발생 가능한 일인지도 좀 의아스러운 내용이다.

그리고 위의 (7)의 어려운 문어 텍스트 제시 예시 문항 역시 복잡하지만 읽을 수만 있으면 베껴 말하기가 가능하다.

베껴 말하기 가능한 문항 예시	※ 당신이 수업을 들으려고 강의실에 있는데 친구한테서 온 문자입니다. 메모를 읽고 친구가 부탁한 말을 교수님에게 전해 보세요. 차가 막혀서 수업에 10분 정도 늦을 것 같으니 결석 처리 하지 말아 달라고 교수님께 전해 주세요. 그리고 맨 뒷자리에 같이 앉아도 되는지 꼭 여쭤봐 주세요. 만약 거절하시면 어떤 조건이 필요한지 010-1234-1234로 전화해서 알려 달라고 말씀해 주세요. 고마워요. <div align="right">(한국어 교사 작성 문항)</div>

(9) 조별 과제인 경우에 조 구성은 수험자들 스스로 결정하도록 한다.

왜냐하면 서로 잘 아는 조원들과 과제를 수행하면 평가에 대한 심리적 부담이 줄어들어 좀더 일관된 언어 사용이 이루어질 수 있기 때문이다. 물론 이것도 쉬운 일은 아니다. 이런 조건을 주어도 조 구성이 쉽지 않은 학습자나 수험자가 있기 때문이다. 공개적으로 외면 받는 사람들이 있게 된다면 평가자는 조별 과제의 특성이 반드시 필요한지를 점검하고 평가를 개별 과제로 전환하거나 교사가 개입이 되어서 조를 구성해야 할 것이다. 물론 현실적으로 고려해야 할 다양한 변수들이 있어서 쉬운 문제는 아니다.

(10) 역할극은 평가자가 상대역을 해 주는 것이 바람직하다.

역할극이 언제나 그런 것은 아니지만 두 역할이 대등하지 않고 한쪽 역할에 전문성이 들어가서 그 역할을 수행하는 데 배경 지식이 동원되어야 하거나 언어적으로도 어려운 경우가 있다. 한 사람은 의사이고 한 사람은 환자 역할을 하게 되는 경우 의사는 진단과 처방, 그리고 주의 사항 등을 말해야 한다. 환자가 스스로의 발상 또는 시각적 자료나 문어 텍스트를 통해 착상을 해서 증상을 말하고 치료법에서 궁금한 점을 묻는 정도와는 다른 의학 지식이 필요하다. 그리고 실제로 병실에서 언어의 주도권은 의사에게 있다(Fairclough:2001, 김지홍 역, 2011:127-130). 언어 수업 시간에는 별다른 인식 없이 서로 역할을 교대해서 연습해 볼 수도 있고 연습이기 때문에 문제가 되지 않을 수 있다. 그러나 평가를 하게 되었을 때에는 불공정한 상황이 될 수 있다. 따라서 이렇게 특정한 직업과 역할을 수행해야 하는 경우에는 평가자 혹은 역할극을 진행시키고 관찰하는 교사가 상대역을 하는 것이 더 공정할 것이다. 그리고 가능하다면 그런 역할의 사람들이 하는 말을 미리 준비하고 연습할 필요가 있을 것이다. 왜냐 하면 의사가 아닌 우리도 실제 상황에서 의사들이 환자에게 무엇을 어떻게 말하는지 정확하게 알지 못하기 때문이다.

(11) 평가 이전에 미리 평가 기준을 작성해서 수험자에게 제시하여야 한다.

이는 공정한 평가가 이루어지게 함과 동시에 수험자 스스로 자신의 말하기 능력을 평가해 보거나 과제 수행을 준비하도록 한다는 점에서 의미를 가질 수 있다. Brown(1994, 신성철 역, 374-375)에서는 수험자의 내적 동기를 유발하는 평가를 위해 현장 교사들이 준비 과정으로 다음과 같은 것들을 할 수 있다고 하였다.

• 테스트의 일반 형식에 관한 정보를 제공한다.
• 출제 항목의 유형에 관한 정보를 제공한다.

- 일정한 출제 항목의 유형을 연습할 기회를 학생들에게 준다.
- 시험 범위에 대한 철저한 복습을 권장한다.
- 수험 준비 전략에 관한 조언을 해 준다.
- 테스트 중 사용할 전략에 관한 조언을 해 준다.
- 불안을 낮출 안도감을 준다.

평가는 평가자의 권위를 내세우거나 학습자들을 곤란에 빠뜨리기 위한 것이 아니다. 잘 배우고 연습한 후에 가장 편안한 분위기에서 최고의 능력을 드러낼 수 있도록 하는 것임을 잊지 말아야 한다.

(12) 말하기 평가 문항에 따라 시간을 적절히 배분해야 한다.

말하기 평가를 수행하는 시간을 일괄적으로 정하는 것은 쉽지 않은 일이다. 누구와 무엇에 대해 어떤 형식으로 이야기하는지에 따라 달라질 수 있기 때문이다. 위의 OPIc 샘플 문항을 언급할 때 다루었던 것처럼 시간은 평가 과제와 유형에 적절해야 한다. 착상과 입력 자료가 많은데 시간이 너무 짧게 주어지는 경우에도 문제지만 말할 내용에 비해 지나치게 긴 시간이 주어져도 수험자는 불안함을 느끼게 된다. 따라서 시험 전에 일반적인 수준에서 미리, 평가 목표로 한 것들을 처리할 수 있는 시간이 어느 정도인지 확인하고 돌발적인 변수를 고려하여 정하는 것이 바람직할 것이다.

2) 말하기 채점 지침

말하기 채점 지침은 7장에서 언급한 채점 방식과 10장 쓰기 채점 지침을 모두 참조할 필요가 있다. 여기에서는 중복되지 않는 내용에 대해 살펴볼 것이다.

(1) 성공적인 말하기 능력에 관해서 채점해야 하고 언어 오류에만 집중하면 안 된다.

Heaton(1990:95)에서는 학생들의 성적을 평가할 때 시험관은 개별 학생들이 목표 언어로 무엇을 하고 있는지, 그리고 그들의 목적을 달성하기 위해 그것을 사용하는 방법에 집중해야 한다고 하였다. 성공적인 의사소통을 방해하는 결정적 언어 오류는 채점의 대상이 될 수 있다. 그러나 특정 측면에서 성가시긴 하지만 어느 정도의 소통을 방해하지 않는 것처럼 보이는 사소한 오류는 같은 방식으로 채점하면 안 된다고 하였다. 이에 대해서는 이 장의 2) 말하기 평가의 목표 부분에서 언급한 바 있다.

(2) 말하기 평가 시 채점지를 만들어서 채점을 하는 것이 좋다.

말하기 평가 목표에 적절한 채점 기준을 마련하고 채점자 훈련을 해야 하는 것은 이미 앞에서 언급한 바 있다. 실제로 인터뷰나 역할극 등의 평가가 이루어질 때 평가자 혹은 채점자는 채점 기준에 대한 숙지가 완료된 상황일 것이다. 그리고 영상 녹화나 녹음이 부가적으로 이루어지는 경우라고 하더라도, 말하기 평가는 평가 현장에서 그 즉시 평가와 채점이 이루어지는 것이 가장 바람직하다. 따라서 수험자의 능력을 한 눈에 채점할 수 있도록 채점지가 준비되는 것이 좋다.

채점지 예시	A 채점지		B 채점지						
	평가 범주	점수	평가 범주	점수					
	전체적 인상	/15	전체적 인상	0	3	6	9	12	15
	과제 수행	/15	과제 수행	0	3	6	9	12	15
	이해도	/10	이해도	0	2	4	6	8	10
	유창도	/10	유창도	0	2	4	6	8	10
	적절성	/15	적절성	0	3	6	9	12	15
	상호작용	/10	상호작용	0	2	4	6	8	10
	정확성	/15	정확성	0	3	6	9	12	15
	범위	/10	범위	0	2	4	6	8	10
	총점	/100	총점						/100

예를 들어서 위와 같은 평가 범주로 분석적 채점이 이루어진다면 두 가지 채점지가 가능할 것이다. A 채점지와 B 채점지는 평가 범주와 점수가 같다. 차이는 A는 점수를 기입하는 것이고 B는 점수를 체크하는 것이다. 둘 중 더 적절한 것은 B 채점지이다. 왼쪽에서 오른쪽으로 가면서 말하기가 얼마나 잘 수행되는지 그 경계를 시각적으로 잘 파악할 수 있기 때문에 수험자의 능력을 파악하고 순간적으로 체크하는 것이 수험자의 능력에 더 가까울 수 있다. 물론 이러한 분포의 평가 범주와 척도에 대한 기준은 상세하게 설명되어 있어야 하고 거기에 맞추어 채점이 이루어져야 할 것이다.

참고로 임병빈(2005:246)에 제시된 말하기 평가의 분석적 기준은 다음과 같다. 이러한 예시는 그대로 사용할 수 있는 것이 아니다. 반드시 평가 맥락과 평가 목표에 맞춰서 말하기 평가 문항마다 새로운 척도를 개발해야 한다.

[표 71] 말하기 평가 분석적 기준표(임병빈, 2005:246)

과업 완성

4-과업을 완벽하게 완성하며 응답이 적절하고 세련되어 있음

3-과업을 완성하며 응답은 적절하고 적당한 수준임

2-과업을 부분적으로 완성 하며 응답은 대체로 적절 하지만 아직 수준 이하

1-과업을 완성하기 위해 최소한의 시도를 하며 응답이 흔히 부적절 함

이해력

4-응답을 쉽게 이해할 수 있으며 청자 입장에서 해석이 필요 없음

3-응답은 이해 가능하며 청자 입장에서 최소한의 해석을 요함

2-응답은 대개 이해 가능하지만 청자 입장에서 해석을 요함

1-응답을 거의 이해할 수 없음

유창성

4-휴지나 망설임이 없이 연속적으로 말을 할 수 있음

3-약간의 망설임은 있지만 그런 대로 사고를 연결시키며 마무리함

2-말이 단편적이고 빈번한 휴지로 느리지만 불완전한 사고는 거의 없음

1-말이 중단되고 긴 휴지로 불규칙하며 사고가 불완전함

발음

4-소통을 높여줌

3-소통을 방해하지 않음

2-이따금씩 소통을 방해함

1-빈번히 소통을 방해함

어휘

4-정교화를 자주 시도 하며 풍부한 어휘를 사용함

3-적절하고 정확한 어휘를 사용함

2-다소 부적절하거나 부정확한 어휘를 사용함

1-부적절하거나 부정확한 어휘를 사용함

문법

4-기본적인 언어 구조를 숙달함

3-기본적인 언어 구조를 다소 통제함

2-기본적인 언어 구조를 다소 사용함

1-부적절하고 부정확한 기본적인 언어 구조를 사용함

(3) 채점자는 2인이 바람직하다.

2인 이상의 복수 채점을 통해 채점 신뢰도를 높이는 것은 7장에서 논의한 바 있다. 말하기 평가에서도 동일한 원칙이 적용되므로 2인의 채점이 이상적이다. Hughes(2003, 전병만 외 역, 2012:147)에서는 특히 인터뷰 평가에서 인터뷰를 실행하고 수험자의 수행을 지속적으로 지켜보아야 하는 어려움이 있으므로 제2의 평가자를 두는 것이 훨씬 도움이 된다고 하였다. 물론 현실적으로 불가능한 경우가 많다. 그래서 녹음이나 녹화를 보조 장치로 활용할 수도 있다. 그러나 녹음된 음성은 그 자체로 완전한 말하기가 아닐 수 있다. 화자의 언어 사용과 더불어 동시에 사용되는 비언어적 표현들이 측정될 수 없다. 눈빛, 표정, 신체적 동작 등이 의사소통 성공 여부를 판단하는 데 함께 활용될 수 있기 때문이다. 영상으로 녹화하는 것은 수험자의 긴장감을 극대화할 수 있다는 단점이 있다. 그리고 영상은 현장에서 느낄 수 있는 모든 것을 담지 못할 수도 있다. 따라서 잘 훈련된 채점자 2인이 불가능하다면 역시 잘 훈련된 채점자 1인이 현장에서 신뢰도 있는 채점을 할 수 있어야 할 것이다.

(4) 인터뷰 평가자는 채점자 훈련과는 다른 특별한 훈련을 받고 평가에 임해야 한다.

독백이나 수험자들끼리의 대화, 역할극은 교사나 평가자가 관찰자로서 채점만 진행할 수도 있다. 그러나 인터뷰는 교사나 평가자가 인터뷰의 진행과 채점을 동시에 해야 한다. 따라서 인터뷰를 할 때에는 단지 관찰자로서의 채점자와는 다른 훈련이 필요하다. 이에 대해서는 바로 이어지는 다음 절에서 자세하게 다룰 것이다.

3) OPI 시험의 단계와 인터뷰 지침

인터뷰 시험은 보통 ACTFL의 OPI(구두 숙달도 인터뷰, Oral Proficiency Interview)의 절차와 방식을 따르는 경우가 많다. Brown(1994, 신성철 역, 1996:373)에 제시된 Valdman과 Bachman의 OPI에 대한 비판은 다음과 같다. Valdman(1988:125)에서는 OPI에 대해 수험자들을 폐쇄된 체계 속으로 억지로 끌고 들어가며, 인터뷰 시험관의 완전한 통제력으로 인해 토의 주제를 지정할 수 없고 다양한 형식과 문체들을 시도할 수 없다고 하였다. 그리고 목표어 원어민과의 진정한 의사소통이 아니라 학습자들이 어떻게 인공적으로 부과된 과제를 처리하는지를 다루고 있다고 비판하였다. Bachman(1988:149)은 OPI는 그 기획에서 능력과 유노 설자가 혼동되어 있고 이론상으로나 연구 면에서 기초가 전혀 없는 단일한 평점만을 마련하고 있기 때문에 타당도를 입증할 수 없다고 하였다. 이러한 비판에도 불구하고 현재까지도 수많은 나라에서 수많은 언어의 인터뷰 시험으로 사용되고 있다. 따라서 한국어 평가에서도 이를 그대로 사용하거나 변용을 하게 되는 상황을 위해서라도 OPI에 대한 정확한 이해가 필요해 보인다.

Buck(1989) THE ACTFL ORAL PROFICIENCY INTERVIEW TEST TRAINING MANUAL에 제시된 내용을 정리해서 제시하고자 한다. 먼저 OPI 인터뷰 단계에서 공통적으로 지켜야 하는 기본 전제 사항과 네 단계의 절차와 의미, 인터뷰 평가자가 하면 안 되는 발화를 차례대로 보이면 다음과 같다.

▶ OPI 인터뷰 기본 전제 사항

① 자연스럽게 대화하듯이 인터뷰를 해야 한다.

먼저 평가를 위한 질문지와 채점지를 손에 들고 혹은 책상에 올려 놓고 평가를 진행하면 누가 봐도 시험이 된다. 그리고 인터뷰는 수험 자의 대화 능력을 측정하는 것이다. 따라서 1번 질문, 2번 질문으로 진 행되는 것이 아니라 자연스러운 대화를 진행하면서 측정 목표 행위를 도출하고 채점할 수 있어야 한다.

② 다양한 주제와 기능을 고르게 수행할 수 있도록 해야 한다.

하나의 주제에 대해 이야기할 수 있다고 해서 그 숙달도로 단정하 기 어렵다. 다양한 주제와 기능에 대한 질문과 답변이 이루어질 수 있 어야 한다.

③ 다양한 질문 유형을 개발해야 한다.

면접관이 길게 질문하고 수험자는 '네, 아니요'의 답변만 한다면 그 것은 말하기 평가가 아니라 듣기 평가에 가까운 것이 된다.

다음은 OPI 인터뷰에 사용되는 질문의 종류를 정리한 것이다.

[표 72] OPI 인터뷰에 사용되는 질문의 종류(Buck, 1989:5-6~5-14)

질문 종류	질문 예
네/아니요 질문(Yes/No Q.)	기숙사에 살아요?
선택적 질문(Alternative Q.)	기숙사에 살아요? 집에 살아요?
공손한 요청(Polite Request)	집이 어떤지 묘사해 주세요.
사실과 정보 질문 (Facts & Information Q.)	형은 지금 어디 살아요? 주말에 뭐 할 거예요?

질문 종류	질문 예
억양 질문(Intonation Q.)	기숙사에 사는 게 별로라고요?
부가적 질문(Tag Q.)	오늘 참 춥죠?
선행적 질문(Prelude Q.)	형이 있다고 했는데 형에 대해 좀더 말해 보세요. 아침에 신문을 읽었는데 ~ 거기에 대해 어떻게 생각하세요?
가정 질문(Hypothetical Q.)	만약 유명 대학에 합격한다면 어떻게 될까요?
변환(표현 바꾸어) 질문 (Rephrased Q.)	매일 하는 일상에 대해 말해 주세요. → 매일 무엇을 합니까?

④ 난이도는 나선형으로 조절한다.

일반적으로 필기시험의 경우에는 쉽고 간단한 것부터 어렵고 복잡한 것 순으로 나열한다. 그러나 말하기는 그렇게 되면 문제가 발생한다. 그 이유는 다음과 같다. 첫째, 수험자는 초반에 질문이 어려우면 더 어려운 질문들에 압박을 받고 평가 도중에 시험을 포기하기 쉬워 평가가 정의적으로 부정적 영향을 미친다. 둘째, 실제 말하기는 직선형 난이도로 이루어지지 않고 나선형으로 이루어진다. 하나의 주제에 대해 쉽고 간단한 이야기부터 심도 있는 이야기로 나아갈 수도 있다. 또한 쉽고 간단한 일상적 주제(식사 등)에서 복잡한 주제(고민이나 사건 등)로 갔다가 또 다른 쉽고 간단한 주제(날씨 등)로 옮겨가는 것이 대화의 양상이다. 나선형 난이도는 Scott & Helmuth(2008)에 제시된 그림을 통해 확인할 수 있다(Lassche, 2009:11). 이 그림에서 레벨이 높은 급과 낮은 급 양방향으로 지속적으로 조절되는 것을 표현하고 있다. 이것이 의미하는 바를 이해하고 나선형으로 난이도를 조절하는 것이 중요하다.

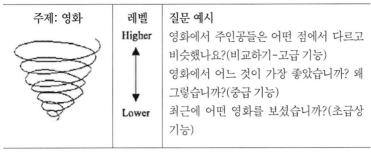

주제: 영화	레벨	질문 예시
	Higher ↑ ↓ Lower	영화에서 주인공들은 어떤 점에서 다르고 비슷했나요?(비교하기-고급 기능) 영화에서 어느 것이 가장 좋았습니까? 왜 그렇습니까?(중급 기능) 최근에 어떤 영화를 보셨습니까?(초급상 기능)

[그림 59] 영화 주제에 대한 나선형 질문의 예(Scott & Helmuth, 2008)

⑤ 침묵을 적절히 이용해야 한다.

면접관의 말이 너무 많거나 수험자의 답변을 기다리지 못하고 계속 발화를 이어가게 되면 수험자의 말하기 능력을 제대로 측정하지 못하게 될 수 있다. 그런데 수험자의 답변이 천천히 발화되는 데에는 세 가지 정도의 이유가 있다. 첫째, 모국어 발화를 천천히 하는 수험자의 경우 목표어 발화도 천천히 하는 경우가 많다. 둘째, 어려운 질문을 받거나 생각지 못한 질문을 받으면 '정리하기' 전략을 쓸 시간이 필요하다. 수험자는 '잠시만요.'라는 발화로 얼마간의 시간을 번 후에 생각을 정리할 수 있다. 얼마간의 휴지(길어도 10초 내외 정도) 이후에는 '제가 생각하기에는~', '어렵긴 하지만 제 판단으로는~'과 같은 식으로 발화를 시작하고 진행하게 된다. 세 번째 이유는 답변할 수 없는 내용이거나 발화가 불가능할 때이다. 그럴 때 수험자는 모국어나 목표어로 '모르겠다, 말하기 어렵다.' 등의 표현을 하게 된다. 이 세 가지 이유 중 첫 번째와 두 번째는 평가에 부정적으로 판단되면 안 되는 것이다. 따라서 어느 정도 수험자의 답변을 기다리며 침묵을 이용하는 것이 말하기 평가를 제대로 수행하게 할 수 있다.

⑥ 상담을 하면 안 된다.

수험자를 면접하다 보면 내용 주제에 따라 그 주제에 심각한 정서적 반응을 보이는 경우가 있다. 한국어 말하기 인터뷰 도중에도 초급의 경우 가족 소개 말하기를 하면서 부모님이 보고 싶다는 이유로 눈물을 흘리거나, 중급의 경우 고민에 관한 주제를 이야기하다가 수험자가 울음을 터뜨리는 상황이 발생할 수 있다. 이런 경우 현장 교사들은 평가의 목표와 취지는 잊고 수험자를 본격적으로 위로하고 상담하는 경우가 있다. 인터뷰 상황을 최대한 편안하게 하기 위하여 상담조의 친절한 발화로 인터뷰를 진행하는 것은 바람직하지만 상담이 되어서는 안 된다. 수험자가 돌발적으로 울음을 터뜨리거나 하는 경우에는 평가를 잠시 중단하고 진정을 시킨 후에 다시 평가를 재개해야 한다. 그리고 도와 줄 일이 있나면 평가 이후에 상담을 하는 것이 바람직할 것이다.

⑦ 보통 시간은 최대 30분을 넘지 않는다.

OPI의 길이는 인터뷰 대상의 숙달도에 따라 달라질 수 있다. 일반적으로 숙련된 인터뷰 평가자는 초급의 수험자는 10분 이내, 중급 수험자의 인터뷰는 보통 15분 내외로 지속되며, 고급 수험자의 인터뷰에는 보통 20~25분이 소요된다. 가장 특이한 경우에만 30분 동안 인터뷰를 실시해야 한다고 제안하고 있다.

이러한 기본 전제 조건은 OPI 인터뷰의 네 단계에 걸쳐 지속적으로 유지되어야 하는 지침이다. 각 단계를 설명하면 다음과 같다.

▶ 1단계: 준비

① 수험자와 인사를 한다.

수험자를 편안한 상태로 만들기 위해 인터뷰 평가자는 친절한 미소와 목소리로 인사를 하는 것이 바람직하다.

② 간단한 자기소개를 한다.

평가자도 간단하게 자기 이름 정도를 소개할 수 있고 수험자에게도 간단한 자기소개를 하라고 하거나 '이름이 뭐예요?' 등 몇 가지 질문을 할 수도 있다. 이때 초보 평가자의 경우 오히려 긴장해서 간혹 실수하는 경우가 있다. '네, 아니요 질문' 이외에 다양한 질문을 해야 한다는 생각에 '가족이 몇 명이에요?'라는 질문에 '엄마랑 저 둘이에요.'라는 답변을 듣고 '왜 둘이에요?'라는 질문을 하게 되면 개인 프라이버시에 관련해 예의에 어긋난 질문이 될 수도 있다. 따라서 질문을 할 때 예의에 맞는지 고려해야 한다.

③ 한국어(목표어)에 익숙해지는 단계

준비 단계는 간단한 질문을 통해서 수험자는 이제부터 '한국어' 사용에 익숙해지는 워밍업을 할 수 있다는 의의를 갖는다.

④ 평가자의 언어에 익숙해지는 단계

또한 인터뷰 평가자의 목소리 크기, 어조, 발음, 속도 등에 익숙해지는 단계이기도 하다. 낯선 사람을 만났을 때 그 사람의 언어에 익숙해지는 단계는 모국인에게도 필요한 측면이다.

⑤ 1차적 수준 확인 단계

그리고 이 단계는 인터뷰 평가자로 하여금 수험자에 대한 예비적 수준 확인 지점을 짐작할 수 있게 한다. 자기소개를 한 마디도 못하는 수험자의 경우에는 한국어에 노출이 전혀 안 되어 있다 정도의 판단을 할 수 있을 것이다. 자기소개를 유창하게 하는 사람의 경우에도 중급 혹은 고급으로 확정적인 판단을 하는 것이 아니라 한국어에 많이 노출된 상황이구나 정도로 판단하는 것이 좋다. 왜냐 하면 인터뷰를 위해 혹은 얼마 동안의 한국어 사용으로 자기소개는 누구나 준비되어 있을 수 있기 때문이다. 자기소개를 잘한다고 모든 말하기 주제와 기능을 잘 수행할 수 있는 것은 아니다.

▶ 2단계: 수준 확인

① 일상적이고 간단한 질문부터 진행한다.

1단계의 자기소개에 이어지면서 수험자와 관련된 일상적이고 간단한 질문부터 진행하는 것이 좋다. 수험자의 직업에 따라 학생이라면 전공 관련 주제를 도입할 수도 있고, 직장인이라면 그 일을 얼마나 했는지 등의 질문부터 할 수 있다. 그러면서 앞에서 언급한 대로 나선형의 난이도 조절을 하면서 다양한 주제와 기능에 대해 다양한 질문 유형으로 인터뷰를 진행해야 한다.

② 바닥 체크 단계

이 단계는 수험자의 수준(레벨, 등급)을 확인하는 단계이다. 수험자의 수준을 확인한다는 것은 수험자가 '정확하고 자신감 있게' 말하기를 유지하는 수준이 어느 정도인지를 파악하는 것이다. 다시 말하면 한국어를 사용할 수 있는 바닥이 얼마나 두껍게 형성되어 있는지를 측정하는 것이다. 한국어로 인사 정도만 할 수 있다면 한국어 사용 바닥이 전혀 없다고 판단해서 1급으로 레벨을 확인할 수 있을 것이다. 한국어를 사용해서 1급과 2급의 주제와 기능들을 잘 수행한다면 2급 정도의 바닥을 깔고 있다고 판단해서 3급으로 수준을 판단할 수 있을 것이다. 이때 수험자가 특정 주제에 대해서만 우연히 실력을 발휘할 수 있으므로 다양한 주제와 기능에 대해 인터뷰를 하는 것이 중요하다.

▶ 3단계: 시험 조사

① 천장 체크 단계

이 단계는 2단계 수준 확인이 적절하게 이루어졌는지를 검증하는 단계이다. 인터뷰 질문 수준의 상한선 또는 한계를 높임으로써 수험자가 약점을 드러내는 지점이 어디인지를 판단하기 위해 인터뷰를 진행한다. 만약 2단계에서 2급의 바닥을 깔고 있는 3급이라고 수준 확인이 되었다면 이 수험자는 그 위의 단계인 4급의 전반적인 주제와 기능을 수행할 수 없어야 한다. 따라서 3급의 천장이 되는 4급의 질문을 통해 3급이라는 것을 확인하는 것이다.

② 수험자들의 반응을 통해 확인

시험 조사는 수험자들의 '글쎄요, 어려운데요, 잘 모르겠어요'와 같은 언어적 반응 또는 곤란해 하거나 미소 전략과 같은 비언어적 반응을 통해 확인할 수 있다.

③ 수준 확인과 시험 조사의 반복

등급	수험자의 OPI 인터뷰 수행 주제와 기능 수행 능력	단계
6		
5		
4		시험 조사(천장 체크)
3	3급	↕
2		수준 확인
1		(바닥 체크)

[그림 60] 수준 확인과 시험 조사 단계

초급인 경우에는 다소 쉽게 수준 확인과 시험 조사가 마무리될 수 있다. 그러나 6등급 체제라고 했을 때 중급과 고급, 그 안에서 3급, 4급, 5급, 6급을 명확하게 가늠하는 것은 한 번의 수준 확인과 시험 조사로 이루어지기 어렵다. 그래서 [그림 61]에서 볼 수 있듯이 두 단계는 수준 확인과 시험 조사 결과가 일치할 때까지 양방향으로 반복될 수 있다. 바로 위에 제시된 [그림 60]은 수준 확인과 시험 조사 단계를 도식화해 본 것이다. 3급이라는 수준 확인 후 시험 조사에서 이 수험자가 4급의 전반적 내용을 수행하면 다시 수준 확인 단계로 돌아가서 3급과 4급 능력이 바닥이 될 수 있는지 없는지 다시 확인하고 거기에 맞추어 다시 시험 조사를 해야 한다.

	반복 과정 (ITERATIVE PROCESS) ⇄			
	준비 (Warm up)	수준 확인 (Level checks)	시험 조사 (Probes)	마무리 (Wind down)
심리학적차원	인터뷰 대상자를 편안하게 함	인터뷰 대상자가 무엇을 할 수 있는지 드러냄	인터뷰 대상자가 할 수 없는 것을 드러냄	인터뷰 대상자가 가장 정확하게 기능을 발휘하는 수준으로 돌아감/인터뷰 대상자에게 성취감을 부여
언어학적차원	언어에 대한 익숙해지는 단계/언어로의 전환을 준비하는 단계/테스터가 인터뷰 대상자의 관심사 및 경험에 대한 정보 데이터베이스를 구축 할 수 있는 기회를 제공	화자가 가장 쉽게, 정확하고 유창하게 다룰 수 있는 기능 및 내용 영역을 식별	언어적 장애를 초래하는 기능 및 내용 영역을 식별	테스터가 모든 기능이 입증되었으며 인터뷰가 완료되었음을 확인할 수 있는 기회를 제공
평가적차원	인터뷰 대상자의 수준에 대한 예비 지표 제공	지속적으로 수행할 수 있는 가장 높은 수준(바닥) 탐색	더 이상 수행을 지속할 수 없는 가장 낮은 수준(천장) 탐색	

[그림 61] OPI의 단계와 차원들(E. Swender, ed., ACTFL OPI Tester Training Mannual, 1999:38, Omaggio, 2000:435에서 재인용)

▶ 4단계: 마무리

① 수험자가 가장 자신 있어 했던 주제로 돌아간다.

이 단계는 수준 확인과 시험 조사를 통해 수험자의 능력이 확정이 된 상태에서 진행된다. 레벨을 결정했지만 수험자를 그대로 보내면 안 되는 이유는 다음과 같다. 위의 [그림 60]에서 볼 수 있듯이 나선형의 질문으로 인터뷰를 하더라도 수준 확인 단계에서는 상대적으로 쉬운 질문들이, 시험 조사 단계에서는 어려운 질문들이 행해진다. 그리고 시험 조사의 끝은 수험자가 언어적으로 곤란을 겪는 지점까지 가서 '어렵다, 모르겠다'는 반응이 나오도록 한다. 그래서 수험자가 그 상태로 돌아가면 '시험을 망쳤다, 어려웠다, 역시 한국어는 어렵다' 등으로 평가가 부정적 역류 효과를 일으키고 만다. 따라서 이 단계에서는 인터뷰 진행 과정에서 수험자가 가장 자신 있어 했던 주제로 돌아가야 한다. 앞서 질문했던 그대로 다시 질문하라는 것이 아니라 그 주제로 돌아가서 아주 쉬운 질문을 통해 수험자가 자신이 좋아하는 주제에 대해 석극석으로 발화할 기회를 주어야 한다.

② 수험자의 심리적 충족
이러한 기회 제공은 수험자로 하여금 시험에서 만족감을 느낄 수 있도록 하는 긍정적 효과를 가지게 한다.

③ 마지막 확인 단계
그리고 평가자도 정말 3급인지 다시 한 번 확인할 수도 있다.

④ 수험자와 인사를 한다.
그리고 수험자와 인사를 하고 인터뷰를 마치면 된다.

▶ 바람직하지 않은 인터뷰 평가자의 발화와 태도

① 느린 말과 과장된 발음

인터뷰는 자연스러운 대화를 위해 의도된 것이다. 따라서 느리거나 조심스럽게 표현된 인터뷰 평가자의 발화는 적절하지 않다. 자연적인 발화를 했을 때 수험자가 이해하지 못하는 경우에만 조정이 되어야 한다.

② 언어 형태에 대한 집착

의사소통의 의미가 아니라 특정한 어휘와 문법 등 언어 형태의 사용과 정확성에 대한 집착은 종종 수험자의 강점과 약점에 대하여 근거 없는 편견을 초래한다.

③ 수험자의 답변을 반복하거나 수정

이것은 언어 학습자들을 위해 정확한 형태를 제시하려는 욕구에서 기인하는 전형적인 교실 행동이다. 그러나 인터뷰 평가는 가르치는 시간이 아니다, 그리고 잘못된 사용은 그것이 의사소통을 방해하지 않는 한 채점을 위한 전체 데이터의 일부로서 처리되어야 한다.

④ 어휘 제공 또는 수험자 발언 끊기

수험자가 말해야 하는 단어를 제공하거나 수험자가 말을 하고 있는데 중간에 끊는 행동은 인터뷰 대상자의 언어 능력을 가능한 한 확실하게 확인해야 하는 인터뷰에서 역효과를 낼 수 있다.

⑤ 촉박한 대응 시간

수험자가 발언할 시간과 기회가 불충분하면 수험자의 능력에 대한 긍정적인 증거와 부정적인 증거를 모두 제거하게 되면서 인지적으로 그리고 언어적으로 인터뷰 대상자가 최고의 수행을 못하게 만들 수 있다.

⑥ '전시용' 질문

전시용 질문은 인터뷰 평가자가 이미 답을 알고 있는, 하나마나 한 질문을 하는 것이다. 분위기를 위해서 한두 차례 사용하는 것은 괜찮을 수 있으나 잦은 사용은 인터뷰를 실제 의사소통 행위로 확립하는 데 극도로 역효과를 초래한다.

1. 앞에서 제시한 바 있는 아래 목록에 말하기 최종 평가 문항 작성 원리를 적용하여 평가 문항 유형을 개발해 보시오. 이 목록에는 청자와 말하기 목표, 말하기 장르 등이 내포되어 있으므로 적절한 말하기 문항 유형과의 적절한 연결을 잘 고려하면 개발이 용이할 것이다.

> 오늘 어떤 말하기 과제를 수행하였는가?
> (이는 Burns & Joyce(1997)에 제시된 것들이다.)
> • 아이들에게 등교 준비를 하도록 말하기
> • 이웃과 좋은 날씨에 대해 이야기하기
> • 자동차 서비스를 받기 위해 차 정비소에 예약하기
> • 직장 동료와 휴일 계획에 대해 논의하기
> • 세탁물을 찾는 것을 부탁하기 위해 어머니께 전화하기
> • 서로 알고 있는 사람에 대해 친구들과 잡담하기
> • 아들의 선생님과 향상 정도에 대해 상의하기
> • 새 여권을 신청하기
> • 직장의 상사와 승진 가능성에 대해 논의하기
>
> Nunan(1999; 임병빈 외 역, 2003: 319)

2. 이 장에서 제시된 말하기 평가 문항 유형 결정 원리, 말하기 문항 작성 원칙 등에 비추어 한국어 말하기 문항을 작성해 보시오. 또는 사용되고 있는 한국어 말하기 평가 문항들을 검토해 보고 장단점을 발표해 보시오.

한국어 시험 개발과 실시

제12장 한국어 시험 개발과 실시

1장에서 [그림3] 평가자의 종류와 역할을 통해 평가 단계별로 평가자의 역할이 다르다는 것을 확인하였다. 평가 개발자, 시험 출제자, 평가자, 사정(판정)자 등의 역할이 있는데 여기에서는 대표로 성취도 시험 개발을 전제로 하여 평가 전체 단계의 지식과 기술이 필요한 평가 개발자(Assessment Developer)의 역할이 무엇인지 단계별로 살펴보고자 한다. 한국어 교사들이 현장에서 시험을 개발하는 역할을 해야 하고 또 평가 개발자의 역할을 설명하면서 부분적인 단계에서 역할을 하게 되는 시험 출제자, 평가자, 사정(판정)에 대해서도 설명이 가능할 것이기 때문이다.

Bachmann & Palmer(1996)에서는 평가의 단계를, 1단계 설계(시험의 목적, 과제 유형, 수험자 특성, 구인 능력 등), 2단계 실용화(시험 과제 개발, 영역/과제의 수, 특징 등), 3단계 시행으로 설명하였다. 그리고 Brown(2006)에서는 1단계 시험의 목적과 목표 설정, 2단계 시험 명세 설계, 3단계 시험 과제 및 문항의 설계, 선정 및 배열, 4단계 다양한 종류의 문항에 대한 적절한 판단, 5단계 채점 절차와 결과 통보 형식의 명시, 6단계 지속적인 구인 타당도 연구 수행으로 설명하였다.

여기에서는 현장의 교사들에게 도움이 될 수 있도록 성취도 시험 개발과 실시에 집중하여 Bachmann & Palmer(1996), Brown(2006), 김유정 외(1998), 김유정(1999)의 내용에 몇 가지를 더하여 제시하고자 한다.

1. 시험 개발 단계

1) 시험의 계획 수립

(1) 시험의 목표 확인

이 단계는 Bachman & Palmer(1996:87)에서 제시된 시험 개발 단계 중 설계 단계에 해당한다. 시험의 목적과 시험의 목표가 무엇인지를 구체적으로 확인하며 이에 따라 한국어를 사용해서 수행해야 하는 기술과 과제들, 그리고 구인들이 무엇인지를 전반적으로 확인하는 과정이다. 그 중에서도 가장 중요한 것은 ① 목표어 사용 영역과 과제 유형, 그리고 ② 측정할 구인이 무엇인지에 대해 구체적으로 파악을 해야 한다. 교육 기관에서 한국어 성취도 평가를 목적으로 하는 경우라면 교육과정의 목적과 목표에 따라 평가가 개발되어야 타당도와 신뢰도를 보장할 수 있다. 따라서 시험 범위에 포함되는 주제와 과제가 무엇인지 구체적인 평가 목표를 확인하는 것이 필요하다. 예를 들어, 1과에서 6과까지가 시험 범위라면 교육을 통해 무엇을 학습해서 무엇을 행할 수 있는지 교육 목표를 기반으로 구체적인 평가 목표를 확인하는 것이 반드시 필요하다. 이를 위해서는 교재를 잘 분석하거나 교재 안에 제시되어 있는 교수요목을 다시 꼼꼼하게 분석하는 것이 필요하다. 교사들은 한 단원씩 혹은 한 시간씩 가르칠 내용에 대해 최대한의 노력을 기울인다. 그러다 보면 전체적으로 무엇을 목표로 수업이 이루어지는지에 대한 통찰력을 잃는 경우가 있다. 평가는 앞의 이론에서 언급한 바와 같이 교수 상황의 핵심을 표본으로 잘 추출해서 수험자의 능력을 잘 측정해야 하는 것이다. 따라서 전체적인 의사소통 목표 아래에 각 단원들이 어떤 과제들로 구성되고 있는지 그것들을 수행하도록 하는 구인은 무엇인지에 대해 정확하게 파악하는 것이 가장 중요한 첫 번째 절차이다.

▶ 교수요목을 통한 평가 목표와 과제 유형 확인

(1) 시험의 목표 확인 말미에 제시된 [표 73]은 설명을 위해 가상으로 제시하는 교수요목이다. 일반적인 한국어 교재들은 네 가지 언어 기술의 통합 교재가 많다. 따라서 듣기 · 말하기 · 읽기 · 쓰기가 한 단원의 목표가 되어 교수될 수 있다. 그러나 앞에서도 언급한 바와 같이 평가는 특별한 상황이 아니라면 언어 기술별 분리 평가로 네 기술을 별도로 평가해야 한다.이때 네 명의 평가자가 각각의 영역을 출제할 수도 있을 것이고 한 명의 평가자가 네 영역을 모두 출제할 수도 있을 것이다. 어떤 상황이건 각각의 기술에서 평가 목표가 무엇인지를 파악하는 것이 중요하다. 평가 목표는 교수 목표에서 가지고 올 수 있다. 따라서 교수 목표가 명시된 자료가 있다면 그것을 이용하고 그렇지 않다면 교수요목을 통해 교수 목표와 평가 목표를 추출해 내야 한다. 듣기 시험을 가정하고 [표 73]을 통해 추출할 수 있는 듣기 교수 및 평

가 목표의 예를 몇 가지 보이면 다음과 같다.

- 자기소개를 하는 두 사람의 대화를 듣고 이름을 파악할 수 있다.
- 자기소개를 하는 두 사람의 대화를 듣고 국적을 파악할 수 있다.
- 자기소개를 하는 두 사람의 대화를 듣고 직업을 파악할 수 있다.
- 일기 예보를 듣고 날씨를 파악할 수 있다.
- 일기 예보를 듣고 온도를 파악할 수 있다.
- 슈퍼마켓에서 쇼핑하는 두 사람의 대화를 듣고 쇼핑할 물품이 무엇인지 파악할 수 있다.
- 슈퍼마켓에서 쇼핑하는 두 사람의 대화를 듣고 쇼핑할 물품의 위치를 파악할 수 있다.
- 슈퍼마켓에서 쇼핑하는 두 사람의 대화를 듣고 쇼핑할 물품의 수량을 파악할 수 있다.

▶ 각 언어 기술별(영역별) 핵심 목표와 과제 유형 확인

여기에서 중요한 것은 교재에는 교재 형식의 통일성을 위해 네 영역의 과제 활동이 하나 이상씩은 포함되어 있다. 그러나 목표가 되는 주제와 기능에 따라 특정 언어 기술에서 더 중요한 것들이 있다. 예를 들면, '날씨'에서 일기 예보는 듣기에 어울리는 과제 유형이며 친구와 날씨에 대해 말할 수 있고 그림이 포함된 인터넷 날씨 정보를 읽을 수 있으나 쓰기로는 좀 부적절하다. 반면에 친구들과 쇼핑할 물품 목록을 상의해서 쓴다면 이것은 쓰기로도 적절해 보인다. 네 영역에서 모두 중요할 수 있지만 각 영역의 텍스트는 교통 표지판 읽기, 교통편 찾는 대화하기, 지하철역 안내 방송 듣기, 교통편 묻고 답하는 문자 쓰기

등으로 다르게 나타날 수 있을 것이다.

▶ 목표 과제 유형 분석을 통한 구인 설정

목표 과제 유형을 분석하면 구인이 설정이 된다. [표 73]의 교수 요목에서 듣기는 주로 정보 · 상황 · 청화자 · 중심 내용(하고 싶은 것) · 세부 내용(이유) · 화자 기분 파악하기 정도를 구인으로 설정할 수 있을 것이다. 따라서 이 구인에 맞는 평가 문항이 개발되어야 할 것이다.

▶ 숙달도 지향 성취도 시험 응용 과제 확인

숙달도 지향 성취도 시험은 4장에서 살펴본 바 있다. 따라서 교재에 나온 그대로의 과제 유형도 시험에 출제할 수 있지만 각각의 주제와 기능, 어휘, 문법들이 서로 혼용되고 연결되면서 다양한 응용 과제를 만들 수 있어야 한다. 교재 속 그대로의 언어만 목표로 하는 것이 아니라 실제 세계에서 그와 유사하거나 혼용된 상황의 과제도 해결할 수 있는 것이 교수와 평가 목표이기 때문이다. 예를 들어, [표 73]의 교수 요목에서는 자기소개와 취미가 다른 단원에 있지만 이를 합하여 자기 소개 발표 내용에 이름, 국적, 직업, 좋아하고 싫어하는 것, 취미를 포함할 수 있다. 그리고 각각의 주제와 기능, 어휘, 문법들을 잘 혼용하면 주말에 한 일에 대한 대화를 듣고 내용을 파악하는 듣기 과제도 가능하다. 그 과에 나오는 어휘와 문법은 그 과의 주제와 기능에만 해당하는 것이 아니다. 따라서 모든 어휘와 문법들이 시험 범위 내에서 다양한 과제로 응용될 수 있다.

[표 73] 교수요목 예시(진한 글씨는 항목 선정 단계에서 뽑힌 과제들을 표시한 것임.)

과	주제	기능	어휘	문법
1	자기 소개	인사하기 이름 문답하기 국적 문답하기 직업 문답하기	인사 표현 국적 어휘 직업 어휘	-이/가 뭐예요? -은/는 예요/이에요 저는~ 예요/이에요 -에서 왔어요? -에서 왔어요
2	생필품 쇼핑	생필품 유무 문답하기 생필품 위치 문답하기 생필품 수량 주문하기	생필품 어휘 위치 어휘 수량 어휘 쇼핑 관련 표현	-이/가 있어요/없어요? -이/가 있어요/없어요 어디 있어요? -에 있어요 - 주세요
3	약속	일정(장소와 행동) 문답하기	시간 관련 표현 요일 어휘 장소 어휘 행동 어휘	-에 가요? 갔어요?/-에서 뭐 해요? 했어요? -고 / -에(시간) -아요/어요 았어요/었어요
4	날씨와 식사	날씨/기온 문답하기 좋아하는 음식 문답하기 날씨에 맞는 메뉴 추천하기	날씨 어휘 기온 관련 표현 음식 메뉴 어휘	-이/가 어때요?/ -하고/-겠습니다/-부터 -까지 몇~? 뭐 좋아해요? -을/를 좋아해요 -(으)ㄴ데 --(으)ㄹ래요?
5	교통편 이용	행선지 문답하기 교통편 문답하기 버스정류장/지하철역 위치 문답하기 종착지 알림 부탁하기	교통편 어휘 교통편 이용 관련 표현 부탁 표현	이 버스 --에 가요? -에서 타다/내리다/갈아타다 -면 되다/안 되다 -(으)세요
6	취미	호불호 문답하기 취미 문답하기 기분 문답하기 희망 문답하기	취미 어휘 취향 어휘(책/음식/과일/운동 등) 기분 어휘	취미가 뭐예요? 뭐 좋아해요? 무슨 ~? -는 거 좋아해요/싫어해요? -는 거 좋아해요/싫어해요 -고 싶어요?/싶어요

듣기	말하기	읽기	쓰기
처음 만난 사람끼리의 자기소개 대화 듣기/낯선 자리에서 자기소개 발표 듣기	처음 만난 사람과 인사하고 자기소개 대화하기/낯선 사람들 앞에서 자기소개하기	**학생증 읽기**/간략 서식(신청서 등) 읽기/자기소개 메일(문자) 읽기	간략 서식(이력서/신청서 등 완성하기)/**간단한 자기소개 발표지(문자/메일) 쓰기**
슈퍼마켓에서 물건 찾는 고객과 점원 대화 듣기/**친구와 슈퍼에서 물건 찾는 대화 듣기**	**슈퍼마켓에서 물건 찾는 고객과 점원 대화하기**	쇼핑 목록 메모 읽기/**영수증 물품 목록 읽기**/진열대 물품 이름 읽기	쇼핑 목록 메모 쓰기/친구에게 물건 위치 묻고 답하는 문자 쓰기
일정에 관한 친구와의 대화 듣기	친구와 일정(장소, 행동)에 대해 대화하기	**일정표 읽기**/친구와 일정 묻고 답한 문자 읽기	일정표 쓰기/ 친구와 일정 묻고 답하는 문자 쓰기
일기예보 듣기/친구와 날씨 대화 듣기/친구와 식사 관련 대화 듣기	친구와 날씨 관련 대화하기/**친구와 식사 관련 대화하기**	인터넷 일기예보 읽기/**메뉴판 읽기**	친구와 날씨 묻고 답하는 문자 쓰기/오늘 먹은 음식 일지 쓰기
승객과 기사의 대화 듣기/길에서 낯선 사람과의 교통편 묻는 대화듣기/**지하철역 안내 방송 듣기**	교통편 이용 승객과 기사 대화하기/**길에서 낯선 사람에게 교통편 묻는 대화하기**	**교통 표지판 읽기**/교통편 안내문 읽기/친구와 교통편 묻고 답한 문자 읽기	친구와 교통편 묻고 답한 문자 쓰기
친구와의 호불호 대화 듣기/**친구와의 취미 대화 듣기**/취미 관련 광고 듣기	친구와 호불호에 대해 대화하기/**친구와 취미, 취향 대화하기**/친구와 기분 관련 대화하기	신상 정보 읽기/**취미 관련 블로그 읽기**/취미 동아리 포스터 읽기	**간단한 취미와 취향 정보 서식 기록하기**/동아리 가입 신청서 쓰기

(2) 시험의 내용 항목 선정

▶ 내용 타당도 고려

무엇을 내용으로 선정할 것이냐에 따라 내용 타당도가 달라질 수 있으므로 중요한 단계이다.

▶ 핵심 항목 선정

시험에서는 교수된 모든 것을 평가할 수는 없다. 따라서 언어 기술 별로 핵심이 되는 대표성을 지닌 평가 항목(내용)을 선정하는 것이 중요하다. 즉, 무엇을 평가할 것인가에 관한 문제로 평가 목적과 목표에 부합하게 내용과 항목을 선정해야 한다.

▶ 영역별 과제 선정→기능 선정→어휘와 문법 선정의 순서

의사소통적인 언어 사용을 측정하기 위해서 중요한 것은 '과제'이다. 따라서 시험의 항목을 선정할 때에는 과제부터 선정하여야 한다. 그리고 그 과제를 통해 측정할 목표 기능을 그 다음으로 선정한다. 예를 들어, 일기예보 듣기 과제를 먼저 선정한다. 그러면 자연스럽게 날씨 파악하기와 기온 파악하기 기능이 포함될 것이다. 그러나 둘 다 측정할 필요가 있는지를 판단하고 하나만 선정할 수도 있다. 그 다음에 어휘와 문법이 선정된다. 날씨 파악하기 기능을 선정한다면 날씨 어휘 중 '비가 오다' 혹은 '맑다' 같은 핵심적인 단어를 선택하면 되고 날씨를 표현하는 문법 '-겠습니다'도 자동적으로 선택될 것이다.

그 결과 문항 작성 단계에서 '오늘 날씨를 말씀드리겠습니다. 오늘은 아침부터 비가 오겠습니다. 이 비는 내일까지 계속되겠습니다. 빗

길에 안전 운전하십시오.'와 같은 일기예보 텍스트가 완성될 수 있는 것이다. 즉, 한국어를 사용해야 하는 의사소통 과제가 무엇인지부터 선정하고 그에 따라 기능과 언어적 요소들이 연쇄적으로 선택되는 것이 바람직하다. 평가 항목으로 어휘와 문법만을 집중적으로 선정하는 것은 의사소통 기술보다는 언어 재료와 언어 지식에 집중한 평가가 되어 내용 타당도를 저해할 수 있기 때문이다.

▶ 다양한 과제와 기능 선정

평가 영역, 평가 시간에 따라 다르긴 하지만 영역별로 평가 항목을 선정할 때에는 다양한 주제, 기능, 과제들이 선정되어야 한다. 그랬을 때 수험자의 능력 측정의 타당도와 신뢰도를 확보할 수 있기 때문이다.

▶ 선정 항목 변경 가능

이 단계에서 평가 항목으로 선정했지만 실제 문항 작성 시 여러 가지 요인에 의해 어려움이 발견되면 다른 항목으로 변경할 수 있다. 위에 제시한 [표 73]의 교수요목 같은 것을 복사해 두고 영역별로 평가 항목을 진하게 표시하거나 동그라미를 치는 방법 등으로 선정한 것을 표시할 수 있다. 만약 변경하게 되면 표시한 것을 지우거나 엑스(X) 표시를 하고 다른 항목을 고르면 된다. 이렇게 하면 어떤 항목이 선정되었는지 가시적으로 확인할 수 있어 항목이 중복 선정되는 문제를 방지할 수 있다.

(3) 시험의 구조 결정

▶ 평가 환경적 특징 고려

평가의 환경적 특징으로는 평가 장소, 평가자, 평가 시 사용될 수 있는 도구, 평가 시간 등이 있는데 이에 대한 고려가 있어야 평가 문항의 구조를 짤 때 적절성이 보장될 수 있다. 예를 들어, 시청각 텍스트 보고 듣기를 하는 문항을 사용하려고 해도 모든 교실에서 컴퓨터 사용이 어렵다면 이는 평가 문항으로 채택되기 어렵다. 그리고 수험장 이용 시간이 제한된 곳이라면 시간에 적절한 문항 수를 선택해야 한다. 따라서 평가 환경을 고려하여 문항의 틀을 짜야 한다. 그래야 신뢰도 있고 실용도 있는 평가가 될 수 있다.

▶ 구인 타당도 고려

이 단계는 구인 타당도를 높이기 위한 것으로 평가 목표, 평가 항목, 평가 환경 등을 고려하여 구체적으로 평가 과제 유형은 무엇으로 하며 몇 개로 할지, 그리고 각각의 평가 유형 과제는 몇 개의 문항으로 할지, 평가 과제들의 난이도와 배점은 어떤 차이를 지니는지, 그리고 평가 과제들에 얼마나 시간을 할당할 것인지 등을 결정해야 한다. 이때 평가 목표와 수준에 맞게 다양한 평가 과제를 문항으로 포함해야 한다. 수험자가 느끼기에 너무 적은 수의 평가 과제는 지루할 수 있으며 또한 평가 만족도를 떨어뜨릴 수 있다.

▶ 시험 명세서 작성

이 단계에서 시험 명세서가 작성될 수 있다. Hughes(2003, 전병만 외 역, 2012:70-74)에 제시된 시험 명세서 작성 항목은 다음과 같다. Hughes(2003, 전병만 외 역, 2012:79-84)에는 성취도 시험과 배치 시험의 시험 명세서를 예로 제시하고 있으니 참조할 만하다.

[표 74] Hughes(2003)의 시험 명세서 작성 항목

1. 내용 Content	2. 형식과 시간 Format and Timing	3. 수행의 표준 수준 Criterial Levels of Performance	4. 채점 절차 Scoring Procedures

- 과제(기능)
- 텍스트 유형
- 텍스트 청자, 독자
- 텍스트 길이
- 주제
- 가독성
- 문장 구조의 범위
- 어휘 범위
- 방언, 말씨, 문체
- 처리 속도
	- 시험 구조
	- 문항 수
	- 지문(텍스트) 수
	- 평가 방식(지필,
	  컴퓨터 등)
	- 소요 시간
	- 기법
		- 숙달 기준 점수
		  (예를 들어, 전
		  체의 80퍼센트
		  를 맞히면 숙달
		  함 등) 기술
		
		- 평가 범주(정확
		  성/적절성/범
		  위/유연성/크
		  기 등) 기술
			- 채점 척도
			- 채점 인원
			- 채점 방식

이러한 시험 명세서 항목을 모두 작성하는 것은 필요한 일이나 무척 어려운 일이기도 하다. Brown(2004, 이영식 외 역, 2006:75)에 제시된 성취도 시험 명세서는 Hughes(2003)의 명세서 항목에 비해 좀 더 구체적이고 간략하다.

[표 75] Brown(2004)의 시험 명세서

말하기(한 사람당 5분, 시험 전날)
- 형식: 구술 면접, 교사와 학생
- 과제: 교사가 학생에게 질문을 한다.(목표 3, 5: 특히 6을 강조)

듣기(10분)
- 형식: 교사가 미리 다른 사람의 목소리와 함께 녹음한다.
- 과제: a. 최소 변별쌍 문항 5개, 선다형(목표 1), b. 해석 문항 5개, 선다형(목표 2)

읽기(10분)
- 형식: 하나의 이야기 안에서 빈칸 채우기 시험 문항(총 10개)
- 과제: 빈칸 채우기(목표 7)

쓰기(10분)
- 형식: 주제-최근의 어떤 TV 시트콤을 좋아한/좋아하지 않는 이유
- 과제: 한 단락으로 간단한 의견 적기(목표 9)

위의 시험 명세서는 그대로 따라해야 한다는 것이 아니라 하나의 예시이다. 여기에서는 교실에서 시행하는 시험에 대해 네 가지 언어 영역에 대해 시간과 과제 유형, 문항 수, 녹음 방법과 목표 관련성이 모두 제시되어 있다는 점을 주목해야 한다. 괄호 안에 목표와 그 번호는 여기에서 제시하지 않지만 앞 단계에서 목표 확인을 하면서 작성된 목록을 의미한다. 우리가 앞에서 논의한 것을 예로 보자면, (2) 시험의 내용 항목 선정을 통해 선정된 [표 73]의 진한 글씨들로 표시된 것들이 '일기예보를 듣고 날씨를 파악하기', '자기소개 대화 듣고 직업 파악하기' 등으로 목표가 될 수 있을 것이다.

▶ 과제 유형의 분별

평가 문항으로 어떤 유형을 선택하는 것이 좋은지는 과제 유형에

따라 달라질 수 있다. 그런데 모든 문항을 개별적인 유형으로 사용하는 것보다는 유사한 유형끼리 그룹으로 묶어서 대문항과 소문항을 분별하여 작성하는 것이 바람직하다. 특히 듣기와 읽기 시험의 경우에 이렇게 하기 쉽다. 예를 들어, 간단한 대화를 듣고 정보를 파악해서 그림이나 기호로 표시된 것을 고르게 하는 것에 유용한 평가 문항으로 2~3개가 가능하다면 이 세 개의 소문항을 묶어서 하나의 대문항으로 만들 수 있을 것이다. 대화 듣고 메뉴 파악하기, 대화 듣고 쇼핑 물건 파악하기, 대화 듣고 날씨 파악하기 등은 정보 파악이면서 들은 후 반응 유형을 동일하게 그림으로 작성된 답항에서 고를 수 있고 이것이 적절해 보인다. 그리고 한 사람의 말을 듣고 그에 적절한 답변 고르기, 긴 대화 듣고 질문에 맞는 답 고르기(중심 내용, 세부 내용 등) 등이 대문항으로 선택될 수도 있을 것이다. 전체 문항 수와 평가 목표에 따라 다르겠지만 듣기 문항을 20문항으로 작성해야 한다면 대문항은 5개 내외 정도로 작성될 수 있을 것이다. 이를 위해서는 8장부터 11장에서 제안된 각 영역의 평가 문항 유형 항목에 대한 목록을 사용할 수 있다.

▶ 평가 목표에 따른 과제 유형의 연결과 변경

앞에서 언급한 구인 타당도와 관련된 것으로 다시 한 번 언급하고자 한다. 교육 목표를 확인하고 내용 항목을 선정하는 과정에서 자동적으로 구인이 확인이 될 수 있다. 따라서 평가하고자 하는 내용에 맞는 구인을 측정할 수 있도록 평가 문항이 작성되어야 한다. 1~5과까지의 평가 목표와 내용은 6~10과까지의 그것과는 다를 수 있다. 또한 초급의 평가 목표와 내용은 중급·고급과도 분명히 다르다. 따라서 매 시험의 범위에 따라 그리고 숙달도에 따라 평가 문항은 변동 가능해야 한다. 1~5과까지 정보 파악하기를 구인으로 하는 과제와 기능이 많다면 이를 파악하는 문항의 비중을 높여야 한다. 6~10과까지는 화자의 주장과 세부 내용 파악이 많은 텍스트가 목표가 될 수 있다. 그렇다면 여기에서는 정보 파악하기 문항이 아니라 중심 내용 파악과 세부 내용 파악을 위한 문항을 작성해야 한다. 초급에서는 화자의 어조를 파악하는 문항을 작성하기 어려울 것이고 반면에 중·고급에서는 가능할 것이다.

특정 숙달도 시험의 문항 유형을 그대로 사용하는 것은 평가 목표와 내용에 관계없이 일관된 문항을 적용하는 것으로 구인 타당도가 높은 평가라고 하기 어렵다. 교사들이 새로운 유형의 평가 문항을 매 시험마나 개발하는 것이 어려울 수는 있나. 그러나 교사가 개별적으로 평가 문항을 개발하고 출제해야 하는 상황에서 타당도 있고 신뢰도 있는 평가를 만들어야 하는 것은 교사들이 극복해야 하는 평가자로서의 의무라 할 수 있다. 이러한 부담을 줄일 수 있는 방안은 교육 기관 차원에서 시험 범위에 따라 적절한 구인을 측정할 수 있는 평가 문항 유형을 개발해서 교사들에게 제시할 수도 있을 것이다.

▶ 문항 출제 계획표 작성

평가에서 보통 이원목적 분류표라고 하는 것이 사용될 수도 있지만 평가 문항 작성에 도움이 되기 위해서는 좀더 자세한 영역별 문항 계획표를 작성하는 것이 바람직하다. 문항 계획표에는 문항의 형식과 평가 목표, 난이도, 배점 등, 평가 구조 안에 앞에서 선정한 내용 항목들이 포함될 수 있도록 작성하는 것이 바람직하다. 어디까지나 계획표이기 때문에 실제 문항 작성 시부터 문항 검토를 거쳐 확정이 될 때까지 여러 차례 변동과 수정이 가능하게 될 것이다. 이러한 문항 계획표의 작성과 수정은 내용 타당도와 구인 타당도를 지속적으로 유지할 수 있는 중요한 방법이다.

[표 76] 문항 출제 계획표 예시

번호		듣기 평가 문항 유형				평가목표	출제단원	핵심출제표현	이해영역	난이도	배점
대문항	소문항	주제	텍스트	세부평가목표	문항 유형						
I	1	자기소개	개인적 대화	국적 파악	그림으로 전이한 것 고르기	정보	1	영국 사람 이에요.	사실적	하	3
	2	날씨	일기 예보 독백	날씨 파악	그림으로 전이한 것 고르기	정보	4	비가 오겠습니다.	사실적	하	3
	3	쇼핑	고객과 손님 대화	물품 파악	그림으로 전이한 것 고르기	정보	2	휴지 어디 있어요?	사실적	하	3
II	4	⋮	⋮	⋮	맞는 대답 고르기	의도	⋮	⋮	추론적		4
	5				맞는 대답 고르기	의도			추론적		4
	6				맞는 대답 고르기	의도			추론적		4
	7				맞는 대답 고르기	의도			추론적		4
III	8										
	9										
	10										

⋮

문항 계획표는 상황에 맞춰 개발해서 사용할 수 있을 것이나 예를 보이면 [표 76]과 같다. 이는 현장 교사들이 출제의 내용 타당도와 구인 타당도를 잘 유지하면서 문항을 작성할 수 있도록 도울 수 있도록 의도되었다. 먼저 각각의 소문항이 몇 개의 대문항과 연결되는지 구상한 것을 표시한다. 문항 유형과 평가 목표가 동일한 소문항들을 하나의 대문항 유형으로 묶어 놓은 것을 확인할 수 있을 것이다. 보통 평가 과제는 상대적이지만 길이나 난이도 그리고 평가 기능에 따라 작은 과제에서 큰 과제 순으로 대문항과 소문항을 배열해야 한다. 그 다음 항목으로는 주제, 텍스트, 세부 평가 목표, 문항 유형의 순으로 '듣기 평가 문항 유형'을 작성한다. 이는 8장의 최종 문항 유형을 결정하는 요소들을 모두 포함한 것으로 가장 중요한 내용들이 포함되는 것이다. 그리고 출제 단원을 표시해서 특성 단원에 집중되는지를 확인할 수 있도록 하였다. 문항이 응용 과제라면 출제 단원은 두 개 이상이 기입될 수 있을 것이다. 그리고 문항 출제에 사용하고자 하는 핵심 출제 표현을 간단한 담화 차원(단어, 구, 문장 등)으로 작성한다. 국적 파악의 경우에도 다양한 국적 어휘 중 하나를 고르고 문법도 선택이 되어, 출제하고자 하는 최종 발화가 어떤 것인지를 쓰는 것이다. 여기에서는 '영국에서 왔어요.'가 아니라 '영국 사람이에요.'를 출제하려고 하는 것을 알 수 있다. 여기까지는 출제 계획 시점부터 신중하게 고려되고 기입되어야 하지만 이후 항목인 이해 영역, 난이도, 배점 등은 출제 계획 처음부터 기입할 수도 있고 상황에 따라 문항이 확정된 이후에 기입할 수도 있다.

이렇게 계획표를 작성하더라도 실제 문항 작성 과정에서는 다른 항목으로 변경될 수 있다. 그러나 다시 한 번 강조하지만 계획표의 작성은 내용 타당도와 구인 타당도를 높이기 위해 반드시 작성되어야 하고 문항이 확정될 때까지 이 계획표를 기반으로 해서 수정된 항목들이 다시 표시되어야 한다. 문항 출제 계획표는 문항 작성 중, 그리고 문항 검토 과정에서 지속적으로 수정되다가 문항 검토 후 확정이 되면 완성된 '문항 출제 구성표'가 될 것이다. 완성된 '문항 출제 구성표'는 교육 평가에서 일반적인 이원목적 분류표의 기능을 할 수 있게 될 것이다.

2) 시험 문항 및 과제 개발 단계

(1) 시험 문항 및 과제 작성

▶ 문항 작성(문항 출제 계획표의 구현)

여기에서는 [표 76]의 문항 출제 계획표를 바탕으로 해서 실제 평가 문항을 작성하는 것이다. 물론 실제 작성 과정에서 문항 출제 계획표의 평가 내용과 평가 유형이 다소 변경될 수 있다. 전체적인 틀 속에서 평가 구조를 짜는 것과 실제 평가 문항을 작성하는 데에는 차이가 있기 때문이다. 그러나 이때 이전 단계에서 설계한 내용과 구조를 가급적 지키는 것이 좋다. 내용과 유형이 다소 변경되더라도 그것은 평가 목표에 맞는 핵심적이고 대표성을 지닌 것들로 계속 유지되며 선택되어야 한다. 그렇지 않으면 평가 목표와 문항들 간의 관계 등 앞에서 고려한 것들이 모두 헛된 일이 되고 끝내는 평가의 타당도와 신뢰도를 잃을 수도 있다(김유정, 1999:203).

▶ 문항 작성 시 고려 사항

실제로 평가 문항을 작성할 때 가장 먼저 입력 자료의 성격을 규정해야 한다. 이 때 시험 명세서의 평가 문항과 시험 시간 등을 고려하여 시청각 자료의 차이, 길이, 유형, 실제성 등이 함께 고려되어야 한다. 그리고 실제적인 자료(authentic material)를 그대로 사용할 것이냐 가공한 자료를 사용할 것이냐의 문제도 고려해야 하는데 실제적인 자료가 절대적으로 바람직한 것은 아닐 수 있기 때문이다. 불필요한 부분이 너무 많거나 배우지 않은 것들이 핵심으로 작용하는 경우에는 적절한 평가를 방해할 수도 있기 때문이다(김유정, 1999:204). 이 외에 7장부터 11장에 이르는 문항 작성 지침들을 고려하면서 적절한 문항으로 개발해야 한다.

▶ 표현 영역 성취도 평가 문항 작성 지침

말하기와 쓰기의 경우에는 1회의 성취도 시험으로 수험자의 모든 능력을 측정하기 어려울 수 있다. 따라서 다음과 같은 지침들을 고려해서 평가 문항을 개발하고 시행하는 것이 필요하다. 김영숙 외(2005:295-296)에 제시된 Weir(1993:133-136)의 지침을 표현 영역으로 적용하여 부가적인 설명을 붙이면 다음과 같다.

① 평가의 신뢰도와 타당도를 위하여 하나 이상의 과제로 수험자의 표현 능력을 측정해야 한다. 일기를 잘 쓴다고 해서 모든 쓰기를 잘하는 것이 아니고 자기소개 발표를 잘한다고 해서 목표 말하기를 모두 잘하는 것은 아니기 때문이다. 표현 영역 과제도 핵심적이고 대표적인 것들을 다양하게 개발해야 한다.

② 시험 신뢰도를 위하여 수험자들을 직접 비교할 수 있도록 동일

한 내용과 기능을 표현하도록 하는 것이 바람직하다. 숙달도 시험의 경우, 예를 들어 인문학 전공과 공학 전공 등으로, 수험자의 내용 영역이 명확히 구분이 된다면 유사한 기능의 다른 내용 영역으로 출제할 수도 있을 것이다. 그러나 동일한 내용과 목표를 가진 성취도 시험의 경우에는 같은 문항을 제시하는 것이 적절하다. 물론 말하기 인터뷰와 같은 경우에는 똑같은 질문을 하는 것이 기계적이고 부자연스러울 수 있다. 이때에는 인터뷰 질문 항목을 다양하게 출제하고 인터뷰 평가자의 전문적인 기법을 사용해서 다른 질문들이지만 유사한 구인을 측정할 수 있도록 해야 한다.

③ 채점 신뢰도를 위해 수험자가 써야 하거나 말해야 하는 길이는 충분히 길어야 한다. 평가 구인이 중심 내용과 세부 내용을 말하거나 써야 하는데 그 길이가 확보되지 못하면 둘 중 하나도 제대로 구현해 낼 수 없을 가능성이 있다.

④ 쓰기 필기시험의 경우에는 쓸 수 있는 충분한 시간과 분위기를 조성해 주어야 한다. 10장 쓰기 평가에서 언급된 바와 같이 실생활 쓰기는 간단한 서식 완성부터 긴 텍스트까지 다양하고 이를 작성하는 데에는 꽤 오랜 고민과 노력과 시간이 요구된다. 그런데 성취도 쓰기 시험의 경우에는 상대적으로 아주 짧은 시간 내에 착상부터 완성까지가 이루어져야 한다. 따라서 이 시간을 충분히 고려하여 평가 문항이 개발되고 작성되어야 한다. 착상 단계의 시간을 줄이기 위해서는 수업 시간에 듣기 말하기 시간을 통해 비중 있게 이야기한 소재나 주제 등을 사용하는 것도 가능하다. 단, 수업 시간에 써 본 주제를 그대로 쓰게 하는 것은 암기력 테스트일 수 있으므로 주의해야 한다.

⑤ 수험자의 표현 능력을 측정하기 위해 말하기·쓰기 모음집인 포

트폴리오, 수업 과제 관찰을 이용한 평가도 활용할 수 있다. 목표로 하는 내용이나 형식이 필기시험이나 인터뷰, 역할극 등으로 평가될 수 없는 경우에는 수업 기간 중 포트폴리오를 작성하게 하거나 교사가 수업 과제 활동에 대한 관찰을 기록하는 평가를 진행하는 것도 가능하다. 이때 중요한 것은 과정 중심 평가 과제에 필요한 내용 항목과 필기시험이나 현장 시험의 결과 중심 평가의 내용 항목이 적절하게 분배되어야 한다는 것이다. 그리고 포트폴리오나 관찰의 평가 척도와 준거 또한 별도로 마련되어야 한다. 만약 이러한 평가 결과가 최종 성적에 반영이 된다면 학습자들에게 미리 공지가 되어야 할 것이다.

(2) 시험 문항 검토

▶ 전문성을 가진 검토자의 올바른 검토

실제로 완성된 평가 문항은 타당도와 신뢰도를 높이기 위해서 검토가 반드시 필요하다. 자기 검토도 물론 중요하지만 출제자 본인 이외에 최소한 1인 이상의 교수 경험자가 검토해야 한다. 그래서 보통은 동료 교사나 경력이 많은 교사들에 의해 검토가 이루어지게 된다. 교수 경험자라고 한 것은 한국어 교육의 목표와 평가 목표, 평가 내용과 형식에 전문성을 가진 사람이라는 의미이다. 따라서 비전문가의 액면 타당도를 확인하는 것이 아님을 분명히 해야 한다. 비전문가의 액면 타당도 검토가 띄어쓰기, 맞춤법 오류, 복답 가능성 등을 검토하는 경우에 도움이 될 수도 있지만 잘못해서 전체 평가의 틀을 뒤흔들게 되면 평가 전체의 타당도와 신뢰도가 무너지게 된다. 따라서 반드시 전문성을 가진 교수 경험자의 '올바른' 검토가 이루어져야 한다. '올바른'이라고 강조한 이유는 한국어 경력이 오래 됐다고 해도 모두 평가 전문성을 가지고 있다고 하기 어렵고 그들의 판단이 올바른 검토가 아닐 수 있기 때문이다.

▶ 문항별 검토

작성된 문항은 평가 전문성을 지닌 검토자에 의해 문항마다 개별적인 타당성을 검토 받아야 한다. 기본적으로는 문항 검토 역시 7장부터 11장에 제시된 언어 기술별·문항별 문항 작성 지침을 지키고 있는지를 확인하는 것이 중요하다. 7장~11장에 소개된 지침들이 모두 문항 검토 사항이 될 수 있다. 그 중 핵심적인 항목이 무엇인지만 간단하게 보이면 아래와 같다.

[표 77] 작성된 문항별 검토 지침 항목 일부

언어 사용의 맥락과 실제성	명확한 평가 목표와 적절성	평가 문항 유형의 적절성
이해하기 쉬운 지시문	문제와 답항의 적절성 (답항 제시 방식, 매력적 오답, 복답 가능성 등)	과제의 적절성 국지독립성 등

여기에서는 그 외에 김유정 외(1989:88-89)와 김유정(1999:204-205)의 내용에서 성취도 시험과 관련하여 앞에서 언급하지 않은 것 몇 가지를 추가적으로 제시하고자 한다.

① 모든 시험 문항이 배운 내용을 충분히 반영해야 한다. 성취도 시험의 경우 정해진 범위 내에서 핵심적인 내용은 골고루 측정되어야 한다. 특정한 내용과 기능에 편중되면 평가의 타당성과 신뢰도가 함

께 낮아질 수밖에 없다.

② 문제의 난이도와 정해진 시간에 풀어야 할 전체 문항 수가 적당해야 한다. 시험 전에는 유사 집단 수험자들에게 풀게 해서 난이도 등의 문제를 검토하는 것이 이론에서 주장하는 바이지만, 현실적으로 불가능한 경우가 많다. 따라서 정상적인 수업 후에 이루어진 시험에서는 시험 시간 내에 60% 이상의 수험자가 풀어내면 적당한 난이도와 문항 수일 가능성이 높다. 그러나 50% 이상의 수험자가 그 시간 내에 문제를 못 푼다면 난이도와 문항 수에 문제가 있을 수 있다. 이런 경우가 발생하지 않도록 잘 조절해야 한다.

③ 교육 목표에서 벗어난 내용이 평가 목표가 되어서는 안 된다. 앞에서 단원별로 제시된 교육 목표를 섞어서 새로운 응용 과제를 만들수 있다고 하였다. 이는 바람직한 것이나. 날씨 주세와 일정을 섞어서 주말에 무엇을 했는지 그때 날씨가 어땠는지를 파악하는 정도의 과제는 적당하다. 그러나 너무 범위를 확장해서 일기예보를 배우고 온도와 날씨를 파악하는 것을 넘어서서 이상 기후로 확장한 과제를 제시하는 것은 목표를 벗어난 문항이 된다.

④ 특정 지식을 묻는 문항, 특정 문화권과 성별에 의해 차별적인 문항을 출제하면 안 된다. 한국어 시험은 언어 능력을 측정하는 시험이므로 지식의 유무에 의해 답을 선택하는 데 유리하고 불리하거나 혹은 지식을 직접 묻는 문항을 측정하면 안 된다. 한국의 제9대 대통령이 누구냐는 질문은 한국어로 제시되어도 한국어 시험이 아니라 한국 정치에 대한 지식 시험이 된다. 교육 목표에 한국 정치에 대한 텍스트를 읽고 파악하기가 있어서 대통령 제도에 대한 텍스트를 주고 그 안에서 제9대 대통령을 찾는다면 읽기 이해력을 측정하는 시험으로 가

능하다. 또한 여자 혹은 남자에게만 유리한 내용들로 시험 문항이 편중되어 있는지도 확인해야 한다. 반드시 그런 것은 아니지만 일반적으로는 화장품 사용법, 요리, 쇼핑 등은 여자에게 유리하고 기계, 전기, 건설 등은 남자에게 유리한 경향이 있다. 그리고 특정 문화권 배경 지식과 경험이 없어서 풀 수 없는 문항은 출제하지 않도록 해야 한다. 한국의 문화적 배경 지식도 교육과 평가에 포함하는 것은 적절할 수 있으나 교수되지 않은 것이나 목표를 벗어난 지엽적인 것은 지양해야 한다.

아래의 문항은 Brown(2004)이 제시한 IELTS 쓰기 문항이다. 그는 이 문항이 진정성 원칙은 잘 보여주고 있지만 분명히 여러 문화적 · 경제적 전제가 드러나 있어 문화적 편견을 내포하고 있어 문제가 될 수 있다고 하였다(Brown:2004, 이영식 외 역, 2006:147). 한국의 경우 집을 구하고 계약서를 쓸 때까지만 공인중개업자의 역할이 있는 것이고 이후에 집에 문제가 발생하면 집주인과 세입자 당사자 간에 해결해야 한다. 그런데 여기에서는 집수리와 관련하여 공인중개업자에게 메일을 쓰고 원하는 것을 말하라고 하였다. 한국의 경우와 다르기 때문에 공인중개업자에게 무엇을 어디까지 요구할 수 있는지 알 수 없다. 그래서 무엇을 얼마만큼 어떤 스타일로 써야 하는지 파악할 수 없고 결과적으로 쓸 수 없게 된다. 따라서 이러한 문화적 편견이 들어간 문항은 배제될 필요가 있다고 할 수 있다.

문화적 편견이 내포된 문항 예시	IELTS 쓰기 시험 문항 ※ You rent a house through an agency. The heating system has stopped working. You phoned the agency a week ago, but it has still not been mended. Write a letter to the agency. Explain the situation and tell them what you want them to do about it.　　　　(Brown:2004, 이영식 외 역, 2006:147) ※ 공인중개소를 통해 집을 구했는데 난방 장치가 작동을 멈췄다. 일주일 전에 공인중개소에 전화를 했지만 아직도 수리가 되지 않았다. 공인중개소에 편지를 써라. 상황을 설명하고 그들이 무엇을 해 주기를 원하는지 말하라.

한국어 시험의 경우에도 한국인에게는 너무나 당연한 것이 시험에 출제되는 경우 한국을 경험하지 못한 많은 외국인 학습자들에게는 편견이 내포된 문항으로 작용할 수 있나. 위의 경우와 유사하게는 우리의 '전세' 제도를 들 수 있다. 이는 외국인들에게 낯선 제도로 전세 제도의 문화적 배경이 수험자들의 언어 사용을 원천적으로 어렵게 할 수 있을 것이다. 또한 매장 입구의 '누르십시오'라는 자동문 열림 버튼 장치는 우리에게는 익숙할 수 있지만 이러한 장치를 경험하지 못한 사람들에게는 단어 차원을 떠나 맥락상 낯선 의미로 다가올 수 있다. 따라서 이러한 것들이 시험 문항으로서 문화적 편견을 내포하고 있는지를 면밀하게 검토하고 출제해야 한다.

⑤ 실제 자료(authentic material) 이용은 바람직하나 평가로서의 적절성을 따져 보아야 한다. 의사소통 상황에서는 교육적 자료가 아닌 실제 자료를 맞닥뜨리게 된다. 교육적 자료가 연습과 훈련을 위해 도입될 수 있지만 최종 의사소통의 목표는 실제 자료를 활용한 의사소통이다. 따라서 평가에서는 실제 자료를 적극적으로 활용해야 한다.

듣기·말하기·읽기·쓰기의 개념을 정의할 때 '텍스트'를 이해하고 생성하는 것이라는 개념 정의도 이러한 의도를 반영한 것이다. 그런데 문제는 평가에서는 핵심적인 것을 표본으로 대표성 있게 측정하는 것이기 때문에 모든 실제 자료가 평가로서 핵심인지는 따져봐야 한다. '청첩장'의 경우를 보면 중급 이상에서 한국의 결혼 문화에 대한 읽기도 되고 '부디, -시더라도, -데도 불구하고' 등의 언어 표현에 대한 학습도 되어서 수업 시간에 활용할 수 있다. 그래서 꼭 필요한 활동은 아니지만 짝끼리 가볍게 청첩장 문구를 만들어보거나 하는 것도 가능할 수 있다. 그러나 청첩장을 시험에서 측정 목표로 삼을 것인가의 문제는 다른 문제이다. 쓰기 시험으로는 의미가 없다. 결혼한 한국 사람도 청첩장 문구는 좋은 예시 글에서 따오는 경우가 많다. 그래서 읽기 시험에 도입을 하면 청첩장에서 중요한 것은 결혼식 날짜, 시간, 장소, 교통편이 되므로 초급 문항이 된다. 두 사람이 어떻게 살지를 파악해야 하는 텍스트가 아니기 때문에 중심 내용이나 세부 내용 파악에 적절한 텍스트도 아니다. 그렇기 때문에 중급 이상에서 출제할 수 있는 문항 유형은 청첩장을 제시하고 이 텍스트가 무엇에 대한 텍스트인지를 파악하게 하는 것 정도밖에 없다. 그러나 청첩장 크기만큼 지면을 할애해서 측정해야 할 만큼 중급에서 중요한 핵심 목표인지 적절성을 고려해 볼 필요가 있다. 적절하다면 가능하겠지만 그렇지 않다면 수업의 적절성과는 다르게 평가로서는 부적절할 수 있다.

⑥ 배우지 않은 내용으로 문항을 출제하면 안 된다. 여기에 대해서는 두 가지 측면이 있다. 하나는 배우지 않은 어휘와 문법을 사용해서 텍스트를 구성하는 것과 관련된다. 초급부터 고급에 이르기까지 텍스트는 완벽한 한국어의 형식과 내용을 갖추어야 한다. 따라서 초급의

경우에 '그러나, 그렇지만'을 배우지 않았더라도 반드시 사용해서 좋은 한국어 텍스트를 만들어야 한다. 그런데 이때 중요한 것은 배우지 않은 항목인 '그러나, 그렇지만'을 직접 묻는 경우, 그리고 '그러나, 그렇지만'을 모르면 풀 수 없는 문항을 출제하면 안 된다. 그리고 배우지 않은 항목들이 너무 많이 사용되거나 중요한 비중으로 사용되는 경우를 피해야 한다는 것이다. 중급과 고급의 경우에는 배운 어휘와 문법만 사용해서 다양한 숙달도 지향의 성취도 시험 텍스트를 만들 수 없다. 따라서 배우지 않은 어휘와 문법은 평가의 목표 측정을 저해하지 않는 적절한 수준에서 사용될 수 있다. 기억해야 하는 것은 평가 목표에 들어가지 않는 것을 묻는 것이 배우지 않은 내용으로 문항을 출제하는 것을 의미한다는 점이다.

또 다른 측면은 다음과 같은 문항을 출제하였을 때 발생할 수 있다.

배우지 않은 것 문항 예시 가.	※ 다음 ( ) 알맞은 말을 쓰십시오. 1. 백설 공주는 아주 ( ). (한국어 교사 작성 문항)

위의 문항은 쓰기 문항 형식으로 적절하지 않다. 맥락도 없고 실제 의사소통 상황에서 일어나지 않는 교육적 연습이기 때문이다. 그러나 여기에서는 그것과는 별도로 배우지 않은 것의 예시 문항으로서의 문제를 살펴보고자 한다. 위의 문항의 답은 아마도 '예쁩니다, 아름답습니다, 하얗습니다, 착합니다, 운이 좋습니다' 등등으로 다양하게 나올 수 있다. 사실은 이 점도 문제이다. 이에 대해서는 7장에서 논의한 바 있다. 그런데 더 생각해 봐야 할 것은 '백설 공주'가 문제에 등장한 것이다. 교사는 '예쁘다'를 목표로 해서 문항을 출제하면서 예쁜 여자의

대명사인 '백설 공주'를 시험 문항에 제시하였다. 만약 백설 공주가 수업 시간에 학습 목표가 되어서 텍스트를 읽거나 들으면서 백설 공주에 대한 배경 지식이 수업을 듣고 평가에 임하는 모든 학습자들 공유가 되었다면 적절할 수 있다. 그러나 수업 시간에 한 번도 언급되지 않은 상태라면 이것은 언어 능력 시험이 아니라 '지식' 시험이 될 수 있다. 백설 공주를 모르면 풀 수 없는 문제이기 때문이다. 출제자가 한국어로 백설 공주를 모를 수 있다는 생각에 학습자들의 모국어를 사용해 'Snow White, 白雪姬(시라유키 히메), 白雪公主,' 등으로 번역한 것을 시험 문항 옆에 병기해 놓았더라도 이것은 지식 시험의 가능성이 있다. 백설 공주가 전 지구인의 상식이 아닐 수 있기 때문이다. 언어권에 따라 문화권에 따라 그리고 개인의 취향에 따라 백설 공주를 모를 수 있다는 것이다. 아래 문항을 풀었을 때 답을 쓰기 어렵다면 그 이유가 언어 능력 때문인지 'Mulan'에 대한 지식이 없기 때문인지 확인해 볼 필요가 있다. 완전하게 통제하고 예측할 수 없더라도 이러한 부분에 대한 고려는 언제나 필요하다.

배우지 않은 것 문항 예시 나.	※ 다음 ( ) 알맞은 말을 쓰십시오. 1. Mulan is very ( ). * Mulan: 뮬란(미국 애니메이션 여자 주인공)

⑦ 평가 목표에 적절하게 다양한 대화 텍스트와 독백 텍스트를 작성할 필요가 있다. 초급은 대화 텍스트 듣기이고 고급으로 갈수록 독백 텍스트를 들어야 한다고 오해하는 현장 교사들도 있다. 그러나 숙달도에 맞춰 들어야 하고 들을 수 있는 대화와 독백 텍스트의 종류는

초급부터 고급에 이르기까지 걸쳐 있다. 그리고 일상생활에서는 말하고 듣는 사람이 복수로 존재하는 대화(양방향 듣기)와 한 사람의 말을 줄곧 듣기만 하는 형태의 듣기(일방적 듣기)가 일상적으로 존재하기 때문이다. 그렇다고 해서 문항의 절반씩 대화와 독백을 일괄적으로 나누라는 의미는 아니다. 평가 목표에 맞춰 독백과 대화 중 어느 것이 더 적절한지를 잘 판단하여 출제하는 것이 더 중요하다.

⑧ 이해 평가의 경우 상향식, 하향식, 상호작용적 처리 방식에 맞게 문항이 작성되어야 한다. 듣기와 읽기의 경우 이해 처리 방식에 따라 문항을 처리할 수 있도록 작성되어야 한다. 상향식으로 처리할 수 있는 문항과 하향식으로 처리할 수 있는 문항, 그리고 상호작용적 처리를 해야 하는 문항이 평가 목표에 맞춰 잘 연결되어 출제되어야 한다. 이해 교육 이론을 보면 분명히 듣기와 읽기는 필요한 부분만 들어도 되는 선택적 활동이다. 그런데 이해 평가는 다 들어야 하고 다 읽어야 하는 경향이 있다. 성취도 시험에 이렇게 문항이 출제된다는 것은 수업 시간에도 맹목적으로 다 듣고 다 읽도록 하고 있다는 것의 반증일 수도 있다. 독자와 청자가 어떤 목적으로 어떤 텍스트를 이해해야 하는지에 따라 이해 처리 방식은 다양하지만 그에 따라 적절한 경우가 있고 그렇지 않은 경우가 있는 것이다. 의사소통을 지향하는 한국어 평가에서는 이런 실제성과 다양성을 적절하게 적용해서 평가 문항을 작성해야 한다.

이상으로 살펴본 문항별 검토 내용은 출제자에게 다시 피드백이 되어서 개선될 수 있도록 해야 한다. 이때 문제점과 개선 방안에 대해 구체적으로 제시되는 것이 바람직하다. '마음에 안 든다, 이상하다, 어울리지 않는다' 등의 모호한 피드백이 아니라 정확한 피드백이 제시되어야 출제자가 문항을 수정하거나 개작하는 데 도움을 받을 수 있다.

▶ 시험에 대한 전반적인 평가

김유정(1999:204)에서는 Omaggio(1999)의 시험 전체에 대한 평가지의 예를 제시한 바 있다. Omaggio(2001:432)에 보충된 내용으로 새롭게 다시 제시하면 다음과 같다.

시험 전반에 대한 평가는 출제자 이외의 검토자가 앞서 이루어진 문항별 검토를 바탕으로 해서 시험 전반에 걸쳐 다섯 가지 항목에 대한 평가를 하고 개선점을 기록해서 출제자에게 줄 수 있을 것이다. 출제자는 이러한 검토의 내용을 바탕으로 하여 시험 전반에 걸친 문제점을 보완할 수 있을 것이다.

[표 78] 시험에 대한 전반적 평가지(Omaggio, 2001:432)

① 언어 사용의 실제성	1	2	③	4	5
② 언어 숙달도 개발과의 관련성	1	2	3	④	5
③ 과제와 지시의 명확성	1	2	3	4	⑤
④ 시험 흥미 수준	1	2	3	④	5
⑤ 언어 기술과 구성 요소의 균형	1	2	3	④	5

* 이 시험을 개선하기 위해 무엇을 해야 합니까?
1.
2.

▶ 시험 문항 검토에 대한 인식 개선

시험 문항 검토는 출제자의 출제 능력을 평가하고 비판하기 위해 하는 것이 아니다. 타당도와 신뢰도, 그리고 실용도적인 측면에서 서로 비례 관계에 있지 않기 때문에 어떤 시험도 완벽하기 어렵다고 언급한 바 있다. 따라서 완벽할 수는 없지만 최소한 결정적인 문제를 가진 문항을 출제하는 것을 막고 최대한 평가 목표에 맞춰 '깔끔한' 문항을 만들기 위해 필요한 공동 작업이 바로 시험 문항 검토이다. '깔끔한 문항'은 평가 목표, 주제, 텍스트, 문항 형식, 답항의 연결에 억지가 없고 누가 봐도 군더더기 없이 잘 연결된 좋은 문항이라는 의미이다.

한국어 교사들로부터 듣는 문항 검토의 분위기는 고치라고 해도 못 고치면 고치라고 한 사람이 덤터기를 쓰게 되기 때문에 서로 '지적'을 최대한 자제한다는 것이다. 그리고 구체적인 내용 없이 무조건 고치라는, 특정 숙달도 시험 형식이 아니니 고쳐야 한다는 검토자들의 바람직하지 않은 검토도 있다고 한다. 이러한 것이 한국어 교육계 전체에 해당하지는 않는다 하더라도 그런 분위기가 어딘가에 존재하는 것만으로도 부끄러울 수 있는 일이다.

한국어 평가자 양성 프로그램을 통해 문항 검토와 문항 개선 과정을 다 마치고 나면 프로그램 수료자들 중에는 처음 문항 검토를 받으면서 본인의 시험 문항이 전반적으로 문제가 있다는 사실에 적잖은 충격을 받았다는 이야기를 하는 경우가 많았다. 물론 문항을 깔끔하게 완성할 수 있는 능력이 생긴 이후에는 그 모든 검토들이 왜 필요했는지를 공감한다고 하였지만 문항 검토 자체만으로도 자신의 능력이 만천하에 드러나는 경험을 하게 되니 어찌 보면 당연한 정서적 반응이었다고 생각이 들기도 한다. 사실상 학생들을 평가하기 위해 낸 나의 시험 문항은 나의 한국어 교육에 대한 철학과 실제를 적나라하게 보여주는 것이기도 하다. 시험 문항을 보면 '아, 저 선생님은 문법만 가르치는구나. 아, 저 선생님은 듣기와 읽기를 구별 못하는구나. 한국어 선생님인데 띄어쓰기를 못하고 작문 능력이 없구나.' 등 출제자의 부정적인 능력을 쉽사리 파악할 수 있는 면도 있다. 그렇지만 시험 문항 검토는 출제자의 개인 능력 측정이 목적이 아니다. 지금은 퇴임을 하신 존경하는 어느 선생님의 말씀처럼 '흠결 없는 문항'을 만들기 위해 모두가 노력하는 것이다. 그래서 한 번만 검토가 이루어질 수도 있고 여러 차례에 걸쳐 고단한 검토와 수정 작업이 이루어질 수도 있다. 그럼에도 불구하고 우리 모두는 '흠결 없는 한국어 시험 문항'이 될 수 있도록 최선을 다해야 한다.

(3) 채점 기준 마련

직접 평가 형식으로 진행되는 쓰기와 말하기 평가의 경우에는 여러 차례의 문항 검토를 통해 완성된 최종 시험지를 바탕으로 구체적인 채점 기준이 반드시 마련되어야 한다. 채점 기준은 평가 항목과 평가 목표, 구인, 숙달도 수준 등을 고려하여 문항별로 개별적인 채점 기준이 만들어져야 한다. 이때 평가를 계획하고 작성한 출제자가 직접 채점 기준을 작성해야 타당도를 높일 수 있다.

(4) 평가 목표와 평가 기준, 평가 방법 등에 대한 공지

평가는 평가 기관의 목표와 수험자의 목표가 일치되어야 수험자 참여도도 높아질 수 있고, 수험자 스스로 자신이 평가에 어떻게 참여해야 하는지 전략을 세울 수 있게 된다. 국가 기관 혹은 공공 기관에서 실시되는 평가에서 이러한 공지가 이루어져야 함은 물론이고 성취도 시험을 실시하는 교육 기관 내에서도 이루어져야 한다. 이때에는 평가 목표, 평가 기준, 평가 방법, 평가 장소, 시간 등이 공지되어야 한다.

어디까지 얼마만큼 공개할지는 다를 수 있지만 최대한 수험자들의 시험을 도울 수 있는 정도의 투명성과 공개성을 가져야 한다. 이러한 평가 사항 공지는 수험자들의 정의적인 측면에 기여하는 바가 크다고 할 수 있으며 평가에 대한 방향성을 제시하여 평가의 효율성을 높일 수 있을 것이다(김유정, 1999:205-206).

(5) 최종 시험지와 답안지 준비

검토 과정을 거친 최종 시험지와 답안지를 준비해야 한다. 이때 띄어쓰기, 맞춤법은 물론 정확하게 잘 반영되어야 하고 편집과 인쇄 상태도 수험자들이 시험을 수행하는 데 편리하도록 완성되어야 한다. 최종 시험지와 답안지가 나오면 출제자와 동료 교사들은 거기에 오류가 없는지 확인하기 위해 스스로 시험 문항을 풀어봐야 한다.

2. 시험 실시 단계

1) 평가 진행

평가를 실제로 진행함에 있어서 중요한 것은 말하기 평가를 진행하는 평가자(tester)와 시험을 관리하는 시험 감독관의 역할이다. 수험자들의 심리적인 압박감을 풀어 주고 전체적으로 평가를 유연하게 진행하기 위해 이들은 바쁘게 움직여야 한다. 실제 평가를 진행하는 데 있어서 주의해야 할 사항들을 보면 다음과 같다.

첫째, 시험 감독관을 위한 매뉴얼이 개발되고 사전 안내와 교육이 반드시 이루어져야 한다. 평가는 공정하고 신뢰도 있게 이루어져야 한다. 문항을 타당하게 잘 만들었는데 실제 평가 진행 단계에서 공정하지 못한 상황이 발생하는 것은 안타까운 일이다. 보통 숙달도 시험에서는 시험 감독관 사전 교육이 진행되지만 교실 수업에서는 거기까지는 신경을 쓰지 못하는 경향이 있다. 그러나 동일한 숙달도의 여러 반이 존재하는 경우 시작 시간, 공지되는 내용, 시험 감독관의 역할 등이 동일하지 않아 불공평한 상황으로 시험이 진행되는 것은 바람직하지 않다. 따라서 교실 평가에서도 사전에 시험 감독관을 위한 매뉴얼을 마련하고 사전 안내가 이루어져야 할 것이다. 시험을 잘 관리하기 위해 시험 감독관이 살펴야 하는 것은 고사실 위치 확인, 시험지와 답안지 유형 및 부수, 답안지 작성 요령에 대한 사전 숙지, 고사실 시설 및 장비 확인, 좌석 배치, 시험지와 답안지 분배 시기와 방법, 수험자에게 전달할 지시 사항 내용과 전달 시기 및 방식, 문제 상황 발생 시 대처 방법, 엄수해야 하는 시작과 종료 시간, 시험 시간 공지 시기와 방법, 감독 보조자와의 역할 분담 등 다양하다.

둘째, 말하기 평가자를 위한 사전 훈련이 이루어져야 한다. 말하기 평가는 현장에서 수험자의 말하기 능력을 도출하고 관찰하는 것을 동시에 진행할 수도 있고 한 가지만 할 수도 있지만 쓰기의 채점과는 다른 현장 평가 진행 능력과 판단력이 필요하다. 따라서 말하기 평가자로서 필요한 역량을 잘 훈련해서 평가 시행 신뢰도와 채점 신뢰도가 동시에 잘 확보되어야 한다.

셋째, 시험이 진행되는 동안 평가를 위한 적절한 환경을 조성하도록 해야 한다. 소음이 나지 않도록 하고, 너무 덥지도 춥지도 않은 온도로 조절하며, 평가 시간의 경과를 알 수 있도록 시계를 준비해야 한다. 또한 수험자의 시험 풀이를 방해하지 않는 선에서 시간을 구두로 알리는 등 평가 환경을 최상으로 만들 필요가 있다. 특히 녹음이나 녹화 등을 통한 평가가 이루어질 때 그런 장비들이 수험자의 심리를 압박하지 않도록 하는 배려도 필요하다. 물론 이는 기관 차원에서 도움을 주어야 할 부분일 수도 있다. 그러나 현장에서 평가를 감독하고 관리하는 평가자로서의 역할이기도 하다.

넷째, 시험 문항에 대한 수험자의 질문에 적극적으로 임해야 한다. 이는 수험자의 이해도를 높이기 위한 것으로 평가 자체의 신뢰도와 관련된다. 문항 해결을 위한 힌트를 제공하라는 것이 아니라 문항을 해결하는 데 문제가 있는 수험자의 질문이라면 어떻게 해결해야 하는 것인지를 잘 설명해야 한다는 것이다. 간혹 필답 고사와 같은 경우 평가 신행을 할 때, 마치 이젠 내 손을 떠나서 책임이 없다는 태도로 수험자의 질문을 봉쇄하는 경우가 생기기도 한다. 그러나 평가는 채점을 통해 평가 결과를 평가하고 이를 피드백으로 사용하는 과정까지가 하나이다. 평가 진행 중에도 오류가 발견되면 수정하는 등 적극적인 자세를 취해야 한다. 일례로 수험자가 지시문을 이해하지 못하는 경우 이해를 도울 수 있도록 해야 한다. 이를 위해 성취도 시험의 경우에는 감독관 교육을 통해 시험 시간 전에 문항을 어떻게 풀어야 하는지를 설명해 주는 시간을 별도로 갖는 것도 하나의 방법이 될 수 있다. 1번부터 4번까지는 '맞는 것 찾기'이고 5번부터 10번까지는 'A가 말하면 B의 대답을 찾는 것' 등으로 숙달도에 따라 한국어와 수험자의 모국어 등을 사용해서 안내해야 한다. 지시 사항을 몰라서 풀 수 없었다면 이것은 언어 능력을 측정한 것이 아니기 때문이다.

말하기 평가의 경우에도 '대화', '토론', '역할극' 등의 지시 내용을 잘 이해할 수 있도록 쉽고 간단한 말로 기술하거나 역할극 카드와 같은 형식을 통해서 제시할 수도 있을 것이다. 긴 문장으로 제시되어 무엇을 해야 하는지 명확하게 전달이 되지 않으면 시간적인 지체뿐 아니라 수험자의 심리 상태를 악화시키게 된다.

김유정(1999:207)에서는 역할극 카드의 시안을 아래와 같이 제안한 바 있다. 제시되는 표현이 목표 한국어보다 어려우면 수험자의 모국어로 제시될 수도 있다.

[역할극 카드]

당신	의사
상대방	환자
역할	병 진단하기
	처방 이야기하기
	주의사항 이야기하기

당신	환자
상대방	의사
역할	증상 이야기하기
	처방 묻기
	주의사항 묻기

아래는 Fulcher(2003:82)에 제시된 역할극 카드이다. 내용이 자세하게 나와 있어 베껴 말하기의 가능성이 있지만 카드에 환경, 역할, 과제를 별도로 제시하는 것을 소개하기 위해 제시한다.

역할극 카드 예시	Setting: Hospital Clinic Patient: You are an elderly person who is recovering from a stroke. You feel you are making painfully slow progress, and don't really expect to be able to walk again. You feel you should be allowed to have a wheelchair. Task: Ask the physiotherapist when you will be given a wheelchair. Insist on your need for this equipment. Explain that you feel that the painful exercises you are doing at the moment are pointless, and that you are pessimistic about your chances of making real progress. Be difficult!

다음은 Omaggio(2000:439-440)에 제시된 인터뷰 카드 A, B, C, D 중 하나를 제시한 것이다. 네 카드 중 하나를 뽑아서 평가자가 수험자를 인터뷰하고 수험자도 하나를 뽑아서 평가자를 인터뷰하는 형식으로 질문과 답변 능력을 모두 측정하도록 고안된 것이다. 이 인터뷰 카드는 프랑스어 시험을 위한 것으로 카드의 지시 사항은 수험자의 모국어인 영어로 작성되어 있다. 카드 질문 중 2~3가지를 하고 확장된 질문을 할 수 있되 성취도 수준을 넘어서지 않아야 한다는 지침과 인터뷰가 모국어로 제시된 지시문의 번역이 되지 않아야 한다는 언급도 덧붙이고 있다. 자세한 내용은 원문을 참조하기 바라며 여기에서는 역할극 카드 외에 인터뷰 카드의 예시 자료로 보이고자 한다.

인터뷰
카드
예시
	French 101
	Oral Test I
	
	Situation A
	   You are discussing your room at the university. Ask the following questions. Ask one or two other questions as well, using appropriate interrogative expressions such as *comment? combien? pourquoi? où? quand?* etc.
	   Ask your partner . . .
	   • how s/he is today
	   • whom s/he lives with at the university
	   • if there is a telephone in his/her room
	   • if friends like to visit his/her room
	   • how old his/her roommate is

다섯째, 평가자는 평가에 사용되는 준비된 도구들을 잘 사용할 수 있어야 한다. 듣기 평가를 위한 오디오와 비디오 기기의 조작법을 잘 알아야 하며 평가에 사용되는 카드 등을 어떻게 분배해야 하는지를 숙지하여 평가가 유연하고 자연스럽게 이루어질 수 있도록 해야 한다. 컴퓨터가 평가에 사용되는 경우에도 마찬가지이다. 따라서 시험 감독관이나 평가자는 기기 사용법을 미리 숙지하고 기기 사용이 원활

하고 용이한지 사전에 미리 점검해 두어야 한다.

여섯째, 평가자는 평가의 타당도와 신뢰도를 높이기 위해 노력해야 한다. 특히 말하기 평가와 같은 경우 돌발적인 상황이 벌어지기 십상이다. 이러한 경우 평가자가 당황하게 되면 평가의 목표와는 상관없는 평가가 이루어질 수도 있다. 따라서 평가 진행시에 발생할 수 있는 다양하고 즉각적인 상황에 대처하기 위해 미리 준비해야 하고 실제 상황에서 자연스럽게 대처할 수 있어야 한다.

2) 채점(점수화 과정)

한국어 평가의 실제 진행 과정에서 가장 어려운 부분 중의 하나가 점수화 과정, 즉 채점 과정일 수 있다. 따라서 7장의 채점 방식, 그리고 말하기와 쓰기 채점 지침에 제시된 내용을 바탕으로 하여 채점자 훈련을 통해 신뢰도 있는 채점이 이루어질 수 있어야 한다.

그 외에 추가 지침으로는 첫째, 객관식 문항의 채점도 2회 이상 실시되어야 한다. 대규모 수험자 집단인 경우에는 채점 리더기 사용을 통한 채점이 가능할 수도 있고 채점자에 의한 채점도 가능할 것이다. 주관적 평가에 비해 채점 신뢰도가 크게 보장되기는 하지만 그래도 만에 하나의 실수나 오류로 채점이 잘못될 수 있는 가능성이 있다. 따라서 기계를 이용한 채점이든 사람의 채점이든 객관식 문항의 채점도 2회 이상 이루어져야 한다.

둘째, 주관적 채점이 이루어지는 경우 완벽하고 하나밖에 없는 평가 척도를 마련하기 위한 노력보다는 평가 목표, 평가 유형의 특성, 수험자 특성 등을 고려해서 개별 문항마다 평가 범주를 설정하고 척도를 마련하는 것이 더 현실적이고 바람직한 방안이 될 수 있다.

Bachman(1990:187)에서는 다양한 평가 과제의 유형은 다양한 수험자 그룹, 그리고 다양한 평가 목표가 되는 언어 능력에 적절하게 적용되어야 하며, 실제 평가 시간의 할당 문제와 같은 물리적 여건에도 적절하게 구성되어야 한다고 하였다. 이러한 이유로 평가 과제들은 상대적인 중요도를 지니게 되고 시간 할당도 이러한 상대적 중요도에 따라 할당된다고 하였다. 이러한 주장은 단지 시간 할당에만 그치는 것이 아니라 평가 범주를 선정하고 평가 척도를 마련하는 데 있어서도 마찬가지라고 할 수 있다. 이를 위해서 가장 중요한 것은 채점지를 작성하고 평가 기준을 세우는 출제자 혹은 평가 개발자의 역할이다. 출제자와 평가 개발자의 역할을 하는 현장 교사는 평가를 실시하는 목표를 확인하고 항목을 선정하며 평가 문항을 개발하는 전체 과정에 참여한 사람으로서 이 모든 사항을 고려하여 평가 결과에 대한 문항별로 채점 기준을 마련해야 한다.

여기에서 Omaggio(1993)의 발표하기 채점 기준을 제시하면 다음과 같다(김유정, 1999:210). 이 발표하기 평가 범주와 채점 척도가 유일한 것이 아님을 기억해야 한다. 동일한 발표하기라고 하더라도 평가 목표에 따라 숙달도에 따라 그리고 어떤 주제냐에 따라 채점 척도는 변경 가능하다.

▶ 발표하기 평가 범주와 채점 척도(Omaggio, 1993)

[발표하기(34점 만점)]

유창성	구조
1 말의 멈춤, 단편적/길고 부자연스러운 멈춤, 완성되지 않은 말	1 구조적으로 모르는 말을 사용함
2 짧고 일상적인 문장에서 말이 느리고 굴곡이 심함	2 구조상 바른 발화가 거의 없음
3 말을 주저하고 많이 흔들린다. 미완성 문장이 많음	3 어떤 말은 바르게 표현, 주된 구조적 문제 남아 있음
4 말을 주저하지만 표현을 고치거나 지속해 나감	4 정확한 말이 많지만 명백한 구조상의 문제가 있음
5 일반적으로 자연스럽고 지속적, 가벼운 주저, 부자연스러운 멈춤이 좀 있음	5 대부분 바른 발화, 몇 가지 사소한 구조적 발화를 함
6 말이 자연스럽고 지속적이며 부자연스러운 멈춤이 없음	6 말이 항상 거의 정확함

어휘(사용 범위와 정확성)	청자 이해력(표현력)
1-2 기본 단어 부족, 부적절하고 부정확함	1-3 원어민 화자들이 거의 완전히 이해 못함
3-4 종종 필요한 단어 부족, 다소 부정확한 사용이 많음	4-6 대부분 이해할 수 없음, 종종 단락 이해하기 힘듦
5-6 가끔 기본 단어 부족, 일반적으로 정확한 사용을 함	7-9 오류가 많고 반 정도 이해하기 힘듦
7-8 풍부하고 광범위한 사용, 정확한 사용을 함	10-12 오류가 많지만 대부분 이해 가능
	13-14 대부분 원어민 화자에게 이해 가능/가끔 몇 개 정도의 오류 발생

3. 시험 실시 후 단계

1) 성적 피드백

▶ 피드백 방식

시험이 잘 진행이 된 이후에는 수험자에게 시험 결과에 대해 피드백을 제공해야 한다. 피드백은 다양한 방식으로 제시될 수 있다. Brown(2010:80)은 완전한 목록이 아니라는 언급과 함께 다음과 같이 피드백 방식을 제시하였다.

[표 79] Brown(2010)의 피드백 방식들

일반적인 채점과 시험 성적 등급
a. 평어 성적(A+, A, B+ 등) b. 총점 c. 항목별 점수(예: 개별 기술 또는 시험 섹션의 항목별 점수)
듣기 및 읽기
a. 정답과 오답의 표시 b. 점수의 진단(예: 특정 문법 범주에 대한 점수) C. 보완 및 전략이 필요한 영역의 점검 목록
말하기
a. 채점된 각 요소에 대한 점수 b. 보완 및 전략이 필요한 영역의 점검 목록 c. 말하기 평가 수행 후 구두 피드백 d. 결과를 검토하기 위한 사후 인터뷰 회의

쓰기

a. 채점된 각 요소에 대한 점수
b. 보완 및 전략이 필요한 영역의 점검 목록과 쓰기를 개선하기 위해 제안된 전략과 기법
c. 수험자의 쓰기 시험지 여백이나 끝 부분에 제시하는 논평과 제안
d. 결과를 검토하기 위한 사후 회의

시험에 대한 추가적이고 대안적 피드백

a. 시험의 전체 혹은 선택된 부분의 결과에 대한 동료들과의 회의
b. 시험 결과에 대한 전체 학급 토의
c. 완전한 시험을 검토하기 위해 각 학생들과 개별 회의
d. 다양한 방식의 자기 평가
e. 시험 결과의 다양한 양상에 대한 자기 평가

일반적으로 교육 기관의 한국어 시험에서는 영역별 점수, 총점, 평어 점수와 함께 간단한 서술 평가가 제시되고 있다. 그런데 단순히 점수와 총점, 평어 점수만 제시되는 것은 학습자 혹은 수험자에게 평가가 긍정적인 역류 효과를 가지기 어렵다. 그 점수들이 의미하는 바가 정확히 무엇인지 알 수 없기 때문이다. 동일한 시험의 결과 두 학습자의 말하기 점수가 85점이 되고 B의 평어 점수를 받았다고 하면 이것이 의미하는 바는 수료를 판단하는 기준 정도, 즉 총괄 평가 기능 외에는 별다른 역할을 하기 어렵다. 두 학습자의 말하기 능력이 똑같아서 85점이 아닐 것이기 때문이다. 한 학습자는 유창성이 부족한 85점일 수도 있고 다른 학습자는 유창성은 좋은데 과제 수행 정도가 부족한 85점일 수도 있다. 따라서 이에 대한 구체적인 피드백이 이루어져야 형성 평가적인 기능을 충분히 발휘할 수 있으며 학습자의 능력 향상에 긍정적인 역류 효과를 낼 수 있을 것이다.

한국어교육 전공 학생들을 대상으로 위의 목록에 대해 선생님으로서 적절한 피드백 방식과 학습자 입장에서 받고 싶은 피드백을 조사해 보면 큰 차이를 보이는 것을 알 수 있다. 선생님으로서는 간편한 형식을 선호하지만 학습자 입장에서는 제대로 된 피드백을 받고 싶다는 것이다. 그렇다면 현실적이고 실용도적인 면에서 시간과 노력이 무척 많이 들더라도 학습자들이 원하는 피드백의 방식을 상황에 맞게 적절히 도입하는 것도 중요하다고 할 수 있다.

서술 평가의 경우에도 다음과 같이 두 가지 예를 볼 수 있다. 하나는 말하기 서술 평가 예시이고 다른 하나는 읽기/쓰기 서술 평가의 예시이다.

	중급		이 름	
말하기 서술 평가 예시 가.	점수: 88 / 100				
	영역	평 가 내 용			
	문법(구조)	다양한 문법 표현을 사용해 보세요. ('-을 적에'만 자주 사용함)			
	어휘 · 표현	어휘력이 좋은 편입니다.			
	발음	발음은 좋습니다. 러시아식 억양을 고치면 좋겠습니다.			
	기능 수행력	주제에 맞게 잘 이야기합니다.			
	이해력	이해력이 좋습니다.			

(한국어 강사 작성)

	과목: 읽기/쓰기　　　　강사:　　　　성적: A
읽기와 쓰기 서술 평가 예시 나.	마유미는 매우 진지하고, 집중력 있는 학생이다. 그녀가 우리 반에 있어 즐거웠다. 마유미는 모든 숙제를 해 왔으며, 일지를 매일 썼다. 마유미의 쓰기 능력이 한 학기를 거치는 동안 상당히 향상되었다. 몇 번의 초안과 수정을 거쳐 그녀는 요지, 예, 보조 내용, 그리고 명확한 구성을 갖춘 훌륭한 글을 몇 편 써 냈다. 두 번째 작문은 구성 면에서 부족하였으며, 좋은 학술적 논문에 필요한 세부 사항 부분이 결여되어 있었다. 그러나 세 번째 작문은 학급에서 가장 훌륭한 결과 중 하나일 만큼 두드러진 향상을 보였다. 마유미는 교실 밖에서 소설책을 읽고 그에 관한 일지 과제를 써 내 특별 점수를 받는 기회를 잡았다. 마유미는 미리 보기, 추측하기, 대략적으로 읽기, 특정 정보를 찾기 위해 신속하게 읽기, 문맥을 통해 어휘의 의미 추론하기, 참고 단어, 접두사와 접미어에 관한 상당한 이해력을 보였다. O. Henry의 소설에 관해 발표할 때는 매우 창의적이었으며 노력의 흔적이 많이 보였지만 몇몇 부분이 생략되었다. 마유미는 수업시간에 경청하며 설명을 요구받았을 때 자발적으로 답을 하는 등 능동적으로 참여하는 학생이다. Brown(2004, 이영식 외 역, 2006:365)

위의 두 서술 평가는 확연히 다른 차이를 보인다. 서술 평가가 전혀 없는 것보다는 위의 '가'와 같이 간략하게라도 제시되는 것이 나을 것이다. 그러나 아래에 제시된 예가 더 형성 평가적인 기능을 하고 있다는 것은 누가 봐도 알 수 있는 사실이다. 우리는 스스로 학습자가 되어 언어 실력을 향상시키기 위해 어떤 피드백을 받고 싶은가에 대해 생각해 볼 필요가 있다.

2) 성적에 반영되어야 하는 항목들

Brown(2004, 이영식 외 역, 2006:348)에는 성적 부여와 관련해 재미있는 설문이 있다. 먼저 설문지를 작성해 보시오. 그리고 동료들과 결과를 비교하고 이유를 설명해 보면 다양한 결과를 확인할 수 있을 것이다.

※ 아래 열거된 항목을 읽고 어떤 과목의 최종 성적을 결정하는 데 필요한 기준으로 (조금이라도) 포함되어야 하는 것을 모두 고르시오.	
%	a. 시험, 퀴즈, 그 밖의 명시적으로 채점되는 평가 방법에 공식적으로 나타나는 학생의 언어 수행
%	b. 학생의 언어 수행에 대한 교사의 직관적이고 비공식적인 관찰 자료
%	c. 수업에 구두로 참여한 정도
%	d. (학기 전체에 걸친) 향상 정도
%	e. 교실 내 행동(수업 태도)-협력, 예절, 방해 등
%	f. 노력
%	g. 의욕
%	h. 출석과 시간 엄수
☺	I. 초콜릿 과자를 교사에게 가져다 준 횟수
선택한 항목을 다시 보고 각 항목이 최종 성적에 몇 퍼센트나 반영되어야 하는지 선택 항목 옆에 기입하시오. 총계가 100이 되도록 하며 그렇지 못할 경우 조정하여 합계가 100이 되도록 하시오.　　　　　　　　　　　　Brown(2004)	

Brown은 이와 관련되어 (a)가 가장 많은 사람이 동의한 부분이고 (b)와 (c)도 비교적 많은 지지를 받았지만 이러한 항목을 성적에 포함시키기 위해서는 객관적이고 명확한 기준이 마련되어서 계량화할 수 있어야 한다고 하였고 그 내용이 학습자에게 미리 공지되어야 한다고

하였다. 그리고 (d)~(h)까지의 항목에 대해서 Gronlund(1998)의 반대 의견과 Grove(1998), Power(1998)의 찬성 의견으로 대립한다고 하였다. Gronlund(1998:174-175)는 '성적은 학생의 성취에 근거해야 하며 그것이 유일한 기준이어야 한다. 성적은 의도한 학습 결과를 학생이 성취한 정도를 반영해야 한다. 성적이 학생의 노력 정도, 게으름, 좋지 못한 태도, 그 밖의 비본질적인 요인으로 오염되어서는 안 된다. (중략) 만약 이러한 요인이 성적의 일부가 되도록 내버려둔다면 성취 정도를 반영하는 지표로서의 성적의 의미가 상실되는 것이다.'라고 하였다(Brown:2004, 이영식 외 역, 2006:350)

한국어 선생님과 대학원생들을 대상으로 위의 설문을 실시해서 토론을 해 보면 그 결과 역시 Brown의 언급과 유사한 결과를 보인다. 설문 항목 전체에 고른 비중을 두어야 한다는 의견도 있고 앞의 (a), (b), (c)에 집중해서 다양한 비중으로 평가를 해야 한다는 의견들도 있다. 이러한 다양한 의견에 대해 다음과 같이 제안하고자 한다.

첫째, Brown의 언급대로 (a)는 공식적인 시험으로 당연히 최종 성적에 포함되어야 한다. 그리고 (b)와 (c)가 포함되기 위해서는 설명대로 관찰 결과와 참여 정도를 객관화할 수 있는 방안과 점수화 할 수 있는 척도 기준이 면밀하게 마련되어야 하고 학습자에게 공지를 해야 한다. 비중은 (a)가 절대적으로 많아야 할 것이며 상황에 따라 (b), (c)가 모두 혹은 하나가 최종 성적에 포함될 수 있을 것이다.

둘째, (d)~(h)는 한국어의 최종 성적에 포함되면 안 된다. 이유 중 하나는 어떻게 노력과 의욕과 향상 정도, 수업 태도 등을 측정하고 수량화할 것인지, 그 객관적 기준을 무엇으로 할 것인지 등의 문제가 있다. 한마디로 말하면 정의적 요인을 측정하기 어렵기 때문이다. 교실에서 의욕과 노력을 보여야 하는 것인지 교실 밖에서 보여야 하는 것인지도 판단하기 어렵고 그것을 관찰하기도 어렵다. 다른 이유는 그것들이 한국어 교육 목표에 포함되어 있지 않기 때문이다. 한국어 교육 목표에 출석을 잘 할 수 있다 혹은 노력을 많이 한다와 같은 항목이 없다. 그렇다면 이는 평가 목표가 아니며 평가에 반영되면 안 된다. 출석이나 수업 태도 등은 포함시켜야 한다고 주장하는 사람들은 학교 기관 체제를 따라야 하기 때문에 순응하는 사람들에게 점수를 줘야 한다고 말하기도 한다. 그렇더라도 그것은 아마도 한국어 교육 목표로 설정되어 있지 않을 것이다. 만약 그것이 교육 목표라면 가능할지도 모르지만 기관들의 사이트나 홍보 자료에 나타난 교육 목표 어디에서도 발견하기 어렵다. 출석과 수업 태도를 평가하고 싶다면 방식을 달리하면 된다. 이것은 언어 능력이 아니다. 학교 행정과 관련된 요소이다. 행정적인 요소에 대한 평가는 유급 등을 판정할 때 참조할 수 있는 별도의 항목으로 놓고 점수화를 하거나 기입하는 정도로 처리하는 것이 적절하다. 그러므로 한국어 네 가지 영역에 대한 평가는 언어 능력에 대한 것으로 집중해야 한다. 말하기 100점 만점에 80점을 받았는데 20점이 출석 때문에 깎였다면 이는 말하기 점수라고 하기 어렵기 때문이다. 당신의 외국어 듣기 · 말하기 · 읽기 · 쓰기의 모든 영역에 수업 태도와 출석 등이 반영되어 점수가 되는 것에 동의한다면 모르지만 그럴 리는 없다고 본다.

3) 시험에 대한 객관적 평가와 주관적 평가

평가가 이루어진 후에는 수험자에게 평가 결과를 고지해서 앞서 살펴본 피드백이 이루어져야 하며 기관 차원에서는 시험(testing)에 대한 평가(evaluation)가 이루어져야 한다. 이를 통해 시험을 계속 유지할 것인가 개선해야 하는가를 결정할 수 있다. 시험에 대한 평가 방법에는 객관적인 평가 방법과 주관적인 평가 방법이 있다.

(1) 문항 분석을 통한 객관적 평가

객관적인 평가 방법으로는 평가 결과를 가지고 신뢰도와 타당도를 검증하고 개별 문항에 대한 난이도(곤란도) 등을 분석하는 방식으로 수량화하는 것이다. 여기에서는 개별 문항 분석과 관련된 기초적 지식으로 문항 난이도, 문항 변별도에 대해 간단히 살펴볼 것이다. 답항의 매력도에 대해서는 7장에서 간략하게 언급한 바 있다.

① 문항 난이도/문항 곤란도/문항 용이도(Item Difficulty/Item Facility)

난이도란 말은 문항의 쉽고 어려운 정도를 의미하므로 난이도가 높다 혹은 낮다는 표현은 부적절하며 문항 곤란도 혹은 문항 용이도가 정확한 용어이다. 그러나 대중적으로 문항 난이도를 곤란도와 용이도의 개념으로 사용하므로 여기에서는 문항 난이도를 사용한다. 문항 난이도 지수는 보통 고전 검사 이론에서는 '정답률', 즉 전체 수험자 중 답을 맞힌 수험자의 수를 이용해 산출한다. 100명 중 30명이 맞히면 30%의 문항 난이도를 보이는 것이다. 보통 상중하의 3단계(25%

미만, 25~75%, 75% 미만) 혹은 20%씩 나누어 5단계 난이도로 판정하기도 한다.

문항 난이도 분석은 매우 어려운 문항과 매우 쉬운 문항을 분석하여 그 원인을 진단하는 것으로, 부정적인 측면이 발견되면 수정하거나 개선해야 한다. 또한 예상 문항 난이도와 실제 문항 난이도가 크게 차이나는 경우도 그 원인을 진단하고 그 원인이 문항 자체에 있는 것이라면 수정할 수 있어야 한다. 문항 난이도는 수험자 집단의 능력에 따라 난이도가 쉬운 것으로 나타날 수도 있고 어려운 것으로 나타날 수도 있으므로 예상 문항 난이도와 실제 문항 난이도의 차이는 여러 측면에서 다각도로 살펴봐야 한다. 김유정(2006)에서는 KPT 한국어 능력시험의 합격률이 특정 문항의 난이도에 의해 좌우되는 문제에 대해 지적한 바 있다.

그리고 일반적인 경우의 문항 난이도에서는 너무 쉬운 문항과 너무 어려운 문항, 즉 90%이상이 맞히고 10% 미만만 맞히는 문항의 적절성에 대해 고려해 보아야 한다. 이러한 문항은 전체 측정 목표에서 벗어난 내용 항목일 수 있거나 측정할 필요가 없는 문항일 수 있기 때문이다.

② 문항 변별도(Discrimination Index)

문항 변별도는 문항이 수험자의 능력을 구별하는 정도에 대한 것이다. 그러나 구별하는 정도는 분명히 능력이 높은 상위 그룹의 수험자 집단과 능력이 낮은 하위 그룹의 수험자 집단을 비교하는 것이다. 즉, 잘하는 학생만 맞힐 수 있는 문항은 못하는 학생이 맞힐 수 없어야 하는 것이다. 이렇게 판명이 되는 문항은 변별도가 높은 것이지만 그렇지 않은 경우는 변별도가 낮게 된다. 실제로 문항 변별도가 낮은 경우를 보면 문항의 오답 매력도가 지나치게 높거나 문항 난이도가 너무 어려운 경우 열심히 고민해서 푼 상위 그룹 수험자보다 그냥 포기하고 찍은 하위 그룹 수험자들이 더 많이 맞히게 되는 경우가 있다. 따라서 이러한 문제가 발생하면 그 원인을 분석하고 수정해야 한다. 상위 그룹과 하위 그룹은 상위 30%, 하위 30% 혹은 25%, 25%로 나누는 경우가 많다. 문항 변별도 공식은 별도로 제시하지 않는다. 공식이 입력된 전산 작업을 통해 변별도 지수가 자동적으로 나오므로 그 수치에 대한 판별 능력이 더 중요하다. 절대적 기준은 아니지만 보통 변별도 지수가 0.20 미만이면 변별력이 매우 낮거나 없는 문항, 0.20~0.29는 변별력이 낮은 문항, 0.30~0.39는 변별력이 있는 문항, 0.40 이상이면 변별력이 높은 문항으로 판단한다.

위의 문항 난이도와 문항 변별도는 시험 전에 유사 집단을 대상으로 한 사전 검사를 통해 분석되어서 문항 수정에 이용되어야 한다. 그러나 성취도 시험에서는 현실적으로 사전 시험이 어려운 경우가 많다. 그렇다면 시험 이후에 이러한 문항 분석을 통한 결과를 다음 시험 개발에 반영할 수 있어야 한다.

여기에서 제시하지 않은 점수에 대한 해석, 신뢰도 지수 등에 관해서는 성태제(1996) 등을 참조할 수 있다. 문항 분석을 통해 통계 수치를 확인하는 것은 중요한 일이다. 그러나 통계 그대로의 수치보다 그 수치에 대한 해석과 해결책을 내는 것이 더 중요하다. 통계적으로 부정적인 문항 분석 결과를 확인했지만 그것으로 만족할 뿐 무엇이 문제였는지를 알 수 없고 문항을 고칠 수 없다면 통계가 무슨 의미를 가질 수 있는지 반문해 봐야 한다.

현재 한국어 교육 기관에서는 성취도 시험 후에 객관적 문항 분석을 하는 경우가 거의 없는 것으로 알고 있다. 바람직한 방향성은 난이도와 변별도, 정답과 오답의 반응도 등에 대한 문항 분석을 통해 시험에 대한 객관적 분석을 해야 할 것이다. 문항 분석 프로그램들이 잘 나와 있어서 약간의 노력과 수고만 있다면 그리 어렵지 않을 것이다. 그리고 반드시 문제가 있는 문항의 원인이 무엇인지를 명확하게 밝혀서 문항이 수정되거나 개작되어야 할 것들이 무엇인지 확인을 해야 한다. 그것이 문항 분석을 통한 객관적 평가의 목표이기 때문이다. 이것은 숙달도 시험에서도 마찬가지로 적용되어야 한다. 평가 통계와 관련된 연구들이 있지만 그것들이 수치를 제시하는 데 그치고 그 원인을 신난하고 분석해 내지 못하는 이유 중 하나는 한국어 평가 내용 전문가의 역할의 중요성을 간과하기 때문으로 보인다. 시험 문항 자체에 모든 긍정적 요인과 부정적 요인이 내포되어 있다. 이것을 밝힐 수 있는 평가 내용 전문가의 역량이 반드시 필요하고 이를 이용해 시험 문항의 문제를 개선할 수 있어야 할 것이다.

(2) 시험에 대한 주관적 평가

주관적인 방안으로는 간단하게 평가 자체를 관찰하는 방법이 있는데 이것은 평가자와 수험자를 제외한 제3자가 평가 자체에 대한 인상을 관찰하고 기록하는 방법이다. 그리고 평가자 혹은 평가 기관장이 수험자를 직접 인터뷰를 하는 방법도 있다. 이 방법의 장점은 수험자가 직접적으로 평가자와 상호활동을 통해 평가에 대한 인상을 전달할 수 있다는 점이다. 이와 더불어 사용할 수 있는 시험에 대한 주관적 평가 방안은 평가 척도가 제시되어 있는 설문 조사를 할 수도 있다. Sternfeld(1989, 1992)에서 사용된 등급 척도를 사용한 질문을 보면 다음과 같다(Bachman & Palmer, 1996:242-243). 이는 독일어 시험을 치른 수험자를 대상으로 한 것으로 시험에 대한 이해 당사자자인 수험자들의 느낌의 강도와 방향에 대해 피드백을 얻기 위해 사용될 수 있다.

[표 80] Sternfeld(1989, 1992)의 시험(testing)에 대한 평가(evaluation) 척도 설문

1. 이 시험은 친숙한 주제에 대해 독일어로 즉석에서 쓰는 능력을 얼마나 잘 측정합니까?				
아주 별로				아주 잘
①	②	③	④	⑤
2. 이 시험을 얼마나 잘 준비 했습니까?				
전혀				아주 잘
①	②	③	④	⑤
3. 지시 사항이 얼마나 명확했습니까?				
전혀			아주 명확	
①	②	③	④	⑤
4. 절대적으로 얼마나 잘했다고 생각하십니까?				
0%				100%
①	②	③	④	⑤
5. 가상의 '최고 수행'에 비교해 얼마나 잘했다고 생각합니까?				
최악 수행				최고 수행
①	②	③	④	⑤
6. 이 시험은 당신의 독일어 기술을 배우는 데에 얼마나 도움이 되었습니까?				
전혀			아주 유용	
①	②	③	④	⑤

위에서 언급한 시험에 대한 주관적 평가는 시험의 안면(액면) 타당
도를 측정하는 것이다. 안면(액면) 타당도는 3장에서도 언급했듯이
평가 비전문가들의 시험에 대한 인상을 파악하는 것이라고 할 수 있
다. 안면 타당도를 전적으로 모두 신뢰할 필요는 없지만 시험의 발전
에 유용한 정보는 교육 기관이나 교사가 잘 파악해서 취할 필요가 있
다. 평가 전반에 관한 문제는 그 나름대로, 그리고 각 개별 평가 문항
의 문제는 문제대로 약점을 발견하여야 한다. 그 결과는 교수 현장에
서는 더 나은 방향으로 역류 효과가 이루어질 수 있어야 하고 교육 기
관의 교육과정 개선에도 반영할 것이 있다면 적극적으로 반영되어야
할 것이다.

4. 평가자의 역할

1장에서 평가자의 종류와 역할에 대해 간단하게 살펴본 바 있다. 여
기에서는 지금까지의 논의를 바탕으로 그들에게 어떤 지식과 능력이
필요한지 구체적으로 제시하고자 한다. 이것은 완성된 목록이 아니며
더 많은 지식과 능력이 추가될 수 있을 것이다.

(1) 평가 개발자(Assessment Developer)의 역할

평가 개발자가 고려하고 수행해야 하는 것들은 다음과 같다.

'누구를 평가할 것인가'부터 '평가 소요 시간'까지 여섯 항목은 김진
석(2009:275)에 제시된 Alderson(1995)의 평가 개발자의 역할이다.
나머지는 모두 추가해서 작성한 항목들이다.

- 누구를 평가할 것인가?
- 평가의 목적이 무엇인가?
- 어떤 내용을 포함할 것인가?
- 어떤 방법을 사용할 것인가?
- 평가지의 분량과 평가지의 구조는 어떻게 할 것인가?
- 평가 소요 시간은 어느 정도로 할 것인가?
- 언어 기술별 구인은 어떻게 설정할 것인가?
- 언어 기술별 문항 출제 지침은 어떻게 준비할 것인가?
- 언어 기술별 예시 문항은 얼마나 만들 것인가?
- 출제자는 어떻게 선발하고 훈련할 것인가?
- 채점 방식은 어떻게 할 것인가?
- 채점 척도는 어떻게 할 것인가?
- 채점자 훈련은 어떻게 할 것인가?
- 말하기 평가자 훈련은 어떻게 할 것인가?
- 시험 감독관 훈련을 어떻게 할 것인가?
- 시험에 필요한 자원은 얼마나 필요하고 어떻게 지원할 것인가?
- 수험자에게 피드백은 어떻게 할 것인가?
- 시험 결과를 어떻게 분석하고 평가할 것인가?
- 시험 결과 보고를 어떻게 할 것인가?
- 시험 결과를 어떻게 활용할 것인가?

(2) 시험 출제자(Test Writer/Developer)의 역할

시험 출제자가 고려하고 수행해야 하는 것은 다음과 같다.

- 평가 구인과 평가 준거를 이해했는가?
- 평가가 왜 이렇게 개발되었는지 의도를 알고 있는가?
- 평가 구인, 준거, 평가 구조에 맞게 평가 내용과 과제를 연결할 수 있는가?
- 언어 기술별 평가 특성을 이해하고 구별할 수 있는가?
- 언어 기술별 문항의 유형과 특징을 이해하고 작성할 수 있는가?
- 언어 기술별로 적절한 구어 텍스트와 문어 텍스트를 만들어낼 수 있는가?
- 언어 기술별로 부적절한 구어 텍스트와 문어 텍스트를 판단할 수 있는가?
- 언어 텍스트에 적절한 도출 방식과 반응 유형을 연결하여 평가 문항을 개발할 수 있는가?
- 언어 텍스트별로 적절한 평가 항목을 연결하여 문항을 작성할 수 있는가?
- 문항에 어울리는 답항을 작성할 수 있는가?
- 다른 사람이 출제한 시험 문항을 전문적인 기준으로 검토할 수 있는가?
- 문항 검토 결과의 내용을 이해하고 적절하게 수정하거나 개작할 수 있는가?

(3) 평가(채점)자(rater/scorer)의 역할

평가(채점)자가 고려하고 수행해야 하는 것은 다음과 같다.

- 평가 목표와 평가 구인 및 평가 준거를 이해했는가?

- 채점 척도가 개발된 의도를 이해했는가?
- 채점 척도를 숙지했는가?
- 채점자 훈련 전 과정을 잘 받을 수 있는가?
- 채점자 훈련 시 동료 채점자와 잘 소통할 수 있는가?
- 채점자 신뢰도를 잘 유지할 수 있는가?
- 수험자가 쓴 글을 읽고 잘 판단할 수 있는 독해 능력이 있는가?
- 쓰기 채점 시 독해 결과를 채점 척도에 맞춰 점수로 잘 반영할 수 있는가?
- 수험자가 한 말을 듣고 잘 판단할 수 있는 청해 능력이 있는가?
- 말하기 채점 시 청해 결과를 채점 척도에 맞춰 점수로 잘 반영할 수 있는가?
- 말하기 평가자 훈련 전 과정을 잘 받을 수 있는가?
- 말하기 인터뷰 평가의 절차와 주의사항을 잘 이해했는가?
- 말하기 인터뷰 평가를 잘 진행하면서 동시에 채점할 수 있는가?
- 말하기 인터뷰 평가 결과를 채점 척도에 맞춰 점수로 잘 반영할 수 있는가?
- 말하기 인터뷰 평가 시 일어나는 돌발 상황에 잘 대처하고 평가를 진행할 수 있는가?

(4) 사정(판정)자(Evaluator)의 역할

사정(판정)자가 고려하고 수행해야 하는 것은 다음과 같다.

- 수집된 정보와 자료가 결과 활용에 적절한지 판단할 수 있는가?
- 수집된 정보와 자료가 무엇을 판정하기 위한 것인지 파악하고 있

는가?

- 수집된 정보와 자료가 수험자의 어떤 능력을 말하고 있는지 파악하고 있는가?
- 수집된 정보와 자료를 통해 수험자가 무엇을 할 수 있다고 예상할 수 있는가?
- 수집된 정보와 자료의 단점이 무엇인지 파악하고 있는가?
- 추가적으로 수집되어야 할 정보와 자료가 있다면 그것이 무엇인지 알고 있는가?
- 수집된 정보와 자료를 어떻게 활용할 것인지 계획하였는가?
- 사정 결과 활용의 적절성에 대해 어떻게 파악할 계획인가?
- 사정 결과 활용이 부정적으로 나타난 경우에는 어떻게 대처할 것인가?

5. 한국어 평가의 발전을 위한 제안

한국어 평가의 발전을 위해 다음과 같은 제안을 하고자 한다.

(1) 한국어 교육 기관과 교사를 위한 제안

Omaggio(2003:447-448)는 수년 간 평가 분야에 대한 지식과 전문 지식이 증가함에 따라 수업 목표와 측정 사이의 격차를 해소할 수 있는 새로운 교실 시험의 아이디어가 발견되고 전파될 것이라고 하였다. 그러면서 향후 몇 년 동안 교사 전문성과 관련하여 해결해야 할 우선 순위 목록에 다음 사항이 포함되어야 한다고 하였다.

① 교사들이 가능한 한 자연스럽게 언어를 통합하는 모델 시험 기법을 교실 시험에 고안할 수 있도록 전문적인 컨퍼런스 및 워크숍을 조직해야 한다.

② 워크숍을 통해 이러한 모델을 교실 교사에게 전파하고 토론과 아이디어 공유를 자극하도록 장려해야 한다.

③ 새로운 시험이나 비슷한 시험 개발에 시간을 덜 소비하는 방법으로 교실 시험에서도 '전산화된 문제 은행'을 사용할 가능성을 탐색해야 한다. 주어진 단위에 대해 모델 시험 항목이 저장되면 오래된 문제를 검색하고 상황을 약간 변경하여 다음 학기를 위해 새로운 시험을 작성하는 것이 비교적 간단하게 이루어질 수 있을 것이다. 물론 시험의 타당성과 신뢰도는 지속적으로 평가되어야 한다. 그리고 새로운 교과서의 제작 시에도 문제 은행 항목들과의 관련성을 세밀하게 재검토하여야 한다.

④ 교사 교육 프로그램에는 자격증 요건으로 시험 개발에 관한 과정이 포함되어야 한다.

Omaggio의 위의 제안에 적극적으로 동감하는 바이며 한국어 교육계에서도 이러한 노력이 필요하다고 강조하고자 한다. 평가는 누구나 아무나 할 수 있는 것이 아니고 그렇게 해서도 안 된다는 것은 책의 시작부터 마무리까지 기술된 내용으로 충분히 전달되었다고 생각된다. 한국어를 열심히 학습하고 습득한 수험자들의 능력을 측정하기 위해서는 좀더 정교하고 전문화된 평가자의 능력이 전제되어야 하는 것이다. 이러한 의식은 이제 몇몇 소수에게만 있는 것이 아니다. 언어 평가에 대한 대중들의 의식은 높아지고 있고 한국어 능력을 측정 받는 수험자들의 의식 또한 높아지고 있다. 현장 교사들의 수업은 일일이 확인하기 어려워 한국어 교수법이나 현장 교수 상황을 한 마디로 정의하기 어렵다. 의사소통적 교수법, 과제 중심 교수법을 지향하고 있다고 주장하면 그렇다고 믿을 수밖에 없다. 교재는 최종 목표를 위한 과정까지 포함하므로 언어 지향적 교수의 연습과 훈련도 나름 의미를 가진다고 주장할 수 있다. 그러나 한국어 시험은 출제되고 공개되는 순간 그 자체만으로 한국어 시험의 모든 현 주소와 더불어 한국어 교수의 현장까지도 추론할 수 있게 한다. 의사소통 시험이라고 아무리 주장해도 시험 그 자체가 드러내고 있는 것이 그렇지 않다면 그건 의사소통적 시험이 될 수 없는 것이다. 학습자에게 부끄럽지 않은 전문적 능력을 가진 한국어 교사가 되는 것이 중요한 만큼 부끄럽지 않은 전문적 평가 개발, 출세, 채점, 평가 신행 능력을 가신 한국어 생가자의 역할도 무척 중요하다. 따라서 Omaggio의 주장처럼 이제는 한국어 평가의 진정한 발전을 위해 방향을 선회하고 노력을 해야 한다고 주장하는 바이다. 위의 주장에 덧붙여 몇 가지를 첨언하면 다음과 같다.

첫째, 한국어교육 기관의 성취도 시험도 시험으로서 내용적 측면뿐 아니라 행정적인 면에서도 체제를 갖추어야 할 필요가 있다. 앞에서 언급한 시험에 대한 일정뿐 아니라 채점 척도 등에 대한 공지가 반드시 이루어져야 한다. 그리고 시험 결과에 대한 이의 신청과 이를 처리하는 절차와 방식 등도 마련이 되어야 한다. 시험은 심판 받는 절차가 아니다. 수험자는 시험 시작부터 마무리까지 전 과정에 걸쳐 자신의 능력에 대해 투명하고 공정하게 측정 받을 권리가 있다.

이와 관련해서 고부담 고비용의 대규모 언어 숙달도 시험들이 문제 은행을 핑계로 시험을 공개하지 않는 것은 수험자 중심의 시험이 아니라 행정 중심의 시험을 지향하는 것으로밖에 볼 수 없다. 그리고 총괄 평가의 기능만 하고 형성 평가적으로 유효한 어떠한 피드백도 하지 않겠다는 어쩌면 오만한 선언일 수 있다. 인간의 언어는 무궁무진한 생산력을 가지고 있다. 문제 은행 시스템의 사용이 문제 공개와 이의 신청을 가로막을 수 없는 것이다. 시험은 시험 주관 기관의 권력 행사가 아니라 학습자와 수험자들을 위한 서비스여야 한다. 수험자도 이러한 문제에 대한 주체로서 권리 의식을 가져야 한다는 점 또한 강조하고자 한다.

둘째, Omaggio의 주장처럼 성취도 시험에서도 교육 기관 자체에 있는 평가 전문가의 자문 혹은 외부 평가 전문가의 자문을 받아 교육 목표에 맞는 문제 은행 시스템을 갖추면서 이때 과제 은행(task bank)도 포함해야 한다. 문제 은행이라고 하면 분리 항목식 평가의 필기시험에만 집중할 수 있으므로 과제 은행이라는 용어로 강조하는 것이다. 과제 은행은 Bachman & Palmer(1996:177)에 제시된 용어이다. 과제 은행은 교육 목표에 맞는 시험 명세서를 작성함에 있어서 다양한 수행 평가 과제를 포함할 수 있도록 작성되어야 할 것이다.

셋째, 한국어교육 기관은 한국어 시험 개발 연구와 교사들의 훈련에 대해 열린 자세를 보여 주어야 한다. 이제 주위에는 한국어 교육과 평가 전공자뿐 아니라 다양한 언어의 교육과 평가를 전공으로 한, 평가에 대한 발전적 의식이 있는 교사들이 분명히 있다. 그러나 초보 선생님이라는 이유로 경력과 힘(?)에 밀려서 비전문적으로 행해져 왔던 한국어 시험의 관습을 그대로 답습해야만 하는 답답한 상황이 많은 것으로 알고 있다. 물론 이들도 완벽한 전문성을 가지고 있지 않다. 그러나 기관의 힘 있는 사람들의 비전문적 시선에 의해 한국어 시험이 이상한 쪽으로 왜곡되는 것의 문제를 그들은 분명히 인식하고 있다.

의사소통을 가르치는 한국어 선생으로서 한국어 시험을 잘 개발하기 위해 무엇이 문제이고 어떻게 해결해야 하는지 서로 소통해야 한다. 그래서 전문적 교육이 필요하면 지원을 해야 하고 비전문가의 시선을 전문가의 시선으로 바꾸기 위한 노력을 해야 한다. 누구라도 시험에 대해 언급하는 한마디 한마디가 자신의 한국어 교육과 시험에 대한 철학과 본질을 그대로 보여 준다는 이 엄청난 사실이 진정 사실임을 기억해야 한다. 그리고 스스로 만들어 낸 시험 문항을 통해 자신이 지니고 있는 한국어 작문 능력과 독해 능력의 현 상태가 고스란히 드러난다는 것도 인식해야 한다. 완벽한 시험을 보장할 수는 없지만 완벽한 시험에 가까이 가기 위해 제대로 된 전문적 평가 능력 향상을 위한 다양한 노력과 결실이 한국어 교사들에게 원활하게 제공되고 공유되어야 한다.

넷째, 현재 상황에서 한국어 평가 전문가는 잠재력을 보이는 사람을 뽑는 것이 아니라 양성해야 한다는 의식이 필요하다. 물론 많은 평가 전공자들이 있다면 그들 중에 훌륭한 전문가를 선발해서 기관의 평가 개발의 주축이 되게도 할 수 있을 것이다. 그러나 현재는 그렇게 많은 전문가가 있다고 보기 어렵다. 그리고 모든 한국어 교사들이 평가 강의를 전문적으로 들은 것도 아니다. 따라서 한국어 교사들을 대상으로 한국어 평가의 원리와 실제에 대한 기본 소양을 갖추게 할 필요도 있으며 더 나아가서는 전문적 역량을 가질 수 있도록 얼마 동안의 기간을 두고 양성하는 것이 필요하다. 그리고 평가자 양성은 반드시 평가 이론과 평가 실제(시험 개발, 문항 출제, 채점 기준 작성 능력 등)에 전문적인 역량을 갖춘 사람에 의해 구체적이고 면밀한 교육과 정을 통해 이루어져야 한다. 숙달도 시험에 관한 내용이긴 하지만 목 정수(2017:75)에서도 출제자 양성의 필요성에 대해 언급하고 있다.

(2) 한국어 교육 전공 과정을 위한 제안

한국어 교육 전공 과정 학생들은 예비 한국어 교사이다. 이들의 전 문성을 위해 학위 과정 수업으로 한국어 평가론 강의가 적어도 두 학 기 이상 개설되기를 바란다. 이는 전공자로서의 간절한 바람일 수 있 다. 한국어 평가 이론, 한국어 문항 출제 실습, 평가 관련 논문 연구의 세 마리 토끼를 잡기에 한 학기는 너무 짧다. 듣기 · 말하기 · 읽기 · 쓰기의 네 가지 영역을 다 다루려면 실제로는 두 학기도 부족할 수 있 다. 그러나 적어도 이론과 논문 연구를 중심으로 한 한 학기 수업, 그 리고 평가 개발 혹은 문항 출제 실습을 위한 한 학기 수업 정도는 보장 이 되어야 한국어 평가에 대한 어느 정도의 기본 소양을 갖출 수 있을 것이다. 두 학기를 한국어 이해 평가, 한국어 표현 평가로 구성해서 매 학기에 각각 이해 평가와 표현 평가의 이론과 실제를 들을 수 있어도 무방할 것이다.

그리고 한국어 교육 전공 학생들 중에는 한국어 교사가 되는 것이 목표인 사람들이 대부분이겠지만, 한국어 평가자가 되는 것이 목표인 사람도 생길 수 있어야 한다. 전문성이 다르게 강화되어야 하기 때문 이다. 물론 현실적으로 한국어 평가자라는 직업이 보장되는 시스템이 만들어져야 할 것이지만 미래를 내다보았을 때 반드시 필요한 부분이 라는 점은 인식이 되기를 바란다. 한 사람이 교사와 평가자의 역할을 전문적으로 다 잘하게 하는 것도 필요할 수 있지만 교사 전문 인력과 평가 전문 인력을 나누는 것이 더 효율적이고 발전적이고 이상적이라고 할 수 있다.

1. 앞의 4. 평가자의 역할에 제시된 항목들 중 자신에게 어떤 지식과 능력이 있는지, 부족하다면 어떤 지식과 능력이 부족한지 확인해 보시오. 그리고 평가자 역할을 위해 더 필요한 지식과 능력 항목이 있다면 추가해 보시오.

2. [표 73]의 교수요목을 활용하거나 교재를 하나 선택하여 이 장에서 제시된 시험 개발 단계에 맞춰 듣기 · 말하기 · 읽기 · 쓰기 중 하나의 영역을 선택하여 시험을 개발하고 검토해 보시오.

참/고/문/헌

강명순(2005), 「쓰기 교육의 연구사와 변천사」, 『한국어 교육론』 3, 59-74, 한국문화사.

강수정(2017), 「한국어 평가연구의 역사적 고찰」, 『언어와 정보 사회』 31, 5-63, 서강대학교 언어정보연구소.

강승혜·강명순·이영식·이원경·장은아(2006), 『한국어 평가론』, 태학사.

강승호·김명숙·김정환·남현우·허숙(1996), 『현대 교육평가의 이론과 실제』, 양서원.

고려대 한국학연구소(1996), 『한국어능력평가: Korean Language Proficiency Test』, 국학자료원.

교육평가 용어사전(2004), 한국교육평가학회.

구병모·김기호·김종규(2010), 「역량과 역량모형의 연구: 역량모형 연구의 현 주소」, 『인적자원개발연구』 제13권 제1호, 131-154, 한국인적자원개발학회.

국립국어원(2006a), 『초급 한국어 쓰기』, 한림출판사.

국립국어원(2006b), 『초급 한국어 말하기』, 한림출판사.

국립국어원(2007), 『초급 한국어 듣기』, 한림출판사.

국립국어원(2008), 『초급 한국어 읽기』, 한림출판사.

권오량·김영숙 역(2008), 『원리에 의한 교수: 언어 교육에의 상호작용적 접근법(제3판)』, Brown(2007), Teaching by Principles: An Interactive Approach to Language Pedagogy, Third Edition, 피어슨에듀케이션코리아.

김영숙·최연희·김은주·남지영·문영인·신정선(2004), 『영어과 교육론 1 원리와 적용』, 한국문화사.

김유정(1999), 『한국어 능력 평가 연구-숙달도 평가(Proficiency Test)를 중심으로』, 고려대학교 박사 학위 논문.

김유정(2001), 「한국어 쓰기 포트폴리오 평가에 대한 연구-중급 학습자를 대상으로」, 『한국어학』 제13권, 85-120, 한국어학회.

김유정(2005), 「한국의 한국어 능력 평가-'한국어능력시험'을 중심으로」, 『한국어교육론 1』, 419-435, 한국문화사.

김유정(2006), 「한국어능력시험의 난이도 분석 연구-제6회~제8회 시험을 중심으로」, 『한국어교육』 17-1, 21-46, 국제한국어교육학회.

김유정(2008a), 「한국어 능력 평가」, 『한국어와 한국어교육』, 338-364, 한국문화사.

김유정(2008b), 「고용허가제 한국어능력시험(EPS-KLT)의 현황과 과제-필리핀, 태국, 스리랑카 3개국 시험을 중심으로」, 『이중언어학』 38, 95-122, 이중언어학회.

김유정(2012a), 『交隣須知』의 언어사용과 언어기능에 관한 계량적 분석』, 도서출판 지식과교양.

김유정(2012b), 「장르-텍스트-문법 연결 모형 연구-'-(으)ㅁ', '-기', '-(으)ㄹ 것'을 중심으로」, 『인문연구』 65, 59-94, 영남대학교 인문과학연구소.

김유정(2013), 「『交隣須知』의 종결어미 분포에서 나타나는 언어교재로서의 특징 연구」, 『외국어로서의 한국어교육』 38집, 29-65, 연세대학교 언어연구교육원.

김유정(2018a), 「다문화 사회 한국어교육 콘텐츠 개발 방향」, 『한국 언어문화 교육의 새로운 방향 모색을 위한 국제학술대회 발표 자료집』, 119-135, 이화여자대학교 다문화연구소.

김유정(2018b), 「한국어 말하기 평가의 실제와 방향성 탐색-한국어 말하기 평가에 대한 요구와 필요성 개관」, 『국제한국언어문화 학회(INK) 제26차 추계학술대회 주제토론 발표문』, 국제한국 언어문화학회.

김유정(2020), 「수어 능력과 평가」, 『(한국수어 교육을 위한) 언어 교육 이론』, 143-168, 국립국어원.

김유정 · 방성원 · 이미혜 · 조현선 · 최은규(1998), 「한국어 능력 평가 방안 연구-성취도 평가를 중심으로.」, 『한국어 교육』 9권 1 호, 37-94, 국제한국어교육학회.

김은희(2019), 「일제강점기 일본인경찰관에 대한 한국어교육 연구-특수목적 외국어교육의 관점에서」, 『日本語教育研究』 第48輯, 39~56, 한국일본어교육학회.

김지홍 역(2003), 『말하기』, Bygate M.(1987), Speaking, 범문사.

김지홍 역(2003), 『평가』, Rea-Dickins P. & Germaine K.(1992), Evaluation, 범문사.

김지홍 역(2009), 『언어사용 밑바닥에 깔린 원리』, Clark, H.H.(1996), Using Language, 도서출판 경진.

김지홍 역(2010), 『입말, 그리고 담화 중심의 언어교육』, MacCarthy M.(1998), Spoken Language and Applied Linguistics, 도서출판 경진.

김지홍 역(2013), 『듣기 평가』, Buck G.(2001), Assessing Listening,

글로벌콘텐츠.

김지홍 역(2013),『말하기 평가』, Louma S.(2001), Assessing Speaking, 글로벌콘텐츠.

김지홍 역(2015),『읽기 평가 1』,『읽기 평가 2』, J. Charles Alderson (2001), Assessing Reading, 글로벌콘텐츠.

김지홍 · 서종훈 역(2014),『모국어 말하기 교육:산출 전략 및 평가』, Anderson et al.(1984), Teaching Talk: Strategies for Production and Assessment, 글로벌콘텐츠.

김진석(2009),『영어과 교육과정 및 평가』, 한국문화사.

김하수(2017),「토픽 20년, 추억의 일화에서 역사로」,『한국어능력시험(TOPIK)의 발전과 전망』, 36-40, 국립국제교육원

김한란 외(2007),『언어 학습, 교수, 평가를 위한 유럽공통참조기준』, 한국문화사.

노대규(1983),「외국어로서의 한국어 시험과 평가」,『이중언어학회지』1, 139-170, 이중언어학회.

노영희, 홍현진(2011),『교육관련 국제기구 지식정보원』, 한국학술정보.

목정수(2017),「토픽의 미래를 위한 몇 가지 제언-토픽 출제의 개선 방향을 모색하다」,『한국어능력시험(TOPIK)의 발전과 전망』, 70-78, 국립국제교육원.

박영민 역(2012),『쓰기 지도 및 쓰기 평가의 방법』, Troia, G.A (2009), Instruction and Assessment for Struggling Writers, 시그마프레스.

박진완(2015),「초량관어학소(草梁館語學所)의 조선어 교육방식 연구:「復文錄」의 분석을 통해」,『한국어교육』제26권 2호, 97-

124, 국제한국어교육학회.

배주채 역(2007), 『언어의 중심 어휘』, Singleton, D.(2000), Language and the Lexicon: An Introduction, 삼경문화사.

백설자 역(2001), 『텍스트언어학 입문』, Wolfgang(1991), Textlinguistik, 도서출판 역락.

서종학 · 이미향 · 박진욱(2017), 『한국어교재론』, 한국문화사.

성태제(1996), 『문항제작 및 분석의 이론과 실제』, 학지사.

성태제(2001), 『문항반응이론의 이해와 적용』, 교육과학사.

신성철 역(1996), 『외국어 교수 · 학습의 원리』(제3판), Brown(1994), Principles of Language Learning and Teaching, 한신문화사.

신용진(1998), 『영어교육공학Ⅴ』, 한국문화사.

여찬영(2011), 「외국인을 위한 한국어 교재 An Intensive Course in Korean Book I 『한국어 교본』연구」, 『인문학연구』 16, 257-278, 대구가톨릭대학교 인문과학연구소.

오대환(2009), 『식민지 시기 일본인을 위한 조선어교육 연구-'조선어 장려 정책'과 '경성 조선어연구회'를 중심으로』, 연세대학교 박사학위 논문.

오대환(2010), 「식민지 시기의 조선어와 일본어의 문법 대조를 통한 조선어교육에 관한 연구 -'조선문조선어강의록(경성 조선어연구회 간행)'의 '국선문대역법'을 중심으로」, 『한국어교육』 21-3, 105-128, 국제한국어교육학회.

유점봉(2011), 「신라(新羅)와 당(唐)의 교육체제(敎育體制) 비교-중앙관학(中央官學)을 중심으로」, 『대구사학』 104권 0호, 1-30, 대구사학회.

이경화(2001),『읽기교육의 원리와 방법』, 도서출판 박이정.

이영숙(2005),「쓰기 교육의 과제와 발전 방향」,『한국어교육론』3, 85-100, 한국문화사.

이영식(2000),「영어작문 평가에 대한 채점자 훈련의 원리」,『ENGLISH TEACHING(영어교육)』, 55(2), 201-217, 한국영어교육학회.

이영식(2008),「한국영어평가의 역사 고찰 및 향후 연구과제」,『응용언어학』24-3, 87-103, 한국응용언어학회.

이영식·안병규·오준일 역(2006),『외국어 평가-원리 및 교실에서의 적용』, Brown(2004), Language Assessment-Principles and Classroom Practices, 피어슨에듀케이션코리아.

이완기(2003),『영어 평가 방법론』, 문진미디어.

이재승(1997),『국어교육의 원리와 방법』, 도서출판 박이정.

이정원 역(2005),『언어 평가의 이해』, Bailey(2001), Learning About Language Assessment, 경문사.

임병빈 역(1993),『영어교육평가기법』, Madsen(1983), Techniques in testing, 한국문화사.

임병빈 외 역(2005),『외국어 어떻게 배우고 가르치는가』, Palsy & Nina(2005), How Languages are Learned, 범문사.

임병빈(2005),『영어교육 평가방법』, 경문사.

임병빈·연준흠·장경숙(1999),『영어 교수학습 평가』, 한국문화사.

임병빈·한혜령·송해성·김지선 역(2003),『제2언어 교수학습』, Nunan(1999), Second Language Teaching & Learning, 한국문화사.

장신재(1996),『영어를 어떻게 배우고 가르칠 것인가』, 신아사.

전병만 · 송해성 · 전은영 · 양수헌 · 전성애 역(2012), 『언어 교사를 위한 평가 이론과 실제, Hughes(1989), Testing for Language Teachers, 케임브리지.

전지현 · 김진완 · 박주경 · 유제명 · 이소영 역(2007), 영어교육 길라 잡이: 말하기, Bailey(2005), Pracical English Language Testing: Speaking, 도서출판 인터비전.

정광(2014), 『조선시대의 외국어교육』, 김영사.

정광(2017), 『역학서의 세계: 조선 사역원의 외국어 교재 연구』, 박문 사.

정동빈 · 배윤도 · 서형준 · 박종혁 역(2005), 『제2언어 작문교수』, Campbell(1998), Teaching Second Language Writing, 경문사.

정삼숙 편(2005), 『SAT Ⅱ KOREAN: How to Prepare For SAT Ⅱ: Korean』, 재미한인학교협의회.

정승혜(2003), 『조선후기 왜학서 연구』, 태학사.

정승혜(2004), 「외국어 교재로서의 노걸대(老乞大)」, 『이중언어학』 26, 291-328, 이중언어학회.

조윤정 · 양명희(2018), 「한국어 말하기 평가에서 나타난 채점자 신뢰 도 및 일관성 연구」, 『화법연구』 40, 105-128, 한국화법학회.

지현숙(2004), 「학습자 중심의 한국어 교육에서 '대안적 평가'」, 『한국 어교육』 15-2, 233-252, 국제한국어교육학회.

진대연(2005), 「쓰기 교육의 교수 학습」, 『한국어교육론 3』, 75-84, 한 국문화사.

최연희(2000), 『영어과 수행평가의 이론과 실제』, 한국문화사.

최연희 외(2009), 『영어 쓰기 교육론: 원리와 적용』, 한국문화사.

최인철(1989), 「Past, Present & Future of Language Testing」, 『영어교육』 38호, 95-135, 한국영어교육학회.

최인철(1993), 「외국어 능력 검정 시험 개발 모델」, 『어학연구』 29권 3호, 383-425, 서울대어학연구소.

최인철 · 김영규 · 정향기 역(2004), 『언어테스팅의 설계와 개발』, Bachman & Palmer(1996), Language Testing In Practice, 범문사.

한국어교육학 사전(2014), 서울대 국어교육연구소.

한상헌 · 윤미경 역(2018), 『유럽의 언어공통 참조기준이란 무엇인가』, Rosen E. & Reinhardt C.(2010), Le point sur le Cadre europ en commun de référence pour les langues, 도서출판 만남.

허재영(2007), 「일제강점기 조선어 장려정책과 한국어 교육」, 『한말연구』 20, 293-316, 한말연구학회.

洪起子(1998), 「新羅下代讀書三品科」, 『新羅文化祭學術發表會論文集』 19권 0호, 117-140, 동국대학교 신라문화연구소.

Abdul Baseer & Sofia Dildar Alvi(2012), Application of Keith Morrow's Features of language testing to a test of Communication Skills at MBA Level, *European Scientific Journal* January edition vol. 8, No.1, 98-115.

ACTFL(1986), *ACTFL Proficiency Guideline*, Hastings-on-Hudson, N.Y. ACTFL.

Alderson, J.C.(2000), *Assessing Reading*, Cambridge University Press.

Alderson, J.C. & Beretta, A.(1992), *Evaluating Second Language*

Education, Cambridge Applied Linguistics.

Alderson, J.C., Clapham, C. & Wall, D.(1995), *Language Test Construction and Evaluation*, Cambridge University Press.

Angelo, T. & Cross, K. P.(1993), *Classroom Assessment Techniques: A Handbook for College Teachers*, 2nd Edition, Jossey-Bass Publishers.

Bachman, L.F. & Palmer, A.S.(1981), The Construct validation of the FSI oral interview, *Language Larning* 31(1), 67-86.

Bachman, L.F. & Palmer, A.S.(1996), *Language testing in practice*, Oxford University Press.

Bachman, L.F. & Palmer, A.S.(2010), *Language Assessment in Practice*, Oxford University Press.

Bachman, L.F.(1990), *Fundamental Considerations in Language Testing*, Oxford University Press.

Bachman, L.F.(2002), Some reflections on task-based language performance assessment, *Language Testing* 19, 453-476.

Bachman, L.F.(2017), *Language Assessment for Classroom Teachers*, Oxford University Press.

Bailey, K. M.(1998), *Learning About Language Assessment: Dilemmas, Decisions,* And Directions, Heinle & Heinle.

Bailey, K. M.(2005), *Practical English Language Testing: Speaking*, 전지현 외(2007), 영어교육 길라잡이: 말하기, McGraw-Hill.

Barrett, T. C.(1976), Taxonomy of reading comprehension, In

R. Smith & T. C. Barrett(Eds.), *Teaching reading in the middle grades*, 51 - 58, Reading, MA: Addison-Wesley.

Brown, H. D. & Abeywickrama, P.(2010), *Language assessment: Principles and classroom Practices*(2nd Ed.), Pearson Longman.

Brown, H. D.(1994), *Teaching by Principles: An Interactive Approach to Language Pedagogy*, Prentice Hall.

Brown, H. D.(2004), *Language Assessment: Principles and Classroom Practices*, Longman.

Brown, H. D.(2007), *Teaching by principles: an interactive approach to language pedagogy*(3rd Edition), Englewood Cliffs, NJ: Prentice Hall Regents.

Brown, J.D. & Hudson, T.(2002), *Criterion-referenced Language Testing*, Cambridge University Press.

Buck, G.(2001), *Assessing Listening*, Cambridge University Press.

Buck, K.(1989), *The ACTFL Oral Proficiency Interview Tester Training Manual*, The American Council on the Teaching of foreign Languages.

Burns, A. & Joyce, H.(1997), *Focus on speaking*, Sydney: National Center for English Language Teaching and Research.

Bygate, M.(1987), *Speaking*, Oxford University Press.

Byrnes, Heidi(1984), The role of listening comprehension: A theoretical base, *Foreign Language Annals* 17, 317-329.

Cambridge University Press(2013), *Introductory Guide to the*

Common European Framework of Reference (CEFR) for English Language Teachers, Cambridge University Press.

Canale, M.(1983), On some dimensions of language proficiency, In J.W. Oller Jr., *Issues in language testing research*, Newbury House, 333 – 342.

Canale, M. & Swain, M.(1980), Theoretical bases of communicative approaches to second language teaching and testing, *Applied Linguistics* 1(1), 1-47.

Carroll, J. B.(1968), The psychology of language testing, In A. Davies (Ed.), *Language testing symposium: A psycholinguistic approach,* 46-69, Oxford University Press.

Carter, R. & McCarthy, M.(1988a), *Exploring Spoken English*, Cambridge University Press.

Carter, R. & McCarthy, M.(1988b), *Vocabulary and Language Teaching*, Longman.

Carter, R. & McCarthy, M.(1995), Grammar and spoken language, *Applied Linguistics* 16(2), 141- 158.

Carter, R. & Nuan, D.(2001), *The Cambridge Guide to Teaching English to Speakers of Other Languages*, Cambridge University Press.

Celce-Murcia, M.(1991), *Teaching English as a Second or Foreign Language*, Second Edition, Newbury House Publishers.

Cheng, L. & Curtis, A.(2012), Test impact and washback: Implications for teaching and learning, In C. Coombe, Davidson, P.

O'Sullivan, & Stoynoff, S (Eds), *The Cambridge guide to second language assessment*, Cambridge University Press.

Chomsky, N.(1965, 2015), *Aspects of Theory of Syntax*, 50th Anniversary Edition, The MIT Press.

Chomsky, N.(1980), *Rules and representations*, Columbia University Press.

Cohen, A. D.(1991), *Language Learning: Insights for Learners, Teachers, and Researchers*, Newbury House.

Cohen, A. D.(1993), The role of instructions in testing summarizing ability, In D. Douglas & C. Chapelle (Eds.), *A new decade of language testing research*, 132-160, Arlington, VA: TESOL

Cohen, A. D.(1994), *Assessing language Ability in the Classroom*, (2nd ed.), Heinle & Heinle.

Cohen, A. D.(1996), Developing the ability to perform speech acts, *Studies in Second Language Acquisition* 18(2), 253-267.

Council of Europe(2001), *Common European Framework of Reference for Languages: Learning, teaching, assessment*, Cambridge University Press.

Council of Europe(2018), *Common European Framework of Reference of Language: Learing, Teaching, Assessment*, Language Policy Unit, Strasbourg.

Cronbach, L. J.(1970), *Essentials of psychological testing*(3rd ed.), Harper & Row.

Daniel R. Montello(2018), *Handbook of Behavioral and Cognitive Geography*, Edward Elgar Publishing.

Davidson, F. & Lynch, B.(2002), *A Teacher's Guide to Writing and Using language Test Specifications*, 김영규 · 김정태 · 신동일 · 이은하 · 장소영 역(2009), 『시험 개발의 기술』, The Yale University Press.

Davies, A.(1990), *Principles of Language Testing,* Basil Blackwell.

Davies, A.(1991), *Language Testing in the 1990s*, In Alderson, J. Charles and Brian North.(eds.), MacMillan.

Davies, A.(2008), *Studies in Language Testing 23: Assessing Academic English*, Cambridge University Press.

Dementyev, V.(2016), Speech Genres and Discourse: Genres Study in Discourse Analysis Paradigm, *Russian Journal of Linguistics* 20 (4), 103—121.

Douglas, D.(2000), *Assessing language for Specific Purpose*, Cambridge University Press.

Ellis, R.(1985), *Understanding Second Language Acquisition*, Oxford University Press.

Fadia Nasser Abu-Alhija(2007), Large-scale testing: Benefits and Pitfalls, *A Studies in Educational Evaluation* 33, 50 - 68.

Fairclough, N. L.(2001), *Language and Power*, 김지홍 역(2011), 『언어와 권력』, Harlow: Pearson.

Farhady, H.(1980), *Justification, development, and validation of functional language testing*, PhD dissertation, University of

California, Los Angeles.

Finocchiaro, M. & Brumfit, C.(1983), *The Functional-Notional Approach: From Theory to Practice*, Oxford University Press.

Fulcher, G.(2003), *Testing Second Language Speaking*, Pearson Longman.

Gillian Brown, Kirsten Malmkjaer(1996), *Performance and Competence in Second Language Acquisition*, Cambridge University Press.

Giri, R. A.(2003), Language Testing: Then and Now, *Journal of NELTA* Vol. 8, No. 1-2, 49-67.

Glaser, R.(1963), Instructional technology and the measurement of learning outcomes, *American Psychologist* 18, 510 – 522.

Grellet, F.(1981), *Developing Reading Skills*, Cambridge University Press.

Heaton, J. B.(1988), *Writing English Language Tests*: Longman Handbook for Language Teachers (New Edition), Longman.

Hedge, T.(2005a), *Teaching and Learning in the Language Classroom*, Oxford University Press.

Hedge, T.(2005b), *Writing*, Oxford University Press.

Hughes, J. N.(2012), Teacher-student relationships and school adjustment: Progress and remaining challenges, *Attachment & Human Development* 14(3), 319-327.

Hughes, R.(2002), *Teaching and researching speaking*, Longman.

Hughes, A.(1989), *Testing for Language Teachers*, Cambridge University Press.

Hutchinson, T. & Waters, A.(2005), *English for Specific Purposes*(Twentieth Printing), Cambridge University Press.

Hymes, D. H.(1972), *On communicative competence*, In J. B. Pride and J. Holmes (eds.), Sociolinguistics, Harmondsworth: Penguin.

Hymes, D. H.(1986), Discourse: Scope without depth, *International Journal of the Sociology of Language* 57, 49 – 89.

J. A. van Ek & J. L. M. Trim(1991a), *Threshold 1990*, COUNCIL OF EUROPE, Cambridge University Press.

J. A. van Ek & J. L. M. Trim(1991b), *Waystage 1990*, COUNCIL OF EUROPE, Cambridge University Press.

J. A. van Ek & J. L. M. Trim(2001), *Vantage*, COUNCIL OF EUROPE, Cambridge University Press.

Johnson, M.(2004), *A philosophy of second language acquisition*, Yale University Press.

Jordan, R. R.(1997), *English for Academic Purpose*, Cambridge University Press.

Judith E. Liskin-Gasparro(2003), The ACTFL Proficiency Guidelines and the Oral Proficiency Interview: A Brief History and Analysis of Their Survival, *Foreign Language Annals* Vol. 36, No. 4, 483-490.

Kaplan, R. B.(1980), *On the scope of applied linguistics*, Newbury House Publishers.

Kingen, S.(2000), *Teaching Language Arts in Middle Schools: Connecting and Communicating*, New Jersey: Lawrence Erlbaum Associates, Publishers.

Kroll, B.(Edited)(1990), *Second Language Writing*, Cambridge University Press.

Lado, R.(1961), *Language testing*, New York: McGraw-Hill

Ladousse, G. P.(1987), *Role Play*, Oxford University Press.

Lassche, G.(2009), Book Rivew: The art of non-conversation: A re-examination of the validity of the oral proficiency interview by Marysia Johnson(2001), *JALT Testing & Evaluation SIG Newsletter* 13 (1), 11-13.

Liskin-Gasparro, Judith(1982), *The ETS Oral proficiency Testing Manual*, Princeton, NJ: Educational Testing Service.

Louma, S.(2001), *Assessing Speaking*, Cambridge University Press.

Lowe, pardee & Stanfield, Charles W. (Editors)(1988), *Second Language Proficiency Assessment:* Current issues, Englewood Cliffs, NJ : Prentice Hall Regents.

Lund, Randall J.(1990), A taxonomy for teaching second language listening, *Foreign Language Annals* 23, 105-115.

Lynch, B. K.(2003), *Language Assessment and Programme Evaluation*, Edinburg University Press.

Mallows, D.(2014), *Language issues in migration and integration:*

perspectives from teachers and learners, British Council.

May, P.(1996), *Exam Classes*, Oxford University Press.

McCarthy, M.(1991), *Discourse Analysis for Language Teachers*, Cambridge Language Teaching Library.

Messick, S. A.(1975), The standard problem: meaning and values in measurement and evaluation, *American Psychologist 30*, 955-966.

Messick, S. A.(1989), Validity, In R.L. Linn (Ed.), *Educational measurement*(3rd ed.), 13-103, New York: Macmillan.

Mihai, F. M.(2010), *Assessing English language learners in the content areas: A research-into practice guide for educators*, Ann Arbor, MA: University of Michigan Press.

Morrow, K.(1977), *Techniques of evaluation for a notional syllabus*, London: Royal Society of Arts.

Morrow, K.(1979), Communicative language testing: revolution or evolution? In Brumfit, C. J. & Johnson, K.(Eds.), *The communicative approach to language teaching*, 143-157, Oxford University Press.

Morrow, K.(Ed.).(2004), *Insights from the Common European Framework*, Oxford University Press .

Nunan, D.(1989), *Designing Tasks for the Communicative Classroom*, Cambridge University Press.

Nunan, D.(1991), Communicative tasks and the language curriculum, *TESOL Quarterly 25*(2), 279-295.

Nunan, D.(1999), *Second language Teaching & Learning*, Boston: Heinle & Heinle.

Oller, J. W.(1976), A program for language testing research, *Language Learning,* Special issue Number 4, 141-165.

Oller, J. W.(1979), *Language tests at schools*, Longman.

Oller, J. W.(Editor)(1983), *Issues in Language Testing Research*, Rowley, MA: Newbury House Publishers.

O'Malley, J. & Chamot, A.(1995), Learning strategies applications with students of English as a second language, *TESOL Quarterly* 19(2), 258-296.

Omaggio, H. A.(1993), *Teaching Language in Context*, 2nd edition, Heinle & Heinle Publishers.

Omaggio, H. A.(2001), *Teaching Language in Context,* 3rd edition, Heinle & Heinle Publishers.

Ounis, A.(2017), The Assessment of Speaking Skills at the Tertiary Level, *International Journal of English Linguistics* Vol. 7, No. 4, 95-112, URL: http://doi.org/10.5539/ijel.v7n4p95.

Papajohn, D.(2005), *Toward speaking Excellence*, Michigan University Press.

Pardee Lowe, Jr.(1987), *Interagency Language Roundtable Oral Proficiency Interview,* U.S. Government Interagency Language Roundtable Rosslyn, VA USA.

Prator, C. H., Jr., & Robinett, B. W.(1972), *Manual of American English pronunciation (3rd ed.),* Holt, Rinehart and

Winston.

Rea-Dickins, P. & Germaine, K.(1992), *Evaluation*, 김지홍 역(2003), 『평가』, Oxford University Press.

Reeves, C.(2012), *Developing a Framework for Assessing and Comparing the Cognitive Challenge of Home Language Examinations*, UMALUSI.

Richards, J. C.& R.W. Schmidt(2014), *Language and Communication*, Routledge.

Rivers, W. M.(1981), *Teaching foreign language skills*, (2nd edition). University of Chicago Press.

Rob Nolasco & Lois Authur(1987), *Conversation*, Oxford University Press.

Rolf Pfeifer & Christian Scheier(1999, 2001), Understanding Intelligence, MIT Press.

Shohamy, E. & Reves, T.(1985), Authentic language tests: where from and where to?, *Language Testing* 2, 48 – 59.

Shohamy, E.(2011), Assessing Multilingual Competencies: Adopting Construct Valid Assessment, *The Modern Language Journal* 95, iii, 418-429.

Simon, H. A.(1969), *The sciences of the artificial*, Cambridge, MA: MIT Press.

Skehan, P.(1996), A framework for the implementation of task-based instruction, *Applied Linguistics* 17, 38 – 62.

Spolsky, B.(1976), *Language testing: art or science,* Paper read at the Fourth International Congress of Applied Linguistics, Stuttgart: HochSchul Verlag, Germany.

Spolsky, B.(1985), The limits of authenticity in language testing, *Language Testing* 2, 31 – 40.

Spolsky, B.(1995), *Measured Words*, Oxford University Press.

Spolsky, B.(2000), Special Issue: A Century of Language Teaching and Research: Looking Back and Looking Ahead, *The Modern Language Journal* Vol. 84, No. 4, 536-552.

Spolsky, B.(2008), Language Assessment in Historical and Future Perspective,   Language education in Europe: *The Common European Framework of Reference*, 2570-2579.

Spolsky, B.(2017), History of Language Testing, *Language Testing and Assessment*, 375-384.

Spolsky, B.(ed.)(1978), *Approaches to Language Testing. Advances in Language Testing Series:* 2, Arlington, Va.: Center for Applied Linguistics.

Stern, H. H.(1983), *Fundamental Concepts of Language Teaching*, Oxford University Press.

Stevick, Earl(1984), Similarities and Differences Between Oral and Written Comprehension: An Imagist View, *Foreign Language Annals* 17, 281-283.

Terrell, T. D.(1991), The role of grammar instruction in a communicative approach, *Language Journal* 75(1), 52 – 63.

Troia, Gary A.(2009), *Instruction and asessment for struggling writers: evidence-based practices*, 박영민 역(2012), 쓰기 지도 및 쓰기 평가의 방법, Guilford Press.

Tucker, J. & Bemmel, E.V.(2002), *IELTS to success*, Hawthorn English Language Center.

UCLES(1999a), *Studies in Language Testing 7: Dictionary of language testing*, Cambridge University Press.

UCLES(1999b), *Studies in Language Testing 8: Learner Strantegy use and performance on language tests*, Cambridge University Press.

Underhill, N.(1987), *Testing Spoken Language*, Cambridge University Press.

Valette, R. M.(1977), *Modern Language Testing*, 2nd ed. New York. Harcourt Brace Jovanovich.

Weaver, Brenda.(2015), Formal vs. informal assessment, Retrieved from http://www.scholastic.com/teachers/article/formal-versus-informal-assessments.

Weigle, S. C.(2002), *Assessing Writing*, Cambridge University Press.

Weir, C. J.(1990), *Communicative language testing*, Prentice Hall.

Weir, C. J.(1993), *Understanding & Developing Language Tests,* Prentice Hall.

Widdowson, H. G.(1978), *Teaching Language as Communication*, Oxford University Press.

Widdowson, H. G.(1983), *Learning Purpose and Language Use,* Oxford University Press.

웹/사/이/트/

ACTFL   https://www.actfl.org/

Cambridge Assessmet   https://www.cambridgeenglish.org/

CEFR   https://www.coe.int/en/

ILR   https://www.govtilr.org/

KLAT   http://www.kets.or.kr/

OPIc   https://www.opic.or.kr/opics/

TOPIK   https://www.topik.go.kr/usr/cmm/index.do

조선왕조실록   http://sillok.history.go.kr/

학문명백과   https://terms.naver.com/

한국민족문화대백과사전   https://encykorea.aks.ac.kr/

문화콘텐츠닷컴   http://www.culturecontent.com/

찾/아/보/기

ㅊ

김 유 정

- 고려대학교 국어국문학과, 문학사
- 고려대학교 국어국문학과, 문학석사
- 고려대학교 국어국문학과, 문학박사

- 한국어세계화재단 한국어평가 사업팀 팀장 역임
- 고려대학교 민족문화연구원 연구교수 역임
- 이화여자대학교 인문과학대학 특임교수 역임
- (현재) THE-K LANGUAGE ASSESSMENT(주) 대표

주요 논저
- 한국어교육론 1 (2005, 공저)
- 초급 한국어 쓰기 (2006, 공저)
- 한국어와 한국어교육 (2008, 공저)
- 『交隣須知』의 언어 사용과 언어 기능에 관한 계량적 분석 (2012)
- 한국어교육학 사전 (2014, 공동 집필진)
- (한국수어 교육을 위한) 언어 교육 이론 (2020, 공저) 등

언어 평가와 한국어 평가

초 판 인 쇄 | 2020년 9월 18일
초 판 발 행 | 2020년 9월 18일

지 은 이   김유정

책 임 편 집   윤수경

발 행 처   도서출판 지식과교양
등 록 번 호   제2010-19호
주   소   서울시 강북구 우이동108-13, 힐파크103호
전   화   (02) 900-4520 (대표) / 편집부 (02) 996-0041
팩   스   (02) 996-0043
전 자 우 편   kncbook@hanmail.net

ISBN 978-89-6764-161-0 93700   정가 48,000원